Krauss/Uthemann

Was Bilder erzählen

Heinrich Krauss / Eva Uthemann

WAS BILDER ERZÄHLEN

Die klassischen Geschichten
aus Antike und Christentum in der
abendländischen Malerei

Verlag C.H.Beck München

Mit 88 Abbildungen
(Fotos: Archiv für Kunst und Geschichte, Berlin)

1. Auflage. 1987
2., überarbeitete Auflage. 1988
3. Auflage. 1993
4. Auflage. 1998

5. Auflage. 2003

Satz: H. Mühlberger GmbH, Gersthofen
Druck und Bindung: Ebner & Spiegel, Ulm
Gedruckt auf säurefreiem, alterungsbeständigem Papier
(hergestellt aus chlorfrei gebleichtem Zellstoff)
Printed in Germany
ISBN 3 406 51482 0

www.beck.de

VORWORT

Beim Besuch von Museen und Kirchen oder beim Blättern in Kunstbänden fesseln uns immer wieder Bilder mit dramatischen Szenen aus den antiken Götter- und Heldensagen, aus der griechischen und römischen Geschichte, aus den biblischen Erzählungen des Alten und Neuen Testaments, aus den apokryphen Evangelien und Apostelberichten oder aus den zahlreichen Heiligenlegenden. Manche dieser Geschichten sind uns völlig unbekannt, manche kennen wir nur dem Namen nach, an andere haben wir höchstens eine vage Erinnerung.

Meist ist es gar nicht so einfach, sich näher zu informieren. Museumskataloge, Bildbände und sonstige kunstgeschichtliche Werke geben allenfalls summarische Hinweise, die Kenntnis der Bildinhalte wird offenbar als selbstverständlich vorausgesetzt. In Wirklichkeit ist aber die Mehrzahl dieser Stoffe und Themen heute nur noch einem kleinen Kreis von Fachleuten vertraut. Die meisten von uns, vor allem immer mehr junge Menschen, müßten erst mühsam in den verschiedensten Fachbüchern über antike Mythologie und Geschichte sowie in den biblischen Schriften und Heiligenleben herumsuchen, um die in den Bildern dargestellten Inhalte ausfindig zu machen.

Unser Buch «Was Bilder erzählen» will deshalb die klassischen Geschichten aus Antike und Christentum, deren Kenntnis früher zum allgemeinen Bildungsgut der Künstler und Gebildeten gehört hatte, einem breiten Leserkreis wieder zugänglich machen. Sie werden knapp und doch anschaulich so nacherzählt, wie sie ihren Niederschlag in der abendländischen Malerei gefunden haben. Da jeweils alle wichtigeren Erzählelemente wiedergegeben sind, erschließt fast jede der über eintausend Nacherzählungen eine ganze Reihe von Kunstwerken.

Berücksichtigt wurden dabei all jene Themen, die in der Malerei des Mittelalters, der Renaissance und des Barocks eine Rolle gespielt haben und sich nicht selten auch bei modernen Künstlern wiederfinden. Dabei wurde besonders auch auf die Erschließung obskurer und selten vorkommender Bildmotive großer Wert gelegt, wenn die Kunstwerke von berühmten Meistern stammen oder sich in einem der wichtigeren Museen finden. Nur auf Motive, die von rein lokaler Bedeutung sind und zudem noch von unbedeutenderen Künstlern stammen, wurde verzichtet.

Der Schwerpunkt der Sammlung liegt auf jenen Geschichten, die in der Kunst im eigentlichen Sinn des Wortes dramatisch «in Szene gesetzt» wurden. Rein allegorische oder symbolische Darstellungen wurden nicht behandelt, da über ihre Deutung zahlreiche Lexika Auskunft geben. Außer Betracht blieben auch jene Bildmotive, die sich ausschließlich in der Kunst der Antike (z. B. in der

Vasenmalerei) oder in der mittelalterlichen Buchmalerei finden, also in ganz speziellen Bereichen, die eigens dargestellt werden müßten.
Die Absicht der Verfasser war, nicht nur ein Nachschlagewerk zu schaffen, sondern auch ein Lesebuch, das die einzelnen Geschichten in ihren erzählerischen Zusammenhang hineinstellt und damit einen Überblick über die großen literarischen Erzählstoffe gibt, was darüber hinaus eine fortlaufende und unterhaltsame Lektüre erlaubt.
Nach jeder Geschichte wird auf ihre literarischen Quellen hingewiesen, die im Literaturverzeichnis näher erklärt werden. Diese Angaben erheben keinen Anspruch auf Vollständigkeit, da viele Stoffe im Laufe der Jahrhunderte immer neue literarische Bearbeitungen erfahren haben.
Ferner sind bei jeder Geschichte immer auch einige der besonders typischen Kunstwerke aufgeführt. Ein Kriterium für deren Auswahl war die Bedeutung des Künstlers oder des Standortes oder auch das häufige Auftauchen in den gängigen Bildbänden. Für die Reihenfolge der Kunstwerke war die ungefähre Entstehungszeit maßgeblich. Der Einfachheit halber wurde dabei das Todesjahr des betreffenden Künstlers als Anhaltspunkt verwendet.

Verschiedene Register und Verzeichnisse im Anhang helfen dem Leser, sich in der Fülle des gebotenen Stoffes zurechtzufinden:
- Das *Literaturverzeichnis* gibt einen Überblick über die zitierten antiken und mittelalterlichen Autoren mit Hinweisen auf die leicht zugänglichen Ausgaben und Übersetzungen zum Nachlesen. Es verweist auch auf einschlägige Nachschlagwerke und weiterführende Literatur.
- Das *Verzeichnis der Standorte* erklärt die für die Museen verwendeten Abkürzungen oder Kurzformeln.
- Das *Verzeichnis der Künstler* ergänzt die nach den Einzelgeschichten angeführten Namen durch die vollständigen Vornamen und Lebensdaten.
- Das *Stichwortregister zu den Geschichten und Bildern* erlaubt das schnelle Auffinden der zu einem Kunstwerk gehörenden Geschichte.

Die Vorlagen zu den Abbildungen im Buch stellte das «Archiv für Kunst und Geschichte, Berlin» zur Verfügung. Diese Bildbeispiele können über das *Stichwortregister zu den Geschichten und Bildern* aufgesucht werden.
Der Benutzer wird um Nachsicht gebeten, wenn er auf Lücken oder Fehler stößt, die bei der Fülle des zu bearbeitenden Stoffes wohl unvermeidlich waren. Die Verfasser sind für entsprechende Hinweise und Korrekturen im voraus dankbar.

INHALT

Griechisch-Römische Mythologie

Götter und göttliche Wesen

Seite 2

Theogonie oder die Entstehung der Götterwelt 3 – Die Anfänge der Menschheit 5 – Zeus/Jupiter 9 – Hera/Juno 13 – Poseidon/Neptun 15 – Demeter/Ceres 16 – Phoibos Apollon/Apollo und die Neun Musen 18 – Artemis/Diana 21 – Ares/Mars 22 – Aphrodite/Venus 23 – Hermes/Merkur 26 – (Pallas) Athene/Minerva 28 – Hephaistos/Vulkan 30 – Eros/Amor oder Cupido 30 Helios/Sol 32 – Eos/Aurora 34 – Selene/Luna 35 – Dionysos/Bacchus 35 – Pan/Faunus 41 – Nymphen 43 – Die Winde 46 – Hades/Pluto und die Unterwelt 46 – Römische Gottheiten 48 Hestia/Vesta und die Vestalinnen 50 – Sibyllen 51

Heroen und Helden

Seite 53

Orpheus 53 – Theseus 55 – Kadmos/Cadmus 59 – Die Kentauromachie 60 – Die Kalydonische Jagd 60 – Ödipus 62 – Perseus 64 – Bellerophon/Bellerophontes und der Pegasos 66 – Herakles/Herkules 67 – Die Argonauten 80 – Der Trojanische Krieg 84 – Die fluchbeladenen Tantaliden 100 – Die Odyssee 102 – Die Aeneis 110

Rom und Römisches Reich

Römische Ursprünge 120 – Römische Bürgertugend 123 – Hannibal 131 – Die Scipionen 132 – Die Gracchen 134 – Marius 134 – Caesar 136 – Cleopatra 140 – Germanicus 141 – Nero 143 – Römische Kaiserzeit (Varia) 145

Griechenland und der Osten

Gestalten der griechischen Geschichte

Seite 148

Staatsmänner und Feldherrn 148 – Philosophen und Gelehrte 151 – Künstler 157 – Bemerkenswerte Männer und Frauen 159 – Berühmte Liebespaare 161

Alexander der Große

Seite 164

Diadochenreiche

Seite 171

Orientalische Herrscher

Seite 173

Biblische Geschichten

Altes Testament

Seite 180

Biblische Urgeschichte 180 – Abraham 185 – Isaak 191 – Jakob/Israel 193 – Joseph 198 – Moses 203 – Josua 214 – Die Richter 215 – Simson/Samson 218 – Rut 222 – Samuel 223 – Saul und David 224 – König David 230 – Salomo 234 – Elija/Elias 237 – Elischa/Elisäus 240 – Jesaja 243 – Jeremia 246 – Ezechiel 246 – Daniel 248 – Die zwölf Propheten 252 – Jona 254 – Ester 255 – Ijob/Hiob/Job 257 – Tobias 258 – Judit 260 – Die Makkabäer 261

Neues Testament

Seite 264

Marienleben 264 – Johannes der Täufer/Johannes Baptista 269 – Die Geschichten von Jesu Kindheit 271 – Das öffentliche Wirken Jesu 278 – Die Passion 297 – Die Auferstehungsgeschichten 307 – Die Apostelgeschichte 311 – Die Geheime Offenbarung/Apokalypse des Johannes 322

Neutestamentliche Gestalten in der nachbiblischen Überlieferung

Seite 328

Die Zeit der Apostel 328 – Die Apostel Petrus und Paulus 329 – Der Apostel Andreas 334 – Der Apostel Jakobus der Ältere/Jacobus Maior 336 – Der Apostel und Evangelist Johannes 338 Der Apostel Thomas 340 – Der Apostel Jakobus der Jüngere/Jacobus Minor 340 – Philippus der Apostel (oder Philippus der Diakon) 341 – Der Apostel Bartholomäus 342 – Der Apostel und Evangelist Matthäus 342 – Die Apostel Judas Thaddäus und Simon Zelotes 343 – Der Apostel Matthias 343 – Der Evangelist Markus 344 – Der Evangelist Lukas 345 – Maria Magdalena 345 – Die Kreuzeslegenden 347 – Marienlegenden 349 – Verschiedenes 350

Heiligenleben

Achatius und die Marter der Zehntausend 352 – Adrian/Hadrian 352 – Afra und Narzissus 353 – Agatha 354 – Aegidius/Gilles 354 – Agnes 356 – Alexius 357 – Ambrosius 357 – Angelus der Karmelit 360 – Ansgar/Oskar 360 – Antonius Eremita und Paulus Eremita 361 – Antonius von Padua 362 – Apollonia 365 – Arnold 366 – Augustinus und Monika 366 – Barbara 369 – Basilius der Große 369 – Bavo von Gent (Adlovinus/Alloy/Allovin) 370 – Benedikt und Scholastika 371 – Benno von Meißen 375 – Bernhard von Clairvaux 376 – Bernhardin von Siena 378 – Bernward 379 – Bertinus 380 – Bibiana/Vivian 381 – Birgitta von Schweden 381 – Blasius 382 – Bonaventura 383 – Bonifatius 385 – Bruno der Kartäuser 386 – Cäcilia 387 – Christina 388 – Christophorus 389 – Clemens Romanus 391 – Cosmas und Damian 392 – Crispinus und Crispinianus 392 – Cyriacus 393 – Didacus/Diego von Alcalà 393 Dionysius/Denis von Paris 394 – Dominikus 395 – Dorothea 399 – Dympna/Dymphna und Gerbert 399 – Eligius 400 – Elisabeth von Thüringen 400 – Emmeram 403 – Erasmus 403 – Eustachius 404 – Eventius und Theodolos 405 – Felicitas und ihre sieben Söhne 405 – Florian

406 – Franziskus 407 – Franz von Paula 412 – Franz Xaver 413 – Gallus und Magnus 415 – Gangolf 415 – Die vier Gekrönten (Quattuor Coronati) 416 – Genesius von Rom 416 – Genoveva von Brabant 416 – Genoveva von Paris 418 – Georg 419 – Gervasius und Protasius 420 – Géry/Gaugerich 421 – Gregor 421 – Gudula und Gudrun 423 – Heinrich und Kunigunde 424 – Hieronymus 425 – Hubertus 429 – Hugo von Avalon oder Lincoln 430 – Ignatius von Antiochien 430 – Ignatius von Loyola 431 – Ildefons 432 – Isidor der Bauer 433 Ivo/Yves 433 – Johanna von Orléans/Jeanne d'Arc 434 – Johannes von Nepomuk 435 – Julian Hospitator 435 – Justina von Padua 436 – Justus Puer 436 – Kajetan 437 – Kantius, Kantianus und Kantianilla 438 – Karl Borromäus 438 – Kastulus 439 – Katharina von Alexandrien 439 – Katharina von Siena 440 – Klara von Assisi 441 – Konstantin und Helena 442 – Korbinian 444 – Kümmernis 445 – Laurentius 446 – Leo der Große 447 – Leodegar 447 Leonhard 448 – Leopold von Österreich 448 – Livinus von Gent 449 – Lucia 449 – Ludwig der Heilige 450 – Ludwig von Toulouse 451 – Mam(m)as 452 – Margarete 452 – Maria Aegyptiaca 453 – Martin von Tours 455 – Mauritius und die thebaische Legion 458 – Michael von Gargano 459 – Nikolaus von Myra oder Bari 459 – Nikolaus von Tolentino 463 – Norbert von Magdeburg oder Xanten 463 – Die Vierzehn Nothelfer 465 – Onuphrius 465 – Ottilia/Odilia 466 – Pantaleon 467 – Petrus von Alcántara 467 – Petrus Martyr 468 – Petrus Nolascus 469 – Quiricus und Julitta 470 – Quirinus von Neuß 470 – Quirinus von Tegernsee 471 – Raimund von Peñafort 471 – Rainerio Rasina von San Sepolcro 472 – Rochus 472 – Romuald 474 – Sebaldus 474 – Sebastian 476 – Servatius 477 – Severus von Ravenna 477 – Sigismund 478 – Teresa von Avila 478 – Thiemo 480 – Thomas von Aquin 481 – Thomas Becket 483 – Thomas von Villanueva 483 – Ulrich 484 – Ursula und die elftausend Jungfrauen 485 – Valentin 487 – Vinzenz Ferrer 489 – Vitus 489 – Wenzel/Wenceslaus 490 – Wolfgang 491 – Zeno 492 – Zenobius 492

Anhang

Literaturverzeichnis 496 – Abkürzungen der Standorte 515 – Künstlerverzeichnis 518 – Stichwortregister zu den Geschichten und Bildern 529

GRIECHISCH-RÖMISCHE MYTHOLOGIE

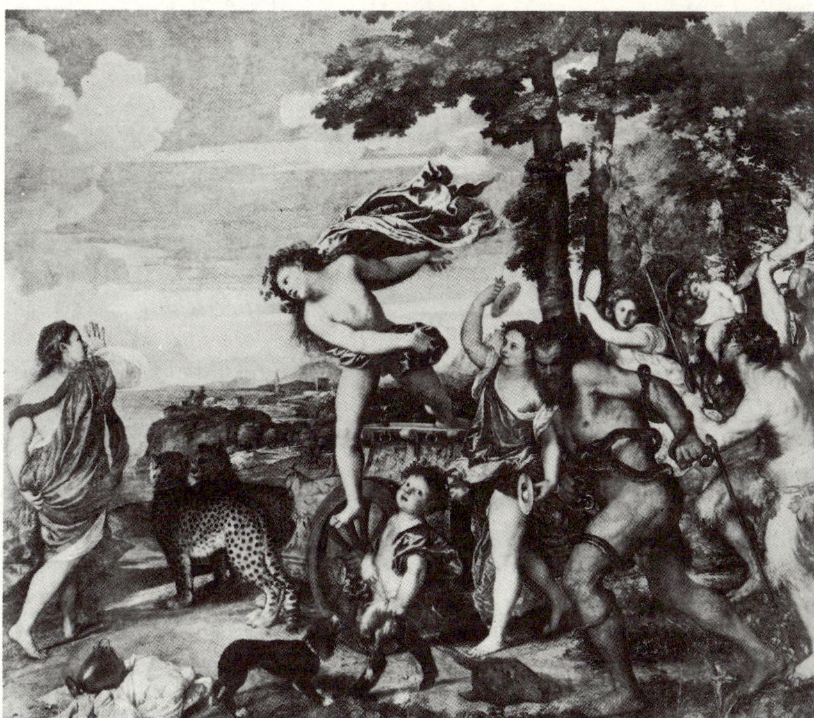

Bacchus und Ariadne
Gemälde von Tizian, National Gallery London

GÖTTER UND GÖTTLICHE WESEN

Theogonie oder die Entstehung der Götterwelt

Aus dem Chaos entstanden Gaia, die Erde, Eros, die Liebe als eine das All verbindende Kraft, und Tartaros, ein Schreckensort tief unter der Erde. Gaia brachte Pontos, das Meer, und Uranos, den Himmel, hervor. Uranos zeugte mit Gaia die zwölf Titanen und drei sterblichen Kyklopen, einäugige Riesen.

Die wichtigsten Titanen sind: Okeanos und seine Gattin Tethys, die Eltern aller Flüsse und Gewässer; Hyperion, der Vater des Helios/Sol, der Sonne, der Selene/Luna, des Mondes, und der Eos/Aurora, der Morgenröte; Japetos, Vater des Prometheus, des Epimetheus und des Atlas; Themis, Göttin des Rechts und Mutter der drei Horen; schließlich Kronos/Saturn und seine Schwester und Gattin Rheia/Ops.

Der letztgeborene aus dieser zweiten Göttergeneration, der Titan Kronos/Saturn, machte sich zum Weltenherrscher, indem er seinen Vater Uranos entthronte. Seine Kinder aus der Verbindung mit Rheia sind drei Göttinnen und drei Götter, nämlich Hestia/Vesta, Demeter/Ceres und Hera/Juno sowie Hades/Pluto, Poseidon/Neptun und Zeus/Jupiter.

Zeus/Jupiter, der letztgeborene aus dieser dritten Göttergeneration, entthronte seinen Vater Kronos/Saturn und übernahm seinerseits das Weltregiment, das er sich unter Wahrung seiner Oberherrschaft mit seinen beiden Brüdern teilte: Zeus erhielt den Himmel, Poseidon das Meer und Hades die Unterwelt, wobei die Erde und der Göttersitz auf dem mythischen Berge Olymp allen dreien gemeinsam waren.

Unter den Göttern sticht ein Zwölferkreis besonders hervor. Zu ihm gehören neben Zeus vor allem seine Schwestern Hera, Demeter und Hestia sowie sein Bruder Poseidon, während der andere Bruder Hades hier nicht mitgezählt wird. Zu diesen fünf Gottheiten, die alle aus der Verbindung des Kronos/Saturn mit der Rheia stammen, werden noch sieben weitere Götter und Göttinnen gerechnet, deren Ursprung in dieser oder jener Form auf Zeus und seine Gemahlin Hera zurückgeführt wird: Ares/Mars, der Sohn des Zeus und der Hera; Hephaistos/Vulkan, der Sohn des Zeus und der Hera oder der Hera allein; Apoll und Artemis/Diana, die Kinder des Zeus und der Titanentochter Leto/Latona; Aphrodite/Venus, die Tochter des Zeus und der Okeanostochter Dione, wenn sie nicht aus dem Meeresschaum entstanden ist; Hermes/Merkur, der Sohn des Zeus und

der Nymphe Maia; Athene/Minerva, die Tochter des Zeus und der Okeanostochter Metis.
Die genannten Zwölf sind die olympischen Götter im eigentlichen Sinn, die auch den «Götterrat» bilden und dabei das «Göttermahl» halten. Sie werden oft als sechs Götterpaare dargestellt, von denen aber nur das erste auch ein Ehepaar ist: Zeus/Jupiter und Hera/Juno; Poseidon/Neptun und Demeter/Ceres; Apoll und Artemis/Diana; Ares/Mars und Aphrodite/Venus; Hermes/Merkur und Athene/Minerva; Hephaistos/Vulkan und Hestia/Vesta.

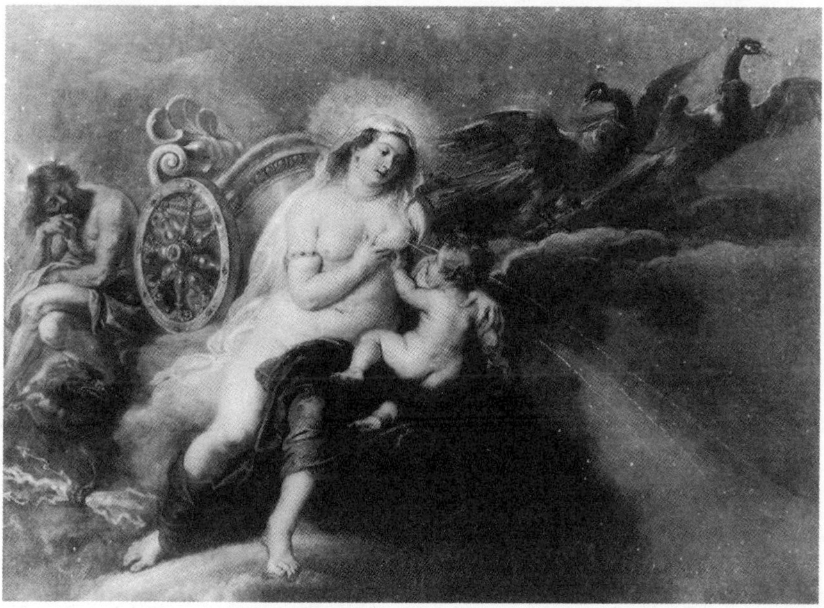

Die Entstehung der Milchstraße
Gemälde von Peter Paul Rubens. Prado

Außerdem gibt es noch viele andere Gottheiten und götterähnliche Wesen, die vom Zwölferkreis oder schon von den Titanen herstammen. Zu ihnen gehören vor allem Dionysos/Bacchus und Pan sowie die neun Musen und die zahllosen Nymphen und Satyrn.
Eine Sonderstellung nehmen die Schicksalsmächte ein, die als die unabänderlichen Gesetzmäßigkeiten der Welt und des Lebens, über die selbst die Götter nicht einfach gebieten können, ebenfalls von göttlicher Wesenheit sind: Nemesis wägt für jeden Menschen das ihm zukommende Maß an Glück und Unglück ab; sie bestraft aber auch alle Überheblichkeit und stellt, indem sie jeden Frevel rächt, die sittliche Weltordnung wieder her.

Tyche/Fortuna ist die Göttin des glücklichen Zufalls. Ihre Attribute sind das Füllhorn oder das Schiffsruder, mit dem sie die Geschicke lenkt, vor allem auch das Rad oder die Kugel, welche das ständige Auf und Ab des menschlichen Schicksals symbolisieren. Die drei Horen schließlich sind Personifikationen der drei Jahreszeiten, die man im Mittelmeerraum kannte: Frühling, Sommer und Winter. Sie gelten als Töchter des Zeus und der Titanin Themis, des Rechts, und werden auch als sittliche Prinzipien gesehen: Eirene, der Friede, Eunomia, die Ordnung, und Dike, die Gerechtigkeit.

Kronos/Saturn entmannt Uranos

Uranos, der Himmel, hatte seine Gemahlin Gaia, die Erde, erzürnt, so daß diese ihren jüngsten Sohn, den Titanen Kronos, anstachelte, sie zu rächen. Sie gab ihm dazu eine scharfe Sichel, mit der er seinen Vater entmannte, als dieser nachts Gaia besuchte. Aus den Blutstropfen, die bei der Verstümmelung auf die Erde fielen, entstanden die Erynien, Rachegöttinnen, die jeden Frevel bestrafen, und die Giganten, Riesen, deren Leiber in schuppige Schlangen auslaufen.

Quelle: Hesiod, Theogonie 133 ff. und 616 ff. – Bild: Vasari, Pal. Vecchio.

Saturn/Kronos verschlingt seine Kinder. Die Geburt des Jupiter/Zeus

Aus Angst, dasselbe Schicksal zu erleiden wie sein Vater Uranos (siehe oben), verschlang Kronos seine Kinder Hestia, Demeter, Hera, Hades und Poseidon, sobald seine Gemahlin Rheia sie geboren hatte. Anstelle des jüngsten Sohnes Zeus/Jupiter reichte Rheia jedoch dem Kronos einen Stein, den er hastig verschluckte.

Das Kind hatte Rheia nachts heimlich auf der Insel Kreta zur Welt gebracht und in einer Grotte versteckt. Der Götterknabe wurde von den Nymphen aufgezogen und von der Ziege Amaltheia gesäugt. Die Kureten oder Korybanten, ekstatische Priester der Rheia, übertönten mit Waffentänzen das Geschrei des Säuglings, um Kronos, der unterdessen den Betrug mit dem Stein gemerkt hatte, auf seiner Suche zu täuschen.

Quellen: Hesiod, Theogonie 453 ff.; Ovid, Fasti 4,197 ff. und 5,111 ff.; Hygin, Poetische Astronomie 2,13; Apollodor 1,1,5 f. – Bilder: *Saturn verschlingt seine Kinder:* Vasari, Pal. Vecchio; Blanchard, Hôtel Bullion Paris; Rubens, Prado; Goya, Prado. *Geburt und Kindheit des Zeus:* Giulio Romano (Werkstatt), Nat. Gall. London; Gherardi, Pal. Vecchio; Schiavone, KHM Wien; Poussin, Dahlem/Dulwich College; Jordaens, Louvre/Kassel; Sandrart, Nürnberg; Berchem, Schleißheim.

Der Sturz der Titanen

Als Zeus/Jupiter herangewachsen war, zwang er seinen Vater Kronos/Saturn mit einem Brechmittel, die Kinder, die dieser verschlungen hatte (siehe S. 4), wieder auszuspeien. Mit ihrer Hilfe und unterstützt von den Kyklopen und einigen der Titanen erkämpfte sich Jupiter die Herrschaft. Der besiegte Saturn wurde mit jenen Titanen, die auf seiner Seite gestanden hatten, in den schrecklichen Abgrund des Tartarus geworfen; den Titanensohn Atlas verurteilte man dazu, das Himmelsgewölbe zu tragen.

Quellen: Hesiod, Theogonie 453 ff.; Hygin 118; Apollodor 1,1,7 und 1,2,1. – Bilder: Rubens, Brüssel; Feuerbach, Akad. Wien.

Der Kampf mit den Giganten («Gigantomachie»)

Als Zeus/Jupiter durch den Sturz der Titanen die Weltherrschaft erlangt hatte, mußte er mit seinen Geschwistern noch gegen die Giganten kämpfen, welche die Erdmutter Gaia nun gegen den neuen Himmelsherrn aufbot. Diese gewaltigen Riesen, deren Leiber in schuppige Schlangen ausliefen, drangen mit Felsblöcken und Baumstämmen gegen den Olymp vor und türmten dabei mit ihren ungeheuren Kräften sogar Berge aufeinander. Aber Zeus und die mit ihm verbündeten Götter blieben Sieger; nicht zuletzt durch das Eingreifen des Herakles, der mit seinen vergifteten Pfeilen von seinem Vater Zeus zur Hilfe herbeigeholt wurde.

Quellen: Diodor 4,15,1; Apollodor 1,6,1. – Bilder: Giulio Romano, Pal. del Tè; Cavaliere d'Arpino, KHM Wien.

Die Anfänge der Menschheit

Wie die Titanen und damit die Götter sollen auch die Menschen ursprünglich aus Gaia, der Erde, hervorgegangen sein, worüber es viele, regional verschiedene Überlieferungen gibt. Eine davon berichtet, der Titanensohn Prometheus habe die Menschen aus Erde geformt. Sie waren zwar im Unterschied zu den Göttern von Anfang an sterblich, lebten aber ursprünglich in Glück und Zufriedenheit. Die Überlieferung spricht von vier oder fünf Weltzeitaltern, in denen sich die Lage der Menschheit vom Guten immer mehr zum Schlechten wandte.

Das Goldene Zeitalter und die Vier Weltalter

In der Zeit, als Kronos/Saturn noch über die Welt herrschte, nährten sich die Menschen alleine von den Früchten der Bäume und Kräuter, welche die Natur freigiebig spendete, ohne daß damals Tiere getötet und selbst den Pflanzen

Gewalt angetan werden mußte; sogar die Tiere fraßen einander nicht auf. Alle Lebewesen, auch die Menschen, lebten ohne Krankheit und Altern, bis sie in Frieden starben. Nach diesem Goldenen Zeitalter soll ein silbernes Geschlecht gekommen sein, das aber Zeus/Jupiter in einer großen Flut vernichtete, weil es Götterverehrung und Sittenreinheit mißachtete. Nun folgte ein ehernes Geschlecht, das mit der Zeit der homerischen Helden gleichgesetzt wird. Vom jetzt lebenden, dem eisernen Geschlecht, meint man, daß es immer mehr in den Zustand der Rechtlosigkeit verfalle und schlimm enden werde. Deshalb verließ auch Astraia, Göttin des Rechts und der Sitte, die Erde; aber man hofft, sie werde eines Tages zurückkehren, um den Menschen Gerechtigkeit und Frieden wiederzubringen.

QUELLEN: Hesiod, Werke 106 ff.; Plato, Gesetze 6; Vergil, Georgica 1,30; Ovid, Metamorphosen 1,76 ff., 15,96 ff. und Fasti 4,395 ff. – BILDER: *Das Goldene Zeitalter:* Rottenhammer, Hamburg; Goltzius, Arras; C. Cornelisz, Schloß Grunewald Berlin; Cortona, Pal. Pitti; Ingres, Schloß Dampierre. *Die Vier Weltalter:* Zucchi, Uffizien. *Die Rückkehr der Göttin Astraia:* Rosa, KHM Wien.

Prometheus

Nach einigen Überlieferungen schuf der Titanensohn Prometheus die Menschen, indem er aus Lehm und Wasser Männer und Frauen formte, denen die Göttin Athene/Minerva, weil sie das Werk bewunderte, den Geist einhauchte. Auch soll Prometheus gegen den Willen des Zeus/Jupiter durch einen Diebstahl den Menschen das Feuer gebracht und sie alle Künste und Fertigkeiten gelehrt haben. Zur Strafe für die Entwendung des Feuers wurde Prometheus von Vulkan auf Befehl des Zeus im Kaukasusgebirge über einem Abgrund an einen Felsen geschmiedet, wo ihm täglich ein Adler die Leber zerhackte, die nachts immer wieder nachwuchs. Erst Herakles befreite Prometheus von seinem Leiden, indem er den Adler durch einen Pfeilschuß tötete.

QUELLEN: Hesiod, Theogonie 507 ff.; Ovid, Metamorphosen 1,78 ff.; Diodor 4,15,2; Apollodor 2,5,11. – BILDER: *Prometheus formt Menschen:* Piero di Cosimo, AP München. *Prometheus stiehlt das Feuer:* Piero di Cosimo, Straßburg; Mignard, Schloß Versailles. *Der gefesselte Prometheus:* Piero di Cosimo, Straßburg; Tizian, Prado; Baburen, Rijksm.; Rombouts, Brüssel; Ribera, Prado; Rosa, Pal. Corsini Rom; Jordaens, WRM Köln; Giordano, Prado; Solimena, Prado; Moreau, Musée Gustave-Moreau Paris. *Herkules befreit Prometheus:* A. Carracci, Pal. Farnese.

Die Büchse der Pandora

Um die Menschen für den Feuerdiebstahl des Prometheus zu strafen, schickte Zeus/Jupiter die Pandora auf die Erde hinab. Für einige Überlieferungen, nach denen es bis dahin nur Männer gegeben haben soll, war sie die erste Frau. Ihr Name bedeutet «Allbeschenkte», da sie, von Hephaistos/Vulkan kunstvoll geschaffen, von den anderen Göttern mit allen Reizen ausgestattet wurde: Athene/Minerva schenkte ihr ein herrliches Gewand, Hermes/Merkur lehrte

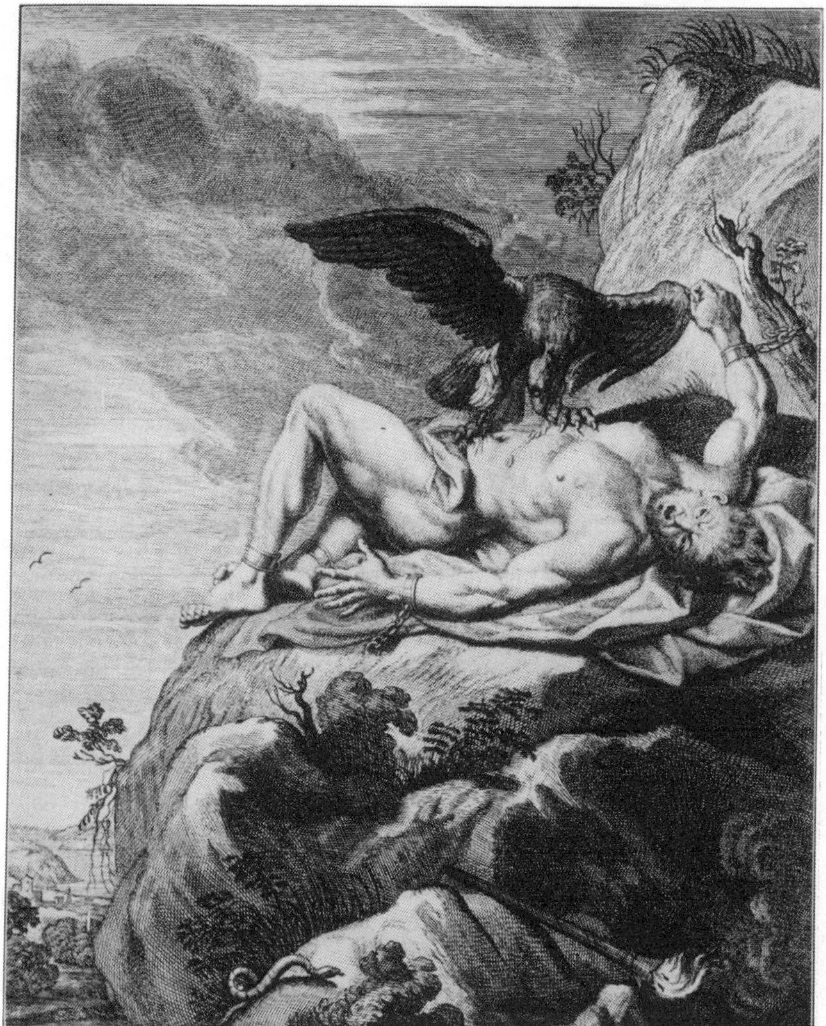

Prometheus. Kupferstich von Bernhart Picart

sie mit der Sprache List und Betrug, Aphrodite/Venus verlieh ihr ein verführerisches Aussehen, und die Nymphen bekränzten sie mit Blumen. Auch Zeus gab ihr ein Geschenk mit auf den Weg: ein verschlossenes Tongefäß, in dem aber alle Übel und Krankheiten eingeschlossen waren. Als Pandora auf die Erde kam, nahm sie der Titanensohn Epimetheus, der «Nachherdenker», voller Begeisterung zur Frau, obwohl ihn sein Bruder Prometheus, der «Vorherdenker», vor ihr warnte, weil sie von Zeus geschickt worden war. Tatsächlich konnte dann Pandora ihre Neugier nicht bezähmen und öffnete das mitgebrachte Gefäß. Da kamen alle Leiden heraus und befielen die Menschen; nur die Hoffnung blieb zurück, weil Pandora den Deckel schnell wieder schloß.

QUELLEN: Hesiod, Theogonie 571 ff.; Werke 60 ff. – BILDER: Cousin, Louvre; Rubens, Pal. Reale Genua; Etty, City Art Gall. Leeds.

Deukalion und die grosse Flut

Als Zeus/Jupiter von der wachsenden Bosheit des Menschengeschlechtes hörte, wollte er die Nachricht prüfen und besuchte in Menschengestalt die Erde. Dabei kam er auch zu Lykaon, dem König von Arkadien, der mit seinen fünfzig Söhnen für seine Grausamkeit berüchtigt war. Als Zeus durch einige Zeichen seine Göttlichkeit anzeigte, lachte Lykaon darüber und beschloß, in der kommenden Nacht den Gast zu töten, um seine Sterblichkeit zu beweisen. Zuvor aber schlachtete er ein Kind und setzte es dem Fremdling als Mahlzeit vor. Der allwissende Zeus aber erkannte den Frevel und vernichtete den Palast mit den Königssöhnen durch Blitze; Lykaon, der aus dem Feuer floh, wurde von ihm in einen blutdürstigen Wolf verwandelt.

Nun ließ Zeus vom Himmel Regenfluten niedergehen, und sein Bruder Poseidon ließ Meere und Flüsse über die Ufer treten. Nur zwei Menschen konnten sich in einem Kasten retten, der auf einem noch nicht vom Wasser bedeckten hohen Berg, dem Parnaß, landete. Es waren Deukalion, ein Sohn des Prometheus, und seine Gattin Pyrrha. Beide waren rechtschaffen und voll Ehrfurcht gegen die Götter. Auf den Rat seines Vaters hin hatte Deukalion das Schiff gezimmert und es mit Lebensmitteln versehen.

Als Zeus sah, daß nur die beiden frommen Leute übrig waren, ließ er die Wasser wieder zurückgehen. Deukalion und Pyrrha merkten nun, daß sie ganz allein auf der Erde übrig geblieben waren, und sie flehten die Götter durch ein Opfer um neue Menschen an. Sie erhielten die Weisung: «Verhüllt euer Haupt und werft die Gebeine eurer Mutter hinter euch!» Nach einem ersten Entsetzen begriffen sie, was der Spruch meinte, und sie begannen Steine, nämlich die Gebeine der Mutter Erde, hinter sich zu werfen. Und aus den Steinen, die Deukalion warf, wurden Männer, aus denen, die Pyrrha warf, wurden Frauen.

QUELLEN: Ovid, Metamorphosen 1,208–415; Apollodor 1,7,1: Hygin 153. – BILDER: *Lykaon wird in einen Wolf verwandelt:* Cossiers, Prado. *Die Deukalionische Flut:* Peruzzi, Villa Farnesina; G. Carpioni, Pinak. Siena/Bergamo; Cossiers, Brüssel. *Deukalion und Pyrrha werfen Steine hinter sich:* Peruzzi, Villa Farnesina; Rubens (zugeschr.), Prado.

Zeus/Jupiter

Zeus gilt als höchster Gott, dessen Gericht alle Weltangelegenheiten unterstehen. Er thront inmitten der Götterversammlung auf dem Olymp, von wo er die Wolken lenkt und Regen und Hagel, Blitze und Donner herabschickt. Meist wird Zeus mit Bart dargestellt. Seine ATTRIBUTE *sind Zepter und Blitze («Donnerkeile») sowie der Adler zu seiner Seite.*

DIE ENTFÜHRUNG DER AEGINA

Zeus/Jupiter soll sich der Aegina, einer Tochter des Flußgottes Asopos, im Feuer genaht haben. Er entführte sie auf die später nach ihr benannte Insel und zeugte mit ihr einen Sohn. Den Vater, der das Mädchen retten wollte, trieb der Gott mit Blitzen zurück.

QUELLEN: Ovid, Metamorphosen 6,113 und 7,615; Euripides, Iphigenie in Aulis 697 ff. – BILDER: Ferd. Bol, Schloß Meiningen; Greuze, Metrop. Mus.

ZEUS/JUPITER ALS SATYR BEI DER SCHLAFENDEN ANTIOPE

Zeus/Jupiter näherte sich der thebanischen Königstochter Antiope in Gestalt eines Satyrs. Aus Angst vor ihrem Vater floh das schwanger gewordene Mädchen zum benachbarten König von Sikyon, von wo es Lykos, Bruder und Nachfolger des Vaters, mit Gewalt zurückholte. Unterwegs gebar Antiope die Zwillinge Amphion und Zethos. Da Antiope von Dirke, der Gattin des Lykos, nach ihrer Heimholung zur Sklavin gemacht wurde, rächten die herangewachsenen Söhne ihre Mutter: Dirke wurde von ihnen an die Hörner eines Stiers gebunden und so zu Tode geschleift («Farnesischer Stier», 1. Jhd. n. Chr., Neapel).
Die beiden Söhne Antiopes herrschten dann gemeinsam über Theben. Zethos, ein praktischer Mann, spottete aber gern über Amphion, der seine Zeit lieber mit dem Leierspiel verbrachte. Sein Spott hörte aber auf, als die Brüder beschlossen, die Mauern Thebens zu erbauen. Während Zethos unter der Last seiner Steine herankeuchte, spielte Amphion auf seiner Leier. Und seine Steine polterten von selbst heran und fügten sich dort ein, wohin sie gehörten.

QUELLEN: Apollodor 3,5,5: Hygin 7 f.; Ovid, Metamorphosen 6,110 f.; Philostratos d. Ä. 1,10 (Amphion). – BILDER: *Jupiter und Antiope:* Correggio, Louvre; Schiavone, Eremitage; Tizian, Louvre; Tintoretto, Gall. Estense; Goltzius, Kunsthist. Inst. Utrecht; Cavaliere d'Arpino, Darmstadt; Dyck, WRM Köln/Gent; Jordaens, Grenoble; Watteau, Louvre; J.-L. David, Sens. *Amphion errichtet mit seinem Leierspiel Thebens Mauern:* Tiepolo, Pal. Sandi Venedig.

Danaë

Danaës Vater war Akrisios, König von Argos. Er schloß das Mädchen in einen Turm – oder ein Zimmer aus Bronze – ein; denn er hatte die Weissagung erhalten, ein Sohn dieser Tochter werde ihn einst töten. Doch Zeus verliebte sich in Danaë und besuchte sie in Gestalt eines Goldregens. Aus der Verbindung ging der Held Perseus hervor. Akrisios setzte Mutter und Kind in einer Truhe auf dem Meere aus, doch wurden sie gerettet. Als Perseus herangewachsen war und viele Heldentaten vollbracht hatte, machte er sich – ohne böse Absicht – auf die Reise nach Argos zu seinem Großvater Akrisios. Unterwegs nahm er als Gast an einem Wettkampf teil und tötete dabei durch einen unglücklichen Wurf mit dem Diskus einen der Umstehenden. Es war Akrisios, der von der Heimkehrabsicht des Perseus gehört und sich deshalb gerade in jenes Land geflüchtet hatte, das auch Perseus besuchte.

Quellen: Ovid, Metamorphosen 4,609 f.; Apollodor 2,4,1; Hygin 63 f. – Bilder: Mabuse, AP München; Correggio, Gall. Borghese; Primaticcio, Fontainebleau; Tizian, Neapel/Prado; Tintoretto, Lyon; Goltzius, Louvre; Rottenhammer, Nat. Mus. Stockholm/Mus. du Petit Palais Paris; O. Gentilleschi, Cleveland; Rembrandt, Eremitage; Kappers, WRM Köln; Tiepolo, Univ. Mus. Stockholm.

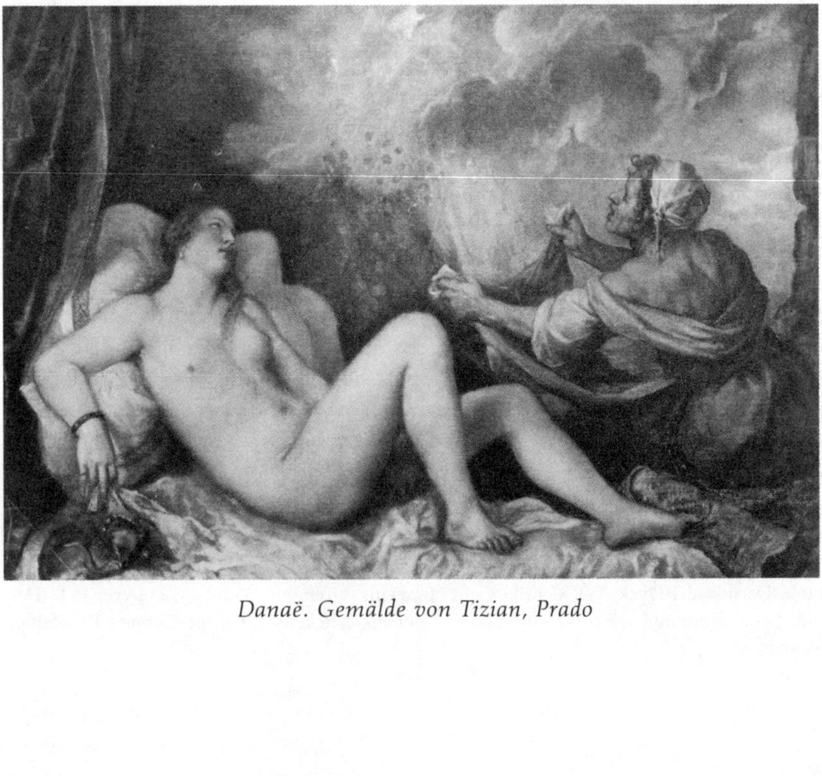

Danaë. Gemälde von Tizian, Prado

Der Raub der Europa

Europa war eine phönizische Königstochter. Zeus/Jupiter verliebte sich in sie, als er sie mit ihren Gefährtinnen am Meer beim Spielen sah. In der Gestalt eines schönen weißen Stieres näherte er sich den Mädchen, legte sich bei ihnen nieder und ließ sich streicheln. Als Europa auf den Rücken des Tieres kletterte, stand es plötzlich auf, lief ins Meer hinein und schwamm mit seiner Last auf dem Rücken davon. In Kreta setzte der Stier Europa ab und gab sich als Zeus zu erkennen. Aus der Verbindung entstanden drei Söhne, von denen Minos und Rhadamanthys als Totenrichter in der Unterwelt bekannt sind.

Quellen: Ovid, Metamorphosen, 2,838–875 und 6,103 ff.; Fasti 5,605 ff.; Apollodor 3,1,1. – Bilder: Filarete, Bronzetür St. Peter Rom; Giulio Romano, Hampton Court; Tizian, Gardner Mus. Boston; Vasari, Pal. Vecchio; Tintoretto, Gall. Estense; Veronese, Pinak. Kapitol Rom/Dogenpal. Venedig; Reni, Eremitage/Pal. Pitti; Balen, KHM Wien/Vaduz; Wouters, Gotha; Lorrain, Buckingham Pal./Moskau; Berchem, Eremitage; Giordano, Schleißheim/Wadsworth Atheneum; Lemoine, Wallace Coll./Eremitage; Tiepolo, Akad. Venedig/Residenz Würzburg; Natoire, Eremitage.

Die Entführung des Ganymed/Catamitus

Der junge Ganymed stammte aus dem trojanischen Königsgeschlecht. Zeus verliebte sich in den schönen Knaben und in Gestalt eines Adlers (oder durch einen Wirbelwind) entführte er ihn zu sich in den Olymp, wo Ganymed ihm als Mundschenk dient.

Quellen: Ovid, Metamorphosen 10,155–161; Homer, Ilias 5,640; Apollodor 2,5,9. – Bilder: Correggio, KHM Wien; Peruzzi, Villa Farnesina; K. de Koninck, WRM Köln; Rubens, Prado; Rembrandt, Dresden; Kauffmann, Vorarlberger Landesmus. Bregenz; Marées, NP München.

Die Geschichte der Io

Das Mädchen Io war die Tochter des Flußgottes Inachos, des ersten Königs von Argos. Zeus/Jupiter begegnete ihr am Fluß und lud sie ein, unter seinem Schutz in den Wäldern zu streifen. Doch sie floh vor ihm. Da bedeckte Zeus das Land mit einer dichten Wolke, unter der er mit Io schlief. Hera/Juno, seine Gemahlin, wurde wegen der ungewöhnlichen Wolke mißtrauisch und eilte hinzu. Zeus konnte das Mädchen gerade noch in eine Kuh verwandeln. Doch Hera merkte den Betrug und bat sich das Tier als Geschenk aus, was Zeus ihr nicht verweigern konnte. Die zur Kuh gewordene Io begegnete ihren Schwestern und ihrem Vater, der seine verloren geglaubte Tochter erst erkannte, als sie, da sie nicht sprechen konnte, mit dem Huf Buchstaben in den Sand schrieb.

Hera ließ dann die Kuh von dem hundertäugigen Argus bewachen. Zeus, dem Io leid tat, sandte Hermes/Merkur, der als Hirte verkleidet durch Gesang und Flötenspiel den Argus einschläferte, so daß er ihn töten und ihm das Haupt abschlagen konnte. Hera aber schmückte die ihr heiligen Pfaue mit den glänzenden Augen des Argus und verfolgte die Kuh noch lange mit ihrer Rache, bis sie sich endlich von Zeus erweichen ließ und Io ihre Mädchengestalt zurückerhielt.

QUELLE: Ovid, Metamorphosen 1,588–750. – BILDER: *Jupiter und Io:* Correggio, KHM Wien; Sustris, Eremitage; Schiavone, Eremitage; Uyttenbroeck, AP München; Millet, Salzburg. *Jupiter übergibt Juno die in eine Kuh verwandelte Io:* Teniers, KHM Wien. *Io und ihr Vater Inachus:* Bon de Boullogne, Tours. *Juno betraut Argus mit der Bewachung der Kuh:* Lorrain, Dublin; Berchem, Mus. Lambert van Meerten Delft. *Merkur schläfert Argus ein:* Tintoretto, Gall. Estense; Rubens, Prado/Dresden; Teniers, KHM Wien; Both, KHM Wien; Velasquez, Prado; Flinck, Rijksmus.; Loth, Nat. Gall. London; Verdier, Louvre. *Merkur enthauptet den schlafenden Argus:* Rubens, Brüssel; Velde, Vaduz/Mus. du Petit Palais Paris; Jordaens, Eremitage/Lyon; J. Amigoni, Tate Gall. *Juno und die Augen des Argus:* Filarete, Bronzetür St. Peter Rom; Goltzius, Boymans; Rubens, WRM Köln; Bloemaert, Vaduz; Both, Schleißheim.

Leda und der Schwan

Leda, eine Königstochter von Aitolien, war mit dem aus Sparta vertriebenen König Tyndareos verheiratet. Zeus besuchte sie in Gestalt eines Schwans und zeugte dabei mehrere Kinder. Eines davon war die schöne Helena, die (nach einer Überlieferung zusammen mit ihrer Schwester Klytemnaestra) aus einem Ei ausgebrütet wurde. In einem zweiten Ei waren Kastor und Polydeukes/Pollux, auch genannt die beiden Dioskuren, d. h. «Zeusgeborenen».

QUELLEN: Euripides, Helena 16 ff.; Lukian, Göttergespräche 6; Pausanias 3,16,1. – BILDER: Filarete, Bronzetür St. Peter Rom; Leonardo da Vinci (Kopie), Philadelphia; Correggio, Dahlem; Peruzzi, Villa Farnesina; Michelangelo (Kopie), Nat. Gall. London/Dresden; Pontormo, Uffizien; Vasari, Pal. Vecchio; Tintoretto, Uffizien; Rubens, Dresden; Mola, Nat. Gall. London; Werff, Metrop. Mus.; A. Coypel, Glasgow; Boucher, Nat. Mus. Stockholm.

Der Raub der Töchter des Leukippos

Die Zwillingsbrüder Kastor und Polydeukes/Pollux waren Söhne der Leda, die Zeus als Schwan besucht hatte (siehe oben). Zumindest Pollux, ein Faustkämpfer, soll Zeus zum Vater gehabt haben. Er war unsterblich, während sein Bruder Kastor, ein Rossebändiger, sterblich war. Die beiden Brüder raubten Phoibe und Hilaeira, die Töchter des Leukippos, eines Königs von Argos. Da die Mädchen dem Zwillingspaar Idas und Lynkeus zur Ehe versprochen gewesen waren, kam es zu einem Kampf, bei dem Kastor getötet wurde. Pollux bat seinen Vater Zeus, die eigene Unsterblichkeit mit dem geliebten sterblichen Bruder teilen zu dürfen. Die beiden Zwillinge leben nun immer zusammen den einen Tag im Olymp, den anderen im Hades. Auch am Himmel sind sie als Zwillingsstern zu sehen.

QUELLEN: Ovid, Fasti 5,699 ff.; Theokrit 20; Hygin 80. – BILDER: Rubens, AP München; Schönfeld, Eremitage.

Philemon und Baukis/Baucis

Zeus/Jupiter und Hermes/Merkur wanderten einmal in sterblicher Gestalt über die Erde und wurden von niemandem aufgenommen. Nur in der kleinen armen Hütte des alten Ehepaares Philemon und Baucis wurde ihnen herzliche Gastfreundschaft gewährt. Da sich beim einfachen Mahl der Weinkrug immer wieder von selbst füllte, erkannten die Alten, daß es sich bei ihren Gästen um Götter handelte. Sie wollten nun auch noch ihre einzige Gans schlachten; doch Zeus und Hermes verhinderten es. Sie gaben sich zu erkennen und retteten die beiden Alten, als das umliegende Land zur Strafe für die Mißachtung des Gastrechts in einer großen Flut versank. Die armselige Hütte wurde in einen herrlichen Tempel verwandelt, und Zeus fragte Philemon und Baucis, was sie sich zur Belohnung für ihre Gastlichkeit wünschten. Sie baten darum, daß sie Zeit ihres Lebens im Tempel den Göttern dienen dürften und daß keiner des anderen Grab sehen sollte. Und so geschah es: Sie lebten noch lange als Priester und Priesterin am Heiligtum und wurden zur selben Stunde in eine Eiche und eine Linde verwandelt, die nebeneinander wuchsen.

Quelle: Ovid, Metamorphosen 8,618–724. – Bilder: Bramantino, WRM Köln; Elsheimer, KHM Wien/Dresden; Rubens, KHM Wien; Rembrandt, New York (privat); Jordaens, Helsinki; Loth, KHM Wien.

Hera/Juno

Hera ist die Schwester und Gemahlin des Zeus, sie schützt die Ehe und die Mütter. Ihr werden besonders Kühe geopfert.

Die Entstehung der Milchstrasse

Auf Befehl des Zeus/Jupiter wurde der kleine Herakles, den Alkmene dem Zeus geboren hatte (siehe S. 68), von Hermes/Merkur der schlafenden Hera/Juno an die Brust gelegt; denn nur wer von ihrer Brust getrunken hatte, konnte einst die Unsterblichkeit erlangen. Das Kind saugte so heftig, daß es nicht alles im Mund behalten konnte, und die verspritzten Tropfen wurden zu Sternen. Nach einer anderen Version der Geschichte merkte Hera, daß sie ein fremdes Kind säugte, und stieß es so heftig von sich, daß die Milch verspritzte. (Abb. S. 3)

Quelle: Hygin, Poetische Astronomie 2,43. – Bilder: Tintoretto, Nat. Gall. London; Rubens, Prado/Brüssel.

Hera/Juno in der Unterwelt

Ino, Gattin des Athamas, des Königs von Theben, und Schwester jener Semele, welche dem Zeus den Dionysos/Bacchus geboren hatte, zog den neuen

Gott auf und verbreitete voll Begeisterung seinen Kult (s. S. 37). Darüber war die schon vorher auf Semele eifersüchtig gewesene Hera/Juno so erbost, daß sie selber in die Unterwelt hinabstieg und – im Angesicht der dort bestraften Frevler Tityos, Tantalos und Ixion – die schlangenhaarigen Furien anflehte, ihr bei der Rache zu helfen. Eine der Furien, Tisiphone, stieg daraufhin zur Erde empor und verwirrte den Geist des Königspaares. Athamas wollte seine beiden kleinen Söhne töten; er ergriff Klearchos, wirbelte ihn um seinen Kopf und zerschmetterte ihn an einem Stein, während Ino mit Melikertes, dem anderen Knaben, floh und sich in ihrer Verwirrung zusammen mit dem Kind von einer Klippe ins Meer stürzte. Ino und Melikertes wurden unter dem Namen Leukothea und Palaimon zu Meeresgottheiten, welche den Schiffern in Seenot Hilfe brachten.
(Leukothea nicht zu verwechseln mit Leukothoë, siehe S. 33).

QUELLEN: Euripides, Medea 1284 ff.; Apollodor 3,4,3; Ovid, Metamorphosen 4,416 ff. – BILD: Wouters, Budapest.

KEYX/CEYX UND HALKYONE/ALKYONE/ALCYONE

Keyx und Halkyone, ein Königspaar, waren in inniger Liebe verbunden. Als Keyx einmal auf eine Seereise gehen mußte, hatte seine Gemahlin üble Vorahnungen. Sie bat den Gatten vergeblich, entweder zu bleiben oder sie doch mitzunehmen, damit sie beide wenigstens im Tode vereint blieben. Tatsächlich kam Keyx in einem schweren Sturm um.
Zu Hause war Halkyone voller Unrast und ging immer wieder zum Gebet in den Tempel der Hera/Juno, so daß der Göttin ihre heißen Bitten um Abwendung eines Schicksals, das nicht mehr zu ändern war, schließlich leid taten. Juno schickte ihre Botin Iris (Regenbogen) ins Reich des göttlichen Hypnos (Schlaf), wo ewiges Schweigen herrscht und kein Tier Laut gibt, wo der Bach «Vergessen» murmelt und zum Schlafen einlädt, wo der Mohn am Eingang zur Grotte wächst und im Haus keine störende Tür ist, die zuschlägt oder in den Angeln kreischt. Dort fand Iris den Hypnos, der bei ihrem Eintreten für einen Augenblick aus seinem wohligen Schlaf erwachte und sich auf seinem Lagerpfuhl aufrichtete. Sie bat ihn, der unglücklichen Halkyone im Traum die Wahrheit zu enthüllen.
Morpheus, Sohn des Hypnos und Gott der Träume, zeigte draufhin der schlafenden Gattin das Bild des ertrunkenen Gatten. Am Morgen eilte sie sogleich ans Meer, um noch einmal die Hafenmole zu sehen, wo beide einst Abschied genommen hatten. Da sah sie einen Leichnam, der vom Meer herangeschwemmt wurde, und sie lief ihm mit solcher Sehnsucht über die Mole entgegen, daß sie in einen Vogel verwandelt wurde, der sich auf den im Wasser treibenden Leichnam setzen konnte. Nun belebte sich auch der Tote, und die Götter, sich seiner erbarmend, machten ihn zu dem gleichen Tier. Von da an waren die Eisvögel (griech.: halkyones), die als monogam galten, ein Sinnbild ehelicher Liebe; die ungewöhnliche Schönwetterzeit im Winter, wenn diese

Vögel ihre im Meer treibenden Nester bebrüteten, nannte man «halkyonische Tage».

QUELLEN: Ovid, Metamorphosen 11,410 ff.; Hygin 65. – BILDER: *Iris als Botschafterin Junos im Reich des Hypnos:* Carpioni, KHM Wien/Budapest; Guérin, Eremitage. *Traum der Alkyone:* Majolikateller aus Urbino, Mus. Civ. Correr Venedig. *Alkyone findet die Leiche des Keyx am Strand:* Carpaccio, Philadelphia.

Poseidon/Neptun

Poseidon ist als Sohn des Kronos/Saturn und der Rheia ein Bruder des Zeus/Jupiter. Beim Sturz des Kronos erhielt er die Herrschaft über die See. Mit seinem Dreizack erschüttert er zornig aufbrausend die Meere und Felsgestade, aus der Tiefe schickt er Seeungeheuer. Er ist aber auch für eine glückliche Seefahrt zuständig. Sein Palast aus Kristall ist am Grunde des Meeres. Oft fährt er mit seinem Rossegespann über die Wellenkämme dahin, begleitet von den anderen Seegottheiten, vor allem von seiner Gemahlin Amphitrite, die neben ihm in einem Muschelwagen sitzt. Ihr Sohn Triton ist ein Mischwesen aus Fisch und Mensch; oft nimmt man auch eine Vielzahl von Tritonen an, die im Meer mit den Nereiden das Gegenstück zu den Satyrn und Nymphen auf dem Lande sind. Poseidons ATTRIBUT *ist der Dreizack; Pferd und Delphin sind ihm heilig.*

AMPHITRITE UND DER DELPHIN

Amphitrite war eine der göttlichen Nereiden, welche durch Nereus von den Urgöttern Pontos und Gaia abstammten. Poseidon/Neptun sah sie einmal, wie sie voller Grazie tanzte, und verliebte sich in sie. Doch als er sie zur Gattin haben wollte, floh sie und versteckte sich beim Titanensohn Atlas. Poseidon ließ sie überall durch die ihm dienstbaren Geschöpfe des Meeres suchen, bis ein Delphin sie schließlich entdeckte und ihr zuredete, den Herrscher der Meere zu heiraten. Auf seinem Rücken trug der Delphin dann Amphitrite zu Poseidon. Dieser setzte ihn zum Dank dafür als Sternbild an den Himmel.

QUELLEN: Apollodor 3,15,5; Hygin, Poetische Astronomie 1,17. – BILDER: *Neptun und Amphitrite:* Peruzzi, Villa Farnesina; Rubens, Bodemus.; Frans II. Francken, Braunschweig/Uffizien/Prado/Sarasota (Flo.)/Göteborg; Poussin, Philadelphia; Schönfeld, Budapest; N.-N. Coypel, Marseilles.

NEPTUN VERFOLGT DIE TOCHTER DES KORONEUS/CORONEUS

Die schöne und von vielen Freiern umworbene Königstochter liebte es, am Sandstrand des Meeres spazierenzugehen. Dabei erregte sie die Aufmerksamkeit Poseidons/Neptuns, der sich in sie verliebte. Als seine schmeichlerischen Worte nichts halfen, wollte er das Mädchen mit Gewalt zwingen, ihm zu

Willen zu sein. Es lief davon, bis es erschöpft die jungfräuliche Göttin Athene/Minerva um Hilfe anrief. Diese verwandelte die Schutzflehende in eine Krähe, so daß sie davonfliegen konnte.

QUELLE: Ovid, Metamorphosen 2,569 ff. – BILD: Carpioni, Uffizien/Dresden.

Neptun und Amymone

Das Mädchen Amymone scheuchte, ohne es zu wollen, aus einem Gebüsch einen Satyr auf, der in seiner Lüsternheit sogleich zudringlich wurde. Poseidon/Neptun verjagte den Burschen und zeugte mit Amymone einen Sohn, den Nauplios, Vater des Palamedes. Beide werden im Zusammenhang mit dem Trojanischen Krieg genannt (siehe S. 88 und 100).

QUELLEN: Apollodor 2,1,4; Hygin 169; Philostratos d. Ä. 1,8. – BILDER: N.-N. Coypel, Musée Nat. du Palais Compiègne; Boucher, Grand-Trianon Versailles.

Demeter/Ceres

Demeter ist die eigentlich mütterliche Erdgottheit unter den olympischen Göttern. Sie stiftete den Getreidebau, die Gesetze und Sitten; durch ihre Segenskraft läßt sie alle Gewächse sprießen. Als Vegetationsgöttin wird Demeter/Ceres oft zu Dionysos/Bacchus in Parallele gesetzt. Ein Bezug zu Tod und Unterwelt – symbolisiert auch in ihrer Tochter Persephone/Proserpina – zeigte sich in ihrem Heiligtum beim attischen Eleusis, wo man ihr mit den Mysterien des Sterbens und der Auferstehung diente, die im periodischen Wechsel der Jahreszeiten mit ihrem Zyklus von (sommerlicher) Trockenheit, Aussaat, (winterlichem) Regen und Ernte vorgebildet waren. Das ATTRIBUT *der Demeter/Ceres ist ein von Schlangen gezogener Wagen, auf dem sie einherfährt.*

Der Raub der Persephone/Proserpina

Die liebliche Persephone, Tochter des Zeus und der Demeter/Ceres, pflückte einst mit ihren Gefährtinnen auf der Wiese Blumen. Sie sah eine wunderschöne Narzisse und lief von ihren Gespielinnen weg, um die Blume zu pflükken. Da tauchte plötzlich Hades auf, der hartherzige Gott der Unterwelt, den aber Eros/Amor durch einen seiner Pfeile verliebt gemacht hatte. Er entführte das Mädchen mit seinem Pferdegespann in die Unterwelt, um es dort zu seiner Gemahlin zu machen.

Untröstlich suchte die Mutter Demeter ihre Tochter lange Zeit vergeblich auf der ganzen Erde. Schließlich erfuhr sie vom Sonnengott, der alles sieht, wo ihre Tochter war. Da zog sie sich in ihrer Verzweiflung gänzlich von jedem Wirken in der Welt zurück und ließ keine Saaten mehr wachsen.

Der Götterbote Hermes/Merkur sollte nun die Entführte auf die Erde zurückholen. Doch Hades schenkte ihr beim Abschied einen Granatapfel, von dem sie aß und sich durch die Liebeskraft dieser Frucht für immer an ihren Gatten band. Durch die Vermittlung des Zeus kam es dann zu einer Abmachung, wonach Persephone die Zeit des Blühens und der Früchte bei ihrer Mutter auf der Oberwelt, die Zeit der toten Natur aber bei ihrem Gemahl in der Unterwelt verbringen sollte. So wurde die Demetertochter neben der eher blassen und inaktiven Gestalt des Hades zur eigentlichen Herrscherin im Totenreich. Askalaphos, der dem Hades verriet, daß Persephone von dem Apfel gegessen hatte, wurde zur Strafe dafür von dieser in einen Uhu verwandelt.

QUELLEN: Homer, Hymnus an Demeter; Diodor 5,4,1 ff.; Ovid, Fasti 4,419 ff., Metamorphosen 5,341 ff. – BILDER: *Raub der Proserpina:* Filarete, Bronzetür St. Peter Rom; Sustris, Fitzwilliam; Heintz, Dresden; P. Brueghel, Prado; Albani, Brera; Cecco Bravo, KHM Wien; Rubens, Prado; Padovanino, Akad. Venedig; Rembrandt, Dahlem; Uden, Louvre; A. Gentilleschi, Pal. Pitti; Moeyaert, Hamburg; Giordano, Escorial; Trevisani, Pommersfelden. *Demeter sucht Persephone:* Gherardi, Pal. Vecchio. *Persephone mit Granatapfel:* Rossetti, Tate Gall. *Ascalaphus in einen Uhu verwandelt:* Vasari und Gherardi, Pal. Vecchio.

Die Verspottung der Demeter/Ceres durch Abbas/Stellio

Auf ihrer Suche nach der von Hades geraubten Tochter kam Ceres völlig erschöpft zu einer Bauernhütte, wo ihr eine alte Frau einen erfrischenden Mischtrank reichte, in dem Gerstenkörner schwammen. Ein Junge kam dazu und verspottete die Fremde, weil sie mit solcher Gier ihren Durst stillte. Da schüttete Ceres den Rest des Getränks voller Grimm auf den Spötter. Sein Gesicht wurde voller Flecken und seine Gestalt verwandelte sich in eine Eidechse (lat: stellio «Sterneidechse» von stella «Stern»).

QUELLE: Ovid, Metamorphosen 5,446 ff. – BILDER: Elsheimer, Prado; Stomer, AP München; Prudhon, Bayonne.

Triptolemus und Lyncus

Triptolemos, ein Fürstensohn aus Eleusis in Attika, war ein Liebling der Ceres/Demeter. In ihrem Auftrag fuhr er auf einem von geflügelten Drachen gezogenen Wagen durch die Lande und lehrte die Menschen den Getreideanbau. Als er zum Skythenkönig Lyncus kam, versuchte dieser, ihm im Schlaf die Brust zu durchbohren, weil er selbst der Spender einer solchen Gabe sein wollte. Ceres verwandelte den Barbaren daraufhin in einen Luchs.

QUELLE: Ovid, Metamorphosen 5,642 ff. – BILD: Quaglio, Pal. della Porta Udine.

Phoibos Apollon/Apollo und die neun Musen

Apoll, Sohn des Zeus/Jupiter und der Titanin Leto/Letona, ist der Zwillingsbruder der Artemis/Diana. Häufig dem Sonnengott Helios/Sol gleichgesetzt und oft auch Phoibos/Phöbus («hell») genannt, ist er Gott des Lichtes, der sittlichen Ordnung und des edlen Maßes, aber auch der Weissagungen und Orakelstätten, der Inspiration in Musik und Dichtkunst. Seine Funktion als Gott der Heilkunst wurde meist auf seinen Sohn Asklepios/Äskulap übertragen. Seine ATTRIBUTE *sind die Leier sowie der Bogen und die Pfeile, mit denen er Krankheit und Tod schicken kann. Oft fährt Apoll auch auf einem von Schwänen gezogenen Wagen daher.*
Die neun Musen sind Töchter des Zeus und der Titanin Mnemosyne «Erinnerung». Sie werden angeführt von Apoll und weilen auf dem Berg Helikon bei der Quelle Hippokrene, die durch den Hufschlag des Flügelpferdes Pegasos entstand; manchmal sind sie auch auf dem Berg Parnassos bei der Quelle Kastalia, die jedem, der aus ihr trinkt, Begeisterung und Dichtergabe verleiht.
Zuständigkeiten und ATTRIBUTE *der einzelnen Musen: Erato: Liebeslyrik – Saiteninstrument; Euterpe: Gesang – Doppelflöte; Kalliope: Epik – Wachstafel und Schreibgriffel; Klio: Geschichtsschreibung – Buchrolle; Melpomene: Tragödie – tragische Maske; Polyhymnia: hymnische Dichtung (kein* ATTRIBUT*); Terpsichore: Tanz – Lyra; Thalia: Komödie – komische Maske, Hirtenstab und Efeukranz; Urania: Sternkunde – Himmelskugel.*

BILDER: *Apoll und die Musen:* Giulio Romano (zugeschr.), Pal. Pitti; Primaticcio, Fontainebleau; Tibaldi, Parma; M. de Vos, Brüssel; Spranger, KHM Wien; Frans II. Francken, Vaduz; Poussin, Prado.

LETO/LATONA GEBÄRT APOLL UND ARTEMIS/DIANA

Als die Titanin Leto die von Zeus gezeugten Kinder gebären wollte, verbot die eifersüchtige Hera/Juno allen «Ländern unter der Sonne», der Schwangeren Obdach zu gewähren. Schließlich kam die herumirrende Leto zur Insel Delos, die damals noch nicht fest verankert war und deshalb nicht als Land gelten konnte. Zeus ließ zudem eine Wasserwelle über die Insel hinwegrollen, welche die Sonne verdeckte. Leto klammerte sich dabei an eine Palme und brachte so die Zwillinge Apoll und Artemis/Diana an einem Ort zur Welt, der nicht zu den «Ländern unter der Sonne» gehörte.

QUELLE: Apollodor 1,4,2; Hygin 140. – BILDER: Cranach d. Ä., Dahlem; Tintoretto, Gall. Estense; Coninxloo, Eremitage; Jan Brueghel, Städel und Rijksmus.; Elsheimer, Fitzwilliam; Bril, Dahlem; Bonzi, Louvre; Carpioni, Dresden; Bloemart, Utrecht.

Leto/Latona verwandelt lykische Bauern in Frösche

Nachdem die Titanin Leto die göttlichen Zwillinge Apoll und Artemis/Diana geboren hatte, wanderte sie mit den Säuglingen ruhelos durch Kleinasien bis nach Lykien. In der Hitze des öden Landes kam sie zu einem Tümpel und bat die Bauern um einen Trank für sich und die durstigen Kinder. Doch die Leute verspotteten und beschimpften sie nur. Sie sprangen sogar im schlammigen Wasser herum, um es zum Trinken unbrauchbar zu machen. Da verfluchte die Titanin die hartherzigen Bauern und verwandelte sie in Frösche, die im Sumpf leben und zur Strafe für ihre Schimpfworte endlos quaken müssen.

Quelle: Ovid, Metamorphosen 6,341 ff. – Bild: Tintoretto, Gall. Estense.

Apoll tötet die Pythonschlange

Als Abkömmling der Erdmutter Gaia bewachte Python, ein riesiges Schlangen- oder Drachentier, Gaias Orakelstätte in Delphi. Nach ihm hieß die dortige Prophetin Pythia. Apoll tötete das Ungeheuer mit tausend Pfeilen, weil es, wie manche sagen, seine Mutter Leto vergewaltigen wollte. Dann machte er Delphi zu seiner eigenen Orakelstätte.

Quellen: Ovid, Metamorphosen 1,438 ff.; Pausanias 2,7,7; Apollodor 1,4,1. – Bilder: Rubens, Prado; C. de Vos, Prado; Sandrart, Uffizien; Triva, Schleißheim; Turner, Nat. Gall. London; Delacroix, Louvre.

Apoll und Daphne

Nachdem Apoll den Python-Drachen erlegt hatte, begegnete er dem göttlichen Knaben Eros/Amor/Cupido mit seinen Liebespfeilen. Noch voller Stolz auf seinen Sieg riet er dem Kleinen, das Bogenschießen besser den Männern zu überlassen. Eros ärgerte sich darüber und schoß einen seiner Pfeile auf Apoll, der sich daraufhin in die Nymphe Daphne verliebte. Auf diese aber schoß Eros einen Pfeil mit stumpfer Spitze, so daß sie gegen Apolls Werben unempfindlich blieb. Als nun der Gott die Nymphe in Liebe verfolgte, verwandelte sie sich, um ihm zu entrinnen, in einen Lorbeerstrauch. Seither ist der Lorbeer Apoll geweiht.

Quelle: Ovid, Metamorphosen 1,452 ff.; Hygin 203. – Bilder: Pollaiuolo, Nat. Gall. London; Gessi, Pinak. Turin; Luini, Brera; Dosso Dossi, Gall. Borghese; Schiavone, KHM Wien; Rubens, Bayonne; Lafosse, Orléans; Trevisani, Eremitage/Pommersfelden; Giaquinto, Escorial; Tiepolo, Washington/Louvre; Albani, Louvre.

Apoll schindet Marsyas

Die Göttin Athene hatte die Doppelflöte erfunden, aber dann weggeworfen, weil sich beim Spielen ihr Gesicht verzerrte. Der Satyr Marsyas fand die Flöte und forderte voll Stolz Apoll, den Meister der Leier, zu einem musikalischen

Wettstreit heraus. Der Gott nahm an unter der Bedingung, daß der Gewinner mit dem Verlierer tun dürfe, was er wolle. Apoll siegte im Wettstreit, da er auch mit der umgedrehten Leier spielen konnte, was Marsyas mit seiner Flöte nicht fertigbrachte. So durfte der Gott den Sartyr an einer Fichte aufhängen und ihm die Haut abziehen.

QUELLEN: Diodor 3,59,2 ff.; Ovid, Fasti 6,697 ff., Metamorphosen 6,382 ff.; Philostratos d. J. 2. – BILDER: Perugino, Louvre; Bronzino, Eremitage; Vasari, Arezzo; Palma Giovane, Braunschweig; Reni, AP München/Toulouse; Domenichino, Nat. Gall. London; Liss, Puschkin Mus. Moskau; Poussin, AP München; Guercino, Pal. Pitti; Langetti, Dresden; Jordaens, Rijksmus.; Ribera, Brüssel/Neapel; Giordano, Escorial; Loth, Uffizien.

Apoll tötet Coronis

Das Mädchen Coronis wurde von Apoll geliebt, betrog ihn jedoch noch während ihrer Schwangerschaft mit einem Sterblichen. Der dem Gott heilige Rabe meldete es voll Eifer seinem Herrn. Apoll tötete Coronis auf der Stelle mit einem Pfeil, war aber dann voller Trauer und Reue und versuchte vergeblich, die Geliebte ins Leben zurückzuholen. Nur den Sohn konnte er ihrem sterbenden Leib entreißen. Es war Asklepios/Äskulap, den sein Erzieher, der Kentaur Cheiron, in der Heilkunde unterwies. Der voreilige Rabe aber mußte für die Unglücksnachricht büßen: Apoll färbte sein Gefieder, das bis dahin weiß gewesen war, schwarz.

QUELLE: Ovid, Metamorphosen 2,542–547 und 598 ff. – BILD: Domenichino, Nat. Gall. London.

Apoll bei den Herden des Admetos

Der Arzt Asklepios/Äskulap, Apolls Sohn, erregte den Zorn des Zeus, weil er es wagte, Tote zu erwecken. Als Zeus ihn deshalb mit einem Blitzschlag vernichtete, tötete Apoll aus Rache dafür die Kyklopen, die in der Werkstatt des Hephaistos/Vulkan die Blitze und Donnerkeile des Zeus herstellten. Zur Strafe mußte Apoll ein Jahr lang für den thessalischen König Admetos die Herden hüten, welche daraufhin prächtig gediehen, aber dann von Merkur gestohlen wurden (siehe S. 26 f.). Apoll wurde ein Freund seines Gastgebers und half ihm, jene Alkestis als Gattin zu gewinnen, welche später von Herakles aus der Unterwelt zurückgeholt wurde (siehe S. 74).

QUELLE: Hygin 49. – BILDER: Albani, Pal. Corsini (Fundus) Rom/Fontainebleau; Lorrain, Gall. Doria.

Niobe

Die Königin Niobe von Theben, eine Tochter des frevlerischen Tantalos (siehe S. 47), wollte die Frauen der Stadt vom Opfer an die Göttin Leto/Latona zurückhalten. Diese habe ja nur zwei Kinder, Apoll und Artemis/Diana, geboren (siehe S. 18), sie selbst aber viele Söhne und Töchter. Letos göttliche Kinder nahmen furchtbare Rache: Apoll tötete mit seinen Pfeilen Niobes Söhne, Artemis die Töchter. Niobe selbst wurde in einen Felsen verwandelt, der ständig Tränen vergoß.

QUELLEN: Homer, Ilias 24,602 ff.; Diodor 4,74,3; Apollodor 3,5,6; Ovid, Metamorphosen 6,146 ff. – BILDER: *Niobe will die Frauen vom Opfer zurückhalten:* Cousin (Wandteppich), Metrop. Mus. *Tod der Niobiden:* Tintoretto, Gall. Estense; Bloemaert, Kopenhagen; Conca, Schleißheim.

Apoll beweint Hyakinthos/Hyacinth

Der schöne junge Hyakinthos war ein Liebling Apolls. Er kam beim Diskuswerfen zu Tode, weil ein eifersüchtiger Wind, der Zephyr oder der Boreas, die von Apoll geworfene Scheibe auf seinen Kopf lenkte. Aus dem Blut des Toten ließ der untröstliche Gott zur Erinnerung eine rote Blume, die Hyazinthe, wachsen.

QUELLEN: Apollodor 1,3,3 und 3,10,3; Ovid, Metamorphosen 10,162 ff.; Philostratos d. Ä. 1,23; Philostratos d. J. 14. – BILDER: Domenichino, Pal. Farnese; L. Boullogne, Fontainebleau.

Kyparissos/Cyparissus und sein Hirsch

Der junge Cyparissus, ein Geliebter Apolls, tötete aus Versehen mit dem Speer einen herrlichen zahmen Hirschen, der sein engster Spielgefährte gewesen war. Voll Schmerz darüber bat der Knabe die Götter, auf ewig um das geliebte Tier trauern zu dürfen. Seine Bitte fand Gehör, und er wurde in jenen düsteren Baum verwandelt, der nach ihm den Namen Zypresse erhielt. Apoll aber betrauerte seinen Liebling, der in Liebe das Leid eines anderen beklagte.

QUELLE: Ovid, Metamorphosen 10,106 ff. – BILD: Domenichino, Nat. Gall. London.

Artemis/Diana

Als Tochter des Zeus/Jupiter und der Titanin Leto/Latona ist sie eine Zwillingsschwester Apolls. Sie ist Göttin der Jagd, Herrin und Beschützerin der Tiere und von jungfräulicher Strenge; auch ihre Gefährtinnen, Nymphen, die sie begleiten, müssen jungfräulich bleiben. (In Ephesus stand ihre Statue, angeblich mit einer Vielzahl von Brüsten, was aber mehr einer Muttergottheit entspräche. Man meint deshalb auch, daß es sich um Hodensäcke handelte: Siegestrophäen der jungfräulichen Göttin oder Opfergaben ihrer Verehrer.) Als ATTRIBUTE *hat sie Pfeile als Jagdwaffen und eine hoch erhobene brennende Fackel, mit der sie durch die Wälder stürmt; oft folgt ihr auch eine Hündin. Häufige Gleichsetzung mit der Mondgöttin Luna (Halbmond im Haar).*

Artemis/Diana und Actaion

Actaion war ein berühmter Jäger, der mit einer wilden Hundemeute die Wälder durchstreifte. Zufällig erblickte er eines Tages Artemis/Diana, als sie mit ihren Nymphen badete. Damit er sich nicht rühmen konnte, die jungfräuliche Göttin nackt gesehen zu haben, verwandelte sie ihn in einen Hirsch, so daß ihn seine eigenen Hunde, die ihn nicht mehr erkannten, zerrissen.

Quellen: Apollodor 3,4,4; Ovid, Metamorphosen 3,138 ff. – Bilder: Filarete, Bronzetür St. Peter Rom; Romanelli, Louvre; Tizian, Edinburgh/Prado; Schiavone, Castello Sforza Mailand; Veronese, Philadelphia; Heintz, KHM Wien; Jan Brueghel, Eremitage/Prag; Rottenhammer, AP München/Budapest/Prag; A. Carracci, Brüssel; Cavaliere d'Arpino, Budapest; Balen, Kassel; Albani, Dresden/Louvre; Poelenburgh, Prado; Wtewael, KHM Wien; C. de Vos, Graz; Tiepolo, Akad. Venedig; Gainsborough, Buckingham Pal.; Delacroix, Museu de Arte Sao Paulo.

Callisto

Callisto war eine der Nymphen im Gefolge der jungfräulichen Göttin Artemis/Diana und brach die damit verbundene Keuschheitsverpflichtung, als sich ihr Zeus/Jupiter (in Gestalt des Apoll oder der Diana) näherte. Nachdem die Göttin beim Baden die Schwangerschaft ihrer Gefährtin erkannt hatte, verwandelte sie Callisto in eine Bärin. Jupiter rettete das noch ungeborene Kind, indem er die Mutter zum Himmel entführte, wo sie als Sternbild des Großen Bären zu sehen ist.

Quellen: Ovid, Metamorphosen 2,409 ff., Fasti 2,155 ff.; Apollodor 3,8,2. – Bilder: *Jupiter und Callisto:* Palma Vecchio, Städel; Rubens, Kassel; Liberi, Eremitage/Sarasota (Flo.). *Diana entdeckt im Bad die Schwangerschaft Callistos:* Palma Vecchio, KHM Wien; Tizian, Edinburgh; Cambiaso, Kassel/Turin; Balen, Darmstadt; C. Cornelisz, Berlin/Karlsruhe/Prag/Wadsworth Atheneum; Rubens, Prado; Poelenburgh, Städel; Jordaens, Oldenburg; Liberi, Eremitage; Ricci, Akad. Venedig/Pal. Pitti; Solimena (zugeschr.), Uffizien.

Ares/Mars

Der Kriegsgott Ares, Sohn des Zeus/Jupiter und der Hera/Juno, ist der Gott des tobenden Schlachtgewühls – im Gegensatz zur mit Besonnenheit kämpfenden «Schlachtenlenkerin» Athene. Meist wird er als Liebhaber der Aphrodite/Venus angesehen, manchmal auch als ihr Gemahl. Seine Attribute *sind Waffen; dem römischen Mars sind der Wolf und der Specht heilig.*

Ares/Mars und Aphrodite/Venus im Netze des Hephaistos/Vulkan

Aphrodite betrog ihren Gemahl Hephaistos gern mit dem Kriegsgott Ares, ohne daß es dem Gatten gelang, sie zu überführen. Vom Sonnengott Apoll, der alles sieht, erfuhr Hephaistos, daß es auf seinem eigenen Ehelager geschah. Daraufhin schmiedete er kunstvoll ein feines unsichtbares Netz, breitete es über dem Bett aus und tat so, als wollte er für eine Zeit auf seine Geburtsinsel Lemnos gehen. Als Ares die Gelegenheit nützen wollte, um mit der Liebesgöttin zu schlafen, fiel das Netz über die beiden und sie konnten sich nicht mehr bewegen. Hephaistos, der schnell zurückgekehrt war, rief nun alle Götter zusammen, die über das Mißgeschick der zwei Liebenden, nicht zuletzt aber auch über den betrogenen Ehemann in ein nicht endenwollendes Gelächter ausbrachen.

Quellen: Homer, Odyssee 8,266 ff.; Ovid, Metamorphosen 4,171 ff. – Bilder: *Mars und Venus als Liebespaar:* Botticelli, Nat. Gall. London; Piero di Cosimo, Dahlem; Palma Vecchio, Brooklyn Mus. New York; Giulio Romano, Pal. del Tè; Veronese, Metrop. Mus.; Spranger, KHM Wien/Graz; Rottenhammer, Rijksmus.; Palma Giovane, Nat. Gall. London; Rubens, Dahlem/Pal. Pitti; Poussin, Boston; Bol, Braunschweig; Lebrun, Louvre; Giordano, Louvre/Sarasota (Flo.); Lairesse, Rijksmus. *Apoll in der Schmiede Vulkans:* Rubens, Brüssel; Velasquez, Prado. *Vulkan überrascht Venus und Mars:* Tintoretto, AP München; Giordano, Akad. Wien; Amigoni, Braunschweig; Boucher, Wallace Coll. *Vulkan zeigt Mars und Venus im Netz:* Heemskerk, KHM Wien; *Das Homerische Gelächter:* Corinth, NP München.

Aphrodite/Venus

Die Tochter des Zeus/Jupiter und der Titanin Dione ist die Göttin der Liebe und Schönheit. Ihr Gemahl ist der häßliche und verkrüppelte Hephaistos/Vulkan, der aber schöne Kunstwerke anfertigt. Oft unterschied man zwischen der «himmlischen» Aphrodite/Venus und einer irdisch-sinnlichen: «Urania» und «Pandemos» (‹die allem Volk gehörige›). – Die Attribute *der Aphrodite sind die Taube und der Sperling sowie Myrte, Rose und Apfel; gelegentlich wird sie auch von Schwänen begleitet. Zu ihrem Gefolge gehören ihr Sohn, der verspielte Knabe Eros/Amor/Cupido, und die drei Chariten/Grazien Aglaia, der Glanz, Euphrosyne, der Frohsinn, und Thalia, die Blüte.*

Die Geburt der Aphrodite/Venus

Nach Homer ist Aphrodite die Tochter des Zeus und der Titanin Dione; anderen Berichten zufolge wurde die Liebesgöttin jedoch aus dem Schaum des Meeres geboren, weshalb sie «Anadyomene», die Emporgetauchte, hieß. Auch sagt man, der Schaum, aus dem sie entstand, habe sich im Umkreis der Geschlechtsteile gesammelt, die Kronos/Saturn seinem Vater Uranos abgeschnitten hatte (siehe S. 4).

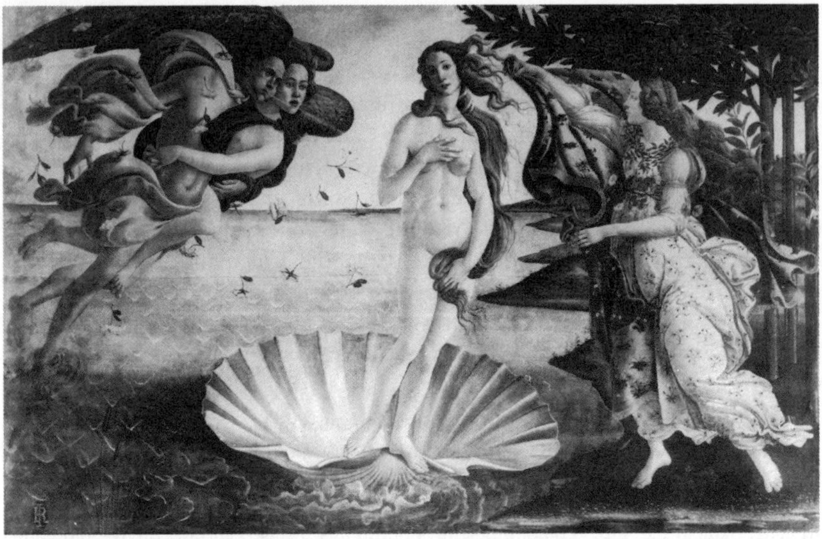

Geburt der Venus
Gemälde von Sandro Botticelli, Uffizien

Aphrodite soll vor der Insel Zypern geboren sein und dann auf der Insel Kythera/Cythera zuerst das Land betreten haben. «Der Aufbruch nach Cythera» wurde deshalb in der Barockzeit als Beginn einer Pilgerfahrt zur Insel der Liebesgöttin verstanden.

QUELLEN: Hesiod, Theogonie 188 ff.; Homer, Ilias 5,370; Apollodor 1,3,1. – BILDER: *Die Geburt der Aphrodite:* Botticelli, Uffizien; Tizian, Bridgewater Gall. London; Rubens, Nat. Gall. London/Brüssel; N.-N. Coypel, Eremitage; Ingres, Chantilly; Redon, Städel. *Einschiffung nach Kythera:* Watteau, Louvre/Schloß Charlottenburg Berlin (West).

PYGMALION

Der Bildhauer Pygmalion, der sonst die Frauen wegen ihrer Verderbtheit mied, verfertigte aus Elfenbein eine herrliche Frauenstatue, in die er sich verliebte. Er brachte seinem eigenen Kunstwerk Geschenke, bekleidete und entkleidete es und bat schließlich am Feste der Aphrodite/Venus die Liebesgöttin, dem Gebilde seiner Hände Leben einzuhauchen. Wieder zu Hause besuchte Pygmalion die Statue und küßte und streichelte sie. Da spürte er auf einmal die Wärme eines lebendigen Leibes, und die Göttin selbst feierte die eheliche Verbindung mit. Der Knabe, der daraus geboren wurde, war der Großvater jener Myrrha, die den Adonis zur Welt brachte.

QUELLE: Ovid, Metamorphosen 10,243 ff. – BILDER: Schalcken, Uffizien; Raoux, Montpellier; Boucher, Eremitage; Fragonard, Bourges.

Die Geburt des Adonis

Myrrha, die Tochter des Königs der Insel Paphos, verschmähte alle Freier, da sie von einer verzehrenden Neigung zu ihrem eigenen Vater erfüllt war. Voller Verzweiflung über ihre aussichtslose Lage wollte sie sich erhängen, wurde dabei aber von ihrer treuen Amme gestört. Aus Mitleid ging diese zum König und erzählte ihm, ein junges Mädchen habe sich in ihn verliebt. Heimlich brachte die Alte dann Myrrha im nächtlichen Dunkel zum Lager des Vaters, der zwei Nächte mit ihr schlief. Neugierig geworden wollte er dann die seltsame Geliebte auch sehen. Zu seinem Entsetzen erkannte er in ihr die eigene Tochter und griff zum Schwert, um sie zu töten. Das Mädchen aber entfloh.

Verzweifelt irrte die schwangere Myrrha über die ganze Erde und bat die Götter, sie in ein anderes Wesen zu verwandeln, da sie mit ihrer Schuld weder die Lebenden noch die Toten kränken wolle. So wurde sie zum Strauch Myrrhe, der ihre weiterfließenden Tränen als Harz von sich gab. Im Stamm wuchs jedoch ihr Kind, das mit Hilfe der Geburtsgöttin Lucina die Rinde sprengte und als schöner Knabe heraustrat. Er erhielt den Namen Adonis. Aphrodite/Venus verliebte sich in ihn, da ihr Sohn Eros/Amor ihr aus Versehen mit einem seiner Pfeile die Brust aufritzte, als sie ihn küßte.

Quelle: Ovid, Metamorphosen 10,298 ff. – Bilder: Tizian, Mus. Civico Padua; Elsheimer, Städel; Carpioni, Bergamo; Franceschini, Dresden/Vaduz; G. M. Crespi, Leipzig; Vanloo, Bamberg.

Der Tod des Adonis

Der junge und schöne Adonis, den Aphrodite/Venus liebte, war trotz ihrer Warnung auf die Jagd gegangen. Dort verwundete er mit seinem Speer einen Eber, der ihn aber voller Wut angriff und ihm seine Hauer in die Leisten trieb. Aphrodite eilte auf das Stöhnen des tödlich verwundeten Geliebten herbei, konnte ihn aber nicht mehr retten.

So verwandelte sie das aus dem Sterbenden fließende Blut in die roten Blüten der Anemone. Durch ihre Bitten erreichte sie von der Todesgöttin Persephone/Proserpina (siehe S. 16), daß Adonis jedes Jahr sechs Monate auf der Erde verbringen durfte, was den Anlaß zum Fest seines jährlichen Sterbens und Wiedererwachens gab, das besonders von Frauen gerne gefeiert wurde.

Es wird auch erzählt, Venus sei, als sie dem sterbenden Adonis zu Hilfe eilte, in den Dorn einer Rose getreten. Dadurch habe sich die ursprünglich weiße Blume rot gefärbt.

Quellen: Ovid, Metamorphosen 10,705 ff.; Pausanias 6,24,7. – Bilder: *Venus und Adonis:* Tizian, Prado/Nat. Gall. London/Metrop. Mus. Washington; Veronese, KHM Wien/Prado/Darmstadt; Tintoretto, Chicago; A. Carracci, KHM Wien; Heintz, KHM Wien; Spranger, KHM Wien; Goltzius, Rijksmus./Schleißheim; Liss, Karlsruhe; Albani, Gall. Borghese/Louvre; Giordano, Budapest; J. Amigoni, Akad. Venedig/Schleißheim. *Venus beklagt den*

Tod des Adonis: Piombo, Uffizien; Rosso Fiorentino, Fontainebleau; Veronese, Bridgewater Gall. London/Nat.Mus. Stockholm; Schwarz, KHM Wien; Scarsellino, Gall. Borghese; Domenichino, Pal. Farnese; Furini, Budapest; Turchi, Dresden; Ribera, Pal. Corsini Rom/Cleveland; Pellegrini, Slg. I. Brass Venedig; Franceschini, Sommerpalais Liechtenstein Wien. *Venus und die Rose:* Giulio Romano, Pal. del Tè.

Atalante und Hippomenes

Atalante war eine berühmte Jägerin, die immer jungfräulich bleiben wollte. Voll Stolz verkündete sie, sie wolle nur dem gehören, der sie im Wettlauf besiegen könne; wer aber dabei unterläge, der müsse von ihrer Hand sterben. Hippomenes, fast noch ein Knabe, war über die Torheit derer, die sich dem Kampf stellten, zuerst entrüstet, verliebte sich aber auf der Stelle in Atalante, als er zusah, wie sie sich zum Wettlauf auszog. Er betete inständig zu Aphrodite/Venus, die ihm, von seiner Liebe angerührt, drei goldene Äpfel brachte. Dreimal warf nun Hippomenes beim Lauf Atalante einen Apfel vor die Füße, als sie schon daran war, ihn zu überholen. Und dreimal bückte sich Atalante, der Aphrodite eine erste Zuneigung zu dem tapferen jungen Mann eingeflößt hatte. So wurde die schnelle Jägerin besiegt und sie ergab sich in Liebe ihrem Bezwinger. Doch Hippomenes vergaß das geschuldete Weihrauchopfer an die hilfreiche Göttin, weshalb Aphrodite die Liebe der beiden zerstörte. Weil sie sich, von der Liebesgöttin angestachelt, voll Ungeduld in einer heiligen Grotte vereinten, die der Erdmutter Kybele geweiht war, wurden sie von dieser in ein Löwenpaar verwandelt.

Quellen: Ovid, Metamorphosen 10, 559 ff.; Hygin 185. – Bilder: Giulio Romano, Pal. del Tè; Reni, Neapel; Breenbergh, Kassel.

Hermes/Merkur

Der Sohn des Zeus/Jupiter und der Nymphe Maia ist schlau und gewandt und deshalb der Schutzgott der Diebe, der Wanderer und Reisenden, des Handels und des Reichtums; als «guter Hirt» beschützt und vermehrt er die Herden. Er ist Erfinder der Leier und Vollstrecker und Bote des göttlichen Willens. Als solcher führt er die Verstorbenen in die Unterwelt hinab. Beim Reigen der Chariten/Grazien und Nymphen ist er ihr Anführer. Dargestellt wird Hermes als schlanker Jüngling mit den Attributen *Reisehut, Flügeln an den Sandalen, in der Hand den zaubermächtigen goldenen Heroldstab.*

Hermes/Merkur stiehlt die Rinder Apolls

Kaum war Hermes, Sohn des Zeus, von seiner Mutter, der Nymphe Maia, in einer Höhle geboren worden, da konnte er schon seine Wiege verlassen. Er traf auf eine Schildkröte, die er tötete und aus deren Schild er die erste Leier anfertigte. Als Saiten verwendete er die Därme von Rindern, die er noch am selben Tag aus der Herde stahl, die Apoll für Admetos hütete (siehe S. 20). Die Tiere trieb er fort, indem er sie an den Schwänzen rückwärts zog und seine Fußspuren durch Sandalen aus Bast unkenntlich machte, so daß Apoll aus ihnen nicht klug werden konnte.

Hermes schenkte dem alten Hirten Battos/Bassus, der ihm unterwegs begegnete, eine Kuh, damit er ihn nicht verrate. Als Hermes jedoch, um den Alten auf die Probe zu stellen, gleich danach in veränderter Gestalt zurückkam und ihm ein noch schöneres Rind in Aussicht stellte, brach Battos sein Versprechen. Er wurde vom Gott in einen Stein verwandelt, da er zur Bekräftigung gesagt hatte, er werde so schweigsam sein wie ein Stein.

Hermes versteckte die Rinder und legte sich scheinheilig wieder in seine Wiege. Mit Apoll kam er dann überein, dessen Rinder gegen die Leier zu tauschen. Apoll, der den listigen Knaben liebgewann, schenkte ihm damals auch den mit Zauberkraft begabten Heroldsstab.

QUELLE: Ovid, Metamorphosen 2,685 ff. – BILD: Domenichino, Nat. Gall. London.

Hermes/Merkur und das Mädchen Herse

Als Hermes einmal die Töchter des athenischen Königs Kekrops beim Festzug erblickte, verliebte er sich in Herse, die schönste von ihnen. Er kam mit ihrer Schwester Aglauros überein, ihn gegen eine Belohnung in Gold in die Kammer des Mädchens einzulassen. Während er fortging, den Lohn zu holen, wurde Aglauros von brennendem Neid auf das Glück ihrer Schwester ergriffen und verwehrte Hermes den Zutritt zu den Gemächern der Schwestern. Voll Zorn berührte sie der Gott mit seinem Zauberstab, und sie wurde zu einem steinernen Bildnis.

QUELLE: Ovid, Metamorphosen 2,708 ff. – BILDER: *Merkur und Herse:* Veronese, Fitzwilliam; Elsheimer, Uffizien; Balen, Valenciennes; Moeyaert, Mauritshuis; Breenbergh, Mauritshuis; Poelenburgh, Kassel; Boeckhorst, KHM Wien/Schleißheim. *Aglauros verbietet Merkur den Zutritt:* Veronese, Fitzwilliam; Balen, Kassel; Flinck, Boston; Poussin, Ecole des Beaux-Arts Paris.

Hermes/Merkur und der Holzfäller

Ein Holzfäller, der im Fluß seine Axt verloren hatte, saß am Ufer und weinte. Merkur hatte Mitleid mit ihm, tauchte unter und holte erst ein goldenes, dann ein silbernes Beil aus dem Wasser. Jedesmal verneinte der Mann die Frage, ob es sein Werkzeug sei. Erst als der Gott mit dem verlorenen kam, bestätigte er, daß es das Richtige sei. Da schenkte ihm Merkur wegen seiner Ehrlichkeit alle drei Beile. Ein Freund des Mannes, der davon hörte, warf nun ebenfalls seine Axt in den Fluß, setzte sich daneben und weinte. Wieder kam der Gott und holte zunächst ein goldenes Beil heraus. Da der Mann aber sogleich versicherte, es sei das seine, verschwand Merkur, empört über diese Lüge.

QUELLE: Äsop, Fabeln. – BILD: Rosa, Nat.Gall. London.

(Pallas) Athene/Minerva

Athene ist die Friedensgöttin, aber auch eine – im Gegensatz zum ungestümen Kriegsgott Ares/Mars – geschickte Schlachtenlenkerin; als Göttin der Klugheit und Weisheit, des Mutes und der Schönheit ist sie Erfinderin von Pflug, Webstuhl und Flöte. Ihre ATTRIBUTE *sind die Lanze und das Ziegenfellschild, die Ägis, mit dem Haupt der Medusa, dessen Anblick alle Menschen sofort versteinert (siehe S. 64). Eule und Ölbaum sind ihr heilig. Da sie – mehr noch als Zeus/Jupiter – im militärischen, sportlichen oder musischen Kampf den Sieg verleiht, ist in ihrem Gefolge oft auch die Siegesgöttin Nike/Victoria zu finden. Athene wird allegorisch als Inbegriff der Tugend gesehen, die imstande ist, Wildheit und Wollust zu zähmen.*

BILD: *Pallas Athene bändigt den Centauren:* Botticelli, Uffizien.

DIE GEBURT DER ATHENE/MINERVA

Nachdem Hera/Juno ohne Gatten aus sich heraus den kunstreichen Hephaistos/Vulkan geboren hatte, nahm sich ihr Gemahl Zeus/Jupiter die kluge Metis, Tochter des Titanen Okeanos, zur Geliebten. Aber aus Furcht, das, was aus ihr geboren würde, könnte stärker werden als er selbst, verschlang Zeus die Titanentochter, die im gleichen Augenblick schwanger wurde. Die Frucht wuchs nun in Zeus selbst heran. Um ihn von dem Kind zu befreien, schlug Hephaistos mit einem Beil oder Hammer auf seinen Kopf, und heraus sprang das Mädchen Athene in kriegerischer Rüstung von schimmendem Gold.

QUELLEN: Pindar, Olymp. 7,55 ff.; Hesiod, Theogonie 886 ff.; Philostratos d. Ä. 2,27. – BILDER: Beccafumi, Pal. Bindi-Sergardi Siena; Franck, Prag.

ATHENES WETTSTREIT MIT POSEIDON

Beim Streit zwischen Athene und Poseidon um den Besitz Attikas beschloß der Rat der Götter, das Land solle derjenigen Gottheit gehören, die ihm das wertvollste Geschenk mache. Poseidon ließ daraufhin auf der Akropolis mit seinem Dreizack eine Quelle entspringen, während Athene den ersten Ölbaum wachsen ließ. Der Sieg wurde ihr zuerkannt.

QUELLEN: Apollodor 3,14,1; Ovid, Metamorphosen 6,70 ff. – BILDER: Garofalo, Dresden; Blondel, Louvre.

Erichthonios und die Töchter des Kekrops

Der Schmiedegott Hephaistos/Vulkan wollte Athene/Minerva in Liebe umarmen. Doch die kriegerische Göttin verteidigte sich erfolgreich. Beim Ringen mit ihr fiel der Same des ungestümen Angreifers zur Erde. Daraus entstand ein Knabe (eris ‹Streït›, chton ‹Erde›). Athene nahm das Kind trotz dieses eigenartigen Ursprungs wie ein eigenes in ihre Obhut und gab es zur Pflege an die drei Töchter des Kekrops, des Königs von Athen, mit der strengen Weisung, ja nicht in den Behälter hineinzuschauen. Zwei der Schwestern waren aber neugierig und öffneten den Deckel. Was sie erblickten, war ein Säugling mit einer Schlange, nach anderen Berichten ein schlangenförmiges Kind. Die Krähe, damals ein der Athene heiliger Vogel, meldete den Vorfall der Göttin, und die Mädchen wurden von Wahnsinn ergriffen. Erichthonios war später König von Athen (manchmal mit Erechteus verwechselt). Er soll auch, da er ohne Beine war, den Wagen erfunden haben. Deshalb kam er nach seinem Tod als Sternbild «Fuhrmann» an den Himmel, wenn dies nicht, nach anderen Autoren, mit dem Wagenlenker Myrtilos geschehen ist (siehe S. 101).

Quellen: Ovid, Metamorphosen 2,551 ff.; Hygin 166. – Bilder: *Die Töchter des Kekrops finden Erichthonios:* Rubens, Vaduz; Jordaens, KHM Wien; Rosa, Christ Church Oxford.

Arachne

Arachne, die Tochter eines Purpurfärbers, war durch ihre Fertigkeit beim Teppichweben so berühmt, daß sie es wagte, Athene zu einem Wettkampf in dieser Kunst herauszufordern. Als Arachne dann einen Teppich webte, der zwar herrlich anzusehen war, aber die Liebesabenteuer der Götter darstellte, verwandelte Athene sie voll Zorn darüber in eine Spinne.

Quellen: Ovid, Metamorphosen 6,5 ff.; Vergil, Georgica 4,246 f. – Bilder: Semolei, Dogenpalast Venedig; Veronese, Dogenpalast Venedig; Giordano, Escorial.

Athene/Minerva besucht die Musen

Einmal besuchte Athene die neun Musen auf dem Berg Helikon, um die Quelle zu sehen, die durch einen Hufschlag des geflügelten Rosses Pegasus entstanden war (siehe S. 67). Sie traf dort auch neun geschwätzige Elstern, die Pieriden, die ursprünglich Mädchen gewesen waren, aber verwandelt wurden, als sie die Musen zum Wettstreit im Gesang herausforderten.

Quelle: Ovid, Metamorphosen 5,251 ff. – Bilder: *Athene besucht die Musen:* Spranger KHM Wien. *Der Wettstreit der Musen und Pieriden:* Rosso Fiorentino, Louvre; Tibaldi, Bologna.

Hephaistos/Vulkan

Hephaistos, lateinisch neben Vulkan auch Mulciber genannt, ist der Schmied und Metallkünstler unter den Göttern. So wurde er zum Gott des Feuers und der Schmiedekunst. In seiner Werkstatt, die in verschiedenen Vulkanen, z. B. dem Aetna, lokalisiert wird, arbeiten die einäugigen riesigen Kyklopen. Der Gott ist häßlich und lahm, hat aber, da er schöne Dinge verfertigt, Aphrodite/Venus als Gemahlin, die ihn jedoch ständig betrügt (siehe S. 23).

Die Auffindung des Hephaistos auf Lemnos

Über den Ursprung des Hephaistos gibt es zwei Überlieferungen: Nach der einen hatte ihn Hera/Juno von ihrem Gemahl Zeus/Jupiter empfangen, nach der anderen erzeugte ihn die Göttin aus sich selbst ohne einen Partner. Bei der Geburt des Hephaistos soll Hera über seine Häßlichkeit und seine Lahmheit so entsetzt gewesen sein, daß sie das Kind aus dem Olymp hinauswarf. Es fiel in den Ozean, die Titanentöchter Thetis und Euronyme fanden es und zogen es heimlich auf. Der Knabe lebte neun Jahre in einer Höhle und erlernte dabei die Schmiedekunst. – Nach einer anderen Version der Geschichte fiel Hephaistos auf der Insel Lemnos nieder, nachdem ihn Zeus aus dem Olymp geworfen hatte, sei es, weil er erbost war, daß Hera das Kind ohne ihn geboren hatte, sei es, weil sich der Knabe beim Streit darüber auf die Seite seiner Mutter gestellt hatte. Mit diesem Sturz wird dann auch erklärt, warum Hephaistos lahmte.

Quelle: Homer, Ilias 18,393–405 und 1,590–594. – Bild: Piero di Cosimo, Wadsworth Atheneum.

Eros/Amor oder Cupido

Neben der aus dem Chaos geborenen Gottheit Eros im Sinne einer das ganze All verbindenden Kraft trägt diesen Namen vor allem der göttliche Sohn des Ares/Mars und der Aphrodite/Venus. Er ist der Gott der leidenschaftlichen Liebe und wird als übermütiger Knabe gesehen, der in Göttern und Menschen die Liebe mit seinen vergoldeten Pfeilen erweckt oder auch mit einer stumpfen Pfeilspitze aus Blei abtötet. Eros, das griechische Wort für Liebe, heißt bei den Römern auch Amor oder Cupido (Begehren). Später verniedlicht und vervielfacht sich Eros immer mehr bis zu den Eroten, Amoretten und Putti der Barockzeit.

Eros/Amor und Psyche

Die Königstochter Psyche war so schön, daß die Menschen ihr und nicht mehr der Liebesgöttin Aphrodite/Venus huldigten. Deshalb befahl die Göttin ihrem Sohn Eros/Amor, die Nebenbuhlerin in ein häßliches Geschöpf zu verwandeln. Doch Eros verliebte sich beim Anblick Psyches sofort in das Mädchen und konnte dem Befehl seiner Mutter nicht mehr gehorchen.

Als Psyches Vater dem Apoll ein Opfer darbrachte, ließ ihn Eros durch einen Orakelspruch wissen, die Tochter müsse sich, zur Hochzeit bereitet, allein auf eine einsame Bergspitze begeben. Von dort aber wurde Psyche durch eine sanfte Brise des Zephiros, des Westwinds (siehe S. 46), in ein verzaubertes Tal getragen, wo ein herrliches Schloß stand. Als Psyche dort nachts im Bett lag, legte sich Eros in menschlicher Gestalt zu ihr und liebte sie. Er versprach ihr, jede Nacht wiederzukommen, nur dürfe sie nie versuchen herauszufinden, wer er sei.

Psyche liebte den Unbekannten von ganzem Herzen, wünschte sich aber nach einiger Zeit, ihre beiden Schwestern wiederzusehen, da sie sich tagsüber langweilte. Widerwillig gab Eros ihrer Bitte nach und ließ die Mädchen vom Westwind herbeitragen. Diese waren voller Neid auf den schönen Palast und die herrlichen Geschenke, die ihre Schwester erhalten hatte. Sie bestürmten Psyche, doch endlich ausfindig zu machen, wer ihr Geliebter sei. So ging sie in der folgenden Nacht mit einer Lampe und einem Dolch zu Bett. Als der Unbekannte eingeschlafen war, entzündete sie die Lampe und hielt den Dolch stoßbereit in der Hand für den Fall, daß der seltsame Liebhaber ein Untier war, wie die Schwestern vermutet hatten. Doch Psyche wurde von der Schönheit des Geliebten so ergriffen, daß ihre Hand zu zittern begann und etwas vom Öl der Lampe auf den Leib des Schlafenden tropfte. Der Gott erwachte und flog davon.

Psyche suchte den verlorenen Geliebten lange Zeit überall auf der Erde. Sie kam sogar in die Gewalt Aphrodites, für die sie gefährliche und schwierige Arbeiten ausführen mußte, bei denen ihr aber Eros half, der sie immer noch liebte. So vereinte Zeus schließlich die beiden Liebenden, und Hermes/Merkur geleitete Psyche zum Olymp, wo sie die Gattin des Liebesgottes wurde.

Quelle: Apuleius, Metamorphosen oder der Goldene Esel 4,28–5,24. – Bilder: *Amor und Psyche (allg.):* Meister der Argonautentafel, Bodemus.; Raffael und Schüler, Villa Farnesina; Giulio Romano, Pal. del Tè; Schiavone, Akad. Venedig; Bloemaert, Stuttgart; Batoni, Dresden. *Psyches Vater opfert Apoll:* Lorrain, Fairhaven Coll., Anglesay Abbey. *Entführung bzw. Errettung Psyches:* Lorrain, WRM Köln; Prudhon, Louvre. *Psyche zeigt den Schwestern Amors Geschenke:* Fragonard, Nat. Gall. London. *Psyche betrachtet den schlafenden Amor:* Giovanni da San Giovanni, Uffizien; G. M. Crespi, Uffizien. *Aufnahme Psyches in den Olymp:* Bardellino, Dahlem; Rubens, Vaduz.

Die Züchtigung Amors/Cupidos

Der in Endymion verliebten Selene/Luna (siehe S. 35) erzählte Aphrodite/Venus, daß auch sie von Amors Pfeilen oft böse getroffen werde. Sie habe ihm immer wieder gedroht, seinen Bogen zu zerbrechen oder seine Flügel zu beschneiden, ja, sie habe ihm sogar mit einem Pantoffel den Hintern ausgeklopft. Er hätte dann zwar voll Reue Besserung versprochen, aber bald wieder alles vergessen.
Auch andere Götter, Göttinnen und Nymphen rächten sich, so sagt man, immer wieder an Amor, indem sie ihn züchtigten oder seine Pfeile verbrannten.

Quelle: Lukian, Göttergespräche 19. – Bilder: Benvenuto, Yale Univ. New Haven (Conn.); Albani, Louvre/Braunschweig; F. van Mieris, Budapest.

Amor als Honigdieb

Eine Biene stach einst den Liebesgott in den Finger, als er eine Wabe ausrauben wollte. Voll Schmerz blies er auf seine Hände, stampfte auf den Boden und hüpfte herum. Dann beklagte er sich bei seiner Mutter Venus, daß ein so kleines Tier eine so grausame Wunde verursachen könne. Sie aber gab lachend zur Antwort: «Bist du nicht auch wie die Biene, mein Kleiner, der du so grausame Wunden schlägst?»

Quellen: Theokrit, Idyllen 19; Anakreontische Verse 5. – Bild: Cranach d. Ä., Dahlem/Nürnberg/Gall. Borghese.

Helios/Sol

Der Sonnengott fährt täglich mit seinem von vier feuerschnaubenden Flügelrossen gezogenen Wagen am Himmel entlang, im Osten aus dem Okeanos auftauchend und im Westen wieder darin verschwindend, um in der Nacht in einer goldenen Schale auf dem die Erde umgebenden Gewässer des Okeanos zum Ausgangspunkt zurückzukehren. Die Sonne sieht alles, was auf Erden geschieht, und bringt so die verborgene Schuld an den Tag. Oft wird Helios auch mit Apoll vermengt, der ja Phoibos, der Strahlende, heißt und auch über Pfeile, Sonnenstrahlen, verfügt (siehe S. 18).

Phaëthon

Helios hatte viele Kinder, darunter einen Sohn namens Phaëthon. Ihn neckte eines Tages ein Freund und bestritt seine Abstammung vom Sonnengott. So ging Phaëthon so lange nach Osten, bis er den Vater traf, der ihm zum Zeugnis seiner Vaterschaft versprach, jeden Wunsch zu erfüllen. Phaëthon wünschte

sich nun, einen Tag lang den Sonnenwagen lenken zu dürfen. Helios war entsetzt, mußte aber sein Versprechen halten.
Er gab dem Sohn genaue Anweisungen, aber das war umsonst. Der junge Lenker verlor bald die Gewalt über die Pferde, und das Gefährt kam aus seiner Bahn, dabei Himmel und Erde versengend. Zeus griff ein und warf Phaëthon mit einem Donnerkeil aus dem Wagen. Der brennende Körper stürzte in den Fluß Eridanos, der später Po genannt wurde.
Am Ufer standen viele der Heliaden, Töchter des Helios und Phaëthons Halbschwestern, und betrauerten den Sturz. Sie wurden in Pappeln verwandelt, wie sie am Po häufig sind. Auch der ligurische König Cycnus, ein Verwandter Phaëthons, eilte untröstlich herbei, da er der Geliebte des Sonnensohnes gewesen war. Er wurde von Apoll, den seine Trauer rührte, aus Mitleid in einen Schwan verwandelt. Wegen seiner Klagelieder auf Phaëthon dürfen seither die Schwäne vor ihrem Tode noch einen Gesang anstimmen.

QUELLEN: Ovid, Metamorphosen 2,19 ff.; Diodor 5,23; Philostratos d. Ä. 1,11. – BILDER: *Phaëthon bittet seinen Vater Apoll um den Sonnenwagen:* Poussin, Dahlem; Rottmayr, Barockgal. Augsburg. *Sturz Phaëthons:* Sodoma, Art Mus. Worcester (Ma.); P. Brueghel, Karlsruhe, Tintoretto, Gall. Estense; Bocksberger, Residenzmus. München; Rottenhammer, Kassel; Giovanni da San Giovanni, Uffizien; Giordano, Escorial. *Verwandlung der Heliaden:* Tito, Pal. Vecchio.

LEUKOTHOË/LEUCOTHOË UND KLYTHIA/CLYTIË (CLIZIA)

Aus Rache dafür, daß Helios/Apoll ihren Ehebruch mit Mars ans Licht gebracht hatte, pflanzte Venus dem Sonnengott eine verzehrende Liebe zu einer Sterblichen ein. Er, der sonst alles sah, sah nur noch Leukothoë, die Tochter des Perserkönigs. Um sie zu gewinnen, betrat er in Gestalt ihrer Mutter ihr Gemach, wo das Mädchen gerade beim Spinnen war. Er schickte die anwesenden Mägde mit der Autorität der Mutter hinaus und war mit Leukothoë allein, die seinem Glanz und seinem Werben nicht widerstehen konnte.
Niemand hätte etwas davon erfahren, wenn nicht die Nymphe Klythia, welche der Gott einst geliebt hatte, in ihrer Eifersucht dem königlichen Vater von der Unzucht seiner Tochter berichtet hätte. Der Vater ließ in wilder Wut Leukothoë lebendig begraben. Voller Schmerz suchte Helios die Geliebte aus der Erde zum Leben zurückzubringen. Er erreichte, daß sie als Weihrauchstrauch aus dem Grabe hervorwuchs.
Die Nymphe Klythia aber, die sich immer noch in Leidenschaft für den Gott verzehrte, verwandelte dieser zur Strafe in eine Sonnenblume. So folgt sie mit ihrem Gesicht ständig dem Lauf des am Himmel dahinfahrenden Sonnengottes, dem ihre vergebliche Liebe bis heute gehört.

QUELLE: Ovid, Metamorphosen 4,190 ff. (Leukothoë ist manchmal mit der Nymphe Leukothea verwechselt, siehe S. 14). – BILDER: *Apoll und Leukothoë:* Boizot, Tours. *Leukothoë wird lebendig begraben:* Majolika-Teller aus Urbino, Victoria & Albert. *Die Nymphe Clythia:* A. Carracci, Cincinnati; Rubens, Slg. Suhr New York; Lafosse, Mus. Versailles.

Orion

Der Jäger Orion war ein Riese, der im Dienst des Königs von Chios die Insel von wilden Tieren säuberte und dafür die Tochter des Königs erhalten sollte. Da aber die Heirat immer wieder hinausgeschoben wurde, schlief Orion ohne Hochzeit mit dem Mädchen, worauf ihn der Vater im Schlaf blendete. Nun watete Orion zur Werkstatt des Hephaistos/Vulkan auf der benachbarten Insel Lemnos hinüber, wo ihm der Gott aus Mitleid seinen jungen Gehilfen Kedalion als Führer lieh. Von dem Knaben, den er auf seine Schultern setzte, geleitet ging dann Orion der Sonne entgegen, da – wie man damals glaubte – der feste Blick in das Gestirn erblindete Augen heilen konnte.
Später wurde Orion gewürdigt, mit Apoll und Artemis/Diana auf die Jagd zu gehen. Er soll aber dann von der Göttin (oder vom Gott) durch einen Pfeilschuß getötet worden sein, wofür widersprüchliche Gründe und Umstände genannt werden.

QUELLE: Homer, Odyssee 5,121 ff. – BILDER: *Orion wird der Sonne entgegengeführt:* Poussin, Metrop. Mus. *Orion mit Apoll und Artemis auf der Jagd:* Schule von Fontainebleau, Rennes.

Eos/Aurora

Eos ist die Morgenröte, eine Schwester des Helios, die ihren Bruder mit rosenfarbigen Händen und Armen ankündigt, wenn sie auf ihrem Rossegespann in goldenem Gewande aus dem Okeanos auftaucht. Ihr Gemahl ist der alte, müde Tithonus, den sie am Morgen oft noch schlafen läßt, wenn sie den Sonnengott am Himmel hinaufführt.

Cephalus und Procris

Cephalus und Procris waren ein sich innig liebendes Ehepaar. Oft ging der Gatte beim Morgengrauen zur Jagd, wo ihn Eos/Aurora, die Göttin der Morgenröte, sah, sich in ihn verliebte und ihn entführte. Sie konnte ihn aber zunächst nicht dazu überreden, sie zu lieben, da er seiner Gattin treu bleiben wollte. In ihrer Verzweiflung darüber vernachlässigte Aurora ihre täglichen Pflichten gegenüber der Sonne. Um eine Weltkatastrophe zu verhindern, schoß der Liebesgott Amor schließlich einen seiner Pfeile auf Cephalus ab, der nun die Liebe der Göttin erwiderte.
Als der Liebhaber nach langer Zeit wieder Abschied nahm, sagte ihm Aurora voraus, Procris werde seine Liebe noch enttäuschen. Der Stachel des Zweifels trieb Cephalus nun dazu an, die Treue der Procris auf die Probe zu stellen. Mit Hilfe Auroras als Fremdling verkleidet, trat er vor die eigene Gattin und warb lange um ihre Gunst. Erst als sie schwach wurde, gab er sich zu erkennen und gestand, daß alles nur eine Prüfung gewesen war. Voll Abscheu über die List

ihres Mannes floh Procris in die Wälder und ergab sich dem Dienst der jungfräulichen Artemis/Diana. Die Jagdgöttin schenkte ihr den windschnellen Hund Lailaps und einen unfehlbar treffenden Speer. Beides gab Procris an Cephalus weiter, als sich die beiden durch Dianas Vermittlung wieder versöhnten.

Cephalus ging nun wie früher am Morgen auf die Jagd. Dabei rief er immer wieder nach einer «Aura», einer Brise, um seine vom Jagen erhitzten Glieder zu kühlen. Das hörte jemand und erzählte es Procris, die eifersüchtig wurde, da sie meinte, ihr Mann liebe eine Nymphe namens Aura. Sie versteckte sich im Jagdrevier in einem Gebüsch, um die vermeintliche Geliebte zu entdecken. Cephalus hielt sie für ein Wild und tötete sie mit dem unfehlbaren Speer.

QUELLEN: Ovid, Metamorphosen 7,687 ff. und 794 ff.; Gabriello Chiabrera (1552–1637), Il Rapimento di Cefalo. – BILDER: *Cephalus entführt von Aurora:* Poussin, Hovingham Hall Yorkshire; A. Carracci, Pal. Farnese; Rubens, Nat. Gall. London; Boucher, Hôtel de Soubise Paris; Vanloo, Troyes. *Cephalus und Procris durch Diana wieder vereint:* Lorrain, Nat. Gall. London. *Cephalus und die verwundete Procris:* Piero di Cosimo, Nat. Gall. London; Luini, Washington; Veronese, Straßburg; Rubens, Prado; Reni, Braunschweig; Alsloot und Clerck, KHM Wien; Lorrain, Nat. Gall. London; Nesselthaler, Salzburg.

Selene/Luna

Selene ist eine zweite Schwester des Helios, die reine, stille Mondgöttin. Im Wagen, der von zwei weißen Kühen gezogen wird, fährt sie langsam am Nachthimmel dahin. Oft wird sie mit Artemis/Diana gleichgesetzt.

LUNA (ODER DIANA) BESUCHT DEN SCHLAFENDEN ENDYMION

Der schöne junge Hirte Endymion wurde von der Mondgöttin Selene/Luna geliebt; manche sagen auch, es sei Artemis/Diana gewesen. Wenn er nachts in seiner Höhle in den Bergen schlief, verließ die Göttin ihren Wagen und kam zu ihm, um ihn im Schlaf zu küssen. Zeus/Jupiter gewährte Endymion auf seine Bitte hin ewigen Schlaf und ewige Jugend. (Abb. S. 36)

QUELLEN: Hygin 271; Catull 66,5 f.; Apollodor 1,76. – BILDER: Garofalo, Dresden; Tizian, Barnes Foundation Merion (Pa.); Calvaert, Mainz; Scarsellino, Gall. Borghese; Dyck, Prado; Poussin, Detroit; Rubens, Nat. Gall. London; Flinck, Vaduz; Guercino, Uffizien/Gall. Doria/Hannover; Trevisani, Kassel; Lairesse, Rijksmus.

Dionysos/Bacchus

Dionysos, der Sohn des Zeus/Jupiter und der Kadmostochter Semele, wurde als Sterblicher geboren, wandelte sich dann aber in eine Gottheit und durchzog alle Länder der Erde, um als Gott anerkannt zu werden;

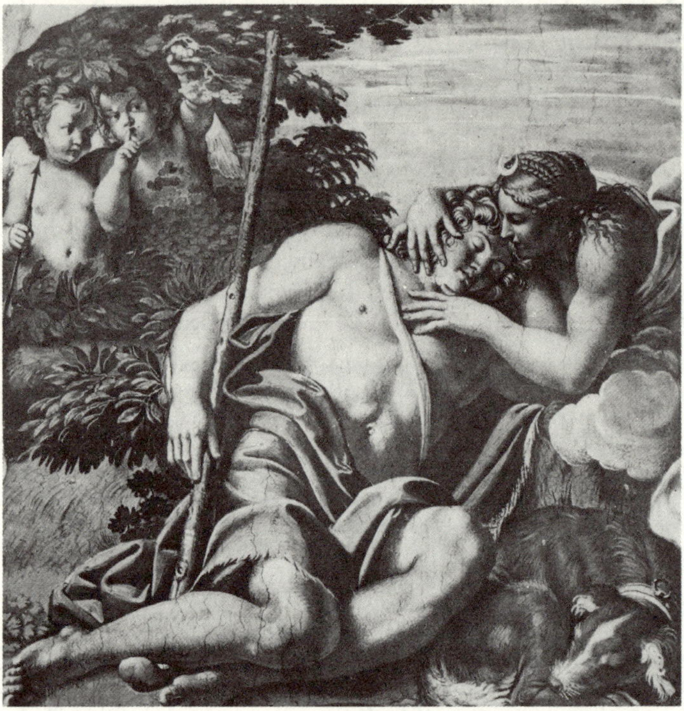

Diana und der schlafende Endymion
Freskogemälde von Annibale Carracci, Pal. Farnese Rom

sogar bis nach Indien soll er gekommen sein. Als Vegetationsgottheit war er Tod und Auferstehung unterworfen: In Delphi zeigte man sein Grab und auf dem nahegelegenen Berge Parnassos feierte man jedes zweite Jahr seine Rückkehr aus der Totenwelt. Wer ihn verehrte, dem brachte er Segen in der Landwirtschaft, besonders beim Weinbau; wer sich seinem Kult widersetzte, wurde auf schreckliche Weise vernichtet. Bei den Griechen hieß Dionysos auch Bakchos, woraus bei den Römern Bacchus wurde. Seine ATTRIBUTE *sind der Weinstock und der Thyrsusstab, ein mit einem Pinienzapfen gekrönter und mit Weinreben und Efeu umwundener Stock. Er trägt oft fließende orientalische Kleider und reitet manchmal auf einem Panther oder fährt auf einem von Panthern gezogenen Wagen.*

An einigen Festen des Gottes durften nur Frauen teilnehmen, die als Mänaden/Bacchantinnen, in Tierfelle gekleidet, in heiliger Raserei durch die Wälder tanzten. Überhaupt brachten die dionysischen Riten ekstatische Zustände mit sich, die durch Wein, Tanz und Musik hervorgerufen wurden. Ein solches Fest nannte man «Bacchanal». Der Aspekt der musischen Begeisterung im Kult des Bacchus wird manchmal auch durch den

Beinamen Comus (Griech. komos = Gelage) zum Ausdruck gebracht. (Über Komos bei Philostratos d. Ä., 1,2)
Zum Gefolge des Dionysos gehören die Satyrn, halbtierische Wesen mit platten Nasen und spitzen Pferdeohren, voll derb-sinnlicher Angriffslust auf Frauen und Nymphen. Unter den Satyrn ist der glatzköpfige Seilenos/Silen der berühmteste. Da er als großer Zecher etwas unsicher auf den Beinen ist, reitet er gern auf einem Esel.

BILD: *Der Mythos des Gottes Comus/Como:* Mantegna, Louvre.

Die Geburt und Erziehung des Dionysos/Bacchus

Als Zeus/Jupiter die thebanische Königstochter Semele liebte, versprach er ihr die Erfüllung eines Wunsches. Die eifersüchtige Zeusgemahlin Hera/Juno ging daraufhin zu dem Mädchen in Gestalt seiner Amme und äußerte starke Zweifel, ob wirklich der oberste der Götter sein Liebhaber geworden sei. Die Göttin riet dann Semele, sie solle sich, um Gewißheit zu erlangen, wünschen, daß ihr der Geliebte in seiner ganzen Göttlichkeit erscheine. Zeus, der sich an sein gegebenes Versprechen gebunden fühlte, zeigte sich dem Mädchen in seiner wahren Gestalt, und es verbrannte dabei in einem Blitzstrahl. Der Gott rettete die Leibesfrucht aus der Asche und nähte sie in seinen Schenkel ein, woraus der junge Dionysos/Bacchus hervorging.
Zeus ließ das Kind, in ein Zicklein verwandelt, heimlich von Hermes/Merkur auf den (verschieden lokalisierten) Berg Nysa zu den dortigen Nymphen bringen, die das Ziegenkind in einer Höhle großzogen. Später nahm es wieder menschliche Gestalt an, und der Satyr Seilenos/Silen wurde sein Erzieher.
Als Dionysos auszog, um in allen Ländern der Erde seinen Kult als neuer Gott zu verbreiten, waren die Nymphen von Nysa seine ersten Begleiterinnen (Mänaden).

QUELLEN: Hesiod, Theogonie 940 ff.; Euripides, Bakchen 99 ff.; Ovid, Metamorphosen 3,287 ff.; Apollodor 3,4,3; Plinius, Nat. Hist. 35,140; Philostratos d. Ä. 1,14. – BILDER: *Semele und die Geburt des Dionysos/Bacchus:* Schiavone, Nat. Gall. London; Tintoretto, Gall. Estense/Nat. Gall. London; Pittoni, Verona; L. Boullogne, Sanssouci; J. Amigoni, Braunschweig; Moreau, Mus. Gustave-Moreau Paris. *Erziehung des Bacchus:* Elsheimer, Städel; Lesueur, Eremitage; La Hire, Eremitage; Poussin, Louvre; Sandrart, Nürnberg; Lemoine, Wallace Coll. *Bacchus bei den Nymphen von Nysa:* La Hire, Eremitage. *Triumphzug des Bacchus:* Balen, Karlsruhe; Wttenbroeck, Braunschweig; C. de Vos, Prado; Moeyaert, Mauritshuis; Stanzione, Dresden; Jordaens, Kassel; Lafosse, Louvre/Orléans; G. M. Crespi, Kopenhagen; Natoire, Louvre.

Die Schlacht zwischen Dionysos und Lykurg

Lykurg war ein thrakischer König, der sich der Einführung des neuen Dionysos-Kultes widersetzte. Er vertrieb den jungen Gott, der mit seinem Gefolge von Mänaden in sein Land kommen wollte. Dionysos mußte in der Meerestiefe bei Thetis Zuflucht suchen. Lykurg aber wurde zur Strafe entweder von Zeus geblendet oder von Dionysos mit Wahnsinn geschlagen, so daß er seinen Sohn, nach manchen auch seine Gattin, mit einem Beil zerhackte und sich selbst die Füße abschnitt.

QUELLEN: Homer, Ilias 6,130–140; Hygin 132. – BILD: Genelli, Schackgalerie München.

Pentheus von Mänaden verfolgt

Als Dionysos/Bacchus auf seinem Zug auch nach Theben kam, wo seine Mutter Semele herstammte, widersetzte sich der damalige König Pentheus dem neuen Gott, weil dieser die Thebanerinnen in eine wilde Raserei trieb. Doch ein Priester, dessen Gestalt Dionysos angenommen hatte, weckte die Neugier des Pentheus und überredete ihn, als Mänade verkleidet in die Wälder zu gehen, um dort die Frauen in ihrer Ausgelassenheit zu beobachten. Pentheus wurde von den Mänaden entdeckt und von ihnen, da kein Mann an ihrer Raserei teilnehmen durfte, in Stücke gerissen. Seine eigene Mutter trug sein Haupt auf ihrem Thyrsusstab als Trophäe in die Stadt zurück und merkte erst dort, was sie angerichtet hatte.

QUELLEN: Euripides, Bakchen; Ovid, Metamorphosen 3,513 ff. – BILD: Gleyre, Basel.

Dionysos/Bacchus und die Minyastöchter/Mineiden

Auf seinem Triumphzug kam Bacchus in die griechische Stadt Orchomenos, wo sich die Frauen begeistert seinem Gefolge anschlossen. Nur die Töchter des Königs Minyas weigerten sich, an dem bacchantischen Treiben teilzunehmen. Sie blieben im Palast und setzten ihre Arbeit an den Webstühlen fort. Da erklang plötzlich betörende Musik, die Webebäume fingen an zu grünen, das Hängegewebe belaubte sich mit Efeu, und die Fäden wurden zu Zweigen, an denen Weintrauben hingen. Die Schwestern verfielen in Wahnsinn und zerstückelten den kleinen Sohn einer von ihnen. Dann wurden sie vom Gott Bacchus in Fledermäuse verwandelt.

QUELLE: Ovid, Metamorphosen 4,1 ff.; 390 ff. – BILD: Vermont, Schloß Versailles.

Bacchus verwandelt Schiffer in Delphine

Der junge Bacchus bestieg als Fahrgast unerkannt ein tyrrhenisches (etruskisches) Schiff, das nach der Insel Naxos segeln wollte. Die Besatzung steuerte jedoch daran vorbei, um den schönen Knaben in Asien als Sklaven zu verkaufen. Da ließ der Gott unter Flötenklängen Efeu über die Ruder und den Mast des Schiffes wachsen und füllte das Deck mit Luchsen und Panthern. In der Mitte stand er selbst mit einem von Reben umkränzten Stab und Tigern zu seinen Füßen. Die Schiffer aber merkten plötzlich, wie ihnen die Gliedmaßen schrumpften, und sprangen in ihrer Verwirrung ins Meer; sie waren zu Delphinen geworden.

QUELLEN: Ovid, Metamorphosen 3,582 ff.; Apollodor 3,5,1; Hygin 134; Philostratos d. Ä. 1,19. – BILD: Filarete, Bronzetür St. Peter Rom.

Dionysos und Ariadne

Auf seinem Zug durch die Länder der Erde fand Dionysos auf der Insel Naxos im Ägäischen Meer die von Theseus verlassene Ariadne, Tochter des Königs Minos von Kreta (siehe S. 56). Er tröstete sie und machte sie zu seiner Gemahlin. Bei der Hochzeit warf der Gott im Jubel seine Krone an den Himmel, um die Geliebte damit zu krönen (Sternbild der Corona Borealis). (Abb. S. 1)

QUELLEN: Ovid, Metamorphosen 8,176 ff.; Catull 64,50 ff.; Hygin 43. – BILDER: Giulio Romano, Pal. del Tè; Hemessen, Edinburgh; Tizian, Nat. Gall. London; Tintoretto, Dogenpal. Venedig; A. Carracci. Pal. Farnese Rom; Rubens, Boymans; Poussin, Prado; Mola, Braunschweig; Wttenbroeck, Prag; Jordaens, Dresden; Carpioni, Budapest/Dresden; Ricci, Nat. Gall. London; Pellegrini, Louvre; Werff, Fitzwilliam; Platzer, Kassel; Natoire, Eremitage; Kauffmann, Dresden.

König Midas

Auf dem Zug des Dionysos durch Kleinasien ging eines Tages Silen, der alte Erzieher und Gefährte des Gottes, verloren. Bauern hatten den stets durstigen Zecher mit einem Becher Wein eingefangen. Midas aber, der König des Landes, nahm Silen mit großer Gastlichkeit auf und führte ihn zu Dionysos zurück. Der Gott bot Midas daraufhin als Dank die Erfüllung eines Wunsches an. Törichterweise wünschte sich der König, alles, was er berührte, solle sich in Gold verwandeln.

Bald stellte sich jedoch heraus, daß sich auch jede Nahrung, die Midas zu sich nehmen wollte, in das edle Metall umwandelte. So bat er den Gott, von heißem Hunger gequält, das Geschenk wieder zurückzunehmen. Das war zwar nicht mehr möglich, aber Dionysos riet Midas, sich im Fluß Paktolos zu baden. So kam es, daß die dem Midas übertragene Kraft auf den Fluß überging, der von nun an goldhaltigen Sand führte.

QUELLE: Ovid, Metamorphosen 11,90 ff. – BILDER: *Midas vor Bacchus:* Poussin (Schule?), AP München. *Midas bei Tisch:* Francken d. J., Braunschweig. *Das Bad im Paktolos:* Poussin, Metrop. Mus.

Coresos und Callirhoë

Der junge Coresos, ein Priester des Dionysos/Bacchus, liebte die schöne Callirhoë, wurde aber von ihr verschmäht. So betete er um Hilfe zu seinem Gott, der die Landesbewohner mit Wahnsinn bedrängte. Ein Orakel verkündete ein

Ende der Plage, sobald Callirhoë – oder jemand, der freiwillig als Ersatz für sie sterben wolle – geopfert würde. Da niemand bereit war, an ihrer Stelle den Tod auf sich zu nehmen, führte man sie zum Altar des Dionysos, wo Coresos die Opferung vollziehen sollte. Er liebte aber das Mädchen so sehr, daß er sich, da er den Orakelspruch nicht mehr ändern konnte, das Messer in die eigene Brust stieß. Als Callirhoë den jungen Mann tot zu ihren Füßen liegen sah, wurde sie von der Stärke seiner Liebe zutiefst bewegt. Aus Reue über ihre Hartherzigkeit tötete sie sich neben seiner Leiche.

QUELLE: Pausanias 7,21,1–5. – BILD: Fragonard, Louvre.

Das Mahl des Tereus

Der thrakische König Tereus hatte die athenische Königstochter Prokne/Progne geheiratet, die ihm den Sohn Itys gebar. Nach fünfjähriger Ehe bat Prokne den Gatten, nach Athen zu fahren, um von dort ihre geliebte Schwester Philomele zu Besuch zu holen. Sobald Tereus aber Philomele sah, verliebte er sich in sie. Auf der Heimfahrt tat er ihr Gewalt an, dann schnitt er ihr die Zunge ab, um zu verhindern, daß sie jemandem von seiner Untat erzählte, und sperrte sie in ein Haus, das in den Wäldern bei seinem Palaste lag; seiner Gattin erzählte er, die Schwester sei gestorben. Die stumme Philomele aber setzte sich an den Webstuhl und schilderte ihre Geschichte in den Bildern eines Gewebes, das sie durch eine Magd heimlich an Prokne schickte. Diese verstand die Botschaft und zog beim Feste des Dionysos als Mänade mit den anderen Frauen in die Wälder. Dort befreite sie Philomele und nahm sie unter die Mänaden auf. So kehrten die beiden Schwestern in den Palast zurück, wo Prokne in ihrem Rachedurst ihre mütterlichen Gefühle überwand und ihr eigenes Kind, den Sohn des Vergewaltigers, tötete und die Leiche dem Vater zum Mahl vorsetzte. Als Tereus gegessen hatte, sagte ihm Prokne, worin seine Speise bestanden hatte. Sie rief Philomele herbei, die das blutige Haupt des kleinen Itys dem Vater ins Gesicht warf. Voll Entsetzen griff Tereus zum Schwert und verfolgte die beiden Schwestern mit entblößter Klinge. Doch alle drei wurden in Vögel verwandelt: Tereus in einen Wiedehopf, den an Stelle der Schwertklinge ein langer Schnabel kennzeichnet, Philomele in eine Schwalbe und Prokne in eine Nachtigall. – Bei manchen Autoren ist es Philomele, die zur Nachtigall wird und nun allezeit um ihren toten Itys trauert.

QUELLEN: Ovid, Metamorphosen 6,424 ff.; Hygin 45. – BILDER: Rubens, Prado; Hoet, Vaduz.

Das Bacchanal der Andrier

Der Gott Dionysos/Bacchus soll auch auf die Kykladeninsel Andros gekommen sein, wo er das Wasser einer Quelle in Wein verwandelte. Die Inselbewohner, Andrier genannt, feierten deshalb jährlich das Bacchanal, ein Fest, bei dem sie mit Efeu bekränzt an dem aus der Quelle strömenden Fluß sangen, tanzten und tranken.

QUELLE: Philostratos d. Ä. 1,25. – BILDER: Tizian, Prado; Rubens (nach Tizian), Nat. Mus. Stockholm.

Der Satyr beim Bauern

Ein Satyr wollte einst in seiner Einfalt von einem Bauern wissen, warum dieser in seine kalten Hände, dann aber auch auf die heiße Suppe blies. Als er das eine Mal zu Antwort erhielt: «um die Hände zu wärmen», das andere Mal: «um die Suppe abzukühlen», wurde er zornig und beschimpfte den Mann als doppelzüngig.

QUELLE: Aesop 74; La Fontaine 5,7. – BILDER: B. Fabritius, Wadsworth-Atheneum/ Bergamo; Eeckhout, Oldenburg; Jordaens, AP München/Kassel/Eremitage/Budapest/Brüssel.

Pan/Faunus

Pan/Faunus, der Sohn des Hermes/Merkur (oder einer anderen Gottheit) und einer Nymphe oder Ziege, ist ein Hirtengott mit Bocksfüßen und kleinen Hörnern auf dem Kopf. Er spielt gern auf der Syrinx, der aus mehreren Pfeifen zusammengefügten Hirtenflöte, und stellt in seiner Lüsternheit immer wieder den Nymphen nach. Wird er zur Mittagszeit, der «Stunde des Pan», gestört, dann jagt er mit plötzlichem Gebrüll den Herden «panischen Schrecken» ein. Arkadien, eine abgelegene Landschaft auf der Peloponnes, gilt als die Heimat Pans. In seiner Nachfolge übten sich dort die Hirten im Wettgesang und beim Spiel auf der Syrinx.

Pans Aufnahme in den Olymp

Als Pan geboren wurde, erschrak seine Mutter so sehr über sein Aussehen, daß sie davonlief und die Nymphen das Kind aufziehen mußten. Hermes/ Merkur schämte sich aber nicht des seltsamen Sohnes und führte ihn im Triumph zum Olymp, wo die versammelten Götter den ergötzlichen Kleinen mit Vergnügen in ihren Kreis aufnahmen.

QUELLE: Homer, Hymnus an Pan. – BILD: Rubens, Brüssel.

Pan und Syrinx

Pan verliebte sich in die Nymphe Syrinx, die aber der jungfräulichen Göttin Artemis/Diana ergeben war und vor dem ungestalten Liebhaber floh. Als Pan sie am Ufer eines Flusses einholte, bat sie die Wassernymphen, sie zu erretten. Sie wurde in Schilfrohr verwandelt, das Pan nun anstatt ihres Körpers in

Händen hielt. Der enttäuschte Gott seufzte tief auf. Dabei bewegte sein Atem die Halme, so daß eine zarte Melodie ertönte. Um sich auch künftig mit Syrinx unterhalten zu können, band Pan Rohre von verschiedener Länge zusammen und erfand so die Hirtenflöte, der er den Namen der Nymphe gab.

QUELLE: Ovid, Metamorphosen 1,689 ff. – BILDER: Bril, Louvre; Keuninck KHM Wien; Rubens, Buckingham Pal.; Jordaens, Brüssel; Poussin, Dresden; Lafosse, Orléans; Boucher, Nat. Gall. London; Böcklin, NP München.

Das Urteil des Midas

Als Pan die Hirtenflöte, die Syrinx, erfunden hatte, forderte er Apoll zu einem musikalischen Wettstreit heraus. Schiedsrichter war der würdige Greis Tmolos, ein Berg im Königreich des Midas. Erst spielte Pan seine Weisen, dann griff Apoll in die Saiten seiner Leier, der Tmolos unter dem Beifall aller Zuhörer den Sieg zusprach. Nur Midas rief laut, daß Pans Flötenspiel den Preis verdiene. Da zog Apoll den Midas bei den Ohren, die ein so falsches Urteil verursacht hatten. Die Ohren wurden länger und länger, bis sie Eselsohren glichen. Midas aber wollte die Schande verstecken und bedeckte von nun an sein Haupt mit einer purpurfarbenen Kappe. Nur vor dem Diener, der ihm die Haare schnitt, mußte er die Hülle abnehmen. Zwar wagte der Diener nicht, die für seinen König schändliche Nachricht zu verbreiten, aber er brachte es auch nicht fertig zu schweigen. So grub er ein Loch in die Erde und berichtete flüsternd in die Tiefe, was für Ohren sein Herr jetzt habe. Dann warf er die Grube wieder zu. Als dort ein Jahr später dichtes Schilf gewachsen war, gaben die vom Wind gefächelten Halme in ihrem Rauschen das Staatsgeheimnis preis.

QUELLE: Ovid, Metamorphosen 11,148 ff. – BILDER: Giulio Romano, Pal. del Tè; Bronzino, Eremitage; Schiavone, Hampton Court/Akad. Venedig; Tintoretto, Gall. Estense; Coninxloo, Dresden; Palma Giovane, Braunschweig; Lastmann, Kassel; Rubens, Eremitage; Rubens und Jordaens, Prado; Bergmüller, Salzburg; Schmidt (Kremser Schmidt), Barockmus. Wien.

Pan und Daphnis

Daphnis (nicht zu verwechseln mit dem gleichnamigen Liebhaber im antiken Roman «Daphnis und Chloë») war ein Sohn des Hermes/Merkur und einer Wassernymphe, einer Nayade, und galt als (Halb-)Bruder des Pan. Dieser lehrte ihn das Spiel auf der Syrinx, der Hirtenflöte. Daphnis soll viele Lieder erfunden haben, welche Artemis/Diana gerne hörte. Er gilt als der Begründer der bukolischen Dichtung. – Auch erzählt man von diesem Daphnis, er habe als Anhänger der jungfräulichen Göttin, die seinen Liedern lauschte, geschworen, niemals der Liebe zu unterliegen. Das ärgerte Aphrodite/Venus, und sie flößte ihm die Liebe zu einem Mädchen ein, so daß er in innerem Widerstreit dahinschmachtete und schließlich starb. Nach anderen Berichten verliebte sich Daphnis in die Nymphe Echenais, der er schwören mußte, nie einer anderen zu gehören. Da es doch dazu kam, weil sich eine Frau in seiner Trunkenheit zu ihm legte, erblindete er und stürzte von einem Felsen.

QUELLEN: Ovid, Liebeskunst 1,732; Diodor 4,84. – BILD: A. Carracci, Nat. Gall. London.

PAN UND DIANA

Die Mondgöttin Luna (als Diana) soll sich dem Pan hingegeben haben, als er ihr ein herrliches Vlies (ein weißes Ziegenfell) schenkte, mit dessen Glanz er sie in die Wälder gelockt hatte.

QUELLE: Vergil, Georgica 3,391 ff. – BILDER: *Pan reicht Diana ein weißes Widderfell:* A. Carracci, Pal. Farnese; Domenichino, Pal. Giustiniani Rom.

Nymphen

Die Nymphen sind schöne göttliche Mädchengestalten, die Quellen und Flüsse (Nayaden), Wälder, Grotten und Bäume (Dryaden) oder Berge (Oreaden) beleben. Auch die Töchter des Okeanos oder des Nereus (Nereiden), die im Meer spielen, werden oft Nymphen genannt.

AKIS/ACIS UND GALATEIA/GALATEA

Die schöne Nymphe (Nereide) Galateia/Galatea liebte innigst den noch ganz jungen Akis/Acis, mußte sich aber ständig dem ungestümen Werben des ungeschlachten und einäugigen Riesen Polyphem entziehen, der sie mit dem dröhnenden Spiel seiner riesigen Flöte und vielen Schmeicheleien und Versprechungen zu locken versuchte. Da ihn Galateia nicht erhörte, schleuderte der Riese einen gewaltigen Felsblock auf das liebende Paar. Die Nymphe konnte der Gefahr durch Untertauchen ins tiefe Wasser entrinnen, Akis wurde jedoch getroffen und zermalmt. Galateia wollte ihn wieder ins Leben zurückrufen, konnte aber nur erreichen, daß das aus den Felstrümmern strömende Blut des Geliebten zu einer Quelle und er selbst zu einem Flußgott wurde.

QUELLEN: Theokrit, Idyllen 11; Ovid, Metamorphosen 13,738 ff.; Philostratos d. Ä. 2,18. – BILDER: Giulio Romano, Pal. del Tè; Rubens, Prado; Poussin, Dublin; Lorrain, Dresden; Lafosse, Prado; Tischbein, Kassel.

ALPHEIOS UND ARETHUSA

Der Flußgott Alpheios entbrannte in Liebe zur spröden Nymphe Arethusa, als sie einmal an einem heißen Tage nackt in seinen Gewässern badete. Er verfolgte die Fliehende in Gestalt eines Mannes lange Zeit über Gebirge und Täler, bis sie erschöpft und voller Verzweiflung ihre Herrin Artemis/Diana um

Hilfe anrief. Die jungfräuliche Göttin verwandelte Arethusa in eine Quelle. Alpheios, der wieder zum Fluß wurde, versuchte von nun an, seine Wasser mit denen jener Quelle zu vereinen. Im Altertum glaubte man nämlich, daß es eine unterirdische Verbindung zwischen dem Fluß Alpheios auf der Peloponnes und der Quelle Arethusa auf der Insel Ortygia bei Syrakus in Sizilien gebe.

QUELLE: Ovid, Metamorphosen 5,573 ff. – BILDER: Lauri, Universität Göttingen; Doudijns, Universität Göttingen.

SALMAKIS UND HERMAPHRODIT

Aus einer Verbindung des Hermes/Merkur mit der Göttin Aphrodite/Venus ging ein überaus schöner Sohn hervor, in den sich die Quellnymphe Salmakis leidenschaftlich verliebte, ohne daß ihre Liebe erwidert wurde. Als nun der junge Mann einmal, ohne darauf zu achten, in ihrer Quelle badete, zog ihn die Nymphe in die Tiefe des Wassers hinab und betete zu den Göttern, mit ihm für immer vereint zu werden. So verschmolzen ihre beiden Leiber ineinander und es entstand ein Hermaphrodit mit weiblichen Brüsten und Körperformen, aber mit männlichen Genitalien. Und die Quelle hatte von nun an für alle, die in ihr badeten, die gleiche Wirkung.

QUELLE: Ovid, Metamorphosen 4,285 ff. – BILDER: Mabuse, Boymans; Spranger, KHM Wien; Albani, Pinac. Turin/Louvre/Vaduz.

GLAUKOS UND SKYLLA

Der junge Fischer Glaukos beobachtete eines Tages, wie gefangene Fische wieder zum Leben erwachten, wenn sie eine bestimmte Pflanze fraßen. Da kostete er selbst von dem Kraut. Er wurde davon unsterblich und von den Meeresgöttern als einer der ihren aufgenommen (glaukos ‹Meeresbläue›). Doch gleichzeitig waren dem Glaukos Flossen und der Schwanz eines Fisches gewachsen. Deshalb verschmähte ihn die schöne Nymphe Skylla, in die er sich heftig verliebt hatte. Nun wandte sich Glaukos um Rat an die Zauberin Kirke/Circe, die sich aber ihrerseits in ihn verliebte. Da sie Glaukos nicht von seiner Liebe abbringen konnte, rächte sich Kirke an der Nymphe. Als Skylla einmal ins Meer stieg, um zu baden, verwandelte sich ihr Unterleib in ein schreckliches Ungeheuer. Von da an legte Skylla sich an der Meeresstraße zwischen Unteritalien und Sizilien auf die Lauer, um über die Schiffer herzufallen, wenn sie zwischen ihr und dem gefährlichen Meeresstrudel Charybdis hindurchsegeln mußten.

QUELLE: Ovid, Metamorphosen 13,904 ff. und 14,1 ff. – BILDER: Spranger, KHM Wien; Rosa, Brüssel; Turner, Kimbell Art Foundation Fort Worth (Tex.).

Echo und Narcissus

Der junge Narcissus, halb noch Knabe halb schon Jüngling, war von solcher Schönheit, daß alle Mädchen und jungen Männer sich in ihn verliebten. Er aber wollte sich niemandem hingeben. Auch die Nymphe Echo verliebte sich in ihn und versuchte, ihm ihre Liebe zu gestehen. Sie konnte jedoch – wie ihr Name sagt – immer nur wiedergeben, was Narcissus sagte. Aus Scham darüber, daß der Knabe sie verschmähte, versteckte sich Echo in den Wäldern und Felsklüften, so daß seither niemand mehr genau sagen kann, von wo ihre Stimme herkommt. Narcissus wurde für seine Hartherzigkeit bestraft. Ein verschmähter Liebhaber betete nämlich zu Nemesis, der Göttin der Vergeltung, welche bewirkte, daß Narcissus sich leidenschaftlich in sein eigenes Spiegelbild verliebte, das ihm aus einer klaren Quelle entgegenblickte. Er kam nicht mehr davon los und versuchte immer wieder sein Bild im Wasser zu umarmen, während seine Weherufe über das vergebliche Bemühen von Echo wiedergegeben wurden.

Damit erfüllte sich eine zunächst unverständliche Weissagung des blinden Sehers Tiresias. An ihn hatte sich die Mutter des Narcissus, eine Nymphe, bei der Geburt mit der Frage gewandt, ob ihr Sohn einmal zu hohem Alter gelangen werde. «Ja», erwiderte der Seher, «wenn er sich fremd bleibt.»

Quellen: Ovid, Metamorphosen 3,339 ff.; Philostratos d. Ä. 1,23. – Bilder: *Echo und Narcissus:* Tintoretto, Pal. Colonna Rom; Caravaggio, Pal. Barberini Rom; Rosa, Pal. Reale Genua; Poussin, Louvre/Dresden; Lorrain, Nat. Gall. London; Cagnacci, Braunschweig; Lemoine, Hamburg; Biliverti, Schleißheim. *Der blinde Tiresias und der kleine Narcissus:* Carpioni, KHM Wien.

Picus, durch Circe in einen Specht verwandelt

Picus, ein junger und schöner König in Latium, war der Stammvater des Latinus, dessen Tochter Aeneas heiratete. Seine Gattin war die sangeskundige Nymphe Canens, der er sehr zugetan war. Als er einmal auf die Jagd ging, sah ihn die zaubermächtige Nymphe und Göttin Circe und verliebte sich auf der Stelle in ihn. Sie verwandelte sich in einen Eber und lockte ihn weg von seinem Gefolge in ein Waldesdickicht, wo sie sich ihm zu erkennen gab. Doch Picus verweigerte sich der Göttin, da er seiner Gattin treu bleiben wollte. Voll Wut berührte ihn Circe mit ihrem goldenen Zauberstab und verwandelte ihn in einen Specht (lat.: picus).

Quellen: Ovid, Metamorphosen 14,321 ff.; Vergil, Aeneis 7,189 ff. – Bilder: Filarete, Bronzetür St. Peter Rom; Garofalo, Pal. Barberini Rom; Giordano, Braunschweig.

Die Winde

Den vier Winden wird eine göttliche Natur zugeschrieben, da sie als Söhne eines Sterngottes und der Göttin Eos/Aurora, der Morgenröte, gelten. Boreas ist der brausende kalte Nordwind, Zephyros der milde regenbringende Westwind, Notos/Auster der feuchtwarme Südwind und Euros/Vulturnus der trockene heiße Ostwind. Hüter der Winde ist der Zeus-Liebling Aiolos/Aeolus, ein Sterblicher, der aber oft auch als Gott angesehen wurde. Er hält die Winde in einer Grotte auf einer der äolischen (= liparischen) Inseln in einem Schlauch gefangen, aus dem er sie nach seinem Belieben oder auf den besonderen Wunsch der Götter herausläßt.

Boreas und Oreithyia

Der rauhe Nordwind Boreas verliebte sich in die athenische Königstochter Oreithyia. Da ihr Vater seinem Werben nicht entsprechen wollte, hob der Wind das Mädchen, als es am Ufer des Flusses Ilissos in Attika spielte, in die Lüfte und trug es fort nach Thrakien.
Oreithyia gebar dem Windgott zwei geflügelte Söhne, Zetes und Kalais/Calais, die am Argonautenzug teilnahmen und dabei gegen die Harpyen, vogelartige weibliche Ungeheuer, kämpften.

Quellen: Ovid, Metamorphosen 6,683 ff.; Apollonios Rhodios 1,212 ff. – Bilder: *Boreas entführt Oreithyia:* Rubens, Akad. Wien; Solimena, KHM Wien. *Zetes und Kalais:* Rubens, Prado.

Hades/Pluto und die Unterwelt

Hades, als Sohn des Kronos und der Rheia ein Bruder des Zeus (siehe S. 1), erhielt beim Sturz des Kronos die Herrschaft über die Unterwelt, wo er das Reich der Toten regiert. Seine Gattin ist die ernste Persephone/Proserpina, eine Tochter des Zeus und der Demeter/Ceres, die gelegentlich für Milde eintritt. Zum Gefolge des Gottes Hades gehören die Zwillingsbrüder Thanatos, der Tod, und Hypnos, der Schlaf, sowie die Erinyen/Furien, die Rachegöttinnen, welche besonders die Vergehen gegen den Eid, die Gastfreundschaft und das Leben, vor allem aber den Verwandtenmord unerbittlich verfolgen. Mit den Gottheiten der Unterwelt wird auch die Titanentochter Hekate in Verbindung gebracht. Sie ist Göttin der Zauberei und allen nächtlichen Unwesens. Wie die Erinyen trägt sie nachts eine Fackel und Schlangen im Haar; oft ist sie von heulenden Hunden begleitet, wenn sie an der Spitze ihrer «wilden Jagd» denjenigen Unheil bringt, die ihr begegnen.

Im Hades bringt der Fährmann Charon die Verstorbenen, die ihm Hermes/Merkur zuführt, gegen einen Obolos (kleines Geldstück) in seinem Nachen über die Flüsse Acheron und Styx zum Eingang der Unterwelt. Dort wacht der dreiköpfige, schlangenhaarige Höllenhund Kerberos/Cerberus, daß nur die Toten hineinkommen und keiner von ihnen wieder hinauskommt. Nur ein goldener Zweig oder Bogen kann für Lebende den Zugang öffnen.

Beim Totengericht stehen dem Hades drei Richter zur Seite: Minos, Rhadamantys und Aiakos. Wenn danach die Toten aus dem Fluß Lethe getrunken haben, verlieren sie die Erinnerung. Die meisten von ihnen kommen in die Asphodelos-Ebene, wo sie als Schatten, ohne Freude, aber auch ohne Schmerz, weilen; einige Auserwählte wohnen im Elysion, der Insel der Seligen; besondere Übeltäter werden in den Tartaros geworfen, um dort ewige Qualen zu erdulden. Die berühmtesten unter ihnen sind Tantalos, Sisyphos, Ixion, Tityos und die Danaiden.

Tantalos

Da er ein Sohn des Zeus war, durfte Tantalos an der Tafel der Götter teilnehmen. Voller Überheblichkeit wagte er es, etwas von der Götterspeise Ambrosia zu stehlen, um seine sterblichen Freunde davon kosten zu lassen. Außerdem schlachtete er seinen Sohn Pelops und setzte ihn den Göttern vor, um ihre Allwissenheit zu erproben.

Zur Strafe wurde er in den Tartaros geworfen, wo er ewigen Hunger und Durst leiden muß, obwohl er bis zum Kinn im Wasser steht und die herrlichsten Früchte in Reichweite seiner Arme hängen; denn so oft er sich bückt, weicht das Wasser zurück, und so oft er die Arme ausstreckt, hebt der Baum seine Äste nach oben.

Quellen: Homer, Odyssee 11,582 ff.; Ovid, Metamorphosen 4,458 f. – Bild: *Tantalos (und Midas)**: Peruzzi, Villa Farnesina.

Sisyphos

Sisyphos wurde dazu verurteilt, in der Unterwelt einen schweren Felsblock einen steilen Hang hinaufzuwälzen. Doch wenn der Stein oben war, rollte er wieder hinunter, und die fruchtlose Arbeit mußte von neuem beginnen. Als Grund für diese Strafe wird ein frevelhaftes Leben angegeben.

Quellen: Homer, Odyssee 11,593 ff. Hygin 60. – Bilder: Tizian, Prado; Giordano, Mauritshuis.

---

* Tantalos ist hier zusammen mit Midas dargestellt, der inmitten seines Reichtums am Verhungern war (siehe S. 39).

Ixion

Ixion galt als der erste Mörder, der aber von Zeus entsühnt wurde und dann sogar im Olymp mit den Göttern speisen durfte. Dort wagte er es in frevelhaftem Übermut, sich Hera/Juno, der Gemahlin des Zeus, zu nähern. Da täuschte Zeus den Undankbaren mit einem Trugbild: Als Ixion voll Begierde Hera zu umarmen glaubte, war es in Wirklichkeit nur eine Wolke in Gestalt der Göttin. Aus dem Samen, der dabei zur Erde floß, entstanden die Kentauren/Centauren, halbtierische Wesen mit menschlichem Oberkörper und einem Pferdeleib. Ixion selbst wurde von Zeus in den Tartaros hinabgeworfen, wo man ihn auf ein feuriges Rad fesselte, das sich unablässig dreht.

QUELLEN: Diodor 4,69,4 f.; Hygin 62. – BILDER: *Ixion umarmt ein Schattenbild:* Rubens, Louvre. *Ixion auf das glühende Rad gefesselt:* Ribera, Prado.

Tityos und der Geier

Tityos war ein Gigant, ein Riese, der auf der Insel Euböa hauste. Als Leto/Letona, die Mutter des Apoll und der Artemis/Diana, einmal vorbeikam, wollte er sich an ihr vergreifen. Zur Strafe wurde er von Letos göttlichen Kindern mit Pfeilen getötet und in der Unterwelt ausgestreckt an den Boden gefesselt, so daß er sich nicht wehren konnte, wenn ihm der Geier die immer nachwachsende Leber (nach alter Auffassung der Sitz der Geschlechtsgier) offenlegte und zerfraß.

QUELLEN: Homer, Odyssee 11,576 ff.; Pindar, Pythia 4,90 f.; Ovid, Metamorphosen 4,457 ff.; Vergil, Aeneis 6,595 ff. – BILDER: Goltzius, Haarlem; Langetti, KHM Wien.

Die Danaiden

Danaos hatte fünfzig Töchter und sein Bruder Aigyptos, der mit ihm verfeindet war, fünfzig Söhne. Aigyptos zwang nun Danaos zu einer Abmachung, die beiderseitigen Kinder miteinander zu verheiraten. Doch Danaos versah die Mädchen mit Dolchen und befahl ihnen, ihre Freier in der Hochzeitsnacht umzubringen. Sie folgten alle – mit einer Ausnahme – dem väterlichen Befehl und mußten deshalb zur Sühne in der Unterwelt unablässig Wasser in ein durchlöchertes Faß schöpfen.

QUELLEN: Hygin 168; Horaz, Carmina 3,11,22 ff. – BILD: Rodin, Musée Luxembourg Paris.

Römische Gottheiten

Die Römer identifizierten ihre wichtigsten Gottheiten mit denen des griechischen Götterhimmels und übernahmen dabei auch die dazugehörigen Mythen und Sagen. Da die abendländische Kunst bis zur Neuzeit praktisch nur die in lateinischer Sprache überlieferte antike Literatur kannte,

wurden auch die griechischen Götter fast stets mit ihren lateinischen Namen angeführt.
Es gab zwar in der Antike auch viele typisch römische Götter, die keine griechische Entsprechung hatten; aber nur einige von ihnen tauchen später in der abendländischen Kunst häufiger auf: Flora, die Göttin der Blumen und des Frühlings, Bellona, eine Kriegsgöttin, oder Janus, der Gott der Tordurchgänge, des Ein- und Ausgangs, meist mit Doppelgesicht dargestellt, da er wie jede Tür nach zwei Seiten blickt. Über sie werden allerdings keine eigentlichen Geschichten erzählt, abgesehen von der über Vertumnus und Pomona, die Vegetationsgottheiten waren.
Eine gelegentliche Darstellung in der Kunst fanden die Lupercalien, ein ausgelassenes Fest des Wolfsgottes (vielleicht Faunus, der römische Pan?). Dabei rannten die Priester des Gottes, lediglich mit dem Fell eines frisch geopferten Ziegenbockes bekleidet, durch die Straßen der Stadt, wobei sie die entgegenkommenden Frauen mit Riemen schlugen, um sie fruchtbar zu machen.

Vertumnus und Pomona

Vertumnus, der altitalische Gott des Jahreswechsels, verliebte sich in die spröde Nymphe Pomona, die ihre Aufgabe einzig in der eifrigen Pflege der Gärten sah, aber von Männern nichts wissen wollte. Der Gott stellte ihr unermüdlich nach, wobei er seine Fähigkeit benutzte, sich in alle möglichen Lebewesen und Dinge zu verwandeln. Doch erst in Gestalt einer alten Frau gelang es ihm, die Nymphe in ein Gespräch zu verwickeln und sie von der Sinnlosigkeit des Alleinseins zu überzeugen. Als er sich im rechten Augenblick in einen jungen Mann zurückverwandelte, nahm Pomona sein Werben an, und die beiden wurden ein liebendes Paar.

Quelle: Ovid, Metamorphosen 14,643 ff. – Bilder: Melzi, Bodemus.; Bordone, Louvre; Goltzius, Rijksmus.; Rubens, Prado; Teniers, KHM Wien; Velde, KHM Wien; Jordaens, Stuttgart; Berchem, Braunschweig und Eremitage; Netscher, Dahlem; Witte, Boymans; Boucher, Louvre.

Cimon und Pero – «Caritas romana»

An der Stelle in Rom, wo der Tempel der Göttin Pietas stand, soll einst eine Tochter namens Pero ihren alten, im Kerker verhungernden Vater Cimon mit der Milch ihrer eigenen Brüste ernährt haben. Ähnliches wird auch von einem Mycon und einer Pero sowie von einer Mutter und ihrer Tochter erzählt.

Quellen: Valerius Maximus 5,4, ext. 1; Plinius, Nat. Hist. 7,121; Hygin 254; Gesta Romanorum 215. – Bilder: Primaticcio, Fontainebleau; Pencz, Universität Stockholm/Nat. Mus. Warschau; Rubens (Kopie), Eremitage; Rubens (Werkstatt), Rijksmus.; Hoecke, Vaduz; Flinck, Pal. Barberini Rom; Couwenbergh, Karlsruhe/Eremitage; Cignani (?), Leipzig.

Augustus schliesst den Janustempel

Der Tempel des Gottes Janus, der in Kriegszeiten stets offen zu sein hatte, war während all der Jahrhunderte seit der Gründung Roms nur zweimal geschlossen worden. Kaiser Augustus war stolz darauf, daß er in seiner Regierungszeit von einigen Jahrzehnten die Tempelpforten dreimal schließen konnte, da auf dem ganzen Erdkreis Friede herrschte. – Benvenuto Cellini fertigte für den Medici-Papst Clemens VII., der sich als Friedensfürst feiern lassen wollte, Medaillen an, welche die Inschrift trugen: «Clauduntur Belli Portae» (Die Pforten des Krieges sind geschlossen).

Quelle: Sueton, Augustus 22. – Bilder: Vanloo, Amiens; Dietrich, Leipzig.

Hestia/Vesta und die Vestalinnen

Sie ist Tochter des Kronos/Saturn und der Rheia/Ops, also eine Schwester des Zeus/Jupiter. In Griechenland war sie die jungfräuliche Göttin des Herdfeuers und des häuslichen Friedens, in Rom hingegen eine Staatsgöttin, für die im Rundtempel auf dem Forum ein ewiges Feuer brannte. Es wurde von sechs Priesterinnen gehütet, die man «Vestalinnen» nannte. Sie mußten für die Dauer ihres Amtes jungfräulich bleiben. Während es über die Göttin selbst kaum irgendwelche Mythen gibt, finden sich eine Reihe von Sagen über die Vestalinnen.

Tuccia, das Sieb tragend

Nach einer römischen Sage wurde die Vestalin Tuccia des Ehebruchs angeklagt. Um ihre Unschuld zu beweisen, trug sie Wasser in einem Sieb, ohne daß etwas herausfloß.

Quellen: Plinius, Nat. Hist. 28,12; Valerius Maximus 8,1,5. – Bilder: Mantegna, Nat. Gall. London; Tintoretto, Glasgow; Romanelli, Louvre.

Lucius Albinius rettet die Vestalinnen

Beim Anmarsch der Gallier (387 v. Chr.) beschlossen die Römer nach der verlorenen Schlacht an der Allia, ihre Stadt zu räumen und nur die Burg, das Kapitol, zu verteidigen. Im Strom der Flüchtenden war auch der römische Bürger Lucius Albinius, der seine Familie auf einem Wagen wegbrachte. Als er unterwegs die Gruppe der Vestalinnen bemerkte, die sich zu Fuß dahinschleppte, ließ er seine eigenen Leute absteigen und bot den gottgeweihten Frauen an, auf seinem Gefährt Platz zu nehmen.

Quellen: Livius 5,40; Valerius Maximus 1,1,10. – Bild: Stella, Eremitage.

Claudia mit dem Schiff

Claudia Quinta war eine römische Vestalin und als Priesterin der jungfräulichen Göttin Vesta zur Keuschheit verpflichtet. Als sie des Bruchs ihrer Verpflichtung bezichtigt wurde, bewies sie durch ein Wunder ihre Unschuld: Sie zog ein Schiff, das mit einem Steinbild der Göttin Kybele aus Asien kommend an der Tibermündung gestrandet war, mit ihrem Gürtel den Fluß hinauf nach Rom. Dort wurde die Statue der Kybele von den Priestern im Beisein Scipios des Älteren feierlich in die Stadt getragen.

Quellen: Ovid, Fasti 4,291–348; Valerius Maximus 5,4,6. – Bilder: Mantegna, Nat. Gall. London; Montagna, Ashmolean; Beccafumi, Bayonne; Garofalo, Pal. Barberini Rom.

Sibyllen

Sibylle hieß eine in der Antike berühmte Seherin. Mehrere Städte und Länder erhoben Anspruch, ihre Heimat zu sein, so Erythrea (bei Ephesus), Libyen, Persien oder Cumae (Italien). Vielleicht gab es auch mehrere Sibyllen. Die sibyllinischen Orakel waren ursprünglich Geheimtexte, die Auskunft über Riten gaben, die in Notzeiten auszuführen waren. Später wurden daraus Geschichtsprophezeiungen, die von Juden, später auch von Christen, erweitert oder neu verfaßt wurden: gegen die Vielgötterei, über Geschichtsperioden und Weltgericht. Aus jüdischen Bearbeitungen hat vielleicht Vergil zur Zeit des Augustus eine Prophetie des Jesajas über ein Kind als Weltenretter in seine 4. Ekloge übernommen.

Schon in den Plastiken der Kathedralen gab es zwölf Sibyllen, entsprechend der Zwölfzahl der (Kleinen) Propheten. Man wollte damit sagen, daß sich in Christus auch die heidnischen Weissagungen erfüllt haben. Später hat dann Marsilio Ficino um 1475 in seinem Werk «De Christiana Religione» aus antiken Autoren und Kirchenvätern eine Beschreibung der antiken Seherinnen nach Art, Herkunft und Verdiensten zusammengestellt.

Apoll und die Sibylle von Cumae

Die Cumäische Siblle, die später Aeneas in die Unterwelt begleitete (siehe S. 115), wurde als junges Mädchen vom Gott Apollo geliebt. Als sie einen Wunsch äußern durfte, bat sie um so viele Lebensjahre, als sie Sandkörner in ihrer Hand halten konnte. Doch sie vergaß, zugleich auch um ewige Jugend zu bitten. So blieb sie zwar lange am Leben, wurde aber alt und häßlich.

Quelle: Ovid, Metamorphosen 14,130 ff. – Bild: Rosa, Wallace Coll.; Turner, Tate Gall.

Augustus und die Tiburtinische Sibylle

Am Tage der Geburt Christi soll nach der christlichen Deutung des Vergiltextes der 4. Ekloge die Sibylle von Tibur dem Kaiser Augustus die Jungfrau mit dem Kind gezeigt haben, wobei eine Stimme sagte: «Haec ara Filii Dei» – «Das ist der Altar des Gottessohnes». Augustus betete die Erscheinung an und errichtete einen Altar auf dem Kapitol.

Quelle: Legenda Aurea (Von der Geburt des Herrn). – Bilder: Witz, Basel/Dijon; Weyden, Dahlem; Meister der Tiburtinischen Sibylle, Städel; Garofalo, WRM Köln/Pinak. Vatikan/ Pal. Pitti; Caron, Louvre; Cortona, Hampton Court/Sarasota (Flo.).

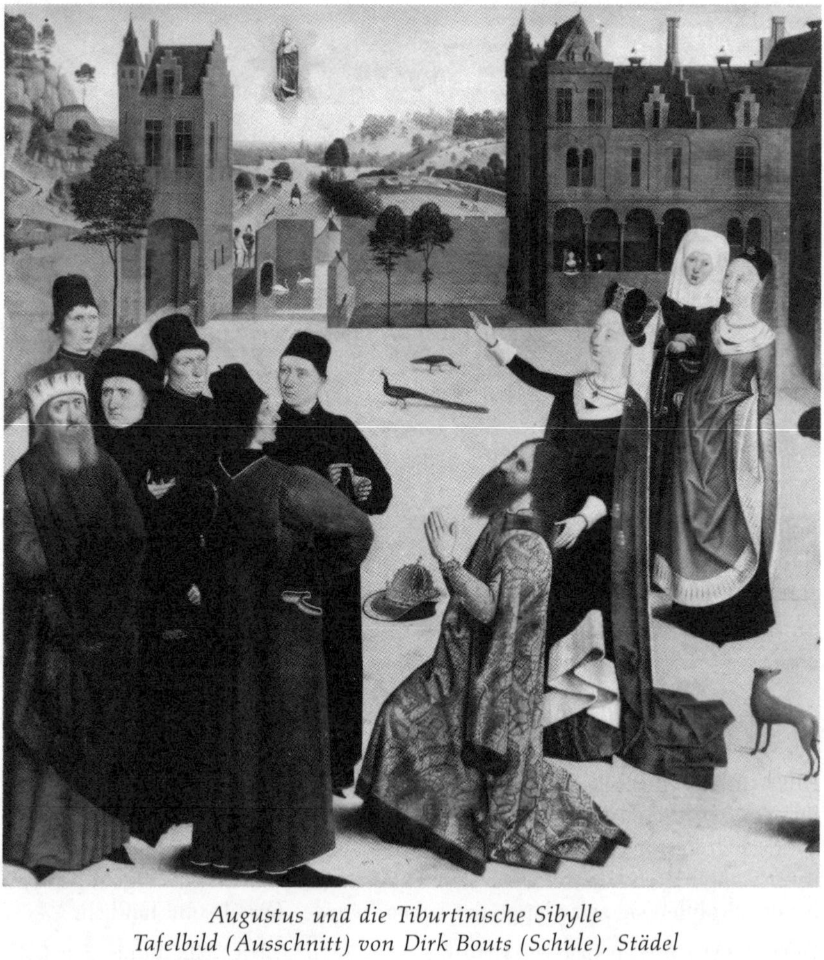

Augustus und die Tiburtinische Sibylle
Tafelbild (Ausschnitt) von Dirk Bouts (Schule), Städel

HEROEN UND HELDEN

Orpheus

Orpheus war ein Sohn Kalliopes, der Muse der epischen Sänger (siehe S. 18); sein Vater war ein thrakischer Flußgott, vielleicht auch Apoll. Jedenfalls machte ihn dieser Gott zu einem wunderbaren Musiker, dem alle Geschöpfe verzückt lauschten, wo immer er sang und auf seiner Leier spielte: Bäume gingen auf ihn zu, alle Tiere, wilde und zahme, sammelten sich friedlich um ihn.

BILDER: *Orpheus bezaubert Bäume und Tiere:* Giov. Bellini, Washington; Bocksberger, Residenzmus. München; Jan Brueghel, Prado; Jan Brueghel (Nachf.), Sarasota (Flo.); Savery, Städel/KHM Wien/Mauritshuis/Eremitage/Nat. Mus. Stockholm/Nat. Gall. London/ Utrecht; Giordano, Kgl. Pal. Aranjuez.

Aristaios und Eurydikes Tod

Aristaios, Sohn des Apoll und der Nymphe Kyrene, einer Tochter (oder Enkelin) des Flußgottes Peneios, war der Erfinder der Bienenzucht, des Olivenanbaus und der Käsezubereitung, die er die Bauern lehrte. Eines Tages sah er eine Baumnymphe (Dryade) und verfolgte sie. Auf der Flucht wurde das Mädchen von einer giftigen Schlange gebissen und starb. Es war Eurydike, die geliebte Gattin des Orpheus. Die anderen Dryaden bewirkten nun, daß die Bienen des Aristaios von einer Krankheit befallen wurden und eingingen. Um die Ursache zu erfahren, ging er zur Quelle des Flusses Peneios, wo seine Mutter im Wasser lebte. Sie riet ihm, den weissagenden Meeresgott Proteus zu fangen und zur Aussage zu zwingen. So erfuhr Aristaios, warum die Bienen starben. Zur Sühne opferte er Orpheus und den Dryaden eine Anzahl Stiere und neun Tage später tummelten sich in den Resten der Opfertiere viele Bienenschwärme.

QUELLE: Vergil, Georgica 4,281 ff. – BILDER: *Geschichte des Aristaeus:* Abbate, Nat. Gall. London; Giorgione, Museo Correr Venedig. *Eurydike von Schlange gebissen:* Poussin, Louvre.

Orpheus und Eurydike

Als die von Aristaios verfolgte Eurydike durch einen Schlangenbiß starb, verfiel ihr Gemahl Orpheus zuerst in ein langes trauriges Schweigen. Doch dann machte er sich auf, um Eurydike zurückzuholen. Am Styx und am Tor zur Unterwelt spielte er so herrlich auf seiner Leier, daß der Fährmann Charon

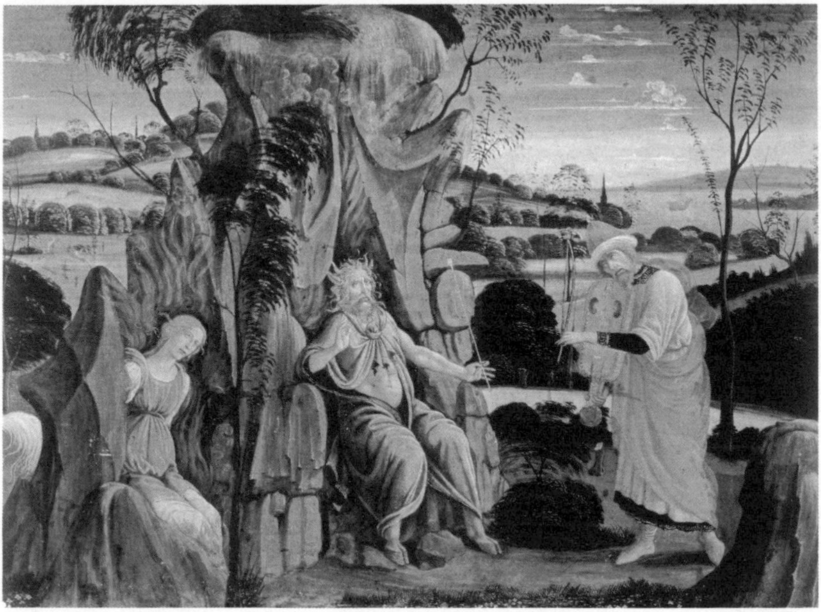

Orpheus und Eurydike
Gemälde von Jacopo del Sellaio, Museum für westliche und östliche Kunst Kiew. – Die Szene zeigt Orpheus vor dem Hades auf seiner Leier spielend, auf der linken Seite Eurydike.

und selbst der Höllenhund Kerberos gerührt wurden und ihn einließen. Alle Schatten und Büßer im Totenreich wurden von seiner Musik ergriffen, sogar Hades/Pluto und Persephone/Proserpina ließen sich erweichen und gaben Eurydike frei.

Die Totengötter stellten nur eine einzige Bedingung: Orpheus sollte vorangehen und sich auf keinen Fall umdrehen, bevor sie die Oberwelt wieder erreichten. Doch voller Sorge, ob ihm die geliebte Gattin auch wirklich folgen durfte, wandte sich der Gatte um, als beim Gang durch das Dunkel in der Ferne der helle Schein des Ausgangs auftauchte. Eurydike verschwand als Nebel wieder in der Unterwelt, und Orpheus vermochte trotz seines Flehens nicht ein zweites Mal dort einzudringen.

QUELLEN: Vergil, Georgica 4,453 ff.; Ovid, Metamorphosen 10,1 ff. – BILDER: *Orpheus vor Pluto und Proserpina:* Giulio Romano, Pal. del Tè; Tintoretto, Gall. Estense; Rubens, Prado/Sanssouci; Perrier, Louvre. *Orpheus führt Eurydike aus der Unterwelt:* Tizian, Bergamo; Padovanino, Akad. Venedig; Poussin (Schule), Metrop. Mus.; Füger, Salzburg.

Der Tod des Orpheus und die Mänaden

Orpheus wollte in seiner Trauer um Eurydike von den Frauen nichts mehr wissen. So wurde er bei den Ciconen, einer thrakischen Völkerschaft, von den rasenden Begleiterinnen des Dionysos/Bacchus in ihrem Taumel zerrissen, sei es aus Eifersucht auf seine Liebe zu Eurydike, sei es, weil sie sich um ihn stritten.
Sie verschonten nur seinen Kopf, der dann auf einem Fluß zum Meer gelangte, auf dessen Oberfläche umhertreibend er um die verlorene Eurydike klagte.

Quellen: Vergil, Georgica 4,516 ff.; Ovid, Metamorphosen 11,1 f. – Bilder: *Tod des Orpheus:* Dürer, Hamburg; Savery, KHM Wien. *Haupt des Orpheus:* Domenichino, Villa Aldobrandini Frascati; Moreau, Louvre; Redon, Fogg Art Mus. Cambridge (Ma.).

Theseus

Theseus ist der Nationalheros Attikas, der die bis dahin getrennten Gemeinden unter Führung Athens politisch geeint und auch die wichtigsten Feste gestiftet haben soll. Als sein Vater gilt der athenische König Aigeus oder auch der Gott Poseidon/Neptun. Der Held soll an vielen der Unternehmen teilgenommen haben, die vor der Zeit des Trojanischen Krieges liegen: am Argonautenzug, an der Kalydonischen Jagd, am Kampf der Lapithen gegen die Kentauren und am Zug des Herakles gegen die Amazonen. Es ist nicht ganz klar, wieweit Theseus als vergöttlicht angesehen wurde; jedenfalls hat man ihm kultische Ehren erwiesen.

Theseus und das Schwert seines Vaters

Aigeus, König von Athen, war kinderlos und ging deshalb nach Delphi, um sich dort Rat zu holen. Er erhielt den Spruch, bis zu seiner Heimkehr den Weinschlauch nicht zu öffnen und sich der Liebe zu enthalten. Unschlüssig über den Sinn des Orakels besuchte er einen Gastfreund, der ihm seine Tochter Aethra zuführte, nachdem er ihn betrunken gemacht hatte. Bei der Abreise legte Aigeus sein Schwert und seine Sandalen unter einen Stein und sagte dem Mädchen, es solle den gemeinsamen Sohn, sobald dieser den Stein wegheben könne, zu ihm nach Athen schicken. Noch ganz jung war Theseus imstande, den Stein zu bewegen. Er machte sich auf und kam nach vielen Abenteuern nach Athen, wo er vom Vater am Schwert erkannt und zum künftigen Thronerben bestimmt wurde.

Quellen: Diodor 4,59,1 und 6; Plutarch 1 (Theseus), 3,6; Hygin 37 f. – Bilder: Poussin, Chantilly; Lahire, Budapest.

Der Stier von Marathon

Als Theseus zum Nachfolger seines Vaters Aigeus als König von Athen bestimmt war, wollte er seine Tüchtigkeit erweisen. Er fing einen wilden Stier, der das Land von Attika verheerte, und brachte ihn lebend nach Athen, wo er ihn vor dem staunenden Volk durch die Stadt trieb und dann opferte.

Quelle: Plutarch 1 (Theseus), 14. – Bild: Vanloo, Besançon.

Der Faden der Ariadne und der Minotaurus

Der mächtige König Minos von Kreta besaß einen herrlichen Stier, den er dem Gott Poseidon/Neptun hätte opfern sollen, aber für sich behielt. Zur Strafe dafür entfachte der Gott in Pasiphaë, der Gattin des Minos, eine gewaltige Leidenschaft zu dem schönen Tier. Sie ließ sich vom kunstfertigen Daedalus ein mit Häuten bespanntes Gestell auf Rädern anfertigen, das einer Kuh glich. Pasiphaë stieg hinein, und die künstliche Kuh wurde auf die Weide geschoben, wo sie der Stier bestieg. So konnte die Frau ihre Begierde befriedigen, und sie gebar den Minotaurus, ein Wesen mit dem Kopf eines Stieres und dem Leib eines Menschen. Minos sperrte das Ungeheuer in ein Labyrinth mit vielen Irrgängen, das ebenfalls von Daedalus gebaut wurde.

Die Athener mußten jährlich sieben Knaben und sieben Mädchen als Tribut an König Minos nach Kreta schicken, der die Kinder dem Ungeheuer Minotaurus zum Fraß vorwarf. Als wieder einmal eine solche Abgabe fällig war, bot sich Theseus an, auf dem zum Zeichen der Trauer mit schwarzen Segeln versehenen Schiff mitzufahren, um das Untier zu erlegen. Als er in Kreta angekommen war, erhielt die Königstochter Ariadne, die sich in den Fremden verliebt hatte, von Daedalus einen Hinweis, wie Theseus die größte Schwierigkeit, nämlich aus dem Labyrinth wieder herauszukommen, bewältigen könne. Gegen das Versprechen, sie mit nach Hause zu nehmen, gab Ariadne dem Helden einen Wollknäuel, so daß er mit dem langen Faden wieder den Ausgang fand, nachdem er den Minotaurus mit seinen Fäusten erschlagen hatte.

Als Theseus sich auf den Heimweg machte, entführte er Ariadne, ließ sie aber dann unterwegs auf der Insel Naxos einsam zurück. Sie war untröstlich und rief verzweifelt die Götter um Hilfe an, bis Dionysos/Bacchus kam und sie zu seiner Gemahlin machte (siehe S. 39).

Der Grund für das Verhalten des Theseus gegenüber Ariadne ist unklar. Einige meinen, er habe sie nicht geliebt; andere sagen, Stürme hätten sein Schiff plötzlich von der Insel weggetrieben. Jedenfalls segelte Theseus nach Athen, vergaß aber, die schwarzen Segel seines Schiffes rechtzeitig gegen weiße einzutauschen, wie er es mit seinem Vater für den Fall des glücklichen Gelingens der Fahrt abgemacht hatte. So stürzte sich Aigeus, der sehnsüchtig von einer Höhe aus nach dem zurückkehrenden Schiff Ausschau hielt, aus Verzweiflung über den vermeintlichen Verlust des geliebten Sohnes ins Meer, das nach ihm das Ägäische heißt.

QUELLEN: Diodor 4,61 und 77; Plutarch, Theseus 15 ff.; Catull 64,52 ff.; Hygin 40–43; Philostratos d. Ä. 1,16 (Pasiphaë). – BILDER: *Pasiphaë und die hölzerne Kuh:* Giulio Romano, Pal. del Tè. *Theseus erhält den Faden der Ariadne:* Strijker, Kgl. Pal. Amsterdam. *Theseus bezwingt den Minotaurus:* Vanloo, Besançon/Nizza. *Daedalus und das Labyrinth:* Rubens, La Coruña.

Der Sturz des Ikarus

Daedalus fiel in Ungnade, als der kretische König Minos erfuhr, daß Theseus durch seinen Rat den Ausgang aus dem Labyrinth gefunden hatte. So wurde Daedalus samt seinem Sohn Ikarus in das Bauwerk eingesperrt, das er selbst errichtet hatte.

Nun fertigte der kunstfertige Mann für sich und seinen Sohn je ein Paar Flügel aus Federn an, die er mit Wachs zusammenklebte. Beide konnten auf diese Weise entfliehen. In seiner Freude, fliegen zu können, stieg aber Ikarus trotz der Warnungen seines Vaters höher und höher, bis er der Sonne nahekam. Durch ihre Wärme schmolz das Wachs, das die Federn zusammenhielt, und Ikarus stürzte ins Meer.

QUELLE: Ovid, Metamorphosen 8,183 ff. – BILDER: P. Brueghel, Brüssel; Tintoretto, Gall. Estense; Bol, Nat. Mus. Stockholm; Saraceni, Neapel; Feti, Eremitage; Verhaecht, Städel; Dyck, Toronto; Boeckhorst, Schleißheim; Vien, École des Beaux-Arts Paris; Rubens, Brüssel.

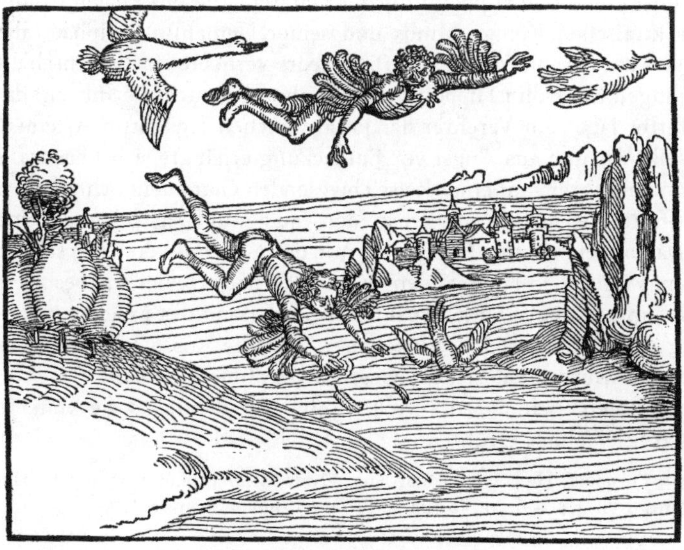

Der Sturz des Ikarus
Holzschnitt von Albrecht Dürer

Die Amazonenschlacht

Bei den sagenhaften Amazonen, die in Kappadokien im Herzen Kleinasiens gelebt haben sollen, lagen Politik und Kriegführung ganz in der Hand der Frauen. Männer wurden nur soweit geduldet, als sie zur Fortpflanzung notwendig waren. Man sagte, die Amazonen hätten ihre rechte Brust abgeschnitten oder ausgebrannt, um Bogen und Pfeil besser führen zu können. Eine ganze Reihe von griechischen Heroen und Helden soll gegen die Amazonen gekämpft haben: Herakles, Bellerophon, Theseus und auch Achill vor Troja (Penthesilea, siehe S. 94). Meist denkt man an den Kampf des Theseus gegen die Amazonen, die in Attika eingefallen waren, um ihre von diesem Helden entführte Königin Antiope oder Hippolyte zu befreien. Diese hatte sich aber unterdessen in ihren Entführer verliebt und starb, auf seiner Seite kämpfend, in der Schlacht.

Quelle: Plutarch 1 (Theseus), 27. – Bilder: Giulio Romano, Pal. del Tè; Schoubroeck, Dresden; Rubens, AP München; Giordano, Neapel; Feuerbach, Künstlerhaus Nürnberg.

Phaedra und Hippolyt

Aus einem Feldzug gegen die Amazonen hatte Theseus deren Königin (oder ihre Schwester) als Gefangene (oder Geliebte) mit nach Athen gebracht. Sie gebar ihm einen Sohn Hippolyt. Später heiratete Theseus Phaedra, eine Tochter des kretischen Königs Minos und seiner Gemahlin Pasiphaë, also eine Schwester der Ariadne (siehe S. 56). Phaedra verliebte sich leidenschaftlich in ihren jungen Stiefsohn Hippolyt, konnte ihn aber nicht verführen, da er als begeisterter Jäger ein Verehrer der jungfräulichen Jagdgöttin Artemis/Diana war. Voll Wut und aus Angst vor Entdeckung erhängte sich Phaedra, sandte jedoch vorher ihrem auf einer Reise abwesenden Gatten ein Schreiben, in dem sie ihm mitteilte, sie habe aus Scham den Tod gewählt, nachdem der Stiefsohn ihr Gewalt angetan hatte. Theseus bat nun den Gott Poseidon/Neptun, bei dem er einen Wunsch frei hatte, den vermeintlichen Frevler zu bestrafen. Als Hippolyt mit seinem Pferdegespann am Sandstrand des Meeres entlangfuhr, entstieg dem Wasser ein Seeungeheuer, und die Rosse scheuten. Hippolyt stürzte und wurde von seinem Gespann zu Tode geschleift. Nach einigen Berichten tötete sich Phaedra voller Reue erst dann, als sie vom Tod des geliebten Stiefsohnes erfuhr.

Quellen: Euripides, Hippolyt; Diodor 4,62; Ovid, Metamorphosen 15,497 ff.; Hygin 47; Philostratos d. Ä. 2,4. – Bild: *Tod des Hippolyt:* Lemoine, Louvre.

Kadmos/Cadmus

Kadmos war der Gründer und erste König der griechischen Stadt Theben. Er soll aus Phönizien dorthin gekommen sein.

Kadmos und der Drache

Kadmos, ein Bruder der von Zeus entführten Europa, war von seinem Vater, dem König von Tyros in Phönizien, verstoßen worden, weil er die Schwester nicht mehr gefunden hatte. So wandte er sich nach Westen, um eine neue Heimat zu suchen. Eine von Apoll gesandte Kuh zeigte ihm den Platz für die Gründung einer Stadt, das spätere Theben. Als Kadmos seine Leute zum Wasserholen schickte, wurden sie im Wald bei einer Grotte von einem fürchterlichen Drachen, der dem Kriegsgott Ares/Mars gehörte, angefallen und getötet. Auf der Suche nach seinen Gefährten stieß auch Kadmos auf das Untier, das er aber nach hartem Kampf töten konnte.

Die Göttin Athene/Minerva riet ihm, die Zähne des Drachens auszubrechen und in die Erde zu säen. Aus dieser Saat wuchs zum Schrecken des Kadmos eine Schar furchterregender Krieger. Doch der Held warf Steine zwischen sie und sie verdächtigten sich gegenseitig. So fingen sie gegeneinander zu kämpfen an, bis nur noch fünf von ihnen am Leben blieben, die bei der Gründung Thebens halfen und zu Ahnherrn seiner Adelsgeschlechter wurden.

Quellen: Ovid, Metamorphosen 3,1 ff.; Hygin 178. – Bilder: *Cadmus erlegt den Drachen:* C. Cornelisz, KHM Wien; Jong, Kopenhagen. *Cadmus sät Drachenzähne:* Rosa, Kopenhagen; Rubens (Schüler?), Prado.

Kadmos und Harmonia werden in ein Schlangenpaar verwandelt

Kadmos hatte bei der Gründung Thebens einen Drachen getötet, von dem er nicht wußte, daß er dem Gott Ares/Mars heilig war. Mit seiner Gattin Harmonia herrschte er dann lange in der Stadt. Da aber alle Kinder und Enkel der beiden im Unglück endeten, verließ das Königspaar aus Gram darüber im Alter Theben und wanderte aus in ein fernes Land.

Dort fragte sich Kadmos einmal voll Schmerz über sein Unglück, ob der getötete Drache vielleicht ein heiliges Tier gewesen sei. «Dann möchte ich selbst ein Drache werden», sagte er, und schon verwandelte sich sein Leib in den eines Drachen. Harmonia umarmte ihn noch voll Liebe, bevor auch sie zu einem Schlangentier wurde.

Quelle: Ovid, Metamorphosen 4,562 ff. – Bild: Jong, Kopenhagen.

Die Kentauromachie

Die Kentauren waren Wesen, bei denen der Oberkörper eines Mannes auf einem Pferderumpf aufsaß.
Auch im Gefolge des Dionysos/Bacchus tauchten oft die Kentauren auf. Sie galten als wild und gewalttätig, mit Ausnahme des guten Pholos, der Herakles bewirtete, und des weisen Cheiron/Chiron, der Asklepios und Achill sowie noch andere Helden erzog und seine Unsterblichkeit für Prometheus hingab.

Der Kampf der Kentauren und Lapithen

Die Lapithen waren ein thessalischer Volksstamm, dessen König Peirithios ein Sohn des Ixion war, von dem auch die Kentauren abstammten (siehe S. 48). Sie wurden deshalb als Verwandte zur Hochzeit des Peirithios eingeladen. Da sie aber den Wein nicht gewohnt waren, wurden sie bald betrunken und wollten sich an der Braut Hippodamia und den anderen Frauen der Lapithen vergreifen. Es kam zu einem schrecklichen Kampf mit den Hochzeitsgästen, bei dem sich neben dem Bräutigam dessen unzertrennlicher Freund Theseus und der damals noch junge Nestor sowie der unverwundbare Riese Kaineus hervortaten. Letzterer wurde von den Kentauren unter Fichtenstämmen begraben, bevor sie besiegt und verjagt werden konnten.

Quellen: Homer, Odyssee 21,295 ff.; Ovid, Metamorphosen 12,210 ff.; Plutarch 1 (Theseus), 30; Apollonios Rhodios 1,57–64. – Bilder: Piero di Cosimo, Nat. Gall. London; Rottenhammer, KHM Wien; Rubens, Prado; Platzer, Kassel; Giordano, Eremitage; Solimena, Dresden; Schmidt (Kremser Schmidt), Graz; Böcklin, Basel.

Die Kalydonische Jagd

Neben der Argonautenfahrt und dem Feldzug gegen Troja ist die «Kalydonische Jagd» ein Unternehmen, das in der Zeit der Heroen und Helden alle griechischen Stämme vereint. Die berühmtesten Teilnehmer sind: die Dioskuren Castor und Polydeukes/Pollux (siehe S. 12), Theseus (siehe S. 55), Admetos (siehe S. 20), Jason (siehe S. 80), Peleus (siehe S. 85) sowie die Jägerin Atalante, die später den Hippomenes heiraten wird (siehe S. 26).

Meleager und Atalante

Oinos, der König von Ätolien in Mittelgriechenland, hatte beim Erntefest vergessen, neben all den anderen Göttern auch der Artemis/Diana zu opfern. Zur Strafe schickte die Göttin, die «Herrin der Tiere», einen riesigen Eber, welcher die Umgebung der Stadt Kalydon, wo Oinos regierte, auf das Schlimmste verwüstete. Da rief der König die Tapfersten der Griechen auf, mit seinem Sohn Meleager auszuziehen, um das Untier zu erlegen; wer es tötete, sollte als Preis sein Fell erhalten. Alle Helden Griechenlands eilten herbei, auch die Jägerin Atalante. Sie war von ihrem Vater ausgesetzt und von einer Bärin ernährt worden, bis Jäger sie fanden und aufzogen. So kannte sie nur die Liebe zur Jagd und wollte von keinem Mann etwas wissen. Meleager aber verliebte sich in sie, sobald er sie sah. Als die Jagd begonnen hatte, kamen bald einige der Helden durch die Wut des Ebers zu Tode, andere konnten sich nur mit Mühe auf die Bäume retten, bis Atalante das Tier mit einem Pfeil hinter dem Ohr verwundete. Meleager jubelte ihr zu und konnte dann mit seinem Speer dem Eber die tödliche Wunde beibringen. So wurde er Sieger im Wettstreit, wollte aber das Fell nicht behalten. Er gab es als Siegespreis an Atalante, weil der Eber ohne ihren Pfeilschuß nicht hätte erlegt werden können. Die anderen Jäger waren empört, weil so einer Frau der Sieg zugesprochen wurde. Die Brüder von Meleagers Mutter erregten sich am meisten. Sie rissen das Fell aus Atalantes Händen, worauf Meleager die beiden mit seinem Schwert durchbohrte.

QUELLEN: Ovid, Metamorphosen 8,268 ff.; Hygin 172 und 174; Philostratos d. J. 15. – BILDER: *Die Kalydonische Jagd:* Primaticcio, Fontainebleau; Jordaens, Antwerpen; Poussin, Prado. *Meleager und Atalante:* Bol, Dresden; Rubens, Kassel/AP München/Metrop. Mus.; Jordaens, Prado; Eeckhout, Bamberg.

Die Beweinung Meleagers

Bei der Geburt des tapferen Meleager waren die drei Moiren/Parzen erschienen und hatten die Zukunft des Kindes geweissagt. Die beiden ersten hatten ihm Edelmut und Tapferkeit zugesprochen, die dritte aber, Atropos, die den Lebensfaden abschneidet, hatte verkündet, sein Leben werde enden, sobald das Holzscheit, das jetzt im Herd glühe, verbrannt sei. Darauf hatte die Mutter Althaea schnell das Scheit aus dem Feuer gerissen und es im Hause verborgen. Als aber die Mutter nach der Kalydonischen Jagd (siehe oben) hörte, daß ihr Sohn wegen der Jägerin Atalante ihre beiden Brüder getötet hatte, erinnerte sie sich der alten Weissagung, und die Liebe zu ihren Brüdern war stärker als die Liebe zu ihrem Sohn. Sie holte das Scheit hervor und warf es in die Flammen des Herdes. Dreimal zog sie es wieder heraus, sah aber dann zu, wie es zu Asche verbrannte. Der Sohn, der gerade im Triumphzug in die Stadt zurückkehrte, wurde von einem Fieber befallen und starb, bevor er das Haus betrat; die Mutter erhängte sich. Die Schwestern Meleagers, die ihn bitter beweinten, wurden von Artemis, die ihren Groll immer noch nicht gestillt hatte, in Perlhühner (griech. «Meleagrides») verwandelt.

QUELLEN: Ovid, Metamorphosen 8,44 ff.; Hygin 171 und 174. – BILDER: *Althaea verbrennt das Holzscheit:* Tibaldi, Pal. Paselli Florenz. *Die Beweinung Meleagers:* Il Sarzana, Gall. Ligustica Genua; Lebrun (Karton), Louvre.

Ödipus

Die Gestalt des Ödipus (Oedipus/Oidipos) gehört zum Sagenkreis um die griechische Stadt Theben. Eng damit verbunden sind auch die Geschichten von den feindlichen Brüdern Eteokles und Polyneikes sowie von der tapferen Antigone. Überliefert sind diese Stoffe durch die Tragödien des Sophokles «Ödipus der Tyrann», «Ödipus auf Kolonos» und «Antigone».

Ödipus und die Sphinx

Durch ein Orakel vor seinem neugeborenen Sohn gewarnt, hatte der thebanische König Laios das Kind aussetzen lassen. Es war aber von dem Hirten Phorbas gefunden und vom korinthischen Königspaar wie ein eigenes Kind aufgezogen worden, ohne daß man ihm etwas darüber sagte, wer in Wirklichkeit seine Eltern waren. Herangewachsen ging Ödipus nach Delphi, wo ihm ge-

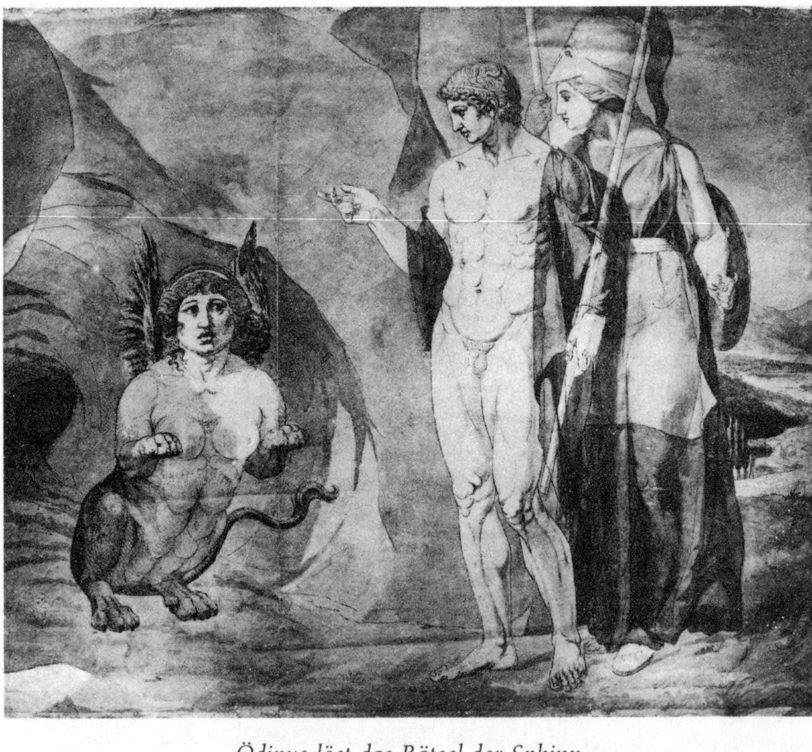

Ödipus löst das Rätsel der Sphinx
Zeichnung von J. H. Meyer

weissagt wurde, er werde seinen Vater töten und seine Mutter heiraten. Entsetzt kehrte er nicht mehr nach Korinth zurück, traf aber gerade dadurch unterwegs auf einen Mann, mit dem er in Streit geriet und den er dabei erschlug. Es war sein wirklicher Vater, König Laios.
Auf seinem weiteren Weg kam Ödipus in die Nähe von Theben, wo die Sphinx, ein Ungeheuer mit einem Frauenkopf und dem Leib eines geflügelten Löwen, jedem Vorbeigehenden ein Rätsel aufgab und ihn verschlang, wenn er die Lösung nicht wußte. Die Frage, die bis dahin noch niemand beantwortet hatte, lautete: «Es gibt auf Erden ein Wesen, das vier, zwei und drei Füße hat. Es wechselt auf diese Weise im Laufe des Lebens seine Natur, und seine Kraft ist am geringsten, wenn es die meisten Beine hat.» Ödipus löste das Rätsel: «Es ist der Mensch: Als kleines Kind kriecht er auf allen Vieren und als Greis geht er mit einem Stock.» Als die Sphinx die richtige Antwort hörte, stürzte sie sich in einen Abgrund, und Theben war von der Plage befreit. Zum Dank dafür machten die Thebaner Ödipus zum König und gaben ihm die verwitwete Königin zur Frau. Es war seine Mutter Iokaste.

QUELLEN: Sophokles, Ödipus der Tyrann; Apollodor 3,5,7 f.; Hygin 66. – BILDER: Palko, Eremitage; Ingres, Louvre; Moreau, Musée Gustave-Moreau Paris.

Ödipus auf Kolonos

Aus der Ehe des Ödipus mit seiner Mutter Iokaste gingen zwei Söhne, Eteokles und Polyneikes, und zwei Töchter, Antigone und Ismene, hervor. Als die Kinder herangewachsen waren, brach in Theben die Pest aus, und das Orakel von Delphi gab als Grund an, daß der Mörder des Königs Laios immer noch nicht bestraft worden sei. Ödipus selbst leitete ahnungslos eine Untersuchung ein, und der Seher Teiresias deckte auf, was tatsächlich geschehen war. Voller Entsetzen erhängte sich Iokaste, Ödipus stach sich die Augen aus. Von seinen beiden Söhnen aus der Stadt vertrieben , wanderte er als blinder Bettler, nur von seiner Tochter Antigone begleitet und umsorgt, nach Athen.
Dort fand er bis zu seinem Lebensende Zuflucht auf dem Hügel Kolonos im heiligen Hain der Eumeniden (euphemistischer Ausdruck für die Rachegöttinnen).

QUELLE: Sophokles, Ödipus auf Kolonos; Apollodor 3,5,9; Hygin 67. – BILD: Masreliez, Universität Stockholm.

Eteokles und Polyneikes

Als die Brüder Eteokles und Polyneikes ihren Vater Ödipus nach der Aufdekkung seiner Tat aus Theben verjagten, hatte dieser den Fluch ausgesprochen, beide sollten im Streit um die Thronfolge gemeinsam zugrundegehen. Tatsächlich kam es bald zum Bruderzwist, und Polyneikes wurde von Eteokles aus der Stadt vertrieben. Er kehrte aber im «Zug der Sieben gegen Theben» mit sechs anderen Helden zurück und bestürmte die Heimatstadt. Doch alle Angreifer kamen ums Leben, Eteokles und Polyneikes töteten sich wechselseitig in einem Zweikampf.

QUELLE: Äschylus, Sieben gegen Theben 375 ff.; Apollodor 3,6,8; Hygin 69 f. – BILD: Tiepolo, KHM Wien.

ANTIGONE

Nachdem Eteokles und Polyneikes im Kampf um Theben gefallen waren, wurde Kreon, ihr Onkel, König. Er verbot die Bestattung der gefallenen Feinde, also auch des Polyneikes, ihres Anführers. Doch dessen Schwester Antigone widersetzte sich aus geschwisterlicher Treue dem Befehl des Königs und versuchte, die Leiche des Bruders zu begraben. Kreon ließ sie zur Strafe in ein Felsengrab einmauern.

QUELLE: Sophokles, Antigone; Philostratos d. Ä. 2,29. – BILD: Rinchart, Metrop. Mus.

Perseus

Perseus, Sohn des Zeus/Jupiter und der Danaë, gilt als Gründer der Stadt Mykene auf der Peloponnes und war der Nationalheros dieser griechischen Landschaft. (Zu seiner Geburt siehe «Danaë», S. 10.)

DAS HAUPT DER MEDUSA

Die vom Vater wegen ihrer Schwangerschaft verstoßene Danaë hatte mit ihrem Sohn Perseus auf einer Insel Zuflucht gefunden. Der dortige König wollte sie zur Frau nehmen, aber sie weigerte sich, und ihr herangewachsener Sohn unterstützte sie dabei. So griff der König zu einer List. Er gab vor, die Tochter eines benachbarten Fürsten heiraten zu wollen, und bat alle Untertanen, ihm Pferde für die Brautgabe zu liefern. Der mittellose Flüchtling Perseus versprach voreilig, statt dessen jede andere vom König gewünschte Gabe beizubringen und sei es das Haupt der Gorgo Medusa. Der König ging erfreut darauf ein, denn noch nie war ein Sterblicher lebend von einer Begegnung mit den Gorgonen zurückgekommen. Dies waren drei weibliche Ungeheuer mit Schlangenhaaren, ehernen Armen und goldenen Flügeln; aus ihren Mäulern hingen zwischen spitzen Hauern riesige rote Zungen heraus. Der Anblick der Gorgonen war so schrecklich, daß er jeden, der sich ihnen nahte, in Stein verwandelte. Zwei von ihnen waren unsterblich, die dritte, Medusa, war sterblich.

Unerwartet erhielt Perseus die Hilfe Athenes, welche die Medusa haßte, weil diese einst, als sie noch jung und schön war, in ihrem Tempel mit Poseidon/Neptun geschlafen hatte. Die Göttin schenkte Perseus einen spiegelnden Bronzeschild und gab ihm den Rat, zunächst zu den Graien zu gehen. Das

waren zwei (oder drei) uralte, schon mit grauen Haaren geborene Frauen, die zusammen nur ein Auge und einen Zahn hatten, welche sie reihum benutzten. Als eine der anderen gerade das Auge reichte, griff Perseus schnell zu und hielt es fest. So zwang er die Graien, ihm den Aufenthalt gewisser Nymphen zu nennen, die nach Athenes Hinweis die rechten Mittel zur Besiegung der Gorgonen besaßen. Drei Dinge erhielt Perseus von den Nymphen: ein Paar Flügelschuhe, um zum Wohnort der Ungeheuer zu gelangen, einen Mantelsack, um das Haupt der Medusa hineinzustecken, sowie eine Tarnkappe, die unsichtbar machte. Auf dem weiteren Weg schenkte der Gott Hermes/Merkur dem jungen Mann, der ihm gefiel, noch ein eisernes Sichelschwert.
So flog Persus mit den Zauberschuhen zur Wohnstätte der Gorgonen, die er inmitten von unzähligen versteinerten Menschen und Tieren schlafend antraf. Ohne direkt in ihre Gesichter zu schauen, orientierte er sich am Spiegelbild seines Schildes und schlich an den anderen vorbei zur Medusa. Mit einem einzigen Schlag des Sichelschwertes hieb er ihr den Kopf ab, den er in seinen Mantelsack steckte, da auch der Anblick des toten Kopfes noch tödlich wirkte. Dann floh er, von den Flügelschuhen getragen, davon und konnte durch die Tarnkappe, die ihn unsichtbar machte, den gräßlichen Schwestern der Medusa entkommen. Als Medusas Kopf von Perseus abgeschlagen wurde, sprang aus dem Rumpf das geflügelte Roß Pegasus heraus, das aus dem Samen des Poseidon entstanden war.

QUELLEN: Hesiod, Theogonie 274 ff.; Ovid, Metamorphosen 4,772 ff. – BILDER: *Perseus erhält den Spiegel von Athene:* Burne-Jones, Southampton. *Perseus und die Graien:* Burne-Jones, Stuttgart. *Perseus tötet Medusa:* Peruzzi, Villa Farnesina; A. Carracci, Pal. Farnese. *Haupt der Medusa:* Leonardo da Vinci (Kopie), Uffizien; Caravaggio, Uffizien; Rubens, KHM Wien; Burne-Jones, Stuttgart.

Perseus verwandelt Atlas in Stein

Auf seinem Rückflug von den Gorgonen kam Perseus bei Einbruch der Dunkelheit beim Titanensohn Atlas vorbei, der den Garten mit den Goldenen Äpfeln der Hesperiden bewachte. Er bat den Riesen um Gastlichkeit für die Nacht, wurde aber mit Schimpfworten abgewiesen. Atlas fürchtete nämlich eine Weissagung, nach der ein Sproß des Zeus die Äpfel stehlen werde, was später durch Herakles, einen anderen Sohn des Zeus, tatsächlich geschah. Perseus holte nun das Medusenhaupt hervor und verwandelte Atlas in ein Gebirge.

QUELLE: Ovid, Metamorphosen 4,621 ff. – BILD: Burne-Jones, Southampton.

Die Befreiung der Andromeda

Als Perseus von seinem Abenteuer mit den Gorgonen zurückflog, erblickte er an einem Meeresstrand ein junges Mädchen, das an einen Felsen gefesselt war. Er erfuhr, daß es Andromeda war, eine Königstochter; sie sollte zur

Strafe über die Prahlerei ihrer Mutter Kassiopeia, die sich als noch schöner als die Nereiden bezeichnet hatte, einem Seeungeheuer geopfert werden. Andromedas Vater Kepheus bot seine Tochter dem Perseus als Gemahlin an, wenn er ihr Leben retten würde. Da kam das Untier auch schon herangeschwommen, und Perseus tötete es mit seinem Sichelschwert. Er spülte das giftige Blut bei der Quelle Hippokrene von seinen Händen ab und zeigte Andromeda das Haupt der Meduse nur im Wasserspiegel, da sie beim direkten Anblick gestorben wäre.

QUELLEN: Ovid, Metamorphosen 4,611 ff.; Hygin 64; Philostratos d. Ä. 1,29. – BILD: *Die Befreiung der Andromeda;* Signorelli, Dom Orvieto; Vasari, Pal. Vecchio; Tintoretto, Eremitage; Tizian, Wallace Coll.; Palma Giovane, Kassel; A. Carracci, Pal. Farnese; Cavaliere d'Arpino, KHM Wien/Metrop. Mus./Sarasota (Flo.)/Bologna; Saraceni, Mus. Dijon; Feti, KHM Wien; Rubens, Eremitage/Dahlem/Prado; Rembrandt, Mauritshuis; Vanloo, Eremitage; Delacroix, Stuttgart; Burne-Jones, Southampton; Beckmann, Essen. *Perseus zeigt Andromeda das Medusenhaupt im Wasserspiegel:* Burne-Jones, Stuttgart.

DER KAMPF MIT PHINEUS

Während des Mahles, das Perseus bei seiner Hochzeit mit Andromeda hielt, erschien plötzlich Phineus, der Bruder des Königs Kepheus, mit einer großen Kriegerschar und forderte das Mädchen für sich, da es ihm verlobt gewesen war. Sein Anspruch wurde mit der Begründung zurückgewiesen, er sei nicht erschienen, als es Zeit war, für Andromeda zu kämpfen, und ohne das Eingreifen des Fremden wäre sie jetzt tot. Phineus ließ das nicht gelten und eröffnete den Kampf. Perseus schlug sich tapfer gegen die Übermacht, konnte sich aber schließlich nur dadurch retten, daß er das Medusenhaupt aus dem Mantelsack hervorholte. Er warnte die eigenen Leute hinzuschauen und hielt das schreckliche Antlitz dem Phineus und seinen Kriegern entgegen, worauf diese zu Stein erstarrten. Später übergab Perseus das Medusenhaupt an Athene, die es von da an auf ihrem mit Ziegenfell bespannten Schild, der Ägis, trug.

QUELLE: Ovid, Metamorphosen 5,1 ff. – BILD: *Hochzeit des Perseus:* Piero di Cosimo, Uffizien. *Perseus und Phineus:* A. Carracci, Pal. Farnese; Poussin, Nat.Gall. London; Flémal, Nat. Gall. London; Nattier, Tours.

Bellerophon/Bellerophontes und der Pegasos

Bellerophon, ein Königssohn von Korinth, war der Nationalheros dieser Stadt. Er soll den Pegasos geritten haben, jenes geflügelte Pferd, das von Poseidon/Neptun gezeugt wurde und bei der Enthauptung der Medusa durch Perseus aus ihrem Rumpf sprang (siehe S. 65). Erst in der Neuzeit wird der Pegasos zum Dichterroß, weil das Pferd in der Antike mit der Quelle Hippokrene auf dem Musenberg Parnassos (siehe S. 18) in Verbindung gebracht worden war.

Der Ritt auf dem Pegasos

Von Jugend an wollte Bellerophon den geflügelten Pegasos reiten, der am Himmel und auf dem Land umherstürmte und niemand an sich herankommen ließ. Auf den Rat eines Sehers hin legte sich der Held nachts am Altar der Athene/Minerva zum Schlafen nieder. Die Göttin erschien ihm im Traum und gab ihm ein goldenes Zaumzeug, das er am Morgen noch in den Händen hielt. Damit ging er zur heiligen Quelle Peirene bei Korinth, wo sich das Pferd oft aufhielt. Es ließ sich ruhig den Zaum anlegen und gehorchte von da an seinem Reiter. Nachdem Bellerophon viele Abenteuer bestanden hatte, wollte er den Göttern gleich werden. Er ritt auf dem Pegasos höher und höher, um zum Olymp zu gelangen. Doch Zeus/Jupiter schleuderte den Übermütigen mit einem Blitz zurück, und er endete im Wahnsinn.

QUELLE: Pindar, Isthmien 7. – BILD: Tiepolo, Pal. Sandri Venedig.

Der Kampf mit der Chimäre

Der junge Bellerophon mußte wegen eines unabsichtlichen Totschlags Korinth verlassen und ging zum benachbarten König von Tiryns auf der Peloponnes. Dort fand die Königin an ihm Gefallen und wollte ihn verführen. Als der junge Mann sich ihr verweigerte, verleumdete sie ihn bei ihrem Gatten mit der Behauptung, er habe ihr nachgestellt. Der König scheute davor zurück, den Gastfreund umzubringen, und sandte ihn statt dessen mit einem Brief zum befreundeten König von Lykien in Kleinasien. Im Brief stand die Aufforderung, Bellerophon zu töten. Da aber der lykische König den Brief erst las, nachdem er den Überbringer als Gast bei sich aufgenommen hatte, stand die Gastfreundschaft wiederum einer unmittelbaren Tötung entgegen. So erhielt Bellerophon verschiedene lebensgefährliche Aufträge, die er aber alle unverletzt überstand. Eine dieser Taten war die Bezwingung der Chimäre, eines feuerspeienden Untiers, das mit seinem Atem das ganze Land verwüstete. Sein Leib war vorne wie ein Löwe, in der Mitte wie eine Ziege und am Ende wie eine Schlange. Auf seinem Flügelroß Pegasos konnte Bellerophon die Chimäre aus der Luft angreifen und mit seinen Pfeilen erschießen.

QUELLEN: Homer, Ilias 6,155 ff.; Hesiod, Theogonie 319 ff.; Pindar, Olymp. 13,84 ff.; Hygin 57. – BILD: Rubens, Bayonne.

Herakles/Herkules

Herakles war ein Sohn der Alkmene, die mit Amphitryon, einem Enkel des Perseus, verheiratet war. Sein wahrer Vater soll aber Zeus/Jupiter gewesen sein, der Alkmene in der Gestalt ihres Gatten besuchte. Daher war Hera/Juno, die Gemahlin des Zeus, dem Herakles zeit seines Lebens feindlich gesinnt. Da er den himmlischen Göttern mit seinen Giftpfeilen half, als die Giganten den Olymp stürmen wollten, wurde Herakles nach vielen Heldentaten und Abenteuern in den Kreis der Götter aufgenommen und erhielt Hebe, die Göttin der ewigen Jugend, zur Frau.

Herakles war der Lieblingsheros der Griechen. Nach manchen antiken Autoren soll er auch die Olympischen Spiele begründet haben. In der volkstümlichen Auffassung war er ein Naturbursche von gewaltiger Kraft mit großer Freude an Essen und Trinken; man sah in ihm aber auch das Vorbild eines Mannes, der auf seinem mühevollen Lebensweg nach sittlicher Vervollkommnung strebte.

So wurde er zum strahlenden Helden, der im Dienste der Menschen und Götter die Welt von zahllosen Ungeheuern befreite und dafür die Unsterblichkeit erlangte. Die ATTRIBUTE *des Herakles sind Keule und Löwenfell.*

DER KLEINE HERAKLES UND DIE ZWEI SCHLANGEN

Alkmene war von Zeus in Gestalt ihres Gatten Amphitryon besucht worden und hatte daraufhin Zwillinge geboren: Herakles, der von Zeus gezeugt worden sein soll, und Iphikles, dessen Vater zweifelsfrei der Gatte der Mutter war. Als die Kinder acht Monate alt waren, schickte die auf Alkmene eifersüchtige Zeusgemahlin Hera/Juno zwei Schlangen zur Wiege der beiden Kleinen, um sie zu töten. Iphikles erschrak fürchterlich, ebenso die herbeieilenden Eltern; doch Herakles packte mit jeder Hand eine der Schlangen und erwürgte sie.

QUELLEN: Homer, Ilias 19,96–133; Theokrit, Idyllen 24; Ovid, Metamorphosen 9,280 ff.; Philostratos d. J. 5. – BILDER: Filarete, Bronzetür St. Peter Rom; Vasari, Pal. Veccio; Pozzo, Sommerpalais Liechtenstein Wien; Batoni, Uffizien; Reynolds, Eremitage.

HERAKLES AM SCHEIDEWEGE

Herakles wuchs heran und übertraf bald alle Altersgenossen an Größe und Schönheit, Kraft und Geschicklichkeit. Oft ging er in die Einsamkeit, um seinen Lebensweg zu überlegen. Da begegneten ihm an einer Weggabelung zwei schöne Frauen: Tugend und Laster. Die eine strahlte Anstand und Reinheit aus, die andere hingegen Stolz und Wollust. Sie bot sich dem jungen Mann sogleich als Freundin an und versprach, ihm den bequemsten Weg zu zeigen: ein Leben voller Lust und Vergnügen, ohne Mühen und Anstrengungen, mit ständigem Genuß der Früchte fremden Fleißes. Die andere bot sich an, ihm einen steilen und steinigen Weg zu zeigen, an dessen Ziel aber hoher Lohn winke: Da die Götter nichts ohne Schweiß und Arbeit gewähren, gebe es keine Liebe der Freunde, ohne diesen nützlich zu sein, keine Verehrung durch das Volk, ohne ihm dafür Dienste zu leisten, keine Ernte ohne Aussaat, keinen

Sieg ohne Kampf und keine Selbstbeherrschung ohne Abhärtung. Als die Frauen wieder verschwunden waren, beschloß Herakles, den harten und mühevollen Weg zu gehen.

QUELLEN: Hesiod, Werke 287 ff.; Xenophon, Memorabilia 2,1,21 ff.; Aesop, Fabeln. – BILDER: A. Carracci, Neapel; Liss, Dresden; Vouet, Eremitage; Dyck, Uffizien; Heiss, Schleißheim; Wächter, Stuttgart.

Der rasende Herakles*

Herakles hatte Megara, die Tochter des Königs Kreon von Theben, zur Frau bekommen, die ihm mehrere Söhne gebar. Da schickte seine Feindin, die Göttin Hera/Juno, über ihn einen Anfall von Wahnsinn, in dessen Verlauf er alle seine Kinder tötete. Als Herakles aus der Raserei erwachte, war er verzweifelt und ging nach Delphi, um sich dort beim Orakel Rat zu holen.

QUELLEN: Euripides, Herakles 987 ff.; Diodor 4,11,1 f.; Seneca, Der rasende Herkules; Philostratos d. Ä. 2,23. – BILD: Turchi, AP München.

Die Arbeiten des Herakles

Amphitryon, der sterbliche Vater des Herakles, hatte als Enkel des Perseus Anspruch auf den Thron von Tiryns und Mykene, lebte jedoch in Theben in der Verbannung, weil ein Onkel sich der Herrschaft bemächtigt hatte. Am Tage aber, da Herakles geboren werden sollte, prahlte sein wahrer Vater Zeus in der Götterversammlung, heute komme ein Kind zur Welt, das einmal über alle Nachkommen des Perseus gebieten werde. Hera/Juno bewirkte daraufhin heimlich, daß sich die Geburt des Herakles verzögerte und an jenem Tage statt seiner ein Sohn des in Mykene regierenden Königs als Siebenmonatskind geboren wurde. Es war Eurystheus, der dann seinem Vater auf dem Throne nachfolgte.

Herakles wollte zuerst dem Geringeren nicht dienen. Aber das Orakel von Delphi, das er wegen der Tötung seiner Kinder aufsuchte, trug ihm auf, zur Strafe freiwillig zu Eurystheus zu gehen und zwölf Taten zu vollbringen, die dieser ihm befehlen werde; danach werde er unsterblich sein. Nach langem inneren Kampf ging Herakles zu Eurystheus, der um seinen Thron fürchtete und dem Rivalen Arbeiten auftrug, die ihn verderben sollten.

QUELLEN: Euripides, Herakles; Ovid, Metamorphosen 9,182 ff.; Apollodor 2,4,4; Hygin 31 f.; Philostratos d. Ä. 2,20. – ZYKLEN: Abbate, Universität Bologna; Vasari, Pal. Vecchio; Raffaelino da Reggio, Sala Ducale Vatican; A. Carracci, Pal. Farnese; Reni, Louvre; Zurbarán, Prado; Ricci, Pal. Marucelli Florenz; Antwerpener Wandteppiche, Herkulessaal Residenz München.

---

* Dem Motiv «Der trunkene Herkules» (Rubens, Dresden) liegt keine besondere Geschichte zugrunde. Der Maler will zeigen, wie sich ein Held durch Trunksucht und Wollust selbst erniedrigen kann.

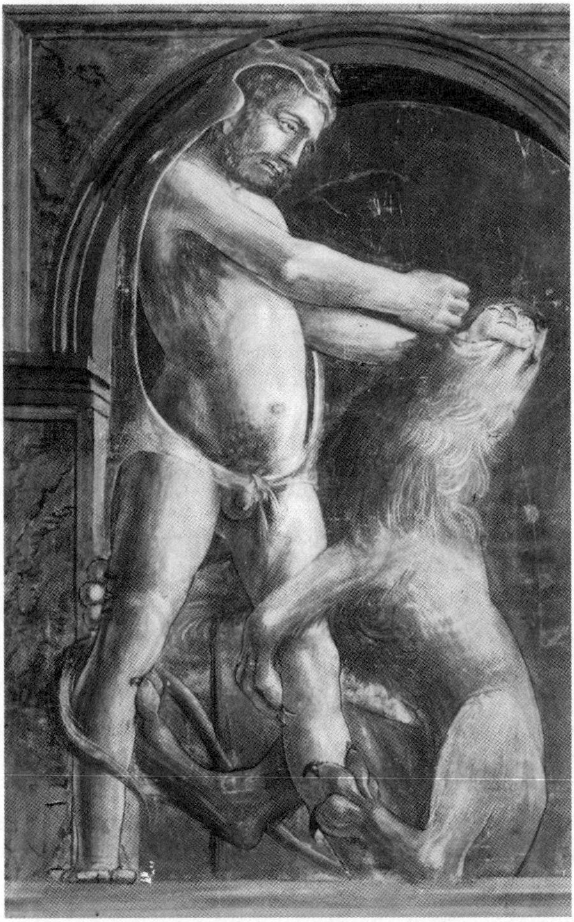

Herkules tötet den nemeischen Löwen
Wandgemälde (Ausschnitt) von Antonio del Pollaiuolo

1. Der Neméische Löwe verwüstete das Land und konnte von keiner Waffe bezwungen werden. Auch die Lanze des Herakles prallte an seinem Fell ab. Da erwürgte der Held das Tier mit den Händen. Von nun an trug Herakles das Löwenfell als Mantel und den Kopf als Helm.

BILDER: Filarete, Bronzetür St. Peter Rom; Giulio Romano, Pal. del Tè Mantua; Sciorina, Pal. Vecchio.

2. Die Hydra war ein mythisches Untier und hatte neun Köpfe, die immer wieder doppelt nachwuchsen, wenn einer abgeschlagen wurde. Der mittlere Kopf war sogar unsterblich. Beim langen Kampf kam der Hydra ein Krebs zu Hilfe, der Herakles ständig in die Ferse zwickte. Schließlich konnte Herakles mit Hilfe seines Wagenlenkers der Hydra Herr werden, indem er die Stümpfe der abgeschlagenen Köpfe mit Feuerbränden ausbrannte, so daß sie nicht mehr nachwachsen konnten. Den unsterblichen Kopf begrub er und wälzte einen schweren Stein darüber. Seine Pfeile tauchte er ins Gift des Leichnams und erhielt so eine unfehlbar tödliche Waffe. Der Krebs aber wurde von der Göttin Hera als Stern an den Himmel versetzt.

BILDER: Pollaiuolo, Uffizien; L. Carracci, Victoria & Albert; Vecchia, Braunschweig; Moreau, Musée Gustave Moreau Paris.

3. *Die Kerynitische Hirschkuh* trug ein goldenes Geweih, und Herakles sollte sie lebend zu Eurystheus bringen. Er verfolgte das scheue Tier ein Jahr lang vergeblich und konnte es schließlich mit der Hilfe von Netzen fangen; es heißt auch, er habe sich herangeschlichen, als die Hirschkuh schlief.

4. *Den Erymanthischen Eber*, der das Land verheerte, fing Herakles, indem er ihn in tiefen Schnee jagte. Als er den toten Eber zu Eurystheus brachte, versteckte sich dieser vor Angst in einem Faß.

5. *Die Ställe des Augias* gehörten einem König, der zahlreiche Rinder besaß, die in großen Pferchen gesammelt wurden. Der für einen Helden entwürdigende Auftrag, die Ställe zu reinigen, wurde von Herakles dadurch zu seinem Nutzen gewendet, daß er sich Augias gegenüber erbot, die ungeheure Aufgabe innerhalb eines einzigen Tages zu erledigen, wenn er ein Zehntel des Viehs bekomme. Das Unternehmen gelang, da Herakles zwei Flüsse ableitete, die den ganzen Mist aus den Pferchen spülten.

6. *Die Stymphalischen Vögel* waren durch ihre große Zahl zu einer Landplage geworden, da sie sich überall niederließen und niemand sie wegjagen konnte. Herakles erhielt von der Göttin Athene Rasseln oder Messingklappern, mit denen er die Vögel zum Auffliegen brachte, so daß er die einen abschießen und die andern verscheuchen konnte.

BILD: Dürer, Nürnberg.

7. *Der Kretische Stier* war ein herrliches Tier, welches der König Minos auf Kreta seinen Herden einverleibt hatte, obwohl er es eigentlich Poseidon als Opfer versprochen hatte. Der erzürnte Meeresgott ließ das Tier rasend werden, so daß es überall auf der Insel Unheil anrichtete. Herakles gelang es, den Stier mit seiner bloßen Kraft so gründlich zu bändigen, daß dieser ihn sogar über das Meer zurück zu Eurystheus trug.

8. *Die Stuten des Diomedes*, eines grausamen Königs, waren so wild, daß man sie mit eisernen Ketten an eherne Krippen binden mußte. Wenn sich ein Fremdling ins Land verirrte, wurden sie mit seinem Fleisch gefüttert. Herakles raubte die Pferde mit einer Schar Freiwilliger, tötete Diomedes und warf ihn den Stuten zum Fraß vor, um sie sich für die Heimfahrt gefügig zu machen.

9. *Der Gürtel der Amazone* war ein kostbares Wehrgehenk der Amazonenkönigin Hippolyte, und Herakles sollte es holen. Sie wollte es Herakles, der

ihr seine Zwangslage schilderte, schon freiwillig geben, da stachelte die Göttin Hera einige der Amazonen gegen den Helden auf, und es kam zum Kampf. Herakles besiegte der Reihe nach die tapfersten der Frauen und erhielt schließlich den Gürtel von der Königin als Lösegeld für eine Gefangene; nach anderen Berichten tötete er auch die Königin und konnte so den Gürtel entführen.

10. Die Rinder des Geryones, eines Riesen, welcher durch seine drei Leiber mit sechs Armen und Beinen ungeheuer stark war, weideten auf einer Insel im Westen der iberischen Halbinsel, bewacht vom riesigen Hirten Eurytion und dem zweiköpfigen Hund Orthos. Herakles erschlug den Hund und den Hirten mit seiner Keule und machte sich mit den Rindern davon. Als Geryones ihn verfolgte, erschoß er ihn mit einem seiner tödlichen Pfeile. Dann trieb er die Rinder den langen Weg von Spanien über Italien nach Griechenland zu Eurystheus.

BILDER: Momper, Rijksmus; Langetti, KHM Wien.

11. Die goldenen Äpfel der Hesperiden, ein Geschenk der Erdmutter Gaia zur Hochzeit von Zeus und Hera, waren die Früchte eines Baumes, der irgendwo fern im Westen in einem heiligen Garten wuchs, den der hundertköpfige Drache Ladon vor Eindringlingen schützte. Sie wurden von Nymphen gehütet, die man als Töchter der Nacht und des Titanen Atlas, der dort am westlichen Rand der Erde das Himmelsgewölbe trug, Hesperiden nannte (griech. hespera ‹Abend/Westen›). Um wenigstens eine Zeitlang von seiner Last befreit zu werden, ging Atlas auf den Vorschlag ein, die Äpfel für Herakles zu holen, der dafür den Himmel auf seine starken Schultern lud. Tatsächlich kehrte der Titan mit drei gepflückten Äpfeln zurück, wollte aber, um mehr Zeit zu gewinnen, die Früchte selbst zu Eurystheus bringen. Herakles tat, als wäre er einverstanden, und bat nur, sich noch ein Tuch als Kissen um den Kopf legen zu dürfen. Als Atlas dazu das Gewölbe für einen Augenblick wieder übernahm, machte sich Herakles mit den goldenen Äpfeln schnell davon.

BILDER: *Herkules und Atlas:* Ag. Carracci, Pal. Sampieri Bologna; A. Carracci, Pal. Farnese Rom; Ratti, Pal. Rosso Genua. *Die Hesperiden:* Raffael, Musée Condé Chantilly; Marées, NP München. *Herkules im Garten der Hesperiden:* Pellegrini, Pommersfelden.

12. Den Höllenhund Kerberos, den Bewacher des Eingangs zur Unterwelt, sollte Herakles als letzte Aufgabe vor Eurystheus bringen. (Nach manchen Berichten allerdings war dies die vorletzte und das Holen der Äpfel der Hesperiden die letzte Arbeit.) Um die Schrecken der Unterwelt zu bestehen, ließ sich Herakles zunächst in die Mysterien von Eleusis einweihen. Dann stieg er, geführt vom Gott Hermes, dem Begleiter der toten Seelen, an der Südspitze der Peloponnes den Eingang zum Hades hinab (siehe S. 46). Die meisten Schatten ergriffen vor dem Besucher aus Fleisch und Blut die Flucht, einige aber, die er lebend gekannt hatte, redeten mit ihm. Er trat dann vor Hades, den König der Unterwelt, der ihm erlaubte, den dreiköpfigen Höllenhund unter der Bedingung mitzunehmen, daß er ihn ohne Waffen bändigen könne.

Bei dem langen Ringkampf wurde Herakles zwar vom Schwanz des Untiers, der in einem Schlangenkopf endete, heftig gebissen. Er konnte den Hund aber schließlich fesseln und vor Eurystheus führen. Dort spie das Tier heftig um sich: aus dem Geifer wuchs der giftige Eisenhut. Eurystheus beschwor Herakles, den Kerberos wieder in die Unterwelt zu bringen.

BILDER: Schiavone, Slg. I. Brass Venedig; Lorenzino da Bologna, Sala Ducale Vatican; Zurbaràn, Prado.

Nun mußte König Eurystheus den Helden endgültig freigeben.

Im Zusammenhang mit diesen zwölf Taten, die Herakles für Eurystheus zu vollbringen hatte, werden noch viele andere Abenteuer erzählt, von denen die bekanntesten im folgenden aufgeführt sind.

Die Verwundung des Kentauren Chiron

Als Herakles zum Fang des Erymanthischen Ebers auszog, wurde er von dem guten Kentauren Pholos in dessen Höhle freundlich bewirtet. Vom Duft des dabei aufgetragenen Weines angelockt, kamen die übrigen Kentauren herbei und griffen Herakles an. Er tötete einige mit seinen todbringenden Pfeilen, die anderen flohen zum weisen Kentauren Chiron, der dabei von einem der Pfeile verletzt wurde. Chiron war (als einziger der Kentauren) unsterblich und litt wegen des Giftes unsägliche Schmerzen, konnte aber nicht sterben. Später verzichtete er, um seine Leiden zu beenden, auf seine Unsterblichkeit zugunsten des am Kaukasus angeschmiedeten Prometheus (siehe S. 6). Auch der gute Pholos kam bei dieser Gelegenheit zu Tode, als er einem der gefallenen Kentauren den Giftpfeil herauszog und sich dabei verletzte.

QUELLE: Apollodor 2,5,4 und 11. – BILD: Filippino Lippi, Christ Church Oxford.

Hylas von Nymphen geraubt

Nach der Jagd auf den Erymanthischen Eber hörte Herakles von der beabsichtigten Fahrt der Argonauten und schloß sich mit seinem Waffenträger und Geliebten Hylas dem Zuge an. Als man unterwegs einmal landete, wollte Hylas an einer Quelle Wasser für die Abendmahlzeit holen. Doch den Quellnymphen gefiel der schöne junge Mann so sehr, daß sie ihn zu sich in die Tiefe zogen. Einer der Argonauten hörte noch einen Schrei, fand den Platz um die Quelle aber leer. Voll Zorn und Trauer durchstreifte Herakles immer wieder die umliegenden Wälder auf der Suche nach dem Geliebten. Deshalb fuhren die Argonauten ohne ihn weiter.

QUELLEN: Theokrit, Idyllen 13; Vergil, Georgica 3,6; Ovid, Metamorphosen 7,1 ff.; Apollonios Rhodios 1, 1187 ff. – BILDER: Piero di Cosimo, Wadsworth Atheneum; Furini, Pal. Pitti; Koch, Städel; Waterhouse, Manchester.

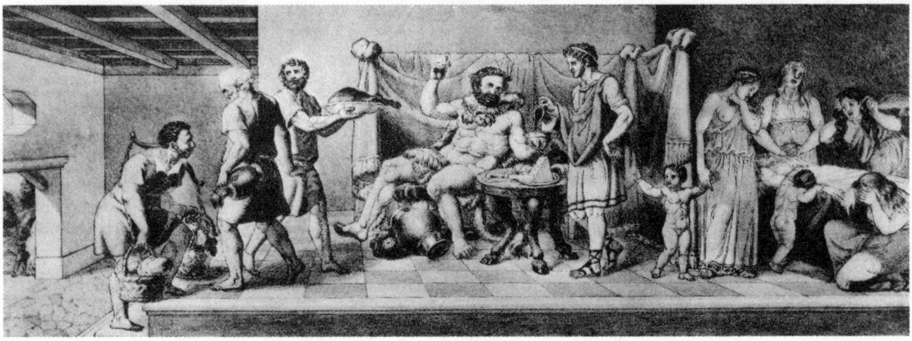

Herkules im Trauerhaus des Admet
Zeichnung von J. H. Meyer, Goethemuseum Weimar

Herakles holt Alkestis aus der Unterwelt

Als Apoll zur Strafe für die Tötung der Kyklopen bei König Admetos die Herden weiden mußte, wurde er zum Freund seines Gastgebers und half ihm, die von vielen Freiern begehrte Alkestis zu erringen. Admetos vergaß aber, vor der Hochzeitsnacht das übliche Opfer an Artemis/Diana darzubringen, was als Rache der Göttin einen frühen Tod befürchten ließ. So wandte sich Apoll an die Moiren, die Schicksalsgöttinnen, und erlangte die Zusage, Admetos lange am Leben zu lassen – allerdings nur unter der Bedingung, daß jemand anderes bereit sei, für ihn sein Leben zu geben. Als nun Admetos tatsächlich jung sterben sollte, wollte niemand für ihn eintreten, nicht einmal seine uralten Eltern; nur seine Gemahlin Alkestis opferte sich. Herakles, der auf dem Weg zu den Stuten des Diomedes damals vorbeikam, war von der Trauer des Gatten so betroffen, daß er den Tod (Thanatos, siehe S. 46) sogleich verfolgte, ihn im Ringkampf überwältigte und Alkestis aus der Unterwelt zurückholte.

Quellen: Euripides, Alkestis; Apollodor 1,9,15 und 3,10,4; Hygin 51. – Bilder: Parentino, Mus. Civico Venedig; Galloche, École des Beaux-Arts Paris; Masreliez, Nat. Mus. Stockholm; N. Coypel, Grenoble.

Die Rettung der Hesione

Auf der Heimfahrt von seinem Zug gegen die Amazonen machte Herakles in Troja Halt. Dort herrschte damals Ganymeds Vater Laomedon, der von Zeus nach der Entführung des Sohnes (siehe S. 11) mit herrlichen Stuten entschädigt worden war. Nun hatte sich Laomedon den Zorn Apolls und Poseidons/Neptuns zugezogen, weil er ihnen den versprochenen Lohn für ihre Hilfe beim Bau der Mauern Trojas vorenthielt. So hatte Apoll die Stadt mit Pestpfeilen beschossen und Poseidon ein Seeungeheuer geschickt, welches das Land verwüstete.

Ein Orakel verkündete das Ende beider Plagen, wenn Laomedon seine Tochter Hesione opfere. Sie war schon an einen Felsen am Meeresufer gekettet, da bot sich Herakles an, das Mädchen zu retten, falls er es zusammen mit den schönen Stuten, der Gabe des Zeus, als Belohnung bekäme. Der König ging auf den Handel ein, und Herakles tötete das Ungeheuer in einem schrecklichen Kampf, bei dem er sich mehrmals auf einen mit Hilfe Athenes von den Trojanern errichteten Damm flüchten mußte. Doch Laomedon löste auch diesmal sein Versprechen nicht ein, wofür ihm Herakles seine Rache androhte. Im Trojanischen Krieg sollte sie sich durch Philoktet, der den Bogen des Herakles mit den vergifteten Pfeilen erbte, erfüllen (siehe S. 96).

QUELLEN: Homer, Ilias 21,441 ff.; Ovid, Metamorphosen 11,198 ff.; Philostratos d. J. 12. – BILDER: *Laomedon mit Apoll und Poseidon:* Domenichino, Nat. Gall. London; Dulin, Louvre. *Herakles befreit Hesione:* Lemoine, Nancy.

Der Kampf mit dem Riesen Antaios

Auf dem Weg zu seiner zehnten Arbeit, dem Raub der Rinder des Geryones, kam Herakles durch Libyen. Dort traf er auf den starken Riesen Antaios, der ihn wie jeden Fremden zum Kampf zwang. Antaios war ein Sohn der Gaia, der Erdmutter, und gewann im Ringkampf stets neue Kraft, sobald er die Erde berührte. So konnte ihn niemand besiegen. Herakles hob ihn jedoch in die Luft empor und drückte ihn zu Tode.
Als Herakles nach dem Kampf erschöpft einschlief, wurde er vom Zwergenvolk der Pygmäen angegriffen, die aber dem großen Helden nichts anhaben konnten.

QUELLEN: Pindar, Isthmien 4,52 ff.; Diodor 4,17,4; Apollodor 2,5,11; Philostratos d. Ä., 2,21 f. – BILDER: *Der Kampf mit Antaios:* Filarete, Bronzetür St. Peter; Pollaiuolo, Uffizien; Cranach d. Ä., Akad. Wien; Grien, Kassel; Tintoretto, Wadsworth Atheneum; Zurbaràn, Prado; Rottmayr, Karlsruhe; Ricci, KHM Wien. *Herkules und die Pygmäen:* Cranach d. J., Dresden.

Herakles trägt die Säulen von Gades

Auf seinem Weg zur zehnten Arbeit, dem Raub der Rinder des Geryones, kam Herakles zum Atlantischen Ozean. Er stellte am europäischen und am afrikanischen Ufer Säulen auf, um zu zeigen, wie weit er gekommen war. Das sind heute der Felsen von Gibraltar und der Jebel Musa bei Ceuta. Man sagt auch, Herakles habe diese Felsen als Sperren errichtet, um die Meeresungeheuer vom Mittelmeer fernzuhalten, oder er habe die ursprünglich miteinander verbundenen Felsen auseinandergerissen, um eine Ausfahrt zum offenen Ozean zu schaffen. Die Meerenge von Gibraltar wurde im Altertum «Säulen des Herkules» genannt. Noch westlich von ihr lag die von den Phöniziern gegründete Stadt Gades, das heutige Cadiz.

QUELLEN: Plinius, Nat. Hist. 3 (Einleitung); Strabon 3,5,5. – BILD: Giaquinto, Escorial.

Die Tötung des Cacus

Als Herakles das Vieh des Geryones, das er bei seiner zehnten Arbeit erbeutet hatte, von Spanien nach Hause trieb, kam er ins Gebiet des späteren Rom, wo am Aventinhügel der Riese Cacus hauste. Dieser stahl einige der Rinder, indem er sie, um die Spuren zu verwischen, an den Schwänzen in seine Höhle zog. Doch als Herakles mit seiner brüllenden Herde vorüberzog, muhte eine der gestohlenen Kühe zurück; und der Dieb war entdeckt. Herakles tötete den Riesen.

Quellen: Vergil, Aeneis 8,193–270; Ovid, Fasti 1,543 ff. – Bilder: Goltzius, Mauritshuis; Domenichino, Louvre; Poussin, Eremitage; Lemoine, École des Beaux-Arts Paris; Ratti, Pal. Rosso Genua.

Herakles bei Omphale

Als Herakles die zwölf Arbeiten vollbracht hatte, war er zwar gemäß dem Spruch des Delphischen Orakels zur Unsterblichkeit bestimmt, aber das Ende seiner Prüfungen und Leiden war noch nicht gekommen. In einem Anfall von Wut und Wahnsinn, verursacht von seiner alten Feindin Hera, erschlug er einen Gastfreund und wurde deshalb von einer schweren Krankheit befallen. Das Orakel in Delphi sagte, er könne nur geheilt werden, wenn er sich für eine Zeit in die Sklaverei verkaufen lasse und den Kaufpreis den Söhnen des Erschlagenen gebe. So kam er als Sklave zu Omphale, der Königin von Lydien in Kleinasien. Die beiden liebten einander, und Herakles verweichlichte bei der Barbarenfürstin so sehr, daß er ihr seine Keule und sein Löwenfell überließ und sich selber in Frauenkleidern an den Spinnrocken setzte.
Als Herakles und Omphale einmal in einer Grotte übernachteten, schliefen sie der Sitte gemäß auf getrennten Lagern, um bei Tagesanbruch ein Opfer darbringen zu können. Da schlich sich der lüsterne Pan ein, der in Omphale verliebt war. In der Dunkelheit ertastete er ein Bett, auf dem jemand in seidenen Frauenkleidern lag, und legte sich dazu. Doch er war an Herakles geraten, der ihn mit einem gewaltigen Fußtritt wegschleuderte. Auf den Lärm hin erschien Omphale mit Fackeln. Sie und Herakles lachten Tränen über Pan, der in einer Ecke saß und seine Beulen rieb.

Quellen: Sophokles, Trachinierinnen; Ovid, Fasti 2,303 ff.; Heroiden 9,55 ff.; Apollodor 2,6,2 f. – Bilder: *Herakles und Omphale:* Cranach d. Ä., Braunschweig; Primaticcio, Fontainebleau; Tito, Pal. Vecchio; F. Bassano, KHM Wien; Bloemaert, Kopenhagen; Spranger, KHM Wien; Rubens, Louvre; Turchi, AP München; Cignani, Karlsruhe/Vaduz; Lemoine, Louvre; Boucher, Eremitage; Tischbein, Residenz Kassel; Genelli, Schackgal. München. *Herkules vertreibt Pan vom Lager der Omphale:* Primaticcio, Fontainebleau; Tintoretto, Budapest.

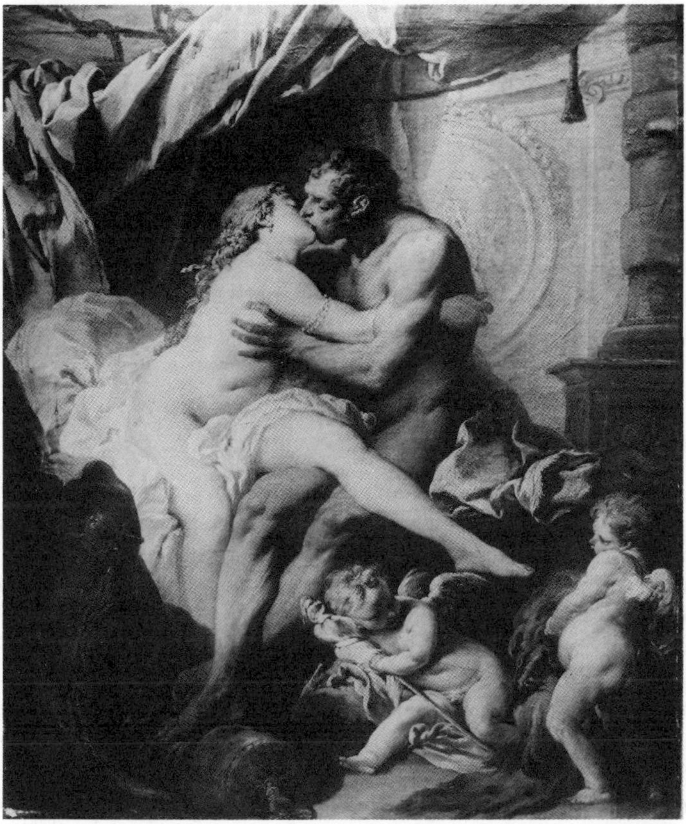

Herkules und Omphale
Gemälde von Jean-Honoré Fragonard, Eremitage

Herakles befreit Deianira von Eurytion (oder Eurytos)

Herakles, der als Gast bei einem König weilte, schlief mit dessen Tochter Deianira und versprach danach, sie zu ehelichen. Indessen freite auch der Kentaurenanführer Eurytion um das Mädchen, und der Vater willigte aus Furcht vor der Gewalttätigkeit des Kentauren in die Hochzeit ein. Da erschien Herakles und erschlug Eurytion mit all seinen Gefährten, die zur Hochzeitsfeier gekommen waren.

Quelle: Hygin 31 und 33. – Bilder: Rottenhammer, KHM Wien; Bon de Boullogne, Louvre.

Herakles besiegt den Flussgott Acheloos

Die letzte Ehefrau des Herakles war Deianira. Meist wird sie mit jener Königstochter identifiziert, die Herakles vor dem Kentauren Eurytion bewahrt hatte. Nach anderen Berichten war sie eine Tochter des Königs von Kalydon. Der Held verliebte sich in das Mädchen, hatte aber einen Rivalen im Flußgott Acheloos. Dieser konnte sich, wie alle Wassergottheiten, in vielerlei Gestalten verwandeln. Als Herakles wegen Deianira mit ihm rang, wandelte sich Acheloos in eine Schlange und dann in einen Stier. Herakles bezwang mit seinen starken Armen das mächtige Tier, dem er beim Kampf auch noch eines der Hörner abbrach.

Quellen: Ovid, Metamorphosen 9,7 ff.; Philostratos d. J. 4. – Bilder: Domenichino, Louvre; Reni, Louvre; Jordaens, Kopenhagen; N. Coypel, Louvre.

Herakles, Nessos und Deianira

Herakles hatte die Tochter des Königs von Kalydon, Deianira, geheiratet und zog mit ihr in ein anderes Land. Unterwegs kamen sie an einen Fluß, wo der Kentaur Nessos die Reisenden auf seinem Pferderücken übersetzte. Herakles selbst watete durch das Wasser, vertraute aber seine Frau dem Kentauren an. Da hörte er plötzlich hinter sich ihr Hilfegeschrei, denn Nessos wollte sie vergewaltigen. Auf der Stelle schoß Herakles einen seiner giftigen Pfeile auf den Frevler.

Bevor Nessos starb, kam ihm noch ein Gedanke, wie er sich an seinem Bezwinger Herakles rächen könnte. Er heuchelte gegenüber Deianira Reue und forderte sie auf, sein Blut aufzuheben, da es ein wirksamer Liebeszauber sei, wenn man es auf ein Gewand streiche. Die Frau glaubte dem Sterbenden und verwahrte das Blut, ohne daran zu denken, daß es schon völlig vom todbringenden Gift des Pfeiles durchdrungen war.

Quellen: Ovid, Metamorphosen 9,101 ff.; Hygin 34; Philostratos d. J. 16. – Bilder: Pollaiuolo, Fogg Museum Yale University New Haven (Conn.); Veronese, KHM Wien; Spranger, KHM Wien; Cavaliere d'Arpino, Slg. Sardi Mailand; Reni, Louvre/Burg Prag; Jordaens, Kopenhagen; Giordano, Pal. Pitti; N. Coypel, Louvre.

Der Tod des Lichas

Deianira, die Frau des Herakles, fürchtete wegen Iole, einer schönen Gefangenen ihres Mannes, um dessen Liebe. Sie erinnerte sich an die Worte des sterbenden Kentauren Nessos, der ihr weisgemacht hatte, sein Blut sei ein unfehlbarer Liebeszauber. So tränkte sie das Festgewand des Herakles mit dem Blut des Kentauren und schickte es durch den Herold Lichas an ihren Mann, der ein Opfer darbringen wollte. Sobald nun Herakles das Gewand anlegte, begann das Gift der Hydra, das sich mit dem Blut vermischt hatte, seine Haut zu zerfressen. Herakles riß sich das Kleid vom Leibe, wobei ganze Fleischteile mit abgingen. Wahnsinnig vor Schmerz packte er dann den nichtsahnenden

Überbringer des Kleides und schleuderte ihn ins Meer, wo der unglückliche Lichas zu einer Felsklippe erstarrte. Als Deianira erfuhr, was sie angerichtet hatte, gab sie sich den Tod.
Man sagt auch, Deianira habe schon bald nach der Abreise des Lichas die Hinterlist des Nessos gemerkt, da ein Tropfen des Blutes, der zur Erde gefallen war, in der Sonne zu brennen anfing. Doch der eiligst nachgesandte Bote sei zu spät gekommen.

QUELLEN: Homer, Ilias 9,134 ff.; Sophokles, Trachinierinnen; Ovid, Metamorphosen 9,212 ff.; Hygin 36. – BILD: Géricault, Smith College Northampton (Ma.).

Herakles auf dem Scheiterhaufen

Als Herakles merkte, daß er sterben mußte, zog er mit seinem Sohn Hyllos und dem übrigen Gefolge auf den Gipfel des Berges Oita, wo er einen Scheiterhaufen errichten ließ. Doch trotz der Bitten des von wahnsinnigen Schmerzen gepeinigten Helden wagte keiner der Umstehenden, auch nicht sein Sohn Hyllos, das Holz anzuzünden. Erst der Hirt Philoktet, der in der Nähe seine Herden weidete, war dazu bereit. Er erhielt zum Dank dafür von Herakles dessen Bogen mit den vergifteten Pfeilen zum Geschenk – eine Gabe, die ihm noch viele Leiden verursachen sollte (siehe S. 96).

QUELLEN: Homer, Ilias 9,229 ff.; Sophokles, Trachinierinnen; Ovid, Metamorphosen 9,230 ff.; Hygin 36. – BILDER: Reni, Louvre; Giordano, Prado.

Herakles wird in den Olymp aufgenommen

Als die Flammen des Scheiterhaufens, auf dem Herakles stand, niederbrannten, umhüllte eine Wolke die Stelle, ein Blitz fuhr hernieder, und danach waren keine Überreste des Helden zu finden. Er war, wie es ihm als Lohn für seine Arbeiten versprochen worden war (siehe S. 69), zum Olymp emporgestiegen, wo man ihn freudig empfing; sogar seine Feindin Hera versöhnte sich mit ihm und Zeus gab ihm seine Tochter Hebe, die Göttin der ewigen Jugend, zur Frau. Seither wohnt Herakles bei den himmlischen Göttern, nach Homer allerdings ist sein sterblicher Teil bei den Schatten in der Unterwelt.

QUELLEN: Homer, Odyssee 11,602 ff.; Hesiod, Theogonie 950 ff.; Ovid, Metamorphosen 9,240 ff. – BILDER: Coninxloo, Prag; Cortona, Pal. Pitti; Solimena, Neapel; Lemoine, Schloß Versailles.

Die Argonauten

Alle griechischen Helden aus der Zeit vor dem Trojanischen Krieg sind an der Fahrt nach Kolchis am Ostufer des Schwarzen Meeres beteiligt. Mit diesem sog. Argonautenzug ist auch die Sage von der Herkunft des Goldenen Vlieses und die leidenschaftlich-düstere Gestalt der Zauberin Medeia/ Medea verbunden.

Phrixos und Helle

Athamas, König von Theben, hatte von seiner ersten Gattin Nephele einen Sohn und eine Tochter, die Geschwister Phrixos und Helle, aus seiner zweiten Ehe mit der Kadmostochter Ino aber zwei Söhne. Um den Erstgeborenen ihres Mannes zu beseitigen, täuschte die Stiefmutter einen Orakelspruch vor, der zur Beendigung einer Dürre den Opfertod des Phrixos forderte. Doch dessen wahre Mutter schickte einen herrlichen Widder mit goldenem Vlies (Fell), der den Knaben mit seiner Schwester durch die Luft davontrug. Auf dem Flug stürzte das Mädchen, dem schwindlig wurde, in jenes Meer, das seitdem Hellespont (Meer der Helle) heißt. Der Bruder gelangte wohlbehalten in das Land Kolchis am Ostufer des Schwarzen Meeres und wurde dort von König Aietes freundlich aufgenommen. Phrixos opferte den Widder und hängte sein Vlies in einem dem Ares/Mars heiligen Hain an einer Eiche auf, wo es König Aietes durch einen niemals schlafenden Drachen bewachen ließ.

Quellen: Apollonios Rhodios 2,1141 ff.; Apollodor 1,9,1; Diodor 4,47; Hygin 2 und 3. – Bild: Sansovino (Relief), Loggetta Venedig.

Die Fahrt der Argonauten

Jason war ein Sohn des Königs Aison (Aeson) von Iolkos, den sein Bruder Pelias um den Thron gebracht hatte. Als Jason von seinem Onkel den Thron zurückverlangte, verleitete ihn der schlaue Usurpator zu dem Versprechen, aus Kolchis das Goldene Vlies (Fell) zu holen, das einst Phrixos nach seiner Flucht auf dem Rücken des Widders dort an einer heiligen Eiche aufgehängt hatte. Vom erfahrenen Schiffsbauer Argos ließ Jason das bis dahin größte und schönste Schiff, die «Argo», bauen. Die Göttin Athene/Minerva gab dazu gute Ratschläge und fügte ein sprechendes Stück Holz aus den Eichen im heiligen Hain von Dodona in den Bug ein, damit die Seefahrer stets den Willen der Götter erfahren konnten. Dann sandte Jason Herolde aus, um die Helden Griechenlands zur Teilnahme an der Fahrt einzuladen. Als alle beisammen waren, trugen sie das Schiff zum Meer und ließen es ins Wasser gleiten. Die fünfzig Ruderer begannen im Takt ihre Arbeit, der Wind schwellte die Segel und Orpheus sang zur Leier. Vorn saßen Herakles und sein Geliebter Hylas (siehe S. 73), hinten Peleus, der Vater Achills (siehe S. 85), und Telamon, der Vater des Aias. Unter den vielen Helden im Mittelteil waren die Dioskuren Kastor und Pollux/Polydeikes (siehe S. 12), Meleager aus Kalydon (siehe S. 60), Admetos (siehe S. 20), der Gemahl der Alkestis, und Theseus von Athen (siehe S. 55) mit seinem Freund Peirithoos.

QUELLEN: Apollonios Rhodios 1; Apollodor 1,9,16; Hygin 12 ff. – BILDER: *Die Argonauten:* Roberti, Mus. Civico Padua; Chirico, Gall. del Milione Mailand; Beckmann (Triptychon), New York (privat).

Die Zähmung der feuerspeienden Stiere

Nach vielen Abenteuern gelangten die Argonauten nach Kolchis am Ostufer des Schwarzen Meeres. Auf ihre Bitte hin versprach der dortige König Aietes, das Goldene Vlies herauszugeben, wenn Jason es fertigbringe, die folgende Probe zu bestehen: mit zwei flammenspeienden Stieren ein Feld umzupflügen, in dessen Furchen Drachenzähne zu säen und die daraus entstehenden Männer zu besiegen.

Die Griechen waren voller Angst, daß Aietes Jason verderben wollte, aber ihm kam Medea, des Königs Tochter, heimlich zu Hilfe. Sie war eine große Zauberin und hatte sich beim ersten Anblick in den griechischen Helden verliebt. Als sie ihm ihre Liebe gestand, versprach er ihr, sie als seine Gattin mit nach Griechenland zu nehmen. Daraufhin bereitete Medea ein Zaubermittel, mit dem sich Jason den Körper und die Waffen bestrich.

So konnte er die fürchterlichen Stiere zähmen und vor den Pflug spannen; die aus der Drachensaat gewachsenen Männer bezwang er, indem er auf den Rat Medeas hin unter sie einen Stein warf, um dessen Besitz die Krieger kämpften, so daß sie sich gegenseitig umbrachten.

QUELLEN: Euripides, Medea; Apollonios Rhodios 3; Ovid, Metamorphosen 7,1 ff.; Apollodor 1,9,23; Hygin 22. – BILDER: *Jason schwört Medea ewige Treue:* Troy, Nat. Gall. London. *Medea bereitet Zaubermittel:* Machietti, Pal. Vecchio. *Jason zähmt die Stiere:* Limosiner Porzellanschüssel, Mus. du Petit Palais Paris; Troy, Barber Institute of Fine Arts University Birmingham.

Der Raub des Goldenen Vlieses

Obwohl Jason die Probe des Königs Aietes bestanden hatte, war dieser nicht bereit, das Goldene Vlies herauszugeben. Da er ahnte, welche Rolle seine eigene Tochter dabei gespielt hatte, beschloß Medea, mit den Griechen zu fliehen.

Nachdem Jason ihr nochmals geschworen hatte, sie nach Griechenland mitzunehmen, führte sie ihn in der Nacht zum heiligen Hain, wo der immer wache Drache zischend den beiden entgegenkam. Medea sang aber ein einschläferndes Lied; und Jason (oder sie) sprengte ein Zauberöl in die Augen des Untiers. So konnte Jason das Goldene Vlies von der Eiche holen und zu den wartenden

Gefährten auf sein Schiff bringen, das mit ihm und Medea sogleich in See stach.

QUELLEN: Apollonios Rhodios 4,1–193; Ovid, Metamorphosen 7,149 ff.; Apollodor 1,9,23; Hygin 22; Philostratos d. J. 11. – BILDER: *Jason schläfert den Drachen ein:* Rosa, Montreal; Jong, Kopenhagen. *Raub des Goldenen Vlieses:* Troy, Slg. Hodgkin Paris; Rubens, Brüssel.

Medea und ihr Bruder Apsyrtos

Als König Aietes erfuhr, daß Jason mit Medeas Hilfe das Goldene Vlies geraubt hatte, schickte er seine Leute unter Führung seines Sohnes Apsyrtos zur Verfolgung aus. Sie versperrten den Griechen mit einer großen Übermacht den Heimweg und forderten, daß zumindest Medea herausgegeben werde. Diese aber bot ihrem Bruder heimlich an, ihm bei der Vernichtung der Griechen, die sie angeblich geraubt hätten, zu helfen und lockte ihn zu einem Tempel auf einer Insel, wo schon Jason im Hinterhalt lag und Apsyrtos tötete. Medea wandte dabei ihr Antlitz ab, wurde jedoch vom Blut des sterbenden Bruders bespritzt. – Nach einer anderen Überlieferung kam Apsyrtos gleich nach dem Raub des Vlieses mit seiner Schwester auf Jasons Schiff. Medea tötete und zerstückelte ihn, um die Glieder nacheinander ins Meer zu werfen. Der verfolgende Vater verlor tatsächlich so viel Zeit beim Aufsammeln der Leichenteile seines Sohnes, daß das Schiff der Griechen entkam.

QUELLEN: Apollonios Rhodios 4,194–481; Apollodor 1,9,24; Ovid, Tristia 3,9; Hygin 23. – BILD: Draper, City Art Gall. and Museum Bradford.

Die Verjüngung des Aison/Aeson und die Ermordung des Pelias

Bei der Heimkehr fand Jason seinen Vater Aison als alten, schwachen Greis wieder, dessen Lebenstage gezählt zu sein schienen. Voll Schmerz bat er seine Gattin Medea, mit ihren Zauberkünsten das Leben des Alten zu verlängern. Medea machte sich mit ihrem von geflügelten Schlangen gezogenen Wagen auf den Weg und sammelte Kräuter ein, die sie zu einem Sud verkochte. Dann ließ sie den alten Mann herbeibringen. Sie umtanzte ihn, öffnete seine Kehle, damit das Blut entweichen konnte und ersetzte es mit dem von ihr gebrauten Saft. Tatsächlich strafften sich Aisons Haut und Glieder, und er wurde vierzig Jahre jünger.

Die Töchter des Pelias, der Aison seinen Thron weggenommen hatte, hörten von dieser Verjüngungsprozedur und baten Medea, mit ihrem Vater dasselbe zu tun. Doch diesmal griff die Zauberin nicht ein, als die Mädchen auf ihren Rat hin den Vater mit Dolchen zu Tode verwundeten. – Nach einer anderen Überlieferung erfuhr Jason bei seiner Rückkehr, der Usurpator Pelias habe seinen Vater Aison getötet. Deshalb bat er Medea um Hilfe für seine Rache. Sie erzählte den Töchtern des Pelias, sie könne ihren Vater verjüngen. Zum Beweis zerstückelte sie einen uralten Widder, steckte die Stücke in einen mit Zaubertrank gefüllten dampfenden Kessel, und heraus sprang ein junges Zicklein. Dadurch brachte sie die Mädchen dazu, in der Nacht ihren schlafenden Vater mit Dolchen zu zerfleischen, damit er all sein Blut verlor. Aber Medea ersetzte es nicht mit dem Zaubersud und Pelias starb.

QUELLEN: Ovid, Metamorphosen 7,159 ff.; Diodor 4,50–52; Apollodor 1,9,27; Hygin 24. – BILDER: *Medea verjüngt den Aeson:* Macchietti, Pal. Vecchio; Castiglione, Uffizien. *Medea betrügt die Peliastöchter:* Lo Spada, Verona; Quaglio, Pal. della Porta Udine.

MEDEAS RACHE

Nach seiner Rückkehr aus Kolchis konnte Jason den Thron seiner Heimat Iolkos nicht wiedererlangen. Er ging deshalb nach Korinth und verbrachte dort

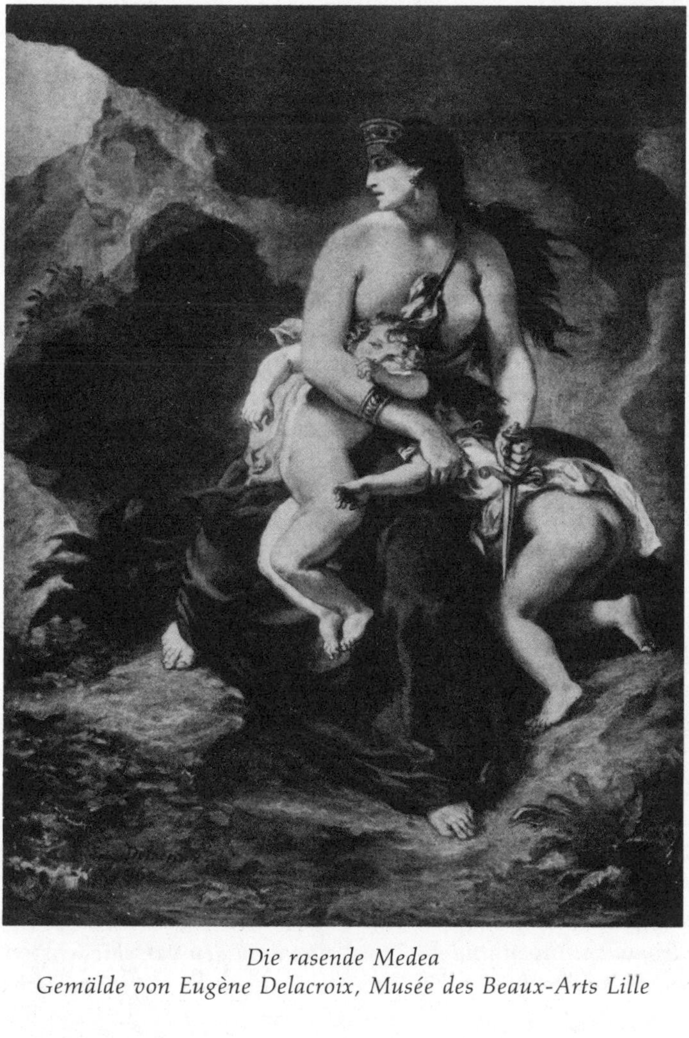

Die rasende Medea
Gemälde von Eugène Delacroix, Musée des Beaux-Arts Lille

mit Medea, die ihm zwei Söhne gebar, zehn glückliche Jahre. Dann aber heiratete er Glauke, die Tochter des dortigen Königs. Medea sann auf Rache an dem Mann, der die ihr geschworenen Eide gebrochen hatte. Sie schickte der Neuvermählten ein mit Zaubermitteln vergiftetes Gewand, das beim Anziehen in Flammen aufging, so daß Glauke und auch Jason, der ihr zu Hilfe eilte, verbrannten. Um die Rache an dem ungetreuen Gatten zu vollenden, tötete sie auch die beiden Kinder, bevor sie auf ihrem von Drachen gezogenen Wagen entfloh.

QUELLEN: Euripides, Medea; Apollodor I 144; Hygin 25. – BILDER: *Medea tötet ihre Kinder:* Veronese (zugeschr.), Akad. Venedig; Delacroix, Lille; Feuerbach, Kunsthalle Mannheim*. *Medea mit dem Drachengespann:* Vanloo, Sanssouci/Pau.

* Ein anderes Gemälde Feuerbachs (NP München), «Abschied der Medea», entstand nach der Tragödie «Medea» von Vittorio Alfieri (1749–1803), die versöhnlich endet.

Der Trojanische Krieg

Der Krieg um Troja ist für uns vor allem mit dem Namen Homers verbunden, obwohl dessen großes Epos «Ilias» aus dem ganzen Kriegsverlauf nur einen kurzen Zeitabschnitt von 51 Tagen darstellt, nämlich den «Zorn Achills», der von seinen Mitkämpfern gekränkt wird, sich deshalb vom Krieg fernhält und erst nach dem Tode seines liebsten Freundes wieder an den Kämpfen teilnimmt. Sogar Achills Tod und der Untergang Trojas werden bei Homer nicht mehr behandelt, ebensowenig wie die ganze Vorgeschichte des Krieges, für die es in der «Ilias» nur knappe Hinweise gibt. Das meiste über die Ereignisse vor und nach dem Krieg findet sich in anderen antiken Quellen, etwa bei Aeschylus, Sophokles und Euripides oder in Vergils «Aeneis» und in der «Achilleis» des heute vergessenen, aber früher beliebten römischen Dichters Statius. Über die Heimkehr des Odysseus gibt Homer in der «Odyssee» Auskunft, dem zweiten großen Werk, das dem Dichter von der Tradition zugeschrieben wird.

Der Sagenkreis um Troja gehörte zu den beliebtesten Erzählstoffen des Mittelalters, der Renaissance und des Barock, was die häufige Darstellung seiner wichtigsten Episoden in der Kunst erklärt. Die Künstler und ihre Auftraggeber schöpften ihre Kenntnisse allerdings meist aus spätantiken Nacherzählungen, so aus dem fingierten Kriegstagebuch («Ephemeris Belli Trojani») eines gewissen Dictys aus Kreta, der angeblich am Trojanischen Krieg teilgenommen hatte, aus einer Geschichte vom Untergang Trojas («De Excidio Trojae Historia») des Dares, eines Phrygiers, der auf seiten der Trojaner gekämpft haben soll, sowie aus einem anonymen Trojaroman («De Excidio Trojae»). Dazu kamen die vielen mittellateinischen Trojadichtungen und die Trojaromane in den verschiedensten europäischen Volkssprachen, unter denen vor allem der altfranzösische «Ro-

man de Troie» des Benoît de Sainte-More zu nennen ist. Erst in der Renaissance wurden die «Ilias» Homers und die Bearbeitungen des Stoffes im attischen Drama wiederentdeckt. Zu erwähnen wäre außerdem die weitere Behandlung des Stoffes in Vers oder Drama, besonders in der Barockzeit, wovon sich gewiß auch viele bildende Künstler inspirieren ließen.

Die Hochzeit des Peleus und der Thetis

Zeus/Jupiter hatte sich in die schöne Meeresnymphe Thetis verliebt, war aber gewarnt worden, ein Kind dieser Nymphe werde einst größer sein als sein Vater. So beschloß der Gott, Thetis mit einem Sterblichen zu verheiraten. Er ließ Peleus, den König einer Stadt in Thessalien, wissen, man könne die Nymphe, die sich wie alle Meeresgottheiten in mannigfaltige Gestalten verwandeln konnte, erringen, wenn man sie im Schlaf überrasche und genügend lange festhalte. Zur Hochzeit kamen alle Götter und brachten wertvolle Geschenke mit. Nur Eris, die Göttin der Zwietracht, war nicht eingeladen worden. Als sie trotzdem erschien und man ihr den Zutritt verwehrte, warf sie voller Wut ihr Geschenk, einen goldenen Apfel mit der Aufschrift «Der Schönsten», in die Mitte der Hochzeitsgäste. Daraus entstand jener Streit zwischen Hera/Juno, Athene/Minerva und Aphrodite/Venus, der als Ursprung des Trojanischen Krieges gilt. Den Apfel soll Eris im Garten der Hesperiden geholt haben.

QUELLEN: Euripides, Iphigenie in Aulis 700–707 und 1036–47; Catull 64,1–49; Hygin 92. – BILDER: *Die Hochzeit des Peleus und der Thetis:* Piero di Cosimo, Louvre; Wtewael, Braunschweig/AP München; Rubens, London (privat); Bloemaert, Mauritshuis; Poussin, Dublin; Burne-Jones, Birmingham. *Eris im Garten der Hesperiden:* Balen, Brüssel; Turner, Tate Gall.

Die Jugend des Paris

Paris, auch Alexander genannt, war als zweiter Sohn des trojanischen Königs Priamos der jüngere Bruder Hektors (siehe S. 93). Als seine Mutter, die Königin Hekabe/Hecuba, mit ihm schwanger war, hatte sie einen Alptraum, der ihr die Zerstörung Trojas anzeigte. Ein Seher weissagte ihr daraufhin, das Unglück werde durch das Kind, das sie gerade trug, herbeigeführt werden. So übergab man den neugeborenen Knaben einem Hirten, um ihn auf dem Ida-Gebirge auszusetzen. Als aber der Mann das Kind nach fünf Tagen noch lebend antraf, nahm er es aus Mitleid zu sich nach Hause, wo es zu einem starken und außergewöhnlich schönen jungen Mann heranwuchs. Bei einem Besuch in Troja wurde seine wahre Herkunft entdeckt und Paris als Königssohn anerkannt. Er kehrte aber immer wieder auf den Berg Ida zurück und hütete dort die Herden.

QUELLE: Hygin 91. – BILD: *Paris auf dem Ida:* Watts, London (privat).

Paris und Oinone/Oenone

Nachdem Paris als Königssohn in Troja anerkannt worden war, war er immer wieder zu den Hirten auf dem Gebirge Ida zurückgekehrt und hatte dort die Nymphe Oinone geheiratet. Als er auszog, um Helena zu gewinnen, warnte ihn seine Gattin, welche die Zukunft vorausschauen konnte, vor dem Unheil, das heraufzubeschwören er sich anschickte. Da Paris nicht auf sie achtete, sagte sie ihm, er solle bei einer Verwundung zu ihr auf den Berg Ida kommen, da nur sie ihn heilen könne. Als dann Paris tatsächlich im Kampf um Troja durch Philoktet mit einem der vergifteten Pfeile des Herakles (siehe S. 96) tödlich verletzt wurde, ließ er sich auf den Ida tragen. Oinone aber weigerte sich, etwas für ihren treulosen Ehemann zu tun, und Paris kehrte wieder um. Die Nymphe, der ihr Groll bald leid tat, eilte mit Heilkräutern nach Troja, kam aber zu spät: Paris war bereits tot. Da erhängte sie sich.

Quellen: Ovid, Heroiden 5,12 ff., 139; Apollodor 3,12,6. – Bilder: *Paris schneidet Oenones Namen in Baumrinde ein:* F. van Mieris, Wallace Coll.; Lorrain, Louvre; Werff, Pinakothek Turin; Vanloo, Dresden.

Das Urteil des Paris

Nachdem bei der Hochzeit des Peleus und der Thetis (siehe S. 85) die Göttin der Zwietracht ihren goldenen Apfel mit der Aufschrift «Der Schönsten» unter die Gäste geworfen hatte, beanspruchte jede der drei Göttinnen Hera/Juno, Athene/Minerva und Aphrodite/Venus die Frucht für sich. Der in der Angelegenheit als Schiedsrichter angerufene Zeus hütete sich klugerweise, in dieser heiklen Streitfrage ein Urteil abzugeben, und befahl, der trojanische Königssohn Paris, der als der schönste Mann der Erde galt, sollte entscheiden. Hermes/Merkur brachte daraufhin die drei Göttinnen zum Berg Ida, wo Paris die Herden weidete. Jede der Bewerberinnen versuchte, Paris zu bestechen. Hera versprach ihm die Weltherrschaft, und Athene verhieß ihm den Sieg in jeder Schlacht; doch Aphrodites Angebot nahm er an: Sie wollte Paris die Liebe der schönsten Frau verschaffen. Das war damals Helena, die Gattin des Königs von Sparta, Menelaos.

Quellen: Ovid, Heroiden 5,35 ff. und 16,71 ff.; Lukian, Göttergespräche 1; Hygin 92. – Bilder: Beccafumi, Sarasota (Flo.); Giulio Romano, Pal. del Tè; Manuel, Basel; Benvenuto, Louvre; Cranach d. Ä., Kopenhagen/Metrop. Mus.; Veronese, Prado; Scarsellino, Uffizien; Rottenhammer, Hampton Court; Rubens, Louvre/Nat. Gall. London/Prado; Wtewael, Nat. Gall. London; Lorrain, Washington; Albani, Prado; Giordano, Kopenhagen/Eremitage; Watteau, Louvre; Boucher, Wallace Coll.; Feuerbach, Hamburg; Gauguin, Prag; Renoir, London (privat).

Der Raub der Helena

Im Vertrauen auf die Zusage der Göttin Aphrodite, ihm zum Besitz der schönen Helena zu verhelfen, reiste Paris nach Sparta, wo ihn König Menelaos,

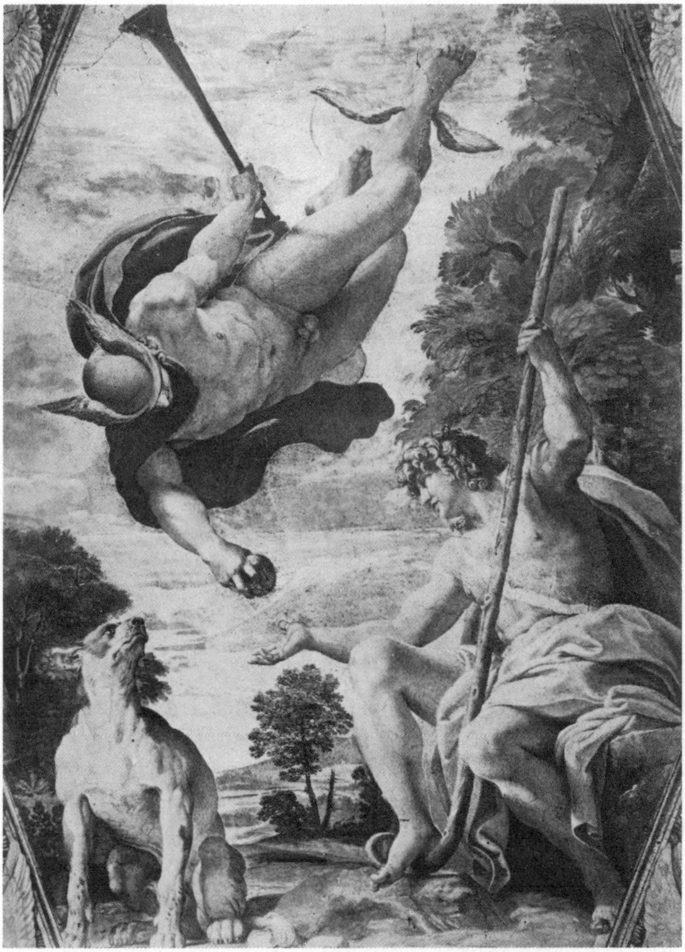

Merkur überbringt Paris den Erisapfel
Gemälde von Annibale Carracci, Pal. Farnese Rom

Helenas Gatte, freundlich aufnahm. Als Menelaos einige Tage später verreisen mußte, entfachte Aphrodite in Helena eine leidenschaftliche Liebe zu dem schönen Gast. Bevor ihr Gatte von der Reise zurückkehrte, segelten die beiden Verliebten davon.

Helena ließ ihre neunjährige Tochter Hermione zurück, die sie erst zehn Jahre später bei ihrer Rückkehr wiedersehen sollte. Das Mädchen soll schön «wie Aphrodite, die goldene» gewesen sein.

Menelaos aber wandte sich an seinen Bruder Agamemnon, den König von Mykene, der alle Griechenfürsten aufrief, mit ihm nach Troja zu ziehen, um Helena zurückzugewinnen.

QUELLEN: Homer, Odyssee, 4,12 ff.; Ovid, Heroiden 16,21 und 16,259 ff., 17,74 ff.; Apollodor Epit. 3,3. – BILDER: *Paris und Helena:* J.-L. David, Louvre; West, Art Center Milwaukee. *Der Raub der Helena:* Gozzoli, Nat. Gall. London; Heemskerk, Baltimore; Tintoretto, Prado; Reni, Louvre; Platzer, Wallace Coll.; Tischbein, Kassel; Kirchner, Kirchner Museum Davos. *Helena und Hermione:* Poynter, Liverpool.

Der pflügende Odysseus

Als Agamemnon die Griechenfürsten aufforderte, zur Rückgewinnung Helenas gemeinsam nach Troja zu ziehen, kam auch eine Gesandtschaft nach Ithaka zu König Odysseus. Dieser wollte lieber zu Hause bei seiner geliebten Gattin Penelope bleiben, die ihm gerade den ersten Sohn geboren hatte, und stellte sich verrückt. Eine Narrenkappe auf dem Kopf, zog er mit einem Pflug, vor dem entgegen aller Sitte ein Ochse und ein Pferd zusammengespannt waren, auf einem Feld Furchen, in die er sinnloserweise Salz säte. Der schlaue Palamedes, Sohn des Nauplios, einer der Gesandten, schöpfte aber Verdacht und legte Telemach, den kleinen Sohn des Odysseus, vor den Pflug. Da lenkte der Vater das Gespann zur Seite, und seine List war entdeckt.

QUELLE: Hygin 95. – BILDER: *Odysseus sät Salz in die Furchen:* Giordano (zugeschr.), Stuttgart; Tiepolo, Slg. Borletti Mailand.

Die Jugend Achills

Einer der Helden, die Agamemnon zum Zug gegen Troja aufrief, war Achill, der Sohn des (sterblichen) Königs Peleus und der Meeresnymphe Thetis, zu deren Hochzeit einst alle Götter gekommen waren. Nach der Geburt hatte die göttliche Mutter ihren Sohn ebenfalls unsterblich machen wollen und ihn deshalb in den Unterweltsfluß Styx (oder in ein Feuer) getaucht. Dabei war sie aber von ihrem entsetzten Gatten, der den Zweck ihres Tuns nicht begriff, überrascht worden. So kam es, daß Achill zwar am ganzen Körper unverwundbar wurde, jedoch nicht an seiner Ferse, an der die Mutter ihn festgehalten hatte. Als die Nymphe Thetis daraufhin ihren Gemahl verließ, um wieder in die Meerestiefen zurückzukehren, übergab dieser den Knaben dem weisen Kentauren Cheiron/Chiron, der ihn erzog und ihn viele Künste, besonders das Bogenschießen, lehrte.

QUELLEN: Ovid, Fasti 5,385 ff.; Statius 1,269 und 2,381 ff.; Hygin 107; Philostratos d. Ä. 2,2. – BILDER: *Thetis taucht Achill in den Styx:* Rubens, Boymans/Sarasota (Flo.); Borel, Parma. *Thetis übergibt Achill dem Centauren Chiron:* Balestra, Hampton Court; Batoni, Parma/Eremitage. *Erziehung Achills bei Chiron:* Rosso Fiorentino, Fontainebleau; Giulio Romano, Hampton Court; Rubens, Prado; Batoni, Uffizien; Regnault, Louvre.

Achill unter den Töchtern des Lykomedes

Da seine göttliche Mutter Thetis wußte, daß Achill den Tod finden würde, wenn er in den Trojanischen Krieg zöge, sandte sie den herangewachsenen

Sohn zu Lykomedes, dem König der Insel Skyros, der ihn in Mädchenkleider steckte und das Leben seiner Töchter teilen ließ. Mit einer von diesen, Eidamia, hatte Achill ein heimliches Verhältnis, durch das er der Vater des Pyrrhos wurde, der später auch Neoptolemos hieß.
Als aber die Griechen durch ein Orakel erfuhren, daß sie ohne Achill Troja nicht erobern könnten, schickten sie Odysseus auf die Suche nach ihm. In Skyros bediente sich Odysseus einer List. Er legte der Mädchenschar Geschenke vor, unter denen sich neben den Schmuckstücken auch ein Speer und ein Schild befanden. Dann ließ er wie bei einem feindlichen Angriff die Trompete blasen. Achill griff sofort nach den Waffen und wurde so entdeckt. Trotz des todverheißenden Orakels war er sogleich bereit, mit nach Troja zu ziehen.

QUELLEN: Ovid, Metamorphosen 13,162 ff.; Philostratos d. J. 1; Hygin 96,124; Gesta Romanorum 156. – BILDER: Rubens, Prado; Frans II. Francken, Louvre; Dyck, Prado; Poussin, Boston/Richmond (Va.); Boeckhorst, Schleißheim; Lemaire, Los Angeles; Lafosse, Oslo; Lairesse, Braunschweig/Mauritshuis; Cignani, Kassel; Hoet, Schleißheim; Batoni, Uffizien.

Der Zorn des Achill

Nach ihrer Ankunft vor Troja hatten die Griechen, welche die Stadt wegen ihrer starken Mauern nicht direkt anzugreifen wagten, neun Jahre lang die umliegenden, mit den Trojanern verbündeten Orte geplündert. Dabei hatte Achill das schöne Mädchen Briseis geraubt und zu seiner Konkubine gemacht. Agamemnon, der Anführer der Griechen, hatte das gleiche mit einem Mädchen namens Chryseis getan. Deren Vater aber, ein Priester Apolls, flehte seinen Gott um Hilfe an, und dieser bestrafte die Griechen mit der Pest. Da zwangen die griechischen Fürsten Agamemnon, die Gefangene zurückzugeben. Odysseus brachte Chryseis zu ihrem Vater und ließ von ihm Gebete und Opfer darbringen, so daß die Pest erlosch.
Um sich für seinen Verlust schadlos zu halten, nahm Agamemnon unter Berufung auf seine Rechte als Oberbefehlshaber Achills Konkubine Briseis zu sich. Achill zog sich von da an voller Wut und Zorn von Kampf und Beratung zurück. Seine göttliche Mutter, die Nymphe Thetis, tauchte aus dem Meer auf, als er trauernd am Strand saß, und tröstete ihn. Sie versprach ihm, bei Zeus zu erreichen, daß die Trojaner so lange siegen sollten, bis die Griechen, um Achills Hilfe wiederzugewinnen, ihm Genugtuung zukommen ließen.

QUELLE: Homer, Ilias 1. – BILDER: *Odysseus bringt Chryseis ihrem Vater:* Lorrain, Louvre. *Der Zorn Achills gegen Agamemnon:* Rubens, Boymans; Ch.-A. Coypel, Tours; Tischbein, Hamburg. *Thetis tröstet Achill:* Batoni, Coll. Briasley Ford London. *Jupiter und Thetis:* Ingres, Aix-en-Provence.

Helena auf den Mauern Trojas und der Kampf zwischen Paris und Menelaos

Obwohl Achill nicht mehr am Kampf teilnahm, zog Agamemnon mit den Griechen gegen die Trojaner. Als sich die beiden Heere vor der Stadt in Schlachtordnung gegenüberstanden, trat Paris (bei Homer auch Alexander genannt) nach vorn und forderte den Tapfersten der Griechen zum Zweikampf heraus. Als Menelaos, der Gemahl Helenas, den Verführer seiner Frau erblickte, stürzte er mit solcher Wut auf ihn los, daß Paris voller Angst in die Reihen seiner Landsleute zurückfloh, wo ihn sein Bruder Hektor als weibischen Feigling beschimpfte.

Man traf ein Abkommen, wonach Paris und Menelaos in geregeltem Zweikampf miteinander kämpfen sollten. Als Helena davon hörte, eilte sie auf die Stadtmauer, da sie sich das Schauspiel eines Kampfes zwischen ihrem früheren und ihrem jetzigen Mann nicht entgehen lassen und Menelaos wiedersehen wollte. Einige der Trojaner, die dort standen, beschimpften sie als Verderberin der Stadt, doch König Priamos holte sie neben sich und ließ sich von ihr die Namen der wichtigsten Helden nennen, die unter der Mauer in der Schlachtreihe der Feinde standen.

Aus dem Zweikampf ging Menelaos als Sieger hervor. Er war schon dabei, Paris zu töten, als Aphrodite/Venus ihren Schützling in eine Wolke hüllte und ihn vom Kampfplatz hinweg nach Troja ins Gemach Helenas trug. Helena verspottete Paris wegen seiner Feigheit, ließ sich aber schnell umstimmen, als er sie einlud, mit ihm das Lager zu teilen, damit er ihr seine Männlichkeit beweisen könne.

Quelle: Homer, Ilias 3,161 ff. – Bilder: *Helena auf den Mauern von Troja:* Moreau, Musée Gustave-Moreau Paris; Leighton, Manchester.

Der rasende Diomedes

Der Waffenstillstand, den Griechen und Trojaner wegen des Zweikampfes zwischen Paris und Menelaos geschlossen hatten, wurde von Pandaros, einem Bundesgenossen der Trojaner, gebrochen, der heimtückisch mit seinem Bogen auf den Sieger Menelaos schoß. Voll Entrüstung stürzten sich die Griechen auf die Feinde und es kam zu einer schrecklichen Schlacht, bei der sogar die Götter mitkämpften.

Ares/Mars und Aphrodite/Venus standen auf Seiten der Trojaner, während Athene/Minerva den Griechen half. Sie unterstützte vor allem Diomedes, einen der tapfersten griechischen Anführer. Ihm gelang es, den verräterischen Pandaros mit einem Speerwurf so zu treffen, daß dieser tot von seinem Streitwagen sank.

Als Diomedes dann den Aeneas, der ein Sohn Aphrodites war, mit einem schweren Stein verwundete, eilte die Göttin dem Verletzten zu Hilfe und entführte ihn in einer Wolke aus dem Kampfgetümmel. Da schleuderte Dio-

medes seine Lanze sogar gegen die Göttin und verwundete sie an der Handwurzel.
Um dafür Rache zu nehmen, warf der Kriegsgott Ares seine Lanze gegen Diomedes; doch Athene, die hinter dem Helden auf dem Streitwagen stand, schlug das Geschoß zur Seite und lenkte den Speer ihres Schützlings in die Hüfte des Kriegsgottes, so daß dieser vor Schmerz laut aufbrüllte. So siegten die Griechen an diesem Tag, und die Trojaner mußten sich hinter die schützenden Mauern ihrer Stadt zurückziehen.

QUELLE: Homer, Ilias 4,86 ff., 5,1 ff. – BILDER: *Diomedes tötet Pandaros:* Giulio Romano, Pal. Ducale Mantua. *Der Kampf zwischen Athene und Ares:* J.-L. David, Louvre.

Hera/Juno verführt Zeus/Jupiter mit dem Gürtel der Aphrodite/Venus auf dem Gebirge Ida

Als die Trojaner im weiteren Verlauf der Kämpfe einmal in das griechische Schiffslager eindrangen und schon fast die Oberhand gewannen, wollte Hera, die Troja haßte, mit Hilfe Neptuns das Kampfesglück wenden. Damit ihr Gemahl Zeus sie daran nicht hinderte, beschloß sie, ihn vom Kriegsgeschehen abzulenken. Sie badete und schmückte sich, und entlieh sich von Aphrodite unter einem Vorwand deren herrlichen Gürtel, welcher jeder Frau, die ihn trug, alle Reize verlieh.
Dann nahm sie den Gott des Schlafes mit sich und trat vor ihren Gemahl. Dieser war sogleich hingerissen von ihrer Schönheit und forderte sie auf, sich mit ihm niederzulegen. Die beiden umarmten sich, vor den Blicken der anderen Götter durch eine goldene Wolke geschützt. Als Zeus eingeschlafen war, schickte Hera den Gott des Schlafes zu Poseidon, der auf Seiten der Griechen in den Kampf eingriff und die Trojaner zurück zu ihrer Stadt jagte.

QUELLE: Homer, Ilias 14,159 ff. – BILDER: *Juno bei Venus, deren Gürtel erbittend:* Pierre, Louvre. *Juno mit dem Gürtel der Venus vor Jupiter:* A. Carracci, Pal. Farnese; Pierre, Louvre.

Der Tod des Patroklos

Auf Bitten von Achills göttlicher Mutter, der Nymphe Thetis, wendete Zeus das Kriegsglück gegen die Griechen, um sie zu zwingen, Achill endlich Genugtuung für die Wegnahme seiner Konkubine Briseis durch Agamemnon zu leisten (siehe S. 89). Unter Führung Hektors drangen die Trojaner bis zum griechischen Schiffslager am Strand vor. Da beschworen die Fürsten Agamemnon, sich mit Achill zu versöhnen und ihm das Mädchen zurückzugeben. Drei der Fürsten, Odysseus, Aias und der alte Phoinix, wurden als Gesandte zu Achills Zelt geschickt. Der Held ließ sich aber nicht erweichen.
Unterdessen fingen die Trojaner bereits an, die Schiffe der Griechen anzuzünden. Patroklos, Achills Freund und Liebhaber, konnte die Not seiner Landsleute nicht mitansehen und bat Achill, mitkämpfen zu dürfen. Dieser lieh ihm

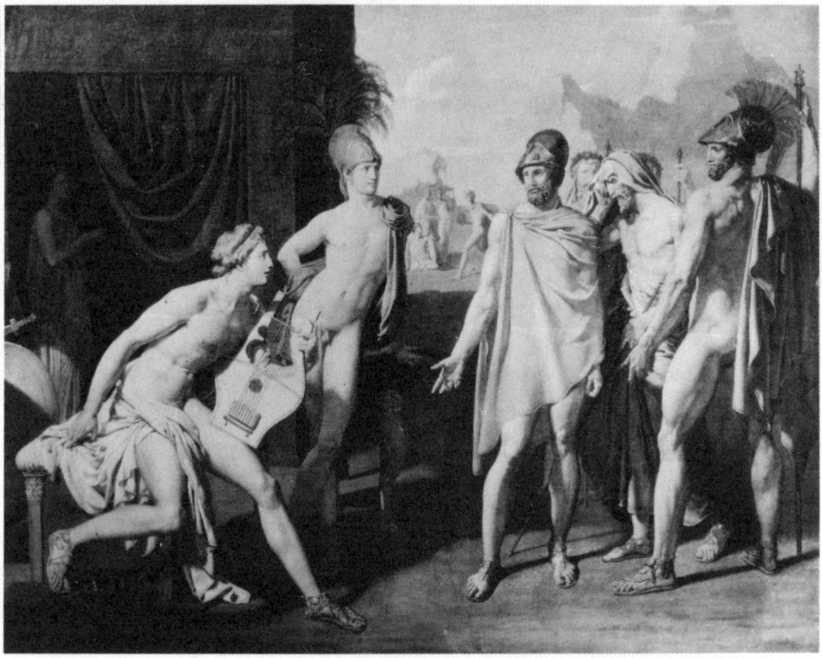

Achill empfängt die Gesandten Agamemnons
Gemälde von Jean-Auguste-Dominique Ingres,
Musée de l'École des Beaux-Arts Paris

seine Rüstung und seine Waffen, und Patroklos stürzte sich an der Spitze der Myrmidonen, der Gefolgsleute Achills, in die Schlacht. Es gelang ihm auch, die Trojaner, die ihn für Achill hielten, aus dem Schiffslager zu drängen. Entgegen der ausdrücklichen Warnung des Freundes verfolgte er aber die Feinde bis vor die Tore ihrer Stadt, wo ihm Hektor entgegentrat und ihn im Kampf tötete. Nur mit Mühe konnten die Griechen den Toten der trojanischen Übermacht entreißen, wobei Aias aus Salamis Menelaos bei der Bergung der Leiche deckte.

Patroklos wurde auf seinem Lager aufgebahrt, und Achill saß die ganze Nacht wehklagend bei seinem toten Freund. Er weigerte sich, den Leichnam zu begraben, bevor er sich nicht an Hektor gerächt hatte. Da er nunmehr bereit war, wieder in den Kampf zu ziehen, wurde ihm das Mädchen Briseis zurückgebracht.

QUELLE: Homer, Ilias 16–18. – BILDER: *Die Gesandten Agamemnons im Zelt Achills:* Ingres, École des Beaux-Arts Paris. *Der Kampf um die Leiche des Patroklos:* Giulio Romano, Pal. Ducale Mantua; Wiertz, Musée Wiertz Brüssel. *Achill trauert um Patroklos:* Gérard, Caen. *Briseis wird Achill übergeben:* Rubens, Prado; Tischbein, Hamburg.

Die Waffen der Thetis für Achill

Da Achill seine Waffen und seine Rüstung dem Patroklos geliehen hatte und sie bei dessen Tod in der Hand Hektors geblieben waren, ließ Thetis, die göttliche Mutter Achills, in der Werkstatt des Hephaistos/Vulkan eine neue herrliche Ausrüstung anfertigen und brachte sie ihrem Sohn, damit er den Kampf wiederaufnehmen konnte.

Quelle: Homer, Ilias 18,369 ff. – Bilder: Giulio Romano, Pal. Ducale Mantua; Heemskerk, KHM Wien; Regnault, École des Beaux-Arts Paris.

Hektors Abschied von Andromache

Als Hektor einmal vor dem Kampf mit den Griechen von seiner Gattin Andromache und seinem kleinen Sohn Astyanax Abschied nahm, hatte das Kind vor dem gerüsteten Vater Angst, bis dieser den gewaltigen Helm absetzte. Andromache beschwor ihren Mann, nicht mehr vor die Stadt zu ziehen, sondern die Feinde hinter den unbezwingbaren Mauern zu erwarten. Doch Hektor antwortete ihr, er wolle nicht zum Gespött der Trojer und Trojerinnen werden. Dann nahm er das Kind in seine Arme und sprach die Hoffnung aus, sein Sohn werde einmal ein noch gewaltigerer Krieger werden als er.

Quellen: Homer, Ilias 6,371 ff.; Plutarch 46 (Brutus Minor), 23. – Bilder: Padovanino, Stuttgart; A. Coypel, Tours; West, Hist. Society New York.

Hektors Tod

Als Achill nach dem Tod seines Freundes Patroklos wieder in den Kampf eingriff, gelang es den Griechen, die Trojer in ihre Stadt zurückzujagen. Nur Hektor, angetan mit den Waffen und der Rüstung Achills, die er Patroklos abgenommen hatte, kehrte um und stellte sich dem Feind. Doch als ihm Achill in der strahlenden, von Thetis geschenkten Rüstung entgegentrat, verlor er den Mut und floh. Dreimal umkreiste er, von seinem Verfolger gejagt, Trojas Mauern, ein Schauspiel, das die Götter mit Spannung beobachteten. Beim vierten Umlauf hob Zeus die goldene Waage mit den Todeslosen empor und Hektors Waagschale sank tief hinab. Da verwandelte sich Athene/Minerva in Hektors Bruder und rief dem Fliehenden zu, stehenzubleiben und sich dem Gegner zu stellen. Hektor warf seinen Speer, der an Achills Schild abprallte. Er drehte sich nach seinem Bruder um, um einen anderen Speer zu nehmen, doch niemand war da. Da erkannte Hektor, daß er von einer Gottheit getäuscht worden war und nun sterben müsse. Trotzdem drang er todesmutig mit dem Schwert auf Achill ein. Dieser kannte aber an der eigenen Rüstung, die jetzt Hektor trug, eine Blöße zwischen Hals und Schulter und stieß dort seine Lanze so heftig hinein, daß die Spitze beim Genick herauskam.
Den nackten Leichnam hängte Achill mit Riemen an seinen Streitwagen und schleifte ihn mit lauten Siegesrufen vor den entsetzten Augen von Hektors

Eltern und Gattin, die auf der Mauer standen, gegen allen Brauch und alle Sitte zum Schiffslager der Griechen, wo er ihn neben der aufgebahrten Leiche des Patroklos niederlegte.

QUELLE: Homer, Ilias 22,297 ff. – BILDER: *Zweikampf zwischen Achill und Hektor:* Rubens, Boymans/Pau; Amigoni, Schleißheim. *Achill schleift Hektors Leiche:* Lairesse, Kassel.

Der Besuch des Priamos bei Achill

Achill weigerte sich, den Leichnam Hektors, der seinen geliebten Freund Patroklos getötet hatte, an die Trojer zur Bestattung herauszugeben. Da machte sich Hektors Vater, der alte König Priamos, in der Nacht in einem Maultiergespann auf den Weg, gelangte heimlich ins Lager der Griechen und warf sich vor Achill nieder. Seine Knie umfassend und seine Hände küssend erinnerte der Greis den Helden an seinen eigenen Vater und erweichte so sein Herz. Achill ließ Hektors Leiche waschen und salben und übergab sie Priamos, der sie auf dem Wagen in die Stadt zurückbrachte. Am Tor wartete schon Hektors Gattin Andromache, die das Haupt ihres Mannes liebevoll umfaßte, während das umstehende Volk in lautes Schluchzen ausbrach. Ein Waffenstillstand erlaubte den Trojern die feierliche Verbrennung des Leichnams. Die Asche wurde in einer goldenen Urne unter einem hohen Grabhügel beigesetzt.

QUELLE: Homer, Ilias, 24,470 ff. – BILDER: *Aufbruch des Priamos:* Vien, Algier. *Priamos im Zelt Achills:* Masreliez, Nat. Mus. Stockholm; Langlois, École des Beaux-Arts Paris. *Priamos mit der Leiche Hektors:* Vien, Angers; Trumbull, Boston. *Andromache an der Leiche Hektors:* J.-L. David, École des Beaux-Arts Paris. *Andromache vor der Urne Hektors:* Wächter, Stuttgart.

Achill und Penthesilea

Nach Hektors Tod bekamen die entmutigten Trojaner unerwartete Hilfe durch die Amazonenkönigin Penthesilea, einer Tochter des Ares/Mars, der Troja günstig gesonnen war. Penthesilea drang an der Spitze der Trojaner mit ihren Gefährtinnen bis zum Schiffslager der Griechen vor, wo sich ihr jedoch Achill entgegenstellte und seinen Speer durch ihre Brust schleuderte. Da sie noch lebte, stieß Achill nach und durchbohrte auch noch ihr Pferd. Als er der Toten den Helm abnahm, wurde er von ihrer Schönheit so angerührt, daß er ihren Tod bedauerte und meinte, sie hätte verdient, seine Gemahlin zu werden.

QUELLE: Apollodor, Epit. 5,1. – BILDER: Pacetti, Acad. San Luca Rom; Thorvaldsen, Thorvaldsen Mus. Kopenhagen; Tischbein, Schloß Oldenburg.

Antilochos und Memnon

Noch einmal eilte ein fremder Herrscher den Trojanern zu Hilfe. Es war der Äthioperkönig Memnon, ein Neffe des Priamos, der mit einer riesigen Schar schwarzer Krieger in den Kampf eingriff. Er tötete viele Griechen und wollte gerade seinen Speer auf den greisen Nestor werfen, als dessen Sohn Antilochos seine Lanze auf ihn schleuderte. Das Geschoß ging aber daneben, und Memnon stieß nun seinen Speer durch das Herz des Antilochos. Voll Schmerz rief Nestor Achill herbei, der Memnon nach einem langen Kampf tötete.

QUELLEN: Apollodor, Epit. 5,3; Philostratos d. Ä. 2,7. – BILD: Alvarez y Cubero, Prado.

Achills Tod

Achill war unverwundbar, da ihn seine göttliche Mutter, die Nymphe Thetis, nach seiner Geburt in den Styx getaucht hatte; nur seine Ferse, an der ihn Thetis festgehalten hatte, war verletzlich. Als der Held nun in seiner schrecklichen Wut über den Tod des Patroklos immer wieder an der Spitze der Griechen gegen Troja anstürmte und schon dabei war, das Tor der Stadt aus den Angeln zu heben, trat ihm Apoll, der auf Seiten der Trojaner stand, entgegen und gebot ihm Einhalt. Da erhob Achill seinen Speer sogar gegen den Gott, der ihn aber mit einem Pfeil in die verwundbare Ferse traf. Es heißt auch, Paris habe den todbringenden Schuß abgegeben, wobei Apoll die Hand des Schützen auf die verwundbare Stelle leitete. – Nach einer anderen Version wurde Achill durch ein Angebot des Priamos, ihm seine Tochter Polyxena zur Frau zu geben, wenn er vom Kampf gegen Troja ablasse, in einen Hinterhalt gelockt. Im Beisein Polyxenas sei er dann beim Opfer vor einem Altar Apolls von Paris in die Ferse geschossen worden.

QUELLEN: Ovid, Metamorphosen 12,580 ff.; Apollodor, Epit. 5,4; Hygin 107. – BILDER: Rubens, Boymans/Seilern Coll. in Courtauld Inst. of Art London; Flémal, Nat. Mus. Stockholm.

Aias/Aiax und Odysseus streiten um die Waffen Achills

Nach der Totenfeier für Achill hielten die Griechen Kampfspiele ab, bei denen Rosse und Streitwagen, Sklavinnen und Beutestücke als Preise dienten. Die Waffen und die Rüstung des Toten aber sollte derjenige erhalten, der am meisten zur Bergung des Leichnams beigetragen hatte. Als der große Aias aus Salamis und Odysseus darüber in Streit gerieten, bestimmte man gefangene Trojaner als unparteiische Schiedsrichter, die sich für Odysseus entschieden. Dadurch fühlte sich Aias so tief gekränkt, daß er in Wahnsinn verfiel. Er wollte sich in der folgenden Nacht mit dem Schwert auf die eigenen Landsleute stürzen, wütete aber stattdessen in einer Schafherde. Nachdem er aus seinem Anfall erwacht war, stürzte er sich aus Scham darüber in sein Schwert.

QUELLE: Ovid, Metamorphosen 13,1 ff. – BILDER: *Der Streit um die Waffen Achills:* Thorvaldsen, Pal. Giraud-Torlonia Rom. *Aiax stürzt sich ins Schwert:* Poussin, Dresden.

Der Bogenschütze Teukros/Teucer

Teukros war ein Halbbruder des (großen) Aias von Salamis und ein berühmter Bogenschütze. Er versteckte sich hinter dem riesigen Schild seines Bruders, stürmte dann hervor, tötete einen Feind und kehrte in den Schutz des Schildes zurück. Als Agamemnon den Aiax, weil dieser Selbstmord begangen hatte, nicht begraben wollte, bestand Teucer auf einem ehrenvollen Begräbnis des Bruders.

QUELLE: Homer, Ilias 8,266 ff. – BILD: Thornycroft, Tate Gall./Chicago.

Der verwundete Philoktet

Philoktet hatte einst den Scheiterhaufen angezündet, auf dem sich Herakles verbrannte (siehe S. 79), und als Belohnung dafür den Bogen des Heroen mit den vergifteten Pfeilen erhalten. Als er mit in den Krieg gegen Troja zog, wurde er unterwegs auf einer Insel von einer Schlange gebissen. Die Wunde, die nicht mehr heilte, verbreitete einen so schrecklichen Gestank und verursachte ein solches Schmerzgebrüll, daß die Gefährten Philoktet, während er schlief, auf der Insel Lemnos aussetzten. Als die Griechen im zehnten Jahr der Belagerung Trojas die Weissagung erhielten, sie könnten ohne Philoktets Pfeile nicht siegen, schickten sie eine Abordnung zu dem einsam und verbittert lebenden Kranken. Erst eine Erscheinung des Herakles, der Philoktet versprach, er werde in Troja geheilt werden und dort Paris töten, veranlaßte ihn mitzugehen.

QUELLEN: Homer, Ilias 2,718 ff.; Sophokles, Philoktet; Hygin 102; Philostratos d. J. 17. – BILDER: Abildgard, Kopenhagen; David Scott, Edinburgh.

Das hölzerne Pferd

Nach bald zehnjährigen Kämpfen vor Troja sahen die Griechen ein, daß sie die Stadt nicht im Sturm nehmen konnten. So griffen sie zu einer List und bauten auf Anraten des Odysseus aus Holz ein riesiges Pferd, in dessen Bauch sie ihre tapfersten Helden einschlossen. Dann verbrannten sie ihr Lager am Strand und stachen in See, als ob sie die Belagerung endgültig aufgegeben hätten. In Wirklichkeit fuhren sie aber nur bis zu einer nahen Insel, hinter der sie mit ihren Schiffen in Wartestellung gingen.

Voll Freude über das scheinbare Ende des Krieges eilten die Trojaner aus der Stadt und fanden dort das seltsame Pferd. Während sie noch über seine Bestimmung rätselten, brachte man vor König Priamos einen Griechen namens Sinon, der vorgab, er sei geflohen, als er den Göttern hätte geopfert werden sollen. Dann erzählte er, das Pferd sei ein Weihegeschenk an Athene, um die Göttin für die Heimfahrt der Griechen günstig zu stimmen; es sei deshalb so groß gebaut worden, damit die Trojaner es nicht in ihre Stadt hineinbringen könnten; denn ein Orakel habe verheißen, durch das Pferd in seinen Mauern werde Troja uneinnehmbar. König Priamos glaubte dem Lügner Sinon und ließ eine Bresche in die Stadtmauer brechen. Zimmerleute setzten das Pferd auf Räder oder Rollen und unter Jubel und Gesängen zog man es in die Stadt.

QUELLEN: Homer, Odyssee 8,492 ff.; Vergil, Aeneis 2,13 ff. – BILDER: *Das hölzerne Pferd:* Giulio Romano und Mantovano, Pal. del Tè; Abbate, Gall. Estense; L. Carracci, Pal. Fava Bologna; Tiepolo, Nat. Gall. London/Wadsworth Atheneum; Corinth, Nat. Gal. Berlin (West). *Sinon vor Priamos:* Lorrain, Nat. Gall. London.

Laokoon

Als die Griechen bei ihrer vorgetäuschten Abfahrt das hölzerne Pferd am Strand vor Troja zurückgelassen hatten, warnte Laokoon, ein Priester Apolls, seine Landsleute eindringlich davor, das Geschenk der Griechen in die Stadt zu bringen. Er schleuderte sogar einen Speer gegen das Pferd, wurde aber dann samt seinen beiden Söhnen von zwei riesigen Seeschlangen, die plötzlich aus dem Meer auftauchten, umschlungen und erwürgt.

QUELLEN: Vergil, Aeneis 2,199 ff.; Hygin 135. – BILDER: Giulio Romano, Pal. Ducale Mantua; El Greco, Washington; Hayez, Brera.

Kassandras vergebliche Warnung

Kassandra, die schönste Tochter des Königs Priamos, war einst von Apoll, der sich in sie verliebt hatte, mit der Sehergabe ausgestattet worden. Da sie aber seine Liebe nicht erwiderte, hatte der Gott zur Strafe verfügt, daß niemand ihren Weissagungen Glauben schenken werde. Als die Trojaner das hölzerne Pferd in ihre Stadt brachten, sah Kassandra aus seinem Leib Feuer und Blut herauskommen. Vor Entsetzen stieß sie laute Warnrufe aus, aber niemand achtete darauf.

QUELLEN: Vergil, Aeneis 2,246; Hygin 93 und 108. – BILD: Langlois, Chambéry.

Trojas Untergang

Nachdem die Trojaner, getäuscht von den Lügen des Griechen Sinon, das hölzerne Pferd in die Stadt gebracht hatten, feierten sie bis in die Nacht hinein mit Essen und Trinken, Liedern und Tänzen das Ende des Krieges. Als alles schlief, rief Sinon mit einem Feuerzeichen die griechische Flotte aus ihrem Versteck herbei und öffnete den Bauch des Pferdes. Die darin verborgenen Krieger, an ihrer Spitze Odysseus, Menelaos und Diomedes, stiegen heraus und fingen an, die berauschten und schlaftrunkenen Einwohner in ihren Häusern zu töten. Bald kamen auch die übrigen Griechen von den Schiffen herbei und drangen durch die Bresche, die man für den Transport des Pferdes geschaffen hatte, in die Stadt. Sie richteten unter den sich verzweifelt wehrenden Trojanern ein fürchterliches Gemetzel an und warfen Feuerbrände in die

Häuser, wodurch ganz Troja in Brand geriet. Der alte König Priamos flüchtete zum Altar des Zeus, wurde aber dort von Neoptolemos/Pyrrhus, dem jungen Sohn Achills, getötet.

Hektors Gattin Andromache mußte mitansehen, wie Odysseus ihren kleinen Sohn Astyanax, den sie auf Grund einer Erscheinung des toten Hektor in dessen Sarkophag verborgen hatte, vor ihren Augen von der Mauer in die Tiefe schleuderte. Von den Helden, die für Troja gekämpft hatten, entkam nur Aeneas (siehe S. 112).

QUELLEN: Vergil, Aeneis 2,248 ff.; Euripides, Troerinnen 719 ff.; Hygin 109; Seneca, Troades 524 ff. und 1063 ff. – BILDER: *Das brennende Troja:* Schoenbrock, KHM Wien; Elsheimer, AP München; Lo Spada, Louvre; Jan Brueghel, AP München. *Odysseus entreißt Andromache ihren Sohn Astyanax:* Ménageot, Angers. *Die gefangene Andromache:* Leighton, Manchester. *Andromache und Pyrrhus/Neoptolemos:* Guérin, Louvre.

Die gefangene Helena

Als die Griechen Troja eroberten, war unter den Gefangenen auch Helena, deren Untreue den ganzen Krieg verursacht hatte. Ihr Gatte, König Menelaos, dessen Liebe noch nicht erloschen oder neu entflammt war, tötete sie nicht, sondern nahm sie unter dem Vorwand, sie erst zu Hause zu bestrafen, mit auf sein Schiff, wo sie aber bald wieder die Stellung der rechtmäßigen Gemahlin einnahm. – Nach einer Überlieferung hatte sich Helena in der Nacht, in der Troja erobert wurde, voller Angst in einen Winkel des Königspalastes verkrochen. Dort fand sie Menelaos, der in seiner Wut und Eifersucht überall nach ihr gesucht hatte, um sie auf der Stelle zu erschlagen. Doch in diesem Augenblick gab Aphrodite/Venus, die sich ihrer Schutzpflicht erinnerte, der zitternden Helena den strahlenden Glanz ihrer Schönheit zurück und Menelaos war davon so hingerissen, daß er seinen Vorsatz, die Treulose zu töten, nicht ausführte. Auch Agamemnon bat für sie mit der Begründung, die eigentliche Schuld liege bei Paris, der sie verführt und geraubt habe.

QUELLE: Euripides, Troerinnen 860 ff. – BILDER: Burne-Jones, Birmingham; Tischbein, Schloß Oldenburg.

Die Opferung Polyxenas

Nach dem Untergang Trojas soll der Schatten Achills über seinem Grabe erschienen sein und den Tod der Polyxena, einer Tochter des Priamos, gefordert haben. Achills Sohn Neoptolemos/Pyrrhus brachte sie dann zum Opfer dar, wogegen Agamemnon vergeblich Einspruch erhob. Als Grund für Achills Forderung wird manchmal angegeben, der Held habe sich einst in Polyxena verliebt, als er sie anläßlich eines Waffenstillstands sah; auf das Angebot des Priamos, ihm das Mädchen zur Frau zu geben, wenn er vom Kampf ablasse, sei er dann heimlich in die Stadt gekommen, wo ihn Paris aus dem Hinterhalt durch einen Pfeilschuß in die verwundbare Ferse tötete (siehe S. 95).

QUELLEN: Euripides, Hekabe 107 ff.; Ovid, Metamorphosen 13,441 ff.; Hygin 110. – BILDER: *Der Schatten Achills:* Giordano, Schleißheim. *Die Opferung Polyxenas:* Reni, Louvre; Cortona, Pinak. Kapitol Rom; Giordano, Schleißheim; Pittoni, Louvre/Baltimore.

Polydors Tod und Polymestors Blendung

Polydor, der spätgeborene Lieblingssohn des trojanischen Königs Priamos und seiner Gemahlin Hekabe/Hecuba, war als Knabe während des Krieges zusammen mit Goldschätzen bei dem verbündeten Thrakerkönig Polymestor in Sicherheit gebracht worden. Als Polymestor vom Fall Trojas hörte, ermordete er Polydor aus Gier nach den Schätzen und warf den Leichnam ins Meer. Hekabe fand ihn am Strand, als sie, jetzt eine Sklavin des Odysseus, im Gefolge ihres Herrn nach dessen Abfahrt von Troja an der thrakischen Küste landete. Hekabe lockte daraufhin Polymestor und seine beiden Söhne in ihr Zelt, wo sie dem Mörder ihres Kindes die Augen ausstach und mit Hilfe ihrer trojanischen Gefährtinnen auch seine Söhne tötete. Als die Umstehenden herbeieilten und Hekabe nach dem Grund für ihr Tun fragten, hatte sie sich in eine solche Wut gesteigert, daß sie nur bellend antworten konnte und deshalb in einen Hund verwandelt wurde.

QUELLEN: Euripides, Hekabe; Ovid, Metamorphosen 13,533 ff. – BILD: G. M. Crespi, Brüssel.

Kassandras Rachegebet und der Schiffbruch des (kleinen) Aias

Bei der Eroberung Trojas durch die Griechen hatte sich Kassandra, Tochter des trojanischen Königs Priamos, schutzsuchend ins Heiligtum der Athene geflüchtet und dort den Altar umfaßt, was nach damaliger Sitte jedem Flüchtling Sicherheit gewährte. Aias aus Lokris – nicht zu verwechseln mit Aias aus Salamis, dem «Großen» Aias (siehe S. 95) – riß jedoch das Mädchen vom Altar weg, um es zu vergewaltigen und stürzte dabei auch noch die Statue der Göttin um.

Kassandra aber flehte für den Frevel um Rache, und Athene schickte über die heimkehrende Griechenflotte einen gewaltigen Sturm, in dem viele Schiffe, darunter auch das des Aias, kenterten. Aias selbst konnte sich zunächst auf ein Riff retten. Doch als er sich rühmte, allen Göttern zum Trotz dem Tode entronnen zu sein, zerschmetterte Poseidon den Felsen mit seinem Dreizack, und der Übermütige ertrank.

QUELLEN: Homer, Odyssee 4,494 ff.; Euripides, Troerinnen; Apollodor, Epitome 5,22 ff. – BILDER: *Aias und Kassandra:* Rubens, Vaduz. *Kassandra erfleht Rache Athenes:* Langlois, Louvre. *Schiffbruch des Aias:* Rosso Fiorentino, Fontainebleau.

Die Rache des Nauplios

Nauplios, König der Insel Euböa, war der Vater jenes Palamedes, der die List des pflügenden Odysseus aufgedeckt hatte, als dieser sich durch das Vortäuschen von Wahnsinn dem Kriegszug gegen Troja entziehen wollte (siehe S. 88). Als später Odysseus zur Strafe dafür Palamedes durch eine hinterhältige Intrige fälschlich des Verrats überführte und damit seinen Tod verursachte, kam Nauplios ins Schiffslager der Griechen vor Troja und forderte Genugtuung für den Tod seines Sohnes. Er wurde aber hohnlachend abgewiesen und sann von da an auf Rache. Bei der Heimfahrt der Griechen nach dem Fall Trojas veränderte er deshalb die Feuerzeichen auf dem Vorgebirge der Insel Euböa, so daß die Schiffe auf Felsklippen gerieten und mit einem Großteil ihrer Besatzungen zugrundegingen.

Quellen: Euripides, Helena 776 ff. und 1126 ff.; Apollodor 6,7–11; Hygin 116. – Bild: Rosso Fiorentino, Fontainebleau.

Die fluchbeladenen Tantaliden

Einer der wenigen Griechenfürsten, welche die Heimfahrt nach dem Untergang Trojas unbeschadet überstanden, war Agamemnon, der König von Mykene. Ihn traf aber zu Hause ein schreckliches Schicksal; denn er war ein Nachfahre des in der Unterwelt mit ewigem Hunger und Durst bestraften Frevlers Tantalos, dessen Geschlecht in jeder neuen Generation schlimme Übeltaten vollbrachte. Des Tantalos Sohn Pelops lud durch den Betrug an Myrtilos, seinem Helfer bei der Entführung Hippodamias, neuen Fluch auf sich, der sich an seinem Sohn Atreus erfüllen sollte. Atreus ließ sich dazu hinreißen, die Kinder seines Bruders Thyest, der sich gegen ihn schwer vergangen hatte, zu töten und dem Vater zum Mahle vorzusetzen. Für diese grausige Tat wurde Atreus von Thyest verflucht und von dessen Sohn später erschlagen. Der Fluch wirkte weiter in die beiden folgenden Generationen: Agamemnon wurde von seiner Gattin umgebracht und Orest, der Sohn der beiden, machte sich des Muttermordes schuldig, als er den Vater rächte.

Die Entführung Hippodamias durch Pelops

Pelops, der Sohn des frevelhaften Tantalos, wollte um Hippodamia, Tochter des Königs Oinomaos, werben. Dieser war berühmt wegen seiner Meisterschaft beim Wagenrennen und hatte erklärt, das Mädchen nur demjenigen zu geben, der ihn im Wettstreit besiegen könne. Eine Anzahl von Freiern hatte sich schon beworben, aber alle waren zu Tode gekommen. Oinomaos hatte ihnen sogar einen Vorsprung gegeben, sie aber dann mit seinen windesschnel-

len Pferden stets eingeholt und mit seinem Speer getötet. Auf seine Bitte hin erhielt jedoch Pelops von Poseidon/Neptun ein Gespann geflügelter Rosse, mit denen er Hippodamia entführte.
Es wird auch erzählt, Pelops habe Myrtilos, den Wagenlenker des Oinomaos, der sich in Hippodamia verliebt hatte, bestochen, indem er ihm die Hälfte seines Reiches und eine Nacht mit dem Mädchen versprach, wenn er die Nägel am Wagen seines Herrn durch Stifte aus Wachs ersetzte. So kam Oinomaos beim Rennen zu Tode, verfluchte aber noch den untreuen Myrtilos, der dann auch tatsächlich von Pelops ins Meer gestürzt wurde, weil ihm dieser den versprochenen Lohn nicht gönnte. Myrtilos sprach nun seinerseits einen schrecklichen Fluch gegen seinen Mörder aus, bevor er starb. Des Pelops Sohn Atreus und der Enkel Agamemnon waren später Könige von Mykene auf der Peloponnes, der (Halb-)«Insel des Pelops».

QUELLEN: Hygin 84; Philostratos d. Ä. 1,17; Philostratos d. J. 9. – BILD: Rubens, Brüssel.

Die Opferung Iphigenies

Agamemnon, König von Mykene, war von den Griechen zum Führer beim Zug gegen Troja gewählt worden. Als sich das Heer in Aulis versammelt hatte, wurde die Flotte durch eine Windstille zurückgehalten. Der Seher Kalchas schob die Schuld dafür auf Agamemnon; er habe auf der Jagd eine der Artemis/Diana heilige Hirschkuh getötet und könne die Göttin nur durch die Opferung seiner Tochter Iphigenie besänftigen. Der König ließ daraufhin Iphigenie unter dem Vorwand, sie solle mit Achill verheiratet werden, nach Aulis kommen. Doch als die Opferhandlung begann, legte Artemis über den Altar einen dichten Nebel, in dem sie das Mädchen entführte und statt seiner eine Hirschkuh hinlegte. Iphigenie aber brachte sie ins Land der Taurer (die heutige Krim), damit sie ihr dort als Priesterin im Artemistempel diene.

QUELLEN: Euripides, Iphigenie in Aulis; Iphigenie in Tauris; Aeschylus, Agamemnon 1534 ff.; Ovid, Metamorphosen 12,24 ff. – BILDER: Bocksberger, Residenzmus. München; Romanelli, Metrop. Mus.; Steen, Rijksmus.; Lafosse, Louvre; Rottmayr, KHM Wien/Barockmus. Wien; Ricci, Akad. Venedig; Balestra, Karlsruhe; Pittoni, Eremitage/Washington; Tiepolo, Slg. Baron Rothschild Paris; Zugno, Schleißheim; Böcklin, Schackgal. München.

Der Mord an Agamemnon

Während Agamemnon, der König von Mykene, vor Troja kämpfte, hatte zu Hause seine Gattin Klytaimnestra/Klytämnestra mit seinem Vetter Aigysthos/Aegysth die Ehe gebrochen, vielleicht auch aus Wut über ihren Mann, weil er ihr die Tochter Iphigenie weggenommen hatte, um sie in Aulis zu opfern. Als Agamemnon vom Krieg zurückkehrte, soll ihn der Liebhaber zu einem Fest eingeladen und dort mit zwanzig Bewaffneten überfallen und erschlagen haben. Nach anderen Berichten verübte Klytaimnestra selbst den Mord, indem sie, als sich der gerade Heimgekehrte durch ein Bad erfrischte, ein Netz oder ein Gewand über ihn warf und den Wehrlosen mit einer Axt erschlug. Die Mörderin heiratete dann den Geliebten, der sich zum König ausrufen ließ.

QUELLE: Homer, Odyssee 4,519 ff. und 11,387 ff.; Aeschylus, Agamemnon 1220 ff.; Euripides, Elektra 1076 ff.; Hygin 117. – BILDER: *Klytämnestra erwartet Agamemnon:* Leighton, Leighton House London. *Klytämnestra tötet Agamemnon:* Guérin, Louvre.

Elektra, Orest und Iphigenie

Beim Tode Agamemnons hatte dessen Tochter Elektra aus Angst vor ihrer Mutter Klytaimnestra und ihrem neuen Stiefvater Aigysthos ihren noch kleinen Bruder Orest schnell zu einem befreundeten Nachbarkönig bringen lassen, der ihn zusammen mit seinem eigenen Sohn Pylades aufzog. Von da an saß Elektra oft trauernd am Grab des Vaters und hoffte, der Bruder werde eines Tages zurückkehren und die am Vater begangene Schandtat rächen.
Tatsächlich kam der herangewachsene Orest zusammen mit seinem Freund Pylades auf Geheiß des delphischen Orakels Apolls nach Mykene, fand dort Elektra und tötete Klytaimnestra und Aigysth. Obwohl er von Apoll zu seiner Tat aufgefordert worden war, verfolgten ihn die Erinyen, die schreckenerregenden Rachegöttinnen, wegen des Mordes an der eigenen Mutter. Schon war er fast dem Wahnsinn nahe, da gab ihm das delphische Orakel den Auftrag, im fernen Tauris das Bildnis der Artemis/Diana aus dem Tempel der Göttin zu rauben und es nach Athen zu bringen. Orest machte sich mit seinem Freund Pylades auf den Weg.
Bei den barbarischen Skythen in Tauris (der heutigen Krim) weilte Iphigenie, Orests Schwester, als Priesterin der Artemis, seit sie bei ihrer Opferung in Aulis von der Göttin gerettet und dorthin gebracht worden war (siehe S. 101). Als nun Orest und Pylades in Tauris landeten, sollten sie – wie alle Fremdlinge, die an diese Küste verschlagen wurden – im Artemistempel geopfert werden. Doch Orest und Iphigenie erkannten einander als Geschwister, und das Mädchen erfand eine List, durch welche die beiden Griechen mit ihr und dem Götterbild entfliehen konnten.

QUELLEN: Aischylos: Agamemnon, Eumeniden, Choephoren; Sophokles, Elektra; Euripides: Elektra, Iphigenie in Tauris, Orestes; Hygin 117, 119 f. – BILDER: *Elektra am Grab Agamemnons:* Leighton, Terens Art Gall. Hull. *Orest und Pylades:* Lastmann, Rijksmus.; West, Victoria & Albert. *Iphigenie in Tauris:* Feuerbach, Darmstadt. *Iphigenie empfängt Orest und Pylades:* Lastmann, Rijksmus.; Lesueur, Salzburg.

Die Odyssee

Dieses zweite große Epos, das neben der «Ilias» nach der Überlieferung von Homer stammen soll, behandelt die Irrfahrten des Odysseus/Ulysses/Ulixes nach dem Untergang Trojas, bevor es ihm zehn Jahre später ver-

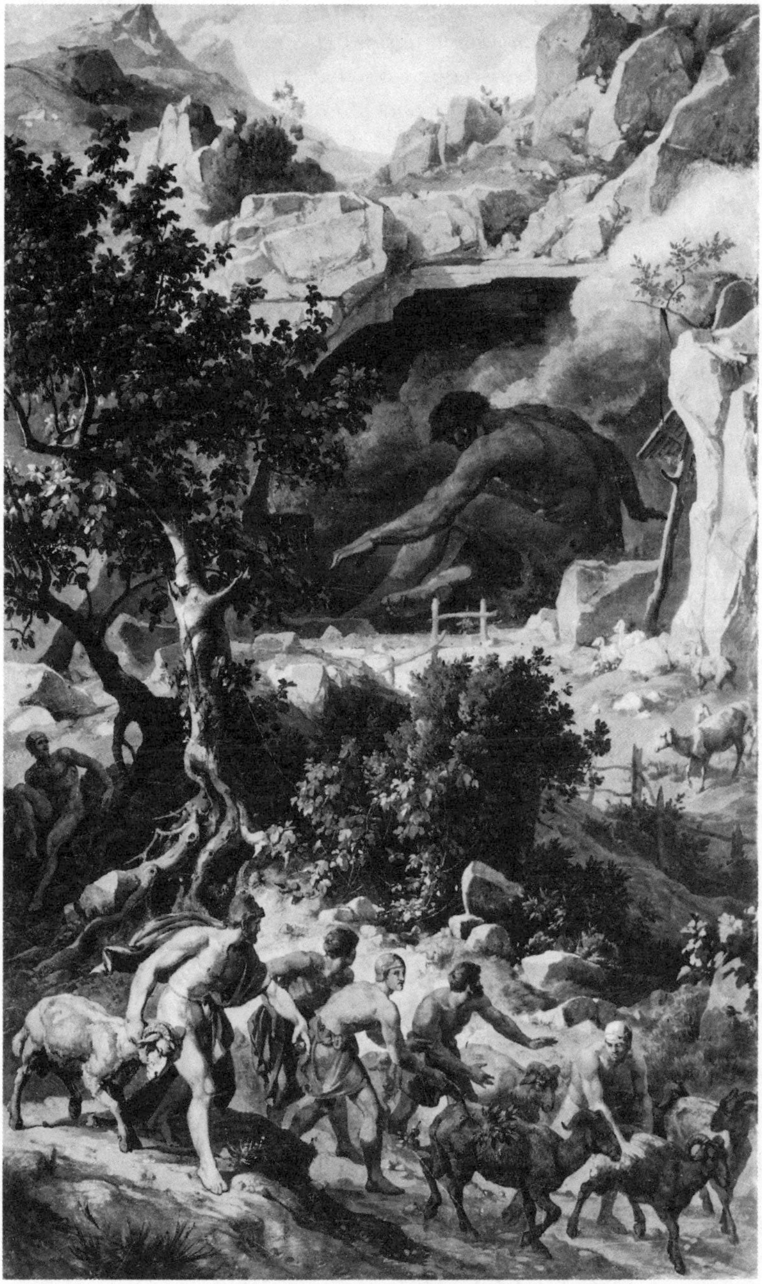

Odysseus und Polyphem
Wandgemälde von Friedrich Preller d. Ä. (zerstört)

gönnt war, in seine Heimat zurückzukehren. Die Dichtung selbst gibt den Ablauf der verschiedenen Abenteuer des Helden nicht chronologisch wieder, sondern in einer kunstvollen Verflechtung der Handlungsstränge, wobei weite Strecken des Geschehens in Form der Ich-Erzählung nachgeholt werden. Im Mittelalter war die «Odyssee» weitgehend unbekannt. Man schöpfte das Wissen über die abenteuerliche Heimkehr des Odysseus nur aus den spätantiken oder mittelalterlichen Kompendien und Nachdichtungen über den Trojanischen Krieg. Erst seit der Renaissance wurde Homer selbst wieder gelesen. Die Barockzeit gestaltete den Stoff weiter aus, wofür Fénélons «Aventures de Télémaque» nur ein Beispiel sind.

ZYKLEN: Tibaldi, Universität Bologna; Allori, Pal. Salviati Florenz; Guercino, Pal. Chiarelli-Pannini Cento; Pannini, Sarasota (Fla.).

POLYPHEM

Bei seinen Irrfahrten auf der Heimkehr vom Trojanischen Krieg gelangte Odysseus mit seinen Gefährten zur Insel der Kyklopen. Das waren einäugige Riesen, die in Höhlen hausten und von der Schafzucht lebten. Mit zwölf Gefährten erkundete Odysseus eine der Höhlen und wartete dann neugierig auf ihren Bewohner. Nachdem der Riese abends seine Herde in die Höhle getrieben und den Eingang mit einem gewaltigen Felsblock, den kein gewöhnlicher Mensch heben konnte, verschlossen hatte, bemerkte er die Eindringlinge. Sofort packte er zwei davon und verspeiste sie. Am Morgen tat er das gleiche, bevor er seine Herde hinaustrieb und von außen den Felsen vor den Eingang wälzte. Odysseus aber, der mit seinen Begleitern gefangen saß, hieb von einer herumliegenden riesigen Keule einen Ast ab und härtete ihn im Feuer. Bei der Rückkehr am Abend verzehrte der Riese wieder zwei Griechen. Danach gab ihm Odysseus einen ganzen Schlauch Wein, den er bei sich hatte, zu trinken. Zuerst wurde der Unhold redselig, sagte, er heiße Polyphem, und fragte Odysseus nach seinem Namen. Schlau antwortete dieser, er heiße «Niemand». Dann fiel der berauschte Polyphem in tiefen Schlaf. Nun holte Odysseus den Pfahl hervor, machte seine Spitze im Feuer glühend und stieß sie dem Riesen in sein einziges Auge. Voll Schmerz schrie Polyphem so laut und so lange, bis die anderen Kyklopen vor seine Höhle liefen und besorgt fragten, ob ihn jemand umbringe. Auf die Antwort «Niemand bringt mich um» gingen sie jedoch lachend wieder weg. Am nächsten Morgen mußte Polyphem seine Herde aus der Höhle lassen. Da er nichts mehr sah, setzte er sich an den Eingang und fuhr jedem Tier, das vorbeiging, über das Fell, um sicher zu sein, daß sich keiner der Griechen heimlich hinausschlich. Doch diese klammerten sich unten am Bauch der Widder fest und gelangten so ins Freie und zu ihrem Schiff. Als Odysseus beim Wegfahren Polyphem noch verhöhnte, warf ihm der Blinde einen riesigen Stein nach, der das Fahrzeug aber knapp verfehlte. (Abb. S. 103)

QUELLE: Homer, Odyssee 9,170 ff. – BILDER: *Polyphem, die Gefährten des Odysseus verzehrend:* Wiertz, Wiertz Mus. Brüssel. *Odysseus und Polyphem:* Turner, Nat. Gall. London. *Odysseus blendet Polyphem:* Tibaldi, Pal. Poggi Bologna.

KIRKE/CIRCE

Einmal landete Odysseus im Verlauf seiner Irrfahrten auf der Insel der Zauberin Kirke, einer Halbgöttin, die alle Fremden in Tiere verwandelte, so auch einige Begleiter des Odysseus, die sich in ihren Palast gewagt hatten und dort zu Schweinen wurden. Odysseus selbst, der sich auf die Suche nach seinen Gefährten machte, erhielt unterwegs vom Gott Hermes/Merkur ein Zauberkraut, das ihn gegenüber den Künsten Kirkes unempfindlich machte. So bedrohte er sie, als sie ihn mit ihrem Zauberstab berühren wollte, mit dem Schwert und zwang sie, seine Gefährten in Menschen zurückzuverwandeln. Kirke zeigte sich von da an gastfreundlich und beriet Odysseus, als er sich aufmachte, in die Unterwelt hinabzusteigen, um dort den Seher Teiresias über seine Zukunft zu befragen. Nach einem Jahr verließ Odysseus die Insel der Zauberin, die ihn noch vor den lieblichen Gesängen der Sirenen warnte.

QUELLE: Homer, Odyssee 10,187 ff. – BILDER: A. Carracci, Pal. Farnese; Spranger, KHM Wien; Guercino, Louvre.

DIE SIRENEN

Nach der Abfahrt von der Insel der Kirke kam das Schiff des Odysseus am Gestade der Sirenen vorbei. Das waren Nymphen, welche die vorbeifahrenden Schiffer durch ihre Schönheit und ihren unwiderstehlichen Gesang ans Ufer lockten, um sie dort zu töten. Wie ihm Kirke geraten hatte, verstopfte Odysseus seinen Begleitern die Ohren mit Wachs, er selbst aber ließ sich an den Mast binden, da er die Nymphen zwar hören, ihren Reizen jedoch nicht unterliegen wollte. So ruderten die Gefährten ungerührt am Ufer entlang, während Odysseus, betört von den Lockliedern, inständig flehte, ihn loszubinden, damit er ans Ufer gelangen könnte. Erst in sicherer Entfernung wurden seine Fesseln wieder gelöst. (Abb. S. 106)

QUELLE: Homer, Odyssee 12,36 ff. – BILDER: A. Carracci, Pal. Farnese; Etty, Manchester; Draper, Hull; Picasso, Antibes.

DIE NYMPHE CALYPSO

In einem schrecklichen Sturm war das Schiff des Odysseus mit all seinen Gefährten untergegangen, nur er allein war zur Insel Ogygia gelangt, wo ihn die schöne Nymphe Calypso in ihrer Grotte aufnahm. Sie versprach, ihn unsterblich zu machen, wenn er von nun an bei ihr bliebe; doch er ging darauf nicht ein. Zwar mußte er nachts das Lager der Göttin teilen, aber tagsüber saß er weinend am Strand und sehnte sich nach seiner Gattin Penelope und seinem

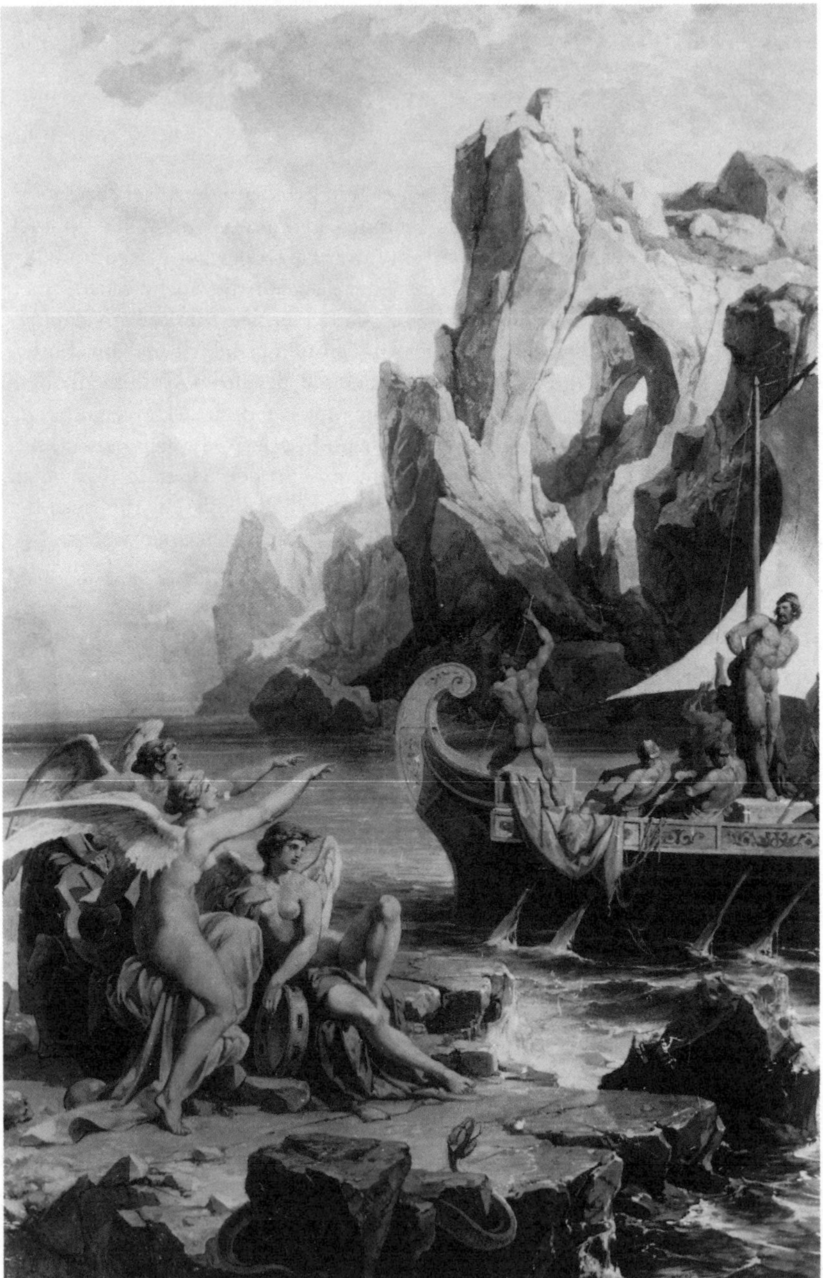

Odysseus entkommt den Lockungen der Sirenen
Wandgemälde von Friedrich Preller d. Ä. (zerstört)

Sohn Telemach im fernen Ithaka. So vergingen sieben Jahre, bis Zeus auf Bitten Athenes den Götterboten Hermes/Merkur mit dem Befehl zu Calypso sandte, Odysseus freizugeben und ihm zu helfen, ein Floß für die Heimkehr zu bauen.

QUELLE: Homer, Odyssee 5,1 ff. – BILDER: Balen, Akad. Wien; Nocchi, Lucca; Böcklin, Basel; Beckmann, Hamburg.

Penelope am Webstuhl

Während Odysseus von der Nymphe Calypso auf der fernen Insel Ogygia festgehalten wurde, bedrängten zu Hause die Vornehmen Ithakas und der umliegenden Inseln seine Gattin Penelope, einen der ihren zum Mann zu nehmen, da Odysseus sicher längst tot sei. In ihrer Not versprach sie, ihre Wahl zu treffen, sobald sie am Webstuhl das Totenkleid ihres Schwiegervaters Laertes fertiggestellt hätte. Da sie aber immer noch auf die Heimkehr des Odysseus hoffte, trennte sie in der Nacht immer wieder auf, was sie tagsüber gewebt hatte. Darüber vergingen drei Jahre, bis eine der Mägde ihr heimliches Tun verriet und die wütenden Freier eine baldige Entscheidung forderten.

QUELLE: Homer, Odyssee 2,88 ff. und 19,138 ff. – BILDER: Pinturicchio, Nat. Gall. London; Beccafumi, Seminario Patriarcale Venedig; Vasari, Pal. Vecchio; Giordano, Escorial.

Telemach und Mentor

Odysseus hatte seinen Sohn Telemach beim Aufbruch nach Troja als Säugling zurückgelassen. In den zehn Jahren des Krieges und den zehn Jahren der Irrfahrten seines Vaters war Telemach nun zum Mann herangewachsen. Aber ohnmächtig mußte er erleben, wie die Freier seine Mutter Penelope bedrängten, einen der ihren zum Gemahl zu nehmen. Seit drei Jahren schon praßten sie bei Essen und Trinken, Gesang und Tanz im Königspalast zu Ithaka. Da beschlossen die Götter auf Fürsprache Athenes hin die Heimkehr des Odysseus. Die Göttin eilte selbst nach Ithaka zu Telemach und flößte ihm den Gedanken ein, sich auf den Weg zu machen, um bei den alten Kampfgenossen seines Vaters über dessen Schicksal Erkundigungen einzuziehen. Da aber das Volk von Ithaka kein Schiff dafür bereitstellte und die Freier Telemach nicht fortlassen wollten, kam ihm Athene zu Hilfe. Sie verwandelte sich in den klugen Mentor, einen alten Freund des Odysseus, in dessen Gestalt sie ein Schiff besorgte und eine Mannschaft anwarb. Heimlich fuhren Telemach und sein väterlicher Ratgeber aus dem Hafen und gelangten zuerst zum alten Nestor nach Pylos und dann zu König Menelaos nach Sparta. Von ihm erfuhr Telemach, daß sein Vater noch lebte und auf einer fernen Insel von der Göttin Calypso festgehalten wurde.

Nach Fénélons Roman strandeten Telemach und Mentor auf ihrer weiteren Suche an der Insel der Calypso, die Odysseus aber schon verlassen hatte. Die Göttin verliebte sich in den jungen Mann, der jedoch in Liebe zu Eucharis, einer ihrer Nymphen, fiel. Als ein Boot, das Mentor für die Weiterreise gebaut hatte, von den anderen Nymphen verbrannt wurde, war Telemach über die Gelegenheit eines noch längeren Aufenthalts sehr erfreut; aber Mentor warf ihn ins Meer, wo ein vorbeifahrendes Schiff die beiden aufnahm.

QUELLEN: Homer, Odyssee 2,225 ff.; Fénélon, Les Aventures de Télémaque VI und VII. – ZYKLUS: Cambiaso, Pal. Grimaldi Genua. – BILDER: *Telemach und Mentor:* Tiepolo, Rijksmus. *Telemach bei Calypso:* Raoux, Louvre; Natoire, Eremitage. *Die Nymphen stecken Mentors Schiff in Brand:* Favanne, Puschkin Mus. Moskau.

Odysseus und Nausikaa

Als die Nymphe Calypso auf Grund des Beschlusses der Götter Odysseus endlich freigeben mußte, brach er auf einem selbstgezimmerten Floß auf, geriet aber in einen Sturm, der sein Fahrzeug zerbrach. Die Meeresgöttin Leukothea (siehe S. 14) rettete ihn, indem sie ihm ihren Schleier zuwarf. Zwei Tage und zwei Nächte trieb Odysseus im tosenden Meer, bis ihn eine Woge nackt und ohne jegliche Habe auf eine Insel warf. Dort versteckte er sich unter dichten Olivenbäumen und schlief auf einem Lager aus Laub erschöpft ein. Es war die Insel der friedlichen Phäaken, deren König Alkinoos hieß. Seiner jungen Tochter Nausikaa gab die Göttin Athene in einem Traum ein, am Morgen mit ihren Mägden zum Strand zu fahren, um dort an der Mündung eines kleinen Baches die Kleider zu waschen. Nach getaner Arbeit spielten die Mädchen miteinander Ball und kreischten laut auf, als der Ball in den Bach fiel. Davon erwachte Odysseus in seinem Versteck und trat, seine Blöße mit einem Olivenzweig bedeckend, aus dem Dickicht hervor. Voll Entsetzen über den Anblick des unbekleideten Mannes, dessen Haar voller Schlamm war, liefen die Mägde davon. Nur Nausikaa blieb stehen und versprach dem Schiffbrüchigen, der sie um ein Gewand bat, ihre Hilfe. Odysseus wusch sich im Bach, bekleidete sich und folgte dem mit der Wäsche beladenen Maultierkarren der Mädchen zur nahen Stadt, wo ihn Nausikaas Mutter Arete und König Alkinoos gastfreundlich aufnahmen.

QUELLE: Homer, Odyssee 6. – BILDER: *Traumgesicht der Nausikaa:* Dufresnoy, Salzburg. *Odysseus und Nausikaa:* Pynas, Eremitage; Lastmann, Braunschweig; Rubens, Pal. Pitti; Reni, Neapel; Moeyaert, Berlin; Rosa, Eremitage/Los Angeles; Sandrart, Rijksmus; Tischbein, Landesmus. Kassel.

Der Sänger Demodokos

Alkinoos, der gütige König der Phäaken, veranstaltete für den schiffbrüchigen Odysseus, ohne ihn nach seinem Namen zu fragen, ein großes Festmahl. Dabei bat der Gast den Sänger Demodokos, davon zu singen, wie Troja durch die List mit dem hölzernen Pferd erobert worden war. Während dieses Gesangs konnte Odysseus, von der Erinnerung überwältigt, die Tränen nicht zurückhalten, und Alkinoos fragte ihn nach dem Grund. Da gab sich Odysseus zu erkennen und fing an zu berichten, wie viele Leiden er auf seinen Irrfahrten seit Beendigung des Krieges hatte erdulden müssen.

QUELLE: Homer, Odyssee 8,471 ff. – BILD: Rahl, Ny-Carlsburg Glyptothek Kopenhagen.

DIE HEIMKEHR DES ODYSSEUS

Der Phäakenkönig ließ Odysseus mit vielen Geschenken auf einem Schiff zu dessen Heimatinsel bringen. Doch dieser schlief bei der Ankunft auf Ithaka so tief, daß er nicht merkte, wie die Seeleute ihn und seine Schätze in einer versteckten Bucht ans Ufer brachten. Zur Strafe dafür, daß sie Odysseus nach Hause gebracht hatten, verwandelte der Meeresgott Poseidon/Neptun, der alte Widersacher des Helden, das Schiff der Phäaken bei ihrer Heimkehr zu Stein. Als Odysseus erwachte, erkannte er nach der zwanzigjährigen Abwesenheit die Heimat nicht mehr. Erst die Göttin Athene in Gestalt eines Hirten bestätigte ihm, daß er zu Hause war. Sie verwandelte ihn mit ihrem Zauberstab in einen zerlumpten Greis, damit niemand vor der Zeit von seiner Rückkehr erfahre. Beim Schweinehirten Eumaios, der den vermeintlichen Bettler freundlich bei sich aufnahm, traf Odysseus seinen Sohn Telemach, den Athene von der Reise zurückgeholt hatte. Ihm allein gab sich der Vater zu erkennen. Dann machte er sich auf den Weg zu seinem Palast, wo ihn niemand beachtete. Nur der getreue Hund Argos, einst sein Lieblingsbegleiter auf der Jagd, jetzt aber alt und krank, erkannte seinen Herrn. Er wedelte noch mit dem Schweif und senkte beide Ohren, bevor er starb.

QUELLE: Homer, Odyssee 13–17. – BILDER: *Poseidon und das Schiff des Odysseus:* Tibaldi, Pal. Poggi Bologna; Martellini, Sala d'Ulisse Pal. Pitti.

DER KAMPF MIT DEM BETTLER IROS

Die übermütigen Freier tafelten wie gewöhnlich, als Odysseus zu seinem Palast kam. In seiner Bettlerkleidung trat er in den Saal und ging um eine Gabe bittend von Tisch zu Tisch, doch man beschimpfte und verhöhnte ihn nur. Iros, einer der Bettler, die sich sonst am Tisch der Freier schadlos hielten, kam herbei und forderte den Nebenbuhler zum Zweikampf heraus. Unter dem Gelächter der Freier nahm Odysseus den Kampf an, streckte Iros aber mit einem einzigen Faustschlag nieder und schleppte ihn an einem Fuß zur Halle hinaus.

QUELLE: Homer, Odyssee 18,1 ff. – BILD: Corinth, Prag.

DAS ENDE DER FREIER

Auf den Rat Athenes hin erklärte Penelope, die immer noch nichts von der Heimkehr des Odysseus wußte, sie wolle denjenigen unter den Bewerbern an Stelle ihres verschollenen Gatten zum Manne nehmen, der den Bogen des

Odysseus spannen und wie dieser einen Pfeil durch zwölf hintereinander aufgestellte Axtlöcher schießen könne. Die Freier waren damit einverstanden und begannen mit der Probe; aber keiner war imstande, das starke Holz zu biegen. Während die Freier im Saal bis zum Abend vergeblich ihre Kraft versuchten, gab sich Odysseus draußen einigen treuen Dienern zu erkennen und forderte sie auf, ihm bei dem, was er vorhabe, zu helfen. Sie verriegelten das Hoftor, und Odysseus ging in den Saal hinein, wo er sich anbot, den Bogen zu erproben. Erst lachten ihn die Freier aus, dann ließ man ihn gewähren. Doch der vermeintliche Bettler spannte mühelos den Bogen und schoß mit dem Pfeil durch die zwölf Axtlöcher. Dann sprang er vor die Freier hin und verkündete laut, er sei der heimgekehrte Herr des Hauses. Entsetzt wichen alle zurück und wollten ihre Waffen ergreifen. Doch diese waren vorher unauffällig hinausgeschafft worden. So konnte Odysseus, unterstützt von Telemach und zwei der getreuen Hirten, einen nach dem anderen mit seinen Pfeilen erledigen. Da die Türen verschlossen waren, gelang es keinem zu entkommen.

QUELLE: Homer, Odyssee 21 und 22. – BILD: Cambiaso, Pal. de Mari Genua.

PENELOPE UND EURYKLEIA

Penelope, die Gattin des Odysseus, hatte von dessen Kampf gegen die Freier nichts gemerkt. Denn ihr Sohn Telemach hatte sie aufgefordert, sich in die Frauengemächer zurückzuziehen. Nun schickte der Sohn die alte Magd Eurykleia zu ihr, um sie zu wecken und ihr zu sagen, was geschehen war. Eurykleia hatte schon tags zuvor in dem fremden Bettler, als sie ihm auf Geheiß Penelopes die Füße wusch, ihren Herrn erkannt, doch bisher, weil er es so wünschte, geschwiegen. Nun eilte sie freudig zu ihrer Herrin, die aber ihren Worten nicht glauben wollte und sogar noch eine Täuschung fürchtete, als sie Odysseus, dem Athene sein früheres Aussehen zurückgegeben hatte, gegenübertrat. Erst als er ihr genau beschrieb, was niemand sonst wissen konnte, wie nämlich das Bettlager im gemeinsamen Schlafgemach gebaut war, schloß sie den Gatten in ihre Arme.

QUELLE: Homer, Odyssee 23. – BILDER: *Odysseus von seiner Amme erkannt:* Belle, École des Beaux-Arts Paris. *Penelope und Eurykleia:* A. Kauffmann, Vorarlberger Landesmus. Bregenz. *Die Heimkehr des Odysseus zu Penelope:* Pinturicchio, Nat. Gall. London.

Die Aeneis

In der «Ilias» Homers wird Aeneas mehrfach als Bundesgenosse der mit seinem Geschlecht stammverwandten Trojaner erwähnt. Sein Ruhm geht aber vor allem auf das nach ihm benannte Epos des römischen Dichters Vergil, eines Zeitgenossen des Kaisers Augustus, zurück. Vom Mittelalter bis zum Barock, bevor die nachfolgende Griechenbegeisterung sein Anse-

hen zurückdrängte, war Vergil der am meisten bewunderte und verehrte antike Autor. Seine «Aeneis» galt als das unübertreffliche Heldengedicht vom Ursprung des Römerreiches, als dessen Erben sich die europäischen Völker bis zur Schwelle des 19. Jahrhunderts verstanden. Denn das Epos schildert, wie Aeneas nach dem Untergang Trojas unter vielen Irrfahrten und Abenteuern nach Italien gelangt, wo er zum Stammvater der Zwillinge Romulus und Remus, der Gründer Roms, und durch seinen Sohn Julus zum Ahnherrn des Hauses der Julier wird, dessen Sproß Augustus dazu bestimmt ist, das Goldene Zeitalter zurückzubringen.

ZYKLEN: Abbate, Gall. Estense; L. und Ag. Carracci, Pal. Fava Bologna; Albani, Pal. Fava Bologna; Cortona, Pal. Doria-Pamphilj Rom.

APHRODITE/VENUS UND ANCHISES

Aphrodite verliebte sich in den hübschen Anchises, der auf dem Berg Ida (bei Troja) die Herden seines Vaters, des Königs von Dardania (am asiatischen Ufer der Dardanellen), weidete. Die Göttin täuschte zunächst vor, eine Sterbliche zu sein, und schlief mit dem jungen Mann. Als sie ihm aber dann sagte, wer sie wirklich war, erschrak Anchises; denn der Umgang mit den Göttern hatte noch niemandem Glück gebracht. Doch Aphrodite beruhigte ihn: Ihm werde kein Leid geschehen, solange er über sein Verhältnis mit ihr Stillschweigen

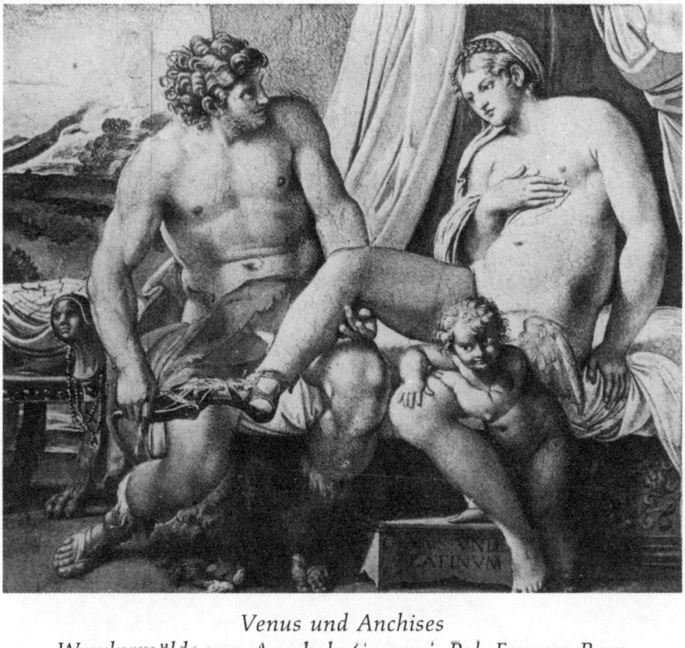

Venus und Anchises
Wandgemälde von Annibale Carracci, Pal. Farnese Rom

bewahre. Die Frucht der Verbindung war Aeneas, den die Göttin, als er fünf Jahre alt war, zu Anchises brachte. Dieser aber trank bei einem Zechgelage zu viel Wein und rühmte sich der Herkunft des Kindes. Zur Strafe dafür traf ihn ein Blitzstrahl des Zeus, und er war von da an gelähmt.

QUELLEN: Homerischer Hymnus an Aphrodite 5; Hygin 94. – BILD: Schiavone, Stuttgart.

Die Flucht des Aeneas aus Troja

Aeneas, der Sohn des Anchises und der Göttin Venus, hatte als Verwandter und Bundesgenosse des trojanischen Königshauses tapfer gegen die Griechen gekämpft. Durch eine Erscheinung seiner göttlichen Mutter Venus dazu aufgefordert, beschloß er in der Nacht, in der Troja erobert wurde, mit seinem Vater Anchises, seinem Sohn Askanios/Julus und seiner Gattin Krëusa zu fliehen. Der alte Vater, der einst wegen der Prahlerei mit seinem Liebesabenteuer von Zeus gelähmt worden war, wollte jedoch lieber sterben und war erst bereit mitzugehen, als er über dem Kopf des Enkels eine wunderbare Flamme sah, die er als günstiges Vorzeichen deutete. Nun konnte Aeneas mit den Seinen aus der brennenden Stadt fliehen. Den gelähmten Vater Anchises, der die Penaten, die Hausgötter der Familie, bei sich hatte, trug er auf seinen Schultern und den kleinen Sohn Askanios/Julus führte er an der Hand; dahinter folgte die Gattin Krëusa, die aber im Fluchtgewühl verloren ging und umkam. Als sich Aeneas auf die Suche nach ihr machte, wurde er von ihrem Schatten dazu angehalten, den rettenden Weg zum Meeresufer fortzusetzen.

QUELLE: Vergil, Aeneis 2, 588 ff. – BILDER: A. Carracci, Pal. Ratta Bologna; Spada, Louvre; Vanloo, Louvre/Angers; Rottmayr, Karlsruhe.

Beim Orakel von Delos

Um Aeneas hatte sich eine große Schar der dem Untergang ihrer Stadt entronnenen Trojaner gesammelt. Sie bauten Schiffe in der Hoffnung, irgendwo anders eine neue Heimat zu finden. Um zu erfahren, wohin sie sich wenden könnten, holten Aeneas und Anchises auf der dem Apoll heiligen Insel Delos ein Orakel ein. Die Weisung lautete auf Rückkehr ins Land der Ahnen. Da ein Vorfahr aus Kreta gekommen war, segelten die Flüchtlinge dorthin und begannen zu siedeln. Als eine Pest ausbrach, wurde Aeneas in einem nächtlichen Traumgesicht belehrt, daß das Orakel in Wirklichkeit Italien gemeint hatte, von wo ein anderer Vorfahr stammte.

QUELLEN: Vergil, Aeneis 3,73 ff.; Ovid, Metamorphosen 13,623 ff. – BILD: Lorrain, Louvre.

Auf der Insel der Harpyien

Nach der Abfahrt von Kreta geriet die Flotte des Aeneas in einen Sturm, der die Schiffe an eine unbewohnte Insel verschlug. Dort fanden die Verirrten nur Herden von Rindern, von denen sie einige schlachteten und zum Mahl zubereiteten. Da erschienen plötzlich riesige Vögel mit Mädchenköpfen. Diese «Harpyien» fielen gierig über die angerichteten Speisen her und beschmutzten sie hohnlachend mit ihrem Kot. Ihr undurchdringliches Gefieder widerstand allen Waffen, so daß Aeneas und seine Gefährten die ungastliche Insel verließen.

Quelle: Vergil, Aeneis 3,192 ff. – Bild: Perrier, Louvre.

Neptun besänftigt die Wogen – «Quos ego»

Auf ihrer Fahrt nach Italien hatten die Schiffe des Aeneas schon Sizilien erreicht. Doch bevor sie nach Norden weitersegeln konnten, eilte die Göttin Juno, die Feindin der Trojaner, zu Aeolus, dem Hüter der Winde, der auf einem Gebirge thronte, in dessen Innern die Stürme und Gewitter eingeschlossen waren. Sie versprach ihm eine ihrer Nymphen als Gattin, und Aeolus schlug mit seinem Szepter in die Flanke des Berges, so daß alle Winde auf einmal mit gewaltigem Brausen herausstürmten und alle Schiffe auf See in höchste Gefahr brachten.

Der Meeresgott Neptun, der sich über Junos Einmischung in seinen Bereich ärgerte, rief jedoch den Ost- und den Westwind zu sich und herrschte sie an, auf der Stelle von ihrem Toben abzulassen: «Euch will ich . . .!» (Quos ego)

Quelle: Vergil, Aeneis 1,49 ff. – Bilder: *Aeolus läßt die Winde aus ihrer Höhle:* Bol (zugeschr.), Nat. Mus. Stockholm; Cortona, Pal. Doria-Pamphilj Rom; Restout, Eremitage. *Neptun besänftigt die Wogen:* Cortona, Pal. Doria-Pamphilj Rom; Rubens, Prado/Dresden.

Venus erscheint dem Aeneas als Jägerin

Aus dem von Juno entfachten Sturm wurden die trojanischen Schiffe durch Neptuns Eingreifen zwar gerettet, aber weit nach Süden an die libysche Küste verschlagen. Als Aeneas dort am Strand umherstreifte, um das Land zu erkunden, erschien ihm seine göttliche Mutter Venus in Gestalt einer Jägerin und zeigte ihm den Weg nach Karthago, wo Dido, die Gründerin der Stadt, als Königin herrschte.

Quelle: Vergil, Aeneis 1,305 ff. – Bilder: Poussin, École des Beaux-Arts Paris; Cortona, Louvre; Giaquinto, Schleißheim.

Didos Ochsenhaut und die Gründung Karthagos

Dido, die Gründerin von Karthago, war eine Königstochter aus der Phönizierstadt Tyrus (im heutigen Libanon). Sie mußte vor ihrem tyrannischen Bruder,

der ihren Gatten gemordet hatte, aus der Heimat fliehen und gelangte an der Spitze einer Schar von Gefährten zur libyschen Küste. Dort waren die Landesbewohner bereit, ihr so viel Land zu verkaufen, wie eine Rinderhaut umschließen konnte. Dido ließ eine Haut in ganz dünne Streifen zerschneiden, die aneinandergeknüpft genügend Raum einschlossen, um eine mächtige Burg zu bauen.

QUELLE: Vergil, Aeneis 1,364 ff. – BILDER: Pittoni, Eremitage; Turner, Nat. Gall. London.

Das Gastmahl der Dido

Der durch einen Sturm an die Küste Nordafrikas verschlagene Aeneas wurde von Dido, der Königin von Karthago, gastfreundlich aufgenommen. Sie lud den Flüchtling zu einem herrlichen Mahl, bei dem er ihr vom Krieg um Troja und seinen späteren Erlebnissen berichtete. Auf Geheiß der Aphrodite/Venus verwandelte sich der Liebesgott Amor/Cupido in den kleinen Sohn des Aeneas, den die Königin auf ihren Schoß nahm und zärtlich an sich drückte. So kam es, daß Dido sich in Aeneas verliebte, als er ihr sein ergreifendes Schicksal erzählte.

QUELLE: Vergil, Aeneis 1,588 ff. – BILDER: Lairesse, Schleißheim; Hoet, Schleißheim; J. Amigoni, Schleißheim; Galloche, Schloß Compiègne; Tiepolo, Villa Valmarana Vicenza; Guérin, Louvre; Tischbein, Kassel.

Aeneas und Dido auf der Jagd

Lange wagte es Königin Dido nicht, Aeneas ihre Liebe zu gestehen. Da kam ihr eine Fügung der Götter zu Hilfe. Als sie mit ihrem Gast zur Jagd auszog, brach ein schreckliches Gewitter los und zerstreute das Gefolge. Die beiden flüchteten allein in eine Grotte, wo sie sich in Liebe fanden.

QUELLE: Vergil, Aeneis 4,90 ff. – BILDER: *Aeneas und Dido auf der Jagd:* Poussin, Prado; Troost, Schleißheim. *Aeneas und Dido flüchten in Grotte:* Schiavone, Stuttgart; Rubens, Städel; Dughet, Nat. Gall. London.

Didos Tod

Königin Dido wollte Aeneas als Gemahl bei sich behalten, und lange Monate zögerte dieser mit der Weiterfahrt, bis ihn im Auftrag Jupiters der Götterbote Merkur aufsuchte. Aeneas, schon in tyrische Gewänder gekleidet, war gerade dabei, den weiteren Aufbau Karthagos zu überwachen. Da erinnerte ihn der Gott an seine Aufgabe, in Italien ein großes Reich zu begründen.

Nach einem herzzerreißenden Abschied, bei dem die Geliebte ihn vergeblich umzustimmen suchte, eilte Aeneas zu seinen im Hafen bereit liegenden Schiffen. Die verzweifelte Dido aber ließ einen Scheiterhaufen errichten, auf den sie die Waffen und Kleider häufte, die Aeneas in der Eile zurückgelassen hatte. Dabei sprach sie einen Fluch aus, der die künftige Feindschaft zwischen Rom und Karthago stiftete, und gab sich mit dem Schwert des Aeneas den Tod in der Erwartung, der treulose Geliebte werde von seinem Schiff aus das lodernde Feuer noch sehen und ihr schlimmes Ende ahnen.

QUELLE: Vergil, Aeneis 4, 220 ff. – BILDER: *Merkur befielt Aeneas, Dido zu verlassen:* Fréminet, Louvre; Turner, Tate Gall. *Abschied des Aeneas von Dido:* Tintoretto, Braunschweig; Reni, Kassel; Loth, Mus. Civico Venedig. *Didos Tod auf dem Scheiterhaufen:* Liberale da Verona, Nat. Gall. London; Rubens, Louvre; Vouet, Dôle; Guercino, Gall. Spada Rom; Bourdon, Eremitage; Lairesse, Lübeck; Tischbein, Kassel; Reynolds, Buckingham Pal.

Der Tod des Palinurus

Nach ihrer Abfahrt von Karthago näherte sich die Flotte des Aeneas schon der Westküste Italiens. Da flehte Venus in Sorge um ihren Sohn Aeneas den Meeresgott Neptun an, jetzt kein Unheil mehr zuzulassen. Der Gott beruhigte sie: nur ein einziger werde noch umkommen, als Opfer für alle! In der folgenden Nacht, während die Schiffe bei ruhiger See dahinzogen, setzte sich der Schlafgott in Gestalt eines Gefährten neben Palinurus, den Steuermann des Aeneas, und redete ihm zu, sich eine Stunde Ruhe zu gönnen. Der treue Palinurus konnte gerade noch widersprechen, aber dann träufelte ihm der Schlafgott mit einem Zweig Tropfen der Unterweltflüsse Lethe und Styx auf die Schläfen und stürzte ihn kopfüber mitsamt dem Steuerruder, das er festhielt, ins Meer.

QUELLE: Vergil, Aeneis 5,779 ff. – BILD: Majolikateller aus Urbino, Victoria & Albert.

Aeneas mit der Sibylle in der Unterwelt

Anchises, der Vater des Aeneas, war schon vor dessen karthagischem Abenteuer gestorben. Als die Trojaner von Karthago wieder nach Norden zur Westküste Italiens fuhren, wurde unterwegs in Sizilien der Jahrestag des Todes durch Kampfspiele festlich begangen. Bei der ersten Landung am Festland spürte Aeneas ein heftiges Verlangen, den toten Vater über das endgültige Ziel der Reise zu befragen, und suchte die Sibylle von Cumae (bei Neapel) auf, um von ihr den Weg zu den Toten zu erfragen. Die greise Seherin (siehe S. 51) ließ ihn in einem Wald am Averner See den «goldenen Zweig» finden, mit dessen Hilfe ein Lebender unbeschadet die Unterwelt betreten konnte. Dann stieg Aeneas in Begleitung der Sibylle hinab ins Totenreich, wo er zuerst auf seinen ertrunkenen Steuermann Palinurus stieß, der ihn inständig um das Begräbnis seiner an Land geschwemmten Leiche bat. Von überall kamen dann die Schattengestalten der alten Gefährten und Gegner aus dem trojanischen Krieg herbei; auch die tote Dido zeigte sich, wandte sich aber sogleich unversöhnlich wieder ab. In den Gefilden der Seligen fand Aeneas schließlich seinen Vater Anchises, der dem Sohn die künftige Größe Roms bis zum «Goldenen Zeitalter» des Augustus weissagte und vor seinen Augen in einer langen

Prozession die bedeutendsten Gestalten der römischen Geschichte vorbeiziehen ließ.

QUELLE: Vergil, Aeneis 6. – BILDER: Jan Brueghel, Budapest/KHM Wien; G. M. Crespi, KHM Wien; Conca, Gall. Feroni Florenz.

Die Ankunft des Aeneas in Latium und Pallanteum

Nach ihrer Landung an der Tibermündung erhielten die trojanischen Flüchtlinge durch ein göttliches Zeichen die Gewißheit, daß sie ans Ziel gelangt waren. Der gütige König von Latium nahm sie gastfreundlich auf und versprach Aeneas, ihm sein einziges Kind Lavinia zur Frau zu geben. Die Göttin Juno aber, immer noch voller Groll gegen die Trojaner, stiftete den bisherigen Brautbewerber Turnus zum Krieg gegen die Neuankömmlinge an. Aeneas fand Bundesgenossen bei Verwandten der Trojaner, die kurz zuvor am Tiber die Kolonie Pallanteum (auf dem Palatinhügel, im Gebiet des späteren Rom) gegründet hatten.

QUELLE: Vergil, Aeneis 7 und 8. – BILDER: *Ankunft des Aeneas in Latium:* Cortona, Pal. Doria-Pamphilj Rom. *Ankunft des Aeneas in Pallanteum:* Lorrain, Fairhaven Coll. Anglesey Abbey.

Venus und die Waffen Vulkans

Zum Sieg des Aeneas im Krieg gegen Turnus trug wesentlich bei, daß seine göttliche Mutter bei ihrem Gemahl Vulkan erreichte, daß er – wie einst auf Bitten der Thetis für Achill – nun auch für Aeneas Waffen schmiedete.

QUELLE: Vergil, Aeneis 8,369 ff. – BILDER: *Venus in der Schmiede Vulkans:* Giulio Romano, Pal. Ducale Mantua; Vasari, Uffizien; Palma Giovane, Kassel; Albani, Gall. Borghese; Rubens, Brüssel; Lafosse, Nantes; Natoire, Bordeaux/Montpellier; Boucher, Louvre/Wallace Coll.; Dyck, Louvre/KHM Wien. *Die Übergabe der Waffen an Aeneas:* Giulio Romano, Pal. Ducale Mantua; Poussin, Rouen/Toronto; A. Coypel, Rennes.

Die Geschichte der Camilla

Camilla war die Tochter des Königs der Volsker, eines Stammes in Mittelitalien. Als ihr Vater aus der Heimat fliehen mußte, weihte er das Mädchen der Göttin Diana. Es wurde wunderbar gerettet und von einer Stute gesäugt. Zu einer jagdlustigen Jungfrau herangewachsen, kämpfte Camilla tapfer auf seiten des Turnus gegen die Trojaner, bis sie von Arruns, einem Verbündeten des Aeneas, mit einem Pfeilschuß getötet wurde. Ihr Bezwinger fiel seinerseits einem Pfeil der Opis, einer von Dianas Nymphen, zum Opfer.

QUELLE: Vergil, Aeneis 7,803 ff., 11,535 ff. und 648 ff. – BILD: Matteo di Giovanni, Metrop. Mus.

Die Heilung des verwundeten Aeneas

Bei den Kämpfen der Trojaner mit dem Heer des Turnus wurde Aeneas einmal von einem Pfeil getroffen, den der Wundarzt trotz all seiner Kunst nicht entfernen konnte. Da brachte die Göttin Venus, die Mutter des Helden, vom Berg Ida auf Kreta ein heilbringendes Kraut mit purpurfarbener Blüte herbei und träufelte dessen Sud heimlich zusammen mit Stücken der Götterspeise Ambrosia in das Wasser, mit dem der Arzt die Wunde wusch. Sogleich kam das Blut zum Stehen, und das Geschoß ließ sich mühelos herausziehen.

Quelle: Vergil, Aeneis 12,383 ff. – Bild: Romanelli, Louvre.

Die Apotheose (Vergöttlichung) des Aeneas

Nachdem Aeneas siegreich aus dem schweren Kampf hervorgegangen war, erhielt seine Mutter Venus von Jupiter die Erlaubnis, den Helden unter die Gottheiten aufzunehmen. Sie fuhr mit einem Taubengespann zum Fluß Numicius, dem Venus befahl, alles Irdische an Aeneas abzuspülen. Dann salbte sie ihn mit göttlicher Narde und strich ihm Ambrosia, vermengt mit dem Göttertrank Nektar, auf die Lippen, wodurch er zum Gott wurde.

Quelle: Ovid, Metamorphosen 14,581 ff. – Bilder: Candid, Bodemus.; Giordano, Mus. Vicenza.

ROM UND RÖMISCHES REICH

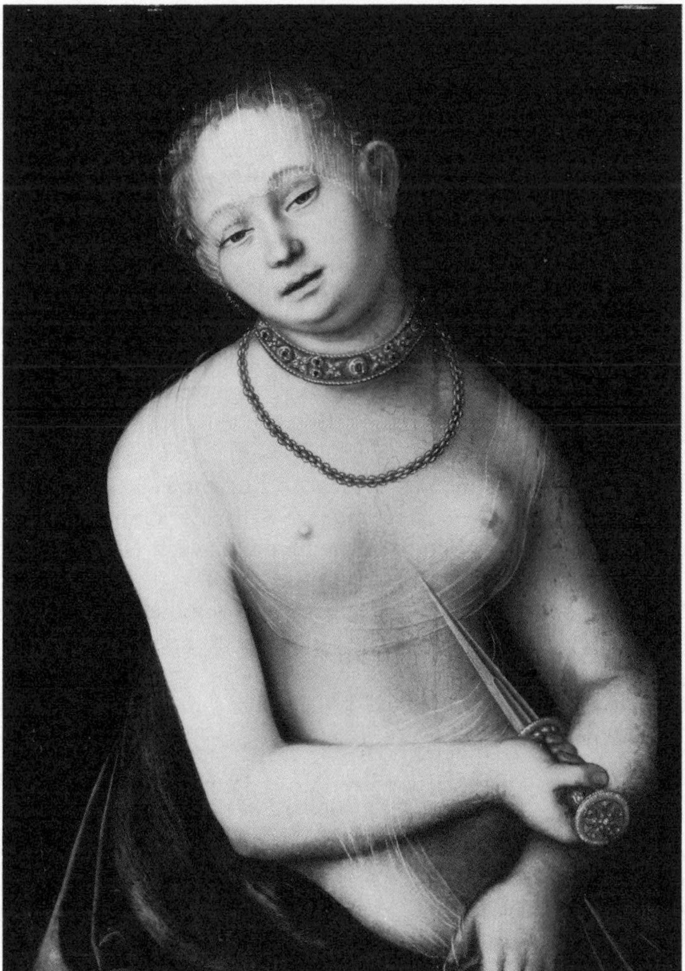

Lucretia. Gemälde von Lucas Cranach d. Ä., Alte Pinakothek München

Römische Ursprünge

Schon Vergils «Aeneis» schlägt in einer Reihe von Ausblicken auf die Zukunft Roms eine Brücke zwischen dem Schicksal des aus Troja geflüchteten Aeneas und der Gründung Roms. Bei anderen römischen Autoren finden sich weitere Details darüber, insbesondere bei Livius im ersten Buch seines Geschichtswerkes «Ab Urbe Condita».

Die Auffindung des Romulus und Remus

Numitor, König von Alba Longa, der Stadt, die einst sein Vorfahr Julus/Ascanius, der Sohn des Aeneas, gegründet hatte, wurde von seinem Bruder Amulius entthront und vertrieben. Seine Tochter Rhea (Rea) Silvia, das einzige Kind, wurde vom Usurpator gezwungen, eine jungfräuliche Vestalin zu werden, damit ihr Vater keinen Erben habe. Doch der Gott Mars nahte sich dem Mädchen, während es schlief, und es gebar die Zwillinge Romulus und Remus. Amulius befahl, die Säuglinge im Tiber auszusetzen. Die Knechte hatten jedoch Mitleid und legten die Zwillinge auf ein Brett, bevor sie sie dem Hochwasser übergaben. Als das Wasser zurückging und die Planke am Ufer hängenblieb, kamen die heiligen Tiere des Mars, eine Wölfin und ein Specht, und retteten die Kinder. Die Wölfin säugte sie, bis sie vom Hirten Faustulus gefunden wurden, der sie mit seiner Frau Acca Larentia aufzog. Als Romulus und Remus herangewachsen waren und ihre wahre Herkunft entdeckt wurde, machten sie einen Aufstand und setzten ihren Großvater Numitor wieder als König in Alba Longa ein.
Rhea Silvia, die Mutter der Zwillinge, soll von Amulius zur Strafe für die angebliche Verletzung der Keuschheit, zu der sie als Priesterin der Vesta verpflichtet war, getötet worden sein.
Nach einer Überlieferung wurde sie in den Tiber geworfen, wo der Flußgott sie zu seiner Gemahlin machte.

Quellen: Livius 1,3,10 – 1,6,2; Ovid, Fasti 2,381 ff.; Plutarch 2 (Romulus), 2–8. – Bilder: *Mars und Rea Silvia:* Rubens, Vaduz; Poussin (zugeschr.), Louvre. *Die Auffindung der Zwillinge:* Cavaliere d'Arpino, Konservatorenpal. Rom; Rubens, Pinak. Kapitol Rom; Cortona, Louvre.

Romulus tötet Remus

Romulus und Remus wollten nicht auf die Dauer in Alba Longa leben und beschlossen, ihre eigene Stadt zu gründen. Sie wählten dafür jene Stelle am Tiber, wo man sie einst ausgesetzt hatte. Bald kam es zwischen den Brüdern zum Streit, wer Gründer und Herrscher der neuen Stadt sein sollte. Sie einigten sich, die Frage nach der damaligen Sitte der Vogelschau zu regeln. Remus sah sechs Geier, Romulus hingegen zwölf, allerdings später als sein Bruder. Nun stritten sich die beiderseitigen Anhänger um die Auslegung des Orakels. Romulus begann trotzdem auf dem Palatinhügel mit dem Bau der Stadt. Voll Zorn darüber sprang Remus über die halbfertige Stadtmauer und fragte höhnisch, wie denn eine so kümmerliche Mauer jemals Schutz gewähren könne. Daraufhin erschlug ihn Romulus und verkündete voll Härte: «So soll jeder Feind verderben, der die Mauern meiner Stadt überquert!» Beim Begräbnis des Remus aber weinte Romulus bitterlich um seinen Bruder.

QUELLEN: Livius 1,6,3–1,7,3; Plutarch 2 (Romulus), 9f. – BILD: Monti, Pal. Martinengo Brescia.

Der Raub der Sabinerinnen

Romulus gelang es, seine neugegründete Stadt zu bevölkern, indem er sie zu einer Freistatt für Flüchtige und Übeltäter machte. Aber das führte zu einem großen Überschuß an Männern. Niemand jedoch in den umliegenden Städten wollte den übelbeleumundeten Römern eine Tochter zur Frau geben. Da lud Romulus die nahen Sabiner und andere Nachbarn zu einem großen Fest nach Rom ein. Mitten während der Festlichkeiten ergriffen dann die römischen Männer die Töchter der Sabiner und jagten ihre Verwandten davon.
Als später die Sabiner mit starker Heeresmacht zurückkehrten und in Rom eindrangen, warfen sich die entführten Frauen, die unterdessen ihre Männer liebgewonnen hatten, mit ihren Kindern zwischen die Kämpfenden. So kam es, daß man sich einigte und aus Römern und Sabinern ein Volk wurde, mit Rom als Hauptstadt.

QUELLEN: Livius 1,8,5–1,13,5; Ovid, Fasti 3,199–228; Plutarch, Romulus 14 und 19. – BILDER: *Der Raub der Sabinerinnen:* Filarete, Bronzetür St. Peter Rom; Peruzzi, Prado; Sodoma, Nat. Gall. London; F. Bassano, Turin; L. Carracci, Pal. Magnani Bologna; Cavaliere d'Arpino, Konservatorenpal. Rom; Rubens, Nat. Gall. London; Poussin, Louvre; Cortona, Pinak. Kapitol Rom; Schönfeld, Eremitage; Giordano, Dresden; Bellucci, Kassel; Tiepolo, Eremitage; Steen, Sarasota (Flo.); J.-L. David, Louvre. *Die Versöhnung der Sabiner und Römer:* Jacopo del Sellaio, Philadelphia; Valckenborch, Kassel; Rubens, AP München; Guercino, Louvre.

Tarpeja und die Sabiner

Als die Sabiner nach dem Raub ihrer Frauen Rom belagerten, ging Tarpeja, die Tochter des Befehlshabers der römischen Burg, einmal hinaus, um Wasser zu holen. Dort sah sie die goldenen Reifen und kostbaren Spangen am linken Arm der sabinischen Krieger. Sie versprach den Feinden, sie in die Stadt einzulassen, wenn sie ihr das gäben, was sie am linken Arm trugen. Sobald aber die Sabiner mit Tarpejas Hilfe in die Burg gekommen waren, erschlugen sie das Mädchen mit dem, was sie in der linken Hand hielten, nämlich ihren Schilden.

QUELLE: Livius 1,11,6–9. – BILD: Schönfeld, Pommersfelden.

DER TOD DES TITUS TATIUS

Der Sabinerkönig Titus Tatius übte nach der Aussöhnung zwischen Römern und Sabinern gemeinsam mit Romulus die Herrschaft aus. Als einmal einige seiner Verwandten fremde Gesandte mißhandelten, ahndete Tatius den Frevel nicht. Aus Rache dafür wurde er ermordet, während er in einer Nachbarstadt an einem Opferfest teilnahm.

QUELLE: Livius 1,14. – BILD: L. Carracci, Pal. Magnani Bologna.

NUMA POMPILIUS UND DIE NYMPHE EGERIA

Numa, der sagenhafte zweite König Roms, war ein weiser und im Gegensatz zu Romulus friedfertiger Mann, dem die Römer die Einrichtung ihrer wichtigsten Kulte und religiösen Zeremonien zuschrieben. Er soll die Wassernymphe Egeria zur Geliebten gehabt haben, mit der er sich nachts in ihrem Hain vor der Stadt traf und über alle religiösen und rechtlichen Fragen beriet. Später sagte man, er habe in seiner großen Weisheit die Beziehung zur Nymphe nur vorgegeben, um durch diesen frommen Betrug («pia fraus») das ungebildete Volk zur Beachtung der von ihm erlassenen Satzungen anzuhalten.

QUELLEN: Livius 1,19,5; Ovid, Metamorphosen 15,479 ff. – BILD: Poussin, Chantilly.

DER EID DER HORATIER

In einem sagenhaften Krieg Roms mit der benachbarten Stadt Alba Longa kam man überein, die Entscheidung einem Kampf zwischen je drei Vertretern beider Seiten zu überlassen. Die jungen Männer wurden in Rom aus der Familie der Horatier und in Alba aus der Familie der Curatier gewählt. Die Horatier schworen vor ihrem Vater, sich für das Vaterland zu opfern, und gingen in den Kampf. Von den sechs Kriegern blieb einer der Horatier übrig, und Rom war Sieger. Der siegreiche Kämpfer kehrte mit den Kleidern der Besiegten als Trophäen heim und traf auf eine seiner Schwestern, die in Tränen ausbrach, da sie mit einem der Curatier verlobt gewesen war. Da tötete er sie, weil sie um einen Feind Roms trauerte. Er wurde zum Tod verurteilt, aber auf die Fürsprache seines Vaters hin vom Volk begnadigt.

QUELLEN: Livius 1,23 f.; Valerius Maximus 6,3,6. – BILDER: Bordone, KHM Wien; Cavaliere d'Arpino, Konservatorenpal. Rom; J.-L. David, Louvre.

Tullia fährt über die Leiche ihres Vaters

Tullia, die ehrgeizige Tochter des guten und gerechten Königs Servius Tullius, stiftete ihren Mann Tarquinius Superbus an, sich an Stelle ihres Vaters zum König zu machen. Er tat es in einem Gewaltstreich, und Tullia fuhr sogleich mit dem Wagen zum Kapitol, wo sie als erste den neuen König begrüßte. Auf der Fahrt nach Hause lag ihr Vater, der unterdessen erstochen worden war, tot auf der Straße. Als der Wagenlenker in der engen Gasse zögernd anhielt, gab ihm Tullia ein Zeichen, über die Leiche hinwegzufahren.

Quellen: Livius 1,468; Ovid, Fasti 6,587 ff.; Valerius Maximus 9,11,1. – Bilder: Ménageot, Nancy; Bardin, Mainz.

Römische Bürgertugend

Rom wurde um 510 v. Chr. nach Vertreibung des siebenten Königs, Tarquinius Superbus, Republik. Der damals noch kleine Stadtstaat breitete sich in den nun folgenden drei Jahrhunderten unter vielerlei Rückschlägen über die italienische Halbinsel aus, bis er durch den Sieg über Carthago im Zweiten Punischen Krieg (218–201 v. Chr.) zur beherrschenden Macht im westlichen Mittelmeerbecken wurde. Diese Periode liegt, besonders in ihren Anfängen, noch weitgehend im geschichtlichen Dunkel, wird aber von der Überlieferung mit vielen Episoden ausgeschmückt, in denen die altrömischen Tugenden als Grund für den Aufstieg Roms herausgestellt werden. Mit Beginn der Renaissance erfreuten sich diese heroischen Sujets großer Beliebtheit und wurden in der Kunst immer häufiger dargestellt.

Brutus küsst die Erde als «Mater Communis»

L. Junius Brutus, der spätere Begründer der römischen Republik, stellte sich verrückt, nachdem sein Bruder mit anderen Adeligen vom tyrannischen und in Angst vor Verschwörungen lebenden König Tarquinius Superbus umgebracht worden war. Weil er als ungefährlich galt, durfte Brutus zwei Söhne des Königs zum Orakel von Delphi begleiten, die dort wegen eines schlimmen Vorzeichens Rat einholen sollten. Die Königssöhne fragten die Pythia aber auch noch, wer einmal die Herrschaft erhalten werde. Die Seherin antwortete: der, der zuerst seine Mutter küßt. Da ließ sich Brutus beim Hinausgehen hinfallen, als sei er ausgeglitten, und berührte die Erde, die gemeinsame Mutter aller Sterblichen, mit einem Kuß.

Quellen: Livius 1,56; Ovid, Fasti 2,710 ff.; Valerius Maximus 7,3,2. – Bild: Ricci, Universität Parma.

Die Schändung Lucretias und ihr Selbstmord

Lucretia war eine vornehme Römerin, Gattin des Collatinus, der beim Heer im Felde war. Als sie nachts allein in ihrem Gemach schlief, drang Sextus, Sohn des Königs Tarquinius Superbus, bei ihr ein und bedrohte sie mit dem Schwert; wenn sie sich ihm nicht hingebe, werde er, fügte er hinzu, auch einen Sklaven töten und ihn nackt neben ihre Leiche legen; so könne er sagen, er habe sie beim Ehebruch ertappt. Die Frau sah keinen Ausweg und ließ Sextus seinen Willen. Doch am nächsten Morgen schickte sie dringend nach ihrem Mann und ihrem Vater, die mit Junius Brutus, den sie unterwegs getroffen hatten, herbeieilten. Lucretia erzählte, was geschehen war, und ließ die Männer Rache schwören. Dann nahm sie einen Dolch und tötete sich. Brutus aber rief das Volk auf und vertrieb den König und seine Söhne. Das war der Anfang der römischen Republik; Brutus und Collatinus wurden die ersten Konsuln (509 v. Chr.). (Abb. S. 119)

Quellen: Livius 1,57–59; Ovid, Fasti 2, 725–852; Valerius Maximus 6,1,1; Gesta Romanorum 135. – Bilder: *Sextus Tarquinius bedroht Lucretia:* Sellaer, Bonn; Tizian, KHM Wien/Fitzwilliam; Tintoretto, Chicago; Palma Giovane, Kassel/Eremitage; Cignani, Braunschweig. *Lucretias Selbstmord:* Roberti, Gall. Estense; Filippino Lippi, Uffizien/Turin; Botticelli, Boston; Dürer, AP München; Bramantino, Philadelphia; Breu d. Ä., AP München; Cleve, KHM Wien; Cranach d. Ä., AP München; Lotto, Nat. Gall. London; Cambiaso, Prado; Veronese, KHM Wien; Tibaldi, Bologna; Spranger, Kopenhagen; Reni, Gall. Spada Rom; Rembrandt, Washington/Minneapolis; Flémal, Kassel; Giordano, Schleißheim.

Das Urteil des Brutus

Junius Brutus war, nachdem er den Sturz des tarquinischen Königshauses herbeigeführt hatte, einer der beiden ersten römischen Konsuln. Da wurde eine Verschwörung zur Wiederherstellung der Monarchie entdeckt, in die seine beiden Söhne verwickelt waren. Brutus verurteilte sie zum Tode und ließ sie enthaupten.

Quellen: Livius 2,4 f.; Plutarch 6 (Poplicola), 6; Valerius Maximus 5,8,1. – Bilder: Rembrandt, Utrecht; J.-L. David, Louvre.

Der Tod des Brutus im Kampf mit Arruns

Nach seiner Vertreibung aus Rom sammelte König Tarquinius Superbus ein Heer, um die von Brutus ausgerufene Republik wieder zu beseitigen. Die Römer zogen ihm entgegen. Der Konsul Brutus, der die Reiterei anführte, wurde von Arruns, dem zweiten Sohn des abgesetzten Königs, zu Pferde angegriffen. Der Zusammenprall der beiden Kämpfer war so heftig, daß sie sich gegenseitig mit ihren Lanzen durchbohrten.

Quelle: Livius 2,6; Plutarch 6 (Poplicola), 9. – Bild: Tiepolo, KHM Wien.

Horatius Cocles am Pons Sublicius

Als der Etruskerkönig Porsenna Rom angriff, verteidigte der junge Römer Horatius Cocles mit zwei Gefährten so lange den Zugang zur Tiberbrücke, bis diese hinter ihm zerstört war. Dann entließ er seine Mitkämpfer und focht allein weiter, bis sie in Sicherheit waren. Zuletzt sprang er in voller Rüstung in den Fluß, zu Vater Tiber um seine Rettung betend, und erreichte das andere Ufer.

Quellen: Livius 2,10; Plutarch 6 (Poplicola), 16; Polybius 6,54 f.; Valerius Maximus 3,2,1. – Bilder: Filarete, Bronzetür St. Peter Rom; Florentinischer Meister, Städel; Refinger, Nat. Mus. Stockholm; Tiepolo, Cleveland.

Mucius Scaevola vor König Porsenna

Bei einer Belagerung Roms durch den Etruskerkönig Lars Porsenna schlich sich der junge Mucius als Etrusker verkleidet ins feindliche Lager, um den gegnerischen König zu töten, tötete aber irrtümlich dessen prächtig gekleideten Sekretär. Als dann Mucius vor Porsenna stand, um abgeurteilt zu werden, hielt er seine rechte Hand in die Flammen eines Kohlenfeuers, um zu zeigen, wie wenig ihm sein Leben galt. Porsenna staunte und ließ ihm sein Schwert zurückgeben, das der Römer mit der linken Hand entgegennahm. Zum Dank offenbarte Mucius, daß außer ihm noch dreihundert andere junge Römer geschworen hätten, ihr Leben einzusetzen, um den feindlichen König zu töten. So kam es dann zu einem Waffenstillstand. Mucius hieß von nun an «Scaevola», der Linkshänder. (Abb. S. 126)

Quellen: Livius 2,12–13; Plutarch 6 (Poplicola), 17; Valerius Maximus 3,3,1. – Bilder: Filarete, Bronzetür St. Peter Rom; Florentinischer Meister, Städel; Mantegna, AP München; Grien, Dresden; Tintoretto, KHM Wien; Rubens und van Dyck, Budapest/Karlsruhe (Kopie); Lebrun, Louvre; Tiepolo, Eremitage/Universität Würzburg.

Die Flucht der Cloelia

Beim Friedensschluß der Römer mit dem Etruskerkönig Porsenna wurden je zehn vornehme junge Männer und Mädchen dem feindlichen König als Geiseln ausgeliefert. Unter ihnen war Cloelia, die aber floh und zu Pferde den Tiber überquerte, während ihre Gefährtinnen hinterherschwammen. Die Mädchen wurden zwar von den Römern an Porsenna zurückgegeben, dieser schenkte jedoch Cloelia ein Pferd und ließ sie mit einigen ihrer Gefährtinnen frei.

Quellen: Livius 2,13; Plutarch 6 (Poplicola), 19; Valerius Maximus 3,2,2. – Bilder: Filarete, Bronzetür St. Peter Rom; Feselen, AP München; Moeyaert, Eremitage; Stella, Louvre.

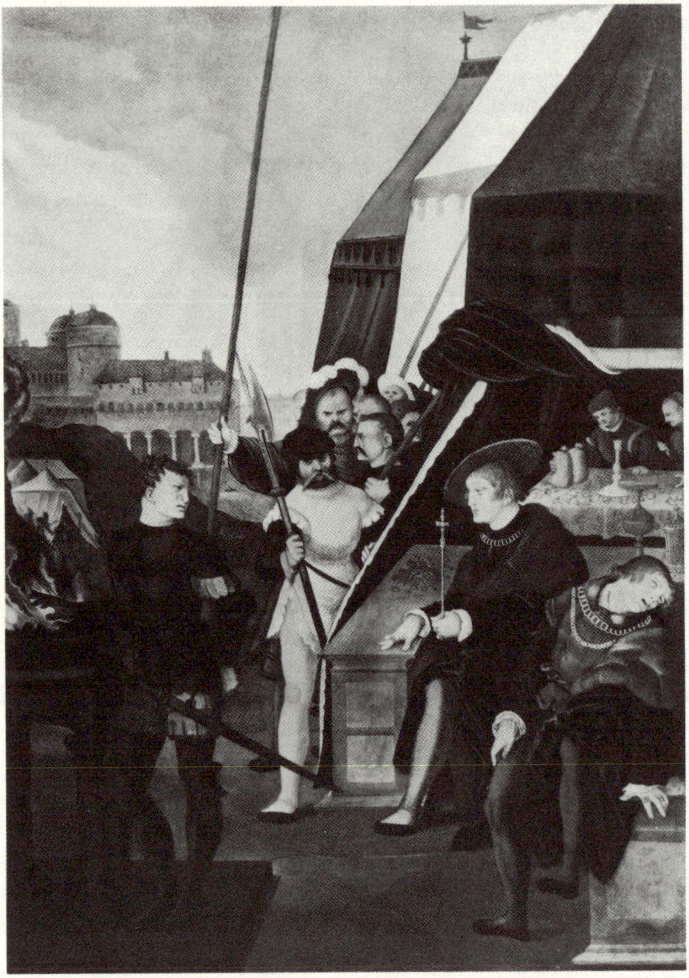

Mucius Scaevola
Gemälde von Hans Baldung Grien, Dresden

Der Tod der Virginia

Der einflußreiche Patrizier Appius Claudius wollte Virginia, die Tochter des im Felde stehenden Centurionen Virginius, verführen. Sie war verlobt und widerstand allen Schmeicheleien und Geschenken. Da stiftete Appius, damals einer der obersten Richter, den ihm ergebenen Marcus Claudius an, Virginia als Tochter einer Sklavin, die zu seinem, des Marcus, Haus gehört hatte, für sich zu beanspruchen. Erwartungsgemäß kam die Sache vor den Richterstuhl des Appius, der Virginia dem Marcus zusprach. Ihr Verlobter und ein Verwandter konnten gerade noch erreichen, daß das Mädchen nicht an Marcus ausgeliefert wurde, bevor sein Vater selbst sich hatte äußern können. Virginius wurde aus dem Felde herbeigeholt und erschien in Trauerkleidern mit seiner Tochter auf dem Forum. Appius wiederholte seinen Richterspruch, daß Virginia eine Sklavin sei und ihrem Eigentümer ausgeliefert werden müsse. Und schon stellten sich Bewaffnete, die Appius bereitgehalten hatte, zwischen das Mädchen und seinen Vater. Da lenkte Virginius scheinbar ein und bat, zu seiner inneren Beruhigung in Gegenwart seiner Tochter ihre Amme verhören zu dürfen, damit er Gewißheit über ihre Herkunft bekomme. Das wurde gewährt, und Virginius ging mit Tochter und Amme etwas abseits zu einer nahen Metzgerbude. Dort riß er dem Metzger das Messer aus der Hand und tötete damit Virginia. Dabei rief er aus: «Mit diesem letzten Mittel, Tochter, rette ich deine Freiheit!» Im Volk entstand daraufhin ein Tumult, und Appius, der einen Aufruhr fürchtete, wollte Virginius verhaften lassen. Doch dieser entkam und eilte zum Heer zurück, das voller Empörung über das Unrecht mit ihm gegen Rom marschierte. Appius wurde angeklagt und tötete sich im Gefängnis (um 450 v. Chr.).

QUELLEN: Livius 3,44 ff.; Valerius Maximus 6,1,2. – BILDER: Filippino Lippi, Louvre; Botticelli, Bergamo; Schöpfer, AP München; Füger, Stuttgart.

Coriolan und die Frauen

Der Heerführer Gnaeus Marcius Coriolanus war aus Rom verbannt worden und hatte sich zum feindlichen Nachbarvolk der Volsker geflüchtet, deren Heer er gegen seine Vaterstadt führte. Seine Gattin mit zwei Söhnchen und seine Mutter gingen ihm entgegen und baten ihn, vom Angriff abzulassen. Coriolan hörte auf sie und soll nach seiner Rückkehr zu den Volskern von diesen als Verräter hingerichtet worden sein. Bei Livius heißen die Frau und die Mutter Volumnia und Veturia, bei Plutarch werden sie Vergilia und Volumnia genannt.

QUELLEN: Livius 2,40; Plutarch 12 (Gnaeus Marcius) 33–36; Gesta Romanorum 137. – BILDER: Michele da Verona, Nat. Gall. London; Genga, Nat. Gall. London; Guercino, Caen; Tiepolo, Eremitage.

Cincinnatus vom Pflug weg zum Diktator berufen

In der Zeit der frühen Republik war Lucius Quinctius Cincinnatus schon Konsul gewesen, hatte sich aber dann in ein einfaches Leben auf seinen Hof am Tiber zurückgezogen. Als Rom in einem Krieg in Bedrängnis geriet, wurde er zum Diktator gewählt. Die Abordnung, die ihm die Wahl mitteilte, traf ihn mit Ochsen beim Pflügen. Nur zwei Wochen brauchte Cincinnatus, um die Feinde zurückzuwerfen. Dann kehrte er wieder auf sein Landgut zurück.

QUELLE: Livius 3,26. – BILDER: Ricci, Univ. Parma/Pal. Marucelli Florenz; Tiepolo, Eremitage.

Der Schulmeister von Falerii

Die Römer belagerten unter Konsul Camillus (Anfang des 4. Jahrhunderts) die etruskische Stadt Falerii. Als gerade nicht gekämpft wurde, führte der Schulmeister der Stadt die ihm anvertrauten Knaben zu einem Spaziergang aufs Land und brachte sie verräterisch ins römische Lager, wo er sie Camillus als Geiseln anbot. Doch der Römer lehnte das Angebot ab, ließ den Lehrer von seinen Schülern mit Stöcken auspeitschen und schickte ihn mit den Kindern in die Stadt zurück. Die Bürger von Falerii ergaben sich nach diesem Beweis römischer Großmut.

Quellen: Livius 5,27; Plutarch 8 (Camillus) 10; Valerius Maximus 6,5,1. – Bilder: Breenbergh, Kassel; Poussin, Louvre.

Brennus wirft sein Schwert in die Waagschale

Der Gallierkönig Brennus besiegte die Römer und besetzte (ca. 390 v. Chr.) sogar die Stadt Rom. Nur das Kapitol konnte er nicht einnehmen. Schließlich war er bereit, gegen einen hohen Tribut abzuziehen. Beim Abwiegen des Goldes beschwerten sich die Römer, daß die Gallier falsche Gewichte gebrauchten. Da warf Brennus auch noch sein Schwert in die Waagschale und rief: «Vae victis!» – «Wehe den Besiegten!» Doch bevor der Tribut ausgehändigt wurde, kam ein römisches Ersatzheer unter Konsul Camillus und schlug die Gallier in die Flucht, so daß Camillus erklären konnte, die Römer pflegten ihre Stadt mit Eisen zu befreien, nicht mit Gold.

Quellen: Livius 5,48 f.; Plutarch 8 (Camillus), 28 f. – Bild: Ricci, Musée Fesch Ajaccio/Detroit.

Manlius Torquatus lässt seinen Sohn enthaupten

Manlius Torquatus befehligte als römischer Konsul in der Zeit des latinischen Aufstands (ca. 340 v. Chr.) ein Heer und hatte angeordnet, daß vor der Schlacht keine Zweikämpfe stattfinden sollten. Doch sein eigener Sohn verstieß dagegen und legte dem Vater die Waffen des erschlagenen Gegners mit der Entschuldigung zu Füßen, er sei herausgefordert worden. Torquatus ließ ihn wegen Ungehorsams im Felde hinrichten.

Quellen: Livius 8,7; Valerius Maximus 5,8,3. – Bilder: Rembrandt, Utrecht; Bol, Rijksmus.

Der Opfertod des Marcus Curtius

Der junge Marcus Curtius opferte sein Leben, als sich auf dem Forum Romanum plötzlich eine schreckliche Erdspalte auftat und die Seher weissagten, sie könnte nur durch «Roms größten Schatz» geschlossen werden. Marcus gab die Auslegung, damit sei Roms Jugend gemeint, und sprang hoch zu Pferde und in voller Rüstung in den Abgrund, der sich über ihm schloß.*

QUELLEN: Livius 7,6; Valerius Maximus 5,6,2. – BILDER: Altdorfer, Braunschweig; Refinger, AP München; Bacchiacca, Nat. Gall. London; Veronese, KHM Wien; Maulbertsch, Nürnberg.

Der Opfertod des Decius Mus

Vor einer Schlacht (um 340 v. Chr.) soll sich der Konsul Publius Decius Mus in einem feierlichen Ritual den unterirdischen Gottheiten geweiht haben, da ihm ein Traumgesicht offenbart hatte, jenes Heer werde siegen, dessen Anführer einen solchen Weiheakt vollzogen habe. Nach dem Gebet schickte Decius die Liktoren weg, die einen Konsul stets mit ihren Rutenbündeln begleiteten, und stürzte sich allein auf die Feinde. Er kam zu Tode, aber die Römer siegten. Decius wurde mit großen Ehren bestattet und vom römischen Volk betrauert.

QUELLEN: Livius 8,9f.; Valerius Maximus 1,7,3 und 5,6,5. – BILD: Rubens, Vaduz.

Curius Dentatus weist die Geschenke der Samniten zurück

Obwohl er dreimal Konsul war, führte Curius Dentatus ein einfaches Leben. Als einmal Gesandte der Samniten, eines Nachbarvolkes, mit dem die Römer immer wieder zu kämpfen hatten (um 300 v. Chr.), zu ihm auf seinen Hof kamen und ihn mit Gold bestechen wollten, war er gerade dabei, Rüben zu kochen. Er lehnte das Ansinnen ab mit den Worten, es sei ehrenvoller, Gold zu erobern als zu besitzen. Später besiegte er die Samniten als Konsul.

QUELLEN: Plutarch 18 (Cato Maior), 2; Valerius Maximus 4,3,5. – BILDER: Schiavone, KHM Wien; Flinck, Kgl. Palais Amsterdam; Ricci, Pal. Marucelli Florenz; Januarius Zick, Nürnberg.

Fabricius Luscinus und der Elefant des Pyrrhus

König Pyrrhus von Epirus, ein gefährlicher Feind der Römer in der ersten Hälfte des 3. Jahrhunderts v. Chr., versuchte vergeblich, Gaius Fabricius, der als Führer einer römischen Gesandtschaft zu ihm gekommen war, zu bestechen. Bei dieser Gelegenheit wollte Pyrrhus den Römer, der noch nie einen Elefanten gesehen hatte, erschrecken, indem er plötzlich einen Vorhang weg-

* Die «Loch des Marcus Curtius» genannte Stelle war noch in der Kaiserzeit bekannt. Ihre Benennung wird aber auch anders erklärt: Im Krieg mit den Sabinern zur Zeit des Romulus standen sich die Heere am Forum unschlüssig gegenüber, da der Platz durch Regengüsse völlig aufgeweicht war. Da sprengte ein eitler Römer, der sich auszeichnen wollte, zu Pferd auf die Feinde los, das Tier versank aber alsbald im Sumpf, und der Held konnte sich selbst nur noch mit Mühe zu Fuß zurück zu seiner Truppe retten (Plutarch 2 (Romulus), 18).

zog, hinter dem ein Elefant stand. Obwohl das Tier schaurig trompetete und seinen Rüssel über Fabricius schwenkte, blieb dieser unerschütterlich auf seinem Platz stehen und sagte: «Wie mich gestern dein Geld nicht beeindruckt hat, so kann mich jetzt dieses Tier nicht erschrecken.»

QUELLEN: Plutarch 21 (Pyrrhus), 21; Valerius Maximus 2,7,15 und 4,3,6. – BILDER: *Fabricius Luscinus weist die Schätze des Pyrrhus zurück:* Langetti, Rimini. *Fabricius Luscinus und der Elefant:* F. Bol, Kgl. Palais Amsterdam.

Die Rückkehr des Regulus nach Carthago

M. Atilius Regulus (Konsul 267 v. Chr.) landete im Jahre 255 v. Chr., während des ersten Punischen Krieges, mit einem Heer in Afrika, wurde aber geschlagen und gefangengenommen. Nach einer späten, vermutlich legendären Überlieferung schickten die Carthager den Gefangenen zu Verhandlungen nach Rom, wobei sich Regulus eidlich zur Rückkehr verpflichtete, sollten dort die Vorschläge nicht angenommen werden. Im Senat sprach er sich dann gegen jede Übereinkunft aus, die auch nicht zustande kam. Getreu seinem Eid kehrte Regulus aber nach Carthago zurück, wo man ihn aus Wut über den Fehlschlag marterte und tötete.

QUELLEN: Cicero, de officiis 3,99 f.; Livius, Periocha Liber XVIII; Valerius Maximus 1,1,14; 9,2,6, ext. 1. – BILDER: Lépicié, Carcassonne; Pajou, Louvre.

Fabius Maximus im Rat von Carthago seine Toga schüttelnd

Dem zweiten punischen Krieg (218–201 v. Chr.) ging ein Streit über die Auslegung verschiedener Verträge voraus. Schließlich schickten die Römer eine Gesandtschaft unter Führung des Fabius Maximus nach Carthago mit der ultimativen Forderung, den römischen Standpunkt anzuerkennen. Als man aber dort im Rat wieder anfing, über die Rechtslage zu argumentieren, machte Fabius mit seiner Toga einen Bausch und sagte: «Hier bringen wir euch Krieg und Frieden. Nehmt, was ihr wollt!» Daraufhin schrien die Carthager trotzig, er solle geben, was er wolle. Der Römer schüttelte seine Toga aus und erklärte, er gebe ihnen den Krieg.

QUELLE: Livius 21,18. – BILD: Tiepolo, Eremitage.

Fabius befiehlt seinem Vater, vom Pferd zu steigen

Fabius Maximus (um 280–203 v. Chr.), wegen seiner erfolgreichen Hinhaltetaktik gegen Hannibal als Cunctator (Zauderer) berühmt geworden, kam zu Besuch ins Lager seines gleichnamigen Sohnes, der gerade Konsul geworden war. Der Sohn zog dem Vater entgegen, voran die zwölf Liktoren, welche die Rutenbündel mit Beil, das Symbol der Amtsgewalt, trugen. Entgegen der Sitte blieb der alte Vater jedoch auf seinem Pferd sitzen und ritt an den ersten elf

Liktoren vorbei. Als er zum zwölften kam, befahl ihm der Sohn, sofort abzusteigen. Der Vater gehorchte und sagte: «Ich wollte erproben, Sohn, ob du wirklich weißt, daß du Konsul bist.»

QUELLEN: Livius 24,44; Valerius Maximus 2,2,4. – BILD: Lievens, Kgl. Palais Amsterdam.

Hannibal

Hannibal wurde 246 v. Chr. als Sohn des karthagischen Oberfeldherrn Hamilkar Barkas geboren, des wichtigsten Gegners der Römer im ersten punischen Krieg (264–241 v. Chr.). Im zweiten punischen Krieg (218–201 v. Chr.) wurde Hannibal zur tödlichen Bedrohung Roms, da er den Krieg nach Italien selbst trug und dort die Römer mehrfach vernichtend schlug («Hannibal ante Portas!» – «Hannibal vor den Toren!»). Nach dem für seine Vaterstadt unglücklichen Ausgang des Krieges floh Hannibal nacheinander zu verschiedenen Königen Kleinasiens, bis er, auch hier von Rom verfolgt, Gift nahm, um der Auslieferung an seine alten Feinde zu entgehen (182 v. Chr.).

DER SCHWUR DES KNABEN HANNIBAL

Hannibal war neun Jahre alt, als er von seinem Vater Hamilkar, der aufbrach, um Spanien zu unterwerfen, die Erlaubnis erschmeichelte, mitgehen zu dürfen. Der Vater, der gerade für ein gutes Gelingen des Unternehmens opferte, ließ den Sohn das Opfer berühren und dabei schwören, niemals ein Freund der Römer zu werden.

QUELLEN: Livius 21,1; Polybius 3,11; Valerius Maximus 9,3, ext. 3. – BILDER: Schönfeld, Nürnberg/Vaduz; Pittoni, KHM Wien/Brera; West, Hampton Court.

DIE SCHLACHT BEI CANNAE

Zu Beginn des zweiten punischen Krieges beschloß Hannibal, die Römer von Spanien aus auf dem Landweg anzugreifen. Er zog mit seinem Heer, zu dem auch Kriegselefanten gehörten, über die Pyrenäen und die Alpen nach Italien. Nach mehreren kleineren Niederlagen stellten sich die Römer 216 v. Chr. mit einem Heer von 80 000 Mann bei Cannae (nahe der Mündung des Ofanto in Apulien) zum Kampf. Sie wurden durch die überlegene Kriegskunst Hannibals von dessen zahlenmäßig viel schwächerem Heer eingekreist und fast völlig vernichtet.

QUELLEN: Livius 22,45–50; Polybius 3,113–117. – BILD: Burgkmair, AP München.

Hasdrubals Kopf

Während Hannibal Unteritalien in seiner Gewalt hielt, mußten die Römer in den Jahren nach der Niederlage von Cannae ihm gegenüber zu einer Hinhaltetaktik Zuflucht nehmen. Es gelang ihnen aber in dieser Zeit, die Karthager aus Spanien zu vertreiben. Hannibals Bruder Hasdrubal zog von dort mit einem karthagischen Heer über die Alpen nach Italien, um durch die Vereinigung mit Hannibal eine Entscheidung möglich zu machen. Er wurde aber geschlagen und fiel selbst im Kampf (207 v. Chr.). Die Römer hieben der Leiche Hasdrubals den Kopf ab und warfen ihn den Wachtposten von Hannibals Lager zu. So erfuhr Hannibal, daß die Hoffnung auf Hilfe durch seinen Bruder dahin war. Tief getroffen von diesem Schlag gegen seine Vaterstadt und seine eigene Familie, soll er gesagt haben, hieran erkenne er das künftige Schicksal Karthagos.

Quelle: Livius 27,51. – Bild: Tiepolo, KHM Wien.

Die Scipionen

Die Scipionen bildeten eines der großen Adelsgeschlechter Roms und zeichneten sich besonders in den Kriegen gegen Karthago aus: Scipio d. Ältere (ca. 235–183 v. Chr.) beendete den zweiten punischen Krieg durch seinen Sieg bei Zama (202 v. Chr.) und wurde dafür mit dem offiziellen Beinamen «Africanus» gewürdigt. Die gleiche Ehre erhielt der jüngere Scipio (185–129 v. Chr.), Adoptivenkel des älteren, nachdem er im dritten punischen Krieg 146 v. Chr. Karthago endgültig zerstört hatte. Scipio d. Ä. war in Renaissance und Barock durch Petrarcas Dichtung «Africa» berühmt, in der Roms Kampf gegen Karthago verherrlicht wurde.

Die Enthaltsamkeit Scipios

Während des zweiten punischen Krieges eroberte Scipio Africanus (der Ältere) die spanische Stadt Neu-Karthago (209 v. Chr.). Unter der Beute war ein schönes Mädchen, das dem Feldherrn zugesprochen wurde. Als aber Scipio hörte, daß es verlobt war, ließ er ihren Bräutigam Allucius kommen und gab ihm die Braut zurück. Das von deren Verwandten mitgebrachte Lösegeld schenkte er dem Allucius als Mitgift.

Quellen: Livius 26,50; Polybius 10,17,19; Petrarca, Africa 4, 375–388. – Bilder: Peruzzi, Prado; Beccafumi, Pal. Municipale Siena/Lucca; Abbate, Louvre; Dyck, Christ Church Oxford; Frans II. Francken, WRM Köln; Poussin, Puschkin Mus. Moskau; Cortona, Pal. Pitti; Wet, Karlsruhe; S. de Vos, Eremitage; Victors, Eremitage; Heiss, Braunschweig; Ricci, Pal. Marucelli Florenz; Conca, WRM Köln; Pittoni, AP München/Louvre; Batoni, Eremitage; Reynolds, Eremitage.

Der Tod der Sophonisbe

Sophonisbe war die Tochter eines karthagischen Feldherrn namens Hasdrubal (nicht Hannibals Bruder) und wurde im zweiten punischen Krieg von ihrem Vater mit dem Numidier (= Berber-)fürsten Syphax verheiratet, um diesen den Römern abspenstig zu machen. Als Syphax von Masinissa, einem anderen Berberfürsten, der mit den Römern verbündet war, gefangen genommen wurde, verliebte sich Masinissa in Sophonisbe und heiratete sie. Doch der römische Befehlshaber Scipio forderte ihre Auslieferung, da er fürchtete, sie könnte auch ihren neuen Mann den Römern entfremden. Masinissa wagte keinen offenen Widerstand gegen Scipios Befehl, sandte aber einen Giftbecher an seine Frau, den sie trank.

Quelle: Livius 30,15. – Bilder: Mantegna, Nat. Gall. London; Knüpfer, Leipzig; Vouet, Sanssouci; Rembrandt, Prado; Cortona, Pal. Pitti; Eeckhout, Braunschweig; Pellegrini, Schleißheim.

Die Schlacht bei Zama

Von Sizilien aus hatte Scipio den Krieg nach Afrika getragen, um dort Karthago selbst anzugreifen. Zum letzten Mal stellte sich Hannibal bei Zama den Römern entgegen (202 v. Chr.), wurde aber trotz seiner Elefanten geschlagen, da die Römer durch das Bündnis mit dem Berberfürsten Masinissa über die stärkere Reiterei verfügten. Karthago mußte einen demütigenden Frieden schließen.

Quellen: Livius 29,30; Polybius 14 und 15. – Bild: Breu d. Ä., AP München.

Scipios Traum

Scipio Africanus der Jüngere, durch Adoption Enkel des älteren Scipio, war der Besieger Karthagos im dritten punischen Krieg (150–146 v. Chr.). Cicero (106–43 v. Chr.) läßt ihn in seinem in Dialogform geschriebenen Werk «De re publica» als Diskussionsteilnehmer auftreten. Im 6. Band erzählt Scipio, wie ihm sein Großvater in einem Traum erschien und ihn über das rechte Leben als Mischung aus Aktivität und Kontemplation, ohne jede Verfallenheit an die Sinnesfreuden, belehrte. Die Renaissance interpretierte den Traum mehr in Richtung auf das Ideal der universalen Persönlichkeit, die mit sich und der Welt in Harmonie lebt. Die Kunst zeigt deshalb neben Frau Philosophie, die dem schlafenden Krieger Schwert und Buch (aktives und kontemplatives Leben) reicht, noch eine andere Frau, die ihm einen Myrtenstrauß (Attribut der Venus) anbietet.

Quellen: Cicero, De re publica, 6. Buch; Silius Italicus, Punica 15,10 ff. – Bild: Raffael, Nat. Gall. London («Traum des Ritters»).

Die Gracchen

Der hochherzige Tiberius Sempronius Gracchus (162–133 v. Chr.) wollte als Volkstribun eine Aufteilung des Großgrundbesitzes zugunsten der besitzlosen Bauern ins Werk setzen. Als er dabei gegen die Verfassung verstieß, wurde er von seinen Opponenten erschlagen. Sein Bruder Gaius versuchte die Reformen weiterzuführen. Darüber kam es zu einem Aufruhr, bei dem sich Gaius, als seine Gegner ihn ergreifen wollten, von einem Sklaven töten ließ.

Cornelia, Mutter der Gracchen

Cornelia war die Tochter des Scipio Africanus des Älteren (siehe S. 132). Als sie einmal von einer römischen Dame besucht wurde, die ihre Juwelen ostentativ zur Schau trug und dann den Schmuck ihrer Gastgeberin sehen wollte, wies Cornelia auf ihre zwei kleinen Söhne Tiberius und Gaius Gracchus mit den Worten: «Das sind meine Juwelen!»

Quelle: Valerius Maximus 4,4. – Bilder: Loth, Pommersfelden; Zick, Nürnberg.

Tiberius Gracchus und das Schlangenpaar

Tiberius Gracchus, der Vater der beiden berühmten Volkstribunen Tiberius und Gaius Gracchus, war mit Cornelia, der Tochter des älteren Scipio Africanus, verheiratet. Einmal fing er im ehelichen Bett ein Schlangenpaar. Die Seher, die er wegen dieses Zeichens befragte, sagten ihm, er dürfe weder beide Schlangen töten noch beide freilassen, sondern müsse sich für den Tod einer von beiden entscheiden: der des Männchens bedeute seinen eigenen Tod, der des Weibchens den Tod seiner Gattin. Da Tiberius Cornelia liebte und sie viel jünger war als er, tötete er das Männchen. Bald darauf starb er.

Quellen: Plutarch 39 (Tiberius Gracchus), 1; Valerius Maximus 4,6,1. – Bild: Signorelli (Werkstatt), Budapest.

Marius

Marius war ein römischer Politiker und Feldherr (ca. 155–86 v. Chr.), der in Afrika gegen die Numider (Berber), in Gallien und Oberitalien gegen Teutonen und Cimbern sowie in Asien erfolgreich kämpfte. Er war in den grausamen Bürgerkriegen der 80er Jahre Exponent der Volkspartei und Gegner Sullas, des Hauptes der Aristokratenpartei.

Jugurtha im Triumphzug des Marius

In den Kriegen gegen Karthago war der Berberfürst Masinissa ein wichtiger Verbündeter der Römer gewesen (siehe S. 133) und hatte dafür das Königreich Numidien erhalten, welches weite Gebiete in Nordafrika umfaßte. Sein Enkel Jugurtha (ca. 160–104 v. Chr.) zeigte sich gegenüber Rom zu unabhängig, konnte sich aber durch Bestechung römischer Feldherren und Gesandter lange behaupten. Schließlich brachte ihn der Konsul Marius durch Verrat in seine Hände und führte ihn in seinem Triumphzug dem Volk Roms vor. Danach wurde Jugurtha erdrosselt.

Quelle: Plutarch 22 (Marius), 12. – Bild: Sustris, AP München.

Die Niederlage der Cimbern

Als «Vorboten der Völkerwanderung» erschienen am Ende des 2. Jh. v. Chr. germanische Stämme im nördlichen Gallien und besiegten mehrere römische Heere, welche die dortige Provinz schützen sollten. Aber Marius vernichtete die Teutonen bei Aquae Sextae (in der Provence) und ein Jahr später (101 v. Chr.) die Cimbern unter ihrem König Boiorix, die die Alpen überschritten hatten, bei Vercellae (zwischen Mailand und Turin). Die Frauen der Germanen, die von der Wagenburg aus ihre Männer in der Schlacht angefeuert hatten, gaben sich dann selber den Tod.

Quelle: Plutarch 22 (Marius), 25–27. – Bild: Decamps, Louvre.

Marius im Gefängnis von Minturnae

Im Bürgerkrieg des Jahres 88 v. Chr. wurde Marius von seinem Rivalen Sulla geächtet und nach einer abenteuerlichen Flucht mit seinem Sohn gefangen. Als er von einem kriegsgefangenen Sklaven getötet werden sollte, wich dieser vor dem Blick des Cimbernbesiegers zurück, und Marius konnte weiter nach Nordafrika fliehen. Sein Schicksal wendete sich wieder, aber er starb zwei Jahre später, als er zum 7. Mal Konsul geworden war.

Quelle: Plutarch 22 (Marius), 39. – Bild: Drouais, Louvre.

Die Heimkehr des Marcus Sextus

Marcus Sextus, ein Anhänger des Marius, war durch die Tyrannei Sullas aus Rom vertrieben worden. Als er schließlich heimkehren konnte, war seine Gattin gerade an den Entbehrungen und am Kummer über die Abwesenheit ihres Mannes gestorben.

Bild: Guérin, Louvre.

Caesar

Gaius Julius Caesar (100–44 v. Chr.) entstammte der alten römischen Adelsfamilie der Julier, die ihren Ursprung auf Julus Ascanius, den Sohn des Trojaners Aeneas, zurückführte. Caesar schloß im Jahre 60 mit dem durch seine Feldzüge im Osten des Reiches berühmten Heerführer und Politiker Pompeius ein Bündnis, das durch die Hinzunahme des Crassus das erste «Triumvirat» genannt wurde. Von 58–50 eroberte Caesar Gallien und machte es zur römischen Provinz. Nach einem Streit mit der Senatspartei begann er 49 den Bürgerkrieg gegen Pompeius, den er 48 bei Pharsalus besiegte. Er besetzte Ägypten, wo die dortige Königin Cleopatra seine Geliebte wurde. Im Jahre 45 ließ er sich zum Diktator auf Lebenszeit ernennen, wurde aber schon am 15. März («Iden des März») 44 ermordet.

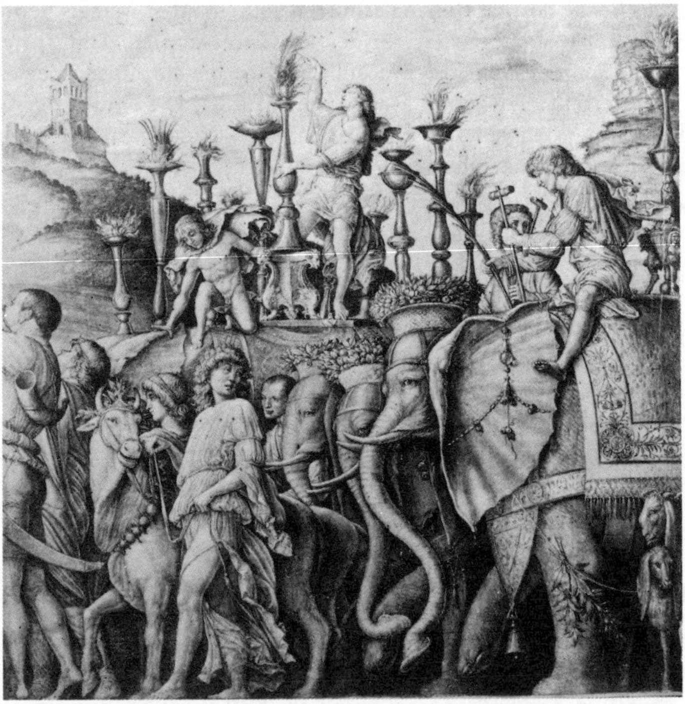

Der Triumphzug Julius Caesars
Teilstück aus einem Gemälde von Andrea Mantegna, Hampton Court
Ein römischer Triumphzug ist geschildert in Gesta Romanorum 152.

Die Belagerung von Alesia

In den Jahren 58 bis 50 v. Chr. eroberte Caesar ganz Gallien und machte daraus eine römische Provinz. Im Jahre 52 brach unter Führung des Vercingetorix ein gefährlicher Aufstand aus. Nur mit Mühe konnte Caesar die Gallier schlagen, die sich in die feste und als uneinnehmbar geltende Stadt Alesia retteten. Während ihrer Belagerung rückte ein gallisches Ersatzheer heran, so daß Caesar einen doppelten Befestigungsring errichten mußte, einen gegen die Stadt und einen anderen nach außen. Das Ersatzheer wurde geschlagen, wonach sich auch die Stadt ergab. Vercingetorix lieferte sich Caesar aus, der ihn bei seinem Triumphzug in Rom mitführte und dann hinrichten ließ.

Quellen: Caesar, De bello Gallico 7; Plutarch 34 (Caesar), 25–27. – Bilder: *Belagerung von Alesia:* Feselen, AP München. *Caesars Triumphzug:* Mantegna, Hampton Court.

Caesar am Rubikon

Nach Abschluß der Eroberung Galliens forderte der römische Senat, der vor dem mächtig gewordenen Feldherrn Angst bekommen hatte, von Caesar die Rückgabe seines Amtes als Provinzstatthalter. Da damit auch der Verlust des Kommandos über das dazugehörige Heer verbunden war, wollte Caesar nicht einwilligen, bevor er nicht durch ein neues Amt seine bisherige Machtstellung im Reich gesichert hatte. Als die Verhandlungen darüber ergebnislos blieben, überschritt Caesar eigenmächtig mit seinen Truppen den Fluß Rubikon, der die Grenze seines Amtsbereichs bildete. Dieses Vorgehen war ungesetzlich und bedeutete die Eröffnung des Bürgerkrieges, in dem Pompeius, ein früherer politischer Verbündeter Caesars, die gegnerischen Truppen anführte. Beim Übergang über den Rubikon soll Caesar ausgerufen haben: «Alea iacta est!» – «Der Würfel ist gefallen!»

Quellen: Sueton 31,2; Plutarch, 32 (Pompeius), 60,2. – Bild: Teppich, Hist. Mus. Bern.

Caesar und das Haupt des Pompeius

Als Caesar im Bürgerkrieg die Oberhand gewonnen hatte und in Ägypten landete, wohin sich sein Rivale Pompeius geflüchtet hatte (48 v. Chr.), wurde ihm der Kopf des Pompeius und später auch dessen Siegel entgegengebracht. Caesar wandte sich mit Abscheu ab und betrauerte den ehemaligen Freund und Verbündeten.

Quellen: Plutarch 44 (Caesar), 48 und 32 (Pompeius), 80. – Bilder: Palma Vecchio, Cobham Hall Surrey; Langetti, Castello Sforza Mailand.

Caesar und Cleopatra

Nach seiner Ankunft in Ägypten machte sich Caesar die Thronstreitigkeiten unter der dort herrschenden (griechischen) Dynastie der Ptolemäer zunutze.

Cleopatra, die Schwester des Königs und – nach Sitte der Pharaonen – zugleich dessen Gemahlin, war von ihrem Bruder vertrieben worden.
Sie ließ sich, damals 21 Jahre alt, in einem Sack versteckt zu Caesar in den Palast schmuggeln, der von ihrer Persönlichkeit fasziniert wurde, sich in sie verliebte und sie zur Königin Ägyptens machte. Sie gebar ihm einen Sohn, Caesarion.

QUELLE: Plutarch 44 (Caesar), 49. – BILD: *Caesar setzt Cleopatra wieder auf ihren Thron:* Cortona, Lyon.

Catos Selbstmord

Cato der Jüngere (95–46 v. Chr.), war in der Nachfolge seines Vorfahren, des berühmten Censors, ein römischer Staatsmann von strengen republikanischen Prinzipien. Er stand im Bürgerkrieg zwischen Caesar und Pompeius auf seiten der Republik. Als er erfuhr, daß der Krieg verloren war, zog er sich in sein Schlafzimmer zurück, um Platons Buch «Phaidon» zu lesen. Als später in der Nacht alles schlief, stürzte er sich in sein Schwert.

QUELLE: Plutarch 36 (Cato Minor), 68–70. – BILDER: Guercino, Pal. Rosso Genua; Lebrun, Louvre; Loth, Kopenhagen.

Caesars Ermordung

An den «Iden des März» (= 15. März) des Jahres 44 v. Chr. fiel Caesar einer Verschwörung zum Opfer, welche die Republik wiederherstellen wollte. Einer der Anführer war Brutus, ein Mann, den Caesar in seinen engeren Freundeskreis aufgenommen hatte, der aber als Nachfahre jenes Brutus, der die römische Republik begründet hatte (siehe S. 123 ff.), von den Idealen römischer Bürgertugend erfüllt war. Trotz vieler Warnungen ging Caesar an jenem Tage in den Senat. Als er dort zu Füßen einer Statue des Pompeius stand, drängte sich Cimber, einer der Verschwörer, mit einer Bittschrift an ihn heran, wurde immer zudringlicher und zog schließlich Caesar das Gewand vom Hals. Das war das Zeichen für den Angriff. Casca, ein anderer Verschwörer, stieß als erster zu und Caesar brach unter vielen Stichen zusammen. Im Fallen sah er Brutus unter den Angreifern und rief noch aus: «Auch du, mein Sohn Brutus!»

QUELLEN: Plutarch 34 (Caesar), 66; Ovid, Metamorphosen 15,760 ff.; Sueton, Caesar 82. – BILDER: Piloty, Braunschweig; Klinger, Leipzig.

Das Blutbad der Triumvirn und die Rache der Fulvia

Nach Caesars Ermordung schlossen sich drei Männer zusammen, denen es schließlich 43 v. Chr. gelang, als «Triumvirn» sogar gesetzgeberische Gewalt zu erlangen: Marcus Antonius, ein General Caesars, Octavian, ein Enkel von Caesars Schwester, den der ohne legitimen Sohn gebliebene Caesar in seinem

Testament adoptiert hatte, und ein gewisser Lepidus, der aber bald keine Rolle mehr spielte.
Die Triumvirn nahmen blutige Rache an Caesars Mördern und an allen, die ihnen im Wege standen. Dies geschah mit Hilfe sog. Proskriptionen, Namenslisten, in denen im ganzen etwa 300 Senatoren und 2000 Ritter zur Tötung freigegeben wurden.
Unter ihnen war auch der große Redner und Politiker Cicero, der schon ein Gegner Caesars, dann aber vor allem Marc Antons gewesen war. Sein Kopf und die rechte Hand, mit der er seine Reden gegen die Zerstörer der Republik geschrieben hatte, wurden auf dem Forum Romanum öffentlich zur Schau gestellt. Fulvia, die Gattin des Marcus Antonius, durchstach die Zunge des verhaßten Gegners mit einer Nadel.

QUELLEN: Appian, Bürgerkriege 4,7,26 ff.; Dio Cassius 47,8. – BILDER: *Das Blutbad der Triumvirn:* Caron, Beauvais. *Die Rache der Fulvia:* Bambini, Kassel.

Der Selbstmord der Porcia

Als sich der Caesarmörder Brutus nach der verlorenen Schlacht von Philippi (42 v. Chr.) den Tod gegeben hatte, wollte seine Gattin Porcia ebenfalls sterben. Doch ihre Freunde überwachten sie. Da nahm Porcia glühende Kohlen aus dem Feuerbecken, verschluckte sie und hielt sich den Mund fest zu, bis sie tot war.

QUELLEN: Plutarch 46 (Brutus), 69 ff.; Valerius Maximus 4,6,5. – BILD: Lépicié, Lille.

Die Rettung der Arsinoë

Über Arsinoë, eine Schwester der berühmten Cleopatra, ist außer der Tatsache ihrer Flucht aus der Königsburg von Alexandria in den Wirren des Bürgerkriegs zwischen Caesar und Pompeius nichts bekannt. Während bei Lucan von einem Eunuchen als Fluchthelfer die Rede ist, war es nach einer französischen Bearbeitung des Motivs ein alexandrinischer Ritter namens Ganymed, der Arsinoë gegen das Versprechen, seine Gattin zu werden, aus einem Gefängnisturm am Meer befreite. Der Retter warf einen Bindfaden zum Fenster hinauf, an dem dann eine Strickleiter nachgezogen werden konnte. Die Prinzessin und ihre Dienerin mußten sich entkleiden, um durch das enge Fenster zu kommen, und wurden deshalb nackt von dem gepanzerten Ritter in sein Boot aufgenommen.

QUELLEN: Caesar, Bellum Civile 3,112,10 f.; Lucan, Pharsalia. – BILD: Tintoretto, Dresden.

Cleopatra

Cleopatra (68–30 v. Chr.) aus der (griechischen) Dynastie der Ptolemäer war die letzte Königin Ägyptens, bevor es römische Provinz wurde. Sie war erst die Geliebte Caesars, als dieser nach seinem Sieg im Bürgerkrieg gegen Pompeius dort landete (48 v. Chr.). Später verband sie sich mit Marcus Antonius, der nach Caesars Tod Herr über die östliche Hälfte des römischen Reiches geworden war.

Cleopatras Landung in Tarsus

Nach dem Sieg über die Caesarmörder bei Philippi (42 v. Chr.) teilten sich Marcus Antonius und Octavian die Regierung des Reiches: der eine nahm den Osten, der andere den Westen. Ägyptens Königin Cleopatra, die schon Caesars Geliebte gewesen war, reiste Marcus Antonius in die kilikische Stadt Tarsus entgegen und begrüßte ihn dort als Aphrodite, was sich Antonius gerne gefallen ließ (Winter 41/40 v. Chr.).

Quelle: Plutarch 44 (Antonius), 25 f. – Bild: Lorrain, Louvre.

Das Gastmahl der Cleopatra

Bei einem Gastmahl, das Cleopatra dem Antonius und seinem Gefährten Enobarbus, dem «Rotbärtigen», gab, soll Antonius den beispiellosen Luxus der Königin bewundert haben. Um zu zeigen, daß ihr an Reichtum nichts liege, löste die Königin eine überaus wertvolle Perle aus ihrem Ohrgehänge in einem Becher Wein auf, den sie dann austrank.*

Quelle: Plinius, Nat. Hist. 35. – Bilder: Steen, Universitätsgal. Göttingen; Lairesse, Rijksmus.; Hoet, Schleißheim; Trevisani, Uffizien; Tiepolo, Nat. Gall. London/Melbourne.

Marc Anton zu Tode verwundet bei Cleopatra

Nachdem Marc Anton und Octavian über ein Jahrzehnt gemeinsam das Reich regiert hatten, kam es zwischen beiden zum Streit, der mit dem Sieg Octavians, des späteren «Augustus», endete. Nach der Entscheidungsschlacht von Actium (30 v. Chr.) landete Octavian in Ägypten, wo sich ihm Antonius noch einmal vergeblich entgegenstellte. Auf die falsche Nachricht vom Tode Cleopatras hin stieß er sich das Schwert in den Leib, war aber nicht gleich tot. Cleopatra, die sich in ihrem schon früher erbauten Grabmal eingeschlossen

* Perlen lösen sich wie jedes andere Calciumcarbonat in Säuren (Weinessig!) schäumend auf.

hatte, ließ den Sterbenden zu sich holen und mit Seilen zu einem Fenster des Baues hinaufziehen. Dann bettete sie ihn auf ein Lager und zerriß vor Jammer ihre Kleider.

Quelle: Plutarch 44 (Antonius), 77. – Bilder: Turchi, Louvre; Tischbein, Kassel.

Octavians Besuch und Cleopatras Tod

Octavian wollte Cleopatra lebend bekommen, um sie bei seinem Triumphzug in Rom mitführen zu können. Er zwang sie, wieder zu essen, als sie nach Marc Antons Tod sterben wollte. Dann besuchte er sie sogar, um ihr gut zuzureden. Geschwächt und vom Schmerz entstellt auf dem Bett liegend, versuchte die Königin, den Sieger für sich zu gewinnen, indem sie ihm eine Liste ihrer Schätze übergab.
Doch als sie durch einen Vertrauten erfuhr, daß sie nach Rom gebracht werden sollte, ließ sie sich von einer giftigen Natter beißen, die in einem Korb mit Feigen durch die Wachen Octavians geschmuggelt worden war.

Quelle: Plutarch 44 (Antonius), 82–86. – Bilder: *Cleopatra und Octavian:* Padovanino, Stuttgart; Guercino, Pinak. Kapitol Rom; Poussin, Ottawa; Cortona, Pal. Pitti; Conca, Schleißheim; Tischbein, Kassel; A. Kaufmann, Kansas (Mo.). *Selbstmord Cleopatras:* Giampetrino, Louvre/Washington; Scorel, Rijksmus.; Sustris, Kassel; Liss, AP München; Reni, Pal. Pitti/Prado/Eremitage; Turchi, Louvre; Cagnacci, KHM Wien/Brera; Netscher, Karlsruhe/Hamburg; Mignard, Eremitage; Cignani, Glasgow; Makart, Kassel.

Metellus von seinem Sohn gerettet

Caecilius Metellus, Glied einer vornehmen römischen Familie, hatte im Bürgerkrieg zwischen Octavian (Augustus) und Marc Anton (siehe S. 140) auf seiten des letzteren gestanden. Nach der Schlacht von Actium wurde er in Samos vor das Gericht des Siegers Octavian gebracht. Sein Sohn, der auf dessen Seite gekämpft hatte, erkannte ihn unter den Angeklagten und erwirkte seine Begnadigung.

Quelle: Appian, Bürgerkriege 4,42, 175 ff. – Bild: Brenet, Nîmes.

Germanicus

Julius Caesar Germanicus (15 v. Chr.–19 n. Chr.), ein Neffe des Kaisers Tiberius und zu seinem Nachfolger ausersehen, war ein fähiger und beim Volk beliebter Mann.

Thusnelda im Triumphzug des Germanicus

Bei seinen Kämpfen an der Rheingrenze gewann Germanicus zwei der drei Legionsadler zurück, die der Cheruskerfürst Arminius in der Schlacht am

Teutoburger Wald (9 n. Chr.) erobert hatte. Auch Thusnelda, die schwangere Gattin des Cheruskers, konnte er in seine Gewalt bringen und mit ihrem in der Gefangenschaft geborenen Sohn Thumelicus auf seinem Triumphzug in Rom vorführen (17. n. Chr.). Sie wurde von ihrem eigenen Vater, dem römerfreundlichen Fürsten Segestes, ausgeliefert, der es nicht verwinden konnte, daß seine Tochter sich von Arminius, den sie liebte, hatte entführen lassen.

QUELLE: Tacitus, Annalen 1,57. – BILD: Piloty, NP München.

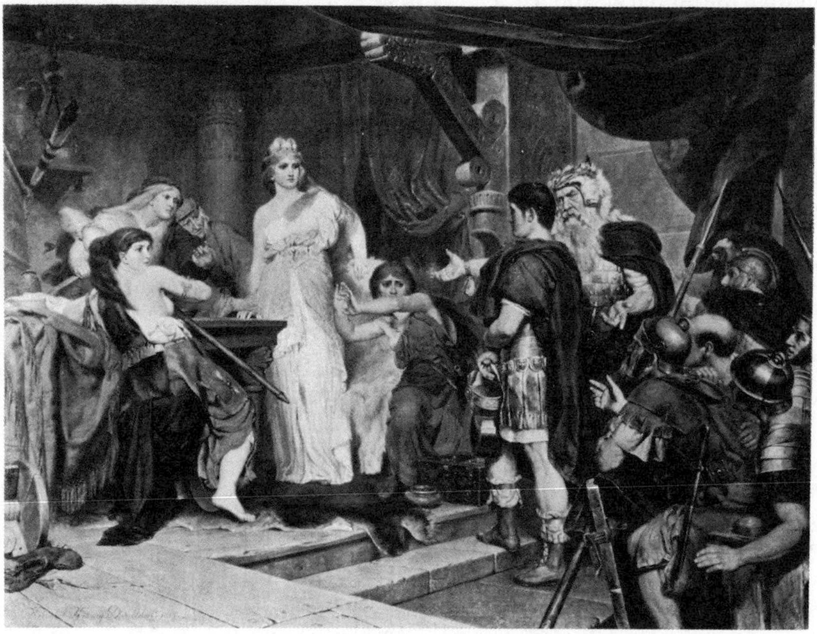

Die Auslieferung Thusneldas an Germanicus
Gemälde von Heinrich König

DER TOD DES GERMANICUS

Germanicus soll vom Statthalter von Syrien vergiftet worden sein, als er dort auf einer Inspektionsreise durch den Orient mit seiner Gemahlin Agrippina, einer Enkelin des Augustus, zu Gast war (19 n. Chr.). Seine Offiziere schworen an seinem Totenbett, seinen Tod zu rächen.

QUELLEN: Tacitus, Annalen 2,71 f.; Sueton, Caligula 1. – BILDER: Poussin, Minneapolis; Lairesse, Kassel.

Agrippina d. Ä. landet mit der Urne des Germanicus in Brundisium

Als Germanicus gestorben war, brachte seine Gemahlin Agrippina die Asche ihres Mannes zu Schiff nach Italien zurück. Große Scharen von Trauernden empfingen sie bei der Landung in Brundisium.

Quelle: Tacitus, Annalen 3,1. – Bild: West, Yale Univ. Art Gall. New Haven (Conn.)/ Sarasota (Flo).

Nero

Nero Claudius Caesar, geb. 37, war römischer Kaiser von 54–68. Nach einem guten Anfang wurde seine Regierung immer mehr von Verbrechen überschattet: dem Mord an seiner eigenen Mutter Agrippina (der Jüngeren) sowie dem Tod seines Lehrers und Beraters, des Philosophen Seneca. Auch am berühmten Brand Roms soll Nero schuld gewesen sein.

Der Schiffbruch Agrippinas d. J.

Agrippina (15–59 n. Chr.), nach der die Stadt Köln (Colonia Agrippinensis) benannt ist, war in zweiter Ehe die Gemahlin des Kaisers Claudius. Sie hatte ihren Sohn Nero, Claudius eine Tochter namens Octavia in die Ehe mitgebracht. Als Claudius im Jahre 54 starb, vermutlich durch das Gift Agrippinas, wurde Nero sein Nachfolger. Er war mit der sanften Octavia verheiratet, und seine Mutter hatte in den ersten Jahren seiner Regierung eine außergewöhnliche Machtstellung. Dann geriet Nero unter den Einfluß seiner Geliebten Poppaea, einer herrschsüchtigen Frau, die ihn unbedingt heiraten wollte. Aus Angst vor dieser Rivalin widersetzte sich Agrippina einer Scheidung ihres Sohnes von Octavia. Da beschloß Nero, seine Mutter aus dem Wege zu schaffen. Er schenkte ihr ein Schiff, das so gebaut war, daß es bei einer Ausfahrt auseinanderbrach. Doch Agrippina konnte sich schwimmend retten.

Quellen: Tacitus, Annalen 14,1–5; Sueton, Nero 34. – Bild: Zancchi, Vaduz.

Nero vor der Leiche seiner Mutter Agrippina

Nach mehreren erfolglosen Mordversuchen ließ Nero seine damals 44jährige Mutter vom Freigelassenen Anicet in ihrem Schlafzimmer mit dem Schwert erstechen. Er eilte hinzu und betrachtete lange den nackten Körper der Toten. Das wurde ihm sehr übel genommen, da das Gerücht von inzestuösen Beziehungen zwischen den beiden im Umlauf war.

Quellen: Tacitus, Annalen 14; Sueton, Nero 34. – Bild: Negri, Dresden.

Die Verstossung Octavias

Octavia (um 40–62 n. Chr.), Tochter des Kaisers Claudius, war noch sehr jung mit Nero verheiratet worden, der sie nicht liebte und zugunsten seiner vielen Geliebten vernachlässigte. Eine von ihnen, die verdorbene und herrschsüchtige Poppaea Sabina (um 35–65 n. Chr.), brachte Nero dazu, sich nach neunjähriger Ehe scheiden zu lassen und sie zu heiraten. Als sich das empörte Volk auf den Straßen Roms zusammenrottete, ließ Nero Octavia auf Betreiben Poppaeas erst verbannen und dann unter der falschen Anschuldigung der Untreue sogar hinrichten. Poppaea veranlaßte, daß ihr der abgeschlagene Kopf der Rivalin nach Rom gebracht wurde.

Quellen: Tacitus, Annalen 14,60–64; Seneca, Octavia. – Bild: Cortona, Uffizien/Lyon.

Der Brand Roms

Im Jahre 64 n. Chr. brach in Rom eine Feuersbrunst aus, die einen großen Teil der Stadt in Schutt und Asche legte. Viele Zeitgenossen behaupteten, Kaiser Nero selbst habe das Feuer legen lassen, um Rom schöner und großartiger wieder aufbauen zu können. Auch erzählte man, der Kaiser habe während des Brandes auf seiner Theaterbühne den Untergang Trojas besungen und sich dabei vom Wüten der Flammen inspirieren lassen. Nero schob dann die Schuld auf die Christen, von denen er viele in Tierhäute stecken und von wilden Hunden zerfleischen ließ; andere wurden ans Kreuz geschlagen oder nach Einbruch der Dunkelheit in den kaiserlichen Gärten als lebende Fackeln verbrannt.

Quellen: Tacitus, Annalen 15,38 ff.; Sueton, Nero 38. – Bilder: Giulio Romano, Hampton Court; Schoubroeck, Braunschweig; Piloty, Lenbachhaus München/Budapest.

Der Tod Senecas

Seneca (4 v. Chr.–65 n. Chr.) war stoischer Philosoph und römischer Politiker unter Kaiser Nero, dessen Erzieher er gewesen war. Angeklagt als Verschwörer beging er auf Neros Befehl Selbstmord. Er diktierte bis zuletzt, dann öffnete er seine Adern und nahm Gift. Als der Tod nicht schnell genug kam, ließ er sich in ein Bad mit warmem Wasser legen. Seine Frau, die mit ihm sterben wollte, wurde daran gehindert.

Quellen: Tacitus, Annalen 15, 60–5; Legenda Aurea (Hl. Petrus). – Bilder: Rubens, AP München; Honthorst, Utrecht; Giordano, Louvre/Escorial/Schleißheim; Januarius Zick, Karlsruhe; J.-L. David, Musée du Petit Palais Paris.

Römische Kaiserzeit (Varia)

Im Vergleich zur vorausgehenden Geschichte Roms haben die politischen Ereignisse der römischen Kaiserzeit relativ wenige Darstellungen in der Kunst gefunden, wenn man einmal von den Themen aus dem Bereich der Heiligenleben und Kirchengeschichte, wie z. B. Kaiser Konstantin und die Kreuzeslegende, absieht.

Ovid bei den Skythen

Der römische Dichter Ovid erregte durch sein leichtsinniges Leben und seine lockeren Verse das Mißfallen des Kaisers Augustus, der ihn (7 n. Chr.) nach Tomi am Schwarzen Meer, dem heutigen Konstanza, verbannte. Von dort, der Heimat der wilden Skythen, schrieb er seine Verbannungsgedichte «Tristien» und «Epistolae ex Ponto».

Bild: Delacroix, Nat. Gall. London.

Paetus und Arria

Paetus war im Jahre 42 n. Chr. unter Kaiser Claudius in eine Verschwörung verwickelt, und ihm blieb nur der Selbstmord. Da er zögerte, stieß sich seine Gattin Arria den Dolch in die Brust, zog ihn wieder heraus und reichte ihn dem Gatten mit den Worten: «Paetus, es tut nicht weh» (Paete, non dolet).

Quellen: Plinius d. J., Epist. 3,16; Dio Cassius 40,16,6. – Bild: Loth, Karlsruhe.

Die Verschwörung des Claudius Civilis

In den Jahren 69/70 n. Chr. ging vom Stamm der Bataver (im heutigen Holland) ein Aufstand gegen die römische Herrschaft aus, der durch die Beteiligung aller anderen Germanenstämme am Niederrhein und großer Teile Galliens gewaltige Ausmaße annahm, aber schließlich doch niedergeschlagen wurde. Anführer war Julius Civilis aus fürstlichem Geschlecht, der 25 Jahre als römischer Offizier gedient hatte. Sein Bruder Claudius, der die Bataverfürsten bei einem Gelage zur Teilnahme am Kampf aufrief, wurde von den Römern gefangengenommen und hingerichtet.

Quelle: Tacitus, Historia, 4,13 ff. – Bilder: Veen, Rijksmus.; Rembrandt, Nat. Mus. Stockholm; Flinck, Kgl. Palais Amsterdam.

Caracalla ermordet seinen Bruder Geta

M. Aurelius Antoninus, Kaiser von 211–217, erhielt den Beinamen «Caracalla», weil er gerne einen gallischen Überwurf mit Kapuze, der so genannt wurde, trug. Er war beim Tode seines Vaters zusammen mit seinem Bruder Geta von den Legionen zum Kaiser ausgerufen worden. Jeder der beiden trachtete danach, den Mitregenten zu beseitigen. Nach einem Jahr gelang es Caracalla, das Mißtrauen des Bruders zu täuschen und bei der Mutter ein Treffen zu arrangieren. Dort aber tauchten plötzlich Soldaten auf. Geta flüchtete in die Arme der Mutter und schrie zu ihr um Hilfe. Doch er wurde niedergestochen, die Mutter mit seinem Blut bespritzt und an der Hand verletzt.

QUELLEN: Dio Cassius 77, 2,2–6; Herodian 4,4,3; Aurelius Victor, Caesares 20,32. – BILD: Julien, Aix-en-Provence.

Die Ermordung des Severus

M. Aurelius Severus Alexander, Kaiser von 222–235, galt als edler und verantwortungsbewußter Herrscher, auch wenn man ihm vorwarf, daß er unter dem Einfluß seiner klugen Mutter Mamaea stand. Als die Rheingrenze wieder einmal von Germanen bedroht war, zog Severus, begleitet von seiner Mutter, in Mainz Truppen zusammen, versuchte jedoch zunächst, den Frieden durch Verhandlungen und Geldgeschenke wiederherzustellen. Darüber gerieten die Soldaten in Wut und riefen den Thraker Maximinus zum Kaiser aus, um das «Weiberregiment» der ihnen verhaßten Mamaea zu beenden. Maximinus ließ Severus samt seiner Mutter im Feldlager von Mainz töten.

QUELLEN: Herodian 6,8 f.; Historia Augusta (Alexander) 59,61. – BILD: Johann Zick, Schleißheim; dort als «Ermordung des hl. Severus» von Januarius Zick.

Zenobia von Palmyra im Triumphzug Aurelians

Königin Zenobia von Palmyra (im heutigen Syrien) hatte 266–271 n. Chr. eine große Machtstellung im Ostteil des Römischen Reiches. Zeitweise war sie sogar als Mitkaiserin anerkannt. Als sie sich für unabhängig erklärte, besiegte Aurelian, Kaiser von 270–275, Zenobia und nahm sie gefangen. Nach einem umstrittenen Bericht soll er sie dann mit ihren zwei Söhnen in seinem Triumphzug in Rom mitgeführt haben.

QUELLE: Historia Augusta (Aurelian) 33 f. – BILD: Tiepolo, Turin.

Belisar als blinder Bettler

Belisar (gest. 565 n. Chr.) besiegte als Feldherr des byzantinischen Kaisers Justinian Perser, Vandalen und Ostgoten. Danach soll er in Ungnade gefallen und geblendet worden sein, so daß er am Ende seines Lebens als Blinder auf dem Markt von Konstantinopel saß, dem die Vorübergehenden aus Mitleid Münzen in einen Topf zuwarfen. Einer seiner früheren Soldaten erkannte ihn wieder.

QUELLE: Byzantinisches Belisarlied (14. Jh.). – BILDER: Rosa, Gall. Doria; J.-L. David, Lille.

GRIECHENLAND UND DER OSTEN

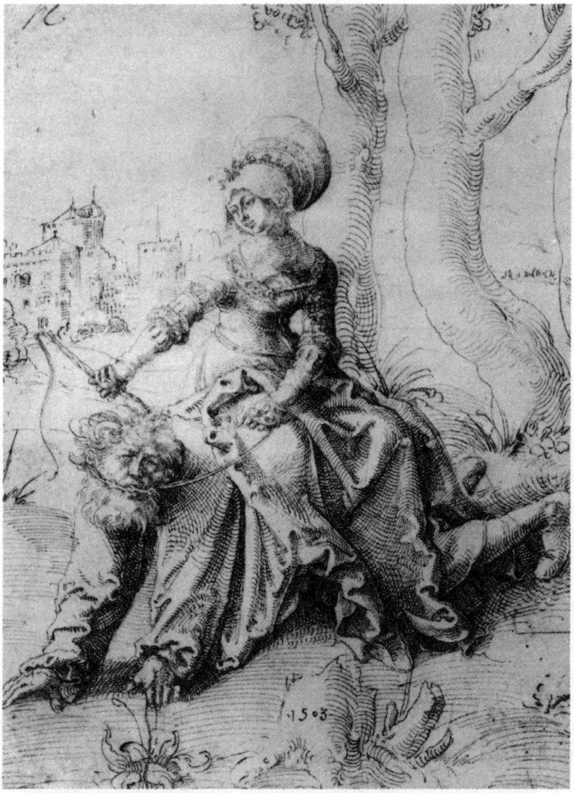

Aristoteles und Phyllis
Stich von Hans Baldung Grien

GESTALTEN DER GRIECHISCHEN GESCHICHTE

Die griechische Welt der Antike umfaßte nicht nur das heutige Griechenland mit den ägäischen Inseln, sondern auch viele Städte an der Wesküste Kleinasiens und vor allem im südlichen Teil Unteritaliens und auf Sizilien. Nach der Abwehr der Perser in den ersten Jahrzehnten des 5. Jahrhunderts vor Christus begann die große Blüte griechischer Philosophie, Kunst und Literatur. Die Politik war von einem System miteinander rivalisierender Stadtstaaten bestimmt, bis die Griechen im 4. Jahrhundert v. Chr. immer mehr unter die makedonische Hegemonie und im 2. Jahrhundert v. Chr. unter die römische Herrschaft gerieten. Ihr kultureller Einfluß blieb jedoch bis zum Ausgang der Antike im ganzen Mittelmeerraum entscheidend.

Staatsmänner und Feldherrn

Codrus/Kodros opfert sich für Athen

Codrus/Kodros war ein sagenhafter König im Athen des 8. Jahrhunderts v. Chr. Als einmal Feinde die Stadt bedrängten, achteten sie darauf, den König nicht zu verletzen, weil ihnen ein Orakelspruch geweissagt hatte, sie könnten dann Athen nicht einnehmen. Da verkleidete sich Kodros als Bauer und beschimpfte die feindlichen Krieger so lange, bis sie ihn erschlugen. Als die Eindringlinge merkten, wen sie getötet hatten, zogen sie sich zurück, überzeugt davon, daß ihr Unternehmen jetzt aussichtslos geworden war. – Es heißt auch, der König habe sich als einfacher Soldat verkleidet und in der Schlacht den Tod gesucht.

Quellen: Valerius Maximus 5,6, ext.1; Gesta Romanorum 41. – Bild: Beccafumi, Pal. Publico Siena.

Das Urteil des Zaleukos/Zaleucus

Vor Zaleukos, im 7. Jahrhundert v. Chr. Gesetzgeber der Griechenstadt Lokri in Unteritalien, wurde sein Sohn gebracht, der des Ehebruchs schuldig war. Nach den von Zaleukos selbst erlassenen Gesetzen stand darauf als Strafe die Blendung auf beiden Augen. Die Bürger waren bereit, aus Rücksicht auf den verdienten Vater auf die Bestrafung des Sohnes zu verzichten. Doch Zaleukos wollte seine eigenen Gesetze nicht mißachten; so ließ er ein Auge dem Sohn, das andere sich selbst ausreißen.

QUELLE: Valerius Maximus, 6,5,3, ext. 3. – BILDER: Raffael, Stanza della Segnatura Vatikan; Beccafumi, Pal. Pubblico Siena; Vaga, Uffizien; Veronese, Dogenpalast Venedig; Holbein d. J., Rathaus Basel.

Die Leiche des Polykrates am Kreuz

Polykrates war um 538–522 v. Chr. Tyrann der Insel Samos und Herr über viele umliegende Gebiete. Der benachbarte Statthalter der Perser, die damals das kleinasiatische Festland beherrschten, war auf seine Macht eifersüchtig und lud ihn mit falschen Versprechungen zu einem Besuch ein. Da träumte der Tochter des Polykrates, ihr Vater schwebe in der Luft und werde von Zeus gebadet und von der Sonne gesalbt. Trotz der inständigen Warnungen des Mädchens ging Polykrates zu dem Perser, der ihn grausam töten und ans Kreuz schlagen ließ. So erfüllte sich das Traumgesicht der Tochter: Die Leiche des Vaters hing in der Luft und war dem Regen und der Hitze ausgesetzt.

QUELLE: Herodot 3,120 ff. – BILD: Rosa, Chicago.

Das Begräbnis des Miltiades

Miltiades war Anführer der siegreichen Athener in der Schlacht gegen die Perser bei Marathon (490 v. Chr.). Später fuhr er mit einer Flotte aus, um die Inselstadt Paros zu erobern. Dort wagte er es, das Allerheiligste eines Heiligtums zu betreten, und verletzte sich dabei am Bein. Nachdem er erfolglos nach Athen zurückkehren mußte, wurde er angeklagt, konnte sich aber wegen seiner Verletzung nicht in der Volksversammlung verteidigen. Nur mit Mühe erreichten seine Freunde, daß er um seiner Verdienste bei Marathon willen nicht zum Tode, sondern nur zu einer Geldstrafe verurteilt wurde. Miltiades starb aber bald darauf, weil der Wundbrand schon seine Hüfte erfaßt und das ganze Bein zu faulen begonnen hatte. Angeblich mußte sein Sohn Cimon/ Kimon die Leiche erst aus dem Gefängnis freikaufen, in das man den hochverdienten Mann bis zur Bezahlung der Schuld geworfen hatte.

QUELLEN: Herodot 6,132–136; Plutarch, 25 (Kimon), 4; Cornelius Nepos, Miltiades 7,6; Valerius Maximus 5,3, ext. 3; 5,4, ext. 2. – BILD: Peyron, Louvre.

Leonidas an den Thermopylen

Leonidas I. war König von Sparta. Im Krieg gegen die Perser von 480 v. Chr. übernahm er mit 4000 Mann, darunter 300 Spartaner, die Verteidigung der Thermopylen (‹Warme Tore›, so genannt wegen der dortigen Schwefelquellen). Diese schmale Paßstraße bildete damals den einzigen leichten Zugang von Nord- nach Mittelgriechenland. Zwei Tage lang stürmten die Perser vergeblich, da sie auf dem engen Gelände ihre Übermacht nicht entfalten konnten. Dann aber führte ein griechischer Verräter namens Ephialtes eine persische Abteilung durch das Gebirge in den Rücken der Verteidiger. In der ausbrechenden Panik entließ Leonidas die Truppen der Bundesgenossen und setzte mit den eigenen Leuten (und einigen wenigen anderen) den aussichtslosen Kampf fort, bis er selbst und seine 300 Spartaner gefallen waren.

QUELLE: Herodot 7,201 ff. – BILDER: J.-L. David, Louvre; Kokoschka (Triptychon), privat.

Der Tod des Epaminondas

Der Thebaner Epaminondas (gest. 362 v. Chr.), hatte die kriegsgewohnten Spartaner durch seine Taktik der «Schiefen Schlachtordnung» bei Leuktra besiegt und damit seine Vaterstadt zur hegemonialen Macht in Griechenland erhoben. Nach weiteren Siegen kam es bei Mantinea erneut zur Schlacht. Die Spartaner stürzten sich gezielt auf den gefährlichen Feind und verwundeten ihn tödlich. Die Thebaner aber kämpften weiter, bis sie die Oberhand gewannen. Dann erst ließ sich Epaminondas das in der Wunde steckengebliebene Eisen der feindlichen Lanze herausziehen, wodurch der Tod eintrat. Seine letzten Worte waren: «Ich habe lange genug gelebt; denn ich sterbe unbesiegt» und «Mein Sieg bringt neues Leben».

QUELLEN: Pausanias 8,97,7; Diodor 15,81; Cornelius Nepos, Epaminondas 9; Valerius Maximus 3,2, ext. 5. – BILDER: Walraven, Rijksmus.; West, Hampton Court.

Pyrrhus als Kind um Zuflucht bittend

Pyrrhus (gest. 273 v. Chr.) war König von Epirus in Nordgriechenland und ein gefährlicher Feind der Römer; er errang in vielen Schlachten Siege, jedoch oft mit hohen eigenen Verlusten («Pyrrhus-Siege»). Als kleines Kind wurde er während eines Aufstands gegen seinen Vater von Freunden gerettet und zum benachbarten König Glaukas von Illyrien (Dalmatien) gebracht. Man legte ihn in der Halle, wo Glaukas mit seiner Gemahlin saß, auf die Erde. Während der König noch überlegte, ob er Gastfreundschaft gewähren sollte, kroch der kleine Pyrrhus zu ihm hin, faßte den Saum des Gewandes und richtete sich weinend an den Knien auf. Davon gerührt nahm Glaukas das Kind unter seinen Schutz und führte es später zurück auf den Thron (siehe S. 129).

QUELLE: Plutarch 21 (Pyrrhos), 3. – BILD: A. Kaufmann, Budapest.

Die Verbannung des Kleombrotos

In Sparta kam es um die Mitte des 3. Jhs. v. Chr. im Zuge einer Reformbewegung zu einer Folge von politischen Umstürzen. So trieb Kleombrotos den König Leonidas (II.), der sein Schwiegervater war, außer Landes. Das führte zu einem Zerwürfnis zwischen Kleombrotos und seiner Gattin Chilonis. Doch als Leonidas ein Jahr später zurückkehren konnte, entging Kleombrotos dem Tode nur durch die Fürsprache seiner Frau, die ihm auch in die Verbannung folgte.

QUELLE: Plutarch, Agis 11–18. – BILD: West, Tate Gall.

PHILOPOEMEN, GENERAL DER ACHÄER, VON ALTER FRAU ERKANNT

Philopoemen (253–183 v. Chr.), genannt «der letzte der Hellenen», war Feldherr des sog. «Achäischen Bundes», der die Griechen gegen die Oberherrschaft der Makedonen und dann der Römer einigen wollte. Er kam einmal am Anfang seiner Karriere als Oberkommandierender zu einem Besuch in die Stadt Megara. Bei seiner Ankunft vor dem Hause seines Gastgebers hielt die Hausherrin, die dabei war, das Festmahl zu bereiten, den in Auftreten und Kleidung stets bescheidenen Philopoemen für einen Sklaven. Auf die Bitte, ihr zu helfen, nahm er eine Axt und begann Holz zu spalten. Erst der dazukommende Hausherr erkannte den Gast. Auf die Frage, was er da tue, antwortete Philopoemen gutmütig: «Was denn sonst, als für mein häßliches Aussehen zu bezahlen!»

QUELLE: Plutarch (Philopoimen), 2. – BILD: Rubens, Louvre/Prado (Das Bild im Prado früher Utrecht zugeschr.).

Philosophen und Gelehrte

DIE «SCHULE VON ATHEN»

In diesem Gemälde zeigt Raffael den Triumph von Philosophie und Wissenschaft: In der Mitte Plato (roter Mantel) und Aristoteles (blauer Mantel); rechts die Mathematiker Archimedes (Zirkel in der Hand), Ptolemäus (mit Globus) und Zoroaster (mit Krone); links Pythagoras (schreibend), im Hintergrund Sokrates, der seine Schüler lehrt; unter den Stufen das Profil Zenons und der mit Weinlaub bekränzte Epikur; Diogenes ist auf den Stufen niedergesunken, und vorne in der Mitte sitzt Heraklit (angeblich mit den Zügen Michelangelos).

BILD: Raffael, Stanza della Segnatura Vatican.

PYTHAGORAS UND DIE FISCHER

Pythagoras stammte aus Samos und lebte von ca. 570/560–490/480 v. Chr. Berühmt als Astronom und Mathematiker (pythagoreischer Lehrsatz!) gründete er mit Schülern eine ordensähnliche Lebensgemeinschaft, die nach sittlich-religiösen Grundsätzen und strengen Regeln mit dem Ziel philosophischer Erkenntnis lebte. Er lehrte die Seelenwanderung und die Bedeutung der Zahl in der Welt der Dinge und in der Musik.

Auf einer Seereise soll Pythagoras, der wegen seiner Seelenwanderungslehre den Fleischgenuß und die Tötung lebender Wesen verurteilte, Fischern begegnet sein, die gerade ein Netz voller Fische aus dem Meer zogen. Der Philosoph kaufte ihnen den ganzen Fang ab und ließ alle Fische frei. Nach einer Überlieferung sagte Pythagoras genau die Zahl der gefangenen Fische voraus, worauf ihm die Fischer versprachen, alles zu tun, was er wolle, falls er recht behielte. Pythagoras verlangte die Freilassung der Fische und bezahlte sie sogar noch. Und auf eine wunderbare Weise waren die Fische während des lange dauernden Zählens alle lebendig geblieben.

QUELLEN: Plutarch, Quaestiones Convivales 8, 729 d; Apuleius, Apologia 31. – BILD: Rosa, Dahlem.

Der Tod des Empedokles

Empedokles aus der (damals griechischen) Stadt Agrigent in Sizilien war ein wortgewaltiger Dichter und Philosoph im 5. Jahrhundert vor Christus. Man erzählte später, er sei, als er das Alter herannahen fühlte, freiwillig in den Krater des Aetna gesprungen. Das galt den einen als Beweis seiner Apotheose (Vergöttlichung); andere meinten hingegen, er habe die Himmelfahrt eines Heroen vortäuschen wollen, was aber mißglückt sei, da der Vulkan die ehernen Sandalen des Philosophen wieder ausgespien habe.

QUELLEN: Diogenes Laertius 8,67 ff.; Strabo 6,274; Horaz, Ars Poetica 464. – BILD: Rosa, Uffizien.

Demokrit und die Skelette

Der Philosoph Demokrit (um 400 v. Chr.) soll sich einmal, um ungestört denken und schreiben zu können, in ein altes Grabmal vor der Stadt eingeschlossen haben. Da wollten ihn einige mutwillige junge Leute erschrecken. Sie verkleideten sich mit weißen Leintüchern und Masken, die wie Totenköpfe aussahen, und tanzten vor ihm herum. Der Philosoph aber schaute nicht einmal auf, so gewiß war er, daß die Seelen der Toten nicht mehr wiederkehren; er sagte nur: «Nun, macht dem Spaß schon ein Ende!»

QUELLE: Lukian, Dialog: Der Lügenfreund (Philopseudeis) 32. – BILD: Rosa, Kopenhagen.

Demokrit und Heraklit – Der lachende und der weinende Philosoph

Der Spötter Lukian schildert einmal eine Art Auktion, bei der die verschiedenen Philosophenschulen angepriesen werden: Demokrit aus Abdera (um 400 v. Chr.) wird dabei «lachend» vorgestellt, offenbar, weil er einen Zustand heiterer Ausgeglichenheit für das höchste Gut hielt; Heraklit aus Ephesus (um

500 v. Chr.) wird hingegen wegen seiner angeblich pessimistischen Weltansicht als «immerzu weinend» gedacht.

QUELLE: Lukian, Bion Praxeis (Verkauf der philosophischen Sekten) 13. – BILDER: Rosa, KHM Wien; A. Coypel, Louvre; Loth, Eremitage.

Sokrates mit dem Spiegel

Der griechische Philosoph Sokrates (469–399 v. Chr.) sagte seinen Schülern, sie sollten sich immer wieder im Spiegel betrachten, um, wenn sie schön wären, sich dessen würdig zu machen, und wenn häßlich, diesen Mangel durch Charakterbildung auszugleichen.

QUELLE: Diogenes Laertius 2,33. – BILDER: Feti, Uffizien; Zanchi (zugeschr.), Hannover.

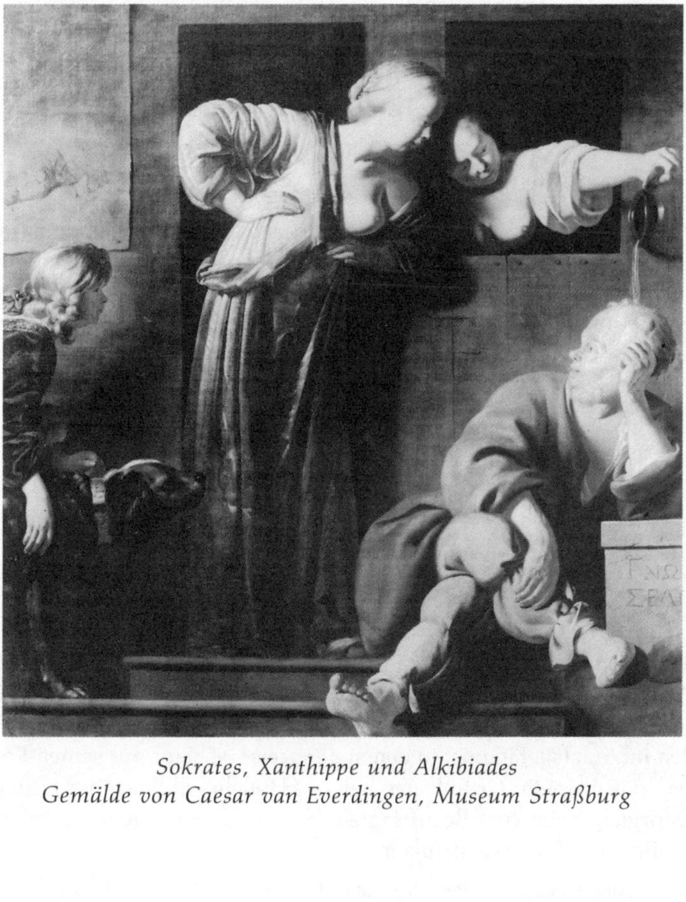

Sokrates, Xanthippe und Alkibiades
Gemälde von Caesar van Everdingen, Museum Straßburg

Sokrates und Alkibiades

Der hochbegabte Alkibiades, später ein berühmter Staatsmann und Feldherr der Athener (um 450–404 v. Chr.), fühlte sich in seiner Jugend stark zu Sokrates hingezogen, war aber nicht bereit, aus dessen Philosophie Konsequenzen für seinen Lebenswandel zu ziehen. Sokrates machte dem ungetreuen Schüler Vorwürfe, sooft er ihn in der Stadt traf. Alkibiades nahm sich das zu Herzen, verfiel aber immer wieder seinen politischen Ambitionen und seiner Schwäche für den Lebensgenuß.

In Platos Dialog «Symposion» (Gastmahl) ist Sokrates gerade dabei, mit Freunden über das Wesen des Eros zu philosophieren. Da stürmt plötzlich der schöne junge Alkibiades, bekränzt mit Efeu und Blumen, inmitten einer in ausgelassener Trunkenheit lärmenden Schar in den Saal. Auch er muß nun, wie vorher die anderen, eine Rede zum Thema des Gelages halten, und spricht über den alten und häßlichen Sokrates, in dem er die leibhaftige Verkörperung des philosophischen Eros erkannt hat.

Quellen: Plutarch 11 (Alkibiades), 6; Plato, Gastmahl. – Bilder: *Sokrates und Alkibiades:* Schmidt, Graz. *Das Gastmahl:* Feuerbach, Karlsruhe/Nat. Gal. Berlin DDR.

Sokrates und Xanthippe

Xanthippe, die Frau des Sokrates, der ein zänkischer Charakter nachgesagt wurde, beschimpfte ihren Mann, als er nach Hause kam, wegen seines in ihren Augen nutzlosen Herumtreibens und Diskutierens. Als sie ihm dann noch einen Topf mit Spülwasser über den Kopf goß, meinte der Philosoph voll Gleichmut: «Ich wußte es ja, nach dem Donnerwetter kommt der Regen.» (Abb. S. 153)

Quelle: Diogenes Laertius 2,36. – Bild: Everdingen, Straßburg.

Der Tod des Sokrates

Sokrates machte sich durch sein bohrendes Hinterfragen aller scheinbaren Gewißheiten bei seinen athenischen Mitbürgern mißbeliebig. Man sah darin eine Bedrohung der überlieferten Religiosität und klagte ihn anläßlich eines verlorenen Krieges an, daß er nicht an die Götter des Gemeinwesens glaube und die Jugend verderbe. Das Gericht verurteilte ihn zum Tode durch Gift. Aus Achtung vor dem Gesetz weigerte sich Sokrates, eine gebotene Fluchtmöglichkeit auszunutzen. Sein großer Schüler Plato beschrieb die letzten Stunden im Staatsgefängnis, in denen der greise Meister mit seinen Freunden noch einmal über die Grundlagen seines Handelns philosophierte und dann beim Morgengrauen vom Beauftragten des Staates den Schierlingsbecher entgegennahm, um ihn auszutrinken.

Quellen: Plato, Phaidon 115B–118A; Xenophon, Memorabilien. – Bilder: Dufresnoy, Uffizien; Cignaroli, Budapest; J.-L. David, Metrop. Mus.; Januarius Zick, Düsseldorf.

Diogenes wirft seine Trinkschale weg

Diogenes aus Sinope in Kleinasien (um 412–323 v. Chr.) lebte in Athen und Korinth und predigte die totale Anspruchslosigkeit. Er schlief in einer Tonne, benutzte keine Eßgeräte und soll seine Bedürfnisse in aller Öffentlichkeit befriedigt haben, was ihm den Namen «kyon» (‹Hund›) eintrug, wovon der Begriff Zynismus abgeleitet ist. Als Diogenes einmal einen Jungen sah, der Wasser aus der hohlen Hand trank, warf er seinen Becher fort und sagte: «Ein Kind ist mein Lehrmeister in der Genügsamkeit geworden.»

Quelle: Diogenes Laertius 6,37. – Bilder: Poussin, Louvre; Rosa, Pal. Pitti/Montpellier; Castiglione, Prado.

Diogenes mit der Laterne

Einmal ging Diogenes am hellen Mittag mit einer brennenden Laterne auf dem Marktplatz von Athen herum. Als man ihn nach dem Grund fragte, antwortete er, er suche «Menschen».

Quellen: Diogenes Laertius 6,41; Phädrus, Fabeln 3,19. – Bilder: Rubens, Städel; Ribera, Dresden; Castiglione, Prado; Jordaens, Dresden; Ricci, Univ. Parma; Corinth, Ostdeutsche Gal. Regensburg.

Diogenes verhöhnt die Definition des Menschen von Plato

Als Diogenes hörte, daß Plato den Menschen als «federloses, zweibeiniges Lebewesen» definiert hatte, rupfte er einem Hahn die Federn aus und brachte ihn zu Platos Schule mit den Worten: «Seht, das ist Platos Mensch!»

Quelle: Diogenes Laertius 6,40. – Bild: Domenichino, Lille.

Diogenes und König Alexander

Als Alexander von den Griechen in Korinth zum Bundesfeldherrn gegen die Perser gewählt worden war, wurde er von allen Politikern und auch von den Philosophen beglückwünscht. Nur Diogenes, der damals in der Stadt lebte, fand sich nicht ein. Da ging Alexander zu ihm. Der Philosoph lag gerade in der Sonne und richtete sich nur ein wenig auf, als er die vielen Leute kommen sah. Der König fragte ihn, ob er eine Bitte habe. Da antwortete Diogenes nur: «Geh mir ein wenig aus der Sonne!» Beim Weggehen lachten und spotteten Alexanders Begleiter. Doch dieser sagte: «Wenn ich nicht Alexander wäre, möchte ich wohl Diogenes sein.» (Abb. S. 156)

Quellen: Diogenes Laertius 6, 37 f.; Plutarch 33 (Alexander), 14; Valerius Maximus 4,3, ext. 4; Gesta Romanorum 183. – Bilder: Assereto, Berlin (Neuerwerbung 1984); Crayer, WRM Köln/Metrop. Mus.; Langetti, Bologna; Ricci, Univ. Parma.

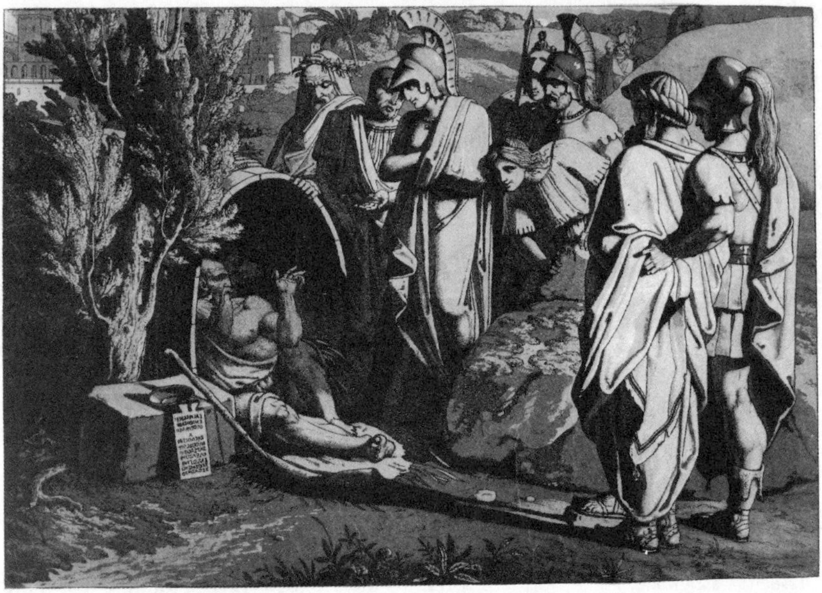

Diogenes in der Tonne, von Alexander d. Gr. besucht
Aquatinta 19. Jhdt.

Phryne und Xenokrates

Die durch ihre Schönheit und ihren Geist im Athen des 4. Jahrhunderts v. Chr. berühmte Hetäre (Kurtisane) Phryne wettete einmal, den für seine Selbstbeherrschung bekannten Philosophen Xenokrates wie jeden anderen Mann verführen zu können. Sie verbrachte die Nacht mit ihm, mußte aber am anderen Morgen gestehen, daß ihre Künste vergeblich gewesen waren. Trotzdem weigerte sie sich, die Wette zu bezahlen, mit der Begründung, sie habe sich nicht von einem Mann, sondern von einem Standbild erhoben.

Ein anderes Mal wurde Phryne vor dem Areopag, dem Gerichtshof Athens, angeklagt, weil sie sich auf einem Fest vor allem Volk nackt gezeigt hatte. Das galt als Religionsfrevel, worauf die Todesstrafe stand. Nach der Rede ihres Verteidigers tat Phryne etwas Unerwartetes: Sie entblößte ihre Brust vor den Richtern. Ergriffen von Staunen und Furcht vor der göttlichen Schönheit des Anblicks sprachen diese sie frei.

Quellen: Diogenes Laertius 4,7; Valerius Maximus 4,3, ext. 3; Quintilian, Institutiones 2,15,9. – Bilder: *Phryne und Xenokrates:* Langetti, Udine, *Phryne vor dem Areopag:* Pradier (Marmorstatue), Grenoble.

Der Tod des Archimedes

Während des Zweiten Punischen Krieges konnte die mit den Karthagern verbündete Griechenstadt Syrakus zwei Jahre lang den Römern widerstehen, da der berühmte Mathematiker Archimedes zur Abwehr der Angreifer viele Kriegsmaschinen erfand. Als aber 212 v. Chr. die Stadt doch fiel und geplündert wurde, stürmte ein römischer Soldat auf den Gelehrten zu, der gerade über ein geometrisches Problem nachdachte, das er vor sich in den Sand gezeichnet hatte. Archimedes rief dem Krieger noch zu: «Stör mir meine Kreise nicht!», (Noli turbare circulos meos!), wurde aber von ihm getötet.

Quellen: Livius 25,31; Plutarch, 16 (Marcellus), 19; Valerius Maximus 8,7, ext. 7. – Bilder: Langetti, Braunschweig; Sandrart, Vaduz; Solimena, Caen.

Künstler

Die Erfindung der Zeichenkunst

Die Tochter des Töpfers Butades in der griechischen Stadt Sikyon war in einen jungen Mann verliebt, der auf eine lange Reise gehen sollte. Mit dem Schatten einer Lampe warf das Mädchen das Profil des Geliebten auf eine Wand und sein Vater füllte die Silhouette mit Ton aus. So entstand das erste Relief, und die Stadt Sikyon wurde in der Antike wegen ihrer Bildhauer und Maler hochberühmt.

Quelle: Plinius, Nat. Hist. 35,43 und 35,5. – Bilder: Dughet, Mainz; Poussin, Louvre; Regnault, Louvre.

Zeuxis malt Helena

Der berühmte griechische Maler Zeuxis sollte ein Bildnis der schönen Helena malen. Da lud er die Mädchen der Umgebung zu sich ein, und bat sie, sich vor ihm zu entblößen. Er vollendete sein Werk, indem er von jeder der Schönen den makellosesten Körperteil abbildete. In ähnlicher Weise soll der Maler Apelles unter den schönsten Griechenmädchen das Modell für sein Dianabild von Ephesus ausgewählt haben.

Quellen: Cicero, De inventione 2; Älian, Varia Historia 14,47; Plinius, Nat. Hist. 9,33,36. – Bild: Vincent, Louvre.

Die «Verleumdung» des Apelles

Vom größten griechischen Maler der Antike, Apelles (4. Jh. v. Chr.), gab es ein allegorisches Bild mit der Bezeichnung «die Verleumdung». Von diesem Werk blieb nur folgende Beschreibung erhalten: Auf einer Seite sitzt ein Richter oder König mit Eselsohren (wie Midas, siehe S. 39), Sinnbild der

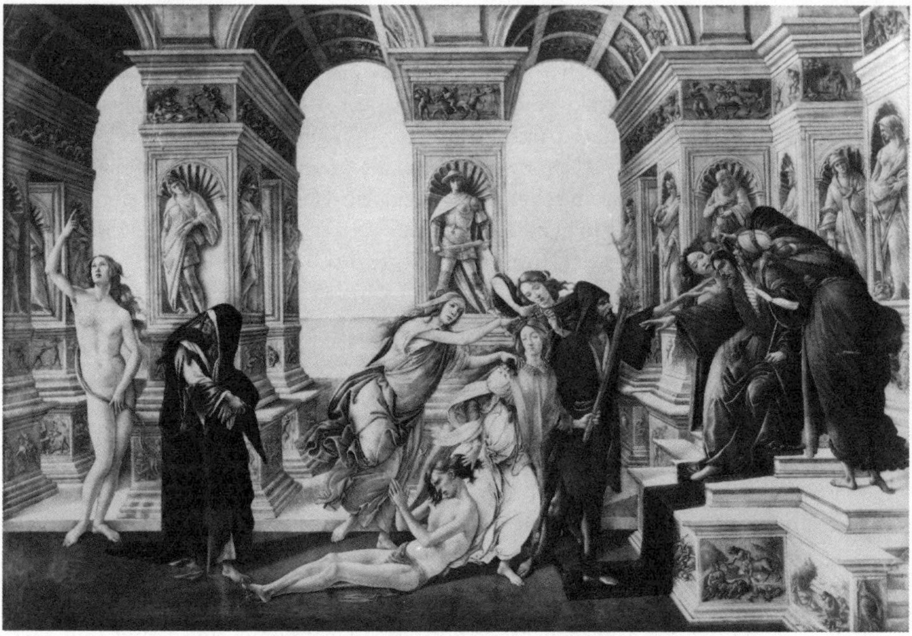

«Die Verleumdung des Apelles»
Gemälde von Sandro Botticelli, Uffizien

Torheit; neben ihm stehen zwei häßliche Frauen, Unwissenheit und Mißtrauen, die dem Manne etwas ins Ohr flüstern. Von der anderen Seite kommt, zusammen mit der Leidenschaft, die Verleumdung als schöne Frau auf den Richterstuhl zu, geführt vom Neid und begleitet von der Arglist und der Täuschung. Mit ihrer Hand zieht die Verleumdung auf dem Boden einen jungen Mann daher, der seine Arme hilflos zum Himmel reckt. Er ist Sinnbild der verfolgten Unschuld. Erst im Hintergrund treffen, offenbar zu spät, die weinende Reue und die nackte Wahrheit ein, letztere deutet vorwurfsvoll zum Himmel. Diese Beschreibung diente in der Renaissance mehrfach als Vorlage, um dem antiken Meister nachzueifern.

Quelle: Lukian, Gegen die Verleumdung (Diabole) 5. – Bilder: Botticelli, Uffizien; Franciabigio, Pal. Pitti.

Apelles und Campaspe/Pankaste

Der große Maler Apelles erhielt von Alexander den Auftrag, seine schöne Geliebte Campaspe zu malen. Dabei verliebte sich der Künstler in die Kurtisane, und Alexander schenkte sie ihm.

Quellen: Plinius, Nat. Hist. 35,36; Älian, Varia Historia 12,34. – Bilder: Winghe, KHM Wien; Tiepolo, Louvre/Montreal.

Apelles und der Schuster

Der griechische Maler Apelles zog für die Darstellung von Sandalen einen Schuster zu Rate. Doch als der Handwerker danach die Malweise des dazugehörenden Beines kritisierte, wies ihn der Künstler zurecht: «Ne sutor ultra crepidam» – «Schuster, bleib bei deinem Leisten!»

QUELLE: Plinius, Nat. Hist. 35,36. – BILD: Frans II. Francken, Kassel.

Bemerkenswerte Männer und Frauen

Arion auf dem Delphin

Der griechische Dichter und Sänger Arion (7. Jh. v. Chr.) war berühmt für sein Spiel auf der Leier. Auf einer Seereise wurde er von den Schiffsleuten ausgeraubt und sollte ermordet werden. Da bat er, noch einmal singen und spielen zu dürfen. Als sein Lied zu Ende war, sprang er ins Meer. Einer der Delphine aber, die seine Musik angelockt hatte, nahm ihn auf den Rücken und trug ihn an Land.

QUELLEN: Herodot 1,23 f.; Ovid, Fasti 2,79–118; Hyginus, Fabulae 194; Gesta Romanorum 148. – BILDER: Dürer (Aquarell), KHM Wien; Carpaccio (Schule), Ashmolean; A. Carracci, Pal. Farnese.

Kleobis und Bito

Die beiden Brüder Kleobis und Bito waren Söhne einer Priesterin der Hera/Juno, die manchmal auch Cydippe genannt wird. Als bei einem Fest die Ochsen nicht rechtzeitig vom Feld zurückkamen, spannten sich die jungen Männer selbst vor den Wagen und zogen ihre Mutter zum Tempel. Voll Freude und Stolz bat diese daraufhin die Göttin beim Opfer, ihren Söhnen das Schönste zu verleihen, was ein Mensch erlangen könne. Nach dem Opfermahl aber fielen Kleobis und Bito in einen tiefen Schlaf, aus dem sie nicht mehr erwachten.

QUELLE: Herodot 1,31. – BILDER: Rosso Fiorentino, Fontainebleau; Loir, Salzburg.

Amphinomos und Anapios

Die beiden Brüder Amphinomos und Anapios trugen bei einem Ausbruch des Aetna ihre alten Eltern aus der brennenden Stadt Katana (heute Catania) und blieben dabei vom Feuerregen und vom Lavastrom auf wunderbare Weise verschont.

QUELLEN: Valerius Maximus 5,4, ext. 4; Seneca, de benef. 3,37,2; Martial 7,24,5. – BILDER: Rosso Fiorentino, Fontainebleau; A. Carracci, Pal. Farnese.

Das Testament des Eudamidas

Der sterbende Eudamidas, ein verarmter Bürger von Korinth, vermachte zwei Freunden die einzigen ihm verbliebenen Güter: dem einen seine alte Mutter mit der Auflage, für ihren Unterhalt zu sorgen, dem anderen seine Tochter mit der Auflage, ihr durch eine Mitgift die Heirat zu ermöglichen. Die ganze Stadt lachte über das seltsame Testament, das den Erben nur Lasten auferlegte. Doch die beiden Freunde nahmen die Erbschaft an und erfüllten getreu alle Verpflichtungen, die sich aus ihr ergaben.

Quelle: Lukian, Toxaris 22. – Bild: Poussin, Stockholm.

Das Schwert des Damokles

Damokles, ein Schmeichler am Hof des verschwenderischen Tyrannen Dionysios II. von Syrakus (4. Jh. v. Chr.), pries das glückliche Leben seines Herrn. Dieser wollte ihn ein solches Glück selbst kosten lassen und richtete ihm ein üppiges Gastmahl. Über dem Platz, wo Damokles saß, ließ er jedoch an einem dünnen Faden ein Schwert aufhängen. Das verleidete dem Schmeichler jeden Genuß, und er verzichtete schnell auf die gebotenen Herrlichkeiten.

Quelle: Cicero, Tusculanae Disputationes 5,61. – Bild: Schäffer, Stadtgesch. Mus. Frankfurt; Frans II. Francken, Schloßmuseum Gotha.

Milo aus Kroton (von wilden Tieren zerfleischt)

Im 6. Jh. v. Chr. war Milo ein berühmter Athlet aus der griechischen Stadt Kroton in Unteritalien. Einmal kam er an einem Baum vorbei, der mit Keilen aufgespalten war. Er wollte nun mit seiner riesigen Kraft den Baum auseinanderbiegen, erreichte aber nur, daß die Keile herausfielen, während seine Hände in den Spalt geklemmt wurden. Hilflos wurde er so eine Beute der wilden Tiere, die ihn lebend zerfleischten.

Quelle: Valerius Maximus 9,12, ext. 9. – Bild: Vittoria (Bronze), Cà d'Oro Venedig.

Die Ermordung der Königstochter Harmonia und ihrer Dienerin

Als bei einem Umsturz (214 v. Chr.) die ganze Herrscherfamilie von Syrakus ausgerottet werden sollte, war allein Harmonia noch übrig. Ihre Amme kleidete eine Dienerin, die der Königstochter ähnlich sah, in deren Prunkgewänder, und das getreue Mädchen ließ sich zur Hinrichtung abführen, ohne zu sagen, wer sie wirklich war. Aber Harmonia rief die Henker zurück und enthüllte ihre Identität. Da wurden beide getötet: die eine, weil sie eine Lüge nicht aufgedeckt, die andere, weil sie die Wahrheit offenbart hatte.

Quellen: Livius 24,25; Valerius Maximus 3,2, ext. 9. – Bild: Pierre, Metrop. Mus.

Berühmte Liebespaare

Hero und Leander

Leander war ein junger Mann aus Abydos, einer Griechenstadt am asiatischen Ufer des Hellespont (Dardanellen). Da seine Eltern von einer Heirat mit seiner Geliebten Hero, die auf der anderen Seite der Meerenge in der Stadt Sestos eine Priesterin der Aphrodite war, nichts wissen wollten, schwamm Leander des Nachts oft heimlich ans andere Ufer, wobei ihm Hero durch eine brennende Fackel oder Lampe, die sie auf einem Turm aufstellte, den Weg anzeigte. In einer stürmischen Nacht wehte der Wind das Licht aus, und Leander ertrank. Hero stürzte sich voll Trauer ins Meer.

Quellen: Ovid, Heroides 18,19 und Ars Amandi 2,249 ff.; Mousaios, Hero und Leandros. – Bilder: Feti, KHM Wien; Hoecke, KHM Wien; Bramer, Prado; Carpioni, Mus. Civico Padua/Budapest.

Pyramus und Thisbe

Pyramus und Thisbe waren Nachbarskinder und liebten einander gegen den Willen der Eltern. Nur durch einen Spalt in der Trennmauer zwischen beiden Häusern konnten die Liebenden miteinander flüstern. Da beschlossen sie, sich nachts heimlich vor der Stadt bei einer Quelle zu treffen. Thisbe war als erste da, flüchtete aber vor einer Löwin, die ihre Beute geschlagen hatte und blutbesudelt zum Trinken kam. Dabei verlor das Mädchen seinen Schleier, den das Raubtier, als es wieder wegging, zerfetzte und mit Blut beschmierte. Als Pyramus dann kam, glaubte er, die Geliebte sei zerrissen worden, und stürzte sich aus Verzweiflung in sein Schwert. Thisbe fand den Sterbenden, nahm seine Waffe und gab sich ebenfalls den Tod.

Quellen: Ovid, Metamorphosen 4,55–166; Gesta Romanorum 231. – Bilder: Filarete, Bronzetür St. Peter Rom; Manuel, Basel; Grien, Dahlem; Tintoretto, Gall. Estense; Bril, Pal. Barberini Rom; Poussin, Städel; Dughet, Liverpool.

Daphnis und Chloë

Der Roman aus dem 2./3. Jahrhundert nach Christus schildert die Geschichte zweier Hirtenkinder, die gemeinsam Schritt für Schritt die Liebe entdecken. Die Hirten Lamon und Dryas hatten jeder ein ausgesetztes Kind gefunden: der eine einen Knaben, den eine Ziege säugte und der andere ein Mädchen, gesäugt von einem Schaf. Die Kinder, Daphnis und Chloë genannt, waren dann in den Familien ihrer Pflegeeltern aufgezogen worden. Herangewachsen trafen sie sich im Frühling beim Hüten ihrer Herden. Während ihrer kindlichen Spiele spürten sie eine Sehnsucht zueinander, die sie sich nicht erklären konnten.

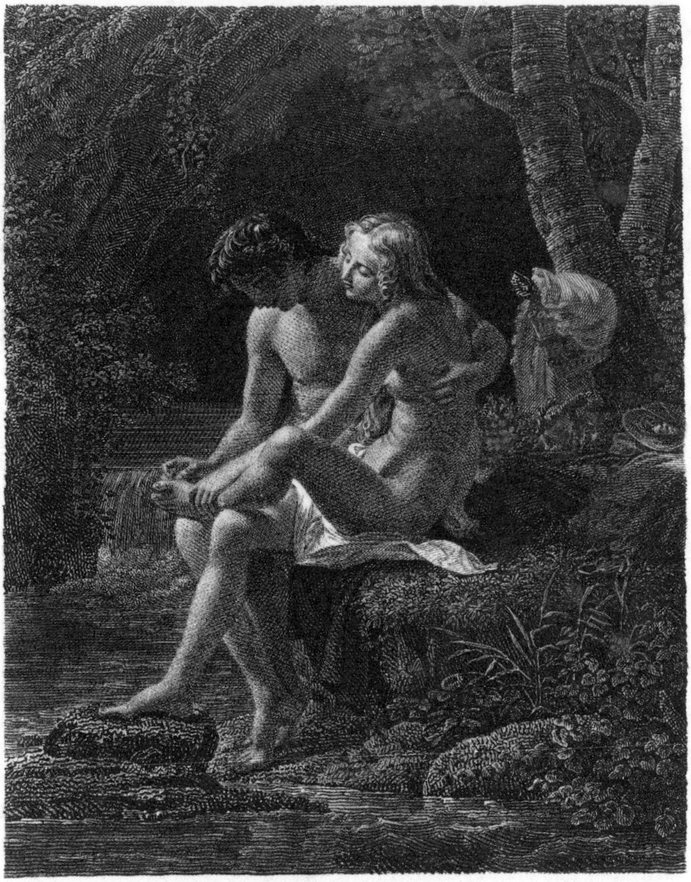

Daphnis und Chloë
Kupferstich von Larcher nach Louis Hersent

Als Daphnis von Seeräubern entführt wurde, konnte Chloë ihn retten. Sie erhielt von ihrem beim Angriff der Räuber tödlich verwundeten Verehrer Dorkon dessen Hirtenflöte (Syrinx). Ihr Klang brachte die gestohlenen Rinder auf dem Schiff der Entführer zum Tanzen, so daß dieses kenterte und Daphnis sich schwimmend retten konnte. Die wieder Vereinten erfuhren dann im Herbst vom alten, weisen Hirten Philetas die Ursache ihres Leidens: die Liebe, und die Heilmittel dagegen: sich küssen und nackt beisammen auf der Erde liegen. Doch das allein brachte den beiden noch keine Linderung ihrer Krankheit. Nachdem nun auch Chloë geraubt, aber vom Gott Pan unversehrt zurückgebracht wurde, kam die Trennungszeit des Winters. Im neuen Frühling wurde Daphnis von Lykainion, einer ihm wohlwollenden Nachbarsfrau, in die Wirklichkeit der Liebe eingeführt. Er spielte aber mit Chloë die früheren unschuldigen Spiele weiter, da er Angst hatte, ihr wehzutun. Dann fand er mit Hilfe der Nymphen einen Schatz und konnte um Chloë werben. Bei den Vorbereitungen für die Hochzeit, die vor der Höhle der Nymphen gefeiert werden sollte, kam schließlich die Herkunft der Liebenden zutage, die ihre Väter, den Landgutsbesitzer Dionysophanes und den reichen Kaufmann Megakles, wiederfanden.

QUELLE: Longos, Poimenika kata Daphnin kai Chloën (Hirtengeschichten von Daphnis und Chloë). – BILDER: Bordone, Nat. Gall. London; Netscher, Braunschweig; Werff, Sanssouci; Gérard, Louvre.

Theagenes und Charikleia

Der bis in die Barockzeit vielgelesene Roman aus dem dritten nachchristlichen Jahrhundert erzählt die Geschichte zweier Liebender. Zu Beginn liegt die Besatzung eines Schiffes niedergemetzelt am Strand der Nilmündung; nur ein schönes Mädchen, Charikleia, bemüht sich um einen schwerverletzten jungen Mann namens Theagenes. Thyamis, der edle Hauptmann einer dazukommenden Räuberbande, vertraut die beiden einem griechischen Sklaven namens Knemon an. Knemon lernt bald danach den greisen Ägypter Kalasiris kennen, der auf der Suche nach der einst ausgesetzten Königstochter Charikleia ist. Er hatte die Gesuchte schon einmal in Delphi als Priesterin gefunden, sie dann aber wieder verloren, als er sich mit ihr und ihrem Geliebten Theagenes auf die Heimreise machte. So trifft Kalasiris durch Knemon seine Schützlinge wieder. Später stellt sich auch heraus, daß der Räuber Thyamis sein verloren geglaubter Sohn ist. Nach vielen Abenteuern kommt Charikleia in ihre Heimatstadt, wo sie mit Theagenes als Kriegsgefangene geopfert werden soll. Doch sie gibt sich als die verlorene Königstochter zu erkennen, und die beiden Liebenden werden mit der Priesterwürde der Gottheit, der sie zum Opfer bestimmt waren, geehrt. Sie können nun endlich ihre Hochzeit feiern.

QUELLE: Heliodor, Aethiopica. – *Zyklen:* Dubois (15 Gemälde), Fontainebleau/Louvre; Honthorst, Schloß Kronborg Elsinore. – BILD: Bloemaert, Sanssouci/Utrecht.

ALEXANDER DER GROSSE

Alexander (356–323 v. Chr.) war ein Sohn des Königs Philipp von Makedonien. Als er 336 mit zwanzig Jahren dessen Nachfolger wurde, begann er sogleich einen Feldzug gegen das Perserreich. Über Kleinasien und Ägypten zog er nach dem heutigen Irak, Iran und Afganistan bis an den Fluß Indus.
Das Mittelalter kannte die Geschichte Alexanders durch die historisch relativ zuverlässigen Werke antiker Autoren, vor allem des Qu.Curtius Rufus und des Plutarch. Weitaus eindringlicher jedoch wirkte auf Literatur und Kunst eine spätgriechische Darstellung des Lebens Alexanders voll legendärer und phantastischer Züge, die als «Alexanderroman» bezeichnet wird. Daraus erwuchs eine ungeheure Fülle von Übersetzungen, Bearbeitungen und Nachdichtungen, was von der damaligen Beliebtheit des Stoffes zeugt.

Die Zähmung des Bucephalus

König Philipp, dem Vater Alexanders, wurde der herrliche Schimmel Bucephalus zum Kauf angeboten, den aber niemand zu reiten vermochte. Der junge Alexander hatte jedoch bemerkt, daß das Pferd scheute, wenn es sah, wie sich vor ihm sein eigener Schatten bewegte. Deshalb drehte er das Tier mit dem Kopf zur Sonne und redete ihm gut zu. So konnte er aufsitzen und reiten, ohne abgeworfen zu werden Als Alexander wieder vom Pferd stieg, sagte Philipp voller Stolz zu ihm: «Suche dir ein Reich, das deiner würdig ist. Makedonien ist zu klein für dich.»

Quelle: Plutarch 33 (Alexander), 6. – Bilder: Primaticcio, Fontainebleau; Tiepolo, Musée du Petit Palais Paris.

Aristoteles und Phyllis

Der große Philosoph Aristoteles (384–322 v. Chr.) war eine Zeitlang der Erzieher des jungen Alexanders. Dieser soll, so erzählte man im Mittelalter, als Geliebte die schöne Campaspe oder Phyllis besessen haben. Als ihn Aristoteles vor den Gefahren warnte, die Frauen für tüchtige Männer mit sich bringen, entfachte die Kurtisane aus Rache dafür in dem alten Philosophen eine so leidenschaftliche Glut, daß dieser zum Beweis seiner Liebe bereit war, der schönen Frau als Reittier zu dienen. Alexander konnte nun belustigt beobachten, wie sein würdevoller Lehrer auf allen Vieren mit einem Zügel im Mund auf dem Boden herumkroch, während Phyllis auf ihm saß und die Peitsche schwang. (Abb. S. 147)

QUELLE: Aus dem Orient stammendes Wandermotiv. – BILD: Meister von Ottobeuren, Bayr. Nat. Mus. München.

Timoklea von Theben vor Alexander

Nachdem Alexander (336 v. Chr.) mit zwanzig Jahren der Nachfolger seines ermordeten Vaters wurde, wollten sich die Griechen unter Führung der Thebaner der Oberhoheit der Makedonen entziehen. Der junge König aber eroberte Theben und ließ es plündern. Dabei wurde die vornehme Timoklea von einem thrakischen Hauptmann vergewaltigt. Als er sie danach auch noch nach ihren Schätzen fragte, zeigte sie auf einen Brunnen im Garten. Er ging mit ihr hin und beugte sich hinab, um genauer zu sehen. Da stieß sie ihn von hinten in die Tiefe und warf so lange Steine auf ihn, bis er tot war. Als Timoklea mit ihren Kindern vor Alexander gebracht wurde, ließ er sie aus Bewunderung für ihre Tat frei.

QUELLE: Plutarch 33 (Alexander), 12. – BILD: Domenichino, Louvre.

Alexander am Grabe Achills

Mit 21 Jahren (334 v. Chr.) begann Alexander den Angriff auf das Perserreich. Der junge König, der auf seinen Feldzügen immer wieder die «Ilias» Homers las, besuchte nach seiner Landung in Kleinasien als erstes die Ruinen von Troja. Dort opferte er der Göttin Athene und brachte an den Gräbern der griechischen Helden Trankopfer dar. Die Grabsäule Achills salbte und bekränzte er, nachdem er um sie mit seinen Freunden gemäß der Sitte nackt einen Wettlauf gemacht hatte.

QUELLEN: Plutarch 33 (Alexander), 15; Älian, Varia Historia 12,7. – BILDER: *Alexander liest Homer:* Cortona, Pal. Pitti; Ferri, Uffizien. *Alexander am Grabe Achills:** Bourdon, Louvre.

Die Schlacht am Granicus

Zu Beginn seines Feldzugs gegen die Perser (334 v. Chr.) stellte sich ein persisches Heer hinter dem Fluß Granicus im westlichen Kleinasien Alexander entgegen. Der König, erkenntlich an seinem Helmbusch mit langer weißer Feder, setzte in einem tollkühnen Angriff mit seinen Reitern über. Es kam am anderen Ufer zu einem Handgemenge, in dem Alexander von den beiden feindlichen Feldherrn zugleich angegriffen wurde. Der eine traf seinen Helm mit der Streitaxt, wurde aber von Alexanders Freund Kleitos mit dem Speer

---

* Da auch Kaiser Augustus das Grab Achills besuchte (Sueton, Augustus 18), ist in der Kunst nicht immer klar, welcher von beiden Herrschern dargestellt ist.

durchbohrt, während der andere Gegner von Alexanders Schwert getroffen wurde.

QUELLE: Plutarch 33 (Alexander), 16. – BILDER: Lebrun (Teppich), KHM Wien; C. Troost, Rijksmus.

DER GORDISCHE KNOTEN

Nach seinem Sieg am Granicus kam Alexander zur Stadt Gordion in Kleinasien. Dort stand ein Wagen, dessen Teile mit Seilen aus Bast zusammengebunden waren. Es ging die Sage, derjenige werde Asien beherrschen, der die kunstvoll geknüpften Knoten auflösen könnte. Auch Alexander gelang es nicht; da hieb er die Knoten mit seinem Schwert durch.

QUELLEN: Plutarch 33 (Alexander), 18; Curtius Rufus 3,1, 15–18. – BILDER: Platzer, Karlsruhe; Altomonte, Antikamera Residenz Salzburg; Restout, Kgl. Palais Stockholm.

DER ARZT PHILIPP

Als Alexander bei seinem Zug gegen die Perser durch ein Bad im eiskalten Wasser des anatolischen Gebirgsflusses Kydnos/Cydnus todkrank wurde, wollte aus Angst um das eigene Leben keiner seiner Ärzte eine Behandlung vorschlagen. Nur einer von ihnen, Alexanders Freund Philipp, nahm das Wagnis auf sich und bereitete einen Trank. Da erhielt der König einen Brief, in dem ihm angezeigt wurde, Philipp sei vom Perserkönig bestochen worden und wolle ihn vergiften. Doch Alexander nahm den Becher und gab dem Freund den Brief zu lesen, während er schon zu trinken anfing. Die Medizin verursachte eine schwere Krise, aber danach wurde Alexander gesund.

QUELLEN: Plutarch 33 (Alexander), 19; Curtius Rufus 3,5,4 und 3,6,1–13; Valerius Maximus 3,8, ext. 6. – BILDER: *Alexander wird aus dem Cydnus gehoben:* Platzer, Karlsruhe. *Alexander trinkt die Arznei:* Restout, Amiens.

DARIUS UND CHARIDEMUS

Als Söldnerführer im Dienst Athens hatte Charidemus gegen die Makedonen gekämpft. Er ging zu den Persern, als Alexander die Vorherrschaft über Griechenland erlangte. Der Perserkönig Darius nahm den erfahrenen Soldaten zunächst mit Auszeichnung als Ratgeber auf. Da sich der Grieche aber dann mit allzu großem Freimut über die Kriegführung des Königs gegen Alexander äußerte, ließ Darius ihn hinrichten.

QUELLEN: Diodor 17,30; Curtius Rufus 3,2,10. – BILD: Sustris, AP München.

DIE SCHLACHT BEI ISSUS – «ALEXANDERSCHLACHT»

In der Küstenebene bei der Stadt Issus in Cilicien stellte sich (333 v. Chr.) der Perserkönig Darius mit einem riesigen Heer den Eindringlingen entgegen.

Alexander, der auf seinem Schimmel den Streitwagen des gegnerischen Königs attackierte, wurde am Schenkel verwundet, nach einem der Berichte von Darius selbst. Die Perser aber wurden geschlagen, Darius entkam unter Zurücklassung einer riesigen Beute, unter der ein herrlich eingerichtetes Prunkzelt war.

QUELLEN: Plutarch 33 (Alexander), 20; Curtius Rufus 3,8–11. – BILDER: Altdorfer, AP München; Jan Brueghel, Louvre.

Alexander und die Frauen des Darius

Nach der Schlacht bei Issus fanden sich im erbeuteten persischen Lager die Mutter des Darius, Sisygambis, seine Frau Stateira und einige Töchter. Sie weinten, als sie unter der Beute den Wagen und den Bogen ihres Herrn sahen. Doch Alexander ließ ihnen ausrichten, Darius sei lebend entkommen, und behandelte die Frauen überaus ehrenvoll. Bei einer Audienz soll sich Sisygambis zunächst vor Hephaistion, dem glänzend gekleideten Freund Alexanders, niedergeworfen haben. Doch Alexander beruhigte die verlegene Königinmutter.

Als Stateira einige Monate danach bei der Geburt eines Kindes starb, ließ Alexander sie mit großem Aufwand ehrenvoll bestatten. Ein Haremswächter, der entkommen konnte, meldete dies Darius, der über den Verlust seiner Gattin untröstlich war. In seinem Schmerz schöpfte er sogar den Verdacht, der Grund für Alexanders Fürsorge sei in der Untreue der Frau zu suchen, aber der Eunuch beruhigte ihn.

QUELLEN: Plutarch 33 (Alexander), 21 und 30; Valerius Maximus 4,7, ext. 2; Curtius Rufus 3,12. – BILDER: *Die Frauen des Darius vor Alexander:* Schiavone, KHM Wien; Veronese, Nat. Gall. London; Eeckhout, AP München/Eremitage; Lebrun, Louvre/Chicago; Altomonte, Nürnberg; Tiepolo, Universität Würzburg; Batoni, Sanssouci; Maulbertsch, Stuttgart. *Der Tod der Gattin des Darius:* Lagrenée, Louvre.

Der Gärtner Abdalonymus

Nach dem Sieg Alexanders bei Issus widerstand ihm an der phönizischen Küste (heute Libanon) nur das auf einer Halbinsel im Meer gelegene Tyrus. Die Städte Byblos und Sidon hingegen ergaben sich.

Da der Herrscher von Sidon perserfreundlich war, suchte man nach einem anderen König. Zwei vornehme Männer lehnten höflich ab und verwiesen auf einen gewissen Abdalonymus. Er sei, sagten sie, wie sie von königlichem Geblüte, obwohl er jetzt wegen seiner Armut von der Bebauung seines Gartens lebe. Eine Abordnung wurde zu dem neuen König geschickt, die ihn verschmutzt und in Lumpen bei der Gartenarbeit antraf. Als er aber gebadet und neu eingekleidet war, staunten alle über sein königliches Aussehen. Alexander fragte ihn, wie er denn mit seiner Armut fertig geworden sei. Er antwortete, auf seine Hände zeigend: «Sie haben meine Wünsche erfüllt: dem, der nichts besaß, hat nichts gefehlt.»

QUELLE: Curtius Rufus 4,1,15–26. – BILDER: *Huldigung der Stadt Byblos:* Rottmayr, Audienzsaal Residenz Salzburg. *Die Abgesandten bei Abdalonymus:* Knupfer, Rijksmus.

Alexander in Jerusalem

Als Alexander nach seinem Sieg bei Issus in Richtung Ägypten zog, besuchte er nach einer (ungeschichtlichen) jüdischen Überlieferung auch Jerusalem. Der Hohepriester, der bis zuletzt seinem Eid getreu zu Darius gehalten hatte, zog ihm angstvoll in vollem Ornat mit den Priestern entgegen. Doch zur Überraschung aller verbeugte sich Alexander vor dem Hohenpriester und erklärte, er habe diesen Mann schon einmal im Traum gesehen, als er noch überlegte, ob er Asien bezwingen könne; damals habe ihm die Gestalt die Hilfe ihres Gottes versprochen. Dann stieg Alexander zum Tempel hinauf, wo er Opfer darbrachte und Gott alle Ehre bezeugte.

QUELLE: Flavius Josephus, Jüd. Altertümer 11,8,5. – BILD: Conca, Prado.

Alexanders Einzug in Babylon

Nach der Schlacht bei Issus eroberte Alexander zuerst Ägypten, bevor er sich nach Mesopotamien wandte, wo er in der Entscheidungsschlacht von Gaugamela (bei Arbela) eine riesige Übermacht der Perser besiegte. Babylon, die große Metropole des Orients, empfing den Sieger mit Begeisterung, als er in Wolken von Weihrauch und unter den Gesängen der chaldäischen Priester auf der gewaltigen Prozessionsstraße vom Ischtartor zur Königsburg zog.

QUELLE: Curtius Rufus 5,1,19–23. – BILDER: Lebrun, Louvre; Lairesse, Mannheim; Pittoni, Escorial.

Der Brand von Persepolis

Nachdem Alexander die persische Hauptstadt Persepolis erobert hatte, blieb er dort mit seinem Heer im Winterquartier. Bei einem Festgelage stachelte ihn die schöne Thais aus Attika, eine der anwesenden Hetären (Kurtisanen), dazu auf, an der Königsburg jenes Xerxes Rache zu nehmen, der einst ihre Heimat Athen in Schutt und Asche gelegt hatte. Alexander, Thais und die übrigen Gäste – alle betrunken – zogen daraufhin mit Fackeln in der Hand zum Palast und steckten ihn in Brand.

QUELLEN: Plutarch 33 (Alexander) 33 und 38; Curtius Rufus 5,7,2–5. – BILDER: Primaticcio, Fontainebleau; L. Caracci, Pal. Zambeccari Bologna; Reynolds, Slg. Rothschild Waddesdon Manor.

Alexander an der Leiche des Darius

Der Perserkönig Darius war in die östlichen Gebiete seines Reiches geflüchtet. Von seinen Anhängern verlassen und von einem seiner Statthalter sogar gefangengesetzt, fanden ihn die verfolgenden Makedonen sterbend in einem Wagen, mit goldenen Ketten gefesselt und von Spießen durchbohrt. Nach einem Bericht bat er noch um Wasser, das ihm einer der Makedonen auch brachte, und bedankte sich für den Edelmut, den sein Gegner seiner Familie erwiesen hatte. Alexander, der hinzukam, bedeckte den Toten mit seinem eigenen Mantel und sandte den Leichnam mit königlichen Ehren zur Bestattung an die Königinmutter.

Quellen: Plutarch 33,43; Curtius Rufus 5,13; Diodor 17,43,4. – Bilder: Heiss, Nürnberg; Piazzetta, Cà Rezzonico Venedig.

Alexander und die Amazonenkönigin Thalestris

Als Alexander am Südrand des Kaspischen Meeres entlangzog, soll die Amazonenkönigin Thalestris zu ihm gekommen und dreizehn Tage geblieben sein, da sie sich ein Kind von ihm wünschte. Der sicher sagenhafte Bericht galt schon im Altertum als unglaubwürdig.

Quellen: Plutarch 33,46; Curtius Rufus 6,5,25–32. – Bilder: Primaticcio, Fontainebleau; Platzer, Aachen.

Die Hochzeit mit Roxana

Roxana war die Tochter des Fürsten von Sogdiana (heute Usbekistan). Sie soll die einzige Frau gewesen sein, die Alexander wirklich liebte. Er sah sie zum ersten Mal im Reigentanz bei einem Gastmahl und machte sie später im Zuge seiner Politik der Aussöhnung Asiens mit Europa zu seiner legitimen Gemahlin.

Quellen: Curtius Rufus 8,4,23–29; Plutarch 33 (Alexander), 47. – Bilder: Rubens (Schule), Hannover; Lairesse, Bamberg/Kopenhagen; Platzer, Aachen.

Die Königin Cleophis reicht Alexander Wein

Auf seinem Zug nach Indien belagerte Alexander (in der Nähe des Khyber-Passes) die Stadt Massaga/Mazagas. Da ihr König gestorben war, herrschte seine Mutter Cleophis. Sie kam schließlich aus den Mauern heraus, um die Stadt zu übergeben, und kredenzte Alexander Wein in goldenen Bechern. Er begnadigte sie und soll später einen Sohn von ihr bekommen haben.

Quellen: Curtius Rufus 8,10,34 f.; Diodor 17,84. – Bild: Hoet, Rouen.

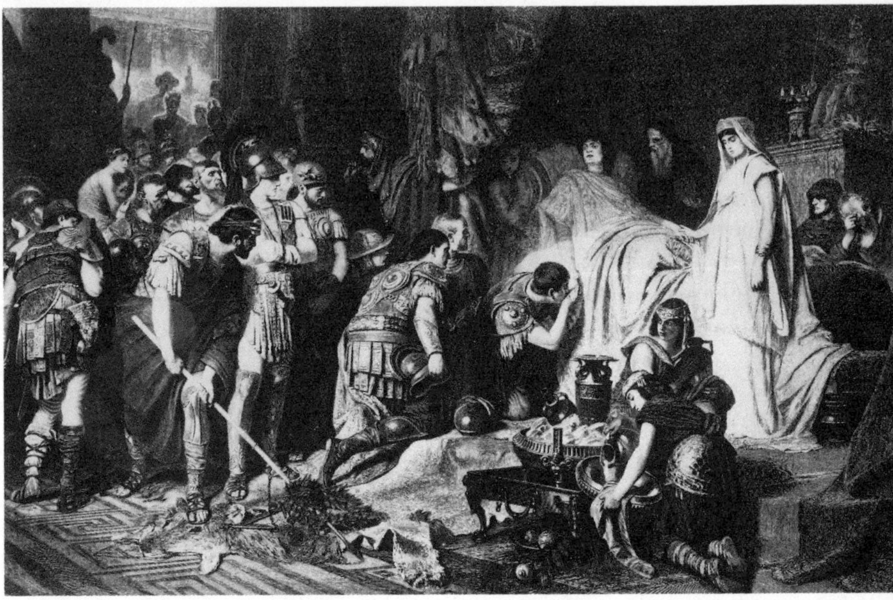

Der Tod Alexanders des Großen
Gemälde von Karl v. Piloty (Skizze), Neue Pinakothek München

Der Kampf mit König Poros

Bei Alexanders Zug nach Indien stellte sich ihm König Poros am Hydaspes (einem östlichen Nebenfluß des Indus) mit einem Heer entgegen, das viele Kriegselefanten hatte. Poros, körperlich ein Riese, wurde besiegt und gefangengenommen. Als Alexander ihn fragte, wie er behandelt werden wolle, antwortete er: «Königlich!» Tatsächlich ließ ihm Alexander das Leben und setzte ihn sogar als Statthalter wieder in sein Reich ein.

Quelle: Plutarch 33 (Alexander), 60. – Bild: Lebrun, Louvre.

Alexanders Tod

323 v. Chr. litt Alexander in Babylon an einem anhaltenden Fieber, vermutlich an Malaria. Da er deshalb tagelang in seinem Palast blieb, verbreitete sich das Gerücht, er sei tot. Die Soldaten erzwangen sich Zutritt zu ihrem Anführer und zogen Mann für Mann an seinem Krankenbett vorbei. Am 10. Juni des Jahres starb er, noch nicht 33 Jahre alt.

Quellen: Plutarch 33 (Alexander), 76; Curtius Rufus 10,5,1–8. – Bild: Flémal, Kassel.

DIADOCHENREICHE

Das von Alexander gegründete Weltreich zerfiel bei seinem Tode in mehrere Nachfolgestaaten (Diadochenreiche), in denen Alexanders makedonische und griechische Generäle Dynastien begründeten, die in den folgenden Jahrhunderten den Orient für die griechische Sprache und Kultur öffneten.

Die Liebe des Antiochus zu Stratonike

Antiochus, der Sohn des Seleukos Nikator, der nach Alexanders des Großen Tod über Asien herrschte, war sterbenskrank. Der Hofarzt Erasistratos ahnte bald, daß die Ursache der Krankheit in einer unglücklichen Liebe lag. Er veranlaßte alle Frauen des Hofes, nacheinander den Kranken zu besuchen, und bekam so heraus, daß der Gegenstand der Liebe des Antiochus seine Stiefmutter Stratonike war. Als der Arzt König Seleukos davon informierte, brach dieser in Tränen aus und übergab dem Sohn nicht nur sein Reich, sondern auch seine Gemahlin. Antiochus herrschte dann von 281–261 v. Chr.

Quellen: Plutarch 43 (Demetrius), 38; Appian, Röm. Geschichte, Syriake 59,309 ff.; Valerius Maximus 5,7, ext. 1. – Bilder: Schönfeld, Oldenburg; Lairesse, Rijksmus.; Bellucci, Kassel; J.-L. David, École des Beaux-Arts Paris; Ingres, Montpellier/Chantilly.

Berenikes Locke – «Coma Berenices»

Berenike II., eine Königstochter aus Kyrene (heute Libyen), wurde Gattin von Ptolemäus III., der von 246–222/1 v. Chr. über Ägypten herrschte. Als dieser bald nach der Hochzeit in den Krieg zog, sandte sie ihre Haarlocke als Weihegeschenk für seine glückliche Heimkehr in den Tempel einer Göttin. Dort aber verschwand die Locke auf unerklärliche Weise. Der Hofastronom Konon entdeckte sie dann am Himmel als neues Sternbild, das seither den Namen trägt. Berenike wurde 221 v. Chr. ermordet.

Quelle: Catull c. 66 (Übersetzung eines griechischen Gedichts von Kallimachos). – Bild: Strozzi, Stuttgart/Los Angeles.

Die Gesandtschaft des Popillius zu König Antiochus von Syrien

C. Popillius Laenas (Konsul 172 v. Chr.) war ein harter und geschickter Machtpolitiker, der in der Außenpolitik rücksichtslos für die imperiale Größe Roms eintrat. Als im Krieg zwischen den damals noch selbständigen Diadochenreichen Syrien und Ägypten der syrische König Antiochus IV. Epiphanes (siehe Makkabäergeschichten, S. 262) seinen Gegner besiegt hatte und schon in dessen Land eingedrungen war (168 v. Chr.), trat Popillius in Eleusis bei Alexandria vor den Sieger und übermittelte ihm ultimativ einen Senatsbeschluß, der ihn aufforderte, sofort Frieden zu schließen und wieder abzuziehen. Da der König zögerte, zog der Römer mit seinem Stock im Sand um ihn herum einen Kreis und erklärte, der König dürfe so lange nicht heraustreten, bis er sich entschieden habe («Tag von Eleusis»). Antiochus gab nach, was aller Welt zeigte, daß nun die Römer auch im östlichen Mittelmeerbecken die unumstrittenen Herren geworden waren.

QUELLEN: Polybius 29,27,8; Livius 45, 12,4 ff. – BILD: Lagrenée, Lille.

Cleopatra von Syrien und Rodogune

Cleopatra – nicht zu verwechseln mit der Geliebten Caesars und Marc Antons – war um das Jahr 125 v. Chr. Königin im hellenistischen Syrien. Ihr Mann, Demetrius Nikanor, von dem sie zwei Söhne hatte, geriet in die Gefangenschaft der Parther, wo er zur Bekräftigung eines Friedensvertrages die Prinzessin Rodogune zur Frau nahm. Bei seiner Rückkehr ließ ihn die alternde Gattin aus Haß auf die jüngere Nebenbuhlerin heimtückisch umbringen. Ebenso tötete sie ihren ersten Sohn, der dem Vater auf dem Thron nachfolgte. Als dann der jüngere Sohn Antiochus die verhaßte Rodogune heiratete, wollte sie auch ihn beseitigen, indem sie Gift in den Hochzeitsbecher mischte. Ihr Vorhaben wurde aber im letzten Augenblick entdeckt. Da trank sie auf der Stelle den Becher selbst aus und starb.

QUELLEN: Corneille, Rodogune, frei nach Appian, Römische Geschichte, Syriake 67, 356 ff.; Justin, Universalgeschichte 36 und 39. – BILD: Ch.-A. Coypel, Grenoble.

ORIENTALISCHE HERRSCHER

Über die Geschichte des Alten Orients besaß die Antike nur verhältnismäßig spärliche Kenntnis. Man wußte vom neu-assyrischen Reich (9.–7. Jh. v. Chr.), das sein Zentrum in Mesopotamien hatte, und vom lydischen Reich (8.–6. Jh. v. Chr.), das in Kleinasien lag. Mehr Nachrichten hatte man vom Perserreich, das vom 6.–4. Jh. v. Chr. bestand und ganz Vorderasien und Ägypten umfaßte. Die Griechen sahen ihre Zivilisation gern als Gegensatz zu den «barbarischen» Reichen des Orients, wie dies Herodot in seiner Geschichtsschreibung über die Perserkriege formuliert hatte.

Semiramis

Der assyrische König Ninus (= Schamschi-Adad V., 823–811 v. Chr.) hörte von ihrer Schönheit und ließ Semiramis vor sich bringen. Er verliebte sich auf der Stelle in sie und ließ sie sogleich zur Königin krönen.
Später, nach dem frühzeitigen Tode ihres Gatten, war Semiramis eine tatkräftige Regentin für ihren minderjährigen Sohn Ninias (= Adadnirari III.). Einmal, während sie gerade Toilette machte, traf die Nachricht von einem Aufstand der Babylonier ein. Da soll sie sofort zu den Waffen geeilt und in den Kampf gezogen sein, ohne vorher ihr Haar in Ordnung zu bringen.
Angeblich erdolchte Ninias, als er herangewachsen war, seine Mutter vor dem Sarkophag ihres Gatten Ninus. – Semiramis' Name wird auch mit großartigen Gartenanlagen, den «hängenden Gärten» zu Babylon, in Verbindung gebracht, die im Altertum als eines der Sieben Weltwunder galten. Vermutlich wurden sie aber für eine spätere babylonische Königin des gleichen Namens erbaut.

QUELLEN: Älian, Varia Historia 7,1; Diodor 2,4–20; Valerius Maximus 9,3, ext. 4. – BILDER: *Ninus krönt Semiramis:* La Hire, Budapest. *Semiramis zu den Waffen gerufen:* Guercino, Boston. *Die Ermordung der Semiramis:* Conca, Prag; Platzer, Prag.

Der Tod des Sardanapal

In den antiken Berichten wird Sardanapal mit Assurbanipal, dem letzten großen König Assyriens (668–ca. 630 v. Chr.), identifiziert. Er soll ein verweichlichtes Leben voller Luxus und Ausschweifung geführt haben, so daß ein medischer Hauptmann vor ihm die Achtung verlor, als er den König mit seinen Frauen bei der für weibisch angesehenen Tätigkeit des Spinnens erblickte. Der Meder zettelte einen Aufstand an, der nach vielen Kämpfen zum Erfolg führte. Als Sardanapal keinen Ausweg mehr sah, ließ er einen riesigen

Scheiterhaufen errichten und darauf all seine Reichtümer legen. Er selbst begab sich mit seinen Frauen und Dienern in ein Gemach im Inneren des Scheiterhaufens, den er dann anzünden ließ. So verbrannte er mit allem, was er besaß.

QUELLE: Aristoteles, Politik 5,8,14. – BILD: Delacroix, Louvre.

Gyges und das Weib des Kandaules

Kandaules, um 700 v. Chr. König von Lydien (im westlichen Kleinasien), war so vernarrt in die Schönheit seiner Gemahlin, daß er sie Gyges, seinem Freund und Anführer der Leibwache, zeigen wollte. Trotz seines Widerstrebens mußte sich Gyges am Abend im Vorzimmer des Schlafgemachs verstecken, um zuzusehen, wie die Frau sich auszog. Doch diese bemerkte ihn, als er sich danach hinausschlich. Empört stellte sie Gyges am nächsten Morgen vor die Wahl, entweder selber zu sterben oder ihren Gatten zu töten. Gyges ermordete Kandaules mit Hilfe der Frau, die ihn an der gleichen Stelle versteckte, und wurde sein Nachfolger als König und Gemahl. – Nach der bei Plato erzählten Version der Geschichte fand Gyges als Hirte in einer Höhle einen Ring, der unsichtbar machte, wenn man den Stein nach innen drehte. So konnte Gyges den König töten und die Königin heiraten.

QUELLEN: Herodot 1,8–12; Plato, Staat 359D–360B, 612B. – BILDER: Dosso Dossi, Gall. Borghese; Jordaens, Nat. Mus. Stockholm; Bol, Braunschweig; Etty, Tate Gall.

Der reiche Croesus

Croesus war um die Mitte des 6. Jahrhunderts v. Chr. König von Lydien in Kleinasien. Er hatte seine Herrschaft stark ausgedehnt und galt als unermeßlich reich. Als ihn der weise Solon, der große Gesetzgeber Athens, besuchte, ließ ihm der König die Schatzkammer zeigen. Dann fragte er ihn, wen er für den glücklichsten der Menschen halte. Solon war weder von den Erfolgen noch vom Reichtum seines Gastgebers beeindruckt und nannte ihm einige einfache Menschen, die ein gutes Leben geführt hatten. Als der König darüber erstaunt war, fügte der Weise noch hinzu, niemand dürfe vor seinem Tode glücklich gepriesen werden. Croesus verabschiedete Solon ungnädig, da er sich selbst für den glücklichsten Menschen hielt.

Doch von da an traf ihn nur noch Unglück. Schließlich wurde er sogar vom Perserkönig Cyrus besiegt und sollte schon auf dem Scheiterhaufen verbrannt werden. Da erinnerte er sich an Solon und rief dreimal seinen Namen. Cyrus wurde neugierig und schenkte, als er den Grund für den Ausruf erfuhr, Croesus das Leben.

QUELLEN: Herodot 1,29–33 und 86; Plutarch 5 (Solon), 27 f. – BILDER: *Croesus zeigt Solon seine Schätze:* Frans II. Francken, KHM Wien/Louvre/Pal. Barberini Rom; Honthorst, Hamburg; Koninck, Eremitage; Platzer, Dresden. *Croesus auf dem Scheiterhaufen:* Quaglio, Pal. Belgrado Udine; Troy, Toulouse.

Die Jugend des Cyrus

Astyages, König der Meder und Perser, hatte als einziges Kind eine Tochter. Als sie schwanger war, wurde er in einem Traum gewarnt, dieser Enkel werde ihm die Herrschaft nehmen. So befahl er seinem Verwandten Arpages/Harpagus, das Neugeborene im Gebirge auszusetzen. Dieser übergab es einem Hirten namens Mithridates, der aber Mitleid hatte und einen eigenen, gerade tot geborenen Sohn unterschob. Dessen Leiche ließ Arpages königlich bestatten. Die Frau des Hirten aber zog Cyrus unter einem anderen Namen auf. Sie soll Kyno (griechisch ‹Hund›) geheißen haben, woraus das Gerücht entstand, das ausgesetzte Kind sei von einer Hündin gesäugt worden.
Als der Knabe zehn Jahre alt war, wählten die Dorfkinder im Spiel den angeblichen Hirtensohn zu ihrem König. Als ein vornehmer Junge ihm nicht gehorchen wollte, ließ ihn Cyrus peitschen. Der Vater des Jungen beschwerte sich beim König, der den Hirten mit seinem Sohn kommen ließ und das Kind als seinen Enkel erkannte. Da die Traumdeuter meinten, die Prophezeiung sei schon erfüllt, da Cyrus ja schon «König» gewesen sei, ließ Astyages ihn zu seinen Eltern zurückkehren. Arpages aber bestrafte er, indem er dessen Sohn unter einem Vorwand in den Palast holen und töten ließ und ihn dem Vater zum Essen vorsetzte. Aus Rache dafür stachelte Arpages Cyrus zum Aufstand an, der dann von 559–529 v. Chr. herrschte, Kleinasien und Babylon eroberte und damit zum Begründer des persischen Weltreiches wurde.

Quelle: Herodot, Historien 1, 108 ff. – Bilder: *Der Knabe Cyrus bei den Hirten:* Ricci, Hamburg. *Der kleine Cyrus von einer Hündin gesäugt:* Castiglione, Lyon/Dublin. *Der Knabe Cyrus vor dem Thron seines Großvaters Astyages:* Victors, Oldenburg.

Cyrus und Panthea

Die romanhafte Geschichte spielt während eines Feldzugs des Cyrus gegen den Assyrerkönig, was anachronistisch ist. Panthea soll die Gattin des Königs Abradates von Susa oder Susiana, eines Bundesgenossen der Assyrer, gewesen sein. Bei der Eroberung eines assyrischen Lagers wurde sie gefangengenommen, aber vom Sieger in ihrer Ehre beschützt. Zum Dank dafür überredete Panthea ihren Mann, auf die Seite des Cyrus überzutreten.
Doch Abradates fiel einige Zeit später im Kampf. Aus Gram darüber gab sich die Witwe an seiner Leiche mit ihrem Gefolge den Tod. Cyrus ließ für die beiden ein herrliches Grabmahl errichten.

Quellen: Xenophon, Kyru Paideia 4,6–7,3; Philostratos, Die Bilder 2,9; Bandello, Novellen 3,9. – Bilder: *Cyrus verzichtet auf Panthea:* Cortona, Pal. Pitti. *Panthea an der Leiche des Abradates:* Gamelin, Bordeaux.

Tomyris taucht das Haupt des Cyrus in Menschenblut

Tomyris war Königin der Massageten, eines den Skythen ähnlichen Volkes, das östlich vom Kaspischen Meer wohnte. Cyrus, 559 bis 529 v. Chr. Herrscher des Perserreiches, wollte die Massageten unterwerfen und griff dabei zu einer Kriegslist. Er rückte in ihr Land vor und ließ dann eine schwache Heeresmacht in einem Lager zurück, das voll mit Wein und Speisen war, während er mit seiner Hauptmacht wieder abzog. Eine Abteilung der Massageten überfiel erwartungsgemäß das Lager, aß und trank und berauschte sich mit dem Wein, den sie bis dahin nicht gekannt hatten. Die Perser kamen wieder, überfielen die Betrunkenen und nahmen den Anführer, den Sohn der Königin, gefangen. Tomyris schickte einen Boten an Cyrus und ließ ihm sagen, er habe ihren Sohn mit Gift, nicht mit Waffen überwältigt; er solle den Sohn zurückgeben und abziehen, sonst werde sie ihn mit Blut trunken machen. Cyrus hörte nicht darauf. Er ließ zwar dem Sohn der Königin die Fesseln abnehmen, als dieser von seinem Rausch erwachte. Der junge Königssohn tötete sich jedoch aus Scham, sobald er seine Hände frei hatte. Nun kam es zu einer gewaltigen Schlacht, in der die Massageten siegten und Cyrus getötet wurde. Tomyris füllte mit dem Blut der erschlagenen Feinde einen Schlauch und steckte den abgeschlagenen Kopf des Cyrus hinein mit den Worten: «Obwohl ich Siegerin bin, hast du mich geschlagen, da mein Sohn durch deine Tücke gestorben ist. Darum will ich dich mit Blut trunken machen, wie ich es dir angedroht habe.»

Quellen: Herodot, Historien 1, 204–224; Valerius Maximus 9,10, ext. 7. – Bilder: Rubens, Louvre/Boston; Frans II. Francken, Dijon.

Das Urteil des Cambyses

Auf Befehl des persischen Königs Cambyses (529–522 v. Chr.) wurde einem ungerechten Richter namens Sisamnes die Haut vom Leib gezogen und über seinen Richterstuhl gespannt, auf dem sein Sohn und Amtsnachfolger Platz nehmen mußte.

Quellen: Herodot 5,25; Valerius Maximus 6,3, ext. 3. – Bilder: Gerard David, Brügge; Rubens, Metrop. Mus.

Artemisias Trauer um Mausolos

Artemisia war die Gattin des Mausolos, eines persischen Statthalters von Karien in Kleinasien, berühmt durch sein gewaltiges Grabmal, das im Altertum als ‹Mausoleum von Halikarnassos› zu den Sieben Weltwundern zählte. Als ihr Mann 353 v. Chr. starb, soll sie die in Wasser gelöste Asche ihres Gatten getrunken haben, um für ihn ein ‹lebendiges Grabmal› zu sein.

Quelle: Valerius Maximus 4,6, ext. 1. – Bilder: Salviati, Uffizien; Feti, Uffizien/KHM Wien; Rembrandt, Prado.

Königin Zenobia von Armenien

Die schwangere Zenobia, um 50 n. Chr. Gemahlin des armenischen Königs Radamistus, bat auf der Flucht vor den Parthern ihren Gatten, sie zu töten, damit sie nicht lebend in die Hände der Feinde falle. Da die Lage tatsächlich aussichtslos war, durchbohrte Radamistus Zenobia mit seinem Säbel und warf sie dann in den Fluß Araxes. Hirten fanden die schöne und vornehme Frau, die noch Lebenszeichen von sich gab, an einer seichten Stelle im Wasser und brachten sie in die Hauptstadt. Der neue von den Parthern eingesetzte Herrscher behandelte die Gattin seines Vorgängers wie eine Königin.

Quelle: Tacitus, Annalen 12,49–51. – Bild: Poussin, Eremitage.

BIBLISCHE GESCHICHTEN

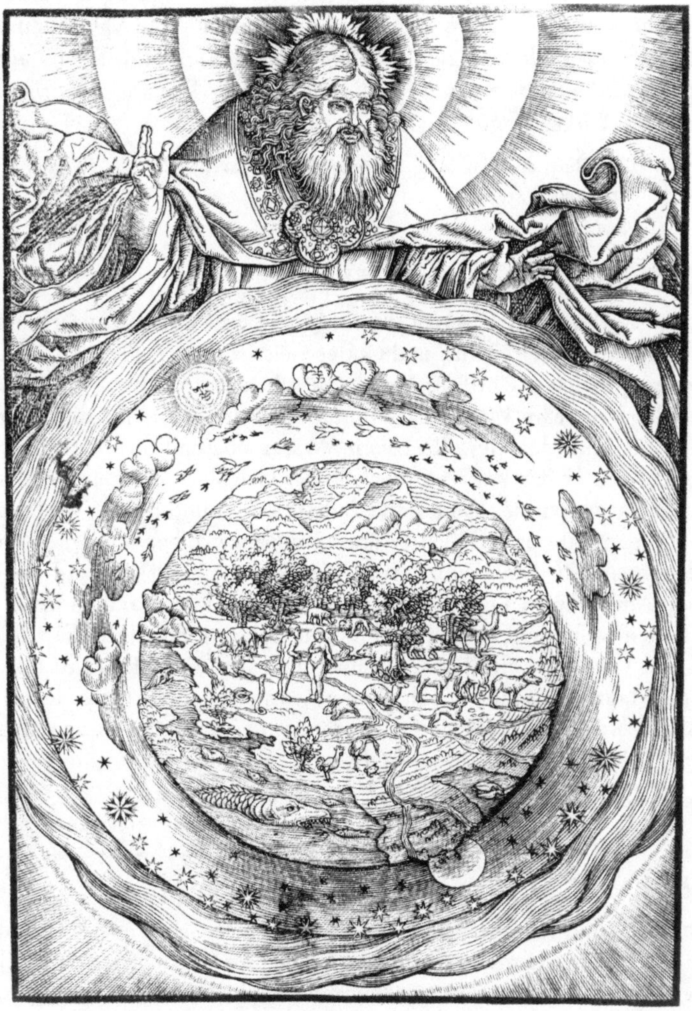

Erschaffung der Welt
Holzschnitt von Lucas Cranach d. Ä.
(Vorsatzblatt aus der Lutherbibel von 1534)

ALTES TESTAMENT

Biblische Urgeschichte

Die ersten elf Kapitel der Bibel sind eine Sammlung von Erzählungen, welche unter verschiedenen Aspekten die Situation des Menschen in seinem Bezug zur Welt und zu Gott deuten wollen. Sie laufen als eine Art «Vorwort» auf die Berufung Abrahams zu, mit der die eigentliche Geschichte des Volkes Israel beginnt.

ZYKLEN: Meister Bertram, Hamburg; Uccello, S. M. Novella Florenz; Raffael, Loggien; Michelangelo, Sixtina.

WELTSCHÖPFUNG – SECHSTAGEWERK

«Im Anfang schuf Gott Himmel und Erde; die Erde aber war wüst und leer, Finsternis lag über der Urflut, und Gottes Geist schwebte über dem Wasser.» Am *ersten* Tag schuf Gott das Licht und schied es von der Finsternis. Am *zweiten* Tag ließ er im Wasser das Himmelsgewölbe entstehen und schied das Wasser unterhalb des Gewölbes vom Wasser oberhalb des Gewölbes. Am *dritten* Tag ließ er das Wasser unterhalb des Gewölbes sich sammeln, so daß das Land sichtbar wurde. Dann ließ er alle Pflanzen und Bäume wachsen. Am *vierten* Tag machte er die Lichter am Himmelsgewölbe: Sonne, Mond und Sterne. Am *fünften* Tag schuf er die Fische im Wasser und die Vögel am Himmel. Am *sechsten* Tag schuf er alle Arten von Tieren auf dem Land. Dann schuf er den Menschen als sein Abbild und gab ihm die Herrschaft über die Fische und Vögel und alle Tiere und über die ganze Erde. Er schuf den Menschen als Mann und Frau. Er sah alles an, was er gemacht hatte. Es war sehr gut. Am *siebten* Tage vollendete Gott das Werk: Er ruhte aus von all seinen Werken. (Abb. S. 179)

QUELLE: 1. Buch Mosis (Genesis) 1,1 – 2,4. – BILDER: Siehe Zyklen.

DIE ERSCHAFFUNG ADAMS UND EVAS – DAS PARADIES

Als Gott Erde und Himmel schuf, bildete er den Menschen aus Ackererde und hauchte ihm den Atem ein. Er pflanzte einen Garten in Eden, mit schönen Bäumen und guten Früchten. Zur Bewässerung ließ er einen Strom entspringen, der sich in vier Flüsse teilte. Gott setzte den Menschen in den Garten, damit er ihn bebaue und bewahre.
Dann sprach er: «Es ist nicht gut, daß der Mensch allein bleibt. Ich will ihm

eine Hilfe machen.» Er formte aus Ackererde die Tiere, denen Adam ihre Namen gab. Aber sie waren keine Hilfe, die dem Menschen entsprach. Da versetzte Gott Adam in einen Tiefschlaf, nahm eine seiner Rippen, formte aus ihr eine Frau und führte sie ihm zu. Adam sagte: «Das ist endlich Bein von meinem Bein und Fleisch von meinem Fleisch.» Adam und Eva waren nackt, aber sie schämten sich nicht voreinander.

QUELLE: 1. Buch Mosis (Genesis) 2,4–25. – BILDER: *Erschaffung Adams:* Siehe Zyklen; Blake, Tate Gall.; Chagall, Chagall-Mus. Nizza. *Das Paradies:* Cranach d. Ä., Dresden/KHM Wien; Pontormo, Uffizien; Jan Brueghel, Städel/Victoria & Albert; Tizian, Prado; Rubens und Jan Brueghel, Mauritshuis; Chagall, Chagall-Mus. Nizza. *Erschaffung Evas:* Dürer, Prado; Cranach d. Ä., Dresden; Tizian, Prado; Nolde, Städel.

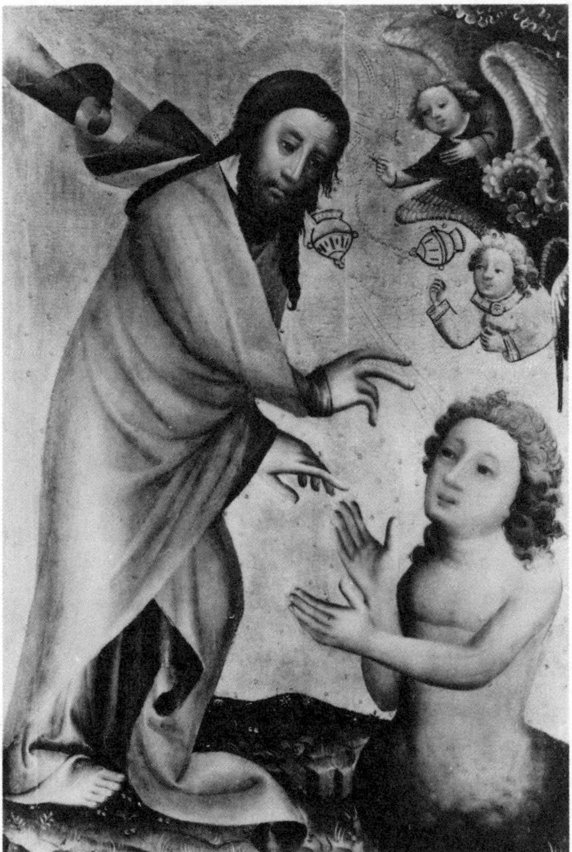

Die Erschaffung Adams.
Gemälde (Teilstück) von Meister Bertram, Grabower Altar Hamburg

Der Sündenfall

Mitten im Paradies hatte Gott zwei Bäume gepflanzt: den Baum des Lebens und den Baum der Erkenntnis. Von allen Bäumen sollten die Menschen essen dürfen, nur nicht von dem letzteren. Da legte die listige Schlange den Zweifel in Eva. Sie bekam Lust, trotz des Verbotes vom Baum der Erkenntnis zu essen, griff nach der Frucht und gab auch ihrem Mann Adam davon. Da gingen den beiden die Augen auf, und sie sahen, daß sie nackt waren. Sie machten sich aus Feigenblättern einen Schutz.

Quelle: 1. Buch Mosis (Genesis) 2,16 f.; 3,1–7. – Bilder: Goes, KHM Wien; Mabuse, Dahlem/Hampton Court; Cranach d. Ä., Uffizien; Tizian, Prado; C. Cornelisz, Rijksmus.; Rubens, Prado.

Die Vertreibung aus dem Paradies

Am kühlen Abend erging sich Gott im Garten von Eden. Adam und Eva versteckten sich aus Furcht unter den Bäumen, aber Gott rief die beiden. Adam schob die Schuld auf Eva und Eva auf die Schlange. Zur Strafe machte Gott die Schlange zu einem Kriechtier; Eva strafte er, indem er ihr die Schmerzen beim Gebären auferlegte und sie der Herrschaft des Mannes unterwarf; und Adam sollte nur noch im Schweiße seines Angesichts den Acker bebauen und mit seinen Nachkommen dem Tode verfallen sein. Gott fertigte dann den Menschen Kleider aus Fellen und trieb sie aus dem Paradies. Vor dieses stellte er Engel mit flammenden Schwertern, um den Weg zum Baum des Lebens zu bewachen.

Um sich zu nähren und zu kleiden, mußten Adam und Eva von nun an arbeiten.

Quelle: 1. Buch Mosis (Genesis) 3,8–24. – Bilder: *Vertreibung:* Siehe Zyklen; Giovanni di Paolo, Slg. Lehmann New York; Veronese, KHM Wien; J. Bassano, Prado; Chagall, Chagall-Mus. Nizza. *Eva am Spinnrocken:* Meister von 1600, Städel.

Kain erschlägt Abel

Adam und Eva hatten zunächst zwei Söhne: Kain war Ackerbauer, Abel ein Schafhirte. Jeder opferte Gott von seinen Erträgen. Als Gott gnädig auf Abels Opfer schaute und Kains Opfer nicht beachtete, wurde Kain zornig. Trotz Gottes Warnung lud er Abel ein, mit ihm aufs Feld zu gehen, und schlug ihn dort tot.

Da sprach Gott zu Kain: «Wo ist dein Bruder Abel?» Kain antwortete: «Ich weiß es nicht. Bin ich der Hüter meines Bruders?» Gott sprach nun: «Das Blut Abels schreit zu mir von der Erde.» Und er verfluchte Kain zu ewiger Ruhelosigkeit, machte ihm aber ein Mal ins Gesicht, damit ihn keiner erschlüge (d. h. damit die Blutrache sich nicht ausbreite.)

Kain war der erste, der eine Stadt baute, die er nach seinem Sohn Enoch/Henoch benannte.*

QUELLE: 1. Buch Mosis (Genesis) 4,1–17. – BILDER: *Kain und Abel:* Siehe Zyklen; Bacchiacca, Bergamo; Tizian, S. M. della Salute Venedig; Tintoretto, Akad. Venedig; Rubens, Schloß Blois; Reni, Bologna/KHM Wien (zugeschr.); Assereto, Braunschweig; Rosa, Gall. Doria; Langetti, Städel. *Adam und Eva beweinen den Tod Abels:* Lastmann, Rembrandthaus Amsterdam; Turchi, Grenoble; Sacchi, Uffizien; Vouet, Pal. Barberini Rom; Loth, Uffizien. *Kains Familie auf Irrfahrt:* Veronese, Prado. *Kain erbaut die Stadt Enoch:* Französisch, Budapest.

Kains Tod durch Lamech

Nach einer außerbiblischen Überlieferung wurde Kain durch Lamech, einen seiner Nachfahren, aus Versehen getötet. Lamech war im Alter blind geworden, liebte es aber, auf die Jagd zu gehen. Dabei half ihm sein Sohn, indem er ihm die Beute anzeigte. Einmal bemerkte der Sohn, daß sich in einem Busch etwas bewegte. Lamech schoß mit seinem Pfeil und traf Kain. Als er erfuhr, daß er seinen Ahnen getötet hatte, schlug der blinde Lamech in wildem Schmerz seine Hände zusammen und zermalmte dabei den Kopf seines eigenen Sohnes.

QUELLEN: Hieronymus, Epistola ad Damasum 125; Micha Josef Bin Gorion, Die Sagen der Juden, S. 109 f. – BILDER: Uccello (Schule), S. M. Novella Florenz; Pietro di Puccio, Camposanto Pisa.

Die Sintflut

Das Menschengeschlecht breitete sich aus auf der Erde. Gott sah aber, daß die Menschen böse waren, und es reute ihn, daß er sie geschaffen hatte. Er beschloß, sie zu vernichten. Nur den gerechten Noah wollte Gott retten. Er forderte ihn auf, einen Kasten aus Holz zu bauen und mit Harz und Pech wasserdicht zu machen. Dann hieß er Noah mit seiner Familie und je einem Paar von allen Tieren in die «Arche» gehen. 40 Tage und 40 Nächte regnete es. Die Wasser stiegen und überfluteten die höchsten Berge. Alles ertrank, was auf Erden lebte. Nur Noah blieb übrig und die, die mit ihm in der Arche waren.

Nach 150 Tagen schickte Gott einen Wind, die Wasser sanken, und die Arche blieb auf dem Gebirge Ararat stehen. Noah schickte einen Raben und eine Taube aus, um zu sehen, ob die Erde wieder trocken war. Doch erst als die Taube mit einem grünen Olivenzweig zurückkehrte, verließ Noah mit seiner Familie und allen Tieren die Arche.

---

* Nicht zu verwechseln mit einem anderen gleichnamigen Nachkommen Adams (Genesis 5,21–24), über dessen «Himmelfahrt» es außerbiblische Legenden gibt (Nikolaus von Verden, Klosterneuburger Altar). Zu Henoch siehe auch «Himmelfahrt Elijas», S. 239.

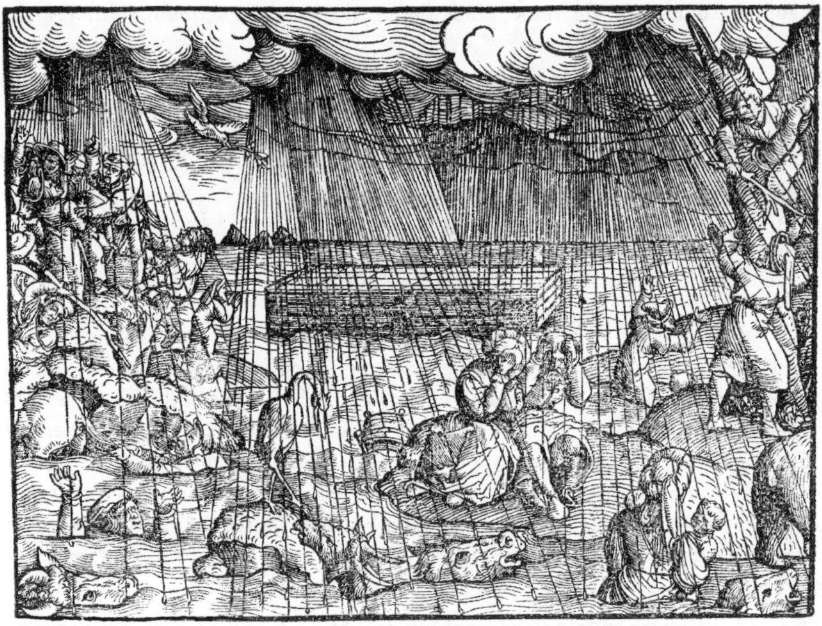

Die Sintflut. Holzschnitt von Lucas Cranach d. Ä.
(Illustration zur Lutherbibel von 1534)

QUELLE: 1. Buch Mosis (Genesis) 6,5–8,19. – BILDER: Siehe Zyklen; Bosch, Boymans; Grien, Bamberg; Scorel, Prado; Elsheimer, Städel; Ant. Carracci, Louvre; Memberger (Serie), Salzburg; C. Cornelisz, Braunschweig; Poussin, Louvre («Der Winter»); Schönfeld, KHM Wien; Chagall, Chagall-Mus. Nizza.

Noahs Opfer

Nachdem Noah die Arche verlassen hatte, baute er einen Altar und brachte Opfer dar. Gott schloß mit ihm einen Bund und versprach ihm, die Lebewesen auf der Erde nicht mehr zu vernichten. Als Zeichen des Bundes stellte er den Regenbogen in die Wolken.

QUELLE: 1. Buch Mosis (Genesis) 8,20–9,17. – BILDER: J. Bassano, Prado; Memberger, Salzburg; König, Berlin; Poussin, Dresden/Prado; Romanelli (zugeschr.), Karlsruhe; Ferri, Gall. Doria; Bourdon, Louvre; Koch, Städel; Chagall, Chagall-Mus. Nizza.

Noahs Trunkenheit

Noah war der erste, der Weinreben pflanzte. Als er dann vom Wein trank, wurde er berauscht und lag aufgedeckt im Inneren seines Zeltes. Sein Sohn Ham schaute auf die Blöße seines Vaters und teilte es seinen Brüdern Sem und Japhet mit. Diese aber nahmen ein Kleid, traten rückwärts gewendet heran und deckten die Scham ihres Vaters zu, ohne hinzuschauen. Als Noah von Hams Verhalten erfuhr, verfluchte er ihn und weissagte, daß Hams Sohn «Kanaan» eines Tages ein Sklave Sems sein werde.

QUELLE: 1. Buch Mosis (Genesis) 9,18–28. – BILDER: Siehe Zyklen; Gozzoli, Camposanto Pisa; Leyden-Schule, Nat. Gall. London; Luini, Brera; Schiavone, Verona; Sacchi, Prado; Giordano, Escorial.

Der Turmbau zu Babel

Nach der Sintflut vermehrten sich die Menschen wieder. Sie hatten alle die gleiche Sprache. Sie zogen nach Osten und fanden eine große Ebene, wo sie lernten, Ziegel zu brennen und Asphalt als Bindemittel zu verwenden. Sie sagten zueinander: «Laßt uns eine Stadt bauen und einen Turm, der bis zum Himmel reicht, damit wir uns einen Namen machen und nicht über die Erde zerstreut werden!» Als der Turm emporwuchs, stieg Gott vom Himmel herab und verwirrte die Sprache der Menschen, so daß sie einander nicht mehr verstanden und nicht mehr weiterbauen konnten. Dann zerstreute Gott die Menschen über die ganze Erde. Nach der Überlieferung soll der sagenhafte König Nimrod, ein großer Jäger und Krieger, die Bauarbeiten am Turm überwacht haben. Die Bibel erwähnt ihn in Genesis 10,8–10.

QUELLE: 1. Buch Mosis (Genesis) 11,1–9. – BILDER: Gozzoli, Camposanto Pisa; P. Brueghel, KHM Wien/Boymans; Cleve, Hamburg; L. Bassano, Nat. Gall. London; L. van Valckenborch, AP München/Louvre/Mainz; M. van Valckenborch, Dresden; Bril, AP München; Verhaecht, Univ. Stockholm.

Abraham

Nach der Bibel ist Abraham der Stammvater des Volkes Israel und «Vater im Glauben» für Juden, Christen und Moslems. Er ist der erste der drei Patriarchen Abraham, Isaak und Jakob. Die biblischen Texte weisen in die erste Hälfte des 2. Jahrtausends vor Christus. Die biblischen Berichte über Abraham finden sich im 1. Buch Mosis (Genesis) Kap. 11,26 – 25,10. Abrahams ATTRIBUTE *sind der kleine Sohn Isaak, das Opfermesser und ein Widder.*

Gott befiehlt Abraham, nach Kanaan zu ziehen

Nach der Bibel war Abrahams Heimat «Ur in Chaldäa». Von dort brach sein Vater Terach mit der ganzen Sippe nach Kanaan (Palästina) auf, blieb aber dann in Haran, einer anderen Stadt Mesopotamiens. Hier erhielt Abraham den göttlichen Ruf: «Zieh fort aus deinem Land, deiner Verwandtschaft und deinem Vaterhaus in ein Land, das ich dir zeigen werde. Ich werde dich zu einem großen Volke machen und dich segnen; denn durch dich sollen alle Geschlechter der Erde Segen erlangen.» Abraham machte sich mit seiner kinderlosen Frau Sara und seinem Neffen Lot auf den Weg. In Kanaan angekommen durchzog er das Land als Fremdling, baute Altäre und rief den Namen des Herrn an.

QUELLE: 1. Buch Mosis (Genesis) 11,26 – 12,9. – BILDER: Holländisch, Nürnberg; F. Bassano, KHM Wien/Dahlem.

Abraham und Sara in Ägypten

Als in Kanaan durch eine Trockenheit eine Hungersnot ausbrach, wich Abraham mit seinen Leuten nach Ägypten aus, wo der Nil das Land bewässerte. Aus Angst, man werde ihn dort als den Ehemann der schönen Sara erschlagen, um die Frau in Besitz zu nehmen, gab Abraham Sara als seine Schwester aus. Sie kam tatsächlich wegen ihrer Schönheit in den Harem des Pharao, und ihr angeblicher Bruder wurde reich beschenkt. Um Sara zu retten, griff Gott ein, indem er den königlichen Hof mit Krankheiten schlug. Der Pharao stellte daraufhin Abraham wegen seiner Lüge zur Rede, gab ihm aber Sara zurück und schickte ihn mit den Geschenken wieder nach Kanaan. – Eine sehr ähnliche Geschichte spielte sich nach Genesis 20 zwischen Abraham, Sara und Abimelech, dem Stadtkönig von Gerar, ab. In einer dritten Version des Themas sind es dann Isaak und Rebekka, die mit (einem anderen?) Abimelech zu tun haben (siehe S. 192).

QUELLE: 1. Buch Mosis (Genesis) 12,10 – 13,2. – BILDER: *König Abimelech (oder der Pharao) gibt Abraham sein Weib zurück:* Isaaczs, Rijksmus; Berchem, Genf. *Abraham kehrt (aus Ägypten) nach Kanaan zurück:* F. Bassano, KHM Wien; L. Bassano, Grenoble; Lastmann, Eremitage. *Abraham unterweist die Ägypter in der Astronomie** Zanchi, S. M. del Giglio Venedig; vielleicht auch Giorgone «Die drei Weisen», KHM Wien (vgl. Pigler I, 12).

Abrahams Trennung von seinem Neffen Lot

Als Abraham einige Zeit in Kanaan war und sich seine und Lots Herden sehr vermehrten, stritten ihre Hirten miteinander an den Wasserstellen. Da sprach Abraham zu Lot: «Wir sind doch Brüder und wollen in Frieden miteinander leben. Steht uns nicht das ganze Land offen? Wähle doch du: Gehst du zur Linken, gehe ich zur Rechten, gehst du zur Rechten, so gehe ich zur Linken.» Lot entschied sich für das wasserreiche Jordantal, in dem das damals noch nicht vernichtete Sodom lag, eine Stadt, in der viel Böses geschah (siehe S. 188). Abraham aber blieb im Bergland.

QUELLE: 1. Buch Mosis (Genesis) 13. – BILD: Scorza, Pal. Rosso Genua.

---

* Das legendäre Motiv (Flavius Josephus, Jüdische Altertümer 1,8,2) geht wohl auf die biblische Angabe zurück, daß Abraham aus Chaldäa, der Heimat der Sternkunde, stammte.

Abraham und Melchisedek

Als Abraham hörte, daß sein Neffe Lot mit den Einwohnern von Sodom in einem Krieg verschleppt worden waren, brach er sofort auf, und es gelang ihm, dem feindlichen Heer zu folgen und die Gefangenen zu befreien. Bei der Rückkehr von diesem Kriegszug kam Melchisedek, der Stadtkönig von Jerusalem, Abraham mit Brot und Wein als Zeichen seiner Gastfreundschaft entgegen. Er pries den Gott, Schöpfer des Himmels und der Erde, der Abraham den Sieg verliehen hatte. Abraham gab ihm den Zehnten von seiner Habe.

Quelle: 1. Buch Mosis (Genesis) 14. – Bilder: Witz, Basel; Bouts, St. Peter Löwen; Zeitblom, Bayr. Nat. Mus. München; Vasari, Avignon; Tintoretto, San Rocco Venedig; Tibaldi, Escorial; Rubens, Louvre/Prado/Washington; Moeyaert, Eremitage; Eeckhout, Budapest.

Abraham und die Sterne am Himmel

Abraham und Sara waren schon so alt, daß sie nach menschlicher Voraussicht keine Kinder mehr bekommen konnten. Da erneuerte Gott in einer nächtlichen Vision seine Verheißungen an Abraham. Als dieser entgegnete, er sei noch immer kinderlos, versprach ihm Gott einen leiblichen Sohn. Er führte ihn zum Zelt hinaus und sagte: «Schau hinauf zum Himmel und zähle die Sterne, wenn du kannst. So zahlreich wird deine Nachkommenschaft sein.» Und Abraham glaubte dem Herrn, und der rechnete es ihm zur Gerechtigkeit an.

Quelle: 1. Buch Mosis (Genesis) 15,1–6. – Bild: Raffael (Schule), Loggien.

Sara führt Hagar zu Abraham

Sara, die schon die Hoffnung aufgegeben hatte, selbst noch ein Kind zu bekommen, sagte zu Abraham: «Nimm meine ägyptische Magd Hagar als Nebenfrau.» Denn nach damaliger Sitte galt deren Kind rechtlich als ein Kind Saras. Und sie führte Hagar zu Abraham.

Aber als Hagar schwanger wurde, verlor die Herrin bei ihr an Achtung. Sara behandelte deshalb Hagar so hart, daß sie ihr davonlief. Doch ein Engel fand sie in der Wüste und trug ihr auf, zurückzugehen und die Behandlung durch Sara zu ertragen. Sie kehrte zurück und gebar den Ismael. (Nicht zu verwechseln mit «Verstoßung des Hagar». Siehe S. 189.)

Quelle: 1. Buch Mosis (Genesis) 16. – Bilder: *Sara führt Hagar zu Abraham:* Poelenburgh, Louvre; A. v. d. Werff, Eremitage/Bamberg; *Heimkehr der Hagar:* Cortona, KHM Wien.

Der Besuch der drei Engel bei Abraham

Als Abraham eines Tages um die Mittagszeit am Eingang seines Zeltes saß und aufschaute, da standen plötzlich drei Männer vor ihm. Er ging eilends auf sie zu, verneigte sich bis zur Erde und sprach: «Seid doch so freundlich und geht nicht einfach vorbei. Man wird euch ein wenig Wasser für ein Fußbad bringen; dann laßt euch unter unserem Baum nieder, während ich ein Stück Brot für euch hole.» Dann eilte Abraham ins Zelt und sprach zu Sara: «Backe schnell einen großen Kuchen!» Dann lief er zum Vieh, suchte ein zartes Kalb aus und ließ einen Knecht es zubereiten. Zusammen mit Sauermilch und Rahm setzte er dann alles seinen Gästen vor und bediente sie beim Mahl, nachdem er selbst ihnen zuvor die Füße gewaschen hatte.
Da fragten die Männer: «Wo ist Sara, deine Frau?» – «Drinnen im Zelt», antwortete Abraham. Einer der Männer sagte: «In einem Jahr wird Sara einen Sohn haben.» Sara hörte im Zelt, was draußen gesprochen wurde. Sie lachte still vor sich hin; denn sie war ja alt und hatte die Hoffnung auf ein Kind aufgegeben. Der Mann fragte nun: «Warum lacht denn Sara, ist denn für Gott etwas unmöglich? In einem Jahr hat Sara einen Sohn!» Sara, voller Angst vor den seltsamen Gästen, leugnete: «Nein, ich habe nicht gelacht.» Aber der Mann sagte: «Doch, du hast gelacht.»
Gott hielt das Versprechen, das er beim Besuch der drei Männer gegeben hatte. Nach einem Jahr bekam Sara einen Sohn. Sie lachte vor Freude und sprach: «Wer hört, daß ich in meinem Alter noch ein Kind geboren habe, wird mit mir lachen.» Da nannte Abraham das Kind Isaak, ein Name, der mit dem Wort Lachen zu tun hat.

Quelle: 1. Buch Mosis (Genesis) 18,1–15 und 21,1–8. – Bilder: *Abraham empfängt die drei Engel:* Raffael, Loggien; H. Bol, Dresden/Rijksmus.; Lastmann, Eremitage; Murillo, Ottawa; Giordano, Prado; Gelder, Boymans; Tiepolo, Prado; Chagall, Chagall-Mus. Nizza. *Abraham bewirtet die drei Engel**: Moeyaert, Eremitage; Rembrandt, Eremitage.

Der Untergang von Sodom

Als die drei geheimnisvollen Männer, die Sara einen Sohn verheißen hatten, weggingen, begleitete sie Abraham bis zur Höhe des Gebirges, von wo man zur Stadt Sodom, in der sein Neffe Lot wohnte, hinabsehen konnte. Zwei der Männer wandten sich den Weg hinab nach Sodom zu. Da bat Abraham inständig für die Stadt, und Gott versprach, sie zu schonen, wenn er wenigstens zehn gute Menschen in ihr fände.
In Sodom nahm Lot die beiden Männer in sein Haus auf. Doch die Einwohner der Stadt mißachteten die Gastfreundschaft und verlangten die Herausgabe der Fremden, um sie sexuell zu mißbrauchen. Als Lot sich weigerte, wollten

* Auch Andrej Rubljows berühmte Ikone (Tretjakow-Galerie Moskau) wäre hier zu nennen.

die Leute sein Haus stürmen, wurden aber mit Blindheit geschlagen. Bevor Gott bei Sonnenaufgang Feuer und Schwefel über Sodom und die Nachbarstadt Gomorrha regnen ließ, führten die zwei Männer Lot, seine Frau und seine beiden Töchter aus der Stadt. Dabei blickte sich Lots Weib trotz einer Warnung um und erstarrte zur Salzsäule.

QUELLE: 1. Buch Mosis (Genesis) 18,16–33 und 19,1–29. – BILDER: *Sodom und Gomorrha:* Patinir, Boymans; Jan Brueghel, AP München; Eeckhout, Metrop. Mus. *Lot flüchtete aus Sodom:* Gozzoli, Camposanto Pisa; Raffael und Werkstatt, Loggien; Dürer, Washington; Veronese, KHM Wien; Reni, Nat. Gall. London; Rubens, Louvre.

Lot und seine Töchter

Lot floh mit seinen Töchtern in die einsamen Berge über dem Toten Meer, das an Stelle der untergegangenen Städte Sodom und Gomorrha entstanden war. Die Töchter hatten Angst, kinderlos zu bleiben. Sie gaben deshalb abends ihrem Vater Wein zu trinken und legten sich dann zu ihm, in der ersten Nacht die eine, in der zweiten Nacht die andere. Lot merkte nichts, aber beide Mädchen wurden schwanger.

QUELLE: 1. Buch Mosis (Genesis) 19,30–38. – BILDER: Lucas van Leyden, Louvre/Boymans; Altdorfer, KHM Wien; Massys, KHM Wien/Brüssel; Jan Brueghel, AP München; Palma Giovane, Rijksmus.; Rubens, Schwerin; Turchi, Dresden; Furini, Prado; Lorenzo Lippi, Pal. Pitti; Guercino, Vaduz/Escorial; Loth, Dresden; Giordano, Dresden/Prado/Pal. Barberini Rom; Dietrich, Leipzig.

Die Verstossung der Hagar

Nachdem Sara doch noch ihren eigenen Sohn Isaak geboren hatte, veranlaßte sie Abraham, die Magd Hagar und Ismael, den Sohn ihres Mannes von Hagar (siehe S. 187), wegzuschicken. (Nach damaligem Brauch konnte eine Herrin verlangen, daß eine Sklavin, die ihr wie Hagar als «Leihmutter» einen Sohn geboren hatte, das Haus verließ, wenn sie selbst doch noch einen Sohn bekam; die Sklavin mußte dann allerdings freigelassen werden.)
Abraham zögerte, bis Gott ihm befahl, auf seine Frau zu hören. Dann nahm er Brot und einen Schlauch mit Wasser, legte dies Hagar auf die Schulter und entließ sie mit dem Kind.
Hagar verirrte sich in der Wüste. Als das Wasser im Schlauch zu Ende war, legte sie den Sohn unter einen Strauch und setzte sich abseits; denn sie wollte nicht mitansehen, wie das Kind starb. Doch Gott hörte das Gewimmer des Knaben und sandte seinen Engel, der verkündete, Gott werde Ismael zu einem großen Volke machen. Dann öffnete er Hagar die Augen, und sie sah einen Brunnen.
Ismael, später ein Bogenschütze, wurde nach der Überlieferung zum Stammvater der arabischen Beduinen.

QUELLE: 1. Buch Mosis (Genesis) 21,9–21. – BILDER: *Abraham entläßt Hagar:* Rosselli, Cleveland; Lastmann, Hamburg; König, Städel; Rubens, Eremitage; Flinck, Budapest; Guercino, Brera; Rembrandt, Victoria & Albert; B. Fabritius, Turin; Steen, Dresden; Lorrain, AP München. *Die Errettung Hagars und Ismaels in der Wüste:* Veronese, KHM Wien; Barocci, Dresden; Rubens, Eremitage; Sacchi, Eremitage; Lorrain, AP München; Preti, Schleißheim; Neer, Schleißheim; La Fosse, Eremitage.

Isaaks Opferung

Als Isaak heranwuchs, stellte Gott Abraham auf die Probe. Er sprach zu ihm: «Nimm deinen Sohn, deinen einzigen, den du lieb hast, den Isaak, und begib dich in das Land Moria und bring ihn dort auf einem Berg, den ich dir ansagen werde, als Brandopfer dar.»
Da machte sich Abraham auf. Als er den Ort von ferne sah, nahm er die Holzscheite fürs Brandopfer und lud sie seinem Sohn Isaak auf. Er aber nahm das Feuer in seine Hand und das Messer. So gingen die beiden miteinander den Berg hinauf. Die zwei Knechte, die Abraham mitgenommen hatte, blieben zurück. Als Abraham und Isaak an den Ort gekommen waren, baute der Vater den Altar, schichtete Holz darauf, band seinen Sohn und legte ihn auf die Holzscheite. Schon streckte Abraham seine Hand aus und nahm das Messer, da rief ihn der Engel des Herrn vom Himmel herab an und sprach: «Tu dem Knaben nichts zuleide; denn jetzt weiß ich, daß du gottesfürchtig bist, da du deinen Sohn, deinen einzigen, mir nicht vorenthalten hast.» Als Abraham seine Augen aufhob, hatte sich ein Widder mit seinen Hörnern hinten im Gestrüpp verfangen. Ihn brachte Abraham anstelle seines Sohnes als Brandopfer dar.

QUELLE: 1. Buch Mosis (Genesis) 22. – BILDER: Mantegna, KHM Wien; Sarto, Dresden/Prado; Sodoma, Dom Pisa; Tizian, S. Maria della Salute Venedig; Veronese, KHM Wien; Caravaggio, Uffizien; Rubens, Louvre; Domenichino, Prado; Rembrandt, AP München; Giordano, KHM Wien; Lievens, Braunschweig; Piazzetta, Dresden; Chagall, Mus. Chagall Nizza.

Saras Begräbnis

Sara starb mit 127 Jahren. Abraham beweinte sie und hielt die Totenklage. Dann ergriff er die Gelegenheit, und es gelang ihm, durch einen geschickten Handel von den Einwohnern der Stadt Hebron das erste Grundstück im Gelobten Land zu erwerben: Er begrub Sara in der Höhle von Machpela bei Hebron, wo später auch er selbst sowie Isaak und Jakob mit ihren Frauen ihre Grabstätte finden sollten.

QUELLE: 1. Buch Mosis (Genesis) 23. – BILDER: Orley (Teppich), KHM Wien; Chagall, Mus. Chagall Nizza.

Isaak

Isaak, Abrahams Sohn, ist der zweite der drei Patriarchen. Außer den beiden Geschichten von der Brautwerbung um seine Frau Rebekka und von der Affäre mit König Abimelech finden sich noch weitere Szenen aus seinem Leben im Zusammenhang mit seinem Vater Abraham (siehe S. 190) und seinem Sohn Jakob (siehe S. 193). Die biblischen Berichte über Isaak stehen im 1. Buch Mosis (Genesis): Kap. 21,1–8; 22; 24; 25,19 – 28,5; 35,27–29.

Die Brautwerbung um Rebekka

Als Abraham alt geworden war, schickte er seinen obersten Knecht Elieser, um für Isaak bei seinen Verwandten eine Frau zu holen. Der Knecht mußte ihm schwören, den Auftrag auszuführen. Nur wenn das Mädchen nicht bereit wäre, mit ihm zu gehen, sollte er von seinem Eid entbunden sein.
Elieser zog mit zehn Kamelen und einigen Knechten zur Stadt Haran, in der Abrahams Bruder Nahor wohnte. Vor der Stadt ließ er die Kamele an einem Brunnen lagern. Es war abends um die Zeit, in der die Frauen aus der Stadt kommen, um Wasser zu schöpfen. Da betete Elieser: «Herr, laß mich heute

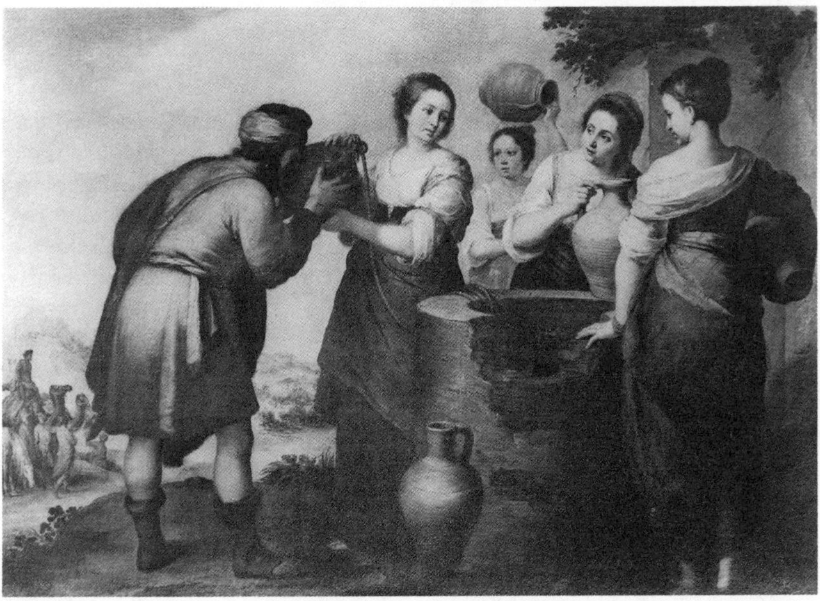

Rebekka und Elieser am Brunnen
Gemälde von Bartolomé Esteban Murillo, Prado

Glück haben. Wenn ein Mädchen kommt, werde ich sagen: Neige deinen Krug und laß mich trinken. Wenn eine antwortet: Trinke, und auch deine Kamele will ich tränken, so sehe ich daran, daß sie es ist, die du für Isaak bestimmt hast.» Da kam auch schon ein Mädchen aus der Stadt heraus, einen Krug auf der Schulter. Es war Rebekka, die Enkelin von Abrahams Bruder Nahor. Rebekka war sehr schön. Sie stieg zum Brunnen hinab, füllte ihren Krug und stieg wieder herauf. Da lief Elieser zu ihr und bat sie um etwas Wasser aus ihrem Krug. Sie antwortete: «Trinke! Auch deine Kamele will ich tränken.» Und sie schöpfte so oft, bis alle Kamele genug hatten. Elieser schenkte dem Mädchen eine Kette und zwei Armreifen aus schwerem Gold, und sie lud ihn ein in das Haus ihres Vaters. Dort verhandelte Elieser mit ihrer Familie, und Rebekka ging schon am nächsten Morgen mit ihm auf die Reise.

Isaak lebte damals mit seinen Herden im Süden des Landes. Als er nun eines Abends aufs Feld hinausging, sah er in der Ferne Kamele kommen. Rebekka sah Isaak von weitem und fragte Elieser, wer der Mann sei. Als sie hörte, es sei Isaak, da glitt sie von ihrem Kamel herab, holte ihren Schleier hervor und verhüllte sich. Isaak führte sie in das Zelt seiner Mutter Sara. Sie wurde Isaaks Frau, und er gewann sie lieb. «So tröstete er sich», vermerkt die Bibel noch, «über den Tod seiner Mutter.»

QUELLE: 1. Buch Mosis (Genesis) 24. – BILDER: *Brautwerbung um Rebekka:* Veronese, Schloß Versailles; Vannini, KHM Wien; Reni, Pal. Pitti; Murillo, Prado; Poussin, Louvre; Giordano, Prado; A. Coypel, Louvre; Piazzetta, Brera; Chagall, Mus. Chagall Nizza. *Isaak empfängt Rebekka:* B. Fabritius, Chicago.

REBEKKA UND ABIMELECH

Wegen einer Trockenheit in Kanaan wollte Isaak, wie einst Abraham, nach Ägypten ziehen, wo der Nil das Land bewässert. Doch Gott verbot es ihm.

So zog Isaak ins Gebiet der Stadt Gerar (in der Nähe von Gaza). Dort gab er seine Frau Rebekka für seine Schwester aus; denn sie war sehr schön und er hatte Angst, man werde ihn als den Ehemann umbringen, um sich ihrer zu bemächtigen. Da sah Abimelech, der König von Gerar, von seinem Fenster aus, wie Isaak Rebekka liebkoste. Er ließ Isaak rufen und machte ihm wegen der Irreführung heftige Vorwürfe: «Wie leicht hätte es sein können, daß einer von meinen Leuten unwissentlich mit deiner Frau geschlafen hätte! Du hättest auf diese Weise schwere Schuld über uns gebracht.» Isaak konnte nur entgegnen, daß er für sein Leben gefürchtet hatte.

QUELLE: Buch Genesis 26,1–11. – BILD: Raffael, Loggien.

Jakob/Israel

Vom dritten Patriarchen Jakob leitet die Bibel die zwölf Stämme des Volkes Israel her, das auch seinen (zweiten) Namen trägt. Mit Jakobs Schicksal ist auch die Josephserzählung verwoben, so daß seine Gestalt in der Kunst auch in diesem Zusammenhang auftaucht *(siehe S. 198)**. Die Bibel berichtet von Jakob im 1. Buch Mosis (Genesis): Kap. 25,21–34; 27 – 35; 37; 42 – 50.*

Die Geburt der Zwillinge Esau und Jakob

Lange Zeit bekamen Isaak und Rebekka keine Kinder. Dann hatte Rebekka eine sehr schwierige Schwangerschaft, und sie fürchtete schon zu sterben. Isaak betete zum Herrn, und Rebekka erhielt von Gott die Botschaft: «Zwei Söhne stoßen sich in deinem Leib, aus denen einmal zwei Völker werden. Der ältere aber muß dem jüngeren dienen.» Bei der Geburt der Zwillinge kam Esau zuerst aus dem Mutterleib. Er war rötlich und ganz behaart. Dann kam Jakob, seine Hand hielt die Ferse Esaus fest.

Quelle: 1. Buch Mosis (Genesis) 25,21–26. – Bild: Gozzoli, Camposanto Pisa.

Der Verkauf der Erstgeburt für ein Linsengericht

Esau wurde ein geschickter Jäger und streifte im unbebauten Lande umher. Auch Jakob wurde ein tüchtiger Mann, der aber lieber bei den Zelten blieb. Eines Tages hatte er eine Mahlzeit aus roten Linsen zubereitet. Da kam Esau erschöpft von der Jagd zurück und verlangte davon zu essen, in der Meinung, es sei eine Blut- oder Fleischsuppe. Jakob sagte jedoch: «Gut, aber gib mir dafür dein Erstgeburtsrecht.» Esau antwortete: «Schau, ich sterbe, es nützt mir doch nichts mehr.» Da rief Jakob: «Schwöre mir!» Esau schwor, und Jakob gab ihm Brot und die gekochten Linsen.

Quelle: 1. Buch Mosis (Genesis) 25,27–34. – Bilder: Assereto, Eremitage; Terbrugghen, Bodemus.; Murillo, Gal. Harrach/Rohrau (N. Ö.); Giordano, Escorial.

Der Betrug um den Segen Isaaks

Isaak, der gerne Wildbret aß, liebte den Jäger Esau. Rebekka hingegen liebte Jakob mehr. Als Isaak alt war, wurde er fast blind. Da rief er seinen ältesten Sohn Esau und sprach zu ihm: «Ich weiß nicht, wann ich sterben werde. Geh, jage mir ein Wild und bereite mir einen Schmaus, wie ich ihn gern mag. Dann will ich den Segen, den Gott auf mich gelegt hat, an dich weitergeben.» Rebekka hörte durch die Zeltwand, was Isaak redete. Als nun Esau zur Jagd gegangen war, sagte sie zu Jakob: «Geh zur Herde und hol mir zwei schöne

Ziegenböckchen. Ich werde ein Gericht zubereiten, wie es dein Vater gern ißt. Du wirst es dann zu ihm hineintragen, damit er dich vor seinem Tod segnet.» Jakob aber entgegnete voll Angst: «Das wird nicht gutgehen. Die Haut meines Bruders Esau ist behaart, und meine ist glatt. Statt des Segens kommt dann auf mich ein Fluch.» Aber seine Mutter sprach zu ihm: «Den Fluch nehme ich auf mich; mein Sohn, gehorche mir nur.» Da holte Jakob die Ziegenböckchen, und Rebekka bereitete davon ein Mahl. Dann nahm sie Esaus Feiertagskleider und legte sie Jakob an. Die Felle der Ziegenböckchen aber wickelte sie ihm um die Arme und um seinen glatten Hals. Dann gab sie Jakob das Festgericht und das Brot. Er ging damit zu seinem Vater hinein und sagte: «Ich bin Esau. Ich habe getan, was du mir gesagt hast. Richte dich auf und iß von meinem Wild, damit du mich danach segnest.» Da sagte Isaak: «Tritt heran. Ich will dich betasten», aber er erkannte den Betrug nicht. Jakob setzte ihm das Essen vor, und Isaak aß und trank. Danach segnete er Jakob. Dieser war kaum aus dem Zelt seines Vaters gegangen, als Esau von der Jagd zurückkam. Auch er bereitete ein Mahl und trug es seinem Vater hinein. Da erschrak Isaak und sprach: «Wer war denn der Mann, von dessen Wild ich gegessen habe, bevor du kamst? Ihn habe ich gesegnet; er wird auch gesegnet bleiben!» Als Esau das hörte, brach er in bittere Klagen aus und sagte: «Wenn die Tage der Trauer um meinen Vater kommen, werde ich Jakob erschlagen.»

QUELLE: 1. Buch Mosis (Genesis) 27,1–40. – BILDER: Meister Bertram, Hamburg; Hemessen, AP München; Flinck, Rijksmus.; Victors, Louvre; Murillo, Eremitage; Eeckhout, Metrop. Mus.; Ribera, Prado; Loth, Schleißheim.

Der Traum Jakobs von der Himmelsleiter

Nach dem Betrug an Esau floh Jakob auf Anraten Rebekkas zu ihrem Bruder Laban nach Haran in Mesopotamien. Unterwegs legte er sich einmal auf einen Stein zum Schlafen nieder und hatte einen Traum: Stufen führten hinauf zum Himmel, auf denen Gottesboten auf- und abstiegen. Und oben stand Gott und sprach: «Das Land, auf dem du liegst, will ich dir und deinen Nachkommen geben. Und auf deiner Reise werde ich dich behüten und dich in dieses Land zurückbringen.» Als Jakob erwachte, fürchtete er sich und sprach: «Wie unheimlich ist dieser Ort. Gott ist gegenwärtig, und ich habe es nicht gewußt. Hier ist das Haus Gottes und Tor des Himmels.» Am Morgen richtete Jakob mit großer Kraft den Steinblock auf, der an seinem Kopfende gelegen hatte. Er nannte den Ort Bethel: «Haus Gottes.»

QUELLE: 1. Buch Mosis (Genesis) 27,41 – 28,22. – BILDER: Raffael und Werkstatt, Loggien; Feti, KHM Wien/Mus. Detroit; Eeckhout, Dresden; H. Bol, Dresden; F. Bol, Dresden; Murillo, Eremitage; Giordano, Braunschweig; Willmann, Dahlem; Ribera, Prado; Giordano, Braunschweig; Chagall, Mus. Chagall Nizza.

Die Begegnung Jakobs mit Rahel am Brunnen

Auf seiner Flucht vor Esaus Rache kam Jakob nach langer Wanderung in die Gegend, wo Laban, der Bruder seiner Mutter Rebekka, wohnte. Er stieß auf einen Brunnen, an dem gerade drei große Schafherden lagerten. Der große Deckstein lag noch auf der Öffnung des Brunnens. Denn es war üblich, daß die Hirten erst dann gemeinsam den schweren Stein vom Brunnen wälzten, wenn alle Herden der Umgebung versammelt waren. Jakob erkundigte sich bei den Hirten nach Laban. Sie antworteten: «Frag doch seine Tochter Rahel. Dort kommt sie gerade mit ihrer Herde!» Als nun Jakob seine Cousine Rahel sah, freute er sich so sehr, daß er auf den Brunnen zuging und ganz allein den schweren Stein wegwälzte. Dann tränkte er ihre Herde. Er weinte vor Freude, küßte Rahel und sagte ihr, daß er ein Verwandter ihres Vaters Laban sei, der Sohn Rebekkas. Da lief Rahel fort und erzählte es ihrem Vater. Laban lief zum Brunnen, umarmte Jakob und küßte ihn. Dann brachte er ihn in sein Haus. Rahel war Jakobs große Liebe. Er mußte zweimal sieben Jahre um sie dienen, da ihm Laban durch eine List zuerst Lea, seine häßliche ältere Tochter, zur Frau gab. Von der ungeliebten Lea bekam Jakob viele Söhne, während die bevorzugte Rahel erst nach langem Warten seinen späteren Lieblingssohn Joseph zur Welt brachte.

QUELLE: 1. Buch Mosis (Genesis) 29,1–14. – BILDER: *Jakob und Rahel am Brunnen:* Goes, Christ Church Oxford; Raffael und Werkstatt, Loggien; Palma Vecchio, Dresden; J. Bassano (Werkstatt), KHM Wien; Bol, Braunschweig; Berchem, Louvre; Ribera, Escorial. *Jakob wirbt um Rahel bei Laban:* Terbrugghen, WRM Köln; Vaccaro, Besançon.

Jakob mit Labans Herden

Nachdem Jakob bei Laban in Haran 14 Jahre für seine Frauen gedient hatte, dachte er daran heimzukehren. Doch der Schwiegervater wollte den geschickten Hirten behalten, und die beiden machten einen Pakt: Jakob sollte aus Labans Herden die einfarbigen Tiere weiden und als Lohn die gesprenkelten Jungen bekommen, die – wie Laban dachte – weniger zahlreich sein würden. Da nahm Jakob Baumzweige, schälte Streifen aus ihrer Rinde und legte sie vor die Viehtränken, wo sich die Tiere paarten. Als die Jungen kamen, waren die meisten von ihnen gefleckt. Laban kehrte die Abmachung mehrmals um, doch jedesmal bekam Jakob die meisten Tiere, so daß er sehr reich wurde.

QUELLE: 1. Buch Mosis (Genesis) 30,25–43. – BILDER: Ribera, Nat. Gall. London; Murillo, Meadows Mus. Dallas (Texas).

Jakobs Flucht vor Laban und Rahels List

Labans Söhne wurden auf Jakobs Reichtum eifersüchtig. Als sie und ihr Vater in einer entfernten Gegend bei der Schafschur waren, nutzte Jakob die Gelegenheit und machte sich mit all seinen Herden und seinen Frauen und Kindern auf den Weg nach Hause. Vor dem Auszug stahl seine Frau Rahel ohne das Wissen ihres Mannes die Hausgötter ihres Vaters. Es waren kleine Figuren, die vermutlich auch zu Orakelzwecken dienten. Ihr Besitz stand an sich dem rechtmäßigen Erben eines Mannes zu. Rahel wollte sich mit dem Diebstahl wohl an ihrem Vater Laban rächen, der ihren Mann Jakob schlecht behandelt hatte.

Voll Zorn setzte Laban mit seinen Söhnen den Flüchtigen nach und erreichte sie an der Grenze zu Kanaan. Von Gott vor Gewaltanwendung gewarnt, verlangte Laban nur die gestohlenen Götterfiguren zurück. Jakob beteuerte seine Unschuld an dem Diebstahl und erlaubte die Durchsuchung all seiner Zelte. Rahel versteckte die Götter unter ihrem Kamelsattel und setzte sich darauf. Als ihr Vater zu ihr ins Zelt kam, entschuldigte sie sich, nicht vor ihm aufstehen zu können: «Mir geht es, wie es Frauen geht». Laban durchsuchte das übrige Zelt, fand aber nichts. Schließlich versöhnten sich Jakob und Laban und errichteten zum Zeichen dafür ein Steinmal als Grenze, bevor sie sich voneinander trennten.

QUELLE: 1. Buch Mosis (Genesis) 31. – BILDER: *Rahel auf den Götzenbildern ihres Vaters sitzend:* Furini, Gal. Wiesbaden; Cortona, Bristol; Murillo, Cleveland; Lahire, Louvre. *Versöhnung Jakobs mit Laban:* Cortona, Louvre.

Jakobs Kampf mit dem Engel

Als Jakob mit seinen Frauen, Kindern und Herden ins Land seiner Väter zurückkehrte, mußte er immer noch die Rache seines um den Segen betrogenen Bruders Esau fürchten. Er schickte deshalb von der Grenze aus Boten zu ihm. Sie kamen aber bald zurück und meldeten, daß Esau mit 400 Mann heranmarschiere. Jakob wußte, daß er ihm nicht entrinnen könnte, und beschloß, ihm entgegenzugehen. Dazu mußte er den Gebirgsfluß Jabbok überschreiten. Mitten in der Nacht nahm Jakob seine Frauen und Kinder und führte sie durch eine Furt ans andere Ufer. Auch all seinen Besitz brachte er hinüber. Dann aber blieb er allein zurück.

Da trat ihm in der Finsternis ein Mann entgegen und rang mit ihm, bis die Morgenröte heraufzog. Als er sah, daß er ihn nicht bezwingen konnte, renkte er Jakobs Hüftgelenk aus. Dann sprach er: «Laß mich los, denn die Morgenröte ist da.» Jakob antwortete: «Ich lasse dich nicht, wenn du mich nicht segnest.» Da fragte der andere: «Wie ist dein Name?» Er sagte: «Jakob.» Der andere sprach: «Du sollst von heute an nicht mehr Jakob heißen, sondern Israel, der Gotteskämpfer. Denn mit Gott und Menschen hast du gerungen und du hast gesiegt.» Und er segnete Jakob. Als Jakob das Ufer des Jabbok verließ, hinkte er.

QUELLE: 1. Buch Mosis (Genesis) 32. – BILDER: Rembrandt, Dahlem; Giordano, Prado; Delacroix, S. Sulpice Paris; Chagall, Mus. Chagall Nizza.

Jakobs Versöhnung mit Esau

Am Morgen nach dem Kampf am Jabbok sah Jakob Esau mit vierhundert Bewaffneten herankommen. Er nahm seine Frauen und Kinder und stellte sie hinter sich. Rahel und Joseph stellte er ganz hinten hin, damit sie, wenn es nötig wäre, fliehen könnten. Dann ging er Esau entgegen und warf sich siebenmal auf die Erde nieder. Als Esau das sah, lief er ihm entgegen, fiel ihm um den Hals und küßte ihn. Beide weinten vor Freude. Dann traten die Frauen heran und verneigten sich mit ihren Kindern vor Esau, zuerst die beiden Mägde, dann Lea und ganz zuletzt Rahel mit Joseph.

Quelle: 1. Buch Mosis (Genesis) 33. – Bilder: Rubens, Schleißheim; Hoecke, KHM Wien; Schönfeld, KHM Wien.

Die Schändung der Dina

Nach seiner Rückkehr aus Mesopotamien ins Land Kanaan ließ sich Jakob mit seinen Söhnen bei der Stadt Sichem nieder. Eines Tages ging die junge Dina, die einzige Tochter Jakobs, in die Stadt, wo sie der Sohn des Stadtfürsten sah und ihr Gewalt antat. Dabei verliebte er sich aber in das Mädchen und war bereit, es zu heiraten. Es kam zu Verhandlungen, bei denen die Jakobssöhne Simeon und Levi arglistig darauf bestanden, daß sich die Sichemiten beschneiden ließen, bevor man untereinander heiraten und ein Volk werden könne. Als die Männer von Sichem darauf eingingen und drei Tage später wegen der Beschneidung im Wundfieber lagen, überfielen Simeon und Levi mit ihren Brüdern die Stadt, metzelten alles nieder, machten reiche Beute und holten Dina zurück. Jakob tadelte seine Söhne heftig wegen ihrer Gewalttat, doch sie antworteten trotzig: «Durfte er denn an unserer Schwester wie an einer Hure handeln?»

Quelle: 1. Buch Mosis (Genesis) 34. – Bilder: Bugiardini, KHM Wien; Ricci, Bremen.

Rahels Tod

Nach dem Massaker, das Jakobs Söhne aus Rache für die Schändung ihrer Schwester Dina in Sichem veranstaltet hatten, mußte Jakob in Eile davonziehen. Unterwegs bekam seine Frau Rahel, die schwanger war, die Wehen. Es war zu spät, noch die nahe Stadt Ephrata (später mit Bethlehem identifiziert) zu erreichen. Rahel brachte ihren zweiten Sohn Benjamin am Wegrand zur Welt und starb. Jakob begrub sie an jener Stelle und errichtete ein Steinmal zu ihrem Gedenken.

Quelle: 1. Buch Mosis (Genesis) 35,16–20. – Bilder: Furini, Schleißheim; Cignaroli, Akad. Venedig.

Joseph

Der alttestamentliche Joseph wird im Gegensatz zum neutestamentlichen Joseph, dem Pflegevater Jesu, «ägyptischer Joseph» genannt. Er ist ein Sohn des Patriarchen Jakob und dessen Frau Rahel. Die Josephsgeschichte wird im biblischen 1. Buch Mosis (Genesis) Kap. 37–50 erzählt.

ZYKLEN: Raffael und Werkstatt, Loggien; Sarto, Pal. Pitti; Bacchiacca, Nat. Gall. London; Castillo, Prado; Cornelius, Nat. Gal. Berlin DDR/Nat. Gal. Berlin (West).

DER VERKAUF JOSEPHS DURCH SEINE BRÜDER

Unter seinen zwölf Söhnen bevorzugte Jakob die Kinder der unvergessenen Rahel, besonders deren ersten Sohn Joseph. Als dieser siebzehn Jahre alt war, ließ ihm Jakob einen bunten Rock machen, der den Neid der Brüder erregte. Ihr Haß steigerte sich noch mehr, als ihnen Joseph von zwei Träumen erzählte: Bei der Ernte beugten sich die Getreidegarben der Brüder vor der seinen, und Sonne, Mond und Sterne neigten sich vor ihm.
Eines Tages wurde Joseph von seinem Vater auf einen entfernten Weideplatz geschickt, um nach den Brüdern zu sehen. Diese ergriffen ihn, zerrissen den bunten Rock und warfen Joseph in eine wasserlose Zisterne. Erst wollten sie ihn töten, verkauften ihn dann aber stattdessen an eine vorbeiziehende Handelskarawane, die auf dem Weg nach Ägypten war. Dem Vater schickten die Brüder den in das Blut eines Tieres getauchten bunten Rock, so daß Jakob annehmen mußte, Joseph sei tot. Er versank in einen tiefen Schmerz, und niemand konnte ihn trösten.

QUELLE: 1. Buch Mosis (Genesis) 37. – BILDER: *Joseph erzählt seine Träume:* Raffael, Loggien. *Joseph wird verkauft:* Raffael, Loggien; Scarsellino, Gall. Pallavicini Rom; Testa, Pinak. Kapitol. Rom; Castillo, Prado; Murillo, Wallace Coll.; Piazzetta, Metrop. Mus. *Jakob erkennt das blutbefleckte Gewand:* D. Crespi, Vaduz; Velasquez, Prado; Flinck, Helsinki; Rembrandt, Eremitage; Bramer, Hamburg.

JUDA UND TAMAR

Nach Josephs Verkauf zog Juda, ein anderer der zwölf Söhne Jakobs, ins Nachbarland und nahm dort eine Frau, die ihm drei Söhne gebar. Als der Erstgeborene alt genug war, gab ihm Juda eine Frau namens Tamar. Doch der Sohn starb kinderlos, und Juda gebot seinem nächstälteren Sohn Onan, mit der Frau seines Bruders die sog. Levirats- oder Schwagerehe einzugehen. Es bestand nämlich der Brauch, daß der nächste Verwandte eine kinderlose Witwe heiratete, um die Linie ihres verstorbenen Mannes fortzusetzen. Onan aber ließ beim Verkehr mit Tamar den Samen zur Erde fallen. Denn ein Sohn der Frau wäre rechtlich nicht ihm, sondern seinem Bruder zugeschrieben worden und hätte also dessen Linie als Erstgeborener fortgesetzt. Zur Strafe für diese Selbstsucht ließ Gott Onan sterben. Juda hätte der Frau nun seinen dritten Sohn geben müssen, bekam aber Angst vor ihr. So schickte er sie in das Haus ihres Vaters zurück unter dem Vorwand, der Sohn sei noch nicht erwachsen. Die Zeit verging und Juda ließ nichts mehr von sich hören. Da erfuhr Tamar, daß ihr Schwiegervater auf dem Weg zum Fest der Schafschur in der Nähe vorbeikommen sollte. Sie verkleidete sich als Dirne, verdeckte ihr Gesicht mit einem Schleier und setzte sich an den Weg. Tatsächlich kam Juda mit einem Freund vorbei und wurde mit ihr um den Preis eines Ziegenböckleins handelseinig, ohne zu ahnen, mit wem er es zu tun hatte. Als Pfand für die Bezahlung gab er ihr seinen Stab und sein Rollsiegel. Doch als er später seinen Begleiter hinschickte, um das Pfand einzulösen, fand dieser keine Dirne mehr vor. Drei Monate später meldete man Juda, seine Schwiegertochter habe Unzucht getrieben und sei schwanger. Er befahl, sie als Ehebrecherin zu verbrennen, da sie, so lange sie auf die Schwagerehe zu warten hatte, rechtlich als verheiratete Frau galt. Doch Tamar schickte ihm das Pfand und ließ ihm sagen: «Sieh genau hin! Wem gehört der Stab und das Siegel?» Da gab Juda zu, daß Tamar ihm gegenüber im Recht war, weil er ihr seinen dritten Sohn vorenthalten hatte. Tamar aber gebar Zwillinge. Der erste von ihnen hieß Perez und wurde zum Ahnherrn Davids. So kam es, daß Tamar als eine unter den vier Ausländerinnen im Stammbaum Jesu des Matthäus-Evangeliums (1,3) aufgeführt ist.

QUELLE: 1. Buch Mosis (Genesis) 38. – BILDER: *Juda und Tamar:* Hemessen, Braunschweig; G. Bassano, Akad. Venedig; B. Fabritius, Eremitage; Eeckhout, Salzburg; Bol, Eremitage/Boston; Gelder, Mauritshuis; Vernet, Wallace Coll. *Tamar zum Scheiterhaufen geführt:* C. Cornelisz, Haarlem.

Joseph und die Frau des Potiphar

Der von seinen Brüdern als Sklave verkaufte Joseph kam in Ägypten in das Haus Potiphars, des Befehlshabers der Leibwache des Pharao. Da Joseph jede Arbeit gut gelang, faßte Potiphar Vertrauen zu ihm und setzte ihn als Verwalter über sein Haus und seinen ganzen Besitz. Doch Potiphars Frau verliebte sich in Joseph und bedrängte ihn, heimlich mit ihr zu schlafen. Joseph aber weigerte sich: «Niemals werde ich solch großes Unrecht tun. Alles in diesem Haus hat mir dein Mann übergeben, nur dich nicht. Ich kann sein Vertrauen nicht enttäuschen.»

Aber die Frau versuchte immer wieder, ihn zu verführen. Eines Tages, als gerade kein anderer Diener in der Nähe war, griff die Frau nach seinem Gewand, um ihn mit Gewalt festzuhalten. Aber Joseph ließ sein Gewand in ihren Händen und lief hinaus. Die enttäuschte Frau schrie, bis die ganze Dienerschaft zusammenlief. Dann klagte sie Joseph an: «Er wollte mich verführen. Ich aber wehrte mich. Da lief er weg. Seht nur, sein Gewand hat er zurückgelassen.» Potiphar glaubte seiner Frau und warf Joseph in das königliche Staatsgefängnis.

QUELLE: 1. Buch Mosis (Genesis) 39. – BILDER: *Die Frau Potiphars sucht Joseph zu verführen:* Meister der Josephslegende, AP München; Raffael, Loggien; Tintoretto, Prado; König, Nürnberg; Guercino, Sarasota (Flo.); Murillo, Kassel; Cignani, Dresden; Bertin, Rijksmus.; Solimena, Braunschweig; W. van Mieris, Hannover/Karlsruhe/Eremitage/Wallace Coll.; Corinth, Kaiser Wilhelm Mus. Krefeld. *Joseph von der Frau Potiphars angeklagt:* Rembrandt, Dahlem/Washington.

Die Deutung der Träume durch Joseph

Der wegen der falschen Anschuldigung durch Potiphars Frau ins Gefängnis geworfene Joseph traf dort zwei hohe Hofbeamte, die in Ungnade gefallen waren. Jeder von ihnen hatte einen Traum: Der Mundschenk träumte, er drücke reife Trauben in den Becher des Pharao aus; der Oberbäcker träumte, ihm würden Körbe mit Backwaren für den Pharao von Vögeln leergefressen. Joseph sagte dem ersten voraus, er werde wieder zu seinem Amt kommen, und dem zweiten, er werde gehängt werden. Und so geschah es.
Während Joseph noch im Gefängnis war, hatte der Pharao zwei Träume, die niemand deuten konnte. Da erinnerte sich der Mundschenk an Joseph und

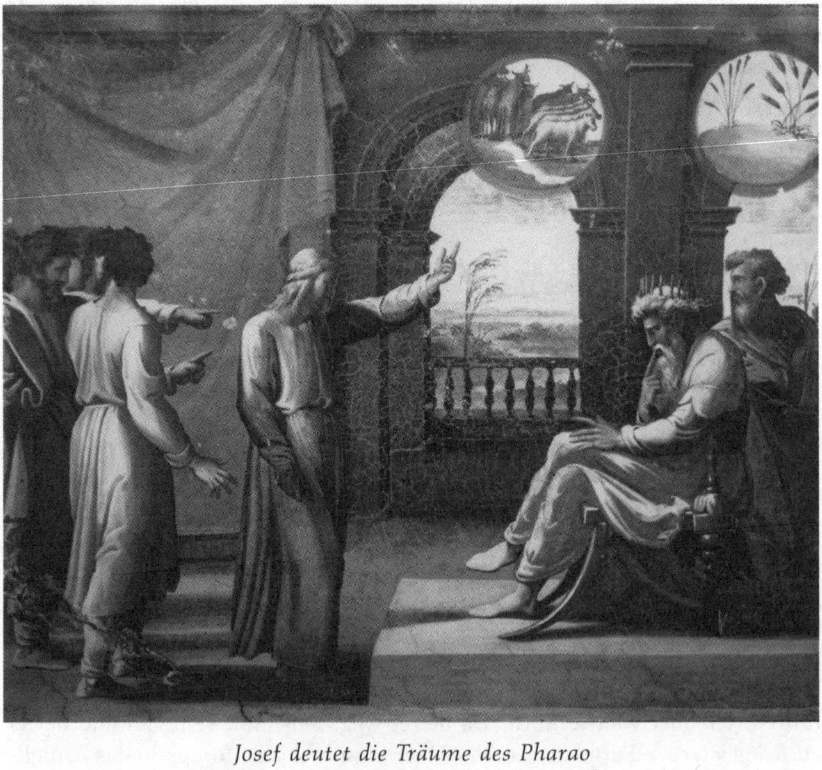

Josef deutet die Träume des Pharao
Fresko von Raffael Santi, Loggien Vatikan

schlug vor, ihn zu holen. Der Pharao erzählte dann vor Joseph und allen Weisen Ägyptens: «Ich stand am Nilufer. Aus dem Fluß stiegen sieben wohlgenährte Kühe und weideten im Riedgras. Nach ihnen stiegen sieben magere Kühe herauf und fraßen die sieben fetten auf. Weiter sah ich in meinem Traum, wie auf einem einzigen Halm sieben volle, schöne Ähren aufgingen. Nach ihnen wuchsen sieben ausgedörrte Ähren, welche die sieben schönen Ähren verschlangen.» Da gab Joseph folgende Deutung des Traumes: «Die sieben schönen Kühe sind sieben Jahre, und die sieben schönen Ähren sind sieben Jahre. Es ist ein und derselbe Traum . . . Sieben Jahre kommen, da wird großer Überfluß in ganz Ägypten sein. Nach ihnen aber werden sieben Jahre Hungersnot heraufziehen.» Dem Pharao leuchtete dies ein, und Joseph fuhr in seiner Rede fort: «Nun sehe sich der Pharao nach einem klugen, weisen Mann um und setze ihn über Ägypten. Er besteuere Ägypten mit einem Fünftel in den sieben Jahren des Überflusses und lasse alles Korn der kommenden guten Jahre als Rücklage dienen für die sieben Jahre der Hungersnot.» Da nahm der Pharao seinen Siegelring vom Finger, ließ Joseph herantreten und streifte ihm den Ring über mit den Worten: «Nachdem dich Gott all das hat wissen lassen, gibt es niemand, der so klug und weise wäre wie du. Du sollst über meinem Hause stehen, und deinem Wort soll sich mein ganzes Volk beugen. Nur um den Thron will ich höher sein als du.» Dann hängte er Joseph eine goldene Kette um den Hals und stellte ihn über ganz Ägypten. Joseph wurde in fürstliche Gewänder gekleidet und in einem Prunkwagen herumgefahren, wobei ein Herold seine neue Würde verkündete.

QUELLE: 1. Buch Mosis (Genesis) 40 und 41,1–46. – BILDER: *Joseph deutet die Träume der Mitgefangenen:* Mostaert, Mauritshuis; Victors, Rijksmus.; Migliori, Dresden; Schadow, NP München. *Joseph deutet die Träume des Pharao:* Siehe Zyklen; Pellegrino di Mariano, WRM Köln; Castillo, Prado; S. Koninck, Schwerin; Victors, Rijksmus. *Joseph erhält den Ring:* Tiepolo, Dulwich College London.

Benjamins Becher und die Versöhnung der Brüder mit Joseph

Auf die sieben fetten Jahre folgten die mageren Jahre. Überall auf der Welt herrschte Hunger; nur in Ägypten, wo Joseph die Vorräte verteilte, gab es zu essen. Seine Brüder waren unter den Hungernden, die von allen Seiten nach Ägypten kamen, um Getreide zu kaufen. Nur Benjamin, der jüngste und Josephs einziger Bruder von der gleichen Mutter (siehe S. 197), war beim Vater zu Hause geblieben. Joseph erkannte die Brüder sogleich, ohne daß sie ihn erkannten. Er erkundigte sich, ob der Vater noch lebe. Dann fuhr er sie hart an, ließ einen von ihnen, Simeon, sogar festnehmen und versprach seine Freilassung nur unter der Bedingung, daß das nächste Mal auch Benjamin zu ihm gebracht werde. Doch Jakob weigerte sich, Benjamin ziehen zu lassen, der ihm als einziger Sohn seiner unvergessenen Rahel geblieben war. Erst nach einiger Zeit, als das mitgebrachte Getreide aufgezehrt war, gab Jakob nach. Die Brüder zogen mit Benjamin nach Ägypten und traten vor Joseph, der sie bei sich zu Hause bewirtete. Nach dem Mahl befahl er seinem Verwalter, die Säcke der Brüder mit Getreide zu füllen, in den Sack des Jüngsten aber auch seinen Silberbecher zu legen. Als die Brüder abgezogen waren, ließ sie Joseph durch Soldaten einholen, die alle Säcke durchsuchten und den angeblich gestohlenen Becher im Sack Benjamins fanden.

Joseph, vor den die Brüder wieder gebracht wurden, tat so, als wollte er allein Benjamin zur Strafe zurückhalten, die andern aber freilassen. Da bot Juda an, an Benjamins Stelle dazubleiben. Joseph, nun überzeugt, daß die Brüder sich geändert hatten, konnte sich nicht mehr zurückhalten. Er schickte alle Ägypter hinaus und wandte sich an seine Brüder: «Ich bin Joseph, euer Bruder!» Sie standen fassungslos vor ihm. Da sagte er: «Laßt es euch nicht mehr leid sein, daß ihr mich hierher verkauft habt; denn um Leben zu erhalten, hat mich Gott vor euch hierher geschickt!» Dann fiel er seinem Lieblingsbruder Benjamin um den Hals und küßte auch alle anderen.

QUELLE: 1. Buch Mosis (Genesis) 42 – 45. – BILDER: *Joseph läßt in Ägypten Getreide verteilen:* Trautmann, Goethe-Mus. Frankfurt. *Die Auffindung des Bechers im Sack Benjamins:* Moeyaert, Budapest. *Joseph gibt sich zu erkennen:* Ricci, Bremen; Ch.-A. Coypel, Minneapolis/Besançon; Cornelius, Nat. Gal. Berlin DDR.

Jakobs Ankunft in Ägypten und die Audienz beim Pharao

Die Brüder reisten mit reichen Geschenken zurück zu ihrem alten Vater Jakob. Joseph hatte ihnen beim Abschied die Einladung des Pharao mitgeteilt, mit ihren Familien und Herden nach Ägypten zu kommen. So zog Jakob mit all seinen Söhnen und ihren Frauen und Kindern nach Ägypten. An der Grenze kam ihm Joseph entgegen, fiel ihm um den Hals und weinte. Der Vater aber sagte: «Nun will ich gerne sterben, nachdem ich dich nochmal sehen durfte und weiß, daß du noch am Leben bist.»

Darauf stellte Joseph seine Brüder und den alten Vater dem Pharao vor, den Jakob mit einem feierlichen Segenswunsch begrüßte. Der Pharao wies den Brüdern Weideland zu und machte sie zu Aufsehern über seine Viehherden.

QUELLE: 1. Buch Mosis (Genesis) 46 und 47,1–12. – BILDER: *Die Ankunft Jakobs in Ägypten:* Giordano, Liverpool. *Joseph führt den Vater vor den Pharao:* Pontormo, Nat. Gall. London; Victors, Sted. Mus. Amsterdam; Boucher, Mus. of Art Columbia (S. C.).

Jakob segnet Ephraim und Manasse

Der Pharao hatte Joseph die schöne Asenat, eine ägyptische Priestertochter, zur Frau gegeben, die ihm zwei Söhne schenkte. Der Erstgeborene war Manasse, der jüngere Ephraim. Joseph brachte sie vor seinen Vater, damit er sie segne und damit in die Verheißungen hineinnehme. Da legte Jakob seine Rechte auf Ephraim und, überkreuzt, seine Linke auf Manasse. Joseph glaubte an ein Versehen. Doch Jakob bestand darauf: «Ich weiß. Aber der jüngere

Bruder wird zu einem größeren Volk werden.» Damit sagte er voraus, daß Ephraim später einmal unter Israels Stämmen wichtiger sein würde als der Stamm Manasse.

QUELLE: 1. Buch Mosis (Genesis) 48. – BILDER: Pontormo, Nat. Gall. London; Rembrandt, Kassel; Langetti, Toronto; Victors, Budapest; Loth, KHM Wien; Werff, Allen Memorial Art Mus. Oberlin (USA).

Jakobs Tod

Jakob starb in Ägypten, 147 Jahre alt, inmitten seiner Söhne, der Stammväter des Zwölfstämmevolkes Israel. Er weissagte noch jedem von ihnen, was aus ihren Nachkommen werden würde. Auch bat er, in der Höhle Machpela bei Hebron im Lande Kanaan begraben zu werden, wo schon Abraham und Isaak lagen. Joseph erfüllte ihm diesen Wunsch mit einem prunkvollen Begräbnis.

QUELLE: 1. Buch Mosis (Genesis) 49 und 50. – BILD: Rembrandt, Montreal.

Moses

Moses ist in der Bibel der große Gesetzgeber und Lehrer Israels, der in Gottes Auftrag sein Volk aus der ägyptischen Knechtschaft befreite und es durch die Wüste zum Gelobten Land führte. Seine ATTRIBUTE *sind die Gesetzestafeln, oft auch sein Stab oder die eherne Schlange. Wenn er mit zwei Hörnern auf der Stirn dargestellt wird, so beruht dies auf einer umstrittenen Bibelübersetzung, nach der das ‹strahlende› Antlitz des Moses nach dem Empfang der (zweiten) Gesetzestafeln mit ‹gehörnt› wiedergegeben wird.*

Aussetzung und Rettung des Knaben Moses

Durch Joseph waren Jakobs/Israels Nachkommen nach Ägypten gelangt, wo es ihnen gut ging und sie zu einem zahlreichen Volke wurden. Ein neuer Pharao jedoch, der nichts mehr von Josephs Verdiensten um Ägypten wußte, beschloß, die Israeliten zu Sklaven zu machen. Er setzte Aufseher ein, die sie zu harter Arbeit zwangen. Alle Israeliten mußten von nun an Lehmziegel brennen und neue Städte bauen, damit sie kraftlos und schwach würden. Aber das Volk Israel nahm nur noch mehr zu. Da befahl der Pharao: «Werft alle Söhne, die im Volke Israel geboren werden, in den Nil und ertränkt sie. Nur die Mädchen dürft ihr am Leben lassen.»

Der Israelit Amram und seine Frau Jochebed hatten eine Tochter. Sie hieß Mirjam. Dann bekamen sie einen Sohn. Drei Monate lang versuchte Jochebed, den Jungen zu verbergen. Dann aber merkte sie, daß sie ihn nicht länger im Hause halten konnte. Sie flocht einen Korb aus Schilf und strich ihn mit Pech aus. Dann legte sie das Kind hinein und setzte es am Ufer des Nils aus. Mirjam

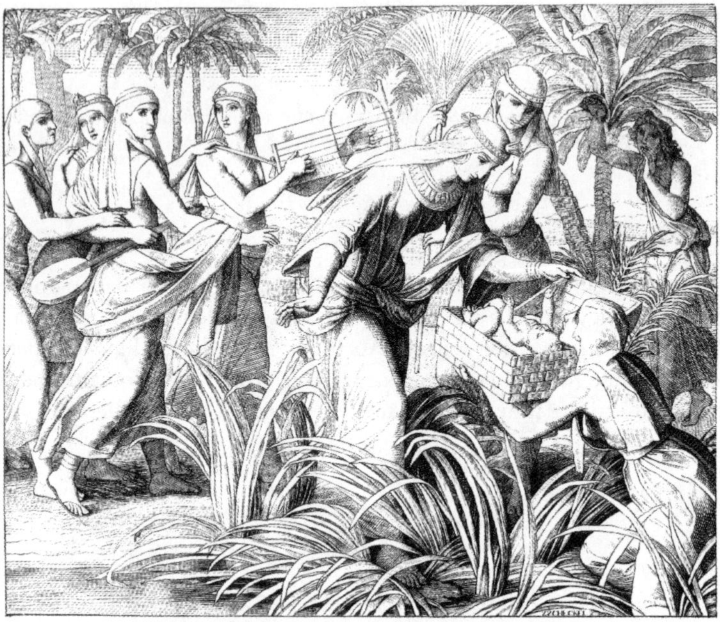

Moses wird im Schilf gefunden
Holzschnitt von Julius Schnorr v. Carolsfeld

wartete in der Nähe und sah, was nun geschah: Pharaos Tochter kam mit ihren Dienerinnen zum Fluß herab, um zu baden. Sie erblickte das Körblein und ließ es holen. Als sie das Kind sah fühlte sie Mitleid und sprach zu ihren Mädchen: «Sicherlich ist es eins von den Kindern der Hebräer.» Mirjam trat rasch hinzu und fragte: «Soll ich hingehen und eine hebräische Frau holen, damit sie das Kind stillt und für dich aufzieht?» Pharaos Tochter antwortete: «Ja, geh!» Mirjam holte ihre Mutter, die ihren Sohn zu sich nahm. Als er entwöhnt war, brachte Jochebed ihn zu Pharaos Tochter. Die nahm ihn als ihren eigenen Sohn an und gab ihm den Namen Moses: ‹Aus dem Wasser habe ich ihn herausgezogen›.

QUELLE: 2. Buch Mosis (Exodus) 1,1 – 2,10. – BILDER: Raffael, Loggien; Bonifazio Veronese, Dresden/Brera; Veronese, Eremitage/Prado; Tintoretto, Prado/Metrop. Mus.; Elsheimer, Städel; O. Gentileschi, Prado; Lesueur, Eremitage; Poussin, Dresden/Louvre; Rosa, Detroit; Victors, Dresden; Lorrain, Prado; Loth, Schleißheim; La Fosse, Louvre; Tiepolo, Edinburgh.

Pharaos Krone und die Feuerprobe

Nach der außerbiblischen jüdischen Überlieferung saß der dreijährige Moses einmal mit seiner Stiefmutter am Tisch des Pharao und griff nach dessen Krone, die er sich selbst aufsetzte oder (nach einer anderen Version) zu Boden warf und darauf herumtrampelte. Als der erschrockene Pharao seine Ratgeber fragte, was wegen dieser todeswürdigen Majestätsbeleidigung zu geschehen habe, sagte ein Engel in Gestalt eines der Weisen, man solle Edelsteine und glühende Kohlen bringen und dem Knaben zur Wahl vorlegen; dann werde man sehen, ob er schon mit Verstand handle. Der Engel lenkte nun die Hand des Kindes: Es griff nach der Kohle und steckte sie sogar in den Mund, so daß nicht nur die Hand, sondern auch Lippen und Zunge versengt wurden. Moses blieb auf diese Weise am Leben, aber seine Sprache war von nun an schwer.

QUELLEN: Flavius Josephus, Jüd. Altertümer 2,9,7; Micha Josef Bin Gorion, Die Sagen der Juden S. 419–421. – BILDER: Gozzoli, Camposanto Pisa; Giorgione Schule, Uffizien; Poussin, Louvre; Troger, Salzburg.

Moses am Brunnen von Midian

Als Moses erwachsen war, ging er eines Tages hinaus zu den Arbeitsplätzen der israelitischen Zwangsarbeiter. Dort sah er, wie sie unterdrückt und gequält wurden. Als ein Aufseher einen der Israeliten schlug, tötete Moses den Ägypter. Daraufhin mußte er außer Landes fliehen. Er kam in der Wüste östlich des Roten Meeres an einen Brunnen, wo sieben Mädchen ihre Herden tränken wollten, aber von Hirten weggedrängt wurden. Moses griff ein und verjagte die Männer, worauf er beim Vater der Mädchen Aufnahme fand. Es war Jitro, der Priester von Midian. Moses blieb bei ihm und heiratete Zippora, eine der Töchter, von der er zwei Söhne bekam.

QUELLE: 2. Buch Mosis (Exodus) 2,11–22. – BILDER: Botticelli, Sixtina; Rosso Fiorentino, Uffizien; H. Bol, Dresden; Lebrun, Gall. Estense.

Der brennende Dornbusch

Viele Jahre lang lebte Mose nach seiner Flucht als Hirte in der Wüste und hütete die Schafe seines Schwiegervaters. Eines Tages trieb er seine Herde bis an den Gottesberg, den Sinai. Da erschien ihm Gott in einer hellen Flamme mitten in einem Dornbusch: der trockene Busch brannte und wurde doch vom Feuer nicht verzehrt. Da dachte Mose: Ich will hingehen und diese Erscheinung ansehen. Doch Gott rief ihm zu: «Tritt nicht näher heran, zieh deine Schuhe von den Füßen, denn die Stätte, auf der du stehst, ist heiliger Boden.» Da verhüllte Mose sein Angesicht. Gott aber sprach weiter zu ihm: «Ich habe das Elend meines Volkes in Ägypten gesehen und seine Klagen gehört. Darum will ich es retten und aus Ägypten herausführen und es in ein gutes und weites Land bringen, in ein Land, wo Milch und Honig fließen. – Geh du nun zurück nach Ägypten und sprich zum Pharao. Du sollst mein Volk aus Ägypten herausführen.» Mose antwortete: «Wer bin ich denn schon? Ein Mann wie ich kann doch nicht vor den Pharao hintreten und das Volk Israel aus seinem Lande wegführen.» Aber Gott sprach: «Du kannst es, denn ich bin bei dir!» Mose sprach: «Sieh, wenn ich nun zum Volke Israel komme und ihm berichte:

Der Gott eurer Väter schickt mich zu euch! – so werden sie fragen: Wie ist sein Name? – Was soll ich ihnen dann antworten?» Gott sprach: «Sage dem Volk: Ich bin, der ich bin – so heißt mein Name, und so sollt ihr mich anrufen, heute und immerdar.»

QUELLE: 2. Buch Mosis (Exodus) 2,23–3,20. – BILDER: Meister des Lorenzer Wolfgang-Altars, St. Lorenz Nürnberg; Bouts, Philadelphia; Froment, Kathedrale Saint-Sauveur Aix-en-Provence; Botticelli, Sixtina; Raffael und Werkstatt, Loggien; Bles, Neapel; Feti, KHM Wien; Domenichino, Boymans; Collantes, Louvre; Chagall, Mus. Chagall Nizza.

Zippora beschneidet ihren Sohn

Als Moses sich mit seiner Frau Zippora und seinem kleinen Sohn Gerschom auf den Weg nach Ägypten machte, wollte ihn Gott unterwegs in einer Herberge töten, da er das Kind entgegen der Vorschrift Abrahams noch nicht beschnitten hatte. Die Frau nahm schnell mit einem Messer aus Feuerstein die Beschneidung vor, und Gott (oder sein Engel) ließ von Moses ab.

QUELLE: 2. Buch Mosis (Exodus) 4,24–26. – BILD: Moeyaert, Eremitage.

Moses verwandelt Aarons Stab in eine Schlange

Sobald Moses mit dem Auftrag Gottes, die Israeliten aus der Knechtschaft zu befreien, nach Ägypten zurückgekehrt war, ging er mit seinem Bruder Aaron zum Pharao und forderte ihn auf, das Volk Israel ziehen zu lassen. Doch der Herrscher weigerte sich und unterdrückte die in den Ziegeleien arbeitenden Israeliten um so härter. Da schickte Gott Moses noch einmal zum Pharao: «Wenn er einen Beweis für die Macht eures Gottes fordert, dann soll Aaron seinen Hirtenstab vor ihn hinwerfen. Er wird zur Schlange werden.» Moses und Aaron taten, wie Gott ihnen geboten hatte. Die ägyptischen Zauberer konnten aber ihre Stäbe ebenfalls in Schlangen verwandeln. Zwar fraß Aarons Schlange alle anderen Schlangen auf, der Pharao blieb jedoch bei seiner Weigerung.

QUELLE: 2. Buch Mosis (Exodus) 7,8–13. – BILDER: Chrétien, Metrop. Mus.; Poussin, Louvre; Bourdon, Prado.

Die ägyptischen Plagen

Immer wieder gingen Moses und Aaron zum Pharao. Neunmal kündigten sie ihm Gottes Strafe an, wenn er die Israeliten nicht ziehen lasse: Alle Wasser im Lande wurden rot wie Blut, Unmengen von Fröschen stiegen aus dem Nil, Ungeziefer breitete sich aus, Stechfliegen quälten alle Ägypter, eine Viehseuche tötete ihre Herden, eine Beulenpest plagte Mensch und Tier, ein Gewitterhagel erschlug Menschen und Vieh, Wolken von Heuschrecken verzehrten alles Grün, eine Finsternis legte sich über das Land. – Aber der Pharao blieb hart oder, wenn er sich erweichen ließ, hielt er sein Versprechen nicht.

QUELLE: 2. Buch Mosis (Exodus) Kap. 7–11. – BILD: *Das Wasser in Blut verwandelt:* Pynas, Rembrandthaus Amsterdam.

Die Passahnacht

Auch nachdem neunmal die von Moses vorhergesagten Strafen eingetroffen waren, weigerte sich der Pharao immer noch, das Volk Israel ziehen zu lassen. Da kündigte ihm Moses eine zehnte Plage an: den Tod aller ägyptischen Erstgeborenen. Seinem Volk aber befahl Moses: «Heute soll jeder Hausvater ein einjähriges Lamm schlachten. Nehmt ein Büschel Kräuter, taucht es in das Blut und berührt damit die beiden Türpfosten und den Türsturz. Das Blut des Lammes wird euch ein Schutz sein. Denn Gott, der Herr über Leben und Tod, geht an diesem Abend durch Ägypten. Ihr sollt das Mahl in großer Eile essen, fertig zum Aufbruch. Zieht Reisekleidung an und feste Schuhe, haltet den Wanderstab griffbereit. Bratet das Fleisch des Lammes am Feuer, und eßt dazu bittere Kräuter. Damit es rasch geht, sollen eure Frauen flaches Brot backen, zu dem man keinen Sauerteig braucht.» Die Israeliten taten, wie ihnen befohlen war. Um Mitternacht tötete Gott alle erstgeborenen Söhne der Ägypter, ebenso alle Erstgeburt des Viehs. Der Pharao aber ließ noch mitten in der Nacht Moses und Aaron rufen und gab die Erlaubnis zum Auszug.

QUELLE: 2. Buch Mosis (Exodus) 12,1–36. – BILDER: Bouts, St. Peter Löwen; Luini, Brera; Tintoretto, San Rocco Venedig; Turner, Nat. Gall. London; Chagall, Mus. Chagall Nizza.

Auszug und Zug der Israeliten durch das Rote Meer

Da brachen die Israeliten so schnell auf, daß sie ihr Brot für die Reise nicht mehr backen konnten. Darum taten sie den Brotteig in Backtröge und setzten sie auf ihre Schultern. Sie zogen aus wie ein gewaltiges Heer. Gott aber zog vor ihnen her, um ihnen den Weg zu zeigen: tagsüber in einer Wolkensäule, bei Nacht in einer Feuersäule. Auch den Sarg mit der Leiche Josephs nahmen sie mit, wie dieser ihnen vor seinem Tode aufgetragen hatte (Buch Genesis 50,25).

Doch schon bald reute den Pharao die Erlaubnis. Er schickte ein Heer mit vielen Streitwagen nach, das die Israeliten einholte, als sie vor einem Meeresarm lagerten. Da gab Gott Moses den Befehl: «Recke deinen Stab über das Meer!» Und Gott ließ einen Wind von Osten kommen, der das Wasser so stark zurücktrieb, daß der Meeresboden hervorkam. So konnten die Israeliten auf trockenem Grund durch das Meer hindurchgehen. Die Ägypter aber stürmten ihnen mit ihren Streitwagen und Pferden nach. Als der Morgen dämmerte, sprach Gott zu Moses: «Strecke deine Hand über das Meer.» Da strömte das Meer in sein Bett zurück, und das Wasser überflutete die Streitwagen und das ganze nachfolgende Heer.

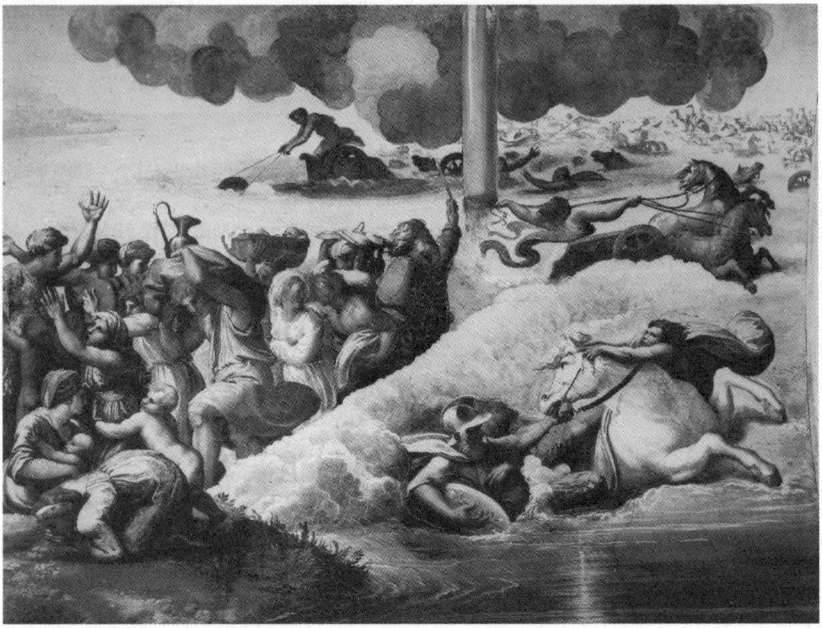

Der Zug der Israeliten durch das Rote Meer
Fresko (Ausschnitt) von Raffael Santi, Loggien Vatikan

Moses Schwester Mirjam und alle Frauen zogen mit ihren Trommeln umher und sangen ein Danklied zu Gottes Ehre.

QUELLE: 2. Buch Mosis (Exodus) 12,37–39 und 13,17 – 15,21. – BILDER: *Der Auszug der Israeliten aus Ägypten:* Frans II. Francken, Braunschweig; Heiss, Dresden. *Der Zug der Israeliten durch das Meer:* Rosselli und Piero di Cosimo, Sixtina; Domenichino, Eremitage. *Das Lied der Mirjam:* Rubens (Kopie), Karlsruhe.

Das Bitterwasser

Vom Meer aus ließ Moses das Volk Israel nach Süden ziehen, drei Tage lang durch eine Wüste. Endlich fanden sie eine Quelle, die aber nur bitteres Salzwasser gab. Ihr Name war Mara, Bitterkeit. Selbst die Tiere mochten dieses Wasser nicht trinken. Da murrte das Volk gegen Moses. Der aber schrie in seiner Not zum Herrn. Nun zeigte ihm Gott ein Holz; Moses warf es in das Wasser, und es wurde süß.

QUELLE: 2. Buch Mosis (Exodus) 15,22–25. – BILD: Poussin, Mus. of Art Baltimore.

Die Mannalese

Die Israeliten waren schon wochenlang auf der Wanderschaft durch die Wüste, und alle Vorräte waren verzehrt. Da murrten sie gegen Moses und Aaron: «In Ägypten hatten wir reichlich Brot und konnten an Fleischtöpfen sitzen. Nun habt ihr uns in die Wüste geführt und wollt uns hier verhungern lassen!» Da sprach Gott zu Moses: «Ich habe das Murren des Volkes gehört. Sprich zu ihnen: Um die Abendzeit werdet ihr Fleisch zu essen bekommen und am Morgen Brot die Fülle, damit ihr erkennt, daß ich euer Gott bin.» Da riefen Moses und Aaron das ganze Volk zusammen und verkündeten, was Gott gesprochen hatte. Als es Abend wurde, flog ein großer Schwarm von Wachteln über die Wüste und ließ sich am Lager zur Ruhe nieder. Die Israeliten konnten die müden Tiere greifen und hatten Fleisch zu essen. Am Morgen aber lagen kleine Körner wie Reif rings um das Lager. Sie schmeckten wie Honigbrot. Moses gebot dem Volk: «Sammelt davon in Krüge, jeder so viel, wie er für seine Familie an einem Tag braucht. Nichts darf bis zum nächsten Tag übrigbleiben. Nur am sechsten Wochentag sollt ihr die doppelte Menge sammeln, damit ihr am Feiertag ruhen könnt.» Da gingen sie hinaus und sammelten. Einige aber dachten: Wer weiß, ob morgen wieder etwas da sein wird. Und sie sammelten, soviel sie konnten, in ihre Krüge. Am anderen Tage aber waren Würmer darin. Nur was sie am sechsten Tag doppelt gesammelt hatten, verdarb nicht.

Quelle: 2. Buch Mosis (Exodus) 16. – Bilder: Roberti, Nat. Gall. London; Bramantino, Washington; Luini, Brera; Bacchiacca, Washington; Tintoretto, S. M. Maggiore Venedig; M. de Vos, AP München; Balen, Braunschweig; Rubens, Los Angeles/Sarasota (Flo.); Poussin, Louvre.

Wasser aus dem Felsen

Beim Zug der Israeliten durch die Wüste wurden Menschen und Tiere vom Durst gequält. Da stritten sie gegen Moses: «Du hast uns aus Ägypten herausgeführt! Nun läßt du uns verdursten mit all unseren Kindern und dem Vieh!» Moses schrie zu Gott: «Was soll ich mit diesem Volk tun? Bald kommt es so weit, daß sie mich steinigen!» Gott antwortete: «Am Berg sollst du deinen Stab nehmen und damit auf den Felsen schlagen. Dann wird Wasser hervorströmen, und alles Volk wird genug zu trinken haben.» Moses tat, was Gott ihm gesagt hatte.

Quelle: 2. Buch Mosis (Exodus) 17,1–7. Ähnliches Motiv «Der Ungehorsam des Moses» im 4. Buch Mosis (Numeri) 20,1–13, siehe S. 212. – Bilder: Luini, Brera; Lucas van Leyden, Nürnberg; J. Bassano, Dresden; Tintoretto, San Rocco Venedig/Eremitage/Louvre; Assereto, Prado; Steen, Städel; Januarius Zick, Dahlem; Chagall, Mus. Chagall Nizza.

Der Kampf mit Amalek

Auf dem Weg vom Roten Meer zum Sinai wurden die Israeliten von einem räuberischen Stamm, den Amalekitern, angegriffen, die zuerst die Schwachen und Kranken überfielen, die zurückgeblieben waren. Am Tage der Schlacht stieg Moses mit Aaron und einem angesehenen Mann namens Hur den Felsenhügel hinauf und hob seine Hände mit dem Stab hoch zum Himmel empor. Solange er den Stab bittend zu Gott hinaufreckte, siegte Israel. Ließ er ihn aber erschöpft sinken, so siegte Amalek. Die Schlacht dauerte den ganzen Tag an. Schließlich wälzten Aaron und Hur einen Stein herbei, damit Moses sich setzen konnte. Sie stellten sich neben ihn und stützten seine Arme bis zum Sonnenuntergang.

Quelle: 2. Buch Mosis (Exodus) 17,8–16.– Bilder: Poussin, Louvre/Eremitage; Giordano, Escorial.

Die Gesetzestafeln und das Goldene Kalb

Moses führte die Israeliten durch die Wüste zum Berg Sinai. Dort erschien Gott dem Volk in Blitz und Donner und verkündete die zehn Gebote. Moses stieg auf den Berg, und Gott redete mit ihm vierzig Tage und vierzig Nächte. Dann gab Gott Moses die beiden Tafeln des Gesetzes. Sie waren aus Stein, beschrieben von Gottes Hand. Josua, Moses Diener, wartete auf halber Höhe. Als Moses so lange auf dem Berge blieb, rottete sich das Volk um Aaron und schrie auf ihn ein: «Wir können nicht allein durch die Wüste ziehen! Mach uns ein Bild von Gott, das uns vorangetragen werden kann. Denn wir wissen nicht, was aus Moses geworden ist.» Da sammelte Aaron alles Gold und machte daraus ein goldenes Kalb, vor dem die Israeliten opferten und einen wilden Tanz begannen. Oben auf dem Berge aber sprach Gott zu Moses: «Geh sofort hinab, denn dein Volk Israel ist abtrünnig geworden.» Da stieg Moses mit Josua hinab. In seinen Händen trug er die Tafeln des Gesetzes. Beim Näherkommen sah Moses, wie das Volk um das Kalb herumtanzte. Da loderte sein Zorn hoch auf. Er nahm die Tafeln und zerschmetterte sie am Fuße des Berges.

Quelle: 2. Buch Mosis (Exodus) 19; 20; 32. – Bilder: Rosselli, Sixtina; Raffael und Werkstatt, Loggien; Lucas van Leyden, Rijksmus.; Beccafumi, Dom Siena; Tintoretto (Werkstatt), KHM Wien; M. de Vos, Mauritshuis; Valentin de Boulogne, KHM Wien; Frans II. Francken, Fitzwilliam; Poussin, Nat. Gall. London; Rembrandt, Berlin; Champaigne, Eremitage; Chagall, Mus. Chagall Nizza.

Moses mit den neuen Gesetzestafeln

Nach dem Tanz der Israeliten um das Goldene Kalb legte Moses für das Volk bei Gott Fürbitte ein. Gott sagte zu ihm: «Schlage dir noch einmal zwei Steintafeln zurecht, so wie die ersten waren, die du zerbrochen hast, und steige allein zu mir auf den Sinai.» Moses tat, wie Gott ihm befohlen hatte. Vierzig Tage und vierzig Nächte blieb er wieder bei Gott auf dem Berge. Als Moses dann vom Sinai herabstieg, trug er zwei neue Gesetzestafeln in der Hand. Vom Glanz der Herrlichkeit Gottes war sein Antlitz strahlend geworden. Moses selber aber wußte es nicht. Doch Aaron und alle Israeliten erschraken vor dem Strahlenglanz.

QUELLE: 2. Buch Mosis (Exodus) 34. – BILDER: Berruguete, Pal. d'Urbino; Raffael und Werkstatt, Loggien.

Die Bestrafung von Nadab und Abjud/Abihu

Am Sinai legte Moses auch die Regeln für den Opferdienst fest. Seinen Bruder Aaron und dessen Nachkommen setzte er als Priester ein. Doch Nadab und Abjud, die zwei ältesten Söhne Aarons, brachten mit ihren Räucherpfannen eigenmächtig (oder unter Verletzung einer Formvorschrift?) ein Rauchopfer dar. Da fiel Feuer vom Himmel und verzehrte die beiden. Moses befahl, die Leichen in ihren priesterlichen Gewändern aus dem Lager zu tragen.

QUELLE: 3. Buch Mosis (Leviticus) 10,1–5. – BILD: Niccolò Pisano, Dom Pisa.

Die Rückkehr der Kundschafter aus Kanaan

Vom Sinai zogen die Israeliten nach Norden bis an den Südrand des Gelobten Landes. Von dort sandte Moses zwölf Kundschafter aus, darunter Josua und Kaleb. Die zwölf machten sich auf den Weg und gingen weit nach Norden. Auf dem Rückweg schnitten sie in dem fruchtbaren Tale bei Hebron eine Weintraube ab. Sie war so groß, daß zwei Männer sie an einer Stange tragen mußten. Sie nahmen auch andere Früchte, Granatäpfel und Feigen, mit. Als die zwölf zum Lager der Israeliten zurückkehrten, berichteten sie: «Das Land ist so reich, daß Milch und Honig darin fließen. Hier seht ihr seine Früchte. Die Völker aber, die im Lande wohnen, sind gefährlich stark. Sie haben große Städte und starke Festungen. Sogar Nachkommen der Riesen haben wir gesehen.» Bei diesen Nachrichten über die Schwierigkeiten, das verheißene Land zu erobern, verzagte das Volk und rebellierte gegen Gott und Moses. Zur Strafe gelangte erst die nächste Generation ans Ziel, so daß die Wüstenwanderung 40 Jahre dauerte.

QUELLE: 4. Buch Mosis (Numeri) 14. – BILDER: Lanfranco, Eremitage; Poussin, Louvre («Der Herbst»); Seekatz, Mainz.

Der Untergang der Rotte Korah

Damals, in der Wüste, erhoben sich der Levit Korah mit Datan und Abiram sowie 250 anderen führenden Männern gegen Moses und Aaron. Sie warfen ihnen vor, sich über die Gemeinde zu erheben, während doch alle Glieder der

Gemeinde heilig seien. Da befahl Moses den 250, mit ihren Räucherpfannen am Bundeszelt zu erscheinen. Er sagte: «Wenn diese Leute sterben, wie jeder Mensch stirbt, dann hat der Herr mich nicht gesandt. Wenn aber der Herr etwas Ungewöhnliches tut, wenn die Erde ihren Rachen aufreißt und sie verschlingt, dann werdet ihr erkennen, daß diese Leute den Herrn beleidigt haben.» Kaum hatte er das gesagt, da spaltete sich der Boden und verschlang alle, die zu Korah gehörten. Und Feuer verzehrte die 250 Männer, die mit den Weihrauchpfannen gekommen waren.

QUELLE: 4. Buch Mosis (Numeri) 16. – BILDER: Botticelli, Sixtina; Beccafumi, Dom Pisa.

Der Stab Aarons

Nach dem Untergang der Rotte Korah sprach Gott zu Moses: «Laß dir von jedem Stammesführer einen Stab geben und schreib ihre Namen darauf. Auf den Stab Levis schreibe den Namen Aaron. Dann lege die Stäbe in das heilige Zelt vor die Bundeslade. Der Stab dessen, den ich mir zum Priester erwähle, wird Blätter bekommen.» Moses legte die Stäbe ins Zelt und am nächsten Tag war der Stab Levis, der den Namen Aarons trug, grün geworden. Er trieb Zweige, blühte und trug Mandeln.

QUELLE: 4. Buch Mosis (Numeri) 17; Aarons Priesterkleidung: 2. Buch Mosis (Exodus) 28. – BILD: Meister des Lorenzer Wolfgang-Altars, St. Lorenz Nürnberg.

Der Ungehorsam des Moses

Gegen Ende der 40 Jahre in der Wüste kam ein Jahr der Dürre, und das Volk hatte nicht genug Wasser für Menschen und Vieh. Da erhoben sie wieder Vorwürfe gegen Moses und Aaron. Diese gingen zum Heiligtum und riefen Gott um Hilfe an. Da sprach Gott zu Moses: «Nimm deinen Stab und versammle die Gemeinde an dem großen Felsen draußen vor dem Lager. Ihr solltet mit eurem Wort dem Felsen befehlen, daß er euch sein Wasser gibt.» Am Felsen schlug jedoch Moses zornig mit seinem Stab zweimal heftig auf den Felsen. Da strömte das Wasser so reichlich heraus, daß Menschen und Tiere trinken konnten. Gott aber sprach zu Moses und Aaron: «Ihr habt etwas anderes getan, als ich euch befohlen hatte, denn ihr habt mir diesmal nicht vertraut. Ihr werdet darum das Volk nicht in das Land hineinbringen, das ich ihm geben werde.» Damals starb Aaron. Moses aber begann, das Volk in Richtung Kanaan zu führen.

QUELLE: 4. Buch Mosis (Numeri) 20,1–13. – BILDER: Die Bildbeispiele sind meist nicht unterscheidbar vom Motiv «Wasser aus dem Felsen». Siehe S. 209.

Die eherne Schlange

Auf seinem weiteren Weg durch die Wüste zog das Volk nur unwillig und verdrossen mit. Sie klagten Gott an und Moses. Daraufhin schickte Gott feuerrote Giftschlangen in das Lager. Viele Menschen starben an ihren tödlichen Bissen. Da bekannten die Israeliten vor Moses ihre Sünden, und er legte für sie Fürbitte eine. Da befahl ihm Gott: «Laß ein Bild von einer Schlange gießen und befestige es auf einem hohen Pfahl. Wer gebissen wird und dieses Zeichen ansieht, soll am Leben bleiben.» Moses tat, wie Gott ihm gesagt hatte. Wenn nun einer gebissen wurde und auf die eherne Schlange blickte, blieb er am Leben.

QUELLE: 4. Buch Mosis (Numeri) 21,4–9. – BILDER: Michelangelo, Sixtina; Tintoretto, San Rocco Venedig; Palma Giovane, Gall. Siena; C. Cornelisz, Darmstadt; Rubens, Nat. Gall. London; Dyck, Prado; Tiepolo, Akad. Venedig; Januarius Zick, Dahlem.

Bileams Eselin

Als die Israeliten ins Ostjordanland wanderten, um von dort nach Kanaan einzudringen, bat Moses die Könige der Länder um freien Durchzug, doch sie verweigerten ihn. Da eroberte Israel das ganze Gebiet, und die angrenzenden Moabiter fürchteten sich. Balak, ihr König, sandte Boten zu Bileam, einem berühmten Zauberer, mit der Bitte, das Volk Israel zu verfluchen. Bileam sattelte seine Eselin und brach auf. Auf dem Weg trat ihm dreimal ein Engel mit gezücktem Schwert entgegen. Die Eselin sah ihn und wich ihm aus. Bileam aber, der den Engel nicht sehen konnte, schlug jedesmal auf die Eselin ein, um sie auf den Weg zurückzulenken. Da öffnete Gott der Eselin den Mund, und sie konnte sprechen: «Was habe ich dir getan, daß du mich nun schon dreimal schlägst?» Bileam entgegnete: «Weil du mir zum Trotz dreimal stehenbleibst! Hätte ich ein Schwert bei mir, so würde ich dich töten!» Da antwortete die Eselin: «Bin ich nicht immer dein treues Reittier gewesen? War ich je bockig oder ungehorsam?» «Nein!» gab Bileam zu. In diesem Augenblick öffnete Gott ihm die Augen, und er sah den Engel mit dem Schwert vor sich stehen. Da warf sich Bileam auf sein Angesicht nieder. Der Engel aber sprach: «Du hast dem Tier dreimal Unrecht getan. Es hat mich eher bemerkt als du. Dreimal bin ich dir entgegengetreten, weil du auf einem bösen Wege bist.» Bileam antwortete: «Wenn die Sache, um deretwillen ich ausgezogen bin, böse ist, so will ich umkehren.» Da sprach der Engel. «Zieh zum König der Moabiter. Doch darfst du nur die Worte sprechen, die ich selber dir sagen werde.» So zog Bileam weiter zu Balak, dem König von Moab. Der führte Bileam dreimal auf einen Berg, von wo aus man die Lager Israels sehen konnte. Doch jedesmal segnete Bileam die Israeliten, anstatt sie zu verfluchen. Zuletzt rief er dem darüber wütenden König noch eine Weissagung über die Zukunft Israels zu: «Ich sehe ihn, doch nicht jetzt, ich schaue ihn, doch noch nicht nah. Er hat sich auf den Weg gemacht, ein Stern aus Jakobs Volk. Ein Königsstab taucht auf aus Israel.»

QUELLE: 4. Buch Mosis (Numeri) 22–24. – BILDER: Rembrandt, Musée Cognacq-Jay Paris; Bleker, Boymans; Giordano, Escorial.

Moses' Abschied und Tod

Als Moses sein Ende nahen fühlte, ermahnte er die Israeliten noch einmal zur Treue gegen den Herrn und gab ihnen Josua als Führer, indem er ihm die Hände auflegte. Dann stieg Moses aus der Ebene östlich des Jordans, wo das Volk lagerte, ganz allein den Berg Nebo hinauf. Von dort zeigte ihm der Herr von Norden bis zum Süden das ganze Land, das er seinem Volk geben wollte. Nach seinem Tod beweinten die Israeliten Moses 30 Tage lang und folgten von da der Führung Josuas. – Nach einer mittelalterlichen Überlieferung («in: «Hortus Deliciarum») wollte Satan Moses' Leiche stehlen. Doch der Erzengel Michael stieß ihn zurück.

Quelle: 5. Buch Mosis (Deuteronomium) 31 – 34. – Bilder: Signorelli, Sixtina. *Streit um den Leichnam:* Matteo da Lecce, Sixtina.

Josua

Als Nachfolger des Moses führte nach dessen Tod Josua die Israeliten ins Gelobte Land, das er an die Stämme verteilte. Seine Taten sind im biblischen Buch Josua beschrieben. Schon zu Moses Lebzeiten war er der Anführer im Kampf gegen die Amalekiter gewesen (siehe S. 210), ebenso der Begleiter des Moses auf dem Heiligen Berg (siehe S. 210) und mit Kaleb einer der zwölf Kundschafter (siehe S. 211).

Der Zug der Israeliten unter Josuas Führung durch den Jordan

Die Israeliten waren nach Moses' Tod noch am Ostufer des Jordans, da erhielt Josua von Gott den Auftrag, sie über den Fluß hinweg ins Gelobte Land zu führen. Als das Volk aufbrach und die Priester mit der Bundeslade in der Mitte in den Jordan hineinschritten, staute sich das Wasser, so daß alle trockenen Fußes hindurchgehen konnten. Josua ließ zum Gedenken zwölf Steine an dieser Stelle aufrichten. Damals erschien Josua auch ein Engel mit gezücktem Schwert, der Anführer des himmlischen Heeres. Dieser befahl ihm: «Zieh deine Schuhe aus, der Boden, auf dem du stehst, ist heilig!»

Quelle: Buch Josua 3 – 5. – Bild: Frans II. Francken, Besançon.

Der Fall Jerichos

Bevor Josua über den Jordan setzte, hatte er zwei Kundschafter nach Jericho gesandt, der ersten Stadt jenseits des Jordans auf dem Weg ins Gelobte Land. Die beiden waren bei Rahab, einer Dirne, eingekehrt, die sie vor den Nachforschungen des Königs versteckte und nachts mit Hilfe eines Seils von der Stadtmauer ließ, an die ihr Haus grenzte. Zum Dank dafür sollte sie bei der Eroberung verschont werden.

Bei der Nachricht vom Übergang der Israeliten über den Jordan schloß Jericho seine Tore. Auf Gottes Anweisung hin zog das Heer Israels an sechs Tagen mit der Bundeslade schweigend um die Stadt. Am siebten Tag gab Josua beim Umzug ein Signal: Alle erhoben ein Kriegsgeschrei, und die Priester bliesen in die Trompeten. Da stürzten Jerichos Mauern zusammen, und die Israeliten drangen in die Stadt ein. Nur Rahab, die ihr Haus auf Geheiß der Kundschafter mit einer purpurnen Schnur gekennzeichnet hatte, blieb mit ihren Leuten unversehrt.

QUELLE: Buch Josua 2 und 6. – BILDER: Raffael und Werkstatt, Loggien; Giordano, Brera.

Der Stillstand der Sonne durch Josuas Gebet

Als Josua in einer Schlacht bei der Eroberung Kanaans gegen fünf Könige kämpfte und ihm der Sieg gewiß war, rief er aus: «Sonne, steh still über Gibeon und Mond über dem Tal Ajalon!» Und die Sonne verzögerte ihren Untergang um die Zeit eines Tages, bis die Feinde vollständig vernichtet waren.

QUELLE: Buch Josua 10,12–14. – BILDER: Raffael und Werkstatt, Loggien; Poussin, Moskau; Cortona, Nantes; Schönfeld, Burg Prag; Giordano, Escorial/Brera.

Die Richter

Nach der Eroberung Kanaans verteilte Josua das Land unter die zwölf Stämme. In der Folgezeit (ca. 13.–11. Jahrhundert v. Chr.) fielen aber die Israeliten immer wieder von ihrem Gott ab, der sie deshalb in die Hand fremder Könige gab. Wenn dann das Volk wieder zu Gott schrie, erweckte sein Geist unter ihnen Retter, die auch «Richter» genannt wurden, weil sie den Unterdrückten gegen die Mächtigen Recht verschafften.

Debora und Jaël/Jahel

Unter den Richtern war auch eine Frau, Debora, die hohes Ansehen besaß und unter einer Palme dem Volk Recht sprach. Die Israeliten wurden damals von Sisera, dem Feldherrn des Königs von Kanaan, unterdrückt; denn sie waren machtlose Bauern, und Sisera besaß 900 eiserne Streitwagen. Da ließ Debora den Stammesfürsten Barak zu sich kommen und forderte ihn auf, die Israeliten am Berg Tabor zusammenzurufen, um gegen die Unterdrücker zu kämpfen. Barak nahm den Auftrag nur unter der Bedingung an, daß Debora selbst mitgehe. Diese schalt ihn wegen seines Kleinmuts und verkündete, der Ruhm des Sieges werde nun einer Frau zufallen. Dann ging sie mit ihm zum Tabor, wo sich der israelitische Heerbann versammelte. Sisera umstellte aber den Berg mit seinen Streitwagen. Da kam den Israeliten gegen die schwer bewaff-

nete Übermacht ein Gewitter zur Hilfe. Sie konnten durch ihre Beweglichkeit die Feinde, deren Wagen im Schlamm steckenblieben, besiegen.
Sisera floh zu Fuß und kam zum Zeltlager einer Sippe, die mit den Israeliten (durch Moses) verwandt war. Jaël, die Frau des Anführers der Sippe, lud den Feldherrn in ihr Zelt ein, wo er sie um Wasser bat (zugleich ein Zeichen für die Gewährung der Gastfreundschaft). Sie gab ihm statt dessen Milch zu trinken, worauf er aber nicht achtete. Nachdem er erschöpft eingeschlafen war, nahm Jaël einen Zeltpflock und schlug ihn mit einem Hammer durch die Stirn Siseras. Als Barak bei der Verfolgung herankam, zeigte sie ihm den toten Feind.

QUELLEN: Buch Richter 4 – 5; Gesta Romanorum 233. – BILDER: *Debora und Barak:* Solimena, Turin. *Jaël und Sisera:* Spilberg, Bodemus.; Giordano, Escorial; Januarius Zick, Koblenz.

DER RICHTER GIDEON

Gideon wurde zum Richter, als die Israeliten von den Midianitern, räuberischen Kamelreitern, die zur Erntezeit aus der Wüste einfielen, bedrückt wurden. Da die einfallenden Räuber an den hohen Staubwolken, die beim Dreschen aufstiegen, die Vorratsplätze der Israeliten erkennen konnten, stieg der junge Gideon in die Weinkelter seines Vaters, um dort ungesehen die Körner aus den Ähren zu schlagen. Da stand plötzlich ein Engel vor ihm, den er für einen Fremdling hielt, und grüßte ihn: «Gott sei mit dir, du starker Held!» Gideon fühlte sich durch diese Anrede verspottet und beklagte sich, daß der Herr sein Volk verlassen habe. Der Mann verkündete nun, Gideon werde Israel retten. Gideon begann zu ahnen, wer der Fremde war. Er schlachtete ein Zicklein und brachte es mit Broten hinaus zur Kelter. Auch Brühe nahm er mit für den Fall, daß es sich doch um einen menschlichen Wanderer handelte, der essen wollte. Der Gottesbote befahl aber, die Brühe wegzuschütten und das andere auf einen Stein zu legen. Dann streckte er seinen Stab aus und berührte mit dessen Spitze das Fleisch und das Brot. Da stieg Feuer auf und verzehrte die Gaben. Der Engel verschwand, und Gideon warf sich nieder; denn er wußte nun, daß es der Herr gewesen war.
Um jedoch ganz sicher zu sein, daß sein Auftrag von Gott kam, bat er am Abend Gott um ein Zeichen. Er wollte ein Widderfell auf der Tenne ausbreiten und sehen, ob es durch den nächtlichen Tau naß wurde, während der umliegende Boden trocken blieb. Am Morgen war es so. Das Fell war so naß, daß Gideon davon eine Schale mit Wasser auswringen konnte. Noch immer in Unsicherheit bat Gideon um die Umkehrung des Zeichens. Tatsächlich war am folgenden Morgen der Boden naß und das Widderfell trocken.
Gideon rief nun die Israeliten zum Kampf auf und versammelte sie in großer Zahl bei einer Quelle. Da sagte Gott zu Gideon: «Es sind zu viele. Israel wird sich rühmen, in eigener Kraft die Rettung vollbracht zu haben.» Auf Anweisung Gottes schickte Gideon zunächst alle Männer heim, die sich vor dem

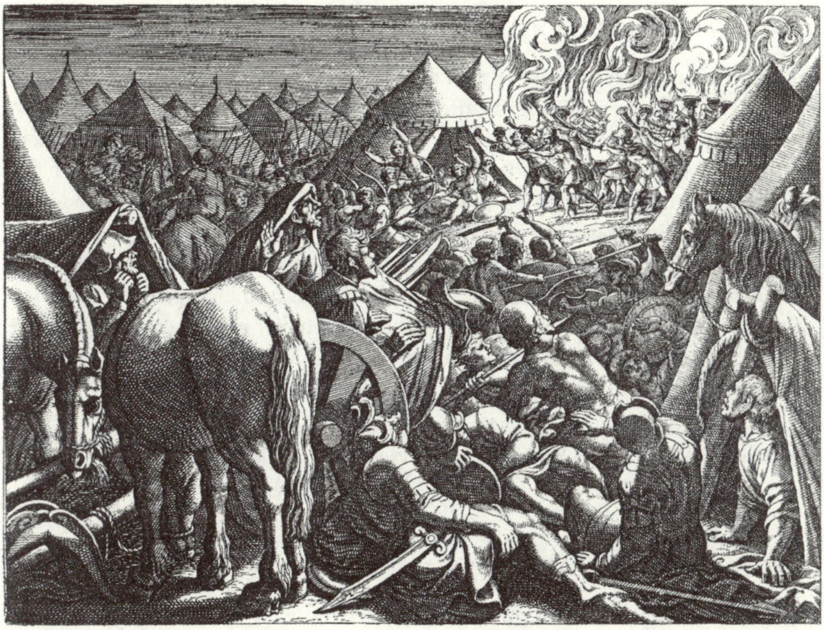

Gideons Sieg. Kupferstich von Matthaeus Merian

Kampf fürchteten, so daß nur noch tausend übrigblieben. Auch aus diesen sonderte er noch 300 aus, indem er alle aus der Quelle trinken ließ und diejenigen auf eine Seite stellte, die sich zu Boden geworfen und mit dem Mund wie ein Hund getrunken hatten, statt mit der Hand zu schöpfen.

In der Nacht schlich Gideon dann mit seinem Waffenträger zur Erkundung ins Lager der midianitischen Feinde. Er hörte dort einen Wachtposten seinem Kameraden erzählen, daß ihm geträumt habe, ein ganz kleines Brot sei ins Lager gerollt und habe alle Zelte zusammengebrochen. So erkannte Gideon, daß die Midianiter sich fürchteten, und er baute darauf seinen Schlachtplan: Jeder der Dreihundert steckte eine brennende Fackel in einen leeren Krug und nahm ein Widderhorn mit. Dann stellte Gideon seine Leute auf den Höhen um das feindliche Lager auf. Auf sein Signal hin zerschlugen alle ihre Krüge, erhoben die Fackeln, bliesen in die Hörner und schrien: «Für Gott und Gideon!» Im Lager der Midianiter entstand große Verwirrung, sie kämpften gegeneinander oder flohen davon.

QUELLE: Buch Richter 6 – 7. – BILDER: *Gideons Opfer:* Flinck, Nat. Mus. Stockholm. *Gideons Vlies:* Meister des Lorenzer Wolfgangaltars, St. Lorenz Nürnberg; Rosa, Quirinal Rom; Maratta, St. Peter Rom. *Die Auswahl der 300:* Schönfeld, KHM Wien, Sanssouci. *Gideons Sieg:* Le Pilleur, Louvre. *Die Schlacht Gideons:* Poussin, Pinak. Vatikan.

Jiftach/Jephte und seine Tochter

Als Sohn einer Dirne wurde Jiftach zu Hause nicht anerkannt, und er zog in ein fernes Land, wo er ein berühmter Söldnerführer wurde. Als die Israeliten wieder vom Herrn abfielen und von Feinden bedroht wurden, fand sich kein Anführer. Man schickte deshalb nach Jiftach und holte ihn zurück. Vor der entscheidenden Schlacht gegen die Feinde machte er das voreilige Gelübde, als Dank für den Sieg das erste Lebewesen, das ihm bei der Heimkehr zu Hause begegnen würde, zu opfern. Da war es sein einziges Kind, eine Tochter, die dem Sieger tanzend entgegenkam. Jiftach brach zusammen, doch das Mädchen sagte zu ihm, da Gott ihm den Sieg geschenkt habe, müsse er sein Gelübde halten. Sie bat sich nur aus, vor dem Tod für zwei Monate mit ihren Freundinnen in die Berge gehen zu dürfen.

Quelle: Buch Richter 11,29–40. – Bilder: Lucas van Leyden, Slg. Goudsticker Amsterdam; Candid, AP München; Romanelli, KHM Wien; Lebrun, Uffizien; Mignard, Eremitage; A. Coypel, Dijon; Degas, Smith College Northampton (Ma.).

Der Levit und sein Weib in Gibea

Ein Levit war in der «königlosen schrecklichen» Zeit der Richter mit seiner Nebenfrau (Kebsweib) unterwegs und suchte in der israelitischen Stadt Gibea eine Unterkunft für die Nacht. Doch nur ein armer alter Feldarbeiter, der selbst ein Fremder war, nahm die Reisenden auf.
Die Männer der Stadt aber rotteten sich vor dem Haus zusammen und forderten die Herausgabe des Gastes, um sich an ihm homosexuell zu vergehen. Der Gastgeber verwies vergeblich auf die Pflichten der Gastfreundschaft, bis der Levit schließlich seine Frau auslieferte. Am nächsten Morgen lag sie tot vor der Tür. Da zerschnitt ihr Mann die Leiche in Stücke und sandte sie an alle Stämme Israels, um zur Bestrafung der Frevler aufzurufen. Ein Bürgerkrieg brach aus.

Quelle: Buch Richter 19. – Bilder: *Der alte Feldarbeiter bietet Unterkunft an:* Eeckhout, Bodemus./Budapest/Moskau. *Das zu Tod gequälte Kebsweib des Leviten:* Bartsius, Eremitage.

Simson/Samson

Die bekannteste, wenn auch wohl nicht bedeutendste unter den Richtergestalten ist Simson. Zu seiner Zeit trat eine neue Bedrohung auf: Die Philister, ein Volk von geübten Kriegern mit eisernen Waffen, ließen sich an der Küste Palästinas nieder und unterwarfen mehr und mehr die wehrlosen Israeliten im Hinterland. Einer der ersten, der sich mit ihnen anlegte, war der in manchem an Herkules erinnernde Held Simson, von dem ein – zumindest auf den ersten Blick – schwankhaft anmutender Sagen-

kranz Kunde gibt. Die Geschichten über Simson stehen im Buch der Richter Kapitel 13–16. Seine ATTRIBUTE *sind ein Torflügel oder eine zerbrochene Säule.*

Manoachs Opfer

Als die Philister den israelitischen Stamm Dan bedrückten, lebte ein Mann namens Manoach. Seiner kinderlosen Frau erschien ein Engel Gottes (man sagte später, es sei Gabriel gewesen) in der Gestalt eines Sehers und verkündete ihr die Geburt eines Sohnes; sie solle ihn als «Gottgeweihten» aufziehen: nie dürfe er sich die Haare scheren lassen; so werde er anfangen, Israel von den Philistern zu befreien. Die Frau erzählte es ihrem Mann, und Manoach betete, der Gottesmann möge noch einmal kommen. Dies geschah, und Manoach wollte schon ein Böcklein zubereiten. Doch der Gast sagte, er könne nichts essen, man solle das Böcklein dem Herrn opfern. Als Manoach das Opfer auf einem Felsen darbrachte, fuhr der Bote Gottes im Feuer zum Himmel empor. Die Frau gebar einen Sohn, den sie Simson nannte.

QUELLE: Buch Richter 13. – BILDER: Tintoretto, Göteborg; Elsheimer, Basel; Rembrandt, Dresden; Flinck, Budapest; Balestra, Schleißheim.

Simson bezwingt den Löwen

Als Simson zu einem starken jungen Mann herangewachsen war, sah er ein Philistermädchen und wollte es heiraten. Schließlich gaben die widerstrebenden Eltern nach und gingen mit ihm zur Brautwerbung. Unterwegs wurde Simson von einem brüllenden Löwen angefallen, als er ganz allein war. Mit bloßen Händen packte er das Tier und riß es in Stücke, als wäre es ein Lämmchen. Später kam Simson wieder am Gerippe des Löwen vorbei und sah, daß sich ein Bienenschwarm darin eingenistet hatte. Er ging hin, brach die Waben heraus und aß im Weitergehen von dem Honig.

QUELLE: Buch Richter 14,5 f. – BILDER: Cranach d. Ä., Weimar; Giordano, Prado; Rubens, Nat. Mus. Stockholm.

Simsons Rätsel an der Hochzeitstafel

Simson bekam das Philistermädchen, in das er sich verliebt hatte, zur Frau, und bei ihren Eltern wurde ein großes Hochzeitsgelage gehalten. Dabei wettete Simson mit den Hochzeitsgästen um dreißig Festgewänder, er werde ihnen ein Rätsel aufgeben, das sie nicht lösen könnten. Sie aber bedrängten seine Frau, die ihn schließlich überredete, ihr die Lösung zu sagen, so daß Simson die Wette verlor. Da erschlug er dreißig Philister und nahm ihnen die Festkleider ab, um seine Wettschuld zu bezahlen. Dann ging er zornig in seines Vaters Haus zurück.

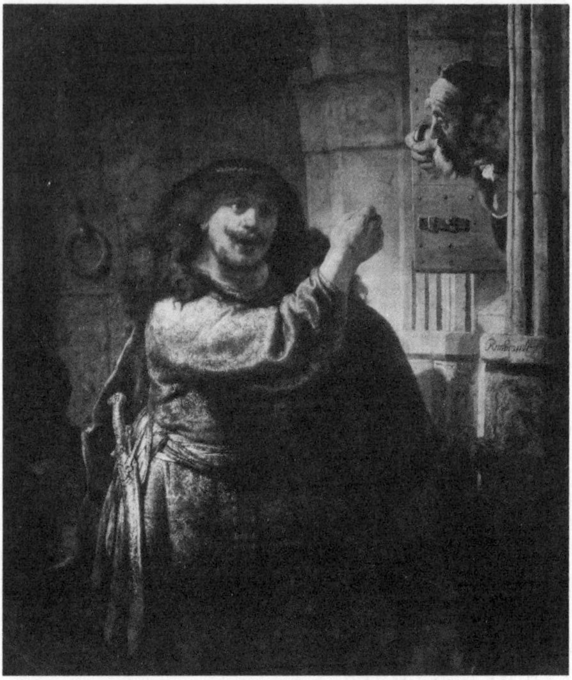

Simson bedroht seinen Schwiegervater
Gemälde von Rembrandt, Berlin

Nach einigen Tagen wollte Simson seine Frau mit einem Geschenk besuchen. Doch der Schwiegervater, der seine Tochter unterdessen einem anderen Mann gegeben hatte, ließ ihn nicht zu ihr. Da drohte Simson: «Diesmal bin ich frei von Schuld, wenn ich den Philistern Böses antue.» Und er vernichtete ihre Ernte, indem er Füchse mit brennenden Schwänzen in ihre Felder jagte, die in Flammen aufgingen.

QUELLE: Buch Richter 14,10 – 15,3. – BILDER: *Simsons Hochzeit:* Rembrandt, Dresden. *Simson und sein Schwiegervater:* Rembrandt, Dahlem. *Die Füchse mit brennenden Schwänzen:* Giordano, Pal. Reale Madrid.

Simsons Kampf mit dem Eselskinnbacken

Nachdem Simson im Streit wegen seiner Frau die Ernte der Philister vernichtet hatte, zogen diese gegen den Stamm Juda ins Feld. Aus Angst lieferten die Judäer Simson gefesselt aus. Als er die Philister sah, spürte er Gottes Kraft in seinen Armen, zerriß die Fesseln wie dünnes Garn und ergriff den herumliegenden Kinnbacken eines toten Esels. Damit stürzte er sich auf die Feinde und erschlug tausend von ihnen.

Nach dem Kampf hatte Simson solchen Durst, daß er glaubte, sterben zu müssen. Er rief zum Herrn, und aus einem Felsspalt trat eine Quelle hervor. – Von nun an war Simson Richter in Israel.

QUELLE: Buch Richter 15,4–20. – BILDER: *Der Kampf mit dem Eselskinnbacken:* Schiavone, Pal. Pitti; J. Bassano, Dresden; Tintoretto, San Rocco Venedig. *Die Quelle:* Breu d. Ä., Basel.

Das Stadttor von Gaza

Einmal ging Simson in die Philisterstadt Gaza hinein zu einer Dirne, bei der er zur Nacht blieb. Die Männer der Stadt erfuhren es und wollten ihn am nächsten Morgen töten. Simson aber stand in der Nacht auf, hob das Stadttor aus den Angeln und trug seine beiden Flügel auf einen entfernten Berg.

QUELLE: Buch Richter 16,1–3. – BILD: Cavaliere d'Arpino, Sala Vecchia de'Tedeschi Vatikan.

Delilas Verrat

Simson verliebte sich in eine Frau namens Delila. Die Fürsten der Philister versprachen ihr Geld, wenn sie herausbekäme, worin Simsons Stärke liege. Lange widerstand der Held Delilas Fragen und gab dreimal falsche Auskünfte. Schließlich bettelte sie und gab vor, an seiner Liebe zu zweifeln, so daß er ihr verriet, seine Kraft komme von seinen langen, niemals geschorenen Haaren. Delila schickte nach den Philistern und schnitt Simson, als er bei ihr eingeschlafen war, seine Locken ab. Die Philister konnten ihn nun mühelos gefangennehmen, da alle Kraft von ihm gewichen war.

QUELLE: Buch Richter 16,4–21. – BILDER: Mantegna, Nat. Gall. London; Rubens, Nat. Gall. London; Dyck, KHM Wien/Dulwich Coll. London; Rembrandt, Dahlem/Städel; Lievens, Sted. Mus. Amsterdam; Eeckhout, Bremen; Il Sarzana, Pal. Bianco Genua; Giordano, Victoria & Albert; Corinth, Mainz.

Simsons Rache

Die Philister stachen dem gefangenen Simson die Augen aus und brachten ihn nach Gaza, wo er die Mühle drehen mußte. Während eines Festes ließen die Fürsten der Philister Simson, dessen Haare wieder gewachsen waren, holen, um mit ihm ihren Spaß zu treiben. Dreitausend Männer und Frauen waren in der Halle und schauten zu, als der Blinde von einem Knaben hereingeführt wurde. Da sagte Simson zu dem Knaben: «Laß meine Hände los, damit ich mich an den Säulen festhalten kann.» Dann betete er zu Gott, ihm seine Kraft wiederzugeben, und stemmte sich mit beiden Armen gegen die beiden Mittelsäulen, die das Dach trugen, bis sie zerbrachen. Das Haus stürzte über den Fürsten, den anderen Anwesenden und über Simson zusammen, so daß er mehr Philister mit in den Tod riß, als er im Leben getötet hatte.

QUELLE: Buch Richter 16,21–30. – BILDER: Tintoretto, KHM Wien; Schönfeld, KHM Wien; Platzer, Barockmus. Wien.

Rut

Aus dem benachbarten, mit Israel stets verfeindeten Moab stammend wird Rut die Ahnfrau Davids und ist eine der vier Frauen, die im Stammbaum Jesu am Anfang des Matthäus-Evangeliums genannt sind, zusammen mit Tamar, Rahab und Batseba (siehe S. 198, 214, 232). Ruts Geschichte ist im nach ihr genannten biblischen Buch erzählt.

Bei einer Hungersnot war ein Israelit aus Bethlehem mit seiner Frau Noomi/Noëmi in ein fremdes Land, nach Moab, gewandert. Er starb dort, ebenso seine beiden Söhne, die Frauen aus dem fremden Lande geheiratet hatten. Eine davon war Rut. Als Noomi in ihre Heimat zurückkehren wollte, da dort die Hungersnot vorüber war, forderte sie ihre Schwiegertöchter auf, zu ihren Familien zurückzugehen, da sie ihnen keinen anderen Sohn mehr als Mann anbieten könne. Da aber Rut Noomi sehr gern hatte, ging sie mit ihr nach Bethlehem.

Wie alle Armen begab sie sich zur Erntezeit auf die abgeernteten Felder zum Nachlesen der Ähren. Sie geriet dabei auf das Feld des reichen Boas, der von ihrer Treue zu Noomi gehört hatte und ihr erlaubte, mittags zusammen mit ihm und seinen Knechten und Mägden zu essen und danach ungehindert die Ähren zu lesen.

Rut erzählte ihrer Schwiegermutter von der Güte, die Boas ihr erwiesen hatte. Da erinnerte sich Noomi, daß er ein Verwandter ihres verstorbenen Mannes war, der zur Erfüllung der sog. Leviratsehe in Frage kam (siehe S. 198). Darauf bauend riet Noomi, als die Ernte vorbei war, ihrer Schwiegertochter, sich nachts auf der Tenne neben Boas zu legen, der in der Zeit des Dreschens nach der Landessitte dort zu schlafen pflegte. Boas war überrascht, daß die noch junge Frau zu ihm, dem älteren Mann, kam, anstatt sich unter den jüngeren Männern einen Partner zu suchen. Er erkannte in Ruts Handeln die Treue zu Noomi und deren verstorbenen Sohn, rührte die junge Frau aber nicht an, da es einen noch näheren Verwandten gab. So wollte er Ruts Ehre nicht in Gefahr bringen, bevor die Sache entschieden war. Rut schickte er beim Morgengrauen mit einem reichen Geschenk an Getreide vorerst nach Hause. Durch geschicktes Verhandeln brachte Boas den Verwandten, der vor ihm ein Anrecht auf ein Feld der Noomi und damit auf Rut gehabt hätte, dazu, auf dieses Recht zu verzichten. So konnte Boas Rut heiraten, und sie gebar einen Sohn. Bethlehems Frauen beglückwünschten Noomi dazu, und sie nahm das Kind und versorgte es.

BILDER: *Rut und Noemi/Noëmi:* Nachfolger Scorel, KHM Wien. *Die Ährenleserin auf dem Acker des Boas:* J. Bassano, Hampton Court; Moeyaert, Bodemus.; B. Fabritius, Eremitage; Eeckhout, Bremen/Boymans; Berchem, Rijksmus.; Poussin, Louvre («Der Sommer»). *Ruts Heirat mit Boas:* Victors, Städel.

Samuel

Samuel, einer der frühen Propheten, war zugleich der letzte unter den «Richtern» Israels. Zu seiner Lebenszeit (11. Jh. v. Chr.) entstand, wenn auch gegen seinen ausdrücklichen Rat, das israelitische Königtum als dauerhafte Zentralgewalt. Zwar war er selbst es, der (nach der Bibel) den jungen Saul zum ersten König salbte, doch kam es, als der Herrscher in seinen Augen versagte, zu einem tiefen Zerwürfnis zwischen ihm und Saul. Über Samuel berichtet die Bibel in der ersten Hälfte des 1. Buches Samuel (früher oft auch als 1. Buch der Könige bezeichnet). Samuels ATTRIBUTE *sind ein Salbhorn oder ein Lamm (als Opfertier).*

DIE WEIHE DES KNABEN SAMUEL IM HEILIGTUM

Hanna, die Frau eines Israeliten, wurde wegen ihrer Kinderlosigkeit von der anderen Frau ihres Mannes verspottet. Bei einer Wallfahrt nach Schilo, wo damals die Bundeslade stand, klagte sie Gott am Eingang zum Heiligtum ihr Leid. Da sie still betete und nur die Lippen bewegte, hielt sie der alte Priester Eli für betrunken. Doch sie erklärte ihm ihre Lage, und er verhieß ihr die Erfüllung ihres Gebetes. Sie gebar einen Sohn, den sie Samuel nannte. Als das Kind entwöhnt war, brachte es Hanna mit einem jungen Stier und mit Mehl und Wein als Opfergabe vor den Priester Eli, und sie erzählte diesem, wie sich seine Weissagung erfüllt hatte. Der kleine Samuel blieb im Heiligtum.

QUELLE: 1. Buch Samuel 1. – BILDER: B. Fabritius, Chicago; Victors, Dahlem; Eeckhout, Louvre/Ashmolean; Reynolds, Nat. Gall. London.

DIE PEST VON ASCHDOD

Die Söhne Elis, des Priesters von Schilo, wo die Bundeslade stand, waren böse, doch ihr Vater wehrte ihnen nicht. Da trat ein Prophet auf und verkündete Unheil über Elis Geschlecht. Auch der Knabe Samuel hatte eine nächtliche Offenbarung, in der Gott seine Entscheidung bestätigte. Als es danach zum Krieg mit den Philistern kam, und die Israeliten geschlagen wurden, holten sie aus Schilo die Bundeslade, die von Elis Söhnen begleitet wurde. Doch wieder ging die Schlacht verloren und Elis Söhne wurden getötet. Sogar die Lade fiel in die Hände der Feinde, die sie im Triumph in den Tempel ihrer Stadt Aschdod brachten. Doch die Statue des Gottes Dagon fiel in der Nacht vor der Lade auf den Boden, und eine Beulenpest brach im ganzen Land aus. Schließlich schickten die Philister die Bundeslade wieder zu den Israeliten zurück.

QUELLE: 1. Buch Samuel 2,12–7,1. – BILDER: Poussin, Louvre. *Rückkehr der Bundeslade:* Bourdon, Nat. Gall. London.

Sauls Verwerfung durch Samuel

Nachdem Saul, den der Prophet Samuel zum König gemacht hatte, in vielen Schlachten gegen die Philister gekämpft und sie zurückgedrängt hatte, überbrachte ihm Samuel Gottes Botschaft, gegen die Amalekiter zu Felde zu ziehen und sie zu vernichten. Es waren grausame Räuber, die das Volk Israel einst schon heimtückisch überfallen hatten, als es von Ägypten zum Sinai zog (siehe S. 210). Samuel schärfte Saul ein, sich bei diesem Kriegszug nicht durch Gefangene oder andere Beute zu bereichern. Doch der König hielt sich nicht an diesen Befehl. Er tötete nur die kranken und schwächlichen Tiere und schonte die gesunden, um ein Opfermahl zu halten. Auch den Amalekiterkönig Agag ließ er am Leben (in Erwartung eines Lösegeldes?). Als er nach Hause zurückkam, ging ihm Samuel entgegen und sagte: «Gehorsam ist besser als Opfer ... Gott wird dir dein Königtum nehmen und es einem anderen geben, der besser ist als du.» Dann ging Samuel hin und tötete Agag mit dem Schwert.

Quelle: 1. Buch Samuel 15. – Bild: Hans Holbein d. J., Rathaus Basel.

Saul und David

Saul war um die Mitte des 11. Jahrhunderts v. Chr. erster König Israels geworden. Die letzten Jahre seiner Regierung waren überschattet von seiner Rivalität mit dem jungen Heerführer David. Die Bibel berichtet mit großer Ausführlichkeit über diesen Zwist, der damit endete, daß David nach Sauls Tod dessen Nachfolger wurde. Über Davids Aufstieg zum König berichtet die Bibel in den Kapiteln 15–31 des 1. Buches Samuel (früher oft auch als 1. Buch der Könige bezeichnet). Sauls Attribut *ist der Speer; das des jungen David der Hirtenstab oder Schleuder und Stein, oft auch Goliats Haupt und Schwert.*

Die Salbung Davids

Nachdem König Saul von Gott verworfen worden war, erhielt der Prophet Samuel den göttlichen Auftrag, nach Bethlehem zu gehen und dort einen der Söhne Isais zum König zu salben. Damit sein Vorhaben geheim bliebe, nahm Samuel ein junges Rind mit sich und lud Isai und seine Söhne zum Opfer ein. Als er den ältesten unter ihnen sah, dachte Samuel: «Das ist gewiß der Gesalbte des Herrn!» Doch Gott sprach: «Schau nicht auf Aussehen und stattliche Gestalt! Gott sieht das Herz.» So ging es mit sieben der Söhne Isais. Da fragte Samuel: «Hast du noch einen Sohn?» Isai antwortete: «Der jüngste fehlt noch, aber er hütet gerade die Schafe.» Samuel befahl, ihn zu holen. David war blond, hatte schöne Augen und war wohlgestaltet. Da sagte Gott zu

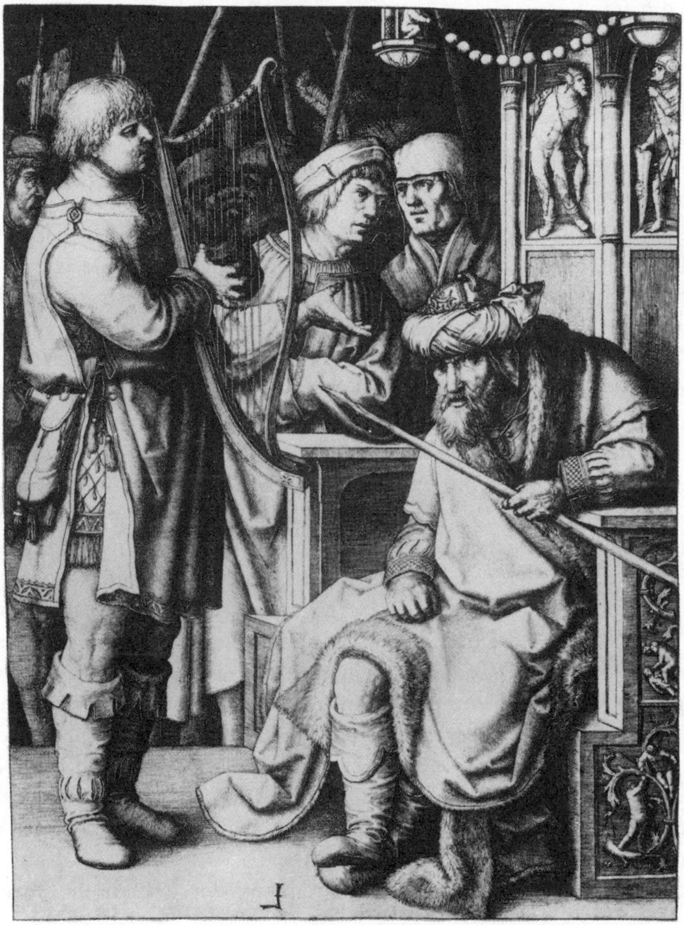

David spielt vor Saul
Radierung von Lucas van Leyden

Samuel: «Auf, salbe ihn, er ist es.» Der Prophet nahm das Horn und salbte David mit Öl. Und der Geist des Herrn war von da an mit David.

QUELLE: 1. Buch Samuel 16,1–13. – BILDER: Raffael, Loggien; Veronese, KHM Wien; C. de Vos, KHM Wien; Victors, Braunschweig; Lorrain, Louvre.

DAVID VOR SAUL HARFE SPIELEND

Von Saul war der Geist Gottes gewichen, und er verfiel immer wieder in Schwermut. Da schlugen ihm seine Höflinge vor, jemand zu suchen, der ihn mit der Leier aufheitern könne. Einer sagte, er kenne einen jungen Mann, den Sohn Isais aus Bethlehem, der es meisterhaft verstehe, die Leier zu spielen.

Saul ließ ihn holen und gewann ihn lieb. Sooft der König in Schwermut fiel, nahm David die Leier und spielte darauf. Dann ging es Saul wieder gut.

QUELLE: 1. Buch Samuel 16,14–23. – BILDER: Rembrandt, Städel/Mauritshuis; Cavallino, KHM Wien/Boymans; Januarius Zick, Bremen.

David und Goliat

Saul lag mit den Israeliten gegen die Philister im Feld. Sein Heer lagerte auf der einen Seite eines Tales, das der Feinde auf der anderen. Da trat aus dem Lager der Philister ein Mann namens Goliat hervor. Er war riesengroß, sein Helm und sein Panzer waren aus Bronze, die Spitze seines Speeres aus hartem Eisen. Er rief laut zu den Israeliten hinüber: «Wählt einen von euch aus zum Zweikampf. Wenn er mich besiegt, wollen wir eure Sklaven sein. Wenn aber ich ihn besiege, sollt ihr unsere Sklaven sein.» Doch niemand wagte es, den Kampf aufzunehmen. So ging das vierzig Tage lang. Da kam der junge David ins Lager, den sein Vater mit Proviant zu seinen Brüdern, die in Sauls Heer waren, geschickt hatte. Er hörte den Philister und erbot sich, mit ihm zu kämpfen. Saul ließ David kommen, sah aber, daß er noch jung und ungeübt in den Waffen war. David aber sagte, beim Hüten der Herde habe er schon Löwen und Bären besiegt, und der Herr werde ihm auch gegen den Philister helfen. So willigte Saul ein und bot David seine eigene Rüstung an. Der aber konnte darin nicht gehen, da er es nicht gewohnt war, und zog sie wieder aus. David ging ins Bachtal hinunter, wo er fünf Kieselsteine suchte und in seine Tasche steckte. Mit seinem Hirtenstab ging er dann auf den Philister los. Dieser verhöhnte ihn, doch David rief ihm zu: «Ich komme zu dir im Namen des lebendigen Gottes.» Dann schleuderte er einen Kiesel und traf mitten in die Stirn Goliats, der betäubt zu Boden fiel. David lief schnell hin, nahm das Schwert des Riesen und hieb ihm den Kopf ab. Die Israeliten erhoben das Kriegsgeschrei und jagten die erschreckten Philister bis vor die Tore ihrer Städte.

Nach Davids Sieg über Goliat nahm ihn Saul in sein Heer auf. Überall hatte David Erfolg. Wenn er siegreich heimkehrte, zogen ihm die Frauen entgegen und sangen: «Saul hat tausend erschlagen, David aber zehntausend.» Darüber wurde Saul neidisch und voll Argwohn, daß David nach seiner Krone trachte.

QUELLE: 1. Buch Samuel 17 und 18,5–9. – BILDER: *Davids Kampf mit dem Löwen und dem Bären:* Giulio Romano, Pal. del Tè; Cortona, Pinak. Vatikan; Giordano, Prado. *David mit dem Haupt Goliats:* Pollaiuolo, Dahlem; Caravaggio, KHM Wien/Gall. Borghese; Feti, Dresden/Akad. Venedig/Eremitage; Liss, Akad. Venedig; Reni, Louvre/KHM Wien/Nat. Gall. London/Eremitage/Sarasota (Flo.). *Davids Triumphzug:* Strigel, AP München; Frans II. Francken, Eremitage; Lorenzo Lippi, Pal. Pitti; Poussin, Prado; Steen, Kopenhagen; Schönfeld, Karlsruhe.

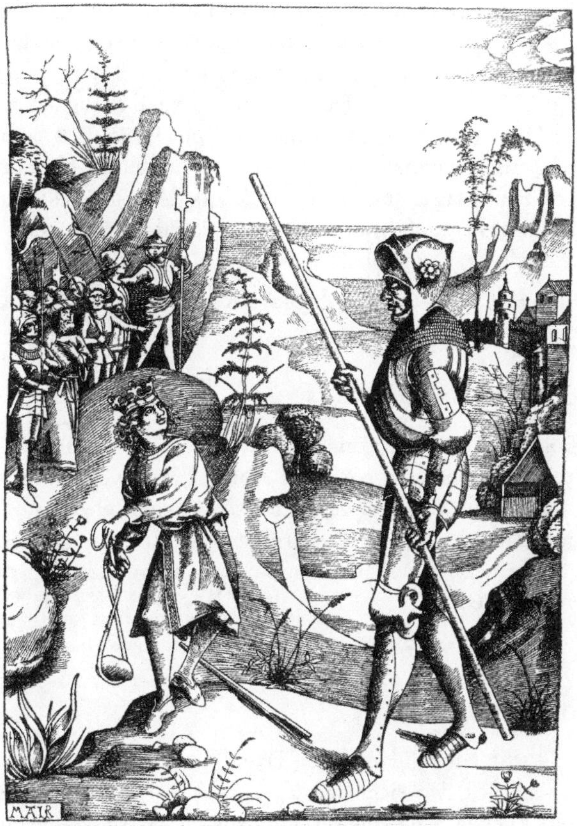

David und Goliath
Kupferstich von Nicolaus Alexander Mair

Saul auf David den Speer werfend

Als Saul wieder einmal schwermütig war, spielte David vor ihm auf der Leier. Da warf Saul plötzlich den Speer, den er in der Hand hielt, auf ihn, um ihn an die Wand zu spießen. Doch David konnte dem Speer ausweichen.

Quelle: 1. Buch Samuel 18,10f. und 19,10. – Bild: Procaccini, Dom Mailand.

Davids Rettung durch Michal

Saul hatte David seine älteste Tochter versprochen, doch sie dann einem anderen gegeben. Michal aber, die jüngere Tochter, verliebte sich in David. Als Saul das erfuhr, bot er David das Mädchen zur Frau an gegen hundert Vorhäute der Philister als Brautpreis. Er hoffte nämlich, David werde im Kampf umkommen. Doch dieser blieb unverletzt und tötete die doppelte Zahl an

Philistern. So wurde Michal Davids Frau und rettete ihm das Leben. Als sie erfuhr, daß Saul Männer geschickt hatte, die ihm vor seinem Haus auflauern und ihn am nächsten Morgen töten sollten, ließ sie David in der Nacht an einem Seil durch das Fenster des Hauses hinab, so daß er fliehen konnte. Dann nahm sie die Figur des Hausgottes, legte sie in Davids Bett, umgab sie mit einem Geflecht aus Ziegenhaaren und deckte sie mit einem Kleidungsstück zu. Den Männern Sauls sagte sie, David sei krank. Als sie dies Saul meldeten, befahl er, den Kranken auf einer Bahre zu ihm zu bringen. Erst jetzt wurde Michals List entdeckt, David aber war schon in Sicherheit.

QUELLE: 1. Buch Samuel 19,11–17. – BILDER: Mosaik St. Gereon Köln; Chagall, Mus. Chagall Nizza.

DAVIDS ABSCHIED VON JONATAN

Seit Sauls Sohn Jonatan David nach dessen Sieg über Goliat kennengelernt hatte, «liebte er ihn wie sein eigenes Leben». Lange versuchte Jonatan zwischen David und dem Vater zu vermitteln, bis er einsehen mußte, daß Saul von seinen Mordabsichten nicht abzubringen war. So entschloß sich David zur Flucht aus Sauls Machtbereich, und die beiden Freunde nahmen weinend voneinander Abschied.

QUELLE: 1. Buch Samuel 18–20. – BILD: Rembrandt, Eremitage*.

ABIGAIL VOR DAVID

Nach seiner Flucht vor Saul zog sich David an die Grenze von Sauls Herrschaftsbereich zurück, wo sich eine Schar von Kriegern um ihn sammelte. Dort lebte ein reicher Schafzüchter mit Namen Nabal. Seine junge schöne Frau hieß Abigail. Im Gegensatz zu ihrem Mann war sie klug und eine gute Verwalterin.

Zur Zeit der Schafschur schickte David zu Nabal, der sich bei seinen Herden aufhielt, einige seiner Leute, um Lebensmittel zu erbitten. Doch Nabal beschimpfte sie. Als David das hörte, machte er sich voll Zorn auf den Weg, um Nabal zu töten. Dessen Frau, die zu Hause geblieben war, erfuhr vom unklugen Verhalten ihres Mannes und sah sofort, in welche Gefahr er sich gebracht hatte. In aller Eile belud sie mehrere Lastesel mit Geschenken und zog David entgegen. Als sie ihn traf, warf sie sich vor ihm nieder und beschwor ihn, als künftiger König seine Hände nicht mit Blut zu beflecken. David hörte auf sie und dankte ihr für die Warnung. Als Abigail nach Hause kam, traf sie ihren Mann völlig betrunken an. Erst am nächsten Tag konnte sie ihm erzählen, was David vorgehabt hatte. Da traf Nabal der Schlag, und zehn Tage später starb er. David nahm daraufhin Abigail zur Frau.

---

* Manchmal fälschlich als «Versöhnung Davids mit Abschalom» bezeichnet.

QUELLE: 1. Buch Samuel 25. – BILDER: Witz, Basel; M. de Vos, KHM Wien; Reni, Budapest; Cavallino, Braunschweig/Cast. Sforzesco Mailand; Escalante, Prado; Eeckhout, Schleißheim; S. de Vos, Eremitage; Giordano, Prado.

SAUL BEI DER HEXE VON EN-DOR

Vor einer Entscheidungsschlacht gegen eine ungeheure Übermacht der Philister verfiel Saul in tiefe Angst. Da weder die Befragung Gottes mit Hilfe der damals in Israel üblichen Losorakel eine Antwort über den Ausgang des Kampfes brachte, noch sich eine prophetische Stimme zur Ermutigung erhob, wollte sich Saul noch einmal an den Propheten Samuel wenden, der schon gestorben war. Obwohl Saul früher im Eifer für Gott alle Zauberer und Totenbeschwörer aus dem Lande gejagt hatte, ging er nun selber des Nachts zu einer Totenbeschwörerin, die bei dem Ort En-Dor wohnte, und bat sie, Samuel aus dem Totenreich heraufzuholen. Doch der Geist Samuels weissagte nur den Tod Sauls und seiner Söhne in der bevorstehenden Schlacht. Auf Drängen der Frau aß dann schließlich der durch die Erscheinung Samuels völlig verstörte König vom Mastkalb, das sie für ihn geschlachtet hatte, und ging in der Nacht zurück zu seinem Heer.

QUELLE: 1. Buch Samuel 28,3–25. – BILDER: Cornelisz van Oostsanen, Rijksmus.; Rosa, Louvre; Troger, Karlsruhe; Januarius Zick, Univ. Würzburg; West, Victoria & Albert.

SAULS TOD IN DER SCHLACHT

In der Entscheidungsschlacht gegen die Philister wurden die Israeliten geschlagen und flohen. Sauls Söhne, darunter Jonatan, fielen. Er selbst wurde von Bogenschützen getroffen und schwer verwundet. Aus Furcht, die siegreichen Feinde würden ihren Mutwillen mit ihm treiben, bat Saul seinen Waffenträger, ihn mit dem Schwert zu durchbohren. Doch der Mann hatte Angst, Hand an den König zu legen. Da stürzte sich Saul selbst in sein Schwert. Als der Waffenträger sah, daß Saul tot war, stürzte auch er sich in das Schwert. Ein Amalekiter brachte die königlichen Insignien, Stirnreif und Armspange, mit der Nachricht vom Tode Sauls und Jonatans zu David und rühmte sich fälschlich, er habe Saul auf dessen Wunsch getötet. David ließ ihn deshalb hinrichten. Dann stimmte er ein Klagelied an, in dem es hieß:

> «Weh ist mir um dich, mein Bruder Jonatan:
> Du warst mir sehr lieb –
> wunderbarer war deine Liebe für mich
> als die Liebe der Frauen . . .»

QUELLE: 1. Buch Samuel 31,1–6; 2. Buch Samuel 1,17–27. – BILD: P. Brueghel, KHM Wien.

König David

Davids Vater war Isai («Jesse») aus Bethlehem. Nach Sauls Tod wurde David erst König von Juda und dann auch von Israel. Er eroberte Jerusalem, das bis dahin noch nicht in israelitischer Hand war, und machte es zur Hauptstadt eines großen Reiches, das von Ägypten bis an den Euphrat reichte. Für die Überlieferung gilt er als Dichter der Psalmen. – David lebte etwa von 1040–980 v. Chr.
Während der junge David mit Hirtenstab, Schleuder und Stein oder mit Haupt und Schwert Goliats dargestellt wird, sind die ATTRIBUTE *König Davids Krone und Leier oder Harfe. Die Bibel berichtet über Davids Königtum im 2. Buch Samuel sowie in den beiden Anfangskapiteln des 1. Buches der Könige. Voraus geht die Geschichte von Davids Aufstieg im 1. Buch Samuel Kap. 15–31, wie sie vorgehend unter «Saul und David» erzählt wurde. (Die beiden Bücher Samuels werden nach alter Zählung auch als 1. und 2. Buch der Könige bezeichnet.)*

DIE ERMORDUNG ABNERS

Nach Sauls Tod zog David nach Hebron und wurde König von Juda. Die übrigen Stämme machten einen Sohn Sauls zum König von Israel; sein Heerführer war Abner, der dieses Amt schon unter Saul innegehabt hatte. Davids Heerführer war Joab, der Sohn seiner Schwester. Bei einem Kampfspiel zwischen den Heeren Judas und Israels, das in Streit ausartete, wurde ein Bruder Joabs von Abner getötet. Als dieser später auf die Seite Davids übergehen wollte und zu Verhandlungen nach Hebron kam, war Joab gerade abwesend. David einigte sich mit Abner und entließ ihn in Frieden. Doch der zurückgekehrte Joab sandte Abner Boten nach, mit der freundlichen Bitte zurückzukommen. Im Stadttor von Hebron führte Joab Abner beiseite, als wollte er mit ihm reden. Dann stieß er ihm sein Schwert in den Bauch. David betrauerte Abner und sprach einen Fluch über Joab aus, behielt diesen aber in seinem Dienst, da Joab zu mächtig war. Als bald danach der Sohn Sauls von zweien seiner Hauptleute ermordet wurde, machten die Ältesten der Stämme David zum König von Israel.
Erst viele Jahre später auf seinem Sterbebett wies David seinen Sohn Salomo an, den Tod Abners zu rächen. Joab wurde dann im Verlauf einer Hofintrige am Altar, wohin er sich geflüchtet hatte, vom Söldnerführer Benaja erstochen (1. Buch Könige 2).

QUELLE: 2. Buch Samuel 3 und 4. – BILDER: *Abners Ermordung:* Nikolaus v. Verden, Klosterneuburg. *Joab wird von Benaja/Banajas am Altar erdolcht:* Cortona, Pal. Mattei Rom.

David opfert das Trinkwasser der drei Helden

Im Krieg mit den Philistern rief David einmal sehnsüchtig aus, wie sehr ihn nach dem Wasser des Brunnens in seiner von den Feinden besetzten Heimatstadt Bethlehem verlange. Da machten sich drei seiner Leute heimlich auf, schlichen nachts durch die feindlichen Wachtposten und brachten David einen Trunk aus der heimatlichen Quelle. Doch David schämte sich, daß er mit seiner unbedachten Äußerung das Leben der Männer aufs Spiel gesetzt hatte. So weigerte er sich, das Wasser zu trinken, und goß es aus als Opfer für den Herrn: «Ist es nicht das Blut der Männer, die ihr Leben gewagt haben!»

Quelle: 2. Buch Samuel 23,13–17. – Bilder: Witz, Basel; Weyden, Brüssel.

David und der Pestengel

König David hatte es gewagt, eine Volkszählung durchzuführen, was damals als Vermessenheit galt. So stellte ihn Gott vor die Wahl, sich aus drei möglichen Strafen eine auszusuchen: Hungersnot, Volksaufstand oder Pest. David wählte die Pest; denn er wollte, so sagte er, lieber in die Hände des barmherzigen Gottes als in die der Menschen fallen. Als dann die Seuche zu wüten begann, sah der König auf dem Berg oberhalb Jerusalems den strafenden Engel mit ausgestrecktem Arm stehen. Da bot er Gott sich selbst und seine Familie als Ziel des Zornes an und bat, das unschuldige Volk zu verschonen. Gott befahl ihm nun durch einen Propheten, an der Stelle, wo der Engel gestanden hatte, einen Altar zu errichten, und die Pest hörte auf. Es war der Platz, an dem Salomo später den Tempel baute.

Quelle: 2. Buch Samuel 24. – Bilder: Boeckhorst, St. Michael Gent; Giordano, Escorial.

Davids Tanz vor der Lade und Gottes Verheissung

David eroberte die zwischen seinen Reichen Juda und Israel gelegene Stadt Jerusalem, die bis dahin noch nicht unterworfen war, und machte sie zu seiner Hauptstadt. Er holte dorthin auch die Bundeslade, die nach ihrer Rückkehr von den Philistern (siehe S. 223) in einem kleinen Ort geblieben war. Dabei tanzte David mit Hingabe vor der Lade her, als die Prozession sich Jerusalem näherte. Vom Fenster des Palastes schaute auch Michal dem Tanz Davids zu. Sie war seine erste Frau, die Tochter Sauls. Als David nach Hause kam, verhöhnte sie ihn und warf ihm vor, er habe sich durch sein Springen und Tanzen vor den Knechten und Mägden bloßgestellt. Doch David entgegnete: «Vor dem Herrn, der mich an Stelle deines Vaters erwählt hat, habe ich getanzt. Für ihn will ich mich gerne noch geringer machen . . .»

Dann dachte David daran, als Haus für die Lade einen Tempel zu bauen. Doch der Prophet Natan brachte ihm die Botschaft Gottes: «Nicht du sollst mir ein Haus bauen, ich werde dir ein Haus bauen.» Und Natan verkündete weiter, ein leiblicher Sohn werde Davids Nachfolger sein, und Davids Geschlecht werde auf ewig in Jerusalem herrschen.

QUELLE: 2. Buch Samuel 6 – 7. – BILDER: Tintoretto, KHM Wien; Bramer, Moskau; Giordano, KHM Wien.

DER EHEBRUCH DAVIDS MIT BATSEBA

Davids Heer belagerte unter Joabs Kommando eine feindliche Stadt, er selbst war in Jerusalem geblieben. Eines Abends sah er vom Dach seines Palastes eine schöne Frau, die badete. Er erfuhr, daß es Batseba war, die Frau des Urija, eines seiner Hauptleute, der im Felde stand. David schickte nach Batseba und schlief mit ihr. Sie wurde schwanger und meldete es David.
Der König ließ Urija nach Jerusalem kommen und versuchte, ihn dazu zu bringen, daß er in seinem eigenen Hause schliefe (und dadurch das Kind, das Batseba erwartete, als sein eigenes anerkenne). Doch der Hauptmann vermied es. So schickte ihn David wieder zurück ins Feld mit einem Brief an Joab, dieser solle Urija an einen gefährlichen Platz stellen und ihn dann im Stiche lassen. Tatsächlich wurde Urija im Kampf getötet. Und David holte seine Witwe zu sich in den Palast.
Der Prophet Natan aber ging zum König, warf ihm seine Untat vor und verkündete, von nun an werde das Schwert nicht mehr aus Davids Hause weichen.
Als dann das Kind, das Batseba geboren hatte, schwer krank wurde, tat David harte Buße. Er fastete und schlief auf der bloßen Erde. Doch das Kind starb. Man verheimlichte dies dem König aus Angst, er werde sich vor Schmerz etwas antun. Aber David merkte, was vorging. Zur Verwunderung aller stand er auf, legte schöne Kleider an, aß und trank und sagte: «Warum soll ich jetzt noch fasten, wo das Kind doch tot ist?» (Erst das nächste Kind Batsebas sollte Salomo sein, der Nachfolger Davids auf dem Thron.)

QUELLE: 2. Buch Samuel 11 und 12. – BILDER: *Batseba im Bade:* Memling, Stuttgart; Raffael und Werkstatt, Loggien; Franciabigio, Dresden; Manuel Deutsch, Basel; Cranach d. Ä., Dahlem; Scorel, Rijksmus.; Bordone, WRM Köln; Massys, Louvre; Aachen, KHM Wien; Lastmann, Eremitage; C. Cornelisz, Bodemus./Rijksmus.; Rubens, Dresden; Flinck, Eremitage; Rembrandt, Louvre/Rennes; Steen, Vaduz; Giordano, Prado/Nat. Gall. London; J. Amigoni, Darmstadt. *Der Brief an Urija/Urias:* Franciabigio, Dresden. *David von Natan ermahnt:* Scheits, Hamburg; Giordano, Escorial; Januarius Zick, Budapest. *Davids Buße:* Domenichino, Louvre.

AMNON VERGEWALTIGT TAMAR

Amnon, einer der Söhne Davids, hatte sich in seine Halbschwester Tamar verliebt. Sie war die Schwester Abschaloms, eines anderen Davidsohnes. Um an das Mädchen heranzukommen, stellte Amnon sich krank und bat seinen Vater, ihm Tamar zur Pflege zu schicken. Als er mit ihr allein war, vergewaltigte er sie und jagte sie dann schimpflich aus dem Hause. David wurde sehr

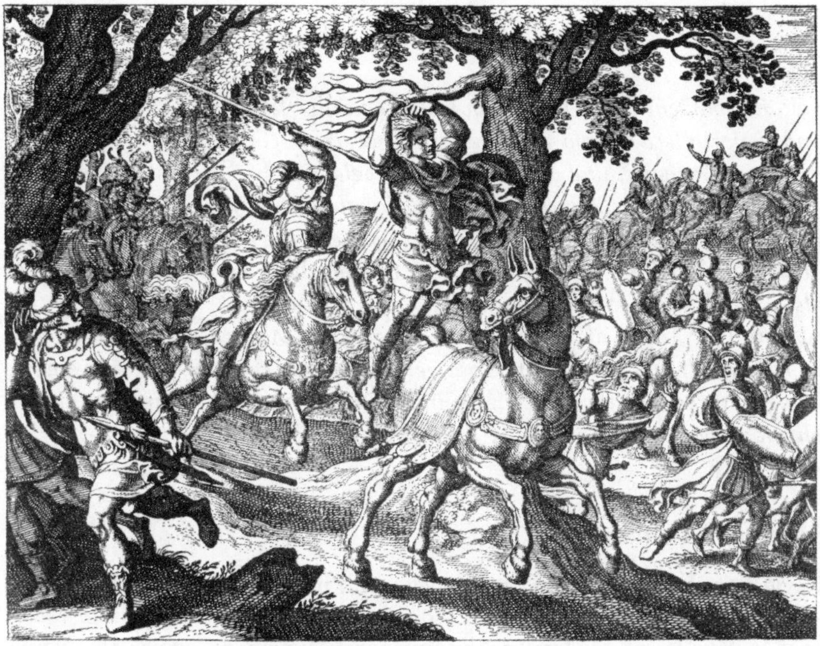

Absaloms Tod. Kupferstich von Matthaeus Merian

zornig, tat aber nichts. Auch Abschalom verhielt sich zunächst ruhig, ließ aber dann Amnon bei einem Festmahl töten und floh ins Ausland. Erst nach langer Zeit war David bereit, sich mit ihm wieder auszusöhnen.

QUELLE: 2. Buch Samuel 13 und 14. – BILDER: *Die Vergewaltigung Tamars:* Guercino, Gall. Estense; Steen, WRM Köln. *Die Ermordung Amnons:* Preti, Neapel. *Die Versöhnung Davids mit Abschalom:* Rembrandt, Eremitage. (Siehe aber S. 228!)

Abschaloms Tod

Davids Sohn Abschalom war ein stattlicher Mann mit langem wallenden Haar. Er machte sich beim Volk beliebt und zettelte einen Aufstand gegen seinen Vater an. David mußte aus Jerusalem fliehen. Es kam zu einer Schlacht, und Abschaloms Heer wurde geschlagen. Er selbst floh auf einem Maultier, blieb aber mit seinen langen Haaren an einer Eiche hängen, während das Reittier unter ihm fortlief. Einer von Davids Kriegern kam hinzu, wagte es aber nicht, den Königssohn zu töten, da David seinen Leuten ausdrücklich aufgetragen hatte, seinen Sohn zu schonen. Der Mann lief zu Joab, der sich nicht an den Befehl des Königs hielt und Abschalom mit drei Spießen durchbohrte. David betrauerte seinen Sohn, den er sehr geliebt hatte, und konnte sich nicht über den Sieg seiner Truppen freuen.

QUELLE: 2. Buch Samuel 18. – BILDER: Michelangelo, Sixtina; Garciullo, Neapel; Giordano, Kgl. Schloß Aranjuez.

Salomo

Salomo war ein Sohn Davids von Batseba, der früheren Frau des Urija, und regierte Israel etwa zwischen 970 und 930 v. Chr. Die Bibel rühmt an ihm seine Weisheit und den Bau des Tempels. Für die Überlieferung gilt er als Verfasser des biblischen Buches Kohelet (Prediger), eines Teils der Weisheitssprüche, des Hohen Liedes sowie einiger Psalmen. Die Berichte über Salomo stehen zu Anfang des 1. Buches der Könige (früher oft auch als 3. Buch der Könige bezeichnet).
ATTRIBUTE: *Thron als Sinnbild herrscherlicher Macht und Gerechtigkeit. Er ist aus Elfenbein und mit Gold verkleidet, hat sechs Stufen mit einem Löwen an jeder Seite. Oft sitzt seine Mutter Batseba auf einem eigenen Thron neben Salomo (nach 1. Könige 2,19).*

Salomos Salbung zum König

David war alt geworden und fror, auch wenn man ihn in Decken hüllte. Da suchten seine Höflinge nach dem schönsten jungen und unberührten Mädchen in ganz Israel. Sie fanden Abischag von Schunem, die den König pflegte und nachts an seiner Seite lag. Doch David konnte nicht mehr mit ihr schlafen. Das nahm man als Anzeichen, daß es mit ihm bald zu Ende ging. Er aber zögerte die Entscheidung hinaus, wer unter seinen Söhnen sein Nachfolger werden sollte.
Nach dem Tode Amnons und Abschaloms war jetzt Adonija der nächste am Throne. David aber hatte Batseba versprochen, daß ihr Sohn Salomo König sein werde. Da gab Adonija den Vornehmen des Landes an der etwas außerhalb Jerusalems gelegenen Quelle Rogel ein Fest, ohne die Parteigänger Salomos einzuladen. Diese fürchteten einen Staatsstreich und bewogen David mit Hilfe Batsebas, Salomo sofort salben zu lassen. Dies geschah an der Quelle Gihon, der unmittelbar unterhalb Jerusalems gelegenen Stadtquelle, durch den Propheten Natan und den Priester Zadok, unter dem Schutz der fremdländischen Söldnertruppe.

QUELLE: 1. Buch Könige 1. – BILDER: *David und Abischag/Abisag:* Werff, Eremitage. *Betseba bittet David um die Krone für Salomo:* Tintoretto, KHM Wien; Strozzi, Dresden; Flinck, Dublin. *Salomos Salbung:* Raffael, Loggien; C. de Vos, KHM Wien.

Salomos Traum und Bitte um Weisheit

Als Salomo König geworden war, erschien ihm Gott in der Nacht im Traum und fragte ihn: «Was soll ich dir geben?» Salomo bat nicht um Reichtum und Ehre, sondern um die Einsicht in Recht und Unrecht, damit er seinem Volk rechtsprechen könne. Das gefiel Gott, und er gab zur Weisheit auch das hinzu, worum der junge König nicht gebeten hatte.

QUELLE: 1. Buch Könige 3,4–15. – BILDER: Flinck, Kgl. Palais Amsterdam; Giordano, Escorial/Prado.

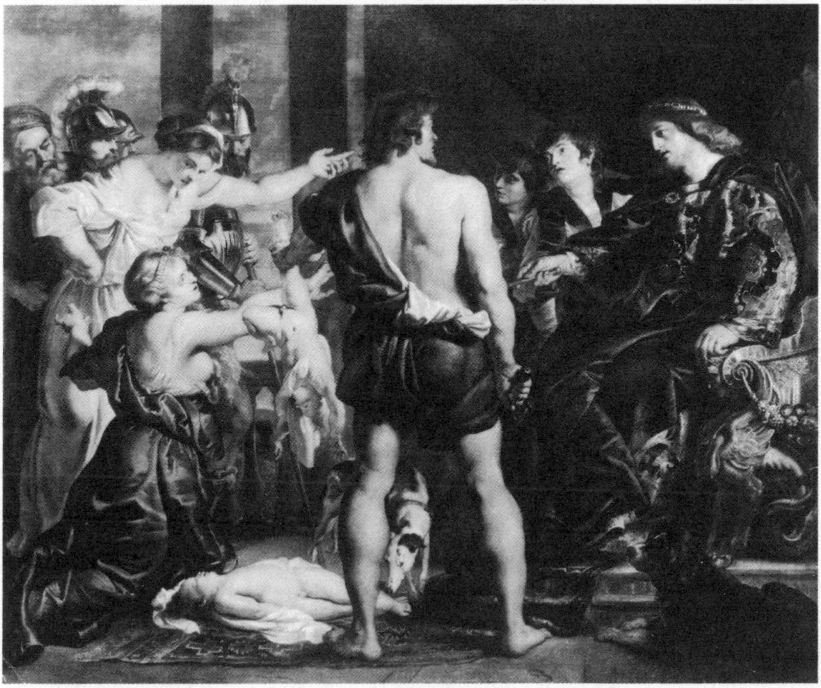

Das Urteil Salomons
Gemälde von Peter Paul Rubens, Kopenhagen

Das salomonische Urteil

Zwei Dirnen erschienen mit einem Säugling vor Salomos Richterstuhl und trugen ihm ihren Fall vor: Sie hätten beide zur gleichen Zeit ein Kind geboren, die eine habe ihren Sohn aber im Schlaf erdrückt und das tote Kind der anderen untergeschoben. So stritten sie vor dem König, wem das lebende Kind gehörte.

Da ließ der König ein Schwert holen und befahl, das Kind in zwei Teile zu schneiden und jeder der Frauen eine Hälfte zu geben. Da erschrak die richtige Mutter; sie erklärte sich bereit, auf das Kind zu verzichten, wenn es nur am Leben bliebe, während die andere für die Teilung war. Da entschied Salomo, das Kind der ersten zu geben: «Denn sie ist seine Mutter!» Ganz Israel erkannte nun, daß Gottes Weisheit in Salomo war.

QUELLE: 1. Buch Könige 3,16–28. – BILDER: Schule Mantegnas, Louvre; Giorgione, Uffizien; Raffael, Loggien; Rillaer, Dahlem; Rubens, Kopenhagen; Poussin, Louvre; Crayer, Gent; Jordaens, Darmstadt; Giordano, Escorial/Prado/Pal. Publico Siena; Werff, Uffizien; sowie in vielen Rathäusern.

DER BESUCH DER KÖNIGIN VON SABA (Siehe auch S. 347)

Salomo errichtete für die Bundeslade in Jerusalem einen herrlichen Tempel, wozu ihm Hiram, der König der phönizischen Stadt Tyrus, Handwerker schickte und Zedernholz aus dem Libanon lieferte. Auch für sich baute der König ein Haus aus Zedern. Damals hörte die Königin von Saba von Salomos Herrlichkeit und Weisheit. Sie besuchte ihn mit großem Gefolge und vielen Kamelen, die Geschenke trugen. Als sie sah, was Salomo gebaut hatte und wie er Hof hielt, sagte sie zu ihm: «Ich wollte es nicht glauben. Aber nun sehe ich, daß alles wahr ist, was man von dir erzählt.» Bevor die Königin heimkehrte, beschenkte Salomo sie reichlich.

QUELLE: 1. Buch Könige 10,1–13. – BILDER: Witz, Dahlem; Piero della Francesca, S. Francesco Arezzo; Gozzoli, Camposanto Pisa; Raffael und Werkstatt, Loggien; Veronese, Turin; Tintoretto, KHM Wien/Prado; Geldorp, WRM Köln; Knupfer, Eremitage; S. de Vos, Eremitage; Schönfeld, Vaduz/Budapest; Lorrain, Nat. Gall. London; Heiss, Karlsruhe; Giordano, Escorial; Solimena, Turin; Pittoni, Liverpool.

SALOMOS GÖTZENDIENST

Als Salomo älter wurde, heiratete er viele ausländische Frauen und baute für ihre Götter Altäre. Er ließ sich sogar dazu verführen, selber der Astarte, der Göttin der Sidonier, und dem Moloch, dem Gott der Ammoniter, zu opfern. Gott warnte ihn und verkündete ihm, daß sein Reich nach seinem Tode geteilt würde; nur Juda und Jerusalem würden seinen Nachkommen verbleiben.

QUELLE: 1. Buch Könige 11,1–13. – BILDER: F. Bassano, Cá d'Oro Venedig; Poorter, Rijksmus.; Ph. Koninck, Rijksmus.; Knupfer, Braunschweig; Bourdon, Louvre; Eeckhout, Braunschweig; Ricci, Turin; Hoet, Leipzig; Solimena, Detroit; J. Amigoni, Akad. Venedig; Conca, Prado.

JEROBEAMS OPFER UND DER UNGEHORSAME PROPHET

In dem Teil des Reiches, der sich nach Salomos Tod von Juda und Jerusalem losgesagt hatte, wurde Jerobeam König. Damit die Bewohner seines Landes nicht weiterhin zum Tempel von Jerusalem pilgerten, stellte er in Beth-El ein goldenes Kalb auf. Als er dann zum Altar hinaufstieg, um zu opfern, trat ihm ein Prophet entgegen, der auf Gottes Befehl hin aus Juda gekommen war, und verfluchte ihn wegen seines Tuns. Der König streckte seine Hand gegen den Widersacher aus und befahl, ihn zu ergreifen. Da war der Arm plötzlich steif und ließ sich erst wieder bewegen, als der Prophet Gott darum bat. Erfreut lud der König daraufhin den Mann zu sich ein und versprach ihm ein Geschenk.

Doch dieser lehnte ab, da ihm Gott befohlen habe, ohne zu essen und zu trinken sofort heimzukehren.
Ein anderer Prophet, der bei Beth-El wohnte, hörte von dem Geschehen. Er ritt dem Mann aus Juda nach, holte ihn ein und überredete ihn mit einem angeblichen Gotteswort, in sein Haus einzukehren. Nachdem der Gast dort gegessen und getrunken hatte, machte er sich endgültig auf den Heimweg, wurde aber unterwegs von einem Löwen angefallen und getötet. Da das Raubtier weder seine Leiche noch seinen Esel auffraß, sondern ruhig daneben stehenblieb, sah man darin ein Zeichen dafür, daß Gott den Mann für seinen Ungehorsam bestraft hatte.

QUELLE: 1. Buch Könige 12,33 – 13,32. – BILDER: *Das Opfer Jerobeams:* Eeckhout, Eremitage; Fragonard, École des Beaux-Arts Paris. *Der ungehorsame Prophet, vom Löwen getötet:* Mander, Slg. Stenman Helsinki; Berchem, Karlsruhe.

Elija/Elias

Dieser große Prophet lebte in der ersten Hälfte des 9. Jahrhunderts im Reich Israel, das sich nach Salomos Tod von der Dynastie Davids getrennt hatte, die nur noch über das südlich davon gelegene Juda herrschte. König in Israel war damals Ahab, der Isebel, eine Königstochter aus der heidnischen Phönizierstadt Sidon, zur Frau hatte. Diese förderte den Baalskult, wogegen Elija auftrat. Er soll zeitweise in den Höhlen auf dem Berge Karmel gelebt haben und gilt als Begründer des Mönchstums (Karmeliter). Die Bibel berichtet über Elija im 1. Buch Könige ab Kap. 17 sowie in den beiden ersten Kapiteln des 2. Buches der Könige. (Diese beiden Bücher werden nach einer früheren Zählung auch als 3. und 4. Buch der Könige bezeichnet.) Elijas ATTRIBUTE *sind der Rabe oder ein Rad des feurigen Wagens, der ihn in den Himmel holt. Gewöhnlich trägt er ein Fellgewand, darüber manchmal den weißen Mantel des Karmeliterordens.*

DIE SPEISUNG ELIJAS DURCH DIE RABEN

Wegen Ahabs und Isebels Götzendienst verkündete Elija eine dreijährige Dürre. Dann floh er auf Geheiß Gottes an den Bach Kerit östlich des Jordans, wo ihm Raben morgens wie abends Brot und Fleisch brachten. Elija trank aus dem Bach, bis dieser versiegte; denn es fiel kein Regen.

QUELLE: 1. Buch Könige 17,1–7. – BILDER: Savery, Sted. Mus. Amsterdam; Rubens, Louvre; Bloemaert, Eremitage; Ferd. Olivier, NP München.

Die Witwe von Sarepta

Elija war vor König Ahab nach Sarepta, einer ausländischen Stadt am Meer, geflohen, wo er eine Witwe traf, die Holz sammelte, um für sich und ihren Sohn ein letztes Mahl zu kochen, da auch hier Hungersnot herrschte. Elija bat sie um Essen und vermehrte auf wunderbare Weise ihren kleinen Vorrat an Mehl und Öl. Dann wurde der Sohn der Witwe krank und starb. Sie schob die Schuld auf den Gottesmann. Da nahm dieser den Knaben und trug ihn auf sein Bett im Obergemach. Dort legte er sich dreimal auf ihn und rief Gott an. Und das Leben kehrte in das Kind zurück.

Quelle: 1. Buch Könige 17,8–14. – Bilder: Massys, Karlsruhe; Strozzi, KHM Wien; B. Fabritius, Kopenhagen.

Das Opfer des Elija auf dem Berge Karmel

Im dritten Jahr der Dürre forderte Elija König Ahab auf, das ganze Volk zu einem Wettstreit zwischen ihm und den Priestern des Baal auf dem Berg Karmel zu versammeln. Dort verlangte er zwei Stiere und gab einen von ihnen den Baalspriestern mit dem Auftrag, ihn ihrem Gott als Brandopfer darzubringen; sie sollten aber dazu kein Feuer anzünden, er wollte mit dem anderen Stier dasselbe tun; der Gott, der mit Feuer antworte, sei der wahre Gott. Die Priester taten, wie Elija gesagt hatte, und tanzten, dabei Baal anrufend, den ganzen Tag um ihren Altar, aber ohne Erfolg. Elija verspottete sie, baute dann selber einen Altar aus zwölf Steinen und legte den zweiten Stier darauf. Er machte auch einen Graben um den Altar und ließ Wasser hineinschütten, ebenso wie über das Opfer und das Holz. Dann betete er zum Gott Israels, und Feuer fiel vom Himmel und verzehrte Elijas Opfergabe. Das Volk warf sich nieder und betete den Herrn an. Und Elija befahl, alle Baalspriester zu ergreifen und zu töten. Danach stieg eine kleine Wolke über dem Meer auf, und bald fiel ein großer Regen.

Quelle: 1. Buch Könige 18. – Bilder: Beccafumi, Dom Siena; Lebrun, Genf.

Die Speisung Elijas durch den Engel

Wegen der Tötung ihrer Baalspriester drohte Königin Isebel Elija mit dem Tode. Er geriet in Angst und floh weit nach Süden, bis in die Wüste vor der Sinai-Halbinsel. Verzweifelt legte er sich dort unter einen Busch, um zu sterben, und schlief ein. Ein Engel weckte ihn und sagte: «Steh auf und iß!» Elija sah neben sich Brot und einen Krug Wasser. Er aß und schlief wieder ein. Da weckte ihn der Engel nochmal mit den Worten: «Steh auf und iß! Du hast einen weiten Weg vor dir.» Elija stand auf und aß. Dann marschierte er 40 Tage und 40 Nächte bis zum Gottesberg Horeb, wo ihm der Herr erschien: nicht in Blitz und Donner, wie er erwartet hatte, sondern im leisen Säuseln des Windes.

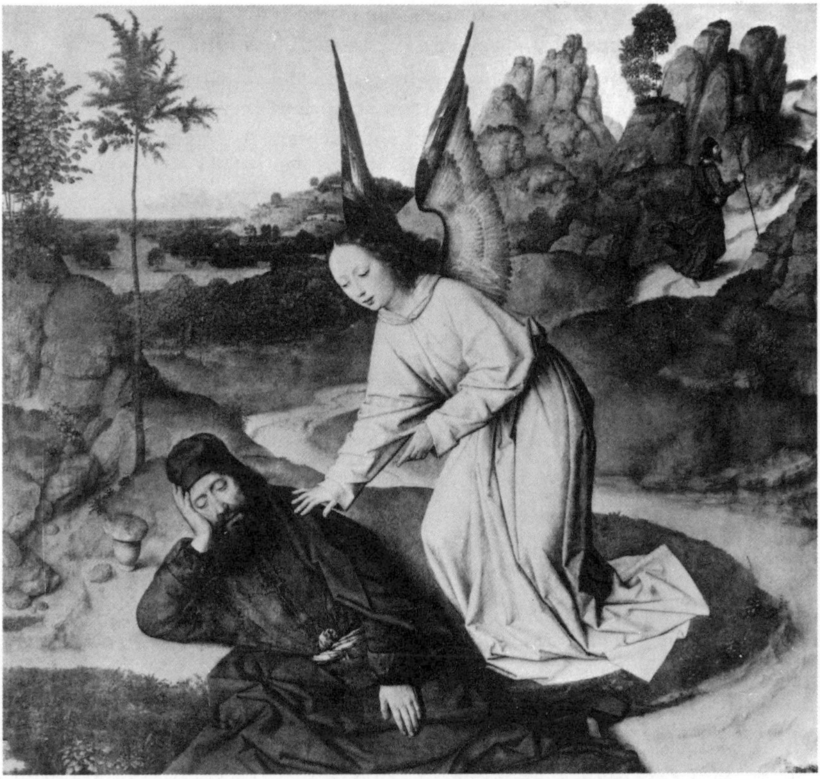

Der Prophet Elias in der Wüste
Gemälde von Dirk Bouts, Peterskirche Löwen

QUELLE: 1. Buch Könige 19,1–3. – BILDER: Luini, Brera; Tintoretto, San Rocco Venedig; Savery, Rijksmus.; Rubens, Bayonne/Louvre (Werkstatt); Lanfranco, Rijksmus.; Dughet, Nat. Gall. London; Feti, Prado; Giordano, Escorial.

ELIJAS HIMMELFAHRT IM FEUERWAGEN

Als Elija alt geworden war und sein Ende nahen fühlte, ging er mit seinem Schüler Elischa über den Jordan, indem er mit seinem Mantel das Wasser teilte, so daß sie es trockenen Fußes durchschreiten konnten. Drüben sprach er zu Elischa: «Du hast eine Bitte frei, bevor ich hinweggenommen werde.» Elischa bat daraufhin um den Anteil des Erstgeborenen an Elijas Geist. Elija antwortete: «Wenn du siehst, wie ich hinweggenommen werde, wird dir zuteil werden, worum du bittest, sonst nicht.» Da erschien ein feuriger Wagen mit feurigen Pferden, und Elischa sah, wie sein Meister zum Himmel emporgehoben wurde. Dann nahm er den Mantel, der Elija entfallen war, ging mit ihm zum Jordan, schlug auf das Wasser, das sich teilte, und kam trockenen Fußes zurück. Die anderen Prophetenschüler, die diesseits des Flusses gewartet hatten, fielen vor ihm nieder und sagten: «Der Geist Elijas ruht jetzt auf Elischa.» – Nach einer außerbiblischen Überlieferung soll Elija im Himmel vom Stammvater Henoch empfangen worden sein, dem ebenfalls eine «Himmelfahrt» zugeschrieben wird. Henoch war ein Nachfahr Adams aus der Linie von dessen drittem Sohn Set und ein Vorfahr Noahs. Die Bibel sagt von ihm, er sei in seinem Leben Gottes Wege gegangen und deshalb von Gott aufgenommen worden (Buch Genesis 5,24).

QUELLE: 2. Buch Könige 2,1–15. – BILDER: Nikolaus v. Verden, Klosterneuburg; Michelangelo, Sixtina; Bocksberger, Schleißheim; Tintoretto, San Rocco Venedig; Palma Giovane, Helsinki; Pereda, Prado.

Elischa/Elisäus

Elischa wirkte als Prophet und Nachfolger Elijas im Reich Israel in der zweiten Hälfte des 9. Jahrhunderts v. Chr. Über Elischa gibt es hauptsächlich Wunderberichte, er gab aber auch den Anstoß zum Aufstand des Jehu, der die herrschende Dynastie Ahabs stürzte, Königin Isebel tötete und mit grausamer Gewalt den alleinigen Kult des Gottes Israels wiederherstellte. Die Bibel berichtet vom Wirken Elischas im 2. Buch Könige Kap. 2–9, seine Berufung steht im 1. Buch Kap. 19, Verse 19ff. (Diese beiden Bücher werden nach einer früheren Zählung oft auch als 3. und 4. Buch der Könige bezeichnet.) Elischa wird gewöhnlich kahlköpfig dargestellt. Seine ATTRIBUTE *sind ein Bär oder ein Beil, weil er einmal ein ins Wasser gefallenes Beil schwimmend machte; auch mit einem zweiköpfigen Adler wird er dargestellt, weil der Anteil des Erstgeborenen, um den er bei der Himmelfahrt Elijas bat, als «doppelter Anteil» bezeichnet wurde.*

ELISCHAS BERUFUNG DURCH ELIJA

Elischa wurde von Elija noch zu dessen Lebzeiten zum Propheten berufen, indem Elija dem jungen Bauern, der mit Knechten und Ochsengespannen auf dem Acker beim Pflügen war, seinen Mantel überwarf. Elischa wollte erst noch von Vater und Mutter Abschied nehmen. Doch Elija verweigerte es ihm. Da schlachtete Elischa zwei der pflügenden Rinder, kochte sie mit dem Holz ihrer Joche und setzte sie seinen Leuten zum Essen vor. Dann stand er auf und folgte Elija.

QUELLE: 1. Buch Könige 19,19–21. – BILD: Massys, Antwerpen.

Der Fluch Elischas über die spottenden Kinder

Als Elischa unterwegs war, kamen einmal junge Burschen aus einer Stadt und riefen ihm nach: «Kahlkopf, komm herauf!» Elischa verfluchte die Jungen, und zwei Bären kamen aus dem Wald und zerrissen sie.

Quelle: 2. Buch Könige 2,23 f. – Bilder: Tintoretto, San Rocco Venedig; Breenbergh, Bremen.

Die Erweckung des Sohnes der Schunemiterin durch Elischa

Eine reiche, aber kinderlose Frau im Ort Schunem/Sunam hatte Elischa ein Obergemach hergerichtet, das er benutzte, wenn er auf seinen Wanderungen vorbeikam. Zum Dank hatte er ihr einen Sohn verheißen, der auch geboren wurde. Nach einigen Jahren erlitt das Kind, als es hinaus zu den Schnittern lief, einen Sonnenstich. Der Vater schickte es heim zur Mutter, wo es nach einigen Stunden starb. Die Frau sagte es niemand, sondern ritt zu Elischa auf den Berg Karmel und umfaßte seine Knie. Elischa schickte zunächst nur seinen Diener Gehasi mit dem Auftrag: «Lege meinen Stab auf das Gesicht des Kindes!» Auf Bitten der Mutter folgte Elischa aber dann selbst. Da Gehasi nichts hatte ausrichten können, legte sich Elischa sieben Mal über das Kind, bis es nieste und die Augen öffnete. Dann rief er die Mutter und gab ihr den Sohn.

Quelle: 2. Buch Könige 4,8–37. – Bilder: Breenbergh, Eremitage; Eeckhout, Budapest; Rembrandt, Victoria & Albert; Januarius Zick, Budapest; West, Grosvenor House.

Die Brotvermehrung durch Elischa

Während einer Hungersnot brachte ein Mann zwanzig Gerstenbrote zu Elischa, um den an die hundert Prophetenjünger versammelt waren. Elischa befahl, das Brot an alle zu verteilen, doch der Spender erwiderte: «Wie soll ich davon hundert Leuten geben?» Da sagte der Prophet: «So spricht der Herr: Man wird essen und es wird noch übrig bleiben.» Und so geschah es.

Quelle: 2. Buch Könige 4,42–44. – Bild: Tintoretto, San Rocco Venedig.

Die Heilung Naamans

Naaman war der Heerführer des den Israeliten feindlichen Königs von Damaskus und litt an Aussatz. Da erzählte eine israelitische Sklavin seiner Frau, in Israel gebe es einen Propheten, der ihren Mann heilen könne. Naaman kam zu Elischa, der ihm befahl, sich sieben Mal im Jordan zu waschen. Der Soldat wollte es erst nicht tun, ließ sich aber dann von seinen Dienern dazu überreden. Als er gebadet hatte, war seine Haut wieder rein wie die eines kleinen Kindes, und er bekannte sich zum Gott Israels. Naaman bot Elischa reiche

Geschenke an. Doch dieser weigerte sich, etwas anzunehmen. Das mißfiel Gehasi, dem Diener Elischas. Er lief Naaman nach und bat unter einem Vorwand um eine Gabe für seinen Herrn, die er auch erhielt. Doch Elischa hatte in einer Vision den Vorgang gesehen. Er stellte den Diener zur Rede und verkündete ihm, Naamans Krankheit werde nun an ihm haften. Und Gehasi wurde vom Aussatz weiß wie Schnee.

QUELLE: 2. Buch Könige 5. – BILDER: Engebrechtsz, KHM Wien; Bol, Rijksmus.

Isebels Ende

König Ahab, der Widersacher Elijas, war schon gestorben, aber seine Gemahlin, die heidnische Isebel, war als Königinmutter sehr mächtig. Da gab der Prophet Elischa den Anstoß zum Aufstand gegen ihren Sohn, den regierenden König, indem er einen seiner Schüler aussandte, um Jehu, den Anführer des Heeres, zum König zu salben. Jehu zog vor die Stadt Jesreel, wo sich der König gerade aufhielt, und tötete ihn. Dann ritt er zum Palast und sah am Fenster die Königinmutter, die sich geschminkt und hergerichtet hatte, um dem Usurpator entgegenzutreten. Neben Isebel standen einige Eunuchen. Jehu rief ihnen zu «Werft sie herunter!» Sie taten es, und Isebels Blut spritzte an die Wand und auf die Pferde, die sie zertraten.

So ging der Fluch in Erfüllung, den Elija einst gegen Isebel ausgesprochen hatte, als sie durch falsche Zeugen Nabot zum Tode verurteilen ließ, um ihrem Mann, dem König Ahab, den Weinberg zu verschaffen, den Nabot ihm freiwillig nicht geben wollte.

QUELLEN: 2. Buch Könige 9; 1. Buch Könige 21. – BILDER: Teppich aus Tournai, Gardner Mus. Boston; Brožik, Prag.

Atalja

Beim blutigen Aufstand Jehus gegen Isebel und ihren Sohn kam auch der junge König des Schwesterreiches Juda zu Tode, der gerade aus Jerusalem zu Besuch gekommen war. Er wurde nämlich als Sohn der Atalja, einer Tochter Isebels, zu dieser verhaßten Sippe gerechnet. Als Atalja in Jerusalem erfuhr, daß ihr Sohn tot war, übernahm sie die Regentschaft. Sie ließ alle männlichen Mitglieder der königlichen Familie hinmetzeln, um ihre Herrschaft zu sichern. Nur einer ihrer Enkel, der kleine Säugling Joasch, wurde von seiner Tante, der Frau des Priesters Jojada, gerettet und sechs Jahre lang im Tempelbezirk verborgen. Im siebenten Jahr sicherte sich Jojada die Zustimmung der Tempelwache und stellte das Kind dem im Tempel zu einem Fest versammelten Volk als rechtmäßigen König vor. Alle huldigten voll Freude dem Knaben Joasch. Atalja, die im Palast den Jubel des Volkes hörte, eilte in den Tempel und sah den jungen König mit dem goldenen Stirnreif auf dem Haupt. Sie Schrie: «Verrat, Verrat!», aber die Wachen gehorchten ihr nicht, sondern führten sie auf Befehl Jojadas hinaus, um sie außerhalb des Heiligtums zu töten. Dann zerstörte das Volk den Tempel des heidnischen Gottes Baal, den Atalja in Jerusalem hatte errichten lassen.

QUELLE: 2. Buch Könige 11. – BILD: A. Coypel, Louvre.

Die Auferweckung eines Toten durch Elischas Gebeine

Auch nach seinem Tod wirkte Elischa noch Wunder. Als einmal bei der Beerdigung eines Mannes plötzlich feindliche Scharen auftauchten, warf man den Leichnam schnell in die Grabhöhle des Propheten, um besser fliehen zu können. Da wurde der Tote durch die Berührung mit den Gebeinen Elischas wieder lebendig.

QUELLE: 2. Buch Könige 13,20 f. – BILD: Taillasson, Bordeaux.

Jesaja

Er gilt als erster der «vier großen Propheten» (vor Jeremia, Ezechiel und Daniel) und lebte in der 2. Hälfte des 8. Jahrhunderts v. Chr. in Jerusalem, der Hauptstadt des Reiches Juda, das nach dem zu Lebzeiten Jesajas erfolgten Untergang des (nördlichen) Reiches Israel mit der Hauptstadt Samaria als «Rest» Israels übrigblieb. Von Jesajas Wirken berichtet die Bibel im 2. Buch Könige Kap. 18–20 (mit Parallelen im 2. Buch Chronik 32) sowie im Buch Jesaja, das vor allem seine prophetischen Texte enthält. Weite Teile dieses Buches, besonders ab Kap. 40, werden heute allerdings anderen Autoren zugeschrieben, die viel später, im babylonischen Exil, lebten. Jesajas ATTRIBUTE *sind ein blühender Zweig oder ein Buch oder eine Rolle mit dem Text von der Jungfrau, die gebären wird, manchmal auch eine Zange, die eine glühende Kohle hält, oder eine Säge, da er nach einer außerbiblischen Überlieferung unter dem abtrünnigen König Manasse zersägt wurde.*

Die Wurzel Jesse

Am bekanntesten sind Jesajas Weissagungen vom Emmanuel: «Eine Jungfrau wird empfangen und einen Sohn gebären und ihm den Namen Immanuel (Gott mit uns) geben.» (Jes. 7,10 ff.) und von der Wurzel Jesse: «Aus dem Baumstumpf Isais wächst ein Reis hervor ...» (Jes 11,1). Beide Aussprüche werden später im Christentum als Voraussagen der Geburt Jesu verstanden (Jesse = Isai, der Vater Davids), wobei allerdings die Übersetzung des Wortes «Jungfrau» strittig ist. Es kann im Hebräischen auch «junge Frau» bedeuten.

QUELLE: Buch Jesaja 11,1. – BILDER: Kölner Meister, Darmstadt; Gerard David, Lyon; Giordano, Escorial.

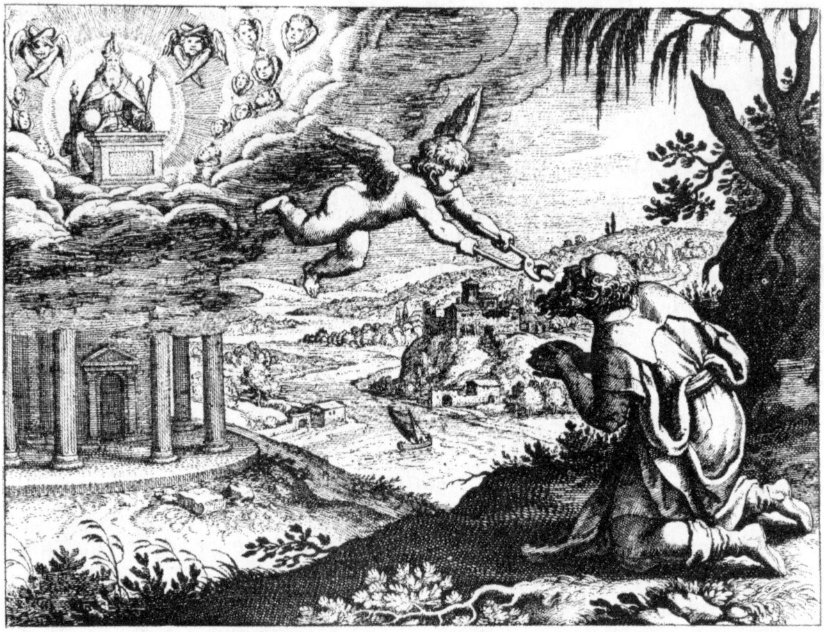

Jessajas Vision von der Herrlichkeit Gottes
Kupferstich von Matthaeus Merian

Jesajas Tempelvision

Im Todesjahr des judäischen Königs Usia, der an Aussatz litt,* erhielt Jesaja seinen prophetischen Auftrag in einer großartigen Vision: Er sah im Jerusalemer Tempel den Herrn auf seinem erhabenen Thron, um ihn die Seraphim, feurige Mischwesen, die wie geflügelte Schlangen aussahen, aber mit Gesichtern und Händen. Sie riefen einander zu: «Heilig, heilig, heilig ist der Herr der Heere . . .» Die Türschwellen bebten, und der Tempel füllte sich mit Rauch. Da sagte Jesaja: «Weh mir, ich bin ein Mann mit unreinen Lippen . . .» Da flog einer der Seraphim mit einer glühenden Kohle, die er mit einer Zange vom Altar genommen hatte, zu Jesaja und berührte damit seinen Mund. Dann hörte Jesaja die Frage Gottes: «Wen soll ich senden?» Jesaja antwortete: «Sende mich!»

Quelle: Buch Jesaja 6. – Bilder: *Der aussätzige König Usia:* Rembrandt, Slg. Duke of Devonshire Chatsworth (Derbyshire). *Die Tempelvision:* Berruguete, Kathedrale Toledo; Cortona, Kuppelmosaik St. Peter Rom.

---

* Manche vermuten, es bestehe ein thematischer Bezug im Bibeltext zwischen der Erwähnung des aussätzigen Königs und der Symbolik von Reinheit und Unreinheit in der Vision.

Der Schatten der Sonnenuhr

König Hiskija von Juda war ein guter und frommer Herrscher. Als er aber krank wurde, mußte ihm der Prophet Jesaja in Gottes Auftrag sagen, daß er sterben werde. Da drehte sich Hiskija traurig zur Wand und betete zum Herrn. Nun ließ ihm Gott durch Jesaja verkünden, er werde dem Leben des Königs noch fünfzehn Jahre hinzufügen; als Zeichen dafür werde der Schatten der Sonnenuhr zehn Stufen zurückgehen. Dann strich Jesaja einen Feigenbrei auf das Geschwür des Königs, und Hiskija wurde wieder gesund.

Quellen: 2. Buch Könige 20,1–11; Parallele in Buch Jesaja 38. – Bild: Fresko S. Maria Antiqua Rom (8. Jh.).

Die Niederlage Sanheribs

Zu Lebzeiten Jesajas, als Hiskija König war, zog Sanherib, der König von Assur, heran und eroberte die festen Städte Judas. Nur Jerusalem nahm er nicht ein. (Der Grund dafür wird aus der Bibel nicht eindeutig klar.) Nach einer Überlieferung schickte Sanherib einen hohen Würdenträger mit einem Heer vor die Stadt, um sie zur Übergabe aufzufordern. Dabei warnte der Assyrer die Einwohner Jerusalems, sich von Hiskija nicht mit dem Hinweis auf die Hilfe des Herrn vertrösten zu lassen; denn kein Land sei bisher von seinen Göttern vor den assyrischen Heeren gerettet worden. Da sprach Jesaja dem König Mut zu: Wegen dieser Verhöhnung des Herrn werde Sanherib Jerusalem nicht erobern können. Und in der Nacht zog der Engel des Herrn aus und erschlug im Lager der Assyrer 185 000 Mann. Sanherib zog daraufhin ab und kehrte nach Hause zurück.

Quellen: 2. Buch Könige 18,13–19,36; Parallele im Buch Jesaja 36 und 37. – Bilder: G. van Valckenborch, Braunschweig; Rubens, AP München.

Jesajas Martyrium

Der Prophet Jesaja war ein Freund und Ratgeber des guten Königs Hiskija gewesen. Dessen schlimmer Sohn Manasse betete jedoch wieder die Fruchtbarkeitsgötter der Kanaaniter an und ließ alle töten, die in Gottes Auftrag gegen ihn redeten. Nach der außerbiblischen Überlieferung floh auch Jesaja mit anderen Propheten in die Wüste, wo ihn der König fangen und mit einer Baumsäge zerschneiden ließ. «Jesaja aber schrie nicht und jammerte nicht; vielmehr redete sein Mund mit dem Heiligen Geiste, bis er entzweigesägt war.» – Nach einer anderen Legende versteckte sich Jesaja auf der Flucht vor seinen Verfolgern in einer hohlen Zeder. Doch ein Zipfel des Mantels blieb draußen und verriet ihn. Der König ließ ihn in dem Baum lebendig zersägen.

Quelle: «Martyrium des Jesaja» (apokryph.). – Bild: Fresko im Kapitelsaal der Benediktinerabtei Brauweiler bei Köln.

Jeremia

Er ist der zweite der «vier großen Propheten» und lebte in den Jahrzehnten vor und nach 600 v. Chr. in Jerusalem, dessen Untergang 587/6 er erlebte. Die Nachrichten über Jeremias Wirken finden sich mit seinen prophetischen Aussagen im nach ihm benannten biblischen Buch. Für die Überlieferung gilt Jeremia auch als Verfasser des biblischen Buches der Klagelieder. Seine ATTRIBUTE *sind ein Buch oder eine Rolle, auch ein eiserner Stab oder ein siedender Topf, die auf Visionen künftigen Unheils zurückgehen (Jer 1,18 und 1,13). Meist sitzt der Prophet gramgebeugt da.*

JEREMIA IN DER ZISTERNE

Jeremia wandte sich zeit seines Lebens gegen die Mehrheit seiner Landsleute, die in falschem Gottvertrauen die Übermacht des zur beherrschenden Kraft aufgestiegenen babylonischen Reiches nicht anerkennen wollten. Als es zur Belagerung Jerusalems kam, wurde der Prophet im Wachthof des Palastes gefangengesetzt. Da er trotzdem bei seiner Aufforderung blieb, sich den Feinden zu ergeben, gab ihn der schwache König den Vertretern der Kriegspartei preis. Diese warfen ihn in eine Grube, wo Jeremia tief im Schlamm versank. Da ging ein schwarzer Würdenträger zum König und erreichte, daß er Jeremias Leben retten durfte. Mit Stricken, denen Kleidungsfetzen unterlegt wurden, ließ er den Propheten aus der Grube ziehen. Dieser verkündete daraufhin seinem Retter, er werde Jerusalems Untergang überleben.

QUELLE: Buch Jeremia 38,1–13. – BILD: Rosa, Chantilly.

JEREMIAS TRAUER ÜBER DEN UNTERGANG JERUSALEMS

Nach dreijähriger Belagerung wurde Jerusalem von den Babyloniern erobert und niedergebrannt, die Oberschicht hingerichtet oder ins Exil verschleppt. Den Propheten Jeremia, der stets gegen den bewaffneten Widerstand gepredigt hatte und deshalb im Gefängnis saß, ließen die Sieger frei. Er soll damals im Angesicht des brennenden Jerusalem die «Klagelieder» verfaßt haben.

QUELLEN: Buch Jeremia 39; Klagelieder. – BILDER: Michelangelo, Sixtina; Rembrandt, Rijksmus.

Ezechiel

Er ist einer der «vier großen Propheten». Bei einer ersten Deportation im Jahre 597, die der Zerstörung Jerusalems 10 Jahre voranging, wurde er ins Exil nach Babylon gebracht, wo er Jahrzehnte später auch starb. Seine

Prophetien finden sich in dem nach ihm benannten biblischen Buch. Ezechiels ATTRIBUT *ist ein geflügeltes Doppelrad, das auf seine Berufungsvision (Ezechiel 1) zurückgeht.*

EZECHIELS BERUFUNGSVISION

In seiner ersten Vision sah Ezechiel vier geflügelte Lebewesen mit den Gesichtern eines Menschen, eines Löwen, eines Stiers und eines Adlers,* zwischen denen ein funkensprühendes Feuer war und neben denen sich vier von Edelsteinen funkelnde Räder bewegten. Beim Anblick der Erscheinung fiel Ezechiel zu Boden. Doch Gott befahl ihm aufzustehen und gab ihm den Auftrag, zu den Verbannten in Seinem Namen zu sprechen.

QUELLE: Buch Ezechiel 1 und 2. – BILDER: Raffael, Pal. Pitti; Blake, Boston.

EZECHIELS VISION VON DER ERWECKUNG DER GEBEINE

Als die Juden im babylonischen Exil waren, sah Ezechiel einmal ein weites Feld, das mit Gebeinen bedeckt war. Auf Gottes Geheiß befahl er den Knochen, wieder lebendig zu werden. Die Gebeine rückten zusammen, Bein an Bein, und plötzlich waren Sehnen auf ihnen, Fleisch umgab sie, und Haut überzog sie. Dann forderte Gott den Propheten auf, den Geist herbeizurufen, damit die Erschlagenen wieder lebendig würden. Und der Geist kam in sie, und sie standen auf, ein gewaltiges Heer. Gott deutete dem Propheten die Vision: So werde er das Haus Israel wieder lebendig machen, um es in sein Land zurückzuführen.

QUELLE: Buch Ezechiel 37,1–14. – BILDER: Memberger (zugeschr.), Karlsruhe; Tintoretto, San Rocco Venedig; Collantes, Prado.

EZECHIELS VISION VON DER VERSCHLOSSENEN TÜR

In seinem Exil hatte Ezechiel eine Vision und sah, daß eines der Tore des Jerusalemer Tempels verschlossen war. Zur Erklärung wurde ihm gesagt, daß kein Mensch mehr durch diese Tür gehen dürfe, da Gott selbst dort hindurchgegangen sei.
Später wurde die Stelle dahingehend interpretiert, daß Gott allein durch die verschlossene Tür ein- und ausgehen könne.

QUELLE: Buch Ezechiel 44,1–3. – BILD: Meister des Lorenzer Wolfgangaltars, St. Lorenz Nürnberg.

---

* In der christlichen Symbolik wurden daraus später die Sinnbilder der vier Evangelisten Matthäus, Markus, Lukas und Johannes.

Die Trauer der Juden im babylonischen Exil

Die Stimmung der nach Babylon deportierten Juden hat ein unbekannter Dichter ausgesprochen: «An den Wassern zu Babel saßen wir und weinten, wenn wir an Zion gedachten. Unsere Harfen hängten wir an die Weiden dort im Lande. Denn die uns gefangen hielten, hießen uns dort singen und in unserem Heulen fröhlich sein: ‹Singt uns ein Lied von Zion!› Wie könnten wir des Herrn Lied singen in fremdem Lande? . . .»

Quelle: Psalm 137. – Bild: Ferd. Olivier, Lübeck.

Daniel

Er ist in der Bibel der vierte der «großen Propheten». Seine Gestalt hat legendäre Züge, wobei unterstellt wird, daß Daniel mit anderen Jünglingen von König Nebukadnezar nach Babylon /Babel deportiert und dort zum Dienst am Hof bestimmt wurde; später habe er sich als Traumdeuter hervorgetan und hohe Ämter bekleidet, sowohl unter den Babyloniern als auch unter den Persern, die ca. 538 v. Chr. Babel eroberten. Das nach Daniel benannte Buch hat Ergänzungen, die nicht in jeder Bibelausgabe stehen, da sie zwar von den Katholiken, aber nicht von Juden und Protestanten als zur Bibel gehörig angesehen werden. Unter diese sogenannten deuterokanonischen Teile fallen der «Gesang der Jünglinge im Feuerofen», die Susanna-Episode, die Geschichte von Daniel und Cyrus im Tempel des Bel und das Auftreten des Propheten Habakuk in der Episode «Daniel in der Löwengrube». Daniels Attribute *sind ein zweigehörnter Widder, auch der spitze Judenhut oder ein Spruchband. Meist wird Daniel jung und bartlos mit kurzem Gewand dargestellt.*

Daniels Traum von den vier Weltreichen

In einem Traum hatte der babylonische König Nebukadnezar ein gewaltiges Standbild gesehen: Das Haupt war aus Gold, Brust und Arme waren aus Silber, Hüften und Unterleib aus Bronze, die Schenkel aus Eisen und die Füße teils aus Eisen, teils aus Ton; da löste sich ein Stein von einem Berg und zermalmte das Standbild; der Stein aber wurde zu einem großen Berg und erfüllte die ganze Erde. Daniel deutete die Vision als die künftige Abfolge von Weltreichen, an deren Ende Gott ein Reich errichten werde, das in Ewigkeit nicht untergeht. – Das Mittelalter glaubte die Reiche als Babylon – Persien – hellenistische Staaten – Rom identifizieren zu können, mit dem Auftreten Jesu Christi als Endzeit.

Quelle: Buch Daniel 2. – Bilder: Reni, S. M. Maggiore Rom; Giordano, Kapelle Kgl. Schloß Madrid.

Die Jünglinge im Feuerofen

Schadrach, Meschach und Abed-Nego waren Gefährten des jungen Daniel am babylonischen Hof. Als König Nebukadnezar ein riesiges goldenes Standbild machen ließ, das alle im Reiche anbeten sollten, weigerten sie sich. Voll Zorn befahl der König, sie in einen glühenden Feuerofen zu werfen, den der König so sehr anheizen ließ, daß die arbeitenden Knechte von den herausschlagenden Flammen getötet wurden. Doch die drei Jünglinge blieben unverletzt, da der Engel des Herrn in Gestalt eines Mannes die Flammen aus dem Ofen hinaustrieb. Nebukadnezar, der nun vier Männer im Ofen sah, wunderte sich. Er holte die Jünglinge heraus und pries ihren Gott.

Quelle: Buch Daniel 3. – Bilder: Coecke van Aelst, Karlsruhe; Aertsen, Boymans; Tintoretto, San Rocco Venedig; Pietersz, Haarlem.

Nebukadnezars Traum vom stolzen Baum

Nebukadnezar, König von Babylon, sah im Traum, wie ein riesiger Baum, unter dem alle Tiere und Menschen der Erde Platz fanden, von himmlischen Wesen bis auf die Wurzel umgehauen wurde. Der weise Daniel brachte die Deutung: Der König müsse wegen seiner Überheblichkeit sieben Jahre lang ohne Verstand wie ein Tier leben; wenn er dann die Herrschaft des Höchsten anerkenne, werde er, da der Wurzelstock des Baumes noch da sei, seinen Thron wiedererlangen. Und so geschah es. Nebukadnezar lebte in der Wildnis auf allen Vieren, fraß Gras wie ein Ochse, seine Haare und Nägel wurden nicht mehr geschnitten. Als diese Zeit vorüber war, pries Nebukadnezar den König des Himmels, der die Stolzen erniedrigt, und er erhielt seine Königswürde zurück.

Quelle: Buch Daniel 4. – Bilder: *Nebukadnezars Traum:* Blake, Tate Gall. *Nebukadnezar Gras fressend:* Tito, Museo Etrusco Vatikan. *Nebukadnezar erhält Königswürde zurück:* Pynas, AP München.

Belschazzars Gastmahl

Nach der Bibel war Belschazzar der Sohn Nebukadnezars und Babels letzter König. Bei einem großen Fest ließ er in seiner Trunkenheit die goldenen Gefäße holen, die sein Vater aus dem Tempel von Jerusalem weggeschleppt hatte. Da erschienen plötzlich die Finger einer Hand, die geheimnisvolle Buchstaben auf die Wand des Saales schrieben. Der König und alle um ihn erschraken. Doch niemand konnte die Schrift lesen und deuten. Die Königin schlug vor, den weisen Daniel zu holen. Dieser entzifferte die Worte als «Mene, mene, tekel, u-parsim», d. h. «gezählt, gewogen, geteilt», und erklärte, was sie bedeuteten: «Gezählt hat Gott die Tage deiner Herrschaft, gewogen wurdest du und zu leicht befunden, geteilt wird dein Reich und den Medern und Persern gegeben.» Daniel wurde in Purpur gekleidet und mit einer goldenen

Kette um den Hals ausgezeichnet. Aber noch in der Nacht wurde Belschazzar getötet, und der Meder Darius übernahm die Herrschaft.

QUELLE: Buch Daniel 5. – BILDER: Gozzoli, Camposante Pisa; Heemskerk, Haarlem; Tintoretto, KHM Wien/Schleißheim; Rembrandt, Nat. Gall. London; Giordano, Pal. Reale Madrid.

Daniels Vision vom Widder und vom Ziegenbock

Von Daniel werden mehrere Visionen berichtet, in denen er Charakter und Schicksal der großen Reiche und Fürsten des Alten Orients in der zweiten Hälfte des 1. Jahrtausends vor Christus darstellte, wozu ihm ein Mann, der Engel Gabriel, geheimnisvolle Erläuterungen gab. So sah Daniel einen Widder mit zwei Hörnern (d. h. das Perserreich) im Kampf mit einem Ziegenbock (d. h. Alexander dem Großen). Nachdem der Widder besiegt war, wurde das Horn des Bockes riesengroß, brach aber dann ab, und es wuchsen an seiner Stelle vier andere Hörner (d. h. die Diadochenreiche). Eines dieser Hörner wuchs bis zum Himmel und warf einige Sterne herab – eine Anspielung auf Antiochus, der in der Makkabäerzeit den Jerusalemer Tempel verwüstete (siehe S. 261).

QUELLE: Buch Daniel 8. – BILD: Drost, Dahlem (früher Rembrandt zugeschrieben).

Daniel in der Löwengrube

Die Babylonier hatten einen großen Drachen, den sie wie einen Gott verehrten; Daniel gab ihm ein Gemisch aus Pech, Talg und Haaren zum Fressen, woran das Tier starb. Das Volk war darüber empört, und der König, der Perser Cyrus, mußte Daniel ausliefern, der in eine Grube mit sieben Löwen geworfen wurde. Diesen fütterte man sonst täglich zwei Menschen und zwei Schafe als Nahrung, jetzt aber nichts. Trotzdem taten sie sechs Tage lang Daniel kein Leid an. In Judäa lebte damals der Prophet Habakuk, der gerade Essen zu den Arbeitern aufs Feld trug. Da nahm ihn der Engel des Herrn beim Schopf (nach der Überlieferung war es Michael) und trug ihn zu Daniel, damit dieser nicht verhungere. Am siebten Tage kam der König und sah Daniel lebend in der Grube. Er pries dessen Gott und ließ diejenigen in die Grube werfen, die Daniel hatten vernichten wollen. Sie wurden vor seinen Augen sofort aufgefressen.

QUELLEN: Buch Daniel 14,23–42; auch Daniel 6. – BILDER: Tintoretto, San Rocco Venedig; Rubens, Washington/KHM Wien (Schule); Cortona, Akad. Venedig; Rosa, Chantilly; Lebrun, Caen; Ch.-A. Coypel, Bourges; Delacroix, Hamburg.

Die Rettung der unschuldigen Susanna

Unter den Juden im babylonischen Exil lebte ein reicher Mann mit Namen Jojakim. Seine Frau hieß Susanna, auf deutsch «Lilie». Weil Jojakim von allen geschätzt war, pflegten die Juden in seinem Hause zusammenzukommen. Auch alle Rechtssachen wurden dort vor zwei Ältesten verhandelt. Um die Mittagszeit, wenn jedermann nach Hause gegangen war, ging Susanna oft im Garten ihres Mannes spazieren. Sie wurde dabei heimlich von den beiden Ältesten beobachtet, die in heftige Begierde nach ihr gerieten; denn sie war überaus schön.

Als die beiden wieder einmal im Garten versteckt lauerten, kam Susanna wie gewöhnlich, von zwei jungen Mägden begleitet. Da es heiß war, wollte sie baden und trug den Mädchen auf, Öl und Salbe zu holen, und das Tor des Gartens zu verschließen. Da kamen die Alten aus ihrem Versteck und forderten Susanna auf, sich ihnen hinzugeben: «Sieh, das Tor ist verschlossen, niemand sieht uns. – Wenn du dich aber weigerst, bezeugen wir, daß ein junger Mann bei dir gelegen hat.» Susanna jedoch wollte sich lieber einer falschen Beschuldigung aussetzen als gegen Gott sündigen. Sie schrie so laut sie konnte. Doch zugleich schrien auch die beiden Alten. Eiligst kamen Diener gelaufen, die sehr beschämt waren, als sie den Vorwurf gegen ihre Herrin hörten.

Als sich am folgenden Tag das Volk bei Jojakim versammelte, wiederholten die beiden Ältesten ihre Geschichte: «Susanna kam mit zwei Mägden, ließ das Tor verriegeln und schickte die Mägde weg. Ein junger Mann, der sich im Garten verborgen gehalten hatte, legte sich zu ihr. Da liefen wir hin, konnten aber

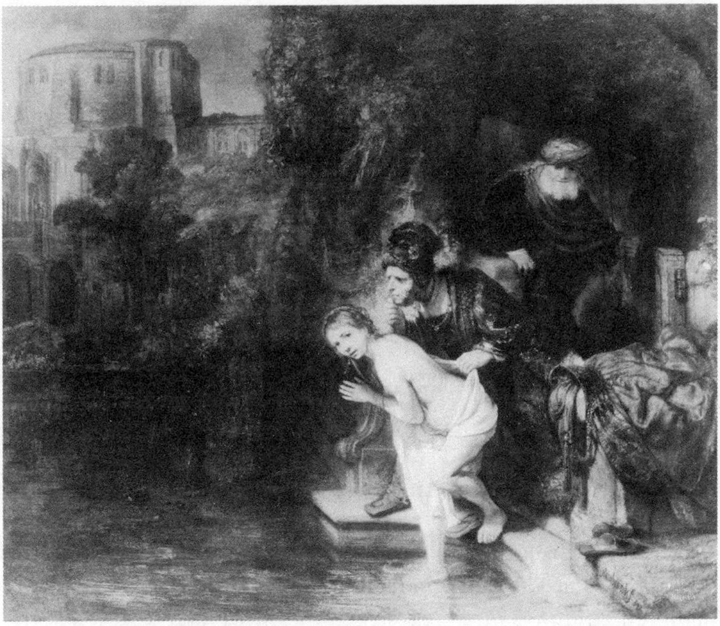

Susanna im Bade. Gemälde von Rembrandt, Berlin-Dahlem

den jungen Mann nicht fassen, denn er war stärker.» Die Versammlung schenkte den zwei Alten Glauben, und man verurteilte Susanna zum Tode. Sie aber betete mit lauter Stimme zum Herrn, und der Herr erhörte ihr Rufen. Ein junger Mann namens Daniel erhob seine Stimme gegen das schnelle Urteil und forderte die Führer des Volkes auf, das Zeugnis der Ankläger noch einmal zu überprüfen. Daniel ließ die beiden Zeugen trennen und verhörte jeden einzeln. Auf seine Frage, unter welchem Baum sie die Liebenden ertappt hätten, antwortete der erste: «Unter einer Zeder.» Der zweite jedoch meinte: «Unter einer Eiche.» Damit waren die falschen Zeugen durch ihre eigenen Worte entlarvt. Man vollzog an ihnen die Strafe, die sie Susanna hatten antun wollen; sie wurden gesteinigt.

QUELLE: Buch Daniel 13. – BILDER: *Susanna im Bade:* Pinturicchio, Appart. Borgia Vatikan; Altdorfer, AP München; Schäuffelein, Stuttgart; Sellaer, Graz; Massys, Brüssel; Veronese, KHM Wien/Louvre/Prado; Tintoretto, KHM Wien/Louvre/Prado; M. de Vos, Karlsruhe; Palma Giovane, Akad. Venedig; Rubens, AP München/Eremitage/Gall. Borghese/Nat. Mus. Stockholm; Dyck, AP München; Reni, Nat. Gall. London; Stazione, Städel; Guercino, Prado/Pal. Pitti/Parma; Rembrandt, Dahlem; Tiepolo, Wadsworth Atheneum; Corinth, Essen. *Susanna vor den Richtern:* Rosendael, WRM Köln; G. M. Crespi, Oldenburg; Maulbertsch, Barockmus. Wien. *Die Verteidigung Susannas durch Daniel:* Lucas van Leyden, Bremen; Tizian (zugeschr.), Glasgow; Valentin de Boulogne, Louvre; N. Coypel, Prado; Ricci, Turin; Troger, Salzburg.

Daniel und König Cyrus im Tempel Bels

In Babylon brachte man einem Bildnis des Gottes Bel täglich eine Menge von Speisen dar, die regelmäßig in der darauffolgenden Nacht verschwanden. König Cyrus fragte Daniel, warum dieser den Bel nicht anbete, der doch, da er esse und trinke, ein lebendiger Gott sei. Daniel aber lachte nur und versprach, dem König zu zeigen, wer die Lebensmittel in Wirklichkeit verzehre. Auf Daniels Bitte hin ließ Cyrus am Abend die Türen zum Tempel versiegeln, nachdem Daniel den Boden im Innern des Heiligtums mit feiner Asche bestreut hatte. Am nächsten Morgen waren die Siegel unversehrt, der König sah aber auf dem Boden zahlreiche Fußspuren von Männern, Frauen und Kindern. Er erkannte, daß die Priester mit ihren Familien nachts durch eine geheime Tür kamen, um die Gaben bis auf den letzten Rest zu verspeisen.

QUELLE: Buch Daniel 14.1–22 (apokryph). – BILDER: P. van Avondt, Antwerpen; Rembrandt, England (privat).

Die zwölf Propheten

Neben den vier «großen Propheten» Jesaja, Jeremia, Ezechiel und Daniel gibt es in der Bibel die zwölf «kleinen Propheten». Sie werden so wegen des kleineren Umfangs ihrer Texte genannt, nicht aber wegen der geringeren Bedeutung ihrer Botschaft. Wenn man von Jona einmal absieht, des-

sen Geschichte auch Gegenstand von Einzeldarstellungen geworden ist, werden die «zwölf Propheten» in der Kunst meist zusammen dargestellt. Erkenntlich sind sie jeweils an bestimmten Attributen. Deren nachstehende Aufzählung folgt der Reihenfolge der nach den Propheten genannten Schriften, wie sie in der im Mittelalter gebräuchlichen Bibelübersetzung, der Vulgata, zu finden ist.

Die Attribute der «zwölf kleinen Propheten»

Hosea, der in der zweiten Hälfte des 8. Jahrhunderts v. Chr. im Nordreich Israel lebte, hat oft neben sich eine Frau, da er die Dirne Gomer heiratete, als Sinnbild für Gottes Bindung an das sündige Israel (Buch Hosea 1–3).
Joel wird mit einem Füllhorn dargestellt, da sich Petrus in seiner Pfingstpredigt (Apostelgeschichte 2,16 ff.) auf Joels Prophezeiung bezieht: «Ich will meinen Geist ausgießen über alles Fleisch ...» (Buch Joel 3,1 ff.).
Amos, der um die Mitte des 8. Jahrhunderts v. Chr. im Nordreich Israel predigte, hat als Attribute einen Hirtenstab und Schafe, einen Fruchtkorb oder ein Senkblei, da er Hirte war und Visionen vom Untergang Israels hatte, in denen Obst und ein Senkblei vorkamen (Amos 1,1; 7,7–9; 8,1–3).
Obadja wird mit Brot und einem Krug gezeigt, da er (fälschlich) mit einem Minister König Ahabs identifiziert wird, der die Propheten vor der Königin Isebel rettete und mit Brot und Wasser versorgte (2 Könige 18,4). *Jona* wird gern im Rachen oder Bauch eines großen Fisches gezeigt. Für weitere Motive aus seiner Geschichte siehe «Jona» (S. 254).
Micha, der in der 2. Hälfte des 8. Jahrhunderts v. Chr. im Reiche Juda lebte, wird oft mit einem Kind dargestellt: wegen seiner Weissagung über Bethlehem, der kleinsten unter Judas Städten, von der das Heil ausgehen werde (Micha 5,1). Fälschlich wird er auch mit einem gleichnamigen, aber viel früheren Propheten im Nordreich Israel identifiziert, der dem König Ahab Unheil weissagte und dafür geohrfeigt wurde (1 Könige 22).
Nahum weissagte in der 2. Hälfte des 7. Jahrhunderts v. Chr. im Reiche Juda den Untergang Ninives. Deshalb tritt er einen König unter seine Füße.
Habakuk, der um 600 v. Chr. im Reiche Juda lebte, wird mit dem Topf und dem Krug gezeigt, die er dem Propheten Daniel in die Löwengrube brachte (siehe S. 250).
Zefanja, um 630 v. Chr. im Reiche Juda, trägt eine Laterne, da er Jerusalem mit Leuchten durchsuchen will, um die Bewohner zur Verantwortung zu ziehen (Zefanja 1,12).
Haggai, 520 v. Chr. in Jerusalem, wird beim Behauen eines Brettes oder mit einem Geldbeutel dargestellt, da er zum Wiederaufbau des zerstörten Tempels aufrief (Haggai 1).
Sacharja, um 500 v. Chr. in Jerusalem, wird mit zwei Frauen gezeigt, die eine dritte, die Ruchlosigkeit, in ein Faß gesperrt, wegtragen, was auf eine seiner Visionen anspielt (Sacharja 5,5–11).

Maleachi hat als Attribut einen Engel, nach seiner Weissagung: «Seht, ich sende meinen Boten vor mir her ...» (Maleachi 3,1), die im Matthäus-Evangelium (11,10) zitiert wird.

Jona

Jona wird von der Bibel mit einem historischen Propheten des 8. Jahrhunderts v. Chr., der in 2 Könige 14,25 genannt ist, gleichgesetzt. In Wirklichkeit ist das Buch Jona eine Parabel mit fast satirischen Zügen, die wohl aus der Zeit nach dem Exil stammt, in der zwar Ninive, die gefürchtete Assyrerhauptstadt, seit Jahrhunderten nicht mehr existiert, aber ein Symbol der Gnadenlosigkeit der Feinde Israels geblieben ist. Nach der christlichen Interpretation wollte Jona nicht den Heiden predigen, da die Auserwähltheit Israels dadurch in Frage gestellt werde. Richtiger ist wohl die Pointe der Geschichte im Dilemma eines Propheten zu suchen, der Unheil predigt, aber dann als falscher Prophet dasteht, wenn die Menschen sich bekehren und das Unheil nicht eintrifft (vgl. Jona 4,2). Jonas ATTRIBUT *ist der Fisch, meist ist der Prophet nackt, oft auch kahlköpfig dargestellt, da er die Haare im Bauch des Fisches verloren haben soll.*

Als Jona von Gott den Auftrag erhielt, den Heiden in Ninive die Umkehr zu predigen, floh er auf einem Schiff in die entgegengesetzte Richtung. In einem Sturm mußte er diese Schuld vor den Schiffsleuten bekennen, die ihn ins Meer warfen. Ein Walfisch verschlang ihn und spie ihn später an Land, nachdem Jona im Bauch des Fisches zu Gott gebetet hatte.
Gott wiederholte seinen Auftrag, und Jona ging endlich doch nach Ninive. Er kündete der Stadt den Untergang an, doch wider Erwarten bekehrten sich die Bewohner. Der König ließ ein Fasten für Mensch und Tier ausrufen und setzte sich selber in einem Bußgewand in die Asche. Da reute Gott das angedrohte Unheil. Doch Jona ärgerte sich darüber, daß seine Prophezeiung nicht in Erfüllung ging. Er ging aus der Stadt und setzte sich nieder, um abzuwarten, was geschehen würde. Um ihn zu besänftigen, ließ Gott einen Rizinusstrauch wachsen, der seinem Kopf Schatten gab. Aber ein Wurm nagte am Strauch, so daß er verdorrte und Jona erneut voll Ärger in der Sonne saß. Da sagte Gott zu ihm: «Um den Strauch tut es dir leid. Sollte es mir da nicht leid tun um die große Stadt, mit all ihren Menschen und ihrem Vieh?»

BILDER: *Jonas ins Meer geworfen und vom Walfisch verschlungen:* Rubens (Werkstatt), Nancy. *Jonas an Land gespien:* Coecke van Aelst, Karlsruhe; Michelangelo, Sixtina; Tintoretto, San Rocco Venedig; Jan Brueghel, AP München. *Jonas predigt in Ninive:* Rosa, Kopenhagen.

Ester

Die Geschichte der Ester handelt von einer jungen Jüdin, die unter dem Perserkönig Ahasver (Artaxerxes) durch ihren Mut ihr Volk vor einer Verfolgung rettete.
Das gleichnamige Buch enthält Erweiterungen in griechischer Sprache, die nicht kanonisch sind, aber im Mittelalter als zur Bibel gehörig angesehen wurden. Esters ATTRIBUTE: *jugendlich schön, modisch gekleidet und mit einer Krone auf dem Haupt.*

Der König Ahasver gab ein glänzendes Gastmahl und befahl dabei seiner Gemahlin Waschti, zu kommen und sich den Gästen zu zeigen. Sie aber weigerte sich, worauf sie der König verstieß und aus dem ganzen Reich die schönsten Jungfrauen holen ließ, unter denen er seine Wahl treffen wollte. Unter den vielen Mädchen gefiel ihm die Jüdin Ester, die Adoptivtochter des Hofbeamten Mordechai, am besten, und er machte sie zur neuen Königin, indem er ihr das Diadem aufsetzte. Er wußte aber nichts von ihrer Herkunft. Haman, der Erste Minister, war ein Feind der Juden, da sich Mordechai/Mardochai nicht vor ihm wie vor einem Gott niedergeworfen hatte. Voll Wut

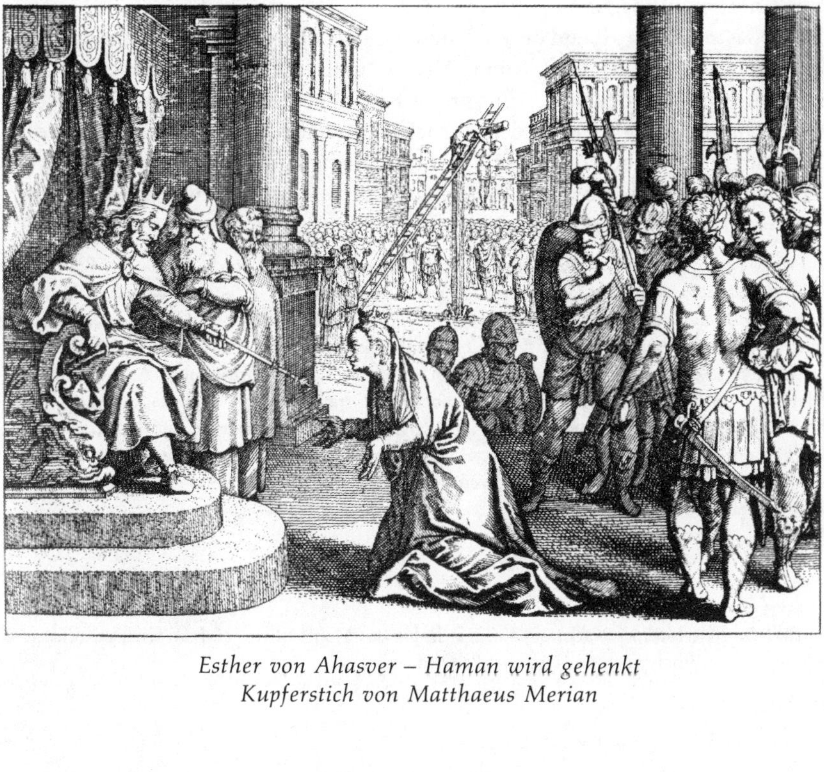

Esther von Ahasver – Haman wird gehenkt
Kupferstich von Matthaeus Merian

erließ er ein Gesetz, nach dem alle Juden getötet werden sollten. Mordechai bat daraufhin Ester, beim König Fürsprache einzulegen. Da es aber unter Todesstrafe verboten war, sich unaufgefordert vor dem König einzufinden, mußte Ester dabei ihr Leben wagen. Doch sie schmückte sich und begab sich zur Audienzhalle. Als der König Ester erblickte, wurde er wegen ihrer Verwegenheit zornig, so daß sie in eine Ohnmacht fiel und sich auf ihre sie begleitende Dienerin stützen mußte. Dieser Anblick verwandelte das Herz des Königs, er streckte sein goldenes Szepter aus und zeigte damit an, daß sie am Leben bleiben dürfe. Er fragte sie sogar freundlich nach ihrem Begehren. Sie lud ihn ein, am Abend zusammen mit Haman bei ihr zu speisen. Beim Mahle bat aber Ester nur darum, der König und Haman sollten am folgenden Abend wieder zu ihr kommen.

Am nächsten Morgen war Haman sehr stolz darauf, daß er allein mit dem König und der Königin hatte speisen dürfen. Er ließ einen Galgen für seinen Feind Mordechai errichten, der sich wieder nicht vor ihm verneigt hatte. König Ahasver aber hatte in der Nacht nicht schlafen können und sich aus den Annalen des Reiches vorlesen lassen. Bei dieser Gelegenheit wurde er daran erinnert, daß Mordechai einmal eine Verschwörung aufgedeckt hatte, aber noch nicht dafür belohnt worden war. Als nun Haman kam, um die Erlaubnis für die Hinrichtung Mordechais zu erlangen, ließ ihn Ahasver nicht zu Worte kommen, sondern befahl ihm, Mordechai auf einem Pferd ehrenvoll in der Stadt herumzuführen.

Beim Gastmahl am Abend deckte Ester Hamans Pläne gegen die Juden auf und bat um Gnade für ihr Volk. König Ahasver ging zornig in den Garten hinaus. Der entsetzte Haman warf sich unterdessen flehentlich auf das Polster neben der Königin, so daß es für den zurückkommenden König aussah, als wolle Haman ihr zu nahe treten. Ein Höfling wies auf den Galgen hin, der von Haman für den verdienten Mordechai aufgestellt worden war, und Ahasver befahl: «Hängt Haman daran auf!»

BILDER: *Mehrere Szenen auf einem Bild:* Michelangelo, Sixtina*; Frans II. Francken, Louvre/Prag. *Die Krönung Esters durch Ahasver:* Veronese, S. Sebastiano Venedig; Frans II. Francken, Louvre/Budapest. *Ester und Mardochai:* Bol, Eremitage; Gelder, Dresden/Budapest. *Ester vor Ahasver:* Witz, Basel; Filippino Lippi, Louvre; Burgkmair, AP München; Vasari, Pal. Vecchio; Veronese, KHM Wien; Tintoretto, Hampton Court; A. Gentilleschi, Metrop. Mus.; Poussin, Eremitage; Rembrandt, Ottawa; Steen, Eremitage; A. Coypel, Louvre; Gelder, AP München; Ricci, Nat. Gall. London. *Der Triumph Mardochais* (= von Haman auf Pferd geführt): Veronese, S. Sebastiano Venedig. *Ahasver und Haman beim Mahle Esters:* Rembrandt, Moskau/Eremitage; Victors, Braunschweig/WRM Köln; Steen, Birmingham.

---

* Rechts: die schlaflose Nacht des Königs; links: das Mahl; Mitte: Haman wird gekreuzigt – entgegen der Bibel, nach der er gehenkt wird.

Ijob/Hiob/Job

Das Buch Ijob ist ein fingiertes Streitgespräch, vielleicht eine Art Mysterienspiel, und setzt sich mit der Frage auseinander, ob Leid und Unglück stets eine Strafe für Verfehlungen sind und ob unverschuldetes Leid mit der Güte und Gerechtigkeit Gottes vereinbar ist. ATTRIBUTE: *Oft als alter Mann mit weißem Bart, auf einem Misthaufen sitzend; manchmal wird er auch mit Musikinstrumenten gezeigt, wegen seiner Vorliebe für die Spielleute.*

Ijob wohnte im sagenhaften Lande Uz als reicher und geachteter Mann inmitten seiner zahlreichen Familie. Er war dabei fromm und untadelig. Eine spätere Überlieferung rühmt seine Gastfreundschaft und Freigiebigkeit gegen die Armen. Auch soll er Freude an Spielleuten gehabt und selber die Harfe gespielt haben, um sein Gesinde von böser Traurigkeit abzuhalten.
Satan, der Versucherengel,führte bei einem Besuch am himmlischen Hof die Frömmigkeit Ijobs darauf zurück, daß Gott ihm Reichtum und Gesundheit geschenkt habe. Gott widersprach, gab aber Satan die Erlaubnis, Ijob auf die

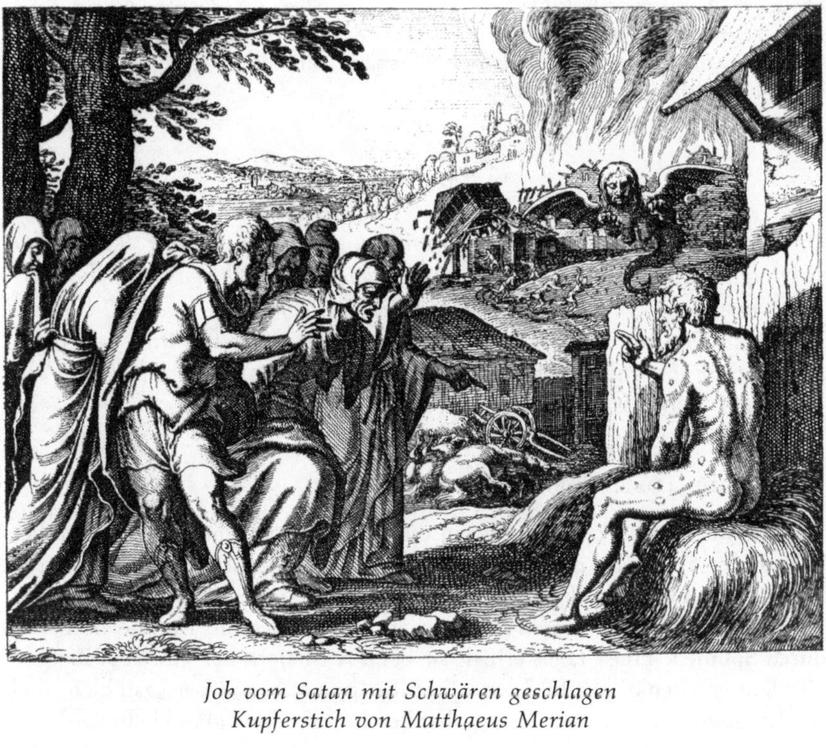

Job vom Satan mit Schwären geschlagen
Kupferstich von Matthaeus Merian

Probe zu stellen. Zunächst durfte er ihm seine Herde und seine Kinder nehmen. Doch Ijob pries Gott: «Der Herr hat es gegeben, der Herr hat es genommen ...» Da erhielt Satan die Macht, Ijobs Gesundheit anzutasten: Bösartige Geschwüre befielen seinen Leib. Er setzte sich klagend in einen Aschenhaufen und schabte seine Haut mit Scherben. Seine Frau riet ihm, Gott zu fluchen und sich den Tod zu wünschen. Aber Ijob tat weder das eine noch das andere. Als dann die Freunde von seinem Unglück hörten, kamen sie, um ihn zu trösten. Zunächst schwiegen sie lange, bis Ijob den Tag beklagte, an dem er geboren war. Darüber erschrocken, ermahnten sie ihn, sein Los als Strafe für seine Sünden anzunehmen. Ijob beteuerte aber hartnäckig seine Unschuld und forderte schließlich Gott selbst auf, ihm eine Erklärung für sein Unglück zu geben. Da antwortete ihm Gott aus dem Gewitter mit einem Tadel für solchen Vorwitz, zeigte ihm dann aber die Unergründlichkeit der Schöpfung in ihren Herrlichkeiten wie auch in den Gewalten des Bösen, wofür Behemot und Leviatan ein Symbol sind. Nun bekannte Ijob seine Unwissenheit, sprach aber auch seine Hoffnung aus, daß Gott ihm ein Retter sein werde. Schließlich tadelte Gott die Freunde, weil sie nicht wie Ijob recht geredet hätten, und wendete Ijobs Schicksal. Er heilte ihn und gab ihm zweifach zurück, was er vorher gehabt hatte: Reichtum an Herden und Kindern.

BILDER: Gaddo, Camposanto Pisa; Bartolo di Fredi, Pfarrkirche (Collegiata) San Gimignano; Meister der Barbaralegende, WRM Köln; Dürer (Jabach-Altar), Städel; Orley, Brüssel; Scarsellino, Hannover; Rubens, St. Nicolas Brüssel; Assereto, Budapest; Crayer, Toulouse; Rosa, Uffizien; Lievens, Ottawa; Saftleven, Karlsruhe; Loth, Akad. Venedig; Preti, Aachen/Brüssel; Giordano, Escorial; Wächter, Stuttgart.

Tobias

Die Erzählung vom jungen Tobias und seinem blinden Vater Tobias oder Tobit spielt unter den bei der Zerstörung des Nordreichs Israel nach Assyrien verschleppten Israeliten, ist also ins 7. Jahrhundert v. Chr. verlegt. Das Buch Tobit ist nur in griechischer Sprache überliefert und wird nicht zum Kanon der Bibel, wie er von Juden und Protestanten anerkannt ist, gerechnet. Es fehlt deshalb in vielen Bibelausgaben.

Der blinde Tobit/Tobias

Im Exil war es zu Pogromen gegen die Israeliten gekommen. Trotz Verbot begrub der alte Tobit die Toten. Als er sich müde zu Hause an die Mauer setzte, fiel ihm Schwalbenmist in die Augen; er erblindete, und kein Arzt konnte helfen. Seine Frau Hanna ernährte unterdes die Familie mühselig durch Spinnen. Eines Tages erhielt sie beim Ausliefern der Ware ein Ziegenböcklein geschenkt; ihr hilfloser Mann fürchtete aber, es sei gestohlen, und machte seiner Frau Vorwürfe. Sie aber beschimpfte ihn: «Wo bleibt der Lohn für deine Barmherzigkeit und Gerechtigkeit?» Da betete Tobit inständig zu Gott, der daraufhin den Erzengel Raphael zur Erde sandte.

QUELLE: Buch Tobit 1–3. – BILDER: *Der alte Tobias begräbt Tote:* Bourdon, Akad. Wien; *Die Frau des Tobias bringt ein Zicklein heim:* Rembrandt, Dahlem/Moskau/Rijksmus./Boymans/Nat. Gall. London.

Die Abreise des jungen Tobias

Tobit hatte in einer fernen Stadt Geld verliehen und wollte es zurückhaben. Er gab den Schuldschein seinem jungen Sohn Tobias und bat ihn, sich einen Reisebegleiter zu suchen. Der Sohn fand Raphael, der aber nicht als Engel zu erkennen war. Nach einem herzlichen Abschied von Vater und Mutter machte sich Tobias mit seinem Begleiter auf den Weg, und sein Hündchen lief mit.

QUELLE: Buch Tobit 4 und 5. – BILDER: Botticelli, Akad. Florenz; Perugino, Nat. Gall. London; Luini, Ambrosiana Mailand; Elsheimer, Nat. Gall. London; Rembrandt, Eremitage; Bleker, Budapest.

Tobias und der Fisch

Als die beiden Reisenden eines Abends an den Fluß Tigris kamen und Tobias baden wollte, schoß ein Fisch aus dem Wasser und wollte ihn verschlingen. Auf Geheiß seines Begleiters packte Tobias aber den Fisch, warf ihn ans Ufer und entnahm ihm Herz, Leber und Galle. Diese Teile seien nämlich ein Mittel gegen Dämonen und Augenkrankheiten, behauptete der Engel.

QUELLE: Buch Tobit 6,1–9. – BILDER: Savoldo, Gall. Borghese; Feti, Los Angeles; Domenichino, Nat. Gall. London; Lorrain, Eremitage.

Die Hochzeit des Tobias mit Sara

Auf dem weiteren Weg kehrte Tobias mit seinem Begleiter auf dessen Vorschlag bei Raguel, einem Verwandten, ein. Dieser hatte eine Tochter namens Sara. Sie hatte einst zur gleichen Stunde wie der alte Tobias zu Gott gebetet, als sie von ihren Mägden verhöhnt wurde, weil bereits sieben Männer, die sie hatten heiraten wollen, in der Brautnacht von einem bösen Dämon getötet worden waren. Als nun der Engel ihm sagte, er solle Sara heiraten, hatte Tobias zunächst Angst. Da er aber Zuneigung zu dem Mädchen gefaßt hatte, hielt er dann doch um seine Hand an. In der Brautnacht verbrannte er auf Geheiß seines Begleiters die Innereien des Fisches, so daß der Dämon floh. Dann beteten die beiden Brautleute zu Gott, bevor sie sich niederlegten. Am nächsten Morgen war der Vater schon dabei, ein Grab auszuheben. Da meldete ihm eine Magd, daß Tobias lebte, und er veranstaltete ein großartiges Hochzeitsfest.

QUELLE: Buch Tobit 3,7–17; 6,10 – 9,6. – BILDER: Steen, Braunschweig; Rembrandt, Edinburgh.

Die Heimkehr des Tobias und die Heilung des Vaters

Zu Hause waren des Tobias Eltern in großer Sorge. Die Mutter lief jeden Tag an den Weg, auf dem ihr Sohn fortgezogen war, und schaute nach ihm aus. Als Tobias in die Nähe seiner Heimatstadt kam, ließ er auf Geheiß Raphaels die Braut zurück und ging mit ihm voraus. Der Hund lief hinterher. Die Mutter saß am Weg, führte die beiden ins Haus, wo ihnen Tobit, in seiner Blindheit stolpernd, entgegenkam. Doch Tobias strich ihm die Galle des Fisches auf die Augen, und der Vater konnte wieder sehen. Er ging nun seiner Schwiegertochter entgegen, und alle wunderten sich, daß er nicht mehr blind war. Vater Tobit wollte nun den Begleiter seines Sohnes belohnen. Doch dieser gab sich nun als der Engel Raphael zu erkennen und verschwand.

Quelle: Buch Tobit 10–12. – Bilder: *Die Heilung des Vaters:* Hemessen, Louvre; A. Carracci, Kassel; Feti, Eremitage; Strozzi, Braunschweig/Metrop. Mus./Eremitage/Karlsruhe (Kopie); Cavallino, Prado; Rembrandt, Stuttgart/Brüssel; Troger, Salzburg; West, Osborne Gall. New York; Cornelius, Hamburg. *Der Engel verläßt die Familie:* Bugiardini, Berlin; Rembrandt, Louvre; Rosa, Chantilly; Victors, AP München.

Judit

Die Geschichte Judits wird von der Bibel – wohl ohne historische Basis – in die Zeit der Feldzüge König Nebukadnezars gegen Juda (Anfang 6. Jahrhundert v. Chr.) verlegt, obwohl die Atmosphäre eher der der Makkabäer-Kriege im Zeitalter des Hellenismus (2. Jahrhundert v. Chr.) entspricht. Das Buch Judit gehört zu den sog. deuterokanonischen Schriften, die von Katholiken und Orthodoxen, nicht aber von Protestanten und Juden als zur Bibel gehörig angesehen werden. Es fehlt deshalb in vielen Bibelausgaben. Judits Attribute *sind ein Schwert und das abgeschlagene Haupt eines Mannes.*

Judit und Holofernes

Die kleine Grenzfestung Betulia versperrte einem riesigen feindlichen Heer den Weg nach Jerusalem. Als die Übergabe der Stadt drohte, begab sich die junge, schöne und reiche Witwe Judit mit ihrer Magd ins feindliche Lager, wo sie als Überläuferin festgenommen und vom Feldherrn Holofernes zu einem Mahl in sein Zelt eingeladen wurde. Judit nutzte die Gelegenheit, als ihr Gastgeber in der Nacht betrunken auf seinem Lager lag, und schlug ihm mit seinem eigenen Schwert den Kopf ab, den sie im Sack ihrer Magd versteckte. Unter dem Vorwand, außerhalb des Lagers beten zu wollen, kam Judit dann mit der Magd unbehelligt von den feindlichen Wachen zurück in ihre Stadt. Dort ließ sie am nächsten Morgen das Haupt des Holofernes von der Mauer zeigen, und die führerlosen Feinde flohen entsetzt.

QUELLE: Buch Judit. – BILDER: *Judit an der Tafel des Holofernes:* Cranach d. Ä., Gotha. *Judit tötet Holofernes:* Tintoretto, Prado; Elsheimer, Victoria & Albert; Caravaggio, Casa Coppi Rom; A. Gentilleschi, Uffizien; Goya, Prado; Vernet, Pau. *Judit und ihre Dienerin mit dem Haupt des Holofernes:* Mantegna, Dublin; Cranach d. Ä., Gotha; Michelangelo, Sixtina; Massys, Pal. Barberini Rom; Veronese, KHM Wien/Pal. Rosso Genua/Caen; Tintoretto, Prado; Elsheimer, Apsley House London; Saraceni, KHM Wien; Rubens, Braunschweig. *Judit zur Stadt zurückkehrend:* Botticelli, Uffizien. *Judit das Haupt des Holofernes zeigend:* C. Cornelisz, Städel; Bloemaert, Städel/KHM Wien; Solimena, KHM Wien.

ACHIOR AN EINEN BAUM GEBUNDEN

Zur Judit-Erzählung gehört auch die Gestalt Achiors. Er war ein vornehmer Heide aus einem Nachbarland, der Holofernes zu Beginn der Belagerung warnte, gegen die Juden zu kämpfen. Zur Strafe dafür wurde er an Betulia ausgeliefert, um zusammen mit der Stadt unterzugehen. Nach der Rettung Betulias bekehrte er sich zum Gott Israel. Nach einer späteren Überlieferung soll Achior zur Strafe für seine warnende Rede auf Befehl des Holofernes an einem Baum aufgehängt gegeißelt worden sein.

QUELLE: Buch Judit 5; 6; 14,6–10. – BILD: C. Cornelisz (oder Sweelink?), Haarlem.

Die Makkabäer

Nach der Zerstörung des Perserreiches durch Alexander setzte unter seinen Nachfolgern eine Periode der Hellenisierung im ganzen Orient ein. Trotz der grundsätzlichen religiösen Toleranz in den Diadochenreichen erregte die Gesetzestreue der Juden aber immer wieder Anstoß. Der syrische König Antiochus (175–164) plünderte den Tempel zu Jerusalem und versuchte, heidnische Kulte mit Gewalt einzuführen. Dem widerstanden viele Juden bis zum Martyrium. Es blieb aber nicht beim passiven Widerstand. Eine Gruppe Juden floh in die Wüste und eröffnete den Partisanenkrieg. Ihr Anführer war Judas Makkabäus. Der Krieg verlief wechselvoll, bis das Land eine relative Selbständigkeit erlangte. Die beiden Bücher der Makkabäer gehören zu den sog. deuterokanonischen Schriften, die zwar von den Katholiken und Orthodoxen, nicht aber von den Juden und Protestanten als zur Heiligen Schrift gehörend angesehen werden. Sie fehlen deshalb in vielen Bibelausgaben.

DIE VERTREIBUNG HELIODORS AUS DEM TEMPEL

Dem syrischen König Seleukus, zu dessen Reich damals Jerusalem gehörte, waren von einem Juden, der mit dem Hohenpriester in Streit lag, die unvorstellbar großen Schätze des Jerusalemer Tempels gerühmt worden. Seleukus schickte seinen Kanzler Heliodor, um sich die Gelder ausliefern zu lassen. Der

Hohepriester sagte ihm, es sei gar nicht viel Geld und zudem sei es hinterlegtes Gut für Witwen und Waisen. Doch Heliodor bestand darauf, selbst nachzusehen, und ging in den Tempel hinein. Da erschien ein strahlender Reiter in goldener Rüstung mit zwei Begleitern. Der Reiter stürmte auf Heliodor zu und traf ihn mit den Vorderhufen des Pferdes, die beiden anderen schlugen ihn mit Peitschen. Heliodor wurde es schwarz vor den Augen, er fiel nieder und wurde hilflos hinausgetragen. Der Hohepriester heilte ihn wieder, und Heliodor bezeugte die Großtaten des Herrn.

Quelle: 2. Buch Makkabäer 3. – Bilder: Raffael, Stanza d'Eliodoro Vatikan; Flémal, Brüssel; Solimena, Louvre; Tiepolo, Verona; Delacroix, Saint-Sulpice Paris.

Das Martyrium der beiden Mütter, der Beobachter des Sabbat und des alten Eleasar

Der syrische König Antiochus IV. wollte die jüdische Religion ausrotten und alle Juden zu den griechischen Göttern bekehren. Viele widerstanden bis in den Tod. Unter ihnen waren zwei Mütter, die gegen den königlichen Befehl ihre Söhne beschnitten hatten. Man hängte die Kleinen an ihre Brust, führte die Frauen zur Abschreckung in der Stadt herum und stürzte sie dann von der Mauer hinunter. Andere Juden, die sich zur Sabbatfeier heimlich in Höhlen zusammengefunden hatten, wurden dort wehrlos verbrannt. Sie wollten sich nämlich aus Achtung vor dem geheiligten Tag nicht verteidigen. Den Schriftgelehrten Eleasar, einen alten Mann, wollte man zwingen, Schweinefleisch zu essen. Als er sich weigerte und dafür sterben sollte, rieten ihm einige Freunde, sich anderes Fleisch zu besorgen und nur so zu tun, als ob er Schweinefleisch äße. Doch er wollte in seinem Alter nicht heucheln und die Jugend irreleiten. So wurde er zu Tode geprügelt.

Quelle: 2. Buch Makkabäer 6. – Bilder: Makkabäerschrein (um 1510), St. Andreas Köln; Damm, Makkabäeraltar St. Andreas Köln.

Das Martyrium der sieben Brüder und ihrer Mutter

Als König Antiochus die Juden von ihrem Glauben abbringen wollte, weigerten sich sieben Brüder mit ihrer Mutter, Schweinefleisch zu essen. Der König ließ die jungen Männer am Feuer gräßlich foltern, einen nach dem andern bis zum jüngsten. Die Mutter mußte zusehen. Den Jüngsten suchte der König umzustimmen, indem er ihm Ehren und Ämter versprach. Doch die Mutter redete ihrem Sohn zu, standhaft zu bleiben. So wurde auch er getötet und nach ihm die Mutter.

Quelle: 2. Buch Makkabäer 7. – Bilder: Marmion Nachfolger, Amiens; Makkabäerschrein (um 1510), St. Andreas Köln; Langetti, Pinak. Vatikan; Damm, Makkabäeraltar St. Andreas Köln.

Der Eifer des Matatias

In der Stadt Modin lebte der Priester Matatias mit fünf Söhnen. Als Abgesandte des Königs Antiochus kamen, um auch dort die Einwohner durch eine heidnische Opferfeier zum Abfall zu zwingen, waren viele Juden schon dazu bereit. Die Abgesandten wollten auch den angesehenen Matatias überreden und versprachen ihm die Gunst des Königs und reiche Geschenke. Doch er weigerte sich. Als dann einer der Juden vortrat, um zu opfern, erfaßte Matatias ein heiliger Zorn. Er stürzte sich auf den Abtrünnigen und erschlug ihn ebenso wie den königlichen Beamten, der die Leute zum Abfall nötigte. Dann rief er aus: «Wer noch getreu zum Gesetz steht, der folge mir!» Und er floh mit seinen Söhnen ins Gebirge, wohin ihm viele Leute folgten und den Kampf gegen die Unterdrücker eröffneten.

Quelle: 1. Buch Makkabäer 2,15–30. – Bild: Lépicié, Tours.

Judas für die Verstorbenen betend

Judas Makkabäus war der Anführer des bewaffneten Widerstandes. Als man nach einer Schlacht bei einigen gefallenen Juden Amulette mit Götzenbildern fand, ließ er zur Vergebung einen Bittgottesdienst halten und Geld sammeln zu einem Sühneopfer für die Toten. Hätte er nicht an die Auferstehung geglaubt, wird dann im Text argumentiert, wäre es sinnlos gewesen, um die Befreiung der Toten von ihrer Sünde zu beten*.

Quelle: 2. Buch Makkabäer 12,39–45. – Bild: Rubens, Nantes.

---

* Die Stelle wurde in den Kontroversen der Gegenreformation von den Katholiken gerne angeführt, um das Gebet für die Verstorbenen zu rechtfertigen. Die Protestanten wandten dagegen ein, die Makkabäerbrüder gehörten nicht zur Bibel. Siehe S. 261.

NEUES TESTAMENT

*Marienleben**

Über Maria, die Mutter Jesu, gibt es neben den Evangelienberichten eine reichhaltige außerbiblische Überlieferung, die vor allem die Umstände ihrer Geburt und Kindheit und ihres Sterbens mit viel Phantasie ausgeschmückt hat. Die Kunst hat diese Legenden gerne aufgegriffen und häufig auch als «Marienleben» zusammengefaßt, in das dann die eigentlich biblischen Szenen, in denen Maria erwähnt wird, entsprechend eingefügt sind.

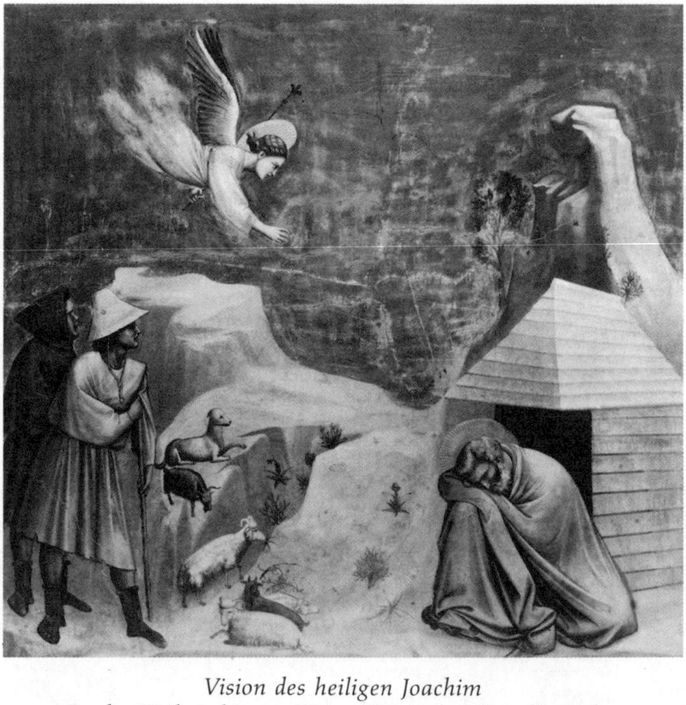

Vision des heiligen Joachim
Fresko (Teilstück) von Giotto, Scrovegni-Kapelle Padua

---

* Vgl. auch H. und M. Schmidt, Die vergessene Bildersprache christlicher Kunst, wo S. 195–256 noch weitere Typen von Mariendarstellungen erläutert werden.

Joachim und Anna

Der greise Priester Joachim und seine Frau Anna waren kinderlos geblieben. Deshalb wies der Hohepriester im Jerusalemer Tempel das Opfer Joachims zurück, der sich aus Scham darüber bei seinen Herden in der Steppe verbarg. Dort verhieß ihm der Engel ein Kind und gebot ihm, zur Pforte des Tempels zu gehen. Joachim machte sich sogleich mit auserwählten Opfertieren auf den Weg nach Jerusalem. Die gleiche Verheißung überbrachte der Engel auch Anna, als sie gerade ein Vogelnest mit seinen Jungen betrachtete. Sie ging ihrem Gatten entgegen und die beiden trafen sich an der «Goldenen Pforte» des Tempels, wo Anna Joachims Hals umschlang und ihm voll Freude ins Ohr flüsterte, daß ihr Schoß empfangen werde. So geschah es am ersten Abend, als Joachim wieder mit Anna in seinem Haus ruhte.
Im Mittelalter wurde die Begegnung Joachims und Annas an der «Goldenen Pforte» manchmal auch mit dem Glaubenssatz von der «Unbefleckten Empfängnis Marias» in Beziehung gesetzt. Die Aussage bezieht sich darauf, daß Maria nach Meinung der katholischen und orthodoxen Christen durch eine besondere Gnade Gottes vom Anfang ihrer Existenz an von der Erbsünde, der seit Adam alle Menschen unterworfen sind, freiblieb. Man sah sie deshalb seit der Barockzeit auch triumphierend über der von der Schlange, der Sünde, umwundenen Weltkugel stehen, zu ihren Füßen den Halbmond als Symbol des dem ständigen Wechsel unterworfenen irdischen Bereichs.

Quelle: Pseudo-Evangelium des Jakobus 1–4; Legenda aurea (von der Geburt der heiligen Jungfrau Maria). – Bilder: *Joachim und Anna:* Giotto, Arenakap. Padua; Meister Bertram, Hamburg; Witz, Basel; Meister der Darmstädter Passion, Zürich; Meister des Marienlebens, AP München; Holbein d. Ä., Dom Augsburg; Carpaccio, Akad. Venedig; Dürer, AP München; Luini, Brera; Giordano, KHM Wien. *Unbefleckte Empfängnis:* Zucchi, KHM Wien; Zurbarán, Edinburgh; Murillo, Prado; Tiepolo, Prado/KHM Wien.

Mariae Geburt

Neun Monate nach der Verheißung des Engels gebar Anna ein Mädchen, das sie Mirjam (Maria) nannte. Sie gab ihm eine eigene Schlafkammer und erzog es mit großer Sorgfalt. Schon bald lernte die kleine Maria unter Anleitung ihrer Mutter Anna die heiligen Schriften lesen.

Quellen: Pseudo-Evangelium des Jakobus 5 und 6; Legenda aurea (von der Geburt der seligen Jungfrau Maria). – Bilder: *Mariae Geburt:* Meister des Marienlebens, AP München; D. Ghirlandaio, S. Maria Novella Florenz; Altdorfer, AP München; Murillo, Louvre. *Die hl. Anna unterrichtet Maria:* Rubens, Antwerpen; La Hire, Rouen; Poussin, Prado; Champaigne, Prado; Murillo, Prado.

Mariae Tempelgang – Darbringung Mariens im Tempel

Als ihr der Engel die Verheißung brachte, sie werde noch gebären, hatte Anna gelobt, das Kind Gott zu weihen. So brachten sie und ihr Mann Joachim die dreijährige Maria zum Tempel nach Jerusalem. Dort schritt das kleine Mädchen, ohne noch einmal rückwärts zu ihren Eltern zu blicken, die Stufen empor, an deren oberen Ende es der Priester, umgeben von den Tempelfrauen, freundlich in seine Arme nahm und segnete. Maria aber wurde von der Gnade Gottes ergriffen und fing an zu tanzen, so daß alle sie sogleich liebgewannen. Sie blieb von nun an im Tempel, wo ihr die Engel Gottes himmlische Speise brachten, da sie das ihr zugeteilte Brot an die Armen verschenkte. Mit den anderen Tempeljungfrauen arbeitete sie dann an einem neuen Vorhang für das Allerheiligste.

QUELLEN: Pseudo-Evangelium des Jakobus; Legenda aurea (von der Geburt der seligen Jungfrau Maria). – BILDER: *Tempelgang:* Giotto, Arenakap. Padua; Cima da Conegliano, Dresden; Dipre, Louvre; Tizian, Akad. Venedig. *Handarbeit im Kreis der Tempeljungfrauen:* Reni, Eremitage; Zurbarán, Eremitage.

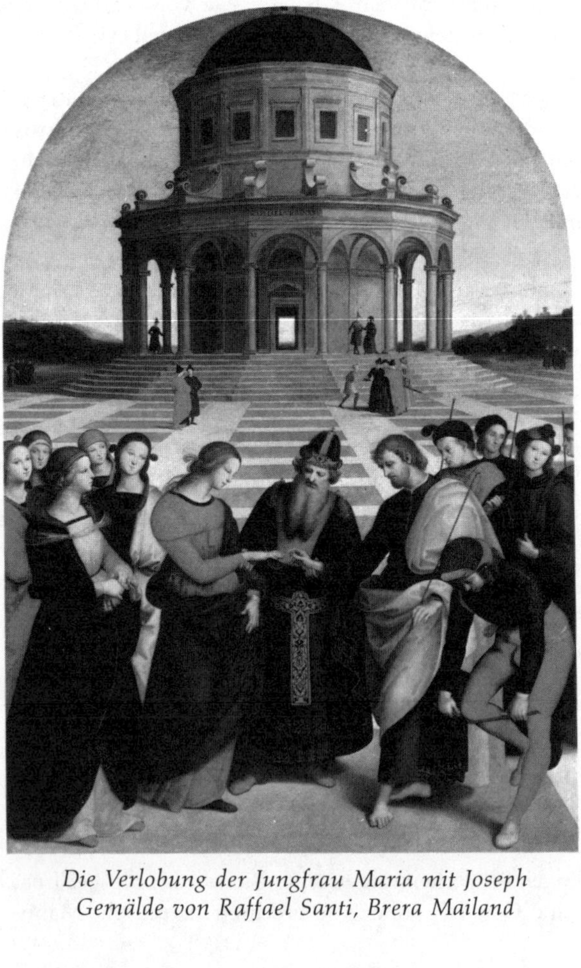

Die Verlobung der Jungfrau Maria mit Joseph
Gemälde von Raffael Santi, Brera Mailand

Mariens Vermählung mit Joseph («lo sposalizio»)

Als Maria zwölf oder vierzehn Jahre alt geworden war, das Alter, in dem damals die Mädchen verheiratet wurden, berieten die Priester, wie man mit ihr zu verfahren habe, da sie gestand, immerwährende Jungfräulichkeit gelobt zu haben. Der Hohepriester erhielt im Allerheiligsten des Tempels von Gott die Weisung, zwölf gerechte Männer aus allen Stämmen Israels zusammenzuholen. Auch der greise, schon verwitwete Joseph war unter ihnen. Die Stäbe aller Bewerber wurden im Tempel niedergelegt. Als sie wieder herausgebracht wurden, war allein Josephs Stab grün, und eine himmlische Taube setzte sich auf seine Spitze. So galt zu aller Verwunderung der alte Mann als der Erwählte, und ein Priester segnete das Verlöbnis. Die Braut aber sollte nach damaliger Sitte noch ein Jahr in ihrem Haus bleiben, bevor der Verlobte sie zur eigentlichen Hochzeit zu sich holte.
Es wird auch gesagt, Joseph habe sich wegen seines hohen Alters gescheut, seinen Stab im Tempel darzubringen. Man habe erst nach ihm gesandt, als die Stäbe der anderen kein Zeichen gegeben hatten. Aus seinem Stab sei dann eine Taube herausgekommen.

Quellen: Pseudo-Evangelium des Jakobus 8; Legenda aurea (von der Geburt der seligen Jungfrau Maria). – Bilder: Giotto, Arenakap. Padua; Fra Angelico, Uffizien/Prado; Carpaccio, Turin; Meister des Marienlebens, AP München; Raffael, Brera; Perugino, Caen; Luini, Brera; Champaigne, Wallace Coll.; Murillo, Wallace Coll.; Giordano, KHM Wien.

In den künstlerischen Gesamtdarstellungen des «Marienlebens» folgen jetzt die Ereignisse aus den biblischen Texten, in denen Maria im Zusammenhang mit dem Leben Jesu genannt wird: Verkündigung, Heimsuchung, Geburt Jesu, Darstellung Jesu im Tempel, Anbetung der Könige, Flucht nach Ägypten, Suche nach dem Zwölfjährigen im Tempel, Leben in Nazaret, Kreuzigung und Grablegung Jesu, Ausgießung des Geistes an Pfingsten. – Daran schließen dann die Legenden über Mariens Tod, Himmelfahrt und Krönung an.

Mariens Tod (Dormitio)

Nach dem Tod und der Auferstehung Jesu lebte seine Mutter Maria noch lange Jahre auf dem Berg Sion zu Jerusalem (oder in Ephesus), bis ein Engel mit einem leuchtenden Palmzweig kam und ihr den Tod ankündigte. Auf ihre Bitte, die Apostel noch einmal sehen zu dürfen, wurden sie aus den verschiedenen Gebieten des Erdkreises, wohin sie sich zur Predigt des Evangeliums verstreut hatten, auf Wolken herbeigebracht. Während sie das Bett Mariens umstanden, pries sie Gott, bis Christus in der Nacht mit dem Heer der Engel und Patriarchen kam und die Seele seiner Mutter abholte, die ohne Leid und Schmerz verschied, nachdem sie noch aus der Hand des Apostels Johannes die hl. Kommunion empfangen hatte.

Quellen: Buch vom Heimgang der allerseligsten Jungfrau, der Mutter Gottes (Transitus Mariae); Legenda aurea (von Mariae Himmelfahrt). – Bilder: Giotto, Arenakap. Padua;

Mantegna, Prado; Holbein d. Ä., AP München; Cleve, AP München; Schaffner, AP München; Caravaggio, Louvre; Giordano, KHM Wien.

Mariae Himmelfahrt (Assumptio)

In Christi Auftrag brachten die Apostel die sterblichen Reste Mariens in feierlichem Zug vom Berg Sion zum Tal Josaphat bei Jerusalem, um sie dort zu begraben. Johannes trug dabei den Palmzweig, den der Engel Maria bei der Ankündigung ihres Todes gebracht hatte. Unterwegs wollte der jüdische Hohepriester mit Bewaffneten die Beisetzung verhindern. Als er aber die Bahre berührte, blieben seine Hände daran kleben und konnten erst durch die Fürbitte des Petrus wieder davon gelöst werden.
Dann vereinigte Christus die Seele Marias, die er bei ihrem Hinscheiden zu sich genommen hatte, wieder mit ihrem Leib, und Maria fuhr, getragen von Engeln, in den Himmel auf. Im Grab blieben nur Rosen zurück. Sie wurden von zwei Frauen aufgesammelt, die als Maria und Martha das kontemplative und das aktive Leben und damit die Einheit von Marias Seele und Leib bedeuten sollen.

Quellen: Buch vom Heimgang . . . der Mutter Gottes; Legenda aurea (von Mariae Himmelfahrt). – Bilder: *Begräbniszug:* Schäufelein, Nürnberg; Baegert, Münster. *Grablegung:* Giotto, Dahlem. *Mariae Himmelfahrt:* Memmi, AP München; Patinir, Philadelphia; Meister des Marienlebens, AP München; Tizian, Frari-Kirche Venedig; Rubens, KHM Wien; Poussin, AP München; Murillo, Eremitage/Prado.

Die Gürtelspende

Von allen Aposteln war nur Thomas nicht rechtzeitig zum Tod und Begräbnis Marias gekommen. Als ihm die andern erzählten, was geschehen war, wollte er es nicht glauben. Da erschien ihm Maria und reichte ihm ihren Gürtel, damit er ihre leibliche Aufnahme in den Himmel erkennen könne.

Quelle: Legenda aurea (von Mariae Himmelfahrt). – Bilder: Giotto, Arenakap. Padua; Gozzoli, Pinak. Vatikan; Matteo di Giovanni, Nat. Gall. London.

Die Krönung Mariens

Als Maria von den Engeln in den Himmel getragen worden war, saß sie als königliche Braut auf dem Thron zur Rechten ihres Sohnes, der sie segnete und ihr die Krone aufsetzte. Oft stellt man sie sich auch vor Christus kniend vor, oder es ist Gott Vater, der, allein oder mit Christus zusammen, die Krönung vornimmt.

Quelle: Buch vom Heimgang . . . der Mutter Gottes. – Bilder: Torriti, S. Maria Maggiore Rom; Gentile da Fabriano, Brera; Monaco, Nat. Gall. London; Fra Angelico, Uffizien/Louvre; M. Pacher, AP München; Botticelli, Uffizien; Kulmbach, KHM Wien; Raffael, Pinak. Vatikan; Holbein d. Ä., AP München; Rubens, Louvre/Dahlem/Eremitage; Velasquez, Prado.

Johannes der Täufer/Johannes Baptista

Mit der Kindheit und dem Beginn des öffentlichen Wirkens Jesu ist die Gestalt seines «Vorläufers», Johannes des Täufers, eng verbunden. Die Ereignisse bei seiner Geburt, seine Bußpredigt, die Taufe Jesu und sein Tod sind in den Evangelien geschildert. Legenden berichten vom Abschied von seinen Eltern, als er in die Wüste ging, und vom Schicksal seines Leichnams. Seine ATTRIBUTE *sind ein Fellgewand, ein Lamm, ein aus Holzstäben gebildetes Kreuz, manchmal auch ein Baumstumpf mit einer Axt oder eine Worfschaufel (nach Matthäus 3,10 und 12 sowie Lukas 3,9 und 17).*

ZYKLEN: Giotto, Peruzzikap. Florenz; Giovanni di Paolo, Nat. Gall. London; Filippo Lippi, Dom Prato; D. Ghirlandaio, S. Maria Novella Florenz; Gallegos, Prado.

DIE GEBURT JOHANNES DES TÄUFERS

Der Priester Zacharias und seine Frau Elisabeth, Verwandte Marias, waren schon alt und immer noch kinderlos. Als Zacharias einmal im Tempel zu Jerusalem beim Opferdienst war, erschien ihm der Engel Gabriel und kündigte ihm an, er werde einen Sohn haben. Da Zacharias zweifelte und um ein Zeichen der Bekräftigung bat, sagte ihm der Engel, er werde stumm sein, bis sich alles erfüllt hätte. Als man nach der Geburt des Kindes bei der Beschnei-

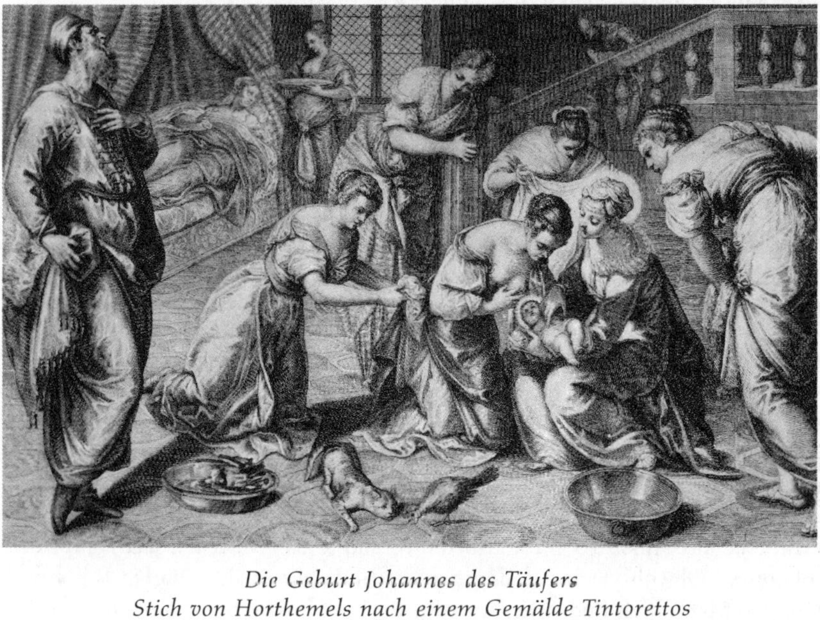

Die Geburt Johannes des Täufers
Stich von Horthemels nach einem Gemälde Tintorettos

dung den Vater fragte, welchen Namen er dem Sohn geben wolle, konnte er nicht reden. Die Mutter aber sagte, Johannes solle er heißen. Als sich alle darüber wunderten, schrieb Zacharias denselben Namen auf ein Täfelchen, und seine Zunge wurde wieder gelöst. Er pries Gott und weissagte in einem Lobgesang (Benedictus), das Kind werde einst ein Prophet und ein Wegbereiter Gottes sein. Nach der Legende hielt dabei die schon mit Jesus schwangere Maria den kleinen Johannes im Arm.

QUELLE: Lukas 1,5–25 und 57–80; Legenda aurea (von der Geburt Johannes des Täufers). – BILDER: *Verkündigung an Zacharias:* Stanzione, Prado; Solimena, Liverpool. *Namengebung:* Fra Angelico, San Marco Florenz; Simon de Chalons, Louvre.

Der Abschied des Johannes von seinen Eltern

Nach der außerbiblischen Überlieferung nahm Johannes schon sehr früh von seinen Eltern Zacharias und Elisabeth Abschied, um in die Wüste zu gehen und dort ein Leben der Buße zu führen.

BILDER: Giovanni di Paolo, Chicago/Nat. Gall. London; Stanzione, Prado.

Die Predigt Johannes des Täufers

Als Johannes anfing, in der Wüste am Jordan die Buße zu predigen, trug er ein Fellgewand, das mit einem Ledergürtel zusammengehalten war. Große Scharen kamen und ließen sich von ihm zum Zeichen der Umkehr taufen; sogar viele Zöllner und Soldaten, die damals als Ausgestoßene galten, fragten ihn, was sie tun sollten; auch Pharisäer und Schriftgelehrte disputierten mit ihm. Als die Leute von ihm wissen wollten, ob er der Messias, der verheißene Retter sei, bekannte er, nur dessen Vorläufer zu sein.

QUELLEN: Matthäus, 3,1–12; Markus 1,2–8; Lukas 3,1–8; Johannes 1,15–28. – BILDER: *Predigt:* Pinturicchio, Dom Siena; Fries, Basel; Cranach d. J., Braunschweig; Patinir, Brüssel; Bles, KHM Wien; Jan Brueghel, AP München; Velde, KHM Wien; C. Cornelisz, Nat. Gall. London; Strozzi, KHM Wien; Mola, Louvre; Stanzione, Prado; Bloemaert, Braunschweig. *Taufe (der Leute):* Poussin, Louvre.

Die Enthauptung Johannes des Täufers

Einige Zeit, nachdem Johannes Jesus getauft hatte, ließ ihn der König Herodes Antipas, ein Sohn jenes Herodes, der einst die bethlehemitischen Kinder gemordet hatte, ins Gefängnis werfen. Denn der Täufer machte ihm Vorwürfe, weil er Herodias, die Frau seines Bruders, zu sich genommen hatte. Als dann einmal Salome, die Tochter der Herodias, bei einem Festmahl vor dem König tanzte, war dieser davon so hingerissen, daß er schwor, ihr jeden Wunsch zu erfüllen. Auf Anstiften ihrer Mutter verlangte das Mädchen das Haupt des Johannes. Obwohl Herodes darüber erschrak, da er den Täufer für einen heiligen Mann hielt und einen Aufruhr im Volk fürchtete, schämte er sich vor

den Gästen, seinen Eid zu brechen. So schickte er den Henker ins Gefängnis, der das Haupt des Johannes auf einem Teller hereinbrachte und Salome überreichte. Diese gab es weiter an ihre Mutter. Der Leichnam des Täufers aber wurde von seinen Jüngern begraben.
Nach späteren Legenden wirkten die Gebeine des Heiligen viele Wunder, so daß Kaiser Julian, der Abtrünnige, befahl, sie zu Pulver zu verreiben und zu verbrennen. Einige Mönche aber konnten Teile davon retten. Das Haupt des Täufers, das zunächst Herodias an sich genommen hatte, wechselte in den folgenden Jahrhunderten mehrfach den Besitzer, wobei es jedesmal auf wunderbare Weise aufgefunden wurde.

QUELLEN: Matthäus 14,1–12; Markus 6,17–29. – BILDER: *Tod des Johannes des Täufers:* Weyden, Städel; Memling, Johannes-Hospital Brügge; Luini, KHM Wien; Lucas v. Leyden, Philadelphia; Palma Giovane, KHM Wien; Terbrugghen, Edinburgh; Stanzione, Prado; Dolci, Dresden; Moreau, Musée Gustave Moreau Paris. *Schicksale der irdischen Überreste:* Geertgen tot Sint Jans, KHM Wien.

Die Geschichten von Jesu Kindheit

Die biblischen Berichte über die Geburt und Kindheit Jesu im Matthäus- und Lukasevangelium sind weniger nach historischen als nach theologischen Gesichtspunkten gestaltet. Ihr Ziel ist es, das spätere Wirken Jesu in die Kontinuität der alttestamentlichen Überlieferung hineinzustellen. Gerade dieser Abschnitt aus dem Leben Jesu ist in der Kunst besonders häufig und anschaulich dargestellt worden. Mindestens ebenso bedeutsam wie die Evangelien waren dabei die zahlreichen außerbiblischen Erzählungen, die besonders den Bericht von Jesu Geburt und der Flucht nach Ägypten in oft phantasievoller Weise ausgeschmückt haben.

DIE VERKÜNDIGUNG (ANNUNTIATIO)

Gott sandte den Engel Gabriel zu Maria, der Verlobten Josephs, nach Nazareth. Der Engel grüßte sie («Ave Maria . . .») und verkündete ihr die Geburt eines Sohnes, den sie als Jungfrau vom Heiligen Geist empfangen werde. Auf ihre Frage, wie das geschehen könne, antwortete der Engel: «Bei Gott ist kein Ding unmöglich.» Maria aber sagte: «Siehe ich bin die Magd des Herrn. Mir geschehe, wie du gesagt hast.» («Ecce ancilla Domini . . .»)
Nach einer außerbiblischen Überlieferung war Maria, als der Engel bei ihr eintrat, gerade dabei, die Purpur- und Scharlachfäden für einen neuen Vorhang im Tempel zu spinnen, wozu sie vom Hohenpriester durch das Los unter allen Jungfrauen Israels auserwählt worden war. Andere Überlieferungen sagen, sie habe über die Stelle im Buch des Propheten Jesaja (7,14) nachgesonnen, wo prophezeit wird, daß eine Jungfrau empfangen und einen Sohn Emmanuel («Gott mit uns») gebären werde (siehe S. 243).

QUELLEN: Lukas 1,26–38; Pseudo-Evangelium des Jakobus 11 und 12. – BILDER: Duccio, Nat. Gall. London; Fra Angelico, Prado; Filippo Lippi, Nat. Gall. London; Witz, Nürnberg; Weyden, AP München; Memling, Slg. Lehmann New York; Meister des Marienlebens, AP München; Grünewald, Colmar; Holbein d. Ä., AP München; Tintoretto, San Rocco Venedig; Rubens, KHM Wien.

Mariae Heimsuchung (visitatio)

Bei der Verkündigung hatte der Engel seine Worte zu Maria damit bekräftigt, daß ihre schon alte Verwandte Elisabeth, die kinderlos geblieben war, nun auch schwanger geworden sei. Maria machte sich auf, ging über das Gebirge und trat bei Elisabeth ein. Da hüpfte das Kind in deren Schoße, und Elisabeth sprach: «Gebenedeit bist du unter den Weibern und gebenedeit ist die Frucht deines Leibes . . . Selig bist du, die du geglaubt hast.» Maria aber antwortete ihr mit dem Lobgesang des «Magnifikat».

QUELLE: Lukas 1,39–56. – BILDER: *Heimsuchung:* Giotto, Arenakap. Padua; Zeitblom, Stuttgart; Grien, Münster Freiburg i. Br.; Weyden, Leipzig; Meister des Marienlebens, AP München; D. Ghirlandaio, S. Maria Novella Florenz; Reichlich, AP München/Orangerie Belvedere Wien; Raffael, Prado; Pinturicchio, App. Borgia Vatikan; Palma Vecchio, KHM Wien; Holbein d. Ä., AP München; Altdorfer, Cleveland; Pontormo, S. Annuntiata Florenz; Giordano, KHM Wien. *Maria beim Schreiben des Magnifikat:* Botticelli, Uffizien. *Maria das Magnifikat singend:* Jouvenet, Louvre.

Der Traum Josephs – Rechtfertigung Marias

Als Joseph, Marias Verlobter, merkte, daß seine Braut schwanger war, wollte er sie nicht anklagen, dachte aber daran, sie heimlich zu verlassen. Da erschien ihm ein Engel des Herrn im Traum und sagte ihm, er solle Maria zu sich nehmen; denn das Kind sei vom Heiligen Geiste, wie dies Jesaja (7,14) in seinem Wort von der Jungfrau, die empfangen und den Emmanuel («Gott mit uns») gebären werde, prophezeit hatte. Joseph tat, wie ihm vom Engel befohlen war. – Nach außerbiblischen Überlieferungen, die unterstellen, daß Maria gerade wegen ihres Jungfräulichkeitsgelübdes dem Greis Joseph zur Obhut gegeben war, wurden die beiden vor den Priestern angeklagt, sie hätten ihre Beziehung befleckt. So mußten sie als «Gottesurteil» das heilige Wasser trinken, mit dem man des Ehebruchs verdächtige Frauen prüfte (Num 5,11–31), und sich dann ins Gebirge zurückziehen. Beide aber blieben unversehrt.

QUELLE: Matthäus 1,18–24; Pseudo-Matthäus-Evangelium 12; Pseudo-Jakobus-Evangelium 15 und 16. – BILDER: Luini, Brera; La Tour, Nantes; Giordano, KHM Wien/Prado; Champaigne, Nat. Gall. London; Mengs, KHM Wien.

Die Geburt Jesu

In der Zeit, da Maria schwanger war, befahl der Kaiser Augustus eine Volkszählung, bei der jeder sich in seiner Heimatstadt einschreiben lassen mußte.

Joseph reiste deshalb mit seiner Frau nach Bethlehem, da er aus dem Geschlecht König Davids war, der von da stammte. In Bethlehem gebar Maria ihren Sohn, wickelte ihn in Windeln und legte ihn in eine Futterkrippe, da sie keine Herberge gefunden hatten.
Nach der außerbiblischen Überlieferung standen neben der Krippe ein Ochse und ein Esel in Anspielung auf ein Wort des Propheten Jesaja (1,3): «Jeder Ochs kennt seinen Besitzer und jeder Esel die Futterkrippe seines Herrn . . .». Auch ein anderes Prophetenwort wird herangezogen: «Zwischen zwei Tieren wirst du dich offenbaren» (Habakuk 3,2 nur in der Version der Septuaginta). Eine andere Überlieferung berichtet: Als Joseph und Maria schon nahe bei Bethlehem waren, fühlte Maria die Geburtsstunde kommen. Da sah sich Joseph nach einem schützenden Ort um und fand eine Höhle. Er führte Maria hinein und machte sich selbst auf die Suche nach einer hebräischen Hebamme. Als er eine gefunden hatte, erzählte er ihr von Maria, seiner Verlobten, die vom Heiligen Geist empfangen hatte und nun, obzwar Jungfrau, gebären sollte. Die Hebamme, manchmal Zebel genannt oder Zelomi, ging mit ihm. Als sie zur Höhle kamen, war diese von einer Wolke umschattet, die ein Licht ausstrahlte, so hell, daß die Augen es nicht ertragen konnten. Dann zog sich das Licht zurück, bis der Jesusknabe sichtbar wurde, der die Brust seiner Mutter nahm. Die Hebamme aber lobte staunend den großen Tag, an dem das Heil Israels geboren wurde. Als sie danach ihre Freundin Salome, eine andere Hebamme, traf, erzählte sie ihr, eine Jungfrau habe geboren. Doch Salome sagte: «Wenn ich nicht meine Finger hinlege und ihren Zustand untersuche, so glaube ich es nicht.» So ging Salome in die Höhle, um die Jungfräulichkeit Marias zu überprüfen. Da verdorrte ihr die Hand wie von Feuer verzehrt. Sie betete zu Gott, und der Herr sandte einen Engel, der ihr kundtat, sie könne durch eine Berührung mit dem Kind geheilt werden. Salome tat, wie ihr geheißen war, und wurde wieder gesund. Über den Vorgang der Geburt selbst schreibt die hl. Brigitta von Schweden, das Kind sei auf einmal dagewesen, während Maria auf den Knien und mit ausgebreiteten Armen betete. Nach einem anderen mittelalterlichen Autor hingegen stand die schwangere Maria mitten in der Nacht auf und lehnte sich an eine Säule, vor die Joseph ein Bündel Heu legte. Auf einmal lag der kleine Jesus auf dem Heu und Maria betete ihn an (Johannes de Caulibus = Pseudo-Bonaventura).

Quellen: Lukas 2,1–7; Pseudo-Matthäus-Evangelium 14; Pseudo-Jakobus-Evangelium 17–19; Legenda aurea (Geburt Jesu). – Bilder: Gentile da Fabriano, Uffizien; Holbein d. Ä., AP München; Dürer, AP München/Uffizien; Grünewald, Colmar; Correggio, Dresden; Credi, AP München; Altdorfer, KHM Wien; Grien, AP München; Louis Le Nain, Louvre; Honthorst, Uffizien; Rembrandt, AP München.

Die Anbetung der Hirten

In der Nacht, da das Jesuskind zu Bethlehem geboren wurde, verkündete ein Engel den Hirten auf den umliegenden Feldern die freudige Botschaft von der

Geburt des Heilandes. Der Himmel war voll von Engelchören, die sangen: «Ehre sei Gott in der Höhe und Frieden auf Erden und den Menschen ein Wohlgefallen!» Die Hirten gingen hin und fanden Maria und Joseph mit dem Kind, das in der Krippe lag. Nach der Legende sollen auch die Hirten – wie später die Weisen – Geschenke für das Kind mitgebracht haben: Eier, Milch und ein Lamm, dessen Füße als Vorausdeutung auf die Kreuzigung Jesu aneinandergebunden waren.

QUELLE: Lukas 2,8–20. – BILDER: *Verkündigung an die Hirten:* F. Bassano, Salzburg; Uhde, Budapest. *Anbetung der Hirten:* Giorgione, Washington; Correggio, Dresden; El Greco, Prado; Rottenhammer, KHM Wien; Wtewael, KHM Wien; Louis Le Nain, Louvre; La Tour, Louvre; Rembrandt, AP München; Murillo, Wallace Coll.

Jesu Beschneidung

Acht Tage nach seiner Geburt wurde der erstgeborene Sohn Marias, wie es das jüdische Gesetz vorschrieb, beschnitten, und er erhielt den Namen Jesus. Meist wird – wohl entgegen dem tatsächlichen Brauch – unterstellt, daß die Beschneidung im Jerusalemer Tempel vorgenommen wurde. – Das Monogramm «IHS» ΙΗΣΟΥΣ, geht auf die griechische Schreibweise des Namens Jesus zurück: H = der griechische Buchstabe «eta». In der lateinischen Kirche machte man daraus «Jesus Hominum Salvator» = Jesus der Menschen Heiland.

QUELLE: Lukas 2,21. – BILDER: Mantegna, Uffizien; Giov. Bellini, Nat. Gall. London; Holbein d. Ä., AP München; M. Pacher, St. Wolfgang; Morales, Prado; Ratgeb, Stuttgart; Dürer, Dresden; Reni, Dom Siena; Rembrandt, Widemer Coll. Philadelphia.

Die Darstellung Jesu im Tempel – Mariae Reinigung/Lichtmess*

Am vierzigsten Tag nach seiner Geburt wurde Jesus von seinen Eltern in den Jerusalemer Tempel getragen, um nach jüdischem Brauch als erstgeborener Sohn vor Gott geheiligt zu werden. Dabei brachte man als Opfer zwei Tauben dar. Im Tempel trafen Joseph und Maria auf den Greis Simeon, dem geweissagt worden war, er werde nicht sterben, bevor seine Augen nicht den Heiland gesehen hätten. Simeon nahm das Kind in seine Arme und sprach: «Herr, nun läßt du deinen Diener in Frieden scheiden . . .» Zu Maria aber sagte er: «Dieser wird gesetzt sein zum Fall und Aufstehen vieler in Israel und zu einem Zeichen, dem widersprochen wird – und auch durch deine Seele wird ein Schwert dringen . . .». Auch die alte Prophetin Hanna kam herbei und lobte Gott. Sie war 84 Jahre alt und lebte mit Fasten und Beten im Tempel, seit sie in jungen Jahren Witwe geworden war.

* Am Gedenktag dieses Ereignisses, dem Fest Mariae Lichtmeß (2. Februar), wurden später Kerzen geweiht und angezündet in Anspielung auf Simeons Worte, der Jesus «ein Licht zur Erleuchtung der Heiden» nannte. Vielleicht hat man auch die Lichter aus einem Anfang Februar in Rom gefeierten heidnischen Fest übernommen.

QUELLE: Lukas 2,22–38. – BILDER: Giotto, Scrovegni Kap. Padua; Gentile da Fabriano, Louvre; Mantegna, Dahlem; Lochner, Darmstadt; Meister des Marienlebens, Nat. Gall. London; Weyden, AP München; Raffael, Pinak. Vatikan; Carpaccio, Akad. Venedig; Holbein d. Ä., AP München; Morales, Prado; Reni, Dresden/Louvre; Rembrandt, Mauritshuis; Giordano, KHM Wien/Bamberg/Louvre.

Die Anbetung der hl. Drei Könige

Zu der Zeit, als Jesus in Bethlehem geboren war, kamen Weise aus dem Morgenland nach Jerusalem. Sie fragten nach dem neugeborenen König der Juden, dessen Stern sie gesehen hätten. König Herodes erschrak darüber und befragte die Priester und Schriftgelehrten, die ihm antworteten, nach den alten Prophezeiungen werde der ersehnte Herrscher Israels aus Bethlehem kommen. Herodes schickte darauf die Weisen dorthin mit dem Auftrag, ihm zu melden, wenn sie das Kind gefunden hätten, damit auch er es anbete. Als die Weisen nach Bethlehem weiterzogen, ging der Stern vor ihnen her und blieb über einem Haus stehen. Sie gingen hinein, fielen vor dem Kind nieder und brachten ihm reiche Schätze dar: Gold, Weihrauch und Myrrhe. Gott aber befahl den Weisen in einem Traum, nicht zu Herodes zurückzukehren. So zogen sie auf einem anderen Weg heim in ihr Land.

Die außerbiblische Erzählung weiß zu erzählen, daß die Weisen zu dritt waren. Sie machte aus ihnen die Könige von Persien, Indien und Arabien mit den Namen Kaspar/Caspar, Melchior und Balthasar («C. M. B.»); oft werden sie auch den damals bekannten Erdteilen Europa, Asien und Afrika zugeschrieben, weshalb einer von ihnen fast immer dunkelhäutig dargestellt wird; ihr unterschiedliches Lebensalter soll sie als Vertreter der gesamten Menschheit ausweisen.

Auch ihre Geschenke an das Jesuskind werden gedeutet: Das Gold gilt dem künftigen König in ihm, der Weihrauch seiner Göttlichkeit und die bittere Myrrhe dem sterblichen Menschen. Nach einer der Legenden hatte der Stern, der die drei Weisen oder Könige zu ihrer Reise veranlaßte, die Gestalt eines Kindes.

Die Heimreise sollen sie, um Herodes zu täuschen, in einem Schiff der Stadt Tarsus angetreten haben, weshalb Herodes später die Flotte dieser Stadt vernichtete.

QUELLEN: Matthäus 2,1–12; Legenda Aurea (von der Erscheinung des Herrn). – BILDER: *Reise der hl. Drei Könige:* Gozzoli, Kap. Pal. Medici-Ricardi Florenz. *Die Hl. Drei Könige vor Herodes:* Conca, Dresden. *Anbetung der Hl. Drei Könige:* Giotto, Arenakap. Padua*; Meister Bertram, Hamburg; Filippo Lippi, Nat. Gall. London; Bouts, AP München; D. Ghirlandaio, Uffizien; Weyden, AP München; Botticelli, Uffizien; Bosch, Prado; Dürer, Uffizien; Holbein d. Ä., AP München; Mabuse, Nat. Gall. London; P. Brueghel, Nat. Gall. London; Veronese, Dresden; Jan Brueghel, KHM Wien; Poussin, Dresden; Giaquinto, KHM Wien; Tiepolo, AP München.

---

* Giotto brachte den Halleyschen Kometen ins Bild, der 1301 zu sehen war.

Die Flucht nach Ägypten

Nachdem die Weisen abgereist waren, wurde Joseph durch einen Engel im Traum aufgefordert, mit Maria und dem Jesuskind nach Ägypten zu fliehen, da der König Herodes dem Kind nach dem Leben trachte. Joseph tat, wie der Engel befohlen hatte.

Die außerbiblische Überlieferung weiß von Josephs Söhnen aus seiner ersten Ehe oder von Mägden Marias, die auf der Flucht nach Ägypten dabei waren. Darüberhinaus werden außergewöhnliche Ereignisse berichtet: Als die Heilige Familie an einem Feld vorbei kam, auf dem gerade gesät wurde, waren die Häscher des Herodes schon ganz nahe. Doch plötzlich stand das Korn in voller Reife; und der Bauer konnte den Verfolgern ohne Lüge sagen, die Flüchtenden seien schon zur Zeit der Aussaat vorübergezogen, worauf die Soldaten die Verfolgung aufgaben. Ähnlich spricht man von einem Versteck in einem hohlen Baum oder in einer Höhle, über deren Eingang dann eine Spinne schnell ihr Netz webte, damit die Verfolger meinten, es sei schon lange niemand mehr hineingegangen. – Bei einer Begegnung mit Räubern beschützte einer von ihnen die Wanderer gegen seine Genossen, nahm sie in sein Haus auf und zeigte ihnen dann den Weg, wofür ihm Maria seine künftige Rettung prophezeite. Der Mann soll jener bußfertige Schächer Dismas gewesen sein, der später neben Jesus gekreuzigt wurde. – Während einer Rast, so erzählt man auch, habe sich auf das Wort des Jesuskindes hin ein Palmbaum zur Erde geneigt, um seine Früchte als Erquickung darzubieten. Als sich der Baum auf Geheiß des Kindes wieder aufrichtete, entsprang an seinem Fuß eine Quelle, die das für die Weiterreise nötige Wasser spendete. Auch von einem Fluß ist die Rede, den die Heilige Familie mit Hilfe eines Engels in einer Barke überwinden konnte. – Und schließlich seien bei der Ankunft des Jesuskindes in Ägypten alle Götzenbilder in den Tempeln von ihren Sockeln herabgestürzt.

Quellen: Matthäus 2,13–15; Legenda Aurea (bei: Unschuldige Kindlein). – Bilder: *Aufforderung zur Flucht:* D. Crespi, KHM Wien, Rembrandt, Dahlem/Budapest. *Flucht nach Ägypten:* Giotto, Arenakap. Padua; Gentile da Fabriano, Uffizien; Patinir, Brüssel; Valckenborch, KHM Wien; Jan Brueghel, KHM Wien; Elsheimer, AP München; Poussin, Cleveland; Rembrandt, Tours; Murillo, Budapest/Detroit. *Hl. Familie und Räuber:* Kirche in Neustadt bei Waiblingen; Douvermann, Nikolaikirche Kalkar; Giovanni da San Giovanni, Akad. Florenz. *Ruhe auf der Flucht:* Meister von Frankfurt, Stuttgart; Fries, Basel; Patinir, Basel/Boymans/Prado; Correggio, Parma; Altdorfer, Dahlem; Parmigianino, Prado; Isenbrant, KHM Wien/Nat. Gall. London/Metrop. Mus.; Grien, Nürnberg; Cranach d. Ä., Dahlem; Caravaggio, Gall. Doria; Dyck, AP München/Eremitage; O. Gentilleschi, KHM Wien/Louvre; Cortona, AP München. *Flußübergang:* Elsheimer, Louvre; Reni, Bologna; Poussin, Chantilly; Murillo, Eremitage; Boucher, Eremitage; Runge, Hamburg.

Der Kindermord zu Bethlehem

Als die Weisen dem König Herodes nicht meldeten, wo sie das Kind gefunden hatten, sondern auf einem anderen Weg in ihr Land heimkehrten, schickte

Herodes Soldaten nach Bethlehem, um dort alle Knäblein unter zwei Jahren zu töten; denn er wollte sicher sein, daß der »neugeborene König der Juden«, dessen Stern die Weisen gesehen hatten, nicht am Leben bleibe. Bei Bethlehem wird heute noch das Grab Rahels, der Frau des alttestamentlichen Patriarchen Jakob, gezeigt. Die nach einer Stelle aus dem Buch des Propheten Jeremias (31,15) um ihre Kinder weinende Rahel ist im Matthäusevangelium mit dem Kindermord von Bethlehem in Beziehung gebracht.
Nach einer außerbiblischen Überlieferung hat damals auch Elisabeth mit ihrem Säugling Johannes (siehe S. 269) vor Herodes fliehen müssen.

QUELLE: Matthäus 2,16–18; Proto-Evangelium des Jakobus 22,3. – BILDER: *Bethlehemitischer Kindermord:* Meister Bertram, Hamburg; P. Brueghel, KHM Wien; Cranach d. Ä., Dresden; Tintoretto, San Rocco Venedig; C. Cornelisz, Rijksmus./Haarlem; Reni, Pinak. Bologna; La Hire, Arras; Gius. Maria Crespi, Uffizien; Bourdon, Eremitage; Poussin, Chantilly; Rubens, AP München. *Flucht Elisabeths mit dem kleinen Johannes:* Meister des Johannesaltars, Boymans.

Die Rückkehr der Heiligen familie aus Ägypten

Als König Herodes gestorben war, erschien Joseph ein Engel im Traum und gebot ihm, mit Maria und ihrem Kind aus Ägypten in die Heimat zurückzukehren. Joseph und die Seinen nahmen Wohnung in Nazareth.
Nach einer außerbiblischen Überlieferung kam es auf dem Rückweg von Ägypten zu einer Begegnung mit dem jungen Johannes, dem späteren Täufer, der schon damals in der Wüste ein Leben der Buße führte.

QUELLE: Matthäus 2,19–23. – BILDER: *Rückkehr aus Ägypten:* Klaren-Altar, Dom Köln; Fries, Basel. *Begegnung des Johannes mit Jesus:* D. Ghirlandaio, Dahlem.

Die Heilige Familie in Nazareth

Über die Zeit vor und nach der Reise des zwölfjährigen Jesus nach Jerusalem berichten die Evangelien nichts. Die außerbiblische Überlieferung stellte sich ein friedliches Leben des Jesusknaben vor, in dem der Beruf seines Nährvaters Joseph als Zimmermann immer wieder ins Blickfeld trat. Auch Marias Mutter Anna wurde oft mit einbezogen sowie ihre Verwandte Elisabeth, die Mutter des Johannes, des späteren «Täufers», der ein halbes Jahr älter als Jesus war.

BILDER: *Hl. Familie (in Ägypten oder Nazareth):* Strigel, Nürnberg; Mostaert, WRM Köln; Rubens, KHM Wien; Rembrandt, Kassel. *Anna Selbdritt (Anna mit Maria und Jesus):* Masaccio, Uffizien; Memling, AP München; Leonardo da Vinci, Louvre; Cranach d. Ä., AP München. *Zimmermann Joseph:* La Tour, Louvre.

Der zwölfjährige Jesus im Tempel mit den Schriftgelehrten

Sobald Jesus zwölf Jahre alt war, nahmen ihn seine Eltern mit zum Passahfest nach Jerusalem. Als sie sich wieder auf den Heimweg machten, blieb das Kind im Tempel zurück, sie aber meinten, es sei bei der Reisegesellschaft. Sie kehrten dann um und suchten Jesus überall in Jerusalem, bis sie ihn schließlich im Tempel beim Disput mit den Schriftgelehrten fanden, die über seine Kenntnisse und seine Weisheit staunten. Auf die Vorwürfe seiner Mutter antwortete Jesus: «Wißt ihr nicht, daß ich in dem sein muß, was meines Vaters ist?» Doch ging er dann mit seinen Eltern zurück nach Nazareth.

QUELLE: Lukas, 2,41–52. – BILDER: Giotto, Arenakap. Padua; Dürer, Dresden; Luini, Nat. Gall. London; Veronese, Prado; Bosch, Louvre; Mander KHM Wien; Francken, Dom Antwerpen; Ribera, KHM Wien; Wet, Braunschweig; Eeckhout, AP München; Pannini, Prado; Ingres, Musée Ingres Montauban; Liebermann, Hamburg.

Der Tod des hl. Joseph

Die Bibel sagt nichts über das Lebensende Josephs, des Nährvaters Jesu. Spätere Vermutungen lassen ihn Kreuzigung oder Himmelfahrt Jesu noch erleben. Meist nimmt man aber an, Joseph sei in Nazareth gestorben, bevor Jesus sein öffentliches Wirken begann. So wurde er zum Patron eines guten Todes, da man unterstellte, Maria und Jesus seien um sein Sterbebett gestanden.

QUELLE: Geschichte von Joseph, dem Zimmermann. – BILDER: Reni, Metrop. Mus.; Vaccaro, Neapel/Aix-en-Provence; Giordano, KHM Wien; Maratta, KHM Wien; G. M. Crespi, Pal. Barberini Rom/Eremitage; Piazzetta, Kassel; Goya, Monastero de Santa Ana Valladolid.

Das öffentliche Wirken Jesu: Einzelepisoden

Zwar lassen alle vier Evangelien das öffentliche Wirken Jesu mit der Predigt Johannes des Täufers beginnen. Aber dann gehen sie in der zeitlichen Aneinanderreihung der einzelnen Reden und Geschehnisse mehr oder weniger weit auseinander, so daß es kaum möglich ist, einen eindeutigen geschichtlichen Ablauf zu rekonstruieren. In der nachfolgenden Anordnung der Einzelepisoden werden Wunderheilungen und Gleichnisse zur besseren Übersichtlichkeit gesondert zusammengefaßt.

Die Taufe Jesu

Auch Jesus kam zum Jordan, um sich wie viele andere von Johannes taufen zu lassen. Bei seinem Anblick bekannte Johannes, dieser sei «das Lamm Gottes, das hinwegnimmt die Sünden der Welt», und wollte zuerst aus Demut nicht zulassen, daß Jesus von ihm getauft werde. Als Jesus bei seiner Taufe wieder aus dem Wasser stieg, senkte sich der Heilige Geist in Gestalt einer Taube auf ihn herab, und eine Stimme vom Himmel rief: «Dies ist mein lieber Sohn, an dem ich Wohlgefallen habe.»

QUELLEN: Matthäus 3,13–17; Markus 1,9–11; Lukas 3,21 f.; Johannes 1,29–34. – BILDER: Giotto, Arenakap. Padua; Weyden, Dahlem; Giovanni di Paolo, Nat. Gall. London; Piero della Francesca, Nat. Gall. London; D. Ghirlandaio, S. Maria Novella Florenz; M. Pacher, St. Wolfgang; Pinturichio; Sixtina; Raffael, Loggien; Perugino, KHM Wien; Gerard David, Brügge; Patinir, KHM Wien; Grien, Städel; Heemskerk, Braunschweig; Tintoretto, Prado; D. Crespi, Brera; Rubens, Antwerpen; Reni, KHM Wien; G. B. Crespi, Städel.

Die Versuchung Jesu in der Wüste

Nach seiner Taufe ging Jesus in die Wüste, wo er mit den Tieren lebte und vierzig Tage lang fastete. Als ihn schließlich hungerte, versuchte ihn der Teufel auf dreifache Weise: Erst forderte er ihn auf, Steine in Brot zu verwandeln, um seinen Hunger zu stillen. Dann redete er ihm zu, sich von der Zinne des Tempels zu stürzen, um so, da er gewiß von den Engeln getragen würde, durch ein Wunder seine Göttlichkeit zu beweisen. Schließlich nahm er ihn mit auf einen hohen Berg und zeigte ihm alle Reiche der Welt und ihre Herrlichkeit: «Dies will ich dir geben, wenn du niederfällst und mich anbetest.» Doch jedesmal widerstand Jesus mit einem Wort der Schrift, und beim dritten Mal verließ ihn der Teufel.

Dann kamen Engel und dienten Jesus. Beim Dienst der Engel stellte man sich manchmal vor, daß sie Jesus in einer Oase unter einem Baum ein Mahl auftischten und ihm die Hände wuschen.

QUELLEN: Matthäus, 4,1–11; Markus 1,12 f.; Lukas 4,1–13. – *Versuchung Christi:* Duccio, Frick Coll. New York; M. Pacher, St. Wolfgang; Botticelli, Sixtina; Veronese, Brera; Tintoretto, San Rocco Venedig; Jan Brueghel, KHM Wien; Bourdon, Louvre. *Jesus von Engeln bedient:* Fra Angelico, San Marco Florenz; Perugino, Pinak. Vatikan; L. Carracci, Dahlem; Lebrun, Louvre; Lafosse, Grenoble.

Der reiche Fischzug:* Berufung der Jünger Petrus und Andreas, Jakobus und Johannes

Jesus lehrte am See von Genezareth vom Boot des Simon (Petrus) aus das Volk, das sich am Ufer gelagert hatte. Als er fertig war, forderte er Simon und seinen Bruder Andreas auf, auf den See zu fahren und die Netze auszuwerfen. Doch Simon sagte ihm, man habe schon die ganze Nacht vergeblich gefischt (und am Tage sei es erst recht aussichtslos); er wolle es aber auf Jesu Geheiß hin doch noch einmal versuchen. Als er hinausfuhr, war der Fang so groß, daß die Netze zu reißen drohten. Er winkte ein anderes Boot herbei, und beide Schiffe wurden so voll mit Fischen, daß sie fast versanken. Wieder am Ufer fiel Simon vor Jesus nieder und rief: «Geh weg von mir, denn ich bin ein sündiger

* In der Kunst ist nicht immer klar, ob diese Berufungsszene gemeint ist oder der «wunderbare Fischzug», von dem das Johannesevangelium (21,1–8) aus der Zeit nach der Auferstehung Christi berichtet (siehe S. 310 f.).

Mensch.» Jesus aber sagte zu ihm: «Ich will euch zu Menschenfischern machen.» Da verließen er und sein Bruder Andreas mit ihren Gefährten Jakobus und Johannes ihre Netze und folgten Jesus nach.

QUELLEN: Lukas 5,4–11; (Matthäus 4,18–22; Markus 1,6–20). – BILDER: *Reicher Fischzug:* D. Ghirlandaio, Sixtina; Caravaggio, Hampton Court; Rubens, Notre Dame Mecheln/Nat. Gall. London; Jordaens, KHM Wien; Jouvenet, Louvre; Platzer, Salzburg. *Berufung des Jakobus und Johannes:* Basaiti, KHM Wien; Burgkmair, Augsburg.

Die Berufung des Matthäus/Levi

Jesus sah einen Zöllner an seiner Zollstätte sitzen und sagte ihm: «Folge mir!» Der Mann stand auf und folgte Jesus nach. Danach veranstaltete er in seinem Hause für Jesus ein großes Gastmahl, zu dem viele seiner Genossen und andere Sünder kamen. Die Pharisäer und Schriftgelehrten aber nahmen Anstoß daran, daß Jesus in dieser Gesellschaft aß. Da sagte er: «Nicht die Gesunden brauchen den Arzt, sondern die Kranken . . . Ich bin nicht gekommen, die Gerechten zu berufen, sondern die Sünder.»

QUELLEN: Matthäus 9,9–13; Markus 2,13–17; Lukas 5,27–32. – BILDER: *Berufung des Matthäus:* Mabuse, Buckingham Pal.; Engebrechtsz, Dahlem; Pordenone, Dresden; Hemessen, KHM Wien; Caravaggio, San Luigi dei Francesi Rom; Moeyaert, Braunschweig; Koninck, Bodemus.; Preti, KHM Wien. *Gastmahl bei Matthäus/Levi:* Hemessen, KHM Wien; Veronese, Akad. Venedig.

Die Hochzeit zu Kana

Jesus kam mit seinen Jüngern zu einer Hochzeit in das Dorf Kana; auch seine Mutter Maria war anwesend. Als der Wein ausging, sprach sie darüber mit ihrem Sohn. Jesus ließ die Krüge mit Wasser füllen, und auf sein Geheiß brachte man davon dem Speisemeister zum Kosten: Da war das Wasser zu Wein geworden.

QUELLE: Johannes 2,1–11. – BILDER: Giotto, Arenakap. Padua; Meister Bertram, Hamburg; M. Pacher, St. Wolfgang; Gerard David, Louvre/Dresden; Veronese, Louvre; Bosch, Boymans; Murillo, Birmingham.

Nikodemus bei Jesus

Der angesehene Pharisäer Nikodemus, Mitglied des jüdischen Hohen Rates, kam nachts heimlich zu Jesus und versicherte ihm, er halte ihn für einen von Gott gesandten Lehrer. Jesus aber redete zu ihm von der notwendigen Neugeburt aus dem Geiste, ohne die man das Himmelreich nicht schauen könne.

QUELLE: Johannes 3,1–21. – BILDER: Rubens, Brüssel; Frans II. Francken, KHM Wien; Jordaens, Brüssel;

Jesus mit der Samariterin am Jakobsbrunnen

Als Jesus auf dem Weg von Judäa nach Galiläa das dazwischenliegende Land von Samaria durchquerte, setzte er sich um die Mittagszeit bei dem Dorf Sychar an den Brunnen, den einst der Patriarch Jakob gegraben hatte. Er war allein, weil die Jünger in den Ort gegangen waren, um Lebensmittel zu kaufen.

Da kam eine samaritanische Frau zum Wasserholen, und Jesus bat sie, ihm zu trinken zu geben. Die Frau wunderte sich, daß ein Jude sie um Wasser bat. (Die Samaritaner waren mit den Juden schwer verfeindet, da sie zwar das Gesetz des Moses anerkannten, aber ihr eigenes Heiligtum hatten, statt den

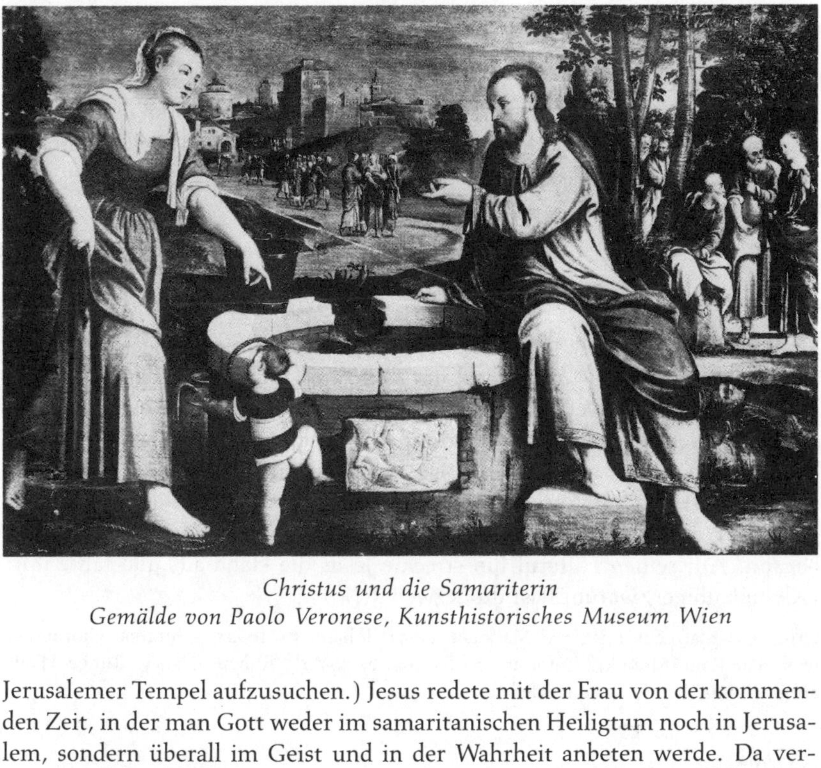

Christus und die Samariterin
Gemälde von Paolo Veronese, Kunsthistorisches Museum Wien

Jerusalemer Tempel aufzusuchen.) Jesus redete mit der Frau von der kommenden Zeit, in der man Gott weder im samaritanischen Heiligtum noch in Jerusalem, sondern überall im Geist und in der Wahrheit anbeten werde. Da verstand sie, daß er selbst der verheißene Messias war, und lief in ihr Dorf, um seine Bewohner herbeizuholen.

Die Jünger, die unterdessen hinzugekommen waren, wunderten sich, Jesus im Gespräch mit einer Frau anzutreffen. Er aber sagte ihnen, auf die herbeieilenden Dorfbewohner zeigend: «Die Zeit ist reif für die Ernte!»

Quellen: Johannes 4,4–42. – Bilder: Juan de Flandes, Louvre; Mazzolino, KHM Wien; Veronese, KHM Wien; Lorenzo Lippi, KHM Wien; Colombel, Salzburg; Turner, Tate Gall.

Die Bergpredigt

Als sich viele Menschen um Jesus versammelten, stieg er auf einen Berg und lehrte die Menge von dort aus, umgeben von seinen Jüngern. Am Anfang seiner «Bergpredigt» standen die Seligpreisungen für die im Geiste Armen, die Trauernden, die nach Gerechtigkeit Hungernden und Dürstenden, die Barmherzigen, die Herzensreinen, die Gewaltlosen, die Friedensstifter und die um der Gerechtigkeit willen Verfolgten.

Quellen: Matthäus 5–7; Lukas 6,20–49. – Bilder: *Bergpredigt:* Roselli/Piero di Cosimo, Sixtina; Rembrandt, «Hundertguldenblatt»; Uhde, Budapest. *Die Seligpreisungen:* Giotto, Relief am Campanile Florenz.

Jesus stillt den Seesturm

Einmal wurde das Schiff, auf dem Jesus nachts mit seinen Jüngern über den See Genezareth fuhr, vom Sturm überrascht. Von den Jüngern in ihrer Todesangst aus dem Schlaf geweckt, gebot Jesus dem Wind und den Wellen Einhalt.

Quellen: Matthäus 8,24–27; Markus 4,35–41; Lukas 8,22–25. – Bilder: Juan de Flandes, Prado; Rembrandt; Gardner Mus. Boston.

Jesus wandelt auf dem Meer

Eines Nachts fuhren die Jünger im Schiff ans andere Ufer des Sees von Genezareth, während Jesus zurückblieb, um zu beten. Die Jünger ruderten mühselig gegen Wind und Wellen, als sie auf einmal Jesus auf dem See daherwandeln sahen. Sie schrien voller Angst in der Meinung, es sei ein Gespenst; doch Jesus beruhigte sie: «Ich bin es.» Da fragte Petrus, ob er zu ihm kommen könne und erhielt zur Antwort: «Komm!» So stieg Petrus aus dem Schiff und ging über die Wasser auf Jesus zu, bis er Angst bekam und zu versinken begann. Auf seinen Hilferuf hin streckte Jesus die Hand aus und faßte ihn: «Kleingläubiger, warum hast du gezweifelt?»

Quellen: Matthäus 14,22–33; Markus 6,45–52; Johannes 6,16–21. – Bilder: Giotto, Peterskirche Rom (Mosaik); Tintoretto, Sachs Coll. New York; Rubens, Nancy; Runge, Hamburg; Thoma, Peterskirche Heidelberg.

Die Brotvermehrungen

Zweimal speiste Jesus nach den Evangelien die Menge, die ihm, um seine Lehre zu hören, in die Einsamkeit gefolgt war. Jedesmal segnete er das Wenige, was an Nahrung da war, und ließ es austeilen. Einmal waren es 5000 Menschen, die von fünf Broten und zwei Fischen satt wurden, das andere Mal waren es 4000, die er mit sieben Broten und einigen Fischen sättigte. Das erste Mal blieben sogar noch zwölf, das zweite Mal sieben Körbe mit Broten übrig.

QUELLEN: Matthäus 14,13–21 und 15,32–39; Markus 6,34–44 und 8,1–9; Lukas 9,10–17; Johannes 6,1–14. – BILDER: M. Pacher, St. Wolfgang; Tintoretto, San Rocco Venedig/Metrop. Mus.; M. van Valckenborch, KHM Wien; Dyck, Neues Pal. Potsdam; Pittoni, Akad. Venedig; Goya, Santa Cueva Cádiz.

Die Sünderin (Maria Magdalena) – Gastmahl des Pharisäers

Während Jesus bei einem Pharisäer namens Simon zu Tische war, kam eine durch ihr ausschweifendes Leben bekannte Frau weinend mit einem Fläschchen Salböl herein, warf sich vor Jesus nieder und begann, seine von ihren Tränen benetzten Füße mit ihren Haaren zu trocknen und das Öl über sie auszugießen. Als der Gastgeber daran Anstoß nahm, verteidigte Jesus die Frau und vergab ihr wegen der Liebe, die sie zeigte, ihre Schuld. Die spätere Überlieferung hat diese im Evangelium ungenannte Frau mit Maria Magdalena identifiziert (siehe S. 298, 345 ff.).

QUELLE: Lukas 7,36–50. – BILDER: Bouts, Dahlem; Froment, Uffizien; Veronese, Louvre/Brera/Turin; Coninxloo, Brüssel; El Greco, Chicago; Rubens, Eremitage; Ricci, Buckingham Pal.

Maria und Martha

Jesus kehrte bei einer Frau namens Martha ein. Sie hatte eine Schwester namens Maria, die sich zu Füßen Jesu hinsetzte und seinen Worten zuhörte. Martha, die sich um die Bewirtung sorgte, wandte sich ärgerlich an Jesus und fragte ihn, ob es ihn nicht kümmere, daß die Schwester ihr die ganze Arbeit überlasse. Jesus antwortete: «Martha, Martha, du machst dir Sorgen um vieles, aber nur eines ist notwendig. Maria hat den besseren Teil erwählt, er soll ihr nicht genommen werden.» Nach der Überlieferung soll diese Maria mit Maria Magdalena identisch sein.

QUELLE: Lukas 10,38–42. – BILDER: Tintoretto, AP München; Caravaggio, Christ Church College Oxford; Allori KHM Wien; Lesueur, AP München; Velasquez, Nat. Gall. London; Jouvenet, Louvre; Vouet, KHM Wien.

Die Schlüsselübergabe an Petrus – Dedicatio Legis

Auf die Frage Jesu an seine Jünger, für wen er von den Leuten gehalten werde, bekannte Simon Petrus: «Du bist der Messias.» Daraufhin verhieß ihm Jesus, er werde ihm die «Schlüssel des Himmelreiches» übergeben: Was Petrus auf Erden lösen oder binden werde, solle auch im Himmel gelöst oder gebunden sein. – In stilisierter Form findet sich das Motiv der Schlüsselübergabe auch als «Gesetzesübergabe» (Dedicatio Legis): Vom majestätisch thronenden Christus erhält Petrus zu den Schlüsseln auch Buch oder Schriftrolle, oder er erhält nur die Schlüssel, und der Apostel Paulus empfängt das Buch oder die Schriftrolle (= das mosaische Gesetz zur authentischen Deutung).

QUELLE: Matthäus 16,13–19. – BILDER: Perugino, Sixtina; Raffael, Victoria & Albert (Karton); Rubens, Wallace Coll.; G. B. Crespi, KHM Wien; Poussin, Bridgewater House London; Ingres, Louvre.

Die Verklärung Jesu (Transfiguratio)

Jesus nahm Petrus, Jakobus und Johannes mit auf einen hohen Berg (später identifiziert mit dem Tabor), wo er beten wollte. Dort sahen die drei, wie er vor ihnen verwandelt wurde: sein Gesicht leuchtete wie die Sonne, und seine Gewänder waren weiß wie Schnee; zwei Männer, Moses und Elias, redeten mit ihm, und aus einer Wolke sprach eine Stimme: «Dies ist mein geliebter Sohn. Auf ihn sollt ihr hören!» Als Jesus mit den drei Jüngern wieder zu den Volksscharen kam, heilte er einen epileptischen Knaben, den sein Vater zu den am Fuße des Berges zurückgebliebenen Aposteln gebracht hatte, die ihm aber nicht hatten helfen können.

QUELLEN: Matthäus 17,1–21; Markus 9,2–29; Lukas 9,28–42; 2. Petrusbrief 1,16–18. – BILDER: Duccio, Nat. Gall. London; Fra Angelico, San Marco Florenz; G. Bellini, Mus. Correr Venedig/Neapel; Raffael, Pinak. Vatikan; Pordenone, Brera; Rubens, Nancy.

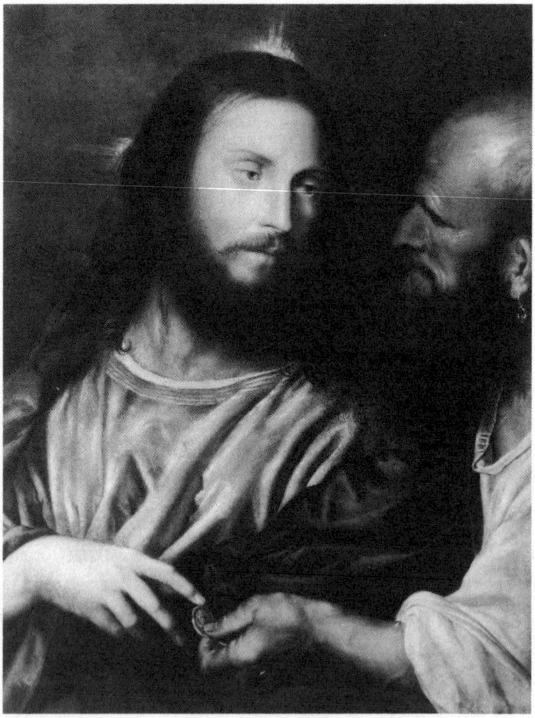

Der Zinsgroschen
Gemälde (Ausschnitt) von Tizian, Dresden

Der Zinsgroschen (im Maul des Fisches)

Die Männer, welche die Tempelsteuer einzogen, fragten Petrus, ob sein Meister die Münze nicht zahle. Petrus ging zu Jesus, der ihm zu verstehen gab, die Söhne des (himmlischen) Königs seien frei von der Steuer. Er solle aber, um keinen Anstoß zu erregen, zum See gehen und seine Angel auswerfen; der erste Fisch, den er fange, werde das Geldstück für die Steuer im Maul haben.

Quelle: Matthäus 17, 24–27. – Bilder: Masaccio, Brancaccikap. Florenz; Rubens, Dublin/Notre Dame Mecheln; Preti, Brera; M. de Vos, Antwerpen; Jordaens, Kopenhagen/Rijksmus.

Der Zinsgroschen (mit dem Kaiserbild)

Die Pharisäer wollten Jesus mit der Frage, ob man dem Kaiser die Steuer zahlen dürfe, eine Falle stellen (mit einem Ja hätte er sich gegen die gesetzestreuen Frommen, mit einem Nein gegen die römischen Besatzer gestellt). Jesus erkannte die Hinterlist und verlangte, einen Denar zu sehen. Als man ihm die Münze, die das Bild des Kaisers trug, vor Augen hielt, sagte er: «Gebt dem Kaiser zurück, was des Kaisers ist, und gebt Gott, was Gottes ist.» Da waren alle von der Antwort betroffen und blieben still. – Die für jeden Zeitgenossen Jesu sofort einsichtige Pointe liegt nämlich darin, daß ein Strenggläubiger solche Abbilder eines Menschen gar nicht in seinem Besitz haben durfte.

Quellen: Matthäus 22,15–22; Markus 12,13–17; Lukas 20,20–26. – Bilder: Tizian, Dresden; M. de Vos, Antwerpen; Dyck, Pal. Bianco Genua; Strozzi, Uffizien/AP München.

Jesus segnet die Kinder

Man brachte Kinder zu Jesus, damit er über sie bete. Die Jünger wollten die Leute wegschicken. Doch Jesus rief die Kinder zu sich, legte ihnen die Hände auf und segnete sie.

Quellen: Matthäus 19,13–15; Markus 10,13–16; Lukas 18,15–17. – Bilder: Cranach d. Ä., Dresden/Kopenhagen; Sellaer, AP München; Spranger, Antwerpen; Jordaens, Kopenhagen; Wtewael, Eremitage; Rembrandt (Schule), Nat. Gall. London; Dyck, Ottawa; Uhde, Leipzig.

Jesus und die Frau des Zebedäus

Die Frau des Zebedäus, Mutter der Apostel Jakobus und Johannes, fiel vor Jesus nieder und bat ihn, ihren Söhnen im kommenden Himmelreich die (Ehren-)Plätze zu seiner Rechten und Linken zu geben. Jesus wies die Bitte zurück mit der Begründung, darüber befinde nicht er, sondern sein himmlischer Vater. Zu den anderen Aposteln, die sich über das Ansinnen der Frau ärgerten, sagte er: «Wer der erste sein will unter euch, der sei aller Knecht.»

Quellen: Matthäus 20,20–24; Markus 10,35–40. – Bilder: Bonifazio Veronese, Gall. Borghese; Veronese, Grenoble; Preti, Brera.

Das Scherflein der Witwe

Einmal saß Jesus im Tempel gegenüber dem Opferstock und sah zu, wie die Reichen große Spenden machten. Auch eine arme Witwe kam und warf eine ganz kleine Münze hinein. Da sagte Jesus seinen Jüngern: «Sie hat mehr gegeben als alle anderen. Diese gaben aus ihrem Überfluß, sie aber gab aus ihrer Armut alles, was sie besaß.»

Quellen: Markus 12,41–44; Lukas 21,1–4. – Bilder: M. de Vos, Antwerpen; L. Bassano (Schule), Akad. Wien.

Jesus und die Ehebrecherin

Als Jesus einmal im Tempel lehrte, brachten die Schriftgelehrten und Pharisäer eine beim Ehebruch ertappte Frau vor ihn, die nach dem Gesetz gesteinigt werden sollte. Doch Jesus bückte sich und schrieb statt einer Antwort in den Sand. Als sie weiter drängten, richtete er sich auf und sagte: «Wer ohne Sünde ist, werfe den ersten Stein.» Da gingen alle nacheinander weg. Jesus aber wandte sich an die Frau: «Ich will dich auch nicht verurteilen. Sündige nicht mehr!»

Quelle: Johannes 8,3–11. – Bilder: M. Pacher, St. Wolfgang; Lotto, Louvre; Tizian (Werkstatt), KHM Wien; Veronese, KHM Wien und Brera; Tintoretto, Dresden/Kopenhagen/Pal. Barberini Rom; El Greco, Straßburg; Poussin, Louvre; Rembrandt, Nat. Gall. London; Giordano, Bremen; Tiepolo, AP München.

Das Gastmahl des Zachäus

Auf seinem Weg nach Jerusalem zum Passahfest zog Jesus in Begleitung großer Volksscharen durch Jericho. Auch Zachäus, dort der oberste Zolleinnehmer, wollte ihn sehen und stieg, da er klein war, auf einen Maulbeerbaum, um über die Menge hinwegschauen zu können Als Jesus vorbeikam, redete er Zachäus an und bat ihn, schnell herunterzusteigen, da er heute sein Gast sein wolle. Alle entrüsteten sich darüber, daß Jesus bei dem Oberzöllner einkehrte. Zachäus aber versprach, die Hälfte seines Besitzes den Armen zu geben und jeden, den er betrogen hatte, vierfach zu entschädigen.

Quelle: Lukas, 19,1–10. – Bilder: Giotto, Arenakap. Padua; Duccio, Opera del Duomo Siena; Palma Giovane, Fitzwilliam; Overbeck, Marienkirche Lübeck.

Die versuchte Steinigung Jesu

Als Jesus einmal im Tempel lehrte und dabei versicherte, wer sich nach seinem Wort richte, werde in Ewigkeit nicht sterben, fragten ihn einige der Zuhörer voll Entrüstung, für wen er sich halte. Jesus verwies darauf, daß sich schon Abraham über sein Kommen gefreut habe; die Frager aber entgegneten: «Du bist noch keine fünfzig Jahre alt und willst Abraham gesehen haben?» Auf

Jesu Antwort hin: «Ehe Abraham geboren war, bin ich», hoben sie Steine auf, um ihn zu töten. Jesus aber entzog sich ihnen und verließ den Tempel.

QUELLE: Johannes 8,51–59. – BILDER: M. Pacher, St. Wolfgang; Seekatz, Mainz.

Heilungen und Totenerweckungen

Die Heilung der Schwiegermutter des Petrus

Als Jesus einmal ins Haus des Petrus kam, lag dessen Schwiegermutter mit Fieber zu Bett. Jesus nahm ihre Hand, richtete sie auf, und sie konnte wieder umhergehen und ihre Gäste bedienen.

QUELLEN: Matthäus 8,14 f.; Markus 1,29–31; Lukas 4,38 f. – BILD: Veronese, Louvre.

Die Heilung des Gichtbrüchigen

Als Jesus einmal in einem Hause lehrte, brachte man einen Gichtbrüchigen herbei. Da die Träger wegen der Menge der Leute nicht ins Haus gelangen konnten, deckten sie das Dach ab und ließen die Bahre mit dem Kranken zu Jesus hinunter. Er sah ihren Glauben und heilte den Mann, der sein Bett nehmen und davongehen konnte.

QUELLEN: Matthäus 9,1–8; Markus 2,1–12; Lukas 5,17–26. – BILDER: Tintoretto, Kirche San Rocco Venedig; Dyck, Buckingham Pal.

Die Heilung der verdorrten Hand

Die Schriftgelehrten und Pharisäer belauerten Jesus an einem Sabbat, ob er trotz des Ruhegebots auch an diesem Tage heile. Da rief er in der Synagoge einen Mann nach vorne, der eine steife Hand hatte, und fragte die Anwesenden: «Darf man am Sabbat Gutes tun?» Als alle betreten schwiegen, sagte Jesus zu dem Manne, er solle seine Hand ausstrecken, und sie war gesund. Nach der Überlieferung war der Geheilte ein Maurer, der nicht mehr arbeiten konnte und deshalb betteln mußte.

QUELLEN: Matthäus 12,9–14; Markus 3,1–6; Lukas 6,6–11; Hieronymus: Kommentar zu Matthäus 12,13. – BILD: Dyck, AP München.

Der Besessene von Gerasa

Im Gebiet der heidnischen Stadt Gerasa am Ostufer des Sees von Genezareth, traf Jesus auf einen Mann, der von Dämonen besessen war und nackt in einem Gräberfeld hauste. Oft hatte man ihn schon fesseln wollen, doch er zerriß alle Ketten und lief schreiend und sich mit Steinen schlagend herum. Als der Kranke Jesus sah, lief er zu ihm hin, fiel vor ihm nieder und bekannte ihn als den Sohn Gottes. Da sandte Jesus die bösen Geister, die in dem Manne waren, in eine Schweineherde, die am Abhang zum See weidete. Die Schweine stürzten sich in den See und ertranken. Ihre Hirten flohen und meldeten den Vorfall in der Stadt, deren Einwohner heraus zum Ufer kamen, wo sie den früheren Besessenen bekleidet und friedlich zu Füßen Jesu sitzen sahen.

QUELLEN: Matthäus 8,28–34; Markus 5,1–20; Lukas 8,26–39. – BILDER: L. van Valckenborch, Prado/Brüssel; Preti, Uffizien.

Der Hauptmann von Kapharnaum/Kapernaum

Zu Jesus kam ein heidnischer Hauptmann (Centurio) mit der Bitte, seinen Knecht zu heilen, der bei ihm zu Hause krank darniederliege. Jesus wollte mit ihm kommen, doch der Mann wehrte ab: «Herr, ich bin nicht wert, daß du unter mein Dach kommst. Aber sprich nur ein Wort, und mein Knecht ist geheilt.» Da wurde Jesus von Bewunderung ergriffen und meinte, solchen Glauben habe er in Israel noch nie gefunden. Dem Hauptmann aber sagte er: «Geh: Wie du geglaubt hast, soll dir geschehen.»

QUELLEN: Matthäus 8,5–13; Lukas 7,1–10; Johannes 4,46–54. – BILDER: Veronese, KHM Wien/Dresden/Prado; Breenbergh, Karlsruhe; Jouvenet, Tours.

Die Erweckung des Jünglings von Naim/Nain

Als Jesus vor der Stadt Naim einem Trauerzug mit der Leiche des jungen und einzigen Sohnes einer Witwe begegnete, wurde er von Mitleid ergriffen. Er trat an die Bahre und befahl dem Toten aufzustehen. Der junge Mann stand auf, und Jesus gab ihn seiner Mutter zurück.

QUELLE: Lukas 7,11–17. – BILDER: Aachen, AP München; Veronese, KHM Wien; Lesueur, Louvre.

Die Erweckung der Tochter des Jairus

Ein Synagogenvorsteher namens Jairus bat Jesus, zu seiner zwölf Jahre alten Tochter zu kommen, die gerade gestorben war. Im Haus des Jairus angekommen, schickte Jesus die Klagefrauen und Flötenspieler aus der Kammer, in der die Tote lag, und ging mit dem Vater und der Mutter des Kindes sowie seinen Begleitern hinein. Dann faßte er die Hand des Mädchens und sagte zu ihm: «Mädchen, ich sage dir, steh auf!» Und es stand auf und ging umher.

QUELLEN: Matthäus 9,18 f. und 23–26; Markus 5,22–24 und 35–43; Lukas 8,41 f. und 49–56. – BILDER: Bronzino, Gaddikap. S. Maria Nov. Florenz; Tito, KHM Wien.

Die Heilung der blutflüssigen Frau

Als Jesus zur toten Tochter des Jairus geholt wurde und ihn die Menge umdrängte, faßte eine Frau, die seit zwölf Jahren am Blutfluß litt, den Saum seines Gewandes. Jesus merkte, daß eine heilende Kraft von ihm ausgegangen war, und fragte, wer ihn angerührt habe. Da warf sich die Frau zitternd zu seinen Füßen nieder. Er aber sagte ihr: «Dein Glaube hat dich gerettet.»

QUELLEN: Matthäus 9,20–22; Markus 5,25–34; Lukas 8,43–48. – BILDER: Palma Vecchio, Akad. Venedig; Veronese, KHM Wien; Cranach d. Ä., Aschaffenburg; Ricci, Hampton Court; Blake, Tate Gall.

Die Heilung der Tochter der kanaanäischen Frau

Als sich Jesus einmal in Kanaan, im Gebiet der Städte Tyrus und Sidon, aufhielt, bat ihn eine einheimische (syrophönizische) Frau um die Heilung ihrer Tochter, die von einem Dämon geplagt wurde. Jesus sagte zu ihr, er dürfe nicht den Kindern (= den Israeliten) das Brot wegnehmen, um es den Hündlein (= den Heiden) zu geben. Sie aber antwortete ihm in ihrer Not: «Du hast recht, Herr; aber auch die Hündlein essen von den Krümeln, die vom Tische ihrer Herren fallen.» Da lobte Jesus ihren großen Glauben, und von der Stunde an war ihre Tochter gesund.

QUELLEN: Matthäus 15,21–28; Markus 7,24–30. – BILDER: Palma Vecchio, Akad. Venedig; Veronese, Grenoble; L. Carracci, Brera; Lastmann, Rijksmus.; Preti, Stuttgart; Drouais, Louvre.

Die Heilung der zwei Blinden von Jericho

Als Jesus, begleitet von einer großen Menge des Volkes, zum Passahfest nach Jerusalem zog, saßen am Ortsausgang von Jericho zwei Blinde, die immerzu riefen: «Jesus, Sohn Davids, erbarme dich unser!» Die Leute geboten ihnen zu schweigen, aber die beiden schrien nur noch lauter. Da trat Jesus auf sie zu und fragte sie, was sie wollten. «Daß wir wieder sehen», war die Antwort. Voll Mitleid berührte Jesus ihre Augen, und sogleich konnten sie sehen. – Im Markus- und im Lukasevangelium gibt es nur einen einzigen Geheilten, den blinden Bettler Bartimaeus.

QUELLEN: Matthäus 20,29–34 (und 9,27–31); Markus 10,46–52; Lukas 18,35–43. – BILDER: Lucas van Leyden, Eremitage; Breenbergh, Vaduz; Poussin, Louvre.

Die Heilung des Kranken am Bethesda-Teich

In Jerusalem gab es einen Teich mit fünf Säulenhallen, wo sich viele Lahme und Blinde versammelten, da von Zeit zu Zeit ein Engel das Wasser aufwallen ließ, so daß geheilt wurde, wer als erster hineinstieg. Jesus sah dort einen Mann liegen, der seit 38 Jahren gelähmt war, und fragte ihn, ob er gesund werden wolle. Der Kranke erwiderte, er komme immer zu spät zum Wasser, er habe nämlich niemand, der ihn hintrage. Da sagte Jesus: «Steh auf, nimm deine Bahre und geh!» Sogleich war der Mann gesund und ging mit seiner

Bahre weg. Das war aber an einem Sabbat geschehen, und man machte dem Geheilten Vorwürfe, weil er an diesem Tag entgegen der Vorschrift eine Bahre trug. Er aber sagte: «Der Mann, der mich gesund gemacht hat, hat mir gesagt: Nimm deine Bahre und geh!»

QUELLE: Johannes 5,1–18. – BILDER: Veronese, San Sebastiano Venedig/Rouen; Hemessen, Chester Dale Coll. New York; Murillo, Nat. Gall. London.

Die Heilung des Blindgeborenen

Im Jerusalemer Tempel traf Jesus einen Mann, der von Geburt an blind war. Er spuckte auf den Boden, verrührte den Speichel mit Sand, strich den Brei auf die Augen des Blinden und befahl ihm, zum Teich Schiloach/Siloah zu gehen und sich dort das Gesicht zu waschen. Der Mann kam zurück und konnte sehen.

Die Pharisäer, die nicht glauben wollten, daß der Mann wirklich blind gewesen war, befragten seine Eltern. Diese wichen jedoch aus Angst einer klaren Aussage aus und meinten, ihr Sohn sei alt genug, um selbst Auskunft zu geben. Der Geheilte aber beschämte die Pharisäer mit seinen Antworten.

QUELLE: Johannes 9. – BILDER: Leyden, Eremitage; El Greco, Dresden/Parma.

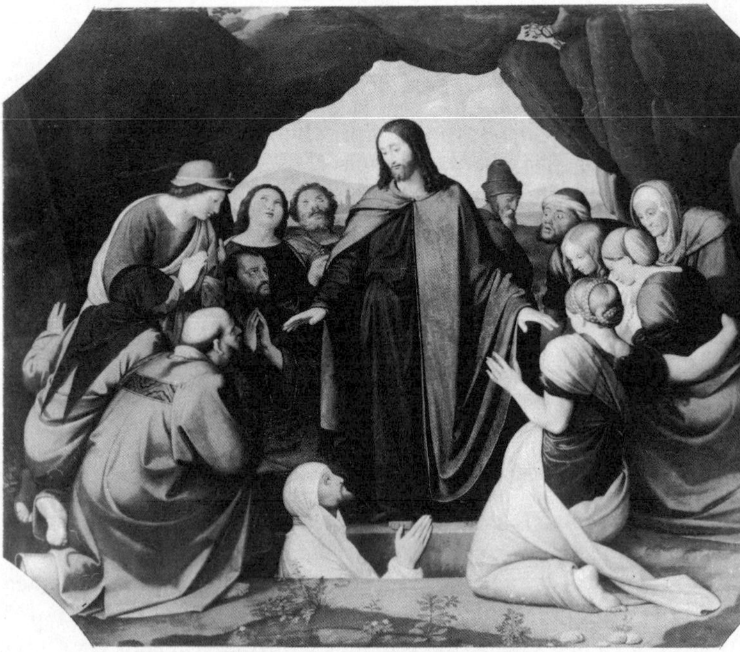

Die Auferweckung des Lazarus
Gemälde von Friedrich Overbeck, Karlsruhe

Die Auferweckung des Lazarus

Maria und Martha, die Schwestern des Lazarus, schickten an Jesus die Nachricht, ihr Bruder sei todkrank. Bis Jesus kam, war Lazarus aber bereits gestorben und seit vier Tagen begraben. Vom Schmerz der Schwestern betroffen, ging Jesus zum (Felsen-)Grab, wo er befahl, den Stein wegzunehmen, der die Öffnung verschloß. Dann rief er mit lauter Stimme: «Lazarus, komm heraus!» Und der Tote kam heraus, den Leib noch mit Binden umwickelt und das Gesicht mit einem Tuch umhüllt.

Quelle: Johannes 11,1–44. – Bilder: Giotto, Arenakap. Padua; Fra Angelico, S. Marco Florenz; Gozzoli, Washington; Ouwater, Dahlem; Geertgen tot Sint Jans, Louvre; Froment, Uffizien; Piombo, Nat. Gall. London; Rottenhammer, KHM Wien; Guercino, Louvre; Lastmann, Mauritshuis; Pynas, Aschaffenburg/Philadelphia; Maratta, Villa Albani Rom.

Gleichnisse

Das Gleichnis vom barmherzigen Samariter

Auf die Frage «Wer ist denn mein Nächster?» erzählte Jesus folgende Geschichte: Ein Mann ging von Jerusalem nach Jericho und wurde von Räubern überfallen. Nachdem erst ein Priester und dann ein Levit an dem halbtot Daliegenden vorübergegangen waren, kam ein Mann aus dem mit den Juden verfeindeten Land Samaria vorbei und hatte Mitleid mit dem Verletzten. Er versorgte seine Wunden mit Wein und Öl und brachte ihn auf seinem Reittier zur nächsten Herberge. Dort gab er dem Wirt Geld für die weitere Pflege.

Quelle: Lukas 10,25–37. – Bilder: J. Bassano, Nat. Gall. London; Feti, Dresden; Elsheimer, Louvre; Voorhout, Braunschweig; Ribera, Rouen.

Das Gleichnis vom verlorenen Sohn

Um zu zeigen, daß Gottes verzeihende Güte nicht nach menschlichen Maßstäben zu messen ist, erzählte Jesus folgendes Gleichnis: Der jüngere von zwei Söhnen eines Vaters verlangte die Auszahlung seines Erbteils und ging damit in die Welt hinaus, wo er all sein Gut verpraßte, so daß er sich schließlich hungrig und mittellos als Schweinehirt verdingen mußte. Da kehrte er zurück, um seinen Vater zu bitten, ihn wenigstens als Tagelöhner wiederaufzunehmen. Der Vater sah ihn schon von weitem, lief ihm freudig entgegen, umarmte ihn und befahl, ein Mastkalb zu schlachten. Dann ließ er ihm einen Ring an den Finger stecken und Schuhe für ihn bringen. Als der ältere Sohn vom Felde heimkam, machte er dem Vater Vorwürfe, der ihm gut zuredete und sagte: «Du bist immer bei mir und hast Teil an dem, was ich habe. Aber dein Bruder war verloren und ist wiedergefunden.»

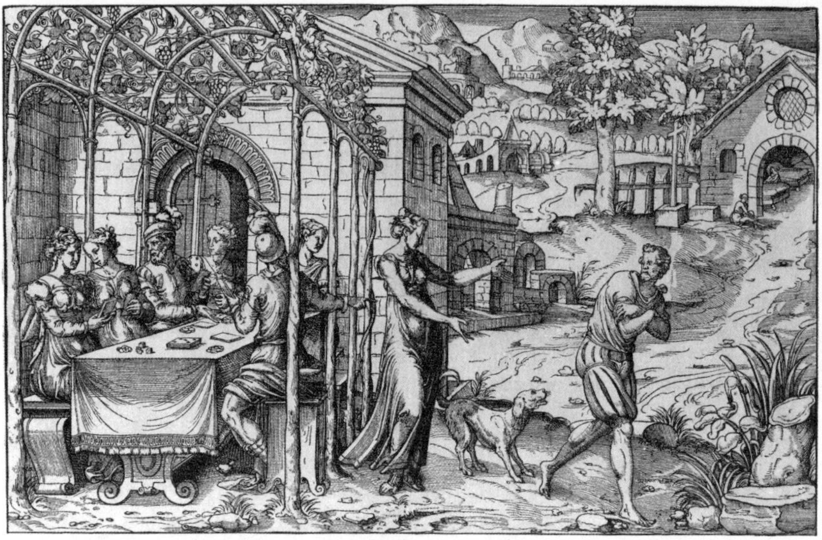

Der verlorene Sohn
Anonymer Holzschnitt aus dem 16. Jahrhundert

QUELLE: Lukas 15,11–32. – ZYKLEN: Meister des Verlorenen Sohnes, KHM Wien; Bosch, Prado; Francken, Louvre; B. Fabritius, Rijksmus.; Murillo, Prado; Rosa, Eremitage. BILDER: *Verschleuderung des Erbes:* Bosch, Boymans; Hemessen, Brüssel; Liss, Akad. Wien; Rembrandt, Dresden; Teniers, Louvre. *Hüten der Schweine:* Rosa, Eremitage. *Die Heimkehr des verlorenen Sohnes:* Guercino, KHM Wien; Preti, Neapel; Feti, Dresden; Murillo, Washington; Rembrandt, Eremitage; B. Fabritius, Rijksmus.; Loth, Salzburg; Batoni, Louvre/KHM Wien/Turin; Greuze, Louvre.

Das Gleichnis vom verlorenen Schaf und vom verlorenen Groschen (Drachme) und das Bild vom guten Hirten

Als die Pharisäer und Schriftgelehrten darüber empört waren, daß Jesus sich mit Sündern abgab, erklärte er, der Himmel freue sich mehr über einen einzigen Sünder, der umkehre, als über neunundneunzig Gerechte: Wenn einer hundert Schafe hat und eines davon verliert, verläßt er dann nicht die neunundneunzig, um das verlorene zu suchen? Hat er es gefunden, so nimmt er es auf seine Schultern und trägt es freudig heim.
Oder wenn eine Frau zehn Drachmen (Münzen) hat und eine davon verliert, zündet sie dann nicht eine Lampe an und fegt das Haus, um das Geldstück zu finden? Hat sie es wieder, so ruft sie freudig ihre Nachbarinnen zusammen, damit sie sich mit ihr freuen.
Der gute Hirt, sagte Jesus ein andermal, gibt, wenn die Wölfe kommen, sein Leben für die Schafe, während der Mietling davonläuft. Und er fügte hinzu: «Ich bin der gute Hirt!»

QUELLEN: Lukas 15,4–6; Johannes 10,1–16. – BILDER: *Das verlorene und wiedergefundene Schaf:* Feti, Dresden. *Der verlorene und wiedergefundene Groschen:* Feti, Pal. Pitti/Dresden; Dietrich, Darmstadt. *Der gute Hirt:* Champaigne, Tours; Murillo, Slg. Rothschild London.

Das Bild vom Balken im Auge

Als Jesus die Jünger davor warnte, über andere zu urteilen, sagte er ihnen: «Warum siehst du den Splitter im Auge deines Bruders, aber den Balken in deinem eigenen Auge bemerkst du nicht?»

QUELLEN: Matthäus 7,3–5; Lukas 6,41 f. – BILDER: Feti, Dresden; Rosa, Neapel.

Das Bild von den blinden Blindenführern

Über die Pharisäer sagte Jesus, sie seien blinde Blindenführer: «Wenn ein Blinder einen Blinden führt, werden beide in eine Grube fallen.»

QUELLEN: Matthäus 15,14; Lukas 6,39. – BILDER: P. Brueghel, Neapel; Feti, Budapest/Dresden/Birmingham/Bologna.

Das Gleichnis vom Sämann und dem bösen Feind

Zur Warnung vor der voreiligen Scheidung des Guten vom Bösen verglich Jesus das Himmelreich mit einem Acker, auf dem ein Sämann gutes Korn, sein Feind aber heimlich Unkraut ausgesät hatte: Als die Saat aufging, wollten die Knechte des Mannes das Unkraut ausreißen. Doch ihr Herr verbot es ihnen, da sie dabei zugleich auch die guten Ähren ausraufen könnten; sie sollten besser warten bis zur Ernte, bei der man das Unkraut verbrennen, und das Korn in die Scheuern fahren werde.

QUELLE: Matthäus 13,24–30 und 36–43. – BILDER: Meister des Verlorenen Sohnes, Antwerpen; Bloemaert, Eremitage; Feti, Burg Prag.

Das Gleichnis vom Sabbat

Nachdem Jesus am Sabbat einen Wassersüchtigen geheilt hatte, sagte er zu den Pharisäern und Schriftgelehrten, die in mißbilligendem Schweigen dabeistanden: «Wer von euch wird seinen Sohn oder seinen Ochsen, der in den Brunnen fällt, nicht sofort herausziehen, auch am Sabbat?»

QUELLE: Lukas 14,1–6. – BILD: M. van Valckenborch, KHM Wien.

Das Gleichnis vom reichen Prasser und dem armen Lazarus

Über die Gefahr des Unglaubens bei den Reichen erzählte Jesus eine Geschichte: Ein reicher Mann, stets in Purpur und feines Leinen gekleidet, lebte herrlich und in Freuden. Vor seiner Tür lag ein von Geschwüren bedeckter Armer namens Lazarus, der seinen Hunger gern mit den Brocken gestillt hätte, die vom Tisch des Reichen fielen; doch niemand gab sie ihm. Beide starben, und der Arme wurde in den Schoß Abrahams getragen, der Reiche hingegen litt in der Hölle heftige Qualen. Er flehte Abraham an, ihm Lazarus mit einem Tropfen Wasser zu schicken, um seine Zunge zu kühlen. Doch Abraham antwortete, das sei unmöglich; denn er habe seinen Anteil am Guten schon erhalten, während Lazarus jetzt getröstet werde. Nun bat der Reiche, Lazarus zu seinen noch lebenden Brüdern zu senden, um sie zu warnen. Abraham erwiderte jedoch, sie hätten zu ihrer Belehrung ja Moses und die Propheten. Da meinte der Reiche, sobald ein Toter zurückkäme, würden sie gewiß umkehren. Da sagte Abraham: «Wenn sie auf Moses und die Propheten nicht hören, werden sie sich auch nicht überzeugen lassen, wenn einer von den Toten aufersteht.»

QUELLE: Lukas 16,19–31. – BILDER: Orley, Brüssel (Hiobaltar); Bonifazio Veronese, Akad. Venedig; Steen, Straßburg; Preti, Pal. Corsini Rom; B. Fabritius, Rijksmus.

Das Gleichnis vom ungerechten Verwalter

Um deutlich zu machen, daß klug handelt, wer sich durch Almosen aus dem von Gott überlassenen Reichtum einen Platz im Himmel verschafft, erzählte Jesus vom Verwalter eines reichen Mannes, der aus dem Amt gejagt werden sollte: Der Verwalter ließ vorher den Schuldnern seines Herrn, die Öl und Weizen zu liefern hatten, einen Teil ihrer Verpflichtung nach, damit sie ihn bei sich aufnähmen, sobald er mittellos geworden sei.

QUELLE: Lukas 16,1–9. – BILDER: Reymerswaele, KHM Wien.

Das Gleichnis vom verborgenen Schatz und der köstlichen Perle

Um deutlich zu machen, daß für das Himmelreich alles andere drangegeben werden sollte, verglich Jesus es mit einem verborgenen Schatz, den ein Mann in einem Acker findet. Wird er nicht seine ganze Habe verkaufen, um das Grundstück zu erwerben? Oder wird ein Perlenliebhaber nicht all seine Perlen verkaufen, wenn er auf die einzigartige kostbare Perle stößt?

QUELLE: Matthäus 13,44–46. – BILDER: *Der Schatz im Acker:* Rembrandt und Dou, Budapest. *Die kostbare Perle:* Feti, KHM Wien.

Das Gleichnis vom Zöllner und Pharisäer

Einmal erzählte Jesus einigen Leuten, die sich für besser als andere hielten, von zwei Männern, die in den Tempel gingen, um zu beten. Der eine, ein frommer Pharisäer, zählte zuerst vor Gott seine guten Taten auf; der andere, ein (durch seinen Beruf gegen das jüdische Gesetz verstoßender) Zöllner, stammelte nur: «Gott sei mir Sünder gnädig.» Jesus aber sagte: «Dieser ging gerechtfertigt nach Hause, nicht jener!»

QUELLE: Lukas 18,9–14. – BILD: B. Fabritius, Rijksmus.

Das Gleichnis vom unbarmherzigen/hartherzigen Knecht

Um zu zeigen, daß nur dem von Gott vergeben wird, der selber bereit ist, seinen Mitmenschen zu vergeben, erzählte Jesus eine Geschichte: Ein König forderte von seinen Dienern Rechenschaft über ihre Verwaltung. Bei einem von ihnen fehlte eine ungeheure Summe, und er sollte zu ihrer Bezahlung mit seiner Familie und all seinem Besitz verkauft werden. Als er auf den Knien um einen Aufschub bat, erließ ihm sein Herr voll Mitleid die ganze Schuld. Der Mann ging weg, traf aber auf einen seiner Mitknechte, der ihm eine vergleichsweise geringe Summe schuldete. Trotz dessen kniefälliger Bitte um Geduld packte ihn der andere, dem so vieles erlassen worden war, am Hals, würgte ihn und ließ ihn ins Schuldgefängnis werfen. Empört meldete man den Vorfall dem König, der den unbarmherzigen Knecht voll Zorn ergreifen und so lange foltern ließ, bis er alles bezahlt hatte.

Quelle: Matthäus 18,23–35. – Bilder: Hemessen, Drey Gall. New York; Feti, Dresden.

Das Gleichnis von den Arbeitern im Weinberg

Um zu zeigen, daß der Eintritt ins Himmelreich davon unabhängig ist, wieviel einer dafür getan hat, erzählte Jesus eine Geschichte: Ein Gutsbesitzer heuerte am frühen Morgen Tagelöhner für seinen Weinberg an und wurde mit ihnen einig, daß sie einen Denar als Lohn erhalten sollten. Am Vormittag, Mittag und Nachmittag fand der Mann noch andere Männer herumstehen, die keine Arbeit gefunden hatten, und schickte sie ebenfalls in seinen Weinberg mit dem Versprechen, ihnen zu geben, was recht ist. Als er aber am Abend jedem, der gearbeitet hatte, einen Denar ausbezahlte, murrten diejenigen, die schon in der Frühe begonnen hatten. Doch der Herr sagte zu ihnen: «Seid ihr neidisch, weil ich gut bin?»

Quelle: Matthäus 20,1–16. – Bilder: Feti, Dublin/Dresden; Rembrandt, Eremitage; Victors, Städel.

Das Gleichnis von den Pfunden/Talenten

Um deutlich zu machen, wie man die Zeit bis zum kommenden Gericht nutzen sollte, erzählte Jesus die Geschichte von einem reichen Mann, der auf Reisen ging und seinen Dienern Geldsummen anvertraute, mit denen sie bis zu seiner Rückkehr zu wirtschaften hatten: Der eine erhielt fünf Talente (Talent = eine Geldeinheit), ein anderer zwei, ein dritter eines, jeder nach seinen Fähigkeiten. Als der Herr zurückkam, hatten die beiden ersten ihren Anteil auf das Doppelte vermehrt und sie wurden hoch gelobt. Der dritte aber hatte, um das Geld nicht zu verlieren, sein Talent in der Erde vergraben. Er wurde getadelt, weil er müßig geblieben war und keinen Gewinn gemacht hatte.

Quellen: Matthäus 25,14–30; Lukas 19,11–27. – Bild: Rembrandt (Federzeichnung), Louvre.

Das Gleichnis vom Hochzeitsmahl und dem unwürdigen Gast

Um klarzumachen, daß man für das Hereinbrechen des Gottesreiches ständig bereit sein soll, erzählte Jesus von einem König, der zu einem Festmahl einlud. Da sich aber von den ursprünglich Geladenen jeder mit einer anderen Ausrede entschuldigte, ließ der Gastgeber von den Straßen und Plätzen alle herbeiholen, die zu finden waren. Als einer der neuen Gäste jedoch kein festliches Kleid trug, weil er nicht mit der Einladung gerechnet hatte, befahl der König, ihn zu binden und aus dem Saal hinaus in die Finsternis zu werfen.

Quellen: Matthäus 22,1–14; Lukas 14,16–24. – Bilder: Strozzi, Uffizien; Frans II. Francken, Braunschweig.

Das Gleichnis von den bösen Weingärtnern

Einmal erzählte Jesus von einem Mann, der auf Reisen ging und seinen Weinberg in der Hand von Winzern zurückließ: Als der Mann zur Zeit der Ernte Diener schickte, um die Früchte in Empfang zu nehmen, wurden die Boten von den Winzern mißhandelt, und der Sohn, den der Herr des Weinbergs schließlich aussandte, sogar getötet. Dann fragte Jesus die Priester und Pharisäer, die zuhörten: «Was meint ihr, wird der Herr mit den Elenden tun, wenn er zurückkommt?» Sie mußten antworten: «Er wird sie vernichten und den Weinberg anderen geben» und merkten, daß er mit den bösen Winzern sie selbst gemeint hatte.

Quellen: Matthäus 21,33–45; Markus 12,1–11; Lukas 20,9–18. – Bild: Feti, Dublin.

Das Gleichnis von den fünf klugen und den fünf törichten Jungfrauen

Um die wegen des ungewissen Zeitpunktes des kommenden Gerichts nötige Wachsamkeit und Bereitschaft einzuschärfen, erzählte Jesus von zehn Jungfrauen, die bei einer Hochzeit den Bräutigam zur Braut geleiten sollten: Die einen hatten einen Vorrat an Öl für ihre Lampen mitgenommen, die anderen nicht. Da der Bräutigam lange nicht kam, schliefen alle ein (und die Lampen brannten weiter). Als der Bräutigam aber dann um Mitternacht eintraf, hatten nur die klugen Jungfrauen noch genügend Öl, um ihn mit ihren brennenden Lampen in den Hochzeitssaal zu führen. Die Türen wurden geschlossen und die törichten Jungfrauen, die erst neues Öl hatten kaufen müssen, kamen zu spät, um noch Einlaß zu finden. Zu den vergeblich an die Tür Pochenden sagte der Bräutigam: «Ich kenne euch nicht.»

Quelle: Matthäus 25,1–13. – Bilder: Venezianisch um 1550, KHM Wien; Tintoretto (zugeschr.), Boymans; Frans II. Francken, Eremitage; Cornelius, Düsseldorf; Blake, Tate Gall.

Die Passion

Aus den Berichten über die Passion Jesu hat die christliche Kunst ihre häufigsten Motive gewonnen. Neben dem Text der Evangelien machen sich bei der Ausgestaltung der Szenen im einzelnen seit dem hohen Mittelalter auch die damals zahlreichen mystischen Schriften bemerkbar, u.a. vor allem die Visionen, welche die hl. Birgitta von Schweden (1301–1373) bei ihrer Pilgerfahrt ins Heilige Land erlebte und aufzeichnete. Die frühen außerbiblischen Legenden spielen für die Ereignisse vom Tod Jesu bis zu seiner Grablegung ebenfalls eine gewisse Rolle. – Die folgende Nacherzählung der Einzelepisoden versucht, den Ablauf der Passion so wiederzugeben, wie ihn die vorneuzeitliche Christenheit gesehen hat. Moderne Überlegungen zu den Umständen des Prozesses Jesu oder zu den Widersprüchlichkeiten im Evangelientext bleiben außer Betracht.

Jesu Abschied von seiner Mutter Maria

Nach frommer Meinung – allerdings ohne Grundlage im Bibeltext – nahm Jesus nach der Auferweckung des Lazarus von seiner Mutter Abschied, da er um die Unausweichlichkeit seines bevorstehenden Todes wußte. Maria und Martha, die Schwestern des Lazarus, sollen dabei gewesen sein.

Quelle: Johannes de Caulibus (= Pseudo-Bonaventura): Meditationes de Vita Christi. – Bilder: Schäuffelein, Rathaus Nördlingen; Correggio, Nat. Gall. London; Lotto, Dahlem; Altdorfer, Nat. Gall. London; Cranach d. Ä., KHM Wien; Huber, KHM Wien; Engebrechtsz, Rijksmus.; Veronese, Pal. Pitti; El Greco, Boymans/Chicago.

Jesu Einzug in Jerusalem

Als Jesus zu seinem letzten Passahfest nach Jerusalem kam, wurde er von der Menge der Pilger jubelnd begrüßt. Er ritt wie ein neugesalbter König auf einer Eselin, die von ihrem Füllen begleitet war, in die Stadt ein. Seine Jünger und zahlreiche andere breiteten vor ihm ihre Mäntel aus oder streuten Palmzweige auf seinen Weg. Jesu Gegner aber beobachteten alles voll Ingrimm.

Quellen: Matthäus 21,1–11; Markus 11,1–10; Lukas 19,29–40; Johannes 12,12–14. – Bilder: Giotto, Arenakap. Padua; Amstel, Stuttgart; Scorel, Utrecht; Tito, Uffizien; Rubens, Dijon; Poussin, Nancy; Lebrun, Louvre; Giordano, Pal. Corsini Rom; Overbeck, Marienkirche Lübeck.

Die Tempelreinigung

Als Jesus die Händler und Käufer im Heiligtum sah, machte er eine Geißel aus Stricken und fing an, alle aus dem Tempel zu treiben. Dabei stieß er die Tische

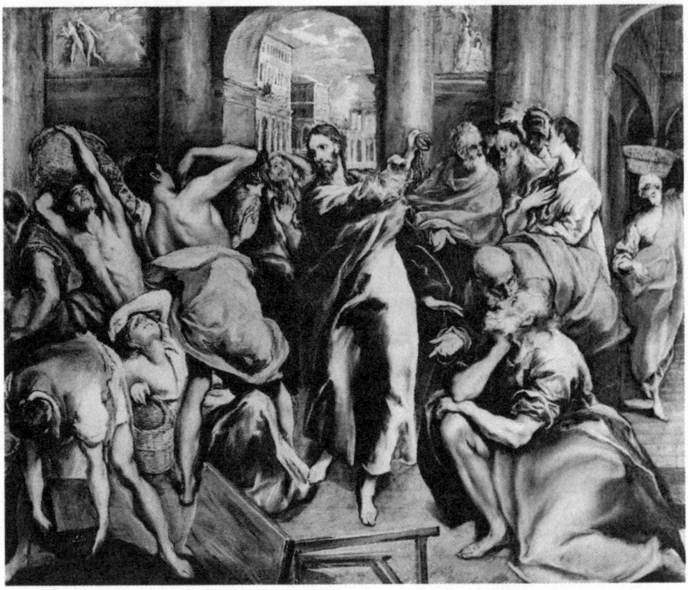

Die Vertreibung der Händler aus dem Tempel
Gemälde von El Greco, National Gallery London

der Geldwechsler und die Körbe der Taubenhändler um und rief: «Das ist ein Bethaus, ihr aber habt es zu einer Räuberhöhle gemacht!»

QUELLEN: Matthäus 21,12 f.; Markus 11,15–17; Lukas 19,45 f.; Johannes 2,13–17. – BILDER: Giotto, Arenakap. Padua; P. Brueghel, Kopenhagen; Cranach d. Ä., Dresden; El Greco, Nat. Gall. London/Fogg Art Inst. Cambridge (Mass.)/Minneapolis/Boston; Castiglione, Louvre; Jordaens, Louvre; Pannini, Prado.

Die Salbung Jesu in Bethanien

Sechs Tage vor dem herannahenden Passahfest war Jesus bei einem Mahl in Bethanien zu Gast. Da nahm Maria (Magdalena) ein Alabastergefäß mit kostbarem Salböl, zerbrach es und goß den Inhalt über Jesu Haupt. Einige der Jünger waren unwillig über diese Verschwendung, und Judas Iskariot, der die Kasse der Jüngerschar verwaltete (deshalb stets mit Börse), meinte, man hätte besser das wertvolle Öl verkaufen und den Erlös den Armen geben sollen. Jesus aber verteidigte die Frau, sie habe ein gutes Werk an ihm getan, da sie seinen Leib schon für das Begräbnis gesalbt habe. Da ging Judas Iskariot zu den Priestern und bot ihnen an, Jesus bei günstiger Gelegenheit auszuliefern. Sie versprachen ihm dafür dreißig Silberlinge.

QUELLEN: Matthäus 26,6–16; Markus 14,3–11. – BILDER: Das Bildmotiv ist meist nicht unterschieden von dem der Sünderin, die Jesus im Hause Simons salbte (siehe S. 283). Bethanien ist gemeint, wenn dabei Judas Iskariot (mit dem Geldbeutel) zu sehen ist.

Die Fusswaschung

Vor dem letzten Mahl mit seinen Jüngern nahm Jesus sein Oberkleid ab, gürtete sich mit einem Leintuch und fing an, seinen Jüngern die Füße zu waschen. Petrus wollte es zunächst nicht dulden, bis ihm Jesus sagte: «Sonst hast du keine Gemeinschaft mit mir.» Wieder bei Tische sitzend, ermahnte Jesus die Jünger, einander zu tun, was er als ihr Meister ihnen getan hatte.

Quelle: Johannes 13,4–17. – Bilder: Rimini-Schule, AP München; Duccio, Opera del Duomo Siena; Giotto, Arenakap. Padua; Fra Angelico, Akad. Florenz; Strigel, Karlsruhe; Tintoretto, Prado/Nat. Gall. London.

Das letzte Abendmahl

Am Abend vor seinem Leiden hielt Jesus mit seinen Jüngern ein Mahl. Dabei segnete er Wein und Brot und sagte, das sei sein Leib und sein Blut, die er für die Menschen dahingeben wolle. «Der Jünger, den Jesus lieb hatte» – nach der Überlieferung der Apostel Johannes –, saß an seiner Seite. Auch Judas Iskariot, der bereits mit den Hohenpriestern abgemacht hatte, Jesus gegen 30 Silberlinge auszuliefern, war zugegen. Jesus reichte ihm einen Bissen, um ihn damit als den, der ihn verraten werde, zu bezeichnen.

Quelle: Matthäus 26,17–30; Markus 14,12–26; Lukas 22,14–23; Johannes 13,21–30. – Bilder: Giotto, AP München; Gaddi, Santa Croce Florenz; Meister Bertram, Hannover; Roselli, Sixtina; Leonardo da Vinci, S. Maria delle Grazie Mailand; Tintoretto, San Rocco Venedig; D. Crespi, Brera; Rubens, Brera; Jordaens, Antwerpen; Tiepolo, Louvre; Uhde, Stuttgart.

Jesus im Garten Gethsemani am Ölberg

In der Nacht nach seinem letzten Mahl mit den Jüngern ging Jesus mit ihnen nach seiner Gewohnheit in den Garten Gethsemani am Abhang des Jerusalem gegenüberliegenden Ölbergs. Dort zog er sich mit Petrus, Jakobus (dem Älteren) und Johannes von den anderen zurück, um zu beten. Voll Angst und Traurigkeit bat er die drei, mit ihm im Gebet zu wachen, und ging dann noch einmal ein Stück weiter. Dort fiel er auf die Knie und flehte, während der Angstschweiß wie Blutstropfen zur Erde fiel: «Wenn es dir möglich ist, Vater, laß diesen Kelch an mir vorübergehen! Aber nicht mein, sondern dein Wille geschehe.» Da kam ein Engel vom Himmel und stärkte ihn. Er stand auf und ging zu den drei Jüngern zurück, die aber unterdessen vor Müdigkeit eingeschlafen waren. So sagte er zu ihnen: «Konntet ihr nicht eine Stunde mit mir wachen? Steht auf! Seht, der mich überliefern wird, ist nahe!» Während er noch redete, kam schon Judas Iskariot mit einer Schar Bewaffneter.

Quellen: Matthäus 26,36–46; Markus 14,32–42; Lukas 22,39–46. – Bilder: Mantegna, Nat. Gall. London; Giov. Bellini, Nat. Gall. London; Burgkmair, Hamburg; Mabuse, Dahlem; Correggio, Wellington Mus. London; Huber, AP München; Hemessen, Salzburg; Lebrun, Eremitage; Ricci, KHM Wien; Tiepolo, Hamburg; Delacroix, Rijksmus.

Die Gefangennahme Jesu

Während Jesus im Garten Gethsemani am Ölberg noch betete, führte Judas, einer der Apostel, eine Schar herbei, die Waffen und Fackeln trug, trat auf Jesus zu und küßte ihn, wie er es mit den Bewaffneten zur Kennzeichnung Jesu abgemacht hatte. Als Petrus sah, was vor sich ging, zog er sein Schwert und hieb Malchus, dem Knecht des Hohenpriesters, das Ohr ab. Jesus aber rief: «Laß das!», berührte das Ohr und heilte den Mann. Dann fesselten ihn die Bewaffneten und führten ihn ab, während die Jünger alle flohen. – Ein junger Mann, nur mit einem Leinentuch bekleidet, folgte dem Zug, bis man ihn zu ergreifen versuchte. Da ließ er das Tuch los und floh nackt. Die Tradition identifizierte später diesen Mann mit Markus, der allein unter den Evangelisten die kleine Episode berichtet.

Quellen: Matthäus 26,47–56; Markus 14,43–52; Lukas 22,47–53; Johannes 18,1–12. – Bilder: *Gefangennahme:* Giotto, Arenakap. Padua; Fra Angelico, S. Marco Florenz; Meister der Karlsruher Passion, WRM Köln; Holbein d. Ä., AP München; Schäuffelein, Hamburg; Dyck, Prado. *Judas erhält sein Geld:* Duccio, Opera del Duomo Siena; Giotto, Arenakap. Padua; Fra Angelico, S. Marco Florenz.

Jesus vor dem Hohen Rat und Kaiphas

Vor den Hohen Rat gebracht, wurde Jesus nach seiner Lehre befragt. Auch falsche Zeugen traten auf; doch konnte man keinen schlüssigen Grund zur Verurteilung finden. Da erhob sich der Hohepriester Kaiphas und fragte Jesus geradeheraus, ob er der Messias, Gottes Sohn, sei. Als Jesus bejahte, zerriß sich der Hohepriester wegen dieser Gotteslästerung das Gewand, und man verurteilte Jesus zum Tode. Nun spien ihn die Diener an und gaben ihm Ohrfeigen und Stockschläge.

Quellen: Matthäus 26,57–68; Markus 14,53–65; Lukas 22,54–71; Johannes 18,12–24. – Bilder: *Vor dem Hohen Rat:* Altdorfer, Passionsaltar, St. Florian bei Wien; Meister von Meßkirch, Louvre; Jordaens, Mainz. *Verspottung Jesu:* Grünewald, AP München; Manet, Chicago.

Die Verleugnung Jesu durch Petrus

Während Jesus vom Hohenpriester verhört wurde, wartete Petrus, der ihm heimlich gefolgt war, draußen im Hof, wo er sich an einem Wachtfeuer wärmte. Eine Magd erkannte ihn als einen der Jünger, doch Petrus leugnete dreimal ab, Jesus zu kennen. Da krähte ein Hahn, und Petrus erinnerte sich, daß ihm Jesus die dreimalige Verleugnung beim letzten Abendmahl vorausgesagt hatte. Er ging aus dem Hof und weinte.

Quellen: Matthäus 26,69–75; Markus 14,66–72; Lukas 22,56–62; Johannes 18,25–27. – Bilder: *Verleugnung:* Duccio, Dom Siena; Tournier, Prado; Rembrandt, Rijksmus.; Strozzi, WRM Köln. *Der reuige Petrus:* Rubens, AP München; Reni, KHM Wien/Eremitage; La Tour, Cleveland.

Die Rückgabe der Silberlinge durch Judas

Als Judas erfuhr, daß Jesus vom Hohen Rat zum Tode verurteilt worden war, erfaßte ihn Reue über seinen Verrat. Er lief zu den Priestern und beklagte seine Schuld. Die Priester antworteten: «Was geht das uns an? Das ist deine Sache.» Da warf Judas die dreißig Silberlinge, die er erhalten hatte, in den Tempel, lief fort und erhängte sich. Die Priester kauften für das Geld einen Acker zum Begräbnis der Fremden.

Quellen: Matthäus 27,3–10; Apostelgeschichte 1,16–19. – Bilder: Heck, Eremitage; Rembrandt(-Kreis), Prag; Koninck, Bonn.

Jesus vor Pilatus

Nachdem die Mitglieder des Hohen Rates Jesus zum Tode verurteilt hatten, führten sie ihn, da sie selbst das Todesurteil nicht vollstrecken durften, vor den römischen Statthalter Pilatus. Sie blieben im Vorhof des Gerichtsgebäudes und klagten Jesus an, er verhetze das Volk. Pilatus aber, der den Gefangenen befragte, fand keine Schuld an ihm.

Quellen: Matthäus 27,11–14; Markus 15,1–5; Lukas 23,1–5; Johannes 18,28–37. – Bilder: Multscher, Dahlem; Holbein d. Ä., Kaisheimer Altar, AP München; Tintoretto, San Rocco Venedig.

Jesus vor Herodes

Als Pilatus bei der Vernehmung erfuhr, daß Jesus aus Galiläa stammte, schickte er ihn, um sich der Verantwortung zu entledigen, mit seinen Anklägern zu Herodes Antipas, dem Sohn des Kindermörders Herodes und damaligem Herrscher über Galiläa. Herodes, der sich zum Fest in Jerusalem aufhielt, war neugierig auf Jesus, von dem er schon viele wunderbare Dinge gehört hatte, und hätte gern ein Wunder gesehen. Doch dieser gab ihm auf alle seine Fragen keine Antwort. Da verspottete ihn Herodes und ließ ihn, angetan mit einem weißen (Spott-)Gewand, zum Palast des Pilatus zurückbringen.

Quelle: Lukas 23,7–12. – Bilder: Duccio, Dom Siena; Glasfenster Ev. Stadtpfarrkirche Wimpfen am Berg.

Geisselung und Dornenkrönung Jesu

Pilatus ließ Jesus auspeitschen. Als dies geschehen war, ohrfeigten und bespuckten ihn die Soldaten und trieben ihren Spott mit ihm. Sie legten einen roten Mantel um seine Schultern, setzten eine aus Dornen geflochtene Krone auf sein Haupt und gaben ihm ein Schilfrohr (als Zepter) in die Hand. Dann beugten sie die Knie und grüßten Jesus als «König der Juden».

Quellen: Matthäus 27,26–31; Markus 15,15–20; Johannes 19,2–3. – Bilder: *Geißelung:* Duccio, Opera del Duomo Siena; Francke, Hamburg; Signorelli, Brera; Holbein d. Ä., AP

München; Ratgeb, Stuttgart; Altdorfer, Passionsaltar St. Florian bei Wien; Tintoretto, KHM Wien; Rembrandt, Darmstadt. *Dornenkrönung:* Meister der hl. Veronika, WRM Köln; Bosch, Nat. Gall. London; Holbein d. Ä., AP München; Tizian, AP München/Louvre; Dyck, Prado; Tiepolo, Hamburg.

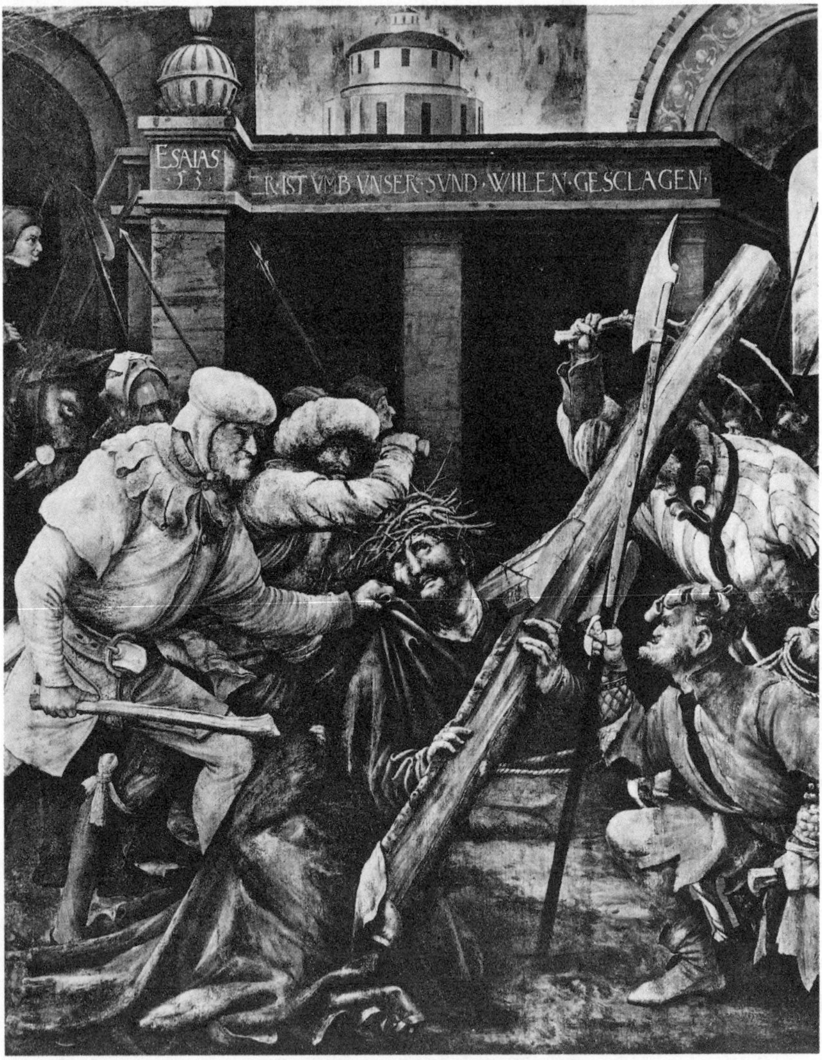

Die Kreuztragung
Gemälde von Matthias Grünewald,
Tauberbischofsheimer Altar, Karlsruhe

«Ecce Homo»

Pilatus, der von der Schuld Jesu nicht überzeugt war, bot dem vor dem Gerichtsgebäude versammelten Volk an, Jesus freizulassen, wie er dies anläßlich des Passahfestes immer mit einem Gefangenen tat. Doch die von den Priestern aufgehetzte Menge wollte lieber einen Aufrührer namens Barabbas freibekommen. Nach dem Johannesevangelium ließ Pilatus dabei den gegeißelten und mit Purpurmantel und Dornenkrone angetanen Jesus herausführen und dem Volke vorstellen: «Seht, welch ein Mensch! (Ecce homo!)» Doch die Menge schrie immer lauter: «Kreuzige ihn!» Da wusch sich Pilatus zum Zeichen seiner Unschuld die Hände und überließ Jesus den Soldaten zur Kreuzigung.

Quellen: Matthäus 27,15–25; Markus 15,6–14; Lukas 23,13–25; Johannes 18,38 – 19,16. – Bilder: Weyden, Nat. Gall. London; Bosch, Philadelphia; Holbein d. Ä., AP München; Massys, Prado; Correggio, Nat. Gall. London; Tizian, KHM Wien/Prado/Eremitage; L. Bassano, Prado; Rembrandt, Nat. Gall. London/Metrop. Mus.; Corinth, Basel.

Die Kreuztragung

Als Jesus mit noch zwei anderen zum Tode Verurteilten zur Richtstätte geführt wurde, mußte er sein Kreuz selbst tragen. Es folgte ihm eine Menschenmenge, darunter viele Frauen, die um ihn klagten und trauerten, denen aber Jesus im Hinblick auf die schlimmen Tage, die für Jerusalem (bei der Belagerung durch Titus) kommen würden, zurief: «Töchter Jerusalems, weinet nicht über mich, weint über euch selbst und eure Kinder!» Unterwegs wurde ein gewisser Simon von Cyrene, der gerade vom Feld nach Hause ging, von den Soldaten gezwungen, für Jesus das Kreuz zu tragen (oder es ihm tragen zu helfen).

Nach der außerbiblischen Überlieferung brach Jesus auf dem Weg dreimal unter der Last des schweren Kreuzes zusammen. Es wird außerdem erzählt, daß eine Frau namens Veronika Jesus aus Mitleid ihr Schweißtuch reichte, damit er sich abtrocknen konnte. Als sie das Tuch zurückerhielt, war darauf das Antlitz Jesu abgebildet (das «vera ikon», d. h. wahres Bild). Auch soll er seiner Mutter Maria begegnet sein, die beim Anblick ihres unter dem Kreuz zusammenbrechenden Sohnes in Ohnmacht fiel.

Quellen: Matthäus 27,32; Markus 15,21; Lukas 23,26–32; Johannes 19,17. – Bilder: *Kreuztragung:* Martini, Louvre; Eyck, Budapest; Multscher, Dahlem; Meister der Karlsruher Passion, Karlsruhe; Raffael (Spasimo di Sicilia*), Prado; Holbein d. Ä., AP München/Karlsruhe; Grünewald, Karlsruhe; Piombo, Prado; P. Brueghel, KHM Wien; Altdorfer, Passionsaltar St. Florian bei Wien; Bles, KHM Wien; Tintoretto, San Rocco Venedig; Tizian, Prado; Ribalta, Nat. Gall. London; Rubens, Brüssel; Lesueur, Louvre; Ribera, KHM Wien.

---

* Das Gemälde heißt so, weil es aus dem Kloster «Santa Maria del Spasimo (Ohnmacht)» in Palermo stammt.

Schweißtuch der Veronika: Wynrich, AP München; Meister von Flémalle, Städel; Meister der hl. Veronika, AP München; Weyden, KHM Wien; El Greco (Atelier), AP München; Guercino, Dresden.

Die Kreuzigung

Am Richtplatz, einem Hügel vor der Stadt, der Golgotha, d. h. «Schädelstätte» hieß, wurde Jesus von den Soldaten gekreuzigt. Zuvor zogen sie ihm seine Kleider aus, um deren Besitz sie dann würfelten. Jesu Mutter soll dabei nach der Legende ihren Schleier gereicht haben, um die Blöße ihres nackten Sohnes zu bedecken.

Auf dem Kreuz stand als Schuldspruch geschrieben: «Jesus von Nazareth, König der Juden» (INRI = Jesus Nazarenus Rex Judaeorum). Zur Rechten und zur Linken Jesu wurden zwei Räuber (oft «Schächer» genannt) gekreuzigt. Viele unter den Zuschauern, besonders die Schriftgelehrten und Ältesten, verspotteten Jesus. Das tat auch einer der beiden mit ihm gekreuzigten Schächer, während der andere seine eigene Schuld bereute und die Unschuld Jesu

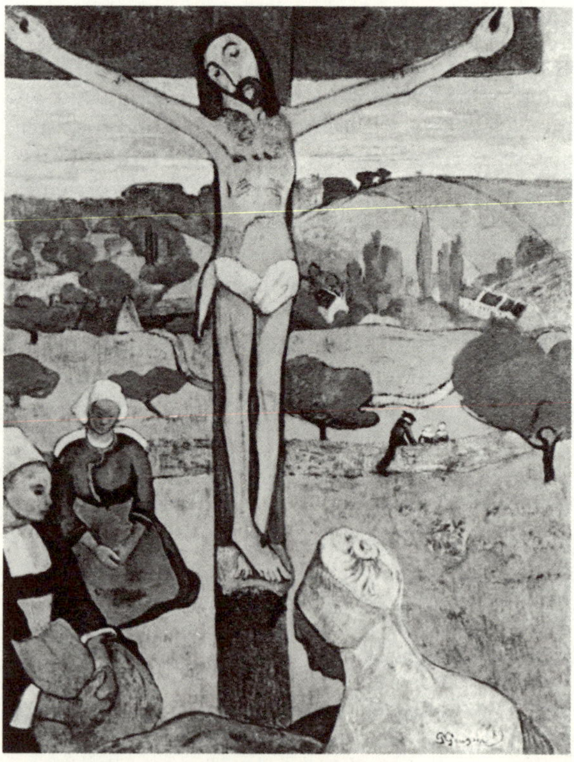

«Der gelbe Christus»
Gemälde von Paul Gaugin, Albright Art Gallery Buffalo

anerkannte. Jesus sagte ihm: «Noch heute wirst du mit mir im Paradiese sein.» Aus der Ferne schauten die Frauen zu, die Jesus nach Jerusalem gefolgt waren, unter ihnen Maria Magdalena. Näher beim Kreuz standen seine Mutter Maria und «der Jünger, den Jesus lieb hatte» (nach der Tradition der Apostel Johannes). Von der sechsten bis neunten Stunde (zwölf bis drei Uhr) verfinsterte sich die Sonne. Auf Jesu laute Rufe hin hielt man einen Schwamm mit Essig an einem langen Rohr an seine Lippen. Dann neigte Jesus sein Haupt und verschied. Da zerriß der Vorhang im Tempel von oben bis unten, die Erde bebte, Gräber öffneten sich, und die Leiber verstorbener Gerechter wurden erweckt, die vielen in der Stadt erschienen. Der Hauptmann aber, der dem Kreuz gegenüberstand, sprach: «Wahrhaftig, dieser Mensch war Gottes Sohn!»

Die spätere Legende weiß auch die Namen einiger Beteiligter, die im Evangelium nicht genannt sind: Der reuige Schächer soll Dismas geheißen haben und jener Räuber gewesen sein, der einst mitleidsvoll die Heilige Familie bei ihrer Flucht nach Ägypten vor seinen Genossen beschützt hatte (siehe S. 276); der Mann mit dem Essigschwamm soll Stephaton und der Hauptmann, der das Bekenntnis ablegte, Longinus geheißen haben. Auch heißt es, beim Erdbeben nach Christi Tod sei der Schädel Adams sichtbar geworden und vom Blut des Gekreuzigten benetzt worden; so sei auch Adam, der einst auf dem Hügel Golgotha begraben worden war, samt seinen Nachkommen der Erlösung teilhaftig geworden.

QUELLEN: Matthäus 27,32–56; Markus 15,22–41; Lukas 23,33–49; Johannes 19,17–30. – BILDER: *Die Entkleidung (Spoliatio):* El Greco, Dom Toledo/AP München; Tiepolo, Prado. *Der Schleier der Jungfrau Maria:* Meister der Karlsruher Passion, Karlsruhe. *Kreuzaufrichtung:* Juan de Flandes, KHM Wien; Huber, KHM Wien; Dürer, Dresden; Rembrandt, AP München. *Kreuzigung:* Cimabue, San Francesco Assisi; Giotto, AP München; Pleydenwurff, AP München; Raffael, Eremitage; Cranach d. Ä., AP München/KHM Wien; Grünewald, Colmar.

Die Kreuzabnahme

Da sich der Tod am Kreuze oft mehrere Tage qualvoll hinzog, wollten die Hohenpriester vermeiden, daß Jesus und die mit ihm Gekreuzigten während des Festes, das an diesem Abend begann, so nahe der Stadt am Kreuze hingen. So schickten sie Befehl zum Richtplatz, den drei Verurteilten die Gebeine mit Keulen zu zerschlagen, damit sie (durch innere Blutungen) schneller starben. Als die Soldaten zuletzt zu Jesus kamen, sahen sie, daß er schon tot war. Um sich dessen zu vergewissern, stieß ein Soldat mit der Lanze in Jesu Seite und sogleich kam Blut und Wasser heraus.

Unterdessen hatte der Ratsherr Joseph von Arimathia, ein Anhänger Jesu, von Pilatus die Erlaubnis erhalten, Jesus zu begraben. Er kam zur Richtstätte, um den Leichnam vom Kreuz abzunehmen. Desgleichen kam noch ein anderer Ratsherr, jener Nikodemus, der einst in der Nacht heimlich zu Jesus gekommen war (siehe S. 280). Meist wird noch berichtet, es sei Nikodemus (seltener Joseph von Arimathia) gewesen, der die Nägel aus dem Leib des Gekreuzigten herauszog.

Die außerbiblische Überlieferung will wissen, daß der den Befehl über die Soldaten führende Hauptmann Longinus den Lanzenstich in die Seite Jesu mit eigenen Händen ausführte. Nach einer der Legenden war er augenkrank, weshalb ihm ein Untergebener die Hand führte. Durch einen Tropfen des herausströmenden Blutes, der auf seine Augen fiel, soll Longinus geheilt worden sein.

Besondere Bedeutung hat das Blut aus der Seitenwunde Jesu für die Symbolik der Eucharistie, der christlichen Abendmahlslehre von der Verwandlung von Brot und Wein in den Leib und das Blut Christi. Deshalb stellte man sich vor, die «Ecclesia», eine Frauengestalt als Sinnbild der Kirche, habe das erlösende Blut in einem Kelch gesammelt.

Nach der mittelalterlichen Gralslegende hingegen war es Joseph von Arimathia, der das Blut mit der Kristallschale, die beim letzten Abendmahl als Trinkgefäß gedient hatte, auffing und die Schale dann später als den «heiligen Gral» nach England brachte.

QUELLEN: Matthäus 27,57 f.; Markus 15,42–46; Lukas 25,50–53; Johannes 19, 31–39; Legenda aurea (bei St. Longinus). – BILDER: *Der Lanzenstoß:* Rubens, Antwerpen. *Kreuzabnahme:* Duccio (Maiestà), Siena; Martini, Antwerpen; Fra Angelico, San Marco Florenz; Weyden, Prado; Wolgemut, AP München; Perugino, Akad. Florenz; Veronese, Eremitage; Caravaggio, Pinak. Vatikan; Rubens, Kathedrale Antwerpen; Rembrandt, AP München; Jouvenet, Louvre; Solimena KHM Wien.

Die Beweinung Christi (Depositio) – Pietà (Vesperbild)*

Nach der Abnahme des Leichnams Jesu vom Kreuz, so stellten es sich die Christen seit jeher vor, trauerten die bei der Kreuzigung anwesenden Frauen – Maria, die Mutter Jesu, Maria Magdalena und Maria, die Mutter des Jakobus – zusammen mit dem Apostel Johannes und den Ratsmitgliedern Nikodemus und Joseph von Arimathia um den Toten.

Auch nimmt man an, der tote Jesus habe, bevor er in das Grab gelegt wurde, noch auf dem Schoß seiner von tiefem Schmerz erfüllten Mutter Maria gelegen.

BILDER: Giotto, Arenakap. Padua; Lorenzetti, Unterkirche Assisi; Botticelli, AP München/ Uffizien; Geertgen tot Sint Jans, KHM Wien; Grünewald, Colmar; Dürer, AP München/ Dresden; Liberale da Verona, AP München; Engebrechtsz, AP München; Cleve, Louvre; Lotto, Brera; Key, AP München; Veronese, Eremitage; A. Carracci, Nat. Gall. London; Spranger, AP München; C. Cornelisz, KHM Wien; D. Crespi, Prado; Rubens, KHM Wien; Dyck, AP München; Poussin, AP München.

---

* «Depositio» = Niederlegung zur Beweinung, «Pietà» = Maria allein mit Jesu Leichnam.

Die Grablegung

Joseph von Arimathia hatte weißes Leinen mitgebracht. Man hüllte den Leichnam Jesu darin ein und legte ihn in ein Grab, das Joseph für sich aus dem Felsen hatte heraushauen lassen. Er soll nach der Legende Jesus an den Schultern, Nikodemus ihn an den Füßen getragen haben.

Quellen: Matthäus 27,59–61; Markus 15,42–47; Lukas 23,50–56; Johannes 19,38–42. – Bilder: Ugolino da Siena, Dahlem; Francke, Hamburg; Bouts, Nat. Gall. London; Fra Angelico, AP München; Giov. Bellini, Dahlem; Altdorfer, KHM Wien; Holbein d. Ä., Basel; Gérard David, Nat. Gall. London; Michelangelo, Nat. Gall. London; Tizian, Louvre; Caravaggio, Pinak. Vatikan; Rubens, AP München; Vouet, Louvre; Rembrandt, AP München; Werff, AP München.

Die Auferstehungsgeschichten

Das Auferstehungsgeschehen selbst wird in den Evangelien nirgends geschildert. Es gibt nur die Geschichten vom leeren Grab und von den Erscheinungen des Auferstandenen vor den Jüngerinnen und Jüngern. Die Ausgestaltung dieser Texte enthält hinsichtlich Ort, Zeit und beteiligten Personen manche Widersprüchlichkeiten; auch die Reihenfolge der Erscheinungen bleibt unklar und wird von der späteren Auslegung auf verschiedene Weise harmonisiert.

Die Auferstehung Jesu

Die Hohenpriester hatten nach Jesu Tod am Grab eine Wache aufgestellt, da sie fürchteten, die Jünger würden den Leichnam stehlen, um sagen zu können, Jesus sei von den Toten auferstanden (Matthäus 27,62–66). Man stellte sich deshalb später vor, daß die Wächter vor dem strahlenden Glanz des Auferstandenen bestürzt zu Boden fielen und flohen.

Bilder: Francke, Hamburg; Bouts, AP München; Multscher, Dahlem; Mantegna, Tours; Giov. Bellini, Dahlem; Fra Bartolommeo, Pal. Pitti; Wolgemut, AP München; Holbein d. Ä., AP München/Städel; Grünewald, Colmar; Altdorfer, Passionsaltar St. Florian bei Wien; Cranach d. J., Leipzig; Tintoretto, Dogenpalast Venedig; Veronese, Dresden; A. Carracci, Louvre; El Greco, Prado; Rembrandt, AP München.

Christus in der Vorhölle – Höllenfahrt/Niederfahrt

Es ist alte Überzeugung, daß Christus bei seiner Auferstehung als erstes die vor ihm verstorbenen Gerechten aus der Herrschaft des Todes befreite, nachdem er zuvor selbst ins Totenreich, die «Hölle» oder «Vorhölle», gelangt war, wie dies auch im Credo, dem christlichen Glaubensbekenntnis, Ausdruck fand: «... Abgestiegen zu der Hölle (zu den Toten) ...» Die außerbiblische

Überlieferung hat den Vorgang breit ausgemalt: Die Tore der Hölle/Unterwelt wurden zerbrochen und die Toten von ihren Fesseln befreit; Adam wurde auferweckt und an der Spitze der Patriarchen und heiligen Vorväter und Propheten Israels von Christus aus dem Höllenrachen gerissen. Oft erkennt man Moses (mit Hörnern am Kopf) oder König David (mit Krone); auch Johannes der Täufer, der gute Schächer Dismas oder die unschuldig ermordeten bethlehemitischen Kinder wurden miteinbezogen.

QUELLEN: 1. Petrusbrief 3,19 ff. und 4,6 (umstritten); Epheserbrief 4,9 (umstritten); Nikodemus Evangelium 21–24; Legenda aurea (von der Auferstehung des Herrn). – BILDER: Duccio, Opera del Duomo Siena; Giotto, AP München; Fra Angelico, San Marco Florenz; Fries, Mus. Freiburg; Palma Vecchio, KHM Wien; Bronzino, Uffizien; Tintoretto, San Cassiano Venedig.

Die Erscheinung des auferstandenen Jesus vor Maria

Nach Meinung einiger geistlicher Autoren des Mittelalters erschien der auferstandene Christus zuerst und vor allen anderen seiner Mutter Maria, begleitet von der Schar der aus der Vorhölle befreiten Patriarchen.

QUELLEN: Legenda aurea (von der Auferstehung des Herrn); Ludolf von Sachsen: Vita Jesu Christi. – BILDER: Kulmbach, Leipzig; Juan de Flandes, Nat. Gall. London; Reni, Dresden; Solimena, Cleveland.

Die Frauen an Jesu Grab

Nach dem Sabbat, den sie nach jüdischem Brauch in Ruhe verbracht hatten, kauften die Frauen wohlriechende Stoffe, um Jesus zu salben, und gingen damit im Morgengrauen zu seinem Grab: Maria Magdalena, Maria, die Mutter des Jakobus, sowie Salome und Johanna. Als sie zum Grab kamen, war der große Stein, der vor dem Eingang lag, weggewälzt und die Gruft leer. Ein Engel saß in einem weißen Gewand auf der rechten Seite und schickte die Frauen zu den Aposteln, um diesen zu melden, daß Christus auferweckt worden war. Als sie voll Furcht und Freude schnell hinwegeilten, begegnete ihnen der Auferstandene, und sie umfaßten huldigend seine Füße.

QUELLEN: Matthäus 28,1–10; Markus 16,1–8; Lukas 24,1–10. – BILDER: Duccio (Majestà), Siena; Elsheimer, Bonn; La Hire, Louvre; Jordaens, Bodemus.; La Fosse, Eremitage.

«Noli me tangere» – Christus als Gärtner

Maria Magdalena, die Petrus und Johannes zum leeren Grab geholt hatte, war weinend davor stehengeblieben, als die beiden wieder weggingen. Da sah sie im Grab zwei weißgekleidete Engel sitzen, die sie fragten, warum sie weine. Sie antwortete: «Sie haben meinen Herrn weggenommen, und ich weiß nicht, wohin sie ihn gelegt haben.» Während sie noch sprach, schaute sie herum und sah Jesus stehen, erkannte ihn aber nicht, sondern meinte, es sei einer der

Gärtner. Sie bat ihn deshalb: «Wenn du ihn fortgetragen hast, sag mir, wohin du ihn gelegt hast.» Da sagte Jesus: «Maria», und sie rief aus: «Rabbi» (Meister). Doch er wehrte sie ab: «Rühr mich nicht an (Noli me tangere)!» Dann gab er ihr den Auftrag, den Jüngern zu sagen, er werde zu seinem Vater aufsteigen. Sie lief sogleich zu den Aposteln und meldete es ihnen.

QUELLE: Johannes 20,14–18. – BILDER: Duccio (Majestà), Siena; Giotto, Arenakap. Padua; Fra Bartolommeo, Louvre; Montagna, Dahlem; Correggio, Prado; Tizian, Nat. Gall. London; Veronese, Grenoble; Barocci, AP München; Lesueur, Louvre; Rembrandt, Buckingham Pal.; La Fosse, Eremitage.

Emmaus

Am dritten Tage nach Jesu Kreuzigung waren zwei Jünger auf dem Weg zu dem einige Stunden von Jerusalem entfernten Ort Emmaus. Sie waren traurig über das, was geschehen war, und redeten davon mit einem Wanderer, der sich unterwegs zu ihnen gesellte und ihnen die Schriften über den Tod und die Auferstehung des Messias auslegte. Seine Reden rührten die beiden derart an, daß sie am Abend, als sie in Emmaus ankamen, ihren Begleiter baten, noch bei ihnen zu bleiben. Beim Essen brach der Unbekannte das Brot, segnete es und gab ihnen davon. Da erkannten sie, daß es Jesus war. Er aber war auf einmal nicht mehr zu sehen.

QUELLE: Lukas 24,13–33. – BILDER: Carpaccio, San Salvatore Venedig; Bles, KHM Wien; Pontormo, Uffizien; Tizian, Louvre; Veronese, Louvre/Boymans; Tintoretto, Budapest; Caravaggio, Brera/Nat. Gall. London; Bloemaert, Brüssel; Louis Le Nain, Louvre; Velasquez, Metrop. Mus.; Rembrandt, Louvre; La Hire, Grenoble; Piazzetta, Cleveland; Uhde, Städel.

Der ungläubige Thomas

Am Abend des Tages, an dem die Frauen zuerst dem Auferstandenen begegnet waren, war Jesus auch den versammelten Aposteln erschienen, obwohl diese aus Furcht alle Türen verschlossen hatten. Nur Thomas war nicht dabei gewesen und glaubte nicht, was die anderen ihm erzählten. «Wenn ich nicht an seinen Händen das Mal der Nägel sehe», sagte er, «und meine Hand in seine Seitenwunde lege, glaube ich nicht.» Da kam Jesus acht Tage später noch einmal zu den Versammelten, wieder durch die verschlossenen Türen, und forderte Thomas auf, seine Finger in die Wunden der Nägel und seine Hand in die Seite zu legen. Da rief Thomas aus: «Mein Herr und mein Gott!» Aber Jesus sagte zu ihm: «Weil Du mich gesehen hast, glaubst du? Selig, die nicht sehen und doch glauben.» (Abb. S. 310)

QUELLE: Johannes 20,19–29. – BILDER: Duccio (Majestà), Siena; Meister des Bartholomäusaltars, WRM Köln; Cima de Conegliano, Akad. Venedig; Caravaggio, Sanssouci; M. de Vos, Antwerpen; Guercino, Nat. Gall. London/Salzburg.

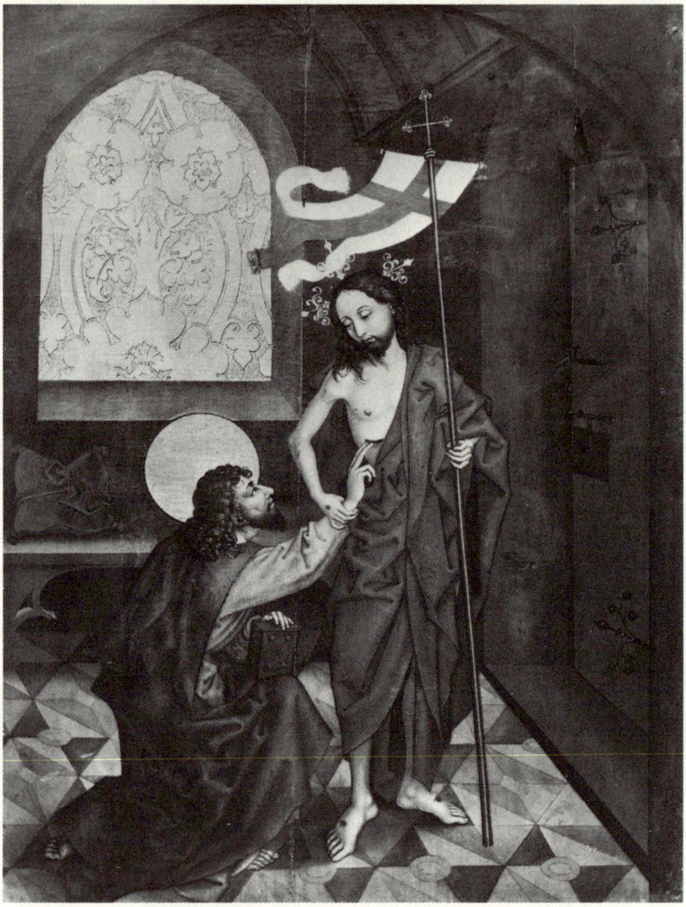

Der ungläubige Thomas
Gemälde von Martin Schongauer, Colmar

Die Erscheinung am See – Wunderbarer Fischzug*

Es war in der Zeit nach der Kreuzigung Jesu, als einige der Jünger die ganze Nacht vergeblich auf dem See von Tiberias (= See Genezareth) gefischt hatten und am Morgen in ihrem Boot zurückkamen. Da stand Jesus am Strand, ohne daß sie merkten, wer er war. Er bat sie um einen Fisch, und sie antworteten, sie hätten nichts gefangen. Da gebot ihnen der Fremde, das Netz auf der

* In der Kunst ist nicht immer klar, was mit dem «wunderbaren Fischzug» gemeint ist: die Erscheinung des Auferstandenen oder der Fischzug bei der Berufung der Jünger nach Lukas 5,4–11 (siehe S. 279).

rechten Seite des Bootes auszuwerfen. Sie taten es und fingen so viele Fische, daß sie das Netz kaum noch ziehen konnten. Da erkannte Johannes: «Es ist der Herr», und Petrus sprang, als er das hörte, ins Wasser und schwamm zu Jesus hin. Die anderen brachten das Netz mit dem Boot ans Ufer, wo ein Kohlenfeuer brannte, mit einem Fisch darauf und einem Brot daneben. Danach übertrug Christus dem Petrus das oberste Hirtenamt mit den Worten: «Weide meine Schafe (Pasce oves meos)!»

QUELLE: Johannes 21,1–19. – BILDER: *Der wunderbare Fischzug:* Witz, Basel/Genf; Tintoretto, Washington; Rubens, Nancy. *Pasce oves meos:* Raffael (Karton), Victoria & Albert.

Die Apostelgeschichte

Dieser nach der Tradition vom Evangelisten Lukas verfaßte Bericht erzählt, wie sich nach der Himmelfahrt Jesu durch die Predigt der Apostel eine ständig wachsende Gemeinde bildete und von Jerusalem aus über den ganzen Bereich der östlichen Mittelmeerländer hin ausbreitete. Besondere Marksteine waren dabei die Ausgießung des Heiligen Geistes an Pfingsten, die Steinigung des Diakons Stephanus mit der anschließenden Verfolgung und Zerstreuung vieler Gläubigen in die umliegenden Gebiete, die Aufnahme der ersten Heiden in die Gemeinde und vor allem die Bekehrung des Saulus/Paulus, der auf mehreren Missionsreisen Kleinasien und Griechenland besuchte und schließlich als Gefangener nach Rom gelangte.

DIE HIMMELFAHRT CHRISTI (ASCENSIO)

Am vierzigsten Tag nach seiner Auferstehung gab Christus auf dem Ölberg, der Jerusalem gegenüberlag, seinen Jüngern den Auftrag, als seine Zeugen in die ganze Welt hinauszugehen. Dann wurde er vor ihren Augen emporgehoben und verschwand in einer Wolke. Zwei weißgekleidete Engel sagten zu den Aposteln, die ihm nachstarrten: «So wie ihr ihn habt weggehen sehen, wird er wiederkommen.»

QUELLEN: Apostelgeschichte 1,4–12; Markus 16,19; Lukas 24,50–52. – BILDER: Giotto, Arenakap. Padua; Fra Angelico, Akad. Florenz; Mantegna, Uffizien; Grünewald, Colmar; Ricci, Dresden.

DIE AUSGIESSUNG DES HEILIGEN GEISTES ZU PFINGSTEN

Nach der Himmelfahrt Christi waren die Apostel nach Jerusalem zurückgekehrt, wo sie im Obergeschoß eines Hauses zusammenblieben, um zu beten; auch die Frauen, die Jesus gefolgt waren, sowie seine Mutter Maria waren dabei. Am zehnten Tag, am jüdischen Pfingstfest (50 Tage nach dem Passah),

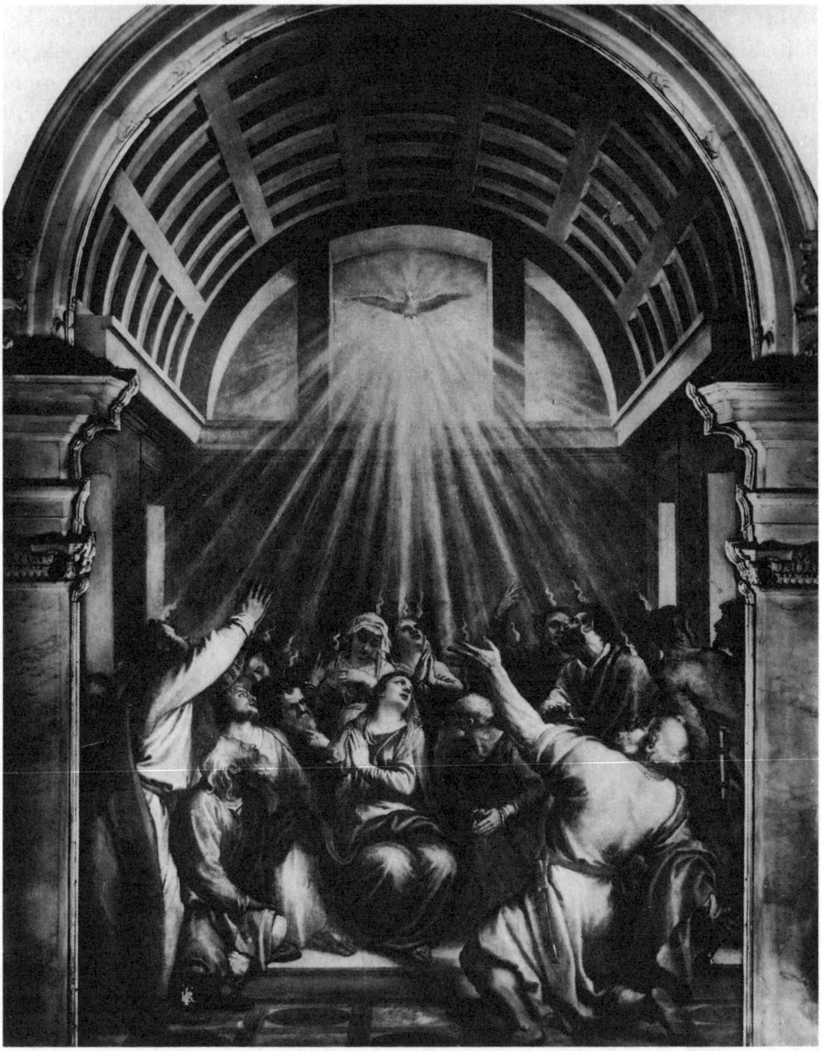

Die Ausgießung des Heiligen Geistes (Pfingsten)
Gemälde von El Greco, Prado

kam ein Brausen vom Himmel her, und Feuerzungen ließen sich auf jedem von ihnen nieder. Alle wurden vom Heiligen Geist erfüllt und begannen, in verschiedenen Sprachen zu reden. Da liefen viele Leute zusammen, auch solche aus fernen Ländern, die als Pilger in Jerusalem waren, und jeder verstand sie in seiner Sprache. Die einen waren erstaunt, andere hielten sie für betrunken. Petrus aber verwies auf den Propheten Joel (3,1–5), der geweissagt hatte, daß in der Zeit der Ausgießung des Gottesgeistes viele Männer und Frauen von ekstatischen Zuständen ergriffen würden. Dann predigte er Jesus als den Messias, und viele ließen sich taufen. Bei der Herabkunft des Geistes waren es wieder zwölf Apostel: als Ersatz für den Verräter Judas Iskariot (siehe S. 301) war Matthias durch das Los in die Gemeinschaft aufgenommen worden (Apostelgeschichte 1,15–26).

QUELLE: Apostelgeschichte 2,1–21. – BILDER: Schaffner, AP München; Bordone, Brera; Vasari, Sanssouci; Tizian, S. Maria della Salute Venedig; El Greco, Prado; Rottenhammer, Kassel; Dyck, Sanssouci; Giordano, Prado.

Die Heilung eines Gelähmten durch Petrus und Johannes

Als die Apostel Petrus und Johannes einmal zum Tempel gingen, saß am «Schöne Pforte» genannten Eingangstor ein Mann, der von Geburt an gelähmt war und dort um Almosen bettelte. Petrus sagte zu ihm: «Blick uns an!» Und der Mann schaute zu ihnen hin in der Erwartung, etwas zu bekommen. Da sprach Petrus: «Gold und Silber habe ich nicht. Aber was ich habe, gebe ich dir: Im Namen Jesu Christi, geh umher!» Dabei nahm er die Hand des Gelähmten, der sich aufrichtete und umhersprang. Nun lief viel Volk zusammen, dem Petrus auf dem Tempelplatz predigte.

QUELLE: Apostelgeschichte 3. – BILDER: Raffael, (Gobelin) Pinak. Vatikan, (Karton) Victoria & Albert; Poussin, Metrop. Mus.; Eeckhout, San Francisco.

Der Tod des Ananias und der Saphira

Die neu zu Christus bekehrten Gläubigen hatten alles gemeinsam. Wer Besitz hatte, verkaufte ihn und brachte den Erlös den Aposteln, die davon denen zuteilten, die es nötig hatten. Auch ein gewisser Ananias/Hananias und seine Frau Saphira verkauften ein Grundstück, behielten aber heimlich einen Teil des Erlöses für sich. Als Ananias das Übrige vor die Apostel brachte, hielt Petrus ihm vor, er hätte über das Grundstück oder den Erlös frei verfügen können, durch seine Lüge aber habe er nicht Menschen, sondern Gott betrogen. Auf diese Worte hin stürzte Ananias zu Boden und starb. Junge Männer trugen ihn hinaus, um ihn zu begraben.

Nach drei Stunden kam Saphira, die Frau des Ananias, in den Versammlungsraum, ohne zu wissen, was geschehen war. Von Petrus nach dem Preis des Grundstückes befragt, log auch sie. Da sagte ihr Petrus: «Die Füße derer, die deinen Mann hinausgetragen haben, sind schon vor der Tür; auch dich wird man hinaustragen.» Sie brach tot zusammen und wurde von den jungen Männern, die gerade von der Beerdigung ihres Mannes zurückkamen, weggetragen.

QUELLE: Apostelgeschichte 4,32 – 5,11. – BILDER: *Tod des Ananias:* Raffael, (Gobelin) Pinak. Vatikan, (Karton) Victoria & Albert. *Tod der Saphira:* Poussin, Louvre.

Die Heilung der Kranken durch den Schatten des Petrus

Da durch die Apostel damals in Jerusalem viele Zeichen und Wunder geschahen, schlossen sich ihnen immer mehr Leute an. Wenn Petrus durch die Straßen ging, trug man die Kranken heraus, damit wenigstens sein Schatten auf sie fiele. Auch Besessene, die man aus dem ganzen Land herbeibrachte, wurden durch das Gebet des Petrus gesund.

Quelle: Apostelgeschichte 5,12–16. – Bilder: *Heilung durch Petri Schatten:* Masaccio, Brancaccikap. Florenz; Romanelli, Peterskirche Rom; La Hire, Notre Dame Paris/Louvre. *Heilung eines Besessenen:* Polack, Bayr. Nat. Mus. München.

Der Diakon Stephanus

Um sich angesichts der wachsenden Gemeinde bei ihren Aufgaben zu entlasten, bestimmten die Apostel sieben Gehilfen, denen sie als Zeichen der Amtsübertragung die Hände auflegten. Einer von ihnen war Stephanus, der mit solchem Eifer und Geschick dem Volk predigte und mit den Schriftgelehrten disputierte, daß man ihn vor den Hohen Rat zerrte. Dort hielt Stephanus eine große Bekenntnisrede, die in den Worten gipfelte: «Ich sehe den Himmel offen und den Menschensohn (Jesus) zur Rechten Gottes sitzen.» Das brachte die Zuhörer in solche Wut, daß sie Stephanus vor die Stadt schleppten und steinigten. Ihre Oberkleider, die sie dabei ablegten, bewachte ein junger Mann namens Saulus (der spätere Paulus). Bevor Stephanus starb, betete er für seine Verfolger.

Die spätere Überlieferung hat um die Überreste des ersten Blutzeugen der jungen Kirche (daher «Erzmärtyrer» Stephanus) viele Legenden gesponnen: Nikodemus und der in der Apostelgeschichte als angesehener Gesetzeslehrer genannte Gamaliel (5,34 ff und 22,3 f.) sollen Stephanus nach der Steinigung begraben haben. Zu Anfang des 5. Jahrhunderts erschien dann Gamaliel in einem weißen goldgestickten Gewand dem römischen Priester Lucianus und forderte ihn auf, die Gebeine von vier Männern zu bestatten, die zu Jerusalem in einem verwahrlosten Grabe lägen: die seinen und die des Nikodemus in zwei Körben mit weißen Rosen, die seines Sohnes in einem silbernen Korb, vor allem aber die des Stephanus in einem Korb mit roten Rosen. Lucianus fuhr nach Jerusalem und fand das Grab und die Körbe. Später kamen die Reliquien des Stephanus nach Konstantinopel und von da nach Rom, wo der hl. Diakon Laurentius mit seinem Sarkophag zur Seite rückte, um seinem Amtskollegen aus Jerusalem Platz zu machen.

Quelle: Apostelgeschichte 6 und 7; Legenda aurea (St. Stephani Findung). – Bilder: *Stephanus zum Diakon geweiht:* Fra Angelico, Nikolauskap. Vatikan; Carpaccio, Dahlem. *Stephanus im Disput:* Carpaccio, Brera; Juanes, Prado. *Stephanus predigt dem Volk:* Carpaccio, Louvre. *Steinigung des Stephanus:* Martino di Bartolommeo, Städel; Gentile da Fabriano, KHM Wien; Reichlich, AP München; Carpaccio, Stuttgart; Lotto, Brera; Elsheimer, Edinburgh; Rubens, Valenciennes. *Begräbnis des Stephanus:* Filippo Lippi, Dom Prato; Francia,

Gall. Borghese; Juanes, Prado; Delacroix, Arras. *Auffindung der Leiche des Stephanus:* Daddi, Mus. Vatikan. *Zyklus zu Laurentius und Stephanus:* Fra Angelico, Nikolauskap. Vatikan.

Der Wechselbalg

Eine (völlig anachronistische) Legende erzählt, Stephanus sei bei seiner Geburt von Satan geraubt worden, der statt seiner einen Dämon in die Wiege legte und den kleinen Stephanus zum Haus eines Bischofs namens Julian brachte. Als der Bischof das Weinen hörte und die Haustür öffnete, sah er eine Hirschkuh das Neugeborene säugen. Das Tier forderte ihn auf, das Kind zu adoptieren. Herangewachsen kehrte Stephanus in sein Vaterhaus zurück und vertrieb den Dämon mit dem Zeichen des Kreuzes. Dieser entfloh in Gestalt eines behaarten Teufels mit Hörnern, Fledermausflügeln und einem langen Schwanz.

Quelle: Vita fabulosa Sancti Stephani Protomartyris (Manuskript in Monte Cassino). – Bild: Martino di Bartolommeo, Städel.

Die Taufe des Eunuchen/Kämmerers aus Äthiopien

Einer der sieben Diakone, die als Gehilfen der Apostel das Evangelium verkündeten, war Philippus. Er begegnete auf der Straße, die von Jerusalem zur Küste führte, einem Wagen, auf dem der Kämmerer (damals meist ein Eunuche) der äthiopischen Königin Kandake saß. Der Reisende war offenbar auf dem Heimweg von einer Wallfahrt nach Jerusalem und las laut – wie in der Antike üblich – das Buch des Propheten Jesaja. Er war gerade an der Stelle vom «Lamm, das zur Schlachtbank geführt wird» (53,7); da fragte ihn Philippus, ob er denn auch verstehe, was er lese. Eingeladen, auf den Wagen zu steigen, um den Sinn des Textes zu erklären, legte der Diakon die Weissagung auf Jesus hin aus. Als der Wagen auf seiner Fahrt an einem Brunnen vorbeikam, fragte der Kämmerer, was denn seiner Taufe noch im Wege stünde. Die beiden stiegen zum Wasser hinab, und Philippus taufte den Äthiopier.

Quelle: Apostelgeschichte 8,26–40. – Bilder: Aertsen, Boymans; Lastmann, AP München/Karlsruhe; Rembrandt, Katharinenkloster Utrecht; Koninck, Basel; Lorrain, Buffalo (N.Y.).

Der Sturz des Saulus/Paulus* vor Damaskus – Pauli Bekehrung

Saulus aus Tarsus, jener Mann, der bei der Steinigung des Stephanus die Kleider der daran Mitwirkenden bewacht hatte (siehe S. 313), tat sich bei der anschließenden Verfolgung der jungen Gemeinde von Jerusalem besonders

* In der Kunst ist hier meist schon der Name Paulus verwendet, während die Bibel erst später den Namenswechsel vornimmt (Apostelgeschichte 13,9).

hervor. Er holte sich sogar Vollmachten beim Hohenpriester und reiste nach Damaskus, um die dorthin Geflüchteten gefesselt zurückzubringen. Als er sich der Stadt näherte, umstrahlte ihn plötzlich ein blendend helles Licht, er stürzte zu Boden und hörte eine Stimme sagen: «Saul, warum verfolgst du mich?» Als er sich wieder erhob, mußten ihn seine Begleiter in die Stadt führen, und drei Tage war er blind.

In dieser Zeit hatte ein Jünger Jesu namens Ananias/Hananias, der in Damaskus lebte, eine Vision, in der ihm Gott auftrug, in die «Gerade Straße» zu gehen, wo er Saulus finden werde. Ananias ging hin und legte Saulus die Hände auf, worauf dieser wieder sehend wurde und sich taufen ließ. Sogleich fing Saulus/Paulus an, in den dortigen Synagogen Christus mit solchem Eifer zu predigen, daß man ihn töten wollte. Die Jünger Jesu aber ließen ihn, da die Tore Tag und Nacht bewacht waren, in einem Korb die Stadtmauer herab und er entkam.

QUELLEN: Apostelgeschichte 8,3 und 9,1–25; 2. Korintherbrief 11,32 f. – BILDER: *Der Sturz vor Damaskus:* Raffael, (Gobelin) Pinak. Vatikan, (Karton) Victoria & Albert; Holbein d. Ä., Augsburg; Parmigianino, KHM Wien; Michelangelo, Cap. Paolina, Vatikan; P. Brueghel, KHM Wien. *Paulus erhält durch Ananias das Augenlicht wieder:* Cortona (Werkstatt), KHM Wien. *Paulus predigt und wird im Korb von der Mauer gelassen:* Polack, Bayr. Nat. Mus. München.

Die Heilung des Aeneas durch Petrus

Bei seinen Reisen durch die Gemeinden kam Petrus nach Lydda/Lod (beim heutigen Tel-Aviv), wo er auf einen Jünger Jesu namens Aeneas traf, der seit acht Jahren gelähmt im Bette lag. Petrus gebot ihm, aufzustehen und sein Bett zu richten. Aeneas erhob sich, und alle, die ihn sahen, bekehrten sich.

QUELLE: Apostelgeschichte 9,32–35. – BILDER: Raffael (Gobelin), Pinak. Vatikan; Eeckhout, San Francisco.

Die Auferweckung der Tabitha/Dorkas

Nachdem Petrus in Lydda den gelähmten Aeneas geheilt hatte, rief man ihn zum nahegelegenen Joffe (Jaffa); denn dort war eine Jüngerin namens Tabitha oder Dorkas (= Gazelle), bekannt durch ihre guten Werke und ihre Almosen, gestorben. Petrus ging hin und fand die Tote im Obergemach des Hauses aufgebahrt, umringt von vielen Witwen, die dem Apostel die Kleider und Mäntel zeigten, die Tabitha ihnen gegeben hatte. Petrus schickte alle hinaus, kniete nieder, betete und sagte: «Tabitha, steh auf!» Als sie die Augen öffnete, gab ihr Petrus die Hand und half ihr beim Aufstehen. Dann rief er alle herein und zeigte ihnen, daß Tabitha wieder lebte.

QUELLE: Apostelgeschichte 9,36–41. – BILDER: Masolino, Brancaccikap. Florenz; Guercino, Pal. Pitti.

Die Vision des Petrus und die Bekehrung des Cornelius

Der römische Hauptmann Cornelius, der in Caesarea am Meer Dienst tat und der jüdischen Religion sehr zugetan war, schickte auf Geheiß eines Engels einen Soldaten und zwei Diener nach Jaffa, wo Petrus bei einem Gerber namens Simon wohnte. Während die Boten sich zu Simon durchfragten, wartete Petrus gerade auf dem flachen Dach des Hauses auf sein Essen. Da hatte er eine Vision: Ein Tuch mit allerlei Tieren, reinen und unreinen, kam vom Himmel, und eine Stimme befahl ihm, davon zu essen. Petrus beteuerte, er habe noch nie etwas Unreines genossen; doch die Stimme ertönte noch einmal: «Du sollst nicht für unrein halten, was Gott rein gemacht hat.»
Als dann die Boten kamen und ihm vom frommen Leben ihres Herrn erzählten, ging Petrus mit ihnen nach Caesarea ins Haus des Cornelius, wo er den Leuten, die sich dort versammelt hatten, die Auferstehung Jesu verkündete. Während er redete, wurden auch die Nichtjuden unter den Anwesenden vom Heiligen Geist ergriffen, und Petrus begriff, was seine Vision von den reinen und unreinen Tieren bedeuten sollte: Er ließ auch die Heiden auf den Namen Jesu taufen.

Quelle: Apostelgeschichte 10. – Bilder: *Vision von den reinen und unreinen Tieren:* Feti, KHM Wien. *Bekehrung und Taufe des Cornelius:* B. Fabritius, Braunschweig.

Die Befreiung des Petrus aus dem Gefängnis

Um diese Zeit wurde Herodes (Agrippa I.) König von Judäa (41–44). Er wollte sich bei den Gegnern der Apostelgemeinde unter den Juden beliebt machen und ließ den Apostel Petrus ins Gefängnis werfen, um ihm den Prozeß zu machen. Doch in der Nacht vor der Verhandlung, als Petrus mit Ketten gefesselt zwischen zwei Soldaten schlief, erschien ein Engel in seiner Zelle und forderte ihn auf mitzukommen. Die Ketten fielen ab, und Petrus ging ungehindert mit dem Engel an den Wachen vorbei, die vor seiner Zelle und in den Gängen standen, bis zum Tor des Gefängnisses, das sich von selbst öffnete. Auf der Straße dahineilend glaubte Petrus noch zu träumen. Erst als der Engel plötzlich verschwand, verstand er, was geschehen war. Er ging zu dem Haus, wo die Gemeinde für ihn Tag und Nacht betete, und erzählte alles. Dann verließ er Jerusalem.

Quelle: Apostelgeschichte 12, 1–9. – Bilder: Jacopo di Cione, Philadelphia; Witz, Genf; Raffael, Stanze Heliodors Vatikan; Schäuffelein, Nürnberg; Steenwijck d. J., KHM Wien; Ribera, Dresden; Terbrugghen, Schwerin.

Paulus und der Zauberer Elymas/Barjesus

Auf ihrer Missionsreise kamen ein Jünger namens Barnabas und Saulus/Paulus nach Zypern, wo der Statthalter Sergius Paulus sie rufen ließ, um ihre Botschaft zu hören. Doch ein jüdischer Zauberer, Barjesus oder griechisch

Elymas genannt, kam ebenfalls dazu, um zu verhindern, daß der Statthalter zum Glauben kam. Da schaute Paulus seinen Gegner scharf an und sagte zu ihm: «Eine Zeitlang wirst du die Sonne nicht mehr sehen.» Als Sergius Paulus sah, wie der Mann blind herumtappte, nahm er den Glauben an.

QUELLE: Apostelgeschichte 13,6–12. – BILD: Raffael (Karton), Victoria & Albert.

Paulus und Barnabas in Lystra

Auf ihrer Missionsreise durch Kleinasien kamen Paulus und Barnabas in die Stadt Lystra. Dort heilte Paulus einen Gelähmten, woraufhin die erstaunten Einwohner in ihrer Sprache riefen, Götter in Menschengestalt seien zu ihnen gekommen; die Priester des Zeustempels brachten sogar Stiere und Blumenkränze zum Tor, um ein Opferfest zu feiern. Als Barnabas und Paulus merkten, was geschah, zerrissen sie ihre Kleider und versicherten, daß sie nur Menschen seien. Nur mit Mühe konnten sie die Leute davon abhalten, ihnen zu opfern.

Dann kamen Gegner des Paulus in die Stadt und stachelten die Einwohner gegen ihn auf. Man steinigte ihn und schleppte ihn wie tot vor die Tore hinaus. Dort stand er aber auf und ging zurück in die Stadt.

Barnabas, der später ohne Paulus Missionsreisen unternahm, soll Kranke geheilt haben, indem er ihnen das Matthäus-Evangelium auf den Kopf oder auf die Brust legte.

QUELLEN: Apostelgeschichte 14,8–19; 2. Korintherbrief 11,25; Legenda aurea (bei St. Barnabas). – BILDER: *Paulus und Barnabas als Götter verehrt:* Raffael (Karton), Victoria & Albert; Bleker, Braunschweig; Hemessen, Budapest; Bourdon, Prado; Jordaens, Akad. Wien. *Die Steinigung des Paulus in Lystra:* Champaigne, Marseille. *Barnabas heilt durch das Matthäusevangelium:* Veronese, Rouen.

Die Auseinandersetzung zwischen Petrus und Paulus

Obwohl auf einer Zusammenkunft aller Apostel in Jerusalem, dem sogenannten «Apostelkonzil» (vgl. auch Apostelgeschichte 15,1–31), die Heidenmission des Paulus gebilligt worden war, entstand bald danach in Antiochien ein Streit darüber, ob die aus dem Heidentum bekehrten Christen zusammen mit den Christen, die aus dem Judentum gekommen waren, das Abendmahl feiern sollten. Petrus hatte zunächst am gemeinsamen Mahl teilgenommen, sich aber dann zurückgezogen, als aus Jerusalem Judenchristen in die Stadt kamen. Paulus widersetzte sich daraufhin Petrus ins Angesicht und stellte ihn wegen dieses Verrats an der Wahrheit vor der ganzen Gemeinde zur Rede.

QUELLE: Galaterbrief 2,1–21. – BILD: Mosaiken, S. Sabina Rom.

Paulus im Kerker zu Philippi

Auf seiner zweiten Missionsreise wurde Paulus mit seinem Begleiter Silas in der Stadt Philippi (östlich des heutigen Saloniki) vom römischen Richter in den Kerker geworfen, weil er eine wahrsagende Sklavin, die ihrem Eigentümer viel Geld einbrachte, von ihrem bösen Geist befreit hatte. Paulus und Silas wurden ausgezogen, gepeitscht und mit den Füßen in den Holzblock eingeschlossen.

Doch während sie mitten in der Nacht Loblieder zu Gott sangen, erbebte plötzlich die Erde, die Türen sprangen auf, und die Fesseln fielen von den Gefangenen. Der Wärter wollte sich schon in sein Schwert stürzen in der Meinung, die Gefangenen seien entflohen; doch der Apostel hielt ihn davon ab. Nun holte der Mann Paulus und Silas in seine Wohnung, wusch ihre Wunden und bekehrte sich noch in dieser Nacht zu Christus.

Quelle: Apostelgeschichte 16,16–40. – Bild: Raffael (Wandteppich), Pinak. Vatikan.

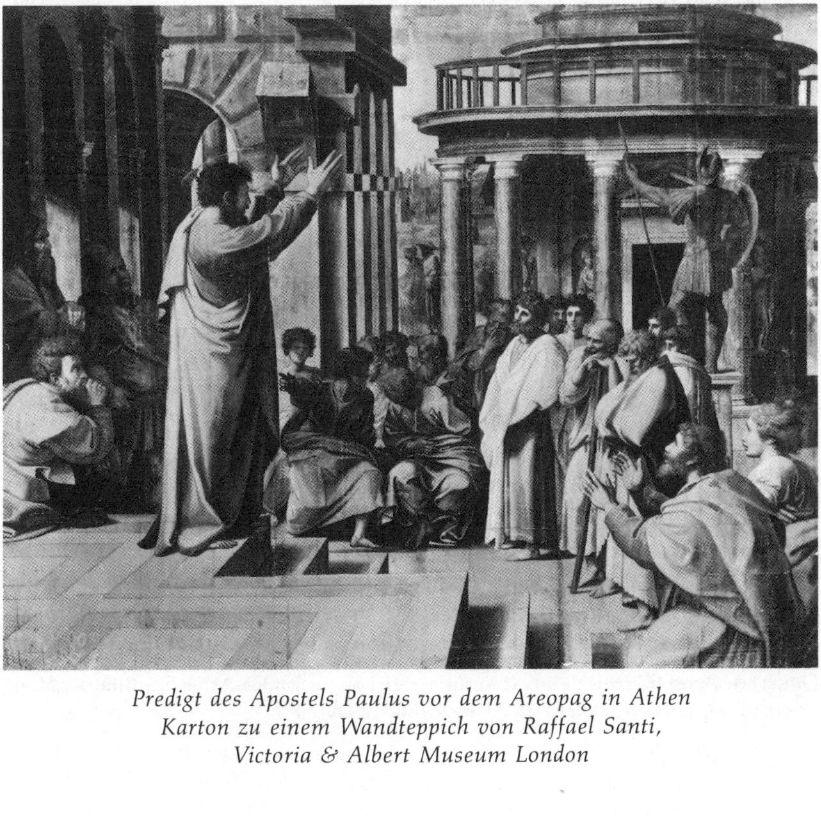

Predigt des Apostels Paulus vor dem Areopag in Athen
Karton zu einem Wandteppich von Raffael Santi,
Victoria & Albert Museum London

Paulus vor dem Areopag

Auf seiner zweiten Missionsreise kam Paulus in Athen mit epikuräischen und stoischen Philosophen ins Gespräch. Sie führten ihn zum Areopag, dem Gerichtshof der Stadt, um mehr von seinen «neuen Göttern» zu hören. Paulus hielt dort eine große Rede, die er damit anfing, er habe auf seinem Rundgang durch Athen einen Altar mit der Aufschrift «Dem unbekannten Gott» gesehen. Dieser Gott, so fuhr er fort, sei der Schöpfer des Alls, der nicht durch Bildwerke dargestellt werden könne; lange habe er mit den Menschen Nachsicht geübt, jetzt aber einen Tag des Gerichts festgesetzt, um die Menschheit durch einen Mann zu richten, den er zum Beweis seiner Vollmacht von den Toten erweckte. Bei der Rede von der Auferstehung lachten die meisten der Zuhörer, einige aber schlossen sich Paulus an, darunter Dionys, als Mitglied des Gerichtshofes «der Areopagit» genannt, und eine Frau namens Damaris. Dionys (Saint Denis) soll später erster Bischof von Paris gewesen und dort den Martertod gestorben sein. (Abb. S. 319)

Quelle: Apostelgeschichte 17,16–34. – Bilder: Raffael (Karton), Victoria & Albert; Pannini, Budapest.

Paulus in Ephesus

Auf seiner dritten Missionsreise weilte Paulus zwei Jahre in Ephesus (an der Küste Kleinasiens), wo er Kranke heilte und viele Menschen bekehrte. Manche von ihnen, die früher Zauberei betrieben hatten, brachten ihre Zauberbücher herbei und verbrannten sie öffentlich. Damals kam es auch wegen der Eifersucht der Goldschmiede, welche um den Absatz der berühmten Artemis/Diana-Bilder bangten, zu schweren Unruhen, in denen der Apostel vor die aufgebrachte Menge ins Theater geschleift wurde und nur durch einen hohen Beamten gerettet werden konnte. Die spätere Überlieferung hat die Bemerkung des Paulus in einem seiner Briefe, er habe in Ephesus gegen wilde Tiere gekämpft, noch weiter ausgesponnen: Der wegen seiner Predigt über die Keuschheit eingekerkerte Paulus wurde von der Frau des Statthalters besucht. In der Nacht vor dem Kampf mit den Tieren konnte er für eine Zeit aus dem Gefängnis entweichen, um am Strand zwei Jüngerinnen zu taufen. In der Arena wurde dann ein Löwe auf ihn losgelassen, der aber, da Paulus ihn früher einmal getauft hatte, den Apostel nicht zerriß. Als daraufhin der Statthalter andere Bestien und Bogenschützen einsetzte, wurde Paulus durch einen Hagelschauer gerettet, während der Statthalter dabei ein Ohr verlor.

Quellen: Apostelgeschichte 19; 1. Korintherbrief 15,32; Paulus-Akten 7. – Bilder: M. de Vos, Brüssel; Lesueur, Notre Dame Paris (früher Louvre).

Die Verzückung des heiligen Paulus

Um sich vor den Korinthern als wahrer gegenüber den falschen Aposteln auszuweisen, schrieb Paulus über sich an die dortige Gemeinde: «Ich kenne einen Menschen in Christo, vor vierzehn Jahren ... ward derselbe entrückt bis an den dritten Himmel ... in das Paradies und hörte unaussprechliche Worte ...»

Quelle: 2. Korintherbrief 12,1–4. – Bilder: Teppich, Bayr. Nat. Mus. München; Domenichino, Louvre; Liss. Dahlem; Poussin, Louvre/Sarasota (Flo.).

Paulus im Gefängnis

Paulus, der im Verlauf seiner Missionsreisen mehrfach einige Tage und Nächte im Kerker verbrachte, saß am längsten im Gefängnis von Caesarea am Meer (an der Küste Palästinas), wo der römische Statthalter ihn auf Grund der Anklagen seiner jüdischen Gegner zwei Jahre unberechtigt festhielt. Man kann sich (mit Rembrandt) vorstellen, daß der altgewordene Apostel während dieser Gefangenschaft manchen Brief an die von ihm gegründeten Gemeinden schrieb.

In Rom hingegen, wohin Paulus anschließend gebracht wurde, war er zwar ständig von einem Soldaten bewacht, lebte aber in einer von ihm gemieteten und für jedermann zugänglichen Unterkunft, wie die Apostelgeschichte in ihren letzten Zeilen berichtet. Sein späterer Aufenthalt im römischen Kerker, von dem die außerbiblische Überlieferung erzählt, ist wie die Hinrichtung selbst in der Bibel nicht vermerkt.

Quelle: Apostelgeschichte 24,24–27. – Bild: Rembrandt, Stuttgart/Nürnberg.

Paulus appelliert vor M. Porcius Festus an den Kaiser

Nachdem Paulus zwei Jahre im Gefängnis von Caesarea verbracht hatte, wurde M. Porcius Festus zum neuen Statthalter von Judäa ernannt. Vor dessen Richterstuhl wiederholten die Vertreter der Juden aus Jerusalem ihre Anklagen gegen Paulus. Auf die Frage des Römers, ob er bereit sei, sich vor dem jüdischen Gericht zu verantworten, bestand der Apostel darauf, als römischer Bürger vor einem kaiserlichen Gericht abgeurteilt zu werden; denn er habe nichts gegen das jüdische Gesetz verbrochen. Festus entschied: «Auf den Kaiser hast du dich berufen, zum Kaiser sollst du gehen.»

Quelle: Apostelgeschichte 25,6–12. – Bild: Bloemaert, Utrecht.

Der Vipernbiss auf Malta

Als das Schiff, das den gefangenen Paulus nach Rom brachte, in einem schweren Sturm an der Küste der Insel Malta gestrandet war, zündeten die Einwohner wegen des Regens und der Kälte für die Schiffbrüchigen am Strand ein Feuer an. Auch Paulus warf ein Bündel Reisig in die Flammen. Da schoß eine Schlange heraus und biß sich an seiner Hand fest. Die Einheimischen hielten ihn sogleich für einen Mörder, den jetzt seine Strafe ereilte, nachdem er dem Meer entronnen war. Doch Paulus, der die Schlange zurück ins Feuer geworfen hatte, fiel nicht tot um, wie alle es erwarteten.

QUELLE: Apostelgeschichte 28,1–6. – BILDER: Elsheimer, Nat. Gall. London/Eremitage; M. de Vos, Louvre.

Die geheime Offenbarung/Apokalypse des Johannes

Das Werk wird meist in die Regierungszeit des römischen Kaisers Domitian um das Jahr 95 datiert und gehört zu den damals bei Juden und auch Christen häufigen Schriften, welche die geheimen Pläne Gottes in der Geschichte enthüllen wollten. Nur wenige dieser «Apokalypsen» (Enthüllungen) fanden Eingang in die Bibel: im Alten Testament vor allem das Buch Daniel, im Neuen Testament allein – und nie ganz unumstritten – die Offenbarung des Johannes. Nach einer ebenfalls von Anfang an umstrittenen Tradition war ihr Autor der Apostel und Evangelist Johan-

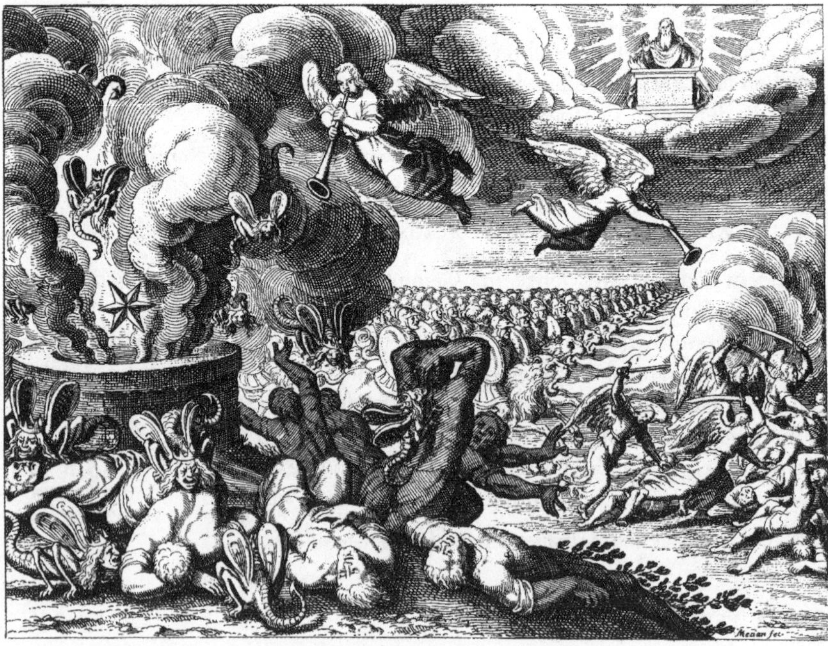

Die letzten Posaunen
Kupferstich von Matthaeus Merian

nes. Die Apokalypse hat durch ihre gewaltige Bildersprache immer wieder die Phantasie der Künstler angeregt.
Die Deutung der Visionen im einzelnen und das Erfassen der Gesamtkomposition stellt den Leser allerdings vor schwierige Probleme, wenn ihm die Gedankenwelt des Alten Testaments und die jüdische Apokalyptik jener Zeit wenig vertraut ist.
In den Eingangskapiteln 1–3 schaut Johannes in einer ersten Vision sieben Leuchter, welche die sieben Gemeinden in Kleinasien bedeuten, an die er sieben Sendschreiben schicken soll. Mitten unter den Leuchtern steht einer, der aussieht wie ein Mensch; sein Haar ist wie schneeweiße Wolle, seine Augen sind wie Flammen; in der rechten Hand hält er sieben Sterne, und aus seinem Mund kommt ein Schwert.
In den Kapiteln 4 und 5 erlebt der Seher in der Vision des himmlischen Thronsaales, wie das Lamm, das Sinnbild des durch seinen Opfertod als Erlöser, Sieger und Herrscher ausgewiesenen Jesus, mit der Entsiegelung, d. h. Enthüllung und Erfüllung, des göttlichen Heilsplanes beauftragt wird, der in dem «Buch mit sieben Siegeln» enthalten ist.
Nun folgen in den Kapiteln 6 bis 18 mehrere Visionsreihen über die Ereignisse bis zur Endzeit, die aber nicht in Form einer fortlaufenden Geschichte, sondern unter jeweils neuen Gesichtspunkten geschildert werden:
Kap. 6–11 stellen die Schrecken der kommenden Epochen bis zur Wiederkunft Christi und die wunderbare Rettung der Erwählten in der Drangsal dieser Zeit vor Augen, wobei das Ganze durch das Öffnen der verschiedenen Siegel und – nach dem siebenten Siegel – durch das Ertönen von sieben Posaunen gegliedert ist. – Kap. 12 – 14,5 berichten erst von der Verfolgung des apokalyptischen Weibes durch den Satansdrachen und seiner Besiegung durch den Engel Michael; dann von den zwei Tieren, die aus dem Meer und der Erde aufsteigen und die Menschheit, außer der Schar der Auserwählten, verführen. – Kap. 14,6 bis Ende Kap. 18 künden das Gericht über alle Erdbewohner an, das durch sieben Engel, die Schalen des Zornes über die Erde ausgießen, vollzogen wird; dabei wird vor allem die Vernichtung der Hure Babylon, einem Symbol Roms und der gottlosen Weltmacht, geweissagt.
Auf diese Bilder der Drangsale bis zur Endzeit folgt in den Kapiteln 19 und 20 die Wiederkehr Christi, der, auf einem weißen Pferd reitend und im Mund ein scharfes Schwert, das Tier und seinen falschen Propheten, den Antichrist, samt seinen Scharen besiegt. Der Drache wird im Abgrund angekettet und Christus errichtet für die auferstandenen Gerechten auf Erden ein tausendjähriges Reich des Friedens. Nach dieser Zeit stürmen Satan und seine Scharen, Gog und Magog, noch einmal gegen das Volk Gottes an, werden aber vernichtet, und das endgültige Weltgericht, das

Jüngste (= letzte) Gericht, über alle Lebenden und Toten beginnt. Die Apokalypse schließt in den Kapiteln 21 und 22 mit den Bildern des neuen Himmels und der neuen Erde, wo Gott von nun an im himmlischen Jerusalem, der heiligen Stadt, die vom Himmel herniedersteigt, inmitten der Menschen wohnt. Dann wird es keinen Tod mehr geben und keine Tränen. Und der, der auf dem Throne steht, spricht: «Ich mache alles neu. Ich bin das Alpha und das Omega, der Anfang und das Ende». – Die meisten dieser Themen sind in der frühmittelalterlichen Buchmalerei sowie in der Glasfenster- und Teppichkunst, später auch in vielen Holz-

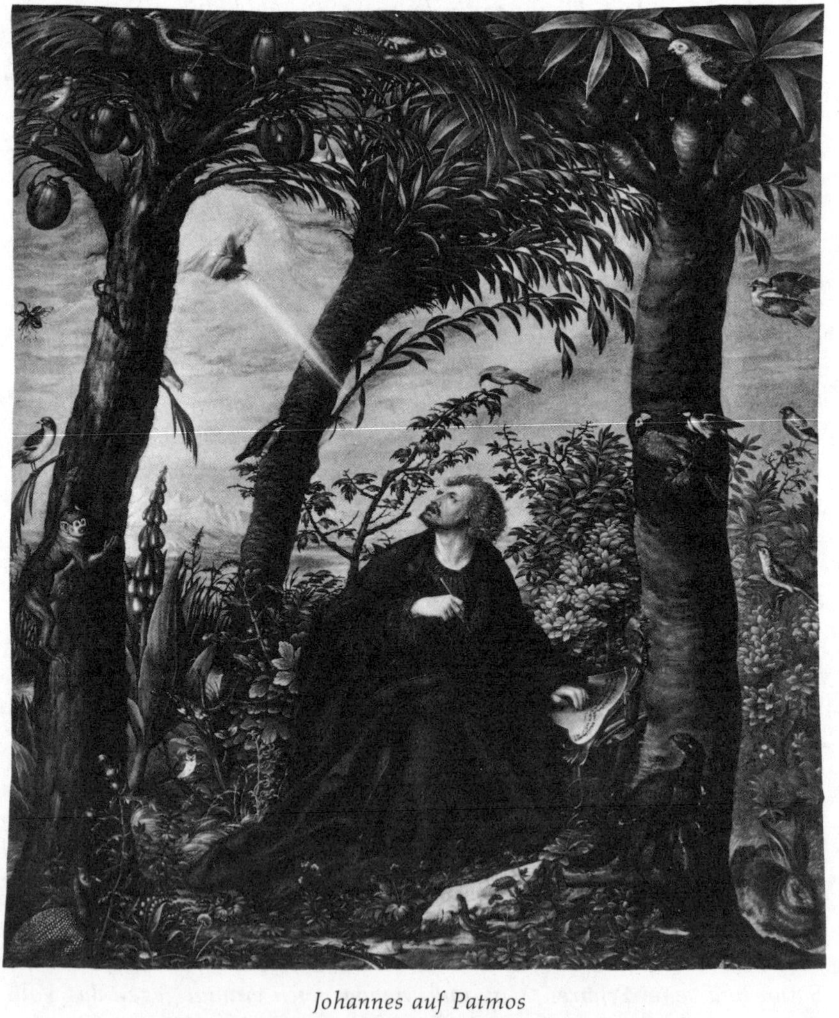

Johannes auf Patmos
Gemälde von Hans Burgkmair, Alte Pinakothek München

schnittfolgen (z. B. von Dürer), ausführlich dargestellt worden. Die Malerei hingegen hat nur relativ wenige der Motive aufgegriffen.*

Johannes auf Patmos

Der Seher, der sich selbst als Zeuge der Offenbarung Jesu Christi bezeichnet, gibt als Ort seiner Visionen die Insel Patmos an. Nach der Überlieferung wurde der Apostel und Evangelist dorthin verbannt, nachdem er dem Kessel mit siedendem Öl an der lateinischen Pforte in Rom unversehrt entstiegen war. Im Verlauf der Visionen erscheint ein gewaltiger Engel mit Füßen wie Feuersäulen, der dem Seher ein Buch reicht mit dem Befehl, es aufzuessen. Es ist süß in seinem Munde, wird aber bitter im Magen, da es viel Unheil prophezeit.

Quelle: Offenbarung 1,1–9; 10. – Bilder: Giotto, Peruzzikap. S. Croce Florenz; Bosch, Dahlem; Burgkmair, AP München; Poussin, Chicago; Velasquez, Nat. Gall. London.

Die Anbetung des Lammes

Durch eine am Himmel geöffnete Tür schaut Johannes einen herrlichen Thron und einen, der darauf sitzt, davor sieben lodernde Fackeln und darüber einen Regenbogen. Vom Thron, vor dem sich ein kristallenes Meer ausbreitet, gehen Blitze und Donnerschläge aus. Um den Thron stehen 24 andere Throne mit 24 Ältesten (zwölf Propheten und zwölf Aposteln), die weiße Gewänder und goldene Kronen auf dem Haupt tragen. Um den Thron sind vier Lebewesen, ähnlich einem Löwen, einem Stier, einem Menschen und einem Adler, mit sechs Flügeln voller Augen. Wenn die Lebewesen «Heilig, heilig . . .» rufen, werfen sich die Ältesten vor dem auf dem Thron Sitzenden nieder. Dieser hält in der rechten Hand ein mit sieben Siegeln verschlossenes Buch, und ein gewaltiger Engel fordert die Umstehenden auf, es zu öffnen. Als niemand dazu imstande ist, taucht in der Mitte der Szene ein Lamm mit Wunden am Hals und an den Füßen auf, welches das Buch in Empfang nimmt, während sich alle vor ihm niederwerfen und mit den ungezählten Scharen der Engel ein Loblied anstimmen. Vom Thron und dem Lamm geht auch ein Strom aus, an dessen Ufer die Bäume des Lebens stehen. Nach einer Überlieferung teilt sich der Strom in vier Flüsse, die mit denen des Paradieses (Genesis 2,10–14) gleichgesetzt werden. Die Schar der das Lamm Anbetenden ist (an anderen Stellen der Apokalypse) noch ergänzt durch die je 12 000 Auserwählten aus den zwölf Stämmen Israels und durch die ebenfalls 144 000 jungfräulichen Heiligen sowie durch eine zahllose Menge aus allen Völkern und Sprachen.

Quellen: Offenbarung 4 und 5; 7 und 14,1–5. – Bilder: Brüder van Eyck, St. Bavo Gent.

---

* In der Beschreibung eines der größten Zeugnisse der mittelalterlichen Teppichkunst «Wilfried Hansmann: Die Apokalypse von Angers» (DuMont Taschenbuchreihe 104) sind zu fast jedem der Einzelthemen entsprechende Angaben zu finden.

Die vier apokalyptischen Reiter

Wenn das Lamm die ersten vier Siegel öffnet, erscheinen nacheinander vier Reiter: Der erste, auf einem weißen Pferd, ist der «Eroberer», der mit einem Barbarenvolk, manchmal aber auch mit Christus identifiziert wird. Er führt einen Bogen und trägt einen Kranz als Siegeszeichen. Der zweite, auf einem roten Pferd, ist der «Krieg» und hat ein großes Schwert, mit dem er Unfrieden unter den Menschen verbreitet. Der dritte, auf einem schwarzen Pferd, mit einer Waage, der Teuerung, in der Hand, ist der Hunger, da er Mißernten mit sich bringt. Der vierte, auf einem fahlen Pferd, mit der Unterwelt in seinem Gefolge, ist der «Tod», der Macht bekommen hat, ein Viertel der Menschheit ums Leben zu bringen.

Quelle: Offenbarung 6,2–8. – Bilder: Maffei, Rimini; Cornelius, Ludwigskirche München.

Das apokalyptische Weib und Michaels Sieg über den Drachen

Der Seher erblickt am Himmel eine Frau in Geburtswehen (Symbol der Gemeinde, später mit Maria identifiziert). Sie ist von der Sonne umkleidet, zu ihren Füßen der Mond, um ihr Haupt zwölf Sterne. Ein Drache (Symbol der gottfeindlichen Macht) mit sieben Köpfen, von denen jeder zehn Hörner mit königlichen Diademen trägt, erscheint am Himmel und fegt mit seinem Schweif ein Drittel der Sterne hinweg. Als er sich anschickt, das Kind der Frau nach seiner Geburt zu verschlingen, wird dieses in den Himmel entrückt. Die Frau flieht in die Wüste, wo Gott ihr eine Zuflucht bereitet.
Nun zieht Michael, der oberste der Engel, mit seinen Scharen gegen den Satansdrachen und stürzt ihn in einem gewaltigen Kampf samt seinen ihm anhängenden Engeln auf die Erde hinab. Dort verfolgt der Drache die Frau mit einem Wasserschwall, den aber die Erde, die sich öffnet, aufnimmt. Voll Wut darüber wendet sich das Untier gegen die Erwählten Gottes.

Quelle: Offenbarung 12. – Bilder: *Das apokalyptische Weib:* Rubens, AP München; Giordano, Salzburg. *Michaels Kampf mit dem Drachen/der Engelsturz*:* Dosso Dossi, Dresden; Raffael, Louvre; Beccafumi, Gall. Siena; P. Brueghel, Brüssel; Rubens, AP München; Zurbarán (zugeschr.), Metrop. Mus.; Tiepolo, Residenz Würzburg.

---

* Nach der außerbiblischen Tradition kam es schon im Verlauf der Weltschöpfung anläßlich der Scheidung zwischen Licht und Finsternis (Genesis 1,4) zu einem Kampf der guten gegen die bösen Engel, die von Michael und Luzifer angeführt wurden. Luzifers Aufruhr wird entweder damit begründet, daß er sich Gott gleichsetzen wollte, oder mit seiner Eifersucht auf die Stellung des Menschen, sobald er von Gottes Plan der Menschwerdung Christi erfahren hatte. Michaels Schlachtruf im Kampf war: «Wer ist wie Gott (Quis sicut Deus)?» In der mittelalterlichen Buchmalerei wird dieser (erste) «Engelsturz» gesondert dargestellt, während später in der Malerei meist der apokalyptische Engelkampf als Thema auftaucht. Vgl. auch den Abschnitt «Engelsturz» bei H. und M. Schmidt, Die vergessene Bildersprache christlicher Kunst (S. 137–140).

Das Jüngste Gericht

Am Ende der Weltzeit steht das Jüngste (= letzte) Gericht, bei dem Christus mit den zwölf Aposteln als Beisitzern die ganze Menschheit richten wird. Aus seinem Munde gehen (nach Offb 19,15) ein Schwert und eine Lilie hervor, als Zeichen des Zorns und der Gnade. Wenn die Engel über den sich öffnenden Gräbern die Posaunen blasen, werden die Menschen mit einer Waage, die der Erzengel Michael hält, in Gute und Böse geschieden: Die einen werden von den Engeln nach oben ins Paradies getragen, die anderen aber von den Teufeln ins Feuer der Hölle hinuntergezerrt.

Quelle: Offenbarung 20,11–15; Matthäus 25,31–46. – Bilder: *Das Jüngste Gericht:* Rimini-Schule, AP München; Fra Angelico, Dahlem/Pal. Corsini Rom/San Marco Florenz; Bosch, AP München; Fries, AP München; Michelangelo, Sixtina; Floris, KHM Wien; Rottenhammer, AP München. *Die Seligen im Paradies:* Eyck, Metrop. Mus.; Lochner, WRM Köln; Tintoretto, Dogenpal. Venedig. *Der Höllensturz der Verdammten:* Rubens, AP München.

Die Werke der Barmherzigkeit

Nach den Worten Jesu zählt beim Gericht nur, was ein Mensch dem «Geringsten Seiner Brüder» getan oder nicht getan hat. Neben dem Motiv der klugen und törichten Jungfrauen werden deshalb bei den Darstellungen des Jüngsten Gerichts oft auch die sieben Werke der Barmherzigkeit angeführt, von denen das Matthäus-Evangelium allerdings nur sechs aufzählt: Hungrige speisen (Esuriens nutritur); Durstige tränken (Sitiens potatur); Fremde beherbergen (Hospes colligitur); Nackte bekleiden (Nudus vestitur); Kranke heilen (Aeger curatur); Gefangene besuchen (Incarceratus solatur); Tote begraben (Mortuus sepellitur).

Quelle: Matthäus 25,34–46. – Bilder: Monaco, Pinak. Vatikan; Orley, Antwerpen; Murillo, Ospedale de Caridad Sevilla; Teniers, Louvre.

NEUTESTAMENTLICHE GESTALTEN IN DER NACHBIBLISCHEN ÜBERLIEFERUNG

Die Zeit der Apostel

Die Jahrzehnte nach Jesu Tod gehören in gewisser Weise noch zur «Heilsgeschichte», die sich nach traditionell christlicher Auffassung von der Berufung Abrahams bis zum Tod des letzten Apostels erstreckte. Für den christlichen Glauben normativ sind allerdings nur die biblischen Zeugnisse über diese Periode, Apostelgeschichte und Apostelbriefe, während die legendären Berichte keine Autorität beanspruchen können. In diese «Zeit der Apostel» fiel auch die allmähliche Trennung der Anhänger Jesu vom Judentum. Ein dafür einschneidendes Ereignis war die Zerstörung Jerusalems im Jahre 70 n. Chr. Nach dieser jüdischen Katastrophe setzte sich unter den bis dahin vielfältigen religiösen Strömungen im Judentum die pharisäische Richtung durch, die in den folgenden Jahrhunderten ihre Interpretation der jüdischen Überlieferung im Talmud niederlegt. Für die Christen hingegen wurden die vorausgehenden biblischen Schriften zum «Alten Testament», das in Jesus seine Erfüllung fand, so daß das «Neue Testament» zum Maßstab der Deutung der gesamten Bibel wurde.*

Der Apostelabschied** (Divisio Apostolorum)

In der Überlieferung wird der Auftrag des auferstandenen Jesus an die Apostel, hinauszugehen in alle Welt und den Menschen zu predigen, zu einer Aufteilung des Erdkreises in verschiedene Missionsgebiete, die jeweils einem Apostel zugeschrieben werden: Petrus – Italien, Johannes – (Klein-) Asien, Jakobus d. Ä. – Spanien, Andreas – Achaia (Griechenland), Philippus – Phrygien, Thomas – Indien, Bartholomäus – Kilikien, Matthäus – Äthiopien, Simon Zelotes – Persien, Judas Thaddäus – Mesopotamien, Matthias – Palästina.

Quellen: Matthäus 28,19; Markus 16,15. – Bilder: *Apostelabschied:* Wolgemut (Werkstatt), Nürnberg; Ratgeb, Stuttgart; Grien, WRM Köln; Krispinusaltar, Stadtkirche Schwabach. *Die Martyrien der Apostel:* Lochner, Städel.

---

* Der Ausdruck ist hier im Sinne eines Systems von Lehrmeinungen zu verstehen, ohne den Unterton, der sich in den Evangelientexten in einer historisch nicht gerechtfertigten Weise mit der Polemik gegen die «Pharisäer» verbindet.

** «Abschied» ist hier so viel wie Beschlußprotokoll, vgl. «Reichstagsabschied».

Die Zerstörung des Tempels von Jerusalem durch Titus

In Judäa brach im Jahre 66 n. Chr. ein Aufstand gegen die Römer aus, der erst nach mehreren Jahren niedergeworfen werden konnte. Titus, der Sohn Kaiser Vespasians und später selbst Kaiser, eroberte 70 n. Chr. Jerusalem, wo der etwas höher gelegene Tempel bis zuletzt verteidigt wurde und bei den erbitterten Kämpfen in Flammen aufging. Zeugnis dieses Ereignisses ist heute noch der «Titusbogen» in Rom, der zu Ehren des aus dem jüdischen Krieg heimkehrenden Siegers errichtet wurde.

Quellen: Flavius Josephus, Jüdischer Krieg; Legenda aurea (bei St. Jakobus d. J.). – Bild: Poussin, KHM Wien.

Die Apostel Petrus und Paulus

Die außerbiblische Überlieferung vereint Petrus und Paulus an ihrem Lebensende in Rom, und auch die Kunst stellt sie als die beiden «Apostelfürsten» gerne zusammen dar. Sie sollen angeblich am gleichen Tag in Rom das Martyrium erlitten haben; wahrscheinlich ist aber, daß Petrus im Jahre 64 und Paulus im Jahre 67 starb.

Simon Petrus, Sohn des Jonas, ist in den Evangelien und im ersten Teil der Apostelgeschichte der wohl am meisten genannte Jünger. Jesus änderte seinen Namen von Simon in Kephas/Petrus, d. h. «Fels», und machte ihn nach der traditionellen Auslegung der diesbezüglichen Bibelstellen zum Haupt der Apostelschar. Ihm wurden die «Schlüssel zum Himmelreich» übergeben, weshalb er gern als Himmelspförtner dargestellt ist, der beim Jüngsten Gericht das Paradiestor aufschließt. Die Attribute *des Petrus sind: ein Rundkopf mit Lockenkranz oder Stirnlocke und Bakkenbart; päpstliche Kleidung und Tiara; ein oder zwei Schlüssel, oft ein silberner und ein goldener, als Zeichen des Lösens und Bindens; der Hahn.*

Paulus, ursprünglich Saulus geheißen, um das Jahr 5 n. Chr. zu Tarsos (an der Südküste Anatoliens) geboren, war von Beruf Zeltmacher und hatte vom Vater das römische Bürgerrecht geerbt. Seine Herkunft aus der jüdischen Diaspora erklärt seine Fähigkeit, griechisch zu schreiben. Zudem war er im jüdischen Gesetz gründlich ausgebildet. Die Apostelgeschichte beschreibt in ihrer zweiten Hälfte, wie Paulus durch seine Missionsreisen zum Prediger des Evangeliums unter den Heiden wird. Die biblischen Berichte enden aber mit seiner Ankunft als Gefangener in Rom, so daß über das Ende seines Lebens nur legendäre Nachrichten vorliegen. Die Attribute *des Paulus sind: kahler länglicher Schädel und spitz verlaufender langer Bart; Rolle oder Buch; meist auch ein Schwert.*

ZYKLEN: *Petrus:* Mosaiken San Apollinare Nuovo Ravenna; Mosaiken Cappella Palatina Palermo; Mosaiken Monreale; Massaccio, Masolino und Filippino Lippi, Brancaccikap. Florenz; Raffael, (Gobelins) Pinak. Vatikan, (Kartons) Victoria & Albert. *Paulus:* Mosaiken Cappella Palatina Palermo; Mosaiken Monreale; Holbein d. Ä., Augsburg.

Paulus und Thekla

Mit dem Apostel Paulus wird die Gestalt der Jüngerin Thekla aus Ikonium, dem heutigen Konya in Anatolien, in Verbindung gebracht, wo Paulus nach den Angaben der Apostelgeschichte auf seinen Missionsreisen tatsächlich mehrfach Station machte. Dort habe sie ihn, so heißt es, im Haus eines gewissen Anisepharos predigen hören und sich auf der Stelle bekehrt. Nach der Taufe, so berichtet die Legende weiter, verweigerte Thekla ihrem Verlobten die Eheschließung, worauf dieser sie beim Statthalter als Christin anzeigte. Sie wurde zum Feuertod verurteilt, aber ein Regen verlöschte die Flammen, und ein Erdbeben vertrieb die Henker und Zuschauer.
Thekla folgte Paulus in Männerkleidern nach Antiochia, wo sie im Haus der vornehmen Triphania lebte, einer Verwandten des Kaisers, von der sie sogar adoptiert wurde. Da verliebte sich der junge Alexander in sie und zeigte sie als Christin an, weil sie sich ihm verweigerte. Diesmal wurde sie wilden Tieren vorgeworfen, aber ein Löwe verteidigte sie gegen die anderen Bestien. Nun warf man sie in ein Wasser voll grausiger Tiere, aber Triphanias Frauen schütteten betäubende Gewürze und Salben in das Becken, so daß Thekla unversehrt heraussteigen konnte. Auch das Feuer, in das man sie daraufhin stellte, konnte ihr nichts anhaben. Als Triphania sah, daß nur die Fesseln verbrannten, fiel sie in Ohnmacht, und die Richter ließen Thekla aus Angst vor dem Kaiser frei.
Nochmals folgte Thekla in Männerkleidern Paulus, doch der Apostel erschrak vor ihrem Eifer und schickte sie nach Ikonium zurück. Dort verließ sie ihre Familie und fing an, mit einer Schar frommer Jungfrauen das Evangelium zu predigen. Mit 91 Jahren soll sie in einem Felsen, der sich als Grab oder als Schutz vor Verfolgern für sie öffnete, gestorben sein.

QUELLE: Thekla-Akten. – BILD: Holbein d. Ä., Augsburg.

Petrus in cathedra – Die Erweckung des Sohnes des Theophilus

Nach der Legende war Petrus, bevor er nach Rom kam, sieben Jahre Bischof von Antiochien (in Syrien), wo ihn der dortige Statthalter Theophilus ins Gefängnis werfen ließ. Paulus soll damals dem Statthalter, der über den Tod seines Sohnes untröstlich war, von der Fähigkeit des Petrus zu heilen erzählt haben. Als er daraufhin ins Gefängnis gehen durfte, um Petrus zu holen, war dieser vor Hunger schon halbtot. Man mußte ihm den Mund mit Gewalt öffnen, damit er wieder Nahrung zu sich nehmen konnte. Petrus konnte den längst verstorbenen Sohn des Statthalters zum Leben erwecken, und Theophi-

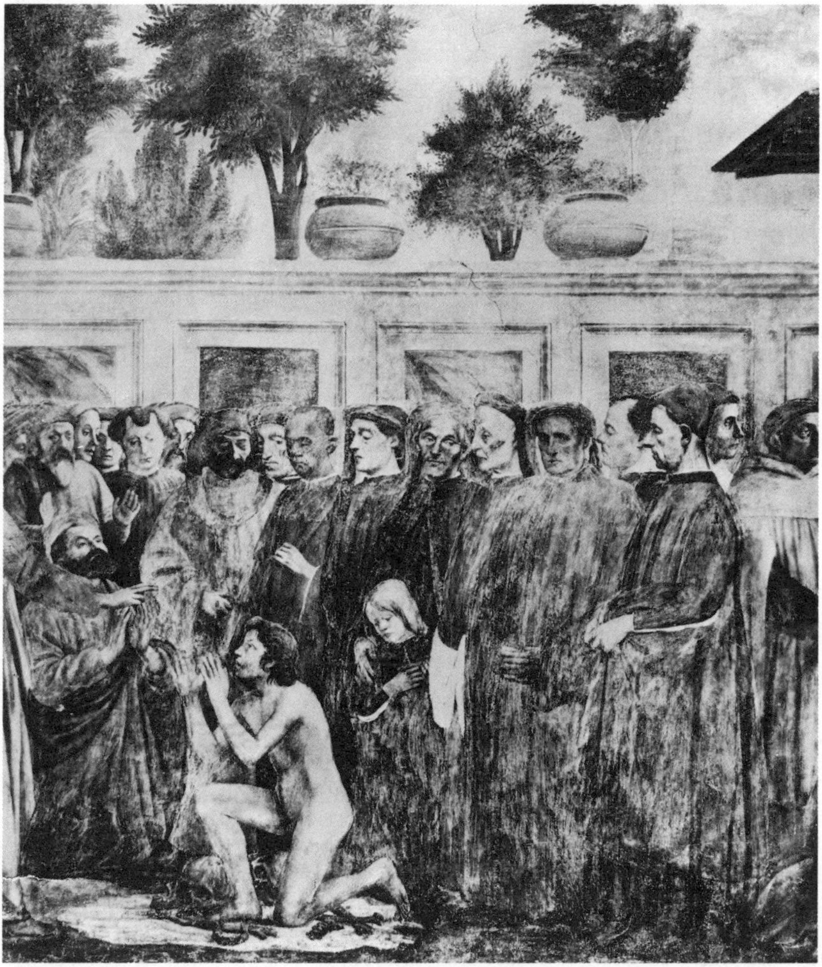

Petrus erweckt einen Jüngling
Fresko von Filippino Lippi, Brancacci-Kapelle Florenz

lus bekehrte sich. Er ließ den Apostel «auf einen hohen Stuhl», eine Cathedra, setzen, damit alle ihn sehen und sein Wort hören konnten.

QUELLE: Legenda aurea (von St. Peters Stuhl). – BILD: Filippino Lippi, Brancaccikap. Florenz.

DIE HEILUNG PETRONILLAS DURCH PETRUS

Petronilla gilt den einen als Tochter des hl. Petrus, nach anderen war sie eine vornehme junge Römerin. Sie litt ständig an einem Fieber, von dem Petrus sie wenigstens zeitweise heilte, um seinen Schülern zu zeigen, daß er die Macht

dazu besaß. (Es heißt auch, Petrus habe Petronilla deshalb nur zeitweise von ihrem Fieber befreit, weil sie so schön war, daß er für seine oder seiner Schüler Tugend fürchtete.)
Als der vornehme Flaccus Petronilla heiraten wollte, bat sie ihn, in drei Tagen mit dem Hochzeitsgefolge wiederzukommen. Sie aber fastete, empfing die Kommunion und starb am dritten Tage, bevor der Bräutigam sie in feierlichem Zuge in sein Haus holen konnte. Der enttäuschte Flaccus stellte daraufhin Felicula, eine von Petronillas Gefährtinnen, vor die Wahl, ihn zum Mann zu nehmen oder den Göttern zu opfern. Als das Mädchen beides verweigerte, wurde es sieben Tage ohne Speise in einen Kerker geworfen und dann gefoltert und getötet.

QUELLE: Legenda Aurea (bei Petronilla). – BILDER: Borrassa, Vich; Meister Berthold von Nördlingen, Mus. Bonn; Guercino, Pinak. Kapitol Rom.

DER STURZ DES MAGIERS SIMON

Petrus war nach der Überlieferung 25 Jahre Bischof in Rom. Als diese Zeit zu Ende ging, kam auch der Apostel Paulus dorthin. Beide predigten nun zusammen das Evangelium. Damals herrschte Kaiser Nero, der einen Zauberer aus Jerusalem (oder Samaria?: Apostelgeschichte 8,9–24) namens Simon bei sich hatte und hoch ehrte. Petrus und Paulus traten vor den Kaiser, um Simon der Täuschung zu überführen. Es kam zu einem Wettstreit, bei dem Petrus viele Wunder tat und unter anderem einen Toten erweckte, was sein Gegner nicht vermochte. Schließlich verkündete Simon, er wolle wie ein Gott zum Himmel auffahren. Tatsächlich stellte er sich mit Lorbeer bekränzt auf einen Turm (oder das Kapitol) und fing an zu fliegen, während die beiden Apostel in der zuschauenden Menge standen. Paulus betete, Petrus aber beschwor die Engel Satans, die den Zauberer trugen, ihn nicht mehr zu halten. Sogleich ließen sie ihn los, und Simon stürzte so jäh herab, daß sein Kopf zerschmettert wurde. Nero aber ließ Petrus und Paulus dafür ins Gefängnis werfen.

QUELLE: Legenda aurea (bei St. Petrus). – BILDER: Gozzoli, Metrop. Mus./Buckingham Pal.; Pollak, Bayr. Nat. Mus. München; Filippo Lippi, Brancacci Kap. Florenz; Batoni, Salzburg.

«QUO VADIS?»

Als der zum Tode verurteilte Petrus unter Kaiser Nero in Rom im Mamertinischen Kerker gefangen saß, bekehrte er viele Insassen zum Glauben, darunter auch zwei der Wachleute, die Processus und Martinian geheißen haben und später als Zeugen Christi den Martertod gestorben sein sollen. Das Wasser für die Taufe kam aus einer Quelle, die plötzlich wunderbar im Gefängnis aufsprudelte. Die beiden ließen Petrus entkommen, der auf dringendes Bitten der Christen aus der Stadt floh. Er war schon auf der Via Appia, als ihm Christus entgegenkam. Auf seine erstaunte Frage: «Herr, wohin gehst Du? (Quo vadis?»), erhielt er zur Antwort: «Nach Rom, um noch einmal gekreuzigt zu werden.» Da sagte Petrus sogleich voll Eifer: «Ich gehe mit, um mit dir zusammen gekreuzigt zu werden.» Doch da verschwand Christus vor seinen Augen, und Petrus verstand, was die Erscheinung bedeuten sollte. Er kehrte zurück in die Stadt, wo er von Neros Schergen wieder ergriffen wurde.

QUELLE: Legenda aurea (bei St. Petrus). – BILDER: Witz, Basel; A. Carracci, Nat. Gall. London.

Die Kreuzigung des Petrus

Als Petrus in Rom unter Kaiser Nero zur Kreuzigung geführt wurde, nahm Paulus, der im gleichen Kerker saß und auf den Tod durch Enthauptung wartete, von ihm Abschied.
Am Richtplatz, dem Zirkus des Nero, angekommen, bat Petrus inständig die Henker, das Kreuz umzukehren, da er nicht würdig sei, in der gleichen Stellung zu sterben wie sein Meister. So wurde er mit dem Kopf nach unten gekreuzigt. Während er starb, sahen die Christen, die ihm gefolgt waren, wie Engel mit Rosen und Lilien bei Petrus standen. Dann nahmen sie den Leichnam vom Kreuz und begruben ihn an der Stelle, wo später die Peterskirche errichtet wurde.

QUELLE: Legenda aurea (bei St. Petrus). – BILDER: *Begegnung mit Paulus im Kerker und Abschied:* Lanfranco, Louvre; Boucher, Bourges. *Martyrium des Petrus:* Giotto, Pinak. Vatikan; Michelangelo, Cappella Paolina Vatikan; Caravaggio, S. Maria del Popolo Rom; Rubens, St. Peter Köln; Reni, Pinak. Vatikan; Giordano, Akad. Venedig.

Die Enthauptung des Paulus

Paulus, der wie Petrus in Rom unter Kaiser Nero gestorben sein soll, wurde mit dem Schwert hingerichtet, da über ihn, der das römische Bürgerrecht besaß, keine andere Todesart verhängt werden durfte. Auf dem Weg zum Richtplatz war Paulus die fromme Plantilla/Lemobia begegnet, die ihm ihren Schleier zum Verbinden der Augen überließ. Er soll ihr noch, als sein Haupt schon vom Rumpf getrennt war, das Tuch zurückgegeben haben. So konnte sie es zum Zeugnis vorweisen, als sie die in die Stadt zurückkehrenden Henker traf und ihnen zurief, sie habe Petrus und Paulus in lichten Gewändern und mit goldenen Kronen in die Stadt einziehen sehen.
Aus dem Blut des Paulus, heißt es, entsprangen die drei Quellen, über denen später die Kirche S. Paolo de Tre Fontane und der Brunnen gleichen Namens gebaut wurde. Ein Hirt soll das abgeschlagene Haupt des Paulus gefunden haben, das mit seinem Leib vereint später in der Basilika S. Paolo fuori le Mura beigesetzt wurde.

QUELLE: Legenda aurea (bei St. Paulus). – BILDER: Giotto, Pinak. Vatikan; Kulmbach, Uffizien; Holbein d. A., «S. Paolo Fuori le Mura» Staatsgal. Augsburg; Michelangelo, Cap. Paolina Vatikan.

Der Apostel Andreas

Der Apostel Andreas wird in den Evangelien mehrfach als leiblicher Bruder des Simon Petrus genannt, so beim wunderbaren Fischzug und bei der Brotvermehrung. Später soll er die Skythen in Südrußland und auf dem Balkan sowie die Provinz Achaia, wie Griechenland damals hieß, missioniert haben. ATTRIBUT: *Schrägbalkenkreuz in X-Form.*

ANDREAS LÖSCHT EIN FEUER

Einer der Jünger des Andreas war ihm gegen den Willen der Eltern gefolgt, die aus Wut darüber das Haus, in dem der Apostel mit ihrem Sohn weilte, in Brand steckten. Doch der junge Mann konnte mit Hilfe der Macht des Andreas das Feuer mit einem kleinen Glas Wasser löschen. Da versuchten die Eltern, mit Leitern ins Haus zu gelangen, wurden aber blind, so daß sie die Sprossen nicht mehr sehen konnten. Viele der Umstehenden wurden daraufhin gläubig, die Eltern aber starben 50 Tage danach im selben Augenblick.

QUELLE: Legenda aurea (bei St. Andreas). – BILD: Borrassa, Vich.

ANDREAS BEFREIT DIE STADT NIZÄA VON DÄMONISCHEN HUNDEN

Der Apostel Andreas kam einmal nach Nizäa (auf der asiatischen Seite des heutigen Istambul), wo die Einwohner sich über sieben böse Geister beklagten, welche die Umgebung unsicher machten. Andreas beschwor die Dämonen, und sie verwandelten sich in Hunde, die auf seinen Befehl hin die Gegend verließen. Doch als Andreas weiterzog und zu einer anderen Stadt kam, trug man dort gerade auf einer Bahre einen jungen Mann heraus, der von sieben Hunden in seiner Kammer zu Tode gebissen worden war. Der Apostel erweckte durch sein Gebet den Toten, der ihm von nun an nachfolgte.

QUELLE: Legenda aurea (bei St. Andreas). – BILD: Borrassa, Metrop. Mus.

DAS MARTYRIUM DES ANDREAS

Als Andreas in Achaia (Griechenland) predigte, bekehrten sich viele Leute. Auch Maximilla, die Frau des Statthalters Egea/Algeas, ließ sich taufen. Voll Wut darüber wollte Egea alle Christen zwingen, den Göttern zu opfern. Andreas trat ihm mutig entgegen und pries das Kreuzesholz, das der Statthalter als Strafwerkzeug für Verbrecher geschmäht hatte. Da sagte Egea zu ihm, wenn er das Kreuz so liebe, werde er daran hängen. Und er befahl, den Apostel zu geißeln und ihn zur Verlängerung der Pein an ein Gabelkreuz in X-Form zu binden. Als Andreas das Kreuz von ferne sah, begrüßte er es mit einem Hymnus, zog selbst seine Kleider aus und ließ sich willig an das Holz fesseln. Er lebte noch zwei Tage und predigte vom Kreuz aus dem umstehenden Volk.

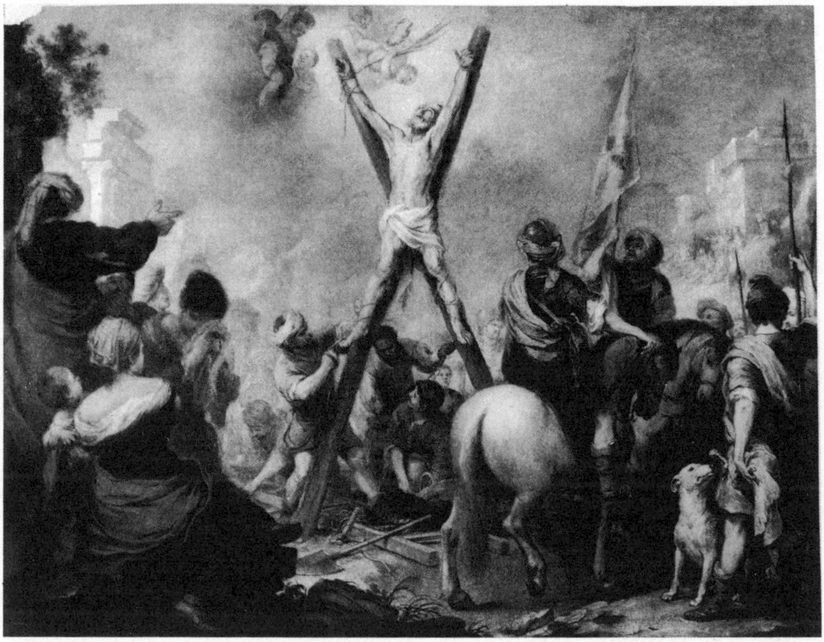

Die Marter des hl. Andreas
Gemälde von Bartolomé Esteban Murillo, Prado

Die Gattin des Statthalters begrub den Leichnam ehrenvoll, Egea selbst aber starb, noch ehe er sein Haus wieder erreichte.

QUELLE: Legenda aurea (bei St. Andreas). – BILDER: *Anbetung des Kreuzes:* Sacchi, Pinak. Vatikan; Dolci, Pal. Pitti. *Kreuzigung:* Lochner (Werkstatt), Städel; Rubens, Prado; Maulbertsch, Barockmus. Wien. *Kreuzabnahme:* Giordano, AP München; Ribera, Budapest. *Begräbnis durch Maximilla:* Preti, S. Andrea della Valle Rom.

Andreas rettet einen Bischof aus der Versuchung

Einige Jahrhunderte nach dem Tod des Andreas war ein frommer Bischof ein großer Verehrer des Heiligen, worüber der Teufel sich sehr ärgerte. Er verwandelte sich deshalb in eine schöne vornehme Frau, die den Bischof aufsuchte und ihm vorspielte, sie sei aus Treue zu Christus vor einer erzwungenen Heirat geflohen. Der Bischof lud die Frau an seine Tafel, wo er aber bald seine Augen nicht mehr von ihr lassen konnte. Da pochte ein Pilger an das Tor und deckte den Betrug auf, war aber dann verschwunden. In der gleichen Nacht wurde dem Bischof geoffenbart, daß ihm der heilige Andreas selbst in Gestalt des Pilgers zu Hilfe gekommen war.

QUELLE. Legenda aurea (bei Andreas). BILD: Borrassa, Metrop. Mus.

Der Apostel Jakobus der Ältere/Jacobus Maior

Von Jakobus dem Älteren, Sohn des Zebedäus und der Maria Salome und ein Bruder des Apostels Johannes, wird erzählt, er habe bald nach der Himmelfahrt Christi in Spanien missioniert, sei aber dann, da seine Predigt kaum Erfolg hatte, nach Jerusalem zurückgekehrt. Jedenfalls berichtet die Apostelgeschichte (12,2), daß er dort enthauptet wurde (im Jahre 44). Seine Gebeine sollen nach Spanien gekommen sein, wo sie später, wie der Apostel bei seiner dortigen Predigt vorausgesagt hatte, viele Bekehrungen wirkten. Vom 11. Jahrhundert an wurde sein Grab in Santiago di Compostela zu einer berühmten Wallfahrtsstätte.* ATTRIBUTE: *Pilgertracht, Muschel, Buch oder Schriftrolle, Schwert.*

ZYKLUS: Meister des Jakobusaltars, KHM Wien/privat Wien/Prag.

DIE BEKEHRUNG DES ZAUBERERS HERMOGENES

In Jerusalem gab es einen Zauberer mit Namen Hermogenes, der seinen Schüler Philetas zu Jakobus sandte, um diesen der Lüge zu überführen. Philetas aber wurde durch die Argumente des Apostels bekehrt. Zur Strafe machte ihn sein Meister unbeweglich, aber Jakobus heilte ihn mit seinem Schweißtuch. Da sandte Hermogenes seine bösen Geister aus mit dem Auftrag, Jakobus vor ihn zu bringen. Die Geister aber waren machtlos und brachten statt dessen auf Befehl des Jakobus den Hermogenes gefesselt vor den Apostel. Dieser befahl dem Philetas, den Zauberer freizubinden, da niemand gegen seinen Willen bekehrt werden dürfe. Daraufhin bot Hermogenes an, all seine Zauberbücher zu verbrennen, doch Jakobus gebot ihm, sie ins Meer zu werfen, damit der Rauch des Feuers niemandem schade. Hermogenes aber umfaßte die Füße des Apostels, bat ihn um Vergebung und wurde ein Christ.

QUELLE: Legenda aurea (bei St. Jakobus d. Ä.). – BILDER: Gaddi, Louvre; Meister des Jakobusaltars, Prag.

DIE ENTHAUPTUNG DES JAKOBUS

Die kurze Notiz der Apostelgeschichte über die Enthauptung des Jakobus (12,2) fand eine legendäre Ausschmückung: Während man den Apostel zur Richtstätte brachte, rief ihn ein Lahmer, der am Weg saß, an und wurde durch das Wort des Apostels geheilt. Als der Schriftgelehrte Josias, der den Verurteilten an einem Strick um den Hals führte, das sah, bekehrte er sich. Da er

* Eine Erscheinung der Jungfrau Maria soll es ihm in Saragossa von einer Marmorsäule herab geweissagt haben: Poussin, Louvre («N. D. du Pilier» – «Nuestra Señora del Pilar»).

nun deshalb ebenfalls enthauptet werden sollte, bat Jakobus am Richtplatz den Henker um Wasser, mit dem er Josias taufte, bevor sie beide starben.

QUELLE: Legenda aurea (bei St. Jakobus d. Ä.). – BILD: Gaddi, Louvre.

Die Meerfahrt der Gebeine des Jakobus nach Spanien

Nach der Enthauptung des Jakobus hatten seine Jünger Angst, den Leichnam zu bestatten. So brachten sie ihn ans Meer, legten ihn auf ein Schiff und stiegen mit ein. Da sie es Gott überlassen wollten, wohin sie segeln sollten, steuerten sie nicht.

Ein Engel geleitete sie wohlbehalten nach Galizien in Nordwestspanien. Dort stiegen sie aus und legten den Leichnam auf einen Stein, der sich wunderbar wie Wachs von selbst zu einem Sarkophag formte, den dann ein Gespann wilder Rinder zu der Stelle brachte, wo später die Wallfahrtskirche von Compostela erbaut wurde.

QUELLE: Legenda aurea (bei St. Jakobus d. Ä.). – BILD: Meister des Jakobusaltars, KHM Wien.

Die Schlacht von Clavigo/Clavijo

Während der Schlacht von Clavigo bei Compostela gegen die Mauren (angeblich 844) soll der Hl. Jakobus/Santjago auf einem weißen Schimmel voranstürmend den christlichen Rittern zu Hilfe gekommen sein und den Kampf entschieden haben, wie er dies in der vorausgehenden Nacht dem König geweissagt hatte. Santjago heißt deshalb auch «Matamoros» (Maurentöter).

BILDER: Sodoma, S. Spirito Siena; Tiepolo, Budapest.

Der betrügerische Wirt

Von der vielfachen Hilfe, die der heilige Jakobus den Pilgern leistete, die zu seinem Grab in Santiago de Compostela zogen, sind viele, manchmal seltsame Geschichten überliefert. Eine der bekanntesten ist die von dem betrügerischen Wirt in Toulouse, der zwei Pilgern, Vater und Sohn, heimlich einen silbernen Becher in den Mantelsack steckte und so erreichte, daß der Sohn als Dieb gehenkt und ihm selbst das Gut der beiden zugesprochen wurde. Als der Vater nach über einem Monat auf dem Rückweg wieder am Galgen vorbeikam, war der Sohn noch am Leben, die ganze Zeit vom Hl. Jakobus gehalten und mit himmlischer Nahrung erquickt. Das Volk der Stadt staunte über dieses Wunder, und der Wirt, dessen Betrug aufgedeckt war, wurde an Stelle des Jungen an den Galgen geknüpft. – Es wird auch noch erzählt, daß der Richter, der den Jungen hatte hängen lassen, gerade beim Mahle saß, als man ihm meldete, der Gehenkte lebe noch. Er wollte es nicht glauben und meinte, der Bursche sei so tot wie die gebratenen Hühner auf seinem Teller. Da wurden die Vögel plötzlich wieder lebendig und flogen davon. Auch heißt es manchmal, die Sache mit dem Silberbecher gehe auf die Tochter des Wirts zurück, deren Lockungen der Junge zurückgewiesen hatte. Er soll außerdem in Begleitung seiner beiden Eltern gewesen sein.

QUELLE: Legenda aurea (bei St. Jakobus d. Ä.). – BILDER: Mezzastris, Pilgerkap. Assisi; Nürnberger Schule, Bayr. Nat. Mus. München.

Der Apostel und Evangelist Johannes

Dem Apostel Johannes, Sohn des Zebedäus und der Maria Salome und ein Bruder des Apostels Jakobus d. Ä. (siehe S. 336), wird von der Tradition sowohl die Autorschaft am Johannesevangelium als auch an der Geheimen Offenbarung/Apokalypse zugeschrieben. Auch drei Briefe, die von ihm stammen sollen, wurden in das Neue Testament aufgenommen. Johannes soll Kleinasien missioniert haben und in Ephesus in sehr hohem Alter gestorben sein. ATTRIBUTE: *Adler und Buch; Kelch und Schlange; bei ihm ist manchmal sein Schreiber Prochoros, dem er diktiert.*

DAS MARTYRIUM DES JOHANNES AN DER LATEINISCHEN PFORTE

Während der Christenverfolgung unter Kaiser Domitian (81–96) wurde Johannes nach Rom gebracht. Dort schor man ihm die Haare und warf ihn an der Porta Latina in einen Kessel von siedendem Öl, dem er aber unversehrt entstieg. Daraufhin wurde er nach der Insel Patmos verbannt, wo er die Geheime Offenbarung niederschrieb.

QUELLE: Legenda aurea (bei St. Johannes vor der lateinischen Pforte). – BILDER: Filippino Lippi, S. Maria Novella Florenz; Fries, KM Basel; Lebrun, St. Nicolas du Chardonnet Paris.

DIE AUFERWECKUNG DER DRUSIANA

Während Johannes auf der Insel Patmos in der Verbannung war, hatte die fromme Drusiana, ein Mitglied der Gemeinde in Ephesus, voll Sehnsucht auf seine Heimkehr gewartet und in seinem Namen die Christen gestärkt. Doch als der Erwartete tatsächlich zurückkehrte, wurde Drusiana gerade tot aus der Stadt getragen. Johannes ließ die Bahre niedersetzen und die um den Leichnam gewickelten Binden entfernen. Dann hieß er Drusiana aufstehen und nach Hause gehen, um für ihn ein Mahl zu bereiten.

QUELLE: Legenda aurea (bei St. Johannes dem Evangelisten). – BILDER: Giotto, Peruzzikap. S. Croce Florenz; Nuzi, Washington; Filippino Lippi, S. Maria Novella Florenz; Burgkmair, Augsburg; Veronese, Philadelphia.

Johannes und die Edelsteine

Als Johannes einmal in Ephesus über den Markt ging, war dort der Philosoph Craton mit zweien seiner Schüler. Diese hatten ihr Hab und Gut verkauft und dafür wertvolle Edelsteine erworben, die sie nun vor allem Volk zerbrachen, um ihre durch die Philosophie erlangte Weltverachtung zu beweisen. Der Apostel tadelte dieses Verhalten, da es niemand nütze und nur der Eitelkeit diene. Da forderte ihn Craton lachend heraus, die Edelsteine wieder zusammenzufügen, damit man sie den Armen geben könne. Johannes nahm die Stücke in seine Hand, und sie wurden wieder ganz wie zuvor. Nun bekehrte sich der Philosoph samt seinen beiden Schülern, die ihre Edelsteine verkauften und den Erlös an die Armen verschenkten.
Zwei andere junge Männer gaben daraufhin ebenfalls ihre Güter weg, beklagten sich aber bald danach bei Johannes, daß ihre einstigen Sklaven nun besser gekleidet herumliefen als sie selbst. Da verwandelte der Apostel für sie Schilf und Kiesel in Gold und Edelsteine, sagte ihnen aber, daß sie dadurch ihre Schätze im Himmel verlieren würden.

Quelle: Legenda aurea (bei St. Johannes dem Evangelisten). – Bilder: *Craton und seine Schüler:* Taufbecken St. Barthélemy Lüttich. *Johannes verwandelt Schilf und Steine:* Burgkmair, Augsburg.

Johannes und der Giftbecher

Wie schon zur Zeit, als der Apostel Paulus durch Ephesus kam (siehe S. 320), wo der berühmte Tempel der Artemis/Diana stand (Apostelgeschichte 19,23 ff.), fürchteten die Goldschmiede auch jetzt, der Verkauf ihrer Amulette mit dem Bild der Göttin werde durch die erfolgreiche Predigt des Johannes zurückgehen. Aristodemus, Oberpriester am Tempel, stellte daraufhin den Apostel vor die Wahl, entweder der Göttin zu opfern oder einen Kelch mit Gift auszutrinken, an dem gerade zwei Verbrecher auf der Stelle gestorben waren. Johannes schlug ein Kreuz über den Kelch, woraufhin das Gift in Gestalt einer Schlange entwich. Dann trank er, ohne Schaden zu nehmen. Als er auch noch seinen Mantel über die toten Verbrecher warf und sie damit ins Leben zurückbrachte, bekehrte sich Aristodemus zu Christus.

Quelle: Legenda aurea (bei St. Johannes dem Evangelisten). – Bilder: Nuzi, Washington; Fries, Zürich; El Greco, Prado.

Der Tod des Johannes

Als Johannes 99 Jahre alt geworden war und den Tod herannahen fühlte, rief er seine Gemeinde zusammen und predigte zum letzten Mal. Dann stieg er vor aller Augen in das Grab, das er neben dem Altar hatte bereiten lassen, segnete von dort aus seine Diakone und starb inmitten einer lichten Wolke.

Quelle: Legenda aurea (bei St. Johannes dem Evangelisten). – Bilder: Giovanni del Biondo, Uffizien; Burgkmair, Augsburg.

Johannes erscheint der Kaiserin Galla Placidia

Die Kaiserin Galla Placidia (gest. 450) hätte gern für eine Kirche, die sie dem Evangelisten Johannes in Ravenna erbaut hatte, eine Reliquie des Heiligen gehabt. Da erschien er ihr im Traum und ließ, als er wieder verschwand, seinen Pantoffel zurück.

Bild: Rondinelli, Brera.

Der Apostel Thomas

Der Apostel Thomas, bekannt als der «Zweifler» (siehe S. 309), soll bis nach Indien gekommen sein und dort in vielen Ländern gepredigt haben. Außerhalb der Buchmalerei kommt er in der Kunst nur in den Szenen mit dem Auferstandenen und der «Gürtelspende» (siehe S. 268) und mit seinem Martyrium vor. Attribute: *Schwert oder Lanze; auch Winkelmaß oder Steinwürfel, da er für einen indischen König einen herrlichen Palast bauen sollte, die dafür erhaltenen Schätze aber an die Armen verteilte und dem König sagte, er habe ihm einen Palast im Himmel bereitet.*

Das Martyrium des Thomas

Wegen seiner Predigt wurde der Apostel in Indien auf glühende Bleche gestellt, deren Glut aber von einer plötzlich entsprungenen Quelle gelöscht wurde. Dann steckte man ihn in einen Feuerofen, aus dem er am anderen Tag unversehrt herauskam.

Schließlich wollte man den Apostel zwingen, der Bronzestatue des Sonnengottes zu opfern; er befahl aber dem Teufel, der in der Statue war, dieses Götzenbild zu zerstören. So schmolz es wie Wachs, als Thomas davor niederkniete. Voll Zorn über die Vernichtung seines Gottes durchbohrte der Oberpriester des Tempels Thomas mit einem Schwert oder einer Lanze.

Quelle: Legenda aurea (bei St. Thomas dem Apostel). – Bild: Orley, KHM Wien; Rubens, Prag.

Der Apostel Jakobus der Jüngere/Jacobus Minor

Nach der Apostelgeschichte (12,17; 15,13–21; 21,18–25) war Jakobus d. J., auch «der Gerechte» genannt, Vorsteher der Gemeinde in Jerusalem. Auch Paulus erwähnt ihn mehrfach (Galaterbrief 1,19 sowie 2,9 und 12; 1. Korintherbrief 15,7). Er gilt als Verfasser des Jakobusbriefes und soll im Jahre 64 getötet worden sein. Die Überlieferung hat ihn mit dem in der Apostelgeschichte 1,13 genannten Apostel Jakobus, Sohn des Alphäus, identifiziert. ATTRIBUTE: *Buch oder Schriftrolle; Keule oder Walkerstange (= «Wollbogen»: eine von den Tuchmachern verwendete durchlochte Platte an einem langen Stab).*

DER TOD DES JÜNGEREN JAKOBUS

Nachdem er fast 30 Jahre in Jerusalem Bischof gewesen war, wurde Jakobus, der wegen seines Lebenswandels bei Christen und Juden hochgeachtet war, von seinen Gegnern auf die Zinne des Tempels gebracht, wo er vor allem Volk klar sagen sollte, daß Jesus nicht der Messias gewesen sei. Als er statt dessen laut bekannte, Jesus sitze zur Rechten Gottes und werde zum Gericht wiederkommen, stieß man ihn in die Tiefe hinab.
Jakob war von dem Sturz noch nicht tot, sondern betete: «Herr, vergib ihnen, denn sie wissen nicht, was sie tun.» Einer der umstehenden Priester bat nun, ihn zu schonen; aber ein anderer nahm aus der nahe liegenden Werkstätte eines Gerbers eine Walkerstange und schlug sie so heftig auf den Kopf des Jakobus, daß das Gehirn herausspritzte.

QUELLE: Legenda aurea (bei St. Jakobus d. J.). – BILDER: Mosaik San Marco Venedig; Donauschule, Stuttgart; Rubens, Prado.

Philippus der Apostel (oder Philippus der Diakon)

Der Apostel Philippus soll bei den Skythen und sogar bei den Galliern gepredigt haben und in Phrygien am Kreuz hängend gesteinigt worden sein. Bei diesen Legenden kann es sich auch um den Diakon Philippus gehandelt haben, der nach der Apostelgeschichte den Mohrenkämmerer bekehrte (8,26–34; siehe S. 314) und vier weissagende Töchter hatte (21,8f.). ATTRIBUTE: *Kreuz mit Querbalken oder in T-Form sowie Steine.*

PHILIPPUS IM MARSTEMPEL

Nachdem er 20 Jahre in Skythien gepredigt hatte, sollte Philippus im Marstempel opfern. Da kam aus dem Standbild des Gottes ein schrecklicher Drache hervor, tötete den Sohn des Priesters sowie zwei Beamte und machte mit seinem giftigen Hauch alle anderen Umstehenden krank. Doch Philippus schickte das Untier in die Wüste, erweckte die Toten und heilte die Krankgewordenen, so daß sich alle bekehrten. Später soll Philippus in Hierapolis in Kleinasien gekreuzigt bzw. am Kreuz gesteinigt worden sein, wonach man ihn zwischen seinen Töchtern, die mit ihm das Evangelium gepredigt hatten, begrub.

QUELLE: Legenda aurea (bei St. Philippus dem Apostel). – BILD: Filippino Lippi, S. Maria Novella Florenz.

Der Apostel Bartholomäus

Der in den Apostellisten angeführte Bartholomäus wird meist mit dem nur im Johannesevangelium genannten Nathanael identifiziert. Sein Missionsgebiet soll Kilikien (südliches Kleinasien) gewesen sein, von wo aus er aber bis nach Mesopotamien, Armenien und sogar Indien vorgestoßen sein soll. ATTRIBUTE: *Messer; abgezogene Haut (man nimmt an, das Antlitz auf der abgezogenen Haut des hl. Bartholomäus in der Sixtinischen Kapelle ist ein Selbstbildnis Michelangelos).*

DAS MARTYRIUM DES BARTHOLOMÄUS («MUSKELMANN»)

Als Bartholomäus die besessene Tochter eines Königs heilte und dabei ein Götzenbild niederreißen ließ, aus dem ein schwarzer Teufel mit langen Haaren fuhr, bekehrte sich der König mit seiner Familie. Sein Bruder aber ließ auf Anstiften der Tempelpriester den Apostel fangen und vor sich bringen. Dann befahl er, ihn mit Knüppeln zu schlagen und ihm bei lebendigem Leibe die Haut abzuziehen.

QUELLE: Legenda aurea (bei St. Bartholomäus). – BILDER: Meister des Bartholomäusaltars, AP München; Holbein d. Ä., Dresden; Michelangelo, Sixtina; Ribera, Dresden/Prado/AP München; Schönfeld, Stuttgart.

Der Apostel und Evangelist Matthäus

Die Überlieferung identifiziert den Apostel Matthäus mit dem Zöllner Levi, den Jesus an der Zollstätte berief (siehe S. 280). Er gilt als Verfasser des nach ihm benannten Evangeliums und soll in Äthiopien missioniert haben, wo er den Tod fand. ATTRIBUTE: *Buch oder Schriftrolle; Schwert, später Hellebarde oder Beil an langem Stiel.*

DIE BEZWINGUNG DER BEIDEN DRACHEN DURCH MATTHÄUS

Am Hof des Königs Egippus von Äthiopien lebten zwei Zauberer, die es durch ihre Künste zuwege brachten, daß man sie wie Gottheiten verehrte. Matthäus trat den beiden, die ständig von zwei feuerspeienden Drachen begleitet waren, mutig entgegen und befahl ihren Untieren im Namen Christi, sich zu entfernen. Dann heilte er den kranken Sohn des Königs, den die Magier vergeblich behandelt hatten. Daraufhin bekehrte sich Egippus zu Christus.

QUELLE: Legenda aurea (bei St. Matthaeus dem Apostel). – BILD: Andrea und Jacopo Orcagna (= Jacopo di Cione), Uffizien.

Das Martyrium des Matthäus

Ephigenia/Iphigenia, die Tochter des äthiopischen Königs Egippus, der sich zum Christentum bekehrt hatte, war von Matthäus in einem Kloster als Äbtissin eingesetzt worden. Als Egippus starb, wollte sein Bruder und Nachfolger Hirtacus das Mädchen heiraten. Da sich Matthäus dem widersetzte, ließ ihn Hirtacus heimtückisch vor dem Altar mit einem Schwertstoß töten.

Quelle: Legenda aurea (bei St. Matthaeus dem Apostel). – Bilder: Andrea und Jacopo Orcagna (= Jacopo di Cione), Uffizien; Caravaggio, San Luigi dei Francesi Rom; Vignon, Arras.

Die Apostel Judas Thaddäus und Simon Zelotes

Beide Apostel gelten als Brüder Jakobus' d. J. und sollen in Persien viele Menschen und auch den König bekehrt haben. Deshalb, so heißt es, wurden sie von den heidnischen Priestern getötet, Judas mit einer Keule, Simon mit einer Säge. Attribute: *Judas mit Beil oder Hellebarde, auch Steinen, da solche seine Henker erschlugen; Simon mit einer Säge.*

Bilder: Borrassa, Vich; Maulbertsch, Barockmus. Wien.

Das Abgar-Bild

Nach der Legende soll Judas Thaddäus noch zu Jesu Lebzeiten dessen Bild, das auf einem Schweißtuch abgedruckt war, zusammen mit einem von Jesus selbst geschriebenen Brief zu König Abgar von Edessa in Mesopotamien gebracht haben. Abgar war leprakrank und wurde geheilt, als ihm der Jünger mit dem Bild Jesu über das Gesicht strich. Dieses sogenannte Abgar-Bild wurde für die Ikonenkunst der Ostkirche von großer Bedeutung.

Quelle: Legenda aurea (bei St. Simon und Juda den Aposteln). – Bild: Borrassa, Vich.

Der Apostel Matthias

Matthias wurde, wie die Apostelgeschichte berichtet (1,15–27; siehe S. 312), als Ersatz für Judas Iskariot in den Kreis der Zwölf aufgenommen. Von seinem Leben und Martyrium ist wenig überliefert. In der Apostelreihe tritt oft Paulus an seine Stelle. Attribute: *Beil, Hellebarde oder Schwert.*

Bilder: *Bestätigung der Wahl:* Orley, KHM Wien. *Enthauptung des Matthias:* Orley, Brüssel.

Der Evangelist Markus

In der kirchlichen Überlieferung gilt Markus als jener Jüngling, der unter Hinterlassung seines Oberkleides bei der Gefangennahme Jesu floh (Markus-Evangelium 14,50–52; siehe S. 300) und später mehrfach als Johannes oder Johannes-Markus in der Apostelgeschichte erwähnt wird (Apostelgeschichte 12,12–17; 12,25; 13,5 und 13; 15,37 und 39). Er war auf der ersten Missionsreise des Paulus dabei, von dem er sich aber unterwegs trennte. Mit Barnabas, einem Missionar aus der Urgemeinde, predigte er in Zypern. Später soll er dem Petrus als Begleiter und Dolmetscher gedient und auf dessen Anregung hin das nach ihm benannte Evangelium verfaßt haben. Attribut: *Löwe.*

Markus und der Schuhmacher Anianus

Als der Evangelist Markus Bischof von Alexandrien war, traf er auf einen Schuhmacher namens Anianus, der sich gerade mit seiner Ahle die Hand schwer verletzt hatte. Markus heilte die Wunde, und der Mann ließ sich taufen. Kurz vor seinem Tod weihte Markus Anianus, der Diakon geworden war, zu seinem Nachfolger als Bischof.

Quelle: Legenda aurea (bei St. Markus dem Evangelisten). – Bilder: *Die Heilung der Hand:* Paolo Veneziano, San Marco Venedig; Mansueti, Akad. Venedig; Cima de Conegliano, Dahlem. *Taufe Anians und Bischofsweihe:* Mansueti, Brera; Martorell, San Marcus Manresa.

Die Rettung der Leiche des Markus

Nach der Überlieferung schickte der Apostel Petrus seinen Schüler Markus zuerst nach der Stadt Aquileia (auf dem Festland gegenüber dem späteren Venedig), wo dieser sein Evangelium verfaßte. Später war Markus Bischof von Alexandrien in Ägypten und bekehrte dort so viele Menschen, daß die heidnischen Priester eifersüchtig wurden. Sie kamen am Ostertag zu seinem Altar, warfen ihm ein Seil um den Hals und schleppten ihn durch die Straßen mit dem Geschrei: «Wir ziehen den Ochsen zum Schlachthaus.» Dann warfen sie Markus in den Kerker, wo ihm in der Nacht Christus erschien und versprach, ihn zu erlösen. Am nächsten Morgen legte man Markus wieder das Seil um den Hals und schleifte ihn zu Tode. Als die Heiden daraufhin seine Leiche verbrennen wollten, brach ein so heftiges Gewitter aus, daß alle davonliefen. So konnten die Christen den Leichnam unversehrt retten und begraben. Später wurde der Sarkophag mit den Gebeinen des Markus nach Venedig, der Tochterstadt von Aquileia, gebracht und über ihm der Dom von San Marco errichtet.

QUELLE: Legenda aurea (bei St. Markus dem Evangelisten). – BILDER: *Martyrium des Markus:* Taddeo di Bartolo, Karlsruhe (fälschlich auf hl. Jakobus bezogen); Fra Angelico, San Marco Florenz. *Ankunft des Leichnams in Venedig:* Ricci, Dogenpal. Venedig.

Der Evangelist Lukas

Lukas, dem das dritte unter den Evangelien sowie die Apostelgeschichte zugeschrieben werden, war wahrscheinlich ein Heidenchrist von griechischer Bildung und gilt in der Tradition als Begleiter und Mitarbeiter des Apostels Paulus, für den er im Kolosserbrief (4,14) «der Arzt, der geliebte» ist. ATTRIBUTE: *Stier, manchmal auch ein Bild der Muttergottes.*

BILDER: *Lukas schreibt Evangelium:* Rode, St. Annen-Mus. Lübeck; Mantegna, Brera; Lucas van Leyden, Antwerpen; Aspertini, Pal. Spada Rom.

LUKAS, DER MALER DER MUTTERGOTTES

Es heißt, Lukas habe jenes Bild Marias gemalt, das in Santa Maria Maggiore in Rom gezeigt wird. Auch soll Lukas von Maria selbst die vielen Einzelheiten aus dem Leben Jesu, besonders auch über die Ereignisse um seine Geburt, erfahren haben, über die er allein unter den Evangelisten berichtet.

QUELLE: Legenda aurea (bei St. Gregorius). – BILDER: Weyden, AP München/Boston; Nürnberger Meister, Nürnberg; Manuel Deutsch, Basel; Mabuse, KHM Wien; Heemskerk, Haarlem; M. de Vos, Antwerpen; A. Carracci, Louvre; Zurbarán, Prado.

DER TOD DES LUKAS

Zwar wird auch erzählt, Lukas habe das Martyrium erlitten; aber meist heißt es, er sei «voll des Heiligen Geistes» mit 84 Jahren in Bithynien friedlich gestorben. Seine Gebeine kamen später nach Konstantinopel.

QUELLE: Legenda aurea (bei St. Lukas). – BILD: Rode, St. Annen Mus. Lübeck.

Maria Magdalena

In den Evangelien wird von Maria aus Magdala gesagt, Jesus habe sie «von sieben Dämonen befreit» (Lukas 8,2; Markus 16,9). Außerdem wird sie unter den Frauen erwähnt, die Jesus von Galiläa aus folgten, unter dem Kreuz standen, beim Begräbnis halfen, Salben für den Leichnam kauften und das leere Grab fanden (siehe S. 283, 305, 308). Nach Markus und Johannes sah sie als erste den Auferstandenen, was sie (nach Markus) auch als erste den Jüngern meldete, weshalb sie später auch als «Apostola apostolorum» (Apostolin der Apostel) bezeichnet wurde. Die Tradition identifiziert sie nicht nur mit der ungenannten Frau, der Jesus beim Gastmahl des Pharisäers Simon die Sünden vergab (siehe S. 283), sondern auch mit Maria, der Schwester der Martha und des Lazarus (siehe S. 291). Damit wäre sie auch jene Maria gewesen, die zu Füßen Jesu saß, anstatt bei der Bewirtung zu helfen (siehe S. 283), und die vor der Passion beim Mahle in Bethanien Jesu Füße salbte (siehe S. 298). ATTRIBUTE: *Salbentopf, später auch Totenkopf und Kruzifix («Büßerin»); manchmal ganz von den Haaren bedeckt (wie Maria Ägyptiaca; siehe S. 453).*

Die Meerfahrt der Maria Magdalena

Als nach der Ermordung des Diakons Stephanus (siehe S. 313) die Christen aus Jerusalem vertrieben wurden, setzten die Verfolger auch Maria Magdalena mit ihrem Bruder Lazarus, ihrer Schwester Martha und ihrer Magd Martilla sowie mit den Jesus-Jüngern Maximin und Cedonius auf ein Schiff, das sie segel- und steuerlos ins Meer hinausstießen. Doch das Boot landete in Marseille, wo Magdalena durch eine Traumerscheinung die Gunst des dortigen Königspaares gewann.

QUELLE: Legenda aurea (bei Maria Magdalena). – BILD: Moser, Magdalenenaltar Tiefenbronn b. Pforzheim.

Die büssende Maria Magdalena und ihre Himmelfahrt

Durch Maria Magdalenas Predigt bekehrten sich viele Leute in der ganzen Provence. Ihr Bruder Lazarus wurde Bischof von Marseille und ihr Gefährte Maximin Bischof von Aix-en-Provence. Magdalena aber zog sich in eine Einöde zurück, wo sie 30 Jahre lang einsam der Buße lebte. Als sich danach ein Einsiedler ihrer Höhle näherte, bat sie ihn, dem Bischof Maximin zu sagen, er möge am Ostertag allein in seiner Kirche sein. Von Engeln dorthin getragen, empfing Maria Magdalena aus Maximins Hand die Kommunion und starb. Engel trugen sie zum Himmel empor.

QUELLE: Legenda aurea (bei Maria Magdalena). – BILDER: *Die reuige/büßende Maria Magdalena:* Piero di Cosimo, Pal. Barberini Rom; Scorel, Rijksmus.; Tizian, Pal. Pitti/Eremitage; Veronese, Prado/Ottawa; Tintoretto, San Rocco Venedig/Detroit; El Greco, Budapest; Liss, Dresden; Rubens, KHM Wien; Dyck, Rijksmus.; Reni, Nat. Gall. London; O. Gentilleschi, KHM Wien; A. Gentilleschi, KHM Wien/Pal. Pitti; Latour, Louvre; Ribera, Prado; Dou, Hamburg/Karlsruhe; Giordano, Prado. *Himmelfahrt der Maria Magdalena:* Patinir, Zürich; Correggio (Kopie), Dresden; Tizian, Pal. Pitti Florenz; Tintoretto, Detroit; Furini, KHM Wien; Rubens, AP München; Ribera, Acad. San Fernando Madrid/Prado; Cagnacci, KHM Wien; Werff, Louvre.

Die Kreuzeslegenden

Das außerbiblische Nikodemus-Evangelium (5. Jh.) machte sich Gedanken darüber, woher das Holz kam, das den Erlöser bei seinem Kreuzestod tragen durfte. Dazu kamen die Legenden über die Auffindung des Kreuzes durch die Kaiserin Helena (gest. 329), woran noch heute das kirchliche Fest der «Kreuzauffindung» erinnert. Das Fest der «Kreuzerhöhung» hingegen bezieht sich auf die Rückeroberung des von den Persern geraubten Kreuzes durch den byzantinischen Kaiser Heraklios im Jahre 627. Durch die Legenda aurea fanden all diese Überlieferungen im Mittelalter weite Verbreitung. Aufgrund ihrer Verbindung zur Konstantin-Legende dienten sie auch zur religiösen Legitimierung des christlichen Kaisertums.

ZYKLEN: Gaddi, S. Croce Florenz; Piero della Francesca, San Francesco Assisi; Dom Braunschweig; Fraurombach in Hessen; Duttenberg an der Jagst; Loffenau bei Herrenalb; Angler, Kreuzaltar von Polling Bayr. Nat. Mus. München.

DIE HERKUNFT DES KREUZESHOLZES

Nach einer Legende schickte der alte und sterbenskranke Adam seinen Sohn Seth zum Paradiesestor, um dort für seine Genesung um das Öl der Barmherzigkeit vom Baum des Mitleids zu bitten. Seth erhielt aber vom Erzengel Michael statt dessen einen Zweig vom Baum der Erkenntnis, jenem Baum, an dem einst Adam im Paradiese gesündigt hatte. Der Engel sagte dazu, aus diesem Holz werde Heilung erwachsen. Da Adam bei Seths Rückkehr schon gestorben war, pflanzte der Sohn den Zweig auf seines Vaters Grab. Später soll der aus dem Grab gewachsene Baum zur Erhöhung der «ehernen Schlange» bei der Wüstenwanderung der Israeliten unter Moses gedient haben (siehe S. 212) und dann nach Jerusalem gekommen sein, wo König Salomo ihn beim Bau seines Palastes verwenden wollte. Da sich jedoch der Stamm nirgends einfügen ließ, legte man ihn als Steg über ein Wasser. Als die Königin von Saba auf ihrer Reise zu Salomo (siehe S. 236) zu dem Balken kam, hatte sie eine Vision über die künftige Rolle des Holzes bei der Erlösung der Menschheit. Sie fiel nieder, verehrte den Stamm und durchquerte das Wasser neben dem Steg. In den folgenden Jahrhunderten, so erzählt man weiter, habe das Holz im Jerusalemer Teich von Bethesda gelegen und dessen Wasser immer wieder zur Wallung gebracht, wobei viele Kranke, die dann hineintauchten, geheilt wurden (siehe S. 289). Als Christi Leiden herannahte, sei der Stamm schließlich an die Oberfläche gestiegen und zur Fertigung des Kreuzes verwendet worden.

QUELLEN: Pseudo-Evangelium des Nikodemus; Legenda aurea (bei Kreuzauffindung). – BILDER: Siehe Zyklen.

Die Kreuzauffindung (Inventio Crucis)

Fast drei Jahrhunderte nach Jesu Tod pilgerte die Kaiserin Helena, die Mutter Kaiser Konstantins, nach Jerusalem, um dort, so erzählt die Legende, das Kreuz zu suchen, in dessen Zeichen ihr Sohn seinen Rivalen Maxentius an der Milvischen Brücke besiegt hatte. Ein jüdischer Levit namens Judas zeigte, nachdem man ihn sieben Tage in einem Brunnen gefangen gehalten hatte, ein Erdloch vor der Stadt, in dem drei Kreuze lagen. Um dasjenige, an dem Jesus gehangen hatte, von denen der beiden mit ihm Gekreuzigten zu unterscheiden, legte man die drei Kreuze nacheinander einem Leichnam auf, der gerade zum Tor herausgetragen wurde, und erkannte das wahre daran, daß es den Toten zum Leben erweckte. Danach fand der Levit Judas auch noch die jetzt wie Gold glänzenden Nägel, mit denen Jesus ans Kreuz geschlagen worden war. Helena ließ einen von ihnen ins Zaumzeug Kaiser Konstantins einarbeiten, damit er ein Friedenskaiser werde. Judas, der Christ wurde, soll mit dem Namen Quiricus Bischof von Jerusalem gewesen und unter Kaiser Julian Apostata als Märtyrer gestorben sein.

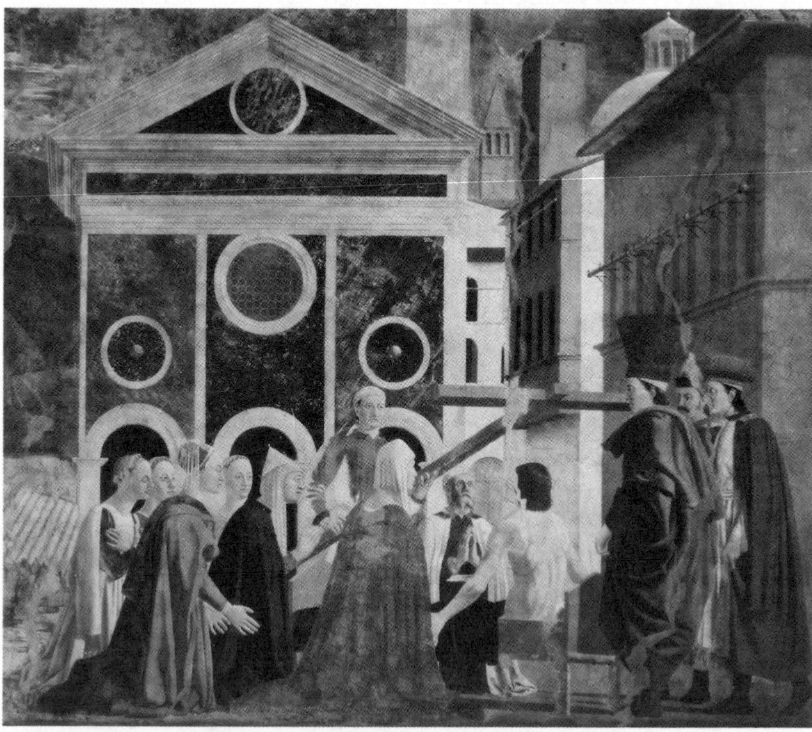

Die Kreuzesprobe. Fresko (Ausschnitt) von Piero della Francesca, San Francesco Arezzo

QUELLE: Legenda aurea (beim Fest Kreuzauffindung). – BILDER: Gaddi, S. Croce Florenz; Marmion, Louvre; Piero della Francesca, S. Francesco Assisi; Pinturicchio, S. Croce Rom; Beham, AP München; Romanino, Algier; Elsheimer, Städel; Rubens, Spitalkap. Grasse; Ricci, Salzburg/San Rocco Venedig; Tiepolo, Akad. Venedig.

DIE KREUZERHÖHUNG (EXALTATIO CRUCIS)

Im Jahre 614 eroberte der Perserkönig Cosdras/Chosroes II. die Stadt Jerusalem und nahm das dort aufbewahrte Kreuz Christi als Beute mit in sein Land. Nach der Legende baute er dafür einen Rundtempel, in dem er sich, neben dem Kreuz thronend, als Gott huldigen ließ. 627 besiegte ihn der oströmische Kaiser Heraclius/Eraklios (angeblich im Zweikampf) und brachte das Kreuz wieder nach Jerusalem. Als der Kaiser das Kreuz im Triumphzug in die Stadt bringen wollte, soll sich ihr Tor von selbst geschlossen und erst wieder durch einen Engel geöffnet haben, als der Herrscher ohne seine Prunkgewänder das Kreuz auf seine Schulter nahm und es barfuß und im härenen Hemd zur Grabeskirche trug.

QUELLE: Legenda aurea (beim Fest Kreuzerhöhung). – BILDER: Giovanni di Stefano, Louvre; Flügelaltar (8 Gemälde) 16. Jhd., Hl. Kreuzkirche Rostock.

Marienlegenden

Im Laufe der Kirchengeschichte wird von vielen Erscheinungen Marias berichtet, die an den meist daraus hervorgegangenen Wallfahrtsorten wiedergegeben sind. Einige dieser Darstellungen haben durch ihren künstlerischen Rang oder durch ihre weite Verbreitung größere Bedeutung erlangt.

MARIA SCHNEE

In einer August-Nacht träumte der Papst Liberius (352–366), es habe in Rom geschneit. Tatsächlich war am nächsten Morgen auf dem Esquilinhügel ein Stück Land mit Schnee bedeckt. An dieser Stelle wurde daraufhin die Kirche S. Maria Maggiore errichtet.

BILDER: Masolino, Neapel; Grünewald, Augustinermus. Freiburg i. Br.; Turchi, Brera; Murillo, Prado.

DIE ABGEHACKTE HAND DES JOHANNES DAMASCENUS

Im sog. Bilderstreit des 8. Jahrhunderts, bei dem es um die Erlaubtheit der religiösen Verehrung von Darstellungen heiliger Personen ging, war der große Theologe Johannes von Damaskus in seinen Schriften ein beredter Anwalt der Marienbilder, während der byzantinische Kaiser die Bilderfreunde verfolgte.

Als man Johannes die rechte Hand abhackte, damit er nicht mehr schreiben konnte, soll sie wie ein Zweig aus einem abgesägten Aststumpf nachgewachsen sein. Nach anderen Berichten kam ein Engel und brachte die Hand wieder mit dem Armstumpf zusammen.

BILD: Reni, Cappella Paolina S. Maria Maggiore Rom.

Das Haus von Loreto

Nach einer Legende sollen Engel, als die Mohammedaner im Jahre 1291 Nazareth bedrohten, das dort noch erhaltene Haus der Jungfrau Maria erst nach Dalmatien und später in die Nähe Roms auf das Grundstück einer Witwe namens Lauretta getragen haben. Daraus entstand ein berühmter Wallfahrtsort.

BILDER: Bartolommeo di Tomaso da Foligno, Pinak. Foligno; Domenichino, Raleigh (N. C.).

Verschiedenes

Der Brand im Borgo

Im Jahre 847 brachte Papst Leo IV. einen ausgedehnten Brand in Rom mit dem Zeichen des Kreuzes zum Stillstand.

BILD: Raffael, Stanza dell'Incendio Vatikan.

Die Messe von Bolsena

Ein deutscher oder böhmischer Priester, der an der sog. Transsubstantiation, d. h. der Verwandlung von Brot und Wein in den Leib und das Blut Jesu Christi, zweifelte, wohnte im Jahre 1263 auf dem Weg nach Rom in Bolsena (Mittelitalien) der Messe bei. Da sah er im Augenblick der Wandlung einen Blutstropfen aus der Hostie (oder dem Kelch) auf das dem Meßkelch untergelegte Tuch (Korporale) fallen.

BILD: Raffael, Stanza d'Eliodoro Vatikan.

HEILIGENLEBEN

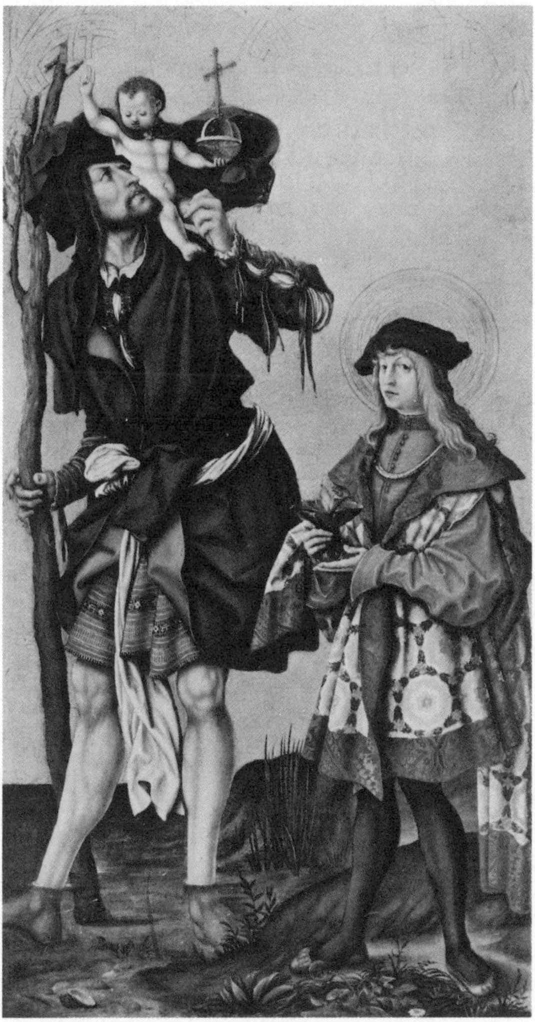

Der hl. Christophorus (mit Stifterfigur)
Spätgotischer Meister

Achatius und die Marter der Zehntausend

*Achatius und seine zehntausend Soldaten sollen unter Kaiser Hadrian (117–138) und Antonius das Martyrium erlitten haben. Die Legende entbehrt jeden historischen Kerns. Achatius (Achaz) gehört zu den vierzehn Nothelfern (**siehe S. 465**).* ATTRIBUTE: *Dornenbekränzter Soldat mit Dornenstrauch, Kreuz und Schwert.*

Mit den Truppen der Kaiser Hadrian und Antoninus wurde auch der Heerführer Achatius mit seinen 9000 Soldaten gegen Rebellen nach Armenien beordert. Da die Gegner in zehnfacher Überzahl waren, zogen die Kaiser ihre Legionen zurück. Achatius wollte jedoch kämpfen. Als er den Göttern opferte, ergriff ihn aber große Furcht. Da erschien ihm ein Engel und verhieß ihm den Sieg, wenn er und seine Soldaten Christen würden. Alle bekehrten sich und siegten über die Feinde. Danach zogen sie, von einem Engel geleitet, auf den Berg Ararat und lebten dort dreißig Tage von himmlischer Nahrung. Als Kaiser Hadrian davon hörte, sandte er sieben Barbarenkönige gegen die Bekehrten aus. Aber keine Marter konnte die Christen von ihrem Glauben abbringen. Steine, die man auf sie schleuderte, wandten sich gegen die Werfenden, die Hände der Geißelnden verdorrten. Als man die Bekehrten mit Dornen gekrönt und mit spitzen Ästen durchbohrt hatte, wurden noch einmal 1000 heidnische Soldaten Christen. Schließlich kreuzigte man die Zehntausend. Da verfinsterte sich die Sonne, der Mond wurde blutrot, und die Erde bebte ähnlich wie beim Tode Christi.

QUELLE: Melchers, 376 f. – BILDER: *Martyrium:* Meister von Liesborn, Münster; Vittore Carpaccio, Acad. Venedig; Bachiacca, Uffizien; Albrecht Dürer, KHM Wien; Hans von Kulmbach, Karlsruhe; Nicolas-Manuel Deutsch, Bern; Altar von Crozon (Finistère/Bretagne).

Adrian/Hadrian

Adrian soll mit 23 Gefährten in Nikomedien (Kleinasien) unter Kaiser Maximian (285–305) hingerichtet worden sein. ATTRIBUTE: *Offizier in Ritterrüstung mit Amboß, Beil und abgeschlagener Hand.*

Als Adrian, ein junger Offizier, die Standhaftigkeit der gefolterten Christen sah, bekannte auch er sich zu Christus und wurde deshalb ins Gefängnis geworfen. Dort sprach ihm seine Frau Natalie, schon lange heimlich Christin, Mut zu und pflegte in Männerkleidern ihn und die Glaubensbrüder. Schließlich wurden Adrian und seinen Gefährten mit dem Beil auf dem Amboß Hände und Füße abgeschlagen. Natalie entwendete eine Hand ihres Mannes und hielt sie an ihrem Busen verborgen. Die Getöteten sollten verbrannt werden, aber ein Regen löschte das Feuer. Christen überführten die Leichen der Märtyrer nach Konstantinopel.

QUELLE: Legenda aurea, 688–693. – BILDER: *Martyrium:* Memling, Johannishospital Brügge; Marmion, Metrop. Mus.; Bellegambe, Louvre; Thulden, Saint-Michel Gent.

Afra und Narzissus

Afra und Narzissus sollen während der Diokletianischen Christenverfolgung den Martertod gestorben sein, Afra 303/304 in Augsburg, der Bischof Narzissus um 307 in Gerona (Spanien). Historische und legendäre Überlieferung lassen sich nur schwer trennen. ATTRIBUTE: *Afra mit Scheiterhaufen, Baum, Strick, außerdem Märtyrerpalme oder Krone als angebliche Königstochter aus Zypern und seltener mit Fichten- oder Pinienzapfen (Symbol für ihren früheren Beruf als Dirne).*
Narzissus in Bischofsornat mit Bischofsstab, Stechmücken und dem Drachen des Unglaubens, mit dem Narzissus zu kämpfen hatte. Des öfteren werden Afra und Narzissus zusammen dargestellt.

QUELLE: Venantius Fortunatus, Vita sancti Martini IV. – ZYKLUS: Tafelgemälde um 1500, Kathedrale Valencia.

BEKEHRUNG UND MARTERTOD AFRAS

Narzissus, der Bischof der spanischen Stadt Gerona, kam mit seinem Diakon Felix auf der Flucht vor den Soldaten Diokletians nach Augsburg. Dort wurden sie von der Dirne Afra, die mit ihrer Mutter ein Freudenhaus unterhielt, aufgenommen. Als Afra sah, wie Narzissus vor dem Essen und auch nachts betete, wurde sie neugierig. Er erzählte ihr vom christlichen Glauben und bekehrte sie mit ihrer ganzen Familie. Narzissus predigte neun Monate in der Stadt und ihrer Umgebung, dann kehrte er nach Gerona zurück. Als Afra, die in Augsburg blieb, auf Befehl des Richters den Göttern opfern sollte, weigerte sie sich und wurde auf einer Insel im Lech auf einem Scheiterhaufen an einen Pfahl oder Baum gebunden und verbrannt.

BILD: *Feuermarter:* Degler und Greither, St. Ulrich und Afra Augsburg.

DIE STECHMÜCKEN AM GRAB DES NARZISSUS

Einige Jahre nach seiner Rückkehr von Augsburg, wo er Afra bekehrt hatte, erlitt der Bischof Narzissus am Altar den Martertod. Nach einer Legende verteidigten Stechmücken sein Grab, als im Kampf gegen Pedro III. von Aragon im Jahre 1286 französische Soldaten die Stadt Gerona eingenommen hatten und sich am Grab vergehen wollten.

BILD: siehe Zyklus.

Agatha

Agatha wurde als jungfräuliche Märtyrerin um 250 in Catania (Sizilien) getötet. Bei einem Ätnaausbruch laufen die Einwohner von Catania noch heute zum Grab der Agatha und holen ihren Schleier, um die Lavaströme damit aufzuhalten. ATTRIBUTE: *Abgeschnittene Brüste; Marterwerkzeuge wie Zange, Fackeln, Scheiterhaufen; Horn eines Einhorns, ein Zeichen der Jungfräulichkeit, da der Sage nach das Einhorn nur von einer Jungfrau gefangen werden kann.*

Nach der Legende wollte der Landpfleger von Sizilien, Quintanius, ein Heide niedriger Herkunft, die junge Christin Agatha aus Catania wegen ihrer Schönheit und edlen Herkunft zu seiner Frau machen. Doch Agatha weigerte sich, weil sie Christus allein gehören wollte. Da übergab Quintanius sie einer Kupplerin und ihren Töchtern, aber sie konnten Agatha nicht verführen. Als Agatha den Landpfleger auch noch verspottete, ließ er sie wegen der Verweigerung des Götteropfers in einen Kerker werfen und foltern. Agathas Freude, dem Tod für Christus auf diese Weise näherzukommen, brachte den Statthalter in solche Wut, daß er sie an ihren Brüsten martern und diese dann abschneiden ließ.

Um Mitternacht erschienen Agatha im Kerker ein alter Mann mit Arzneien und ein Kind mit einem Licht. Erst als sich der Mann als der Apostel Petrus zu erkennen gab, ließ sie zu, daß er sie anfaßte und behandelte. Nachdem Petrus verschwunden war, fühlte sie sich gesund, auch ihre Brüste waren wieder angewachsen. Einige Tage später wälzte man Agatha in glühenden Kohlen und spitzen Scherben. Da wurde die Erde durch ein Beben erschüttert, und das Volk schrie, Quintanius solle aufhören, Agatha zu quälen. Sie wurde ins Gefängnis zurückgebracht, wo sie Gott bat, er möge sie zu sich nehmen. Als sie auf diese Bitte hin schließlich starb, umschwebten Engel ihren Leichnam. Quintanius aber wurde durch seine wildgewordenen Pferde in einen Fluß geworfen und ertrank.

QUELLE: Legenda aurea, 198–202. – ZYKLEN: Giulio Campi, Sant'Agatha Cremona; Bizzelli, Sant'Agatha Florenz. – BILDER: *Abschneiden der Brüste:* Borgognone, Bergamo; Piombo, Pal. Pitti; Lorenzo Lippi, Uffizien; Zurbarán, Montpellier; Tiepolo, Dahlem. *Besuch des Petrus:* Veronese, Uffizien; Lanfranco, Pal. Corsini Rom; Turchi, Pal. Barberini Rom; Vanloo, Avignon.

Aegidius/Gilles

Aegidius war Einsiedler in der Provence und später Abt des von ihm gegründeten und nach ihm benannten Klosters St. Gilles (südlich von Nîmes/Provence). Er starb um 720. Ein Großteil seiner Reliquien ist in St.

Sernin/Toulouse aufbewahrt. Aegidius gehört zu den vierzehn Nothelfern (siehe S. 465). ATTRIBUTE: *Abt in Benediktinertracht mit einer Hirschkuh und einem Pfeil.*

QUELLE: Legenda aurea, 666–699. – ZYKLUS: Meister des hl. Ägidius, Nat. Gall. London.

Der Einsiedler mit der Hirschkuh

Nach der Legende stammte Aegidius aus königlichem Geschlecht in Athen und kam nach dem Tod seiner Eltern zum Einsiedler Veredemius in die Provence. Da die Einsiedelei von vielen Menschen, die von den Wundertaten der beiden gehört hatten, besucht wurde, zog sich Aegidius allein in eine abgeschiedene Höhle mit einer Quelle zurück. Dort ernährte er sich von der Milch einer Hirschkuh. Als einmal eine Jagdgesellschaft des Westgotenkönigs Flavius Wamba das Tier verfolgte, floh es zu Aegidius in die Höhle. Zum Erstaunen der Jäger gelang es keinem ihrer Hunde, sich der Höhle zu nähern. Da zog schließlich der König selbst hin, begleitet vom Bischof von Nîmes. Einer der Jäger schoß einen Pfeil durch das Dornengestrüpp und traf Aegidius. Die anderen Jäger bahnten mit ihren Schwertern einen Weg, und so fanden der König und der Bischof den Einsiedler. Dieser nahm weder die Hilfe eines Arztes noch Geschenke an, ließ sich aber später überreden, Abt eines vom König gestifteten Klosters zu werden.

BILD: Triptychon um 1495, Nat. Gall. London.

Die Aegidiusmesse bei König Karl

Da Aegidius im Ruf der Heiligkeit stand, ließ der Frankenkönig Karl (ursprünglich war der fränkische Hausmeier Karl Martell gemeint, später glaubte man fälschlicherweise, es handle sich um Kaiser Karl den Großen) ihn bitten, für eine große, unaussprechliche Sünde zu beten. Während Aegidius die Sonntagsmesse feierte, legte ein Engel auf den Altar einen Zettel, auf dem sowohl die Sünde als auch ihre Vergebung geschrieben stand.

BILD: Meister von St. Gilles, Nat. Gall. London

Aegidius vor Papst Gregor

Von Papst Gregor bekam Aegidius bei einem Besuch in Rom für seine Kirche zwei Türen mit geschnitzten Apostelbildern geschenkt. Er warf sie in den Tiber und empfahl sie Gott. Als er in sein Kloster nach Frankreich zurückkehrte, schwammen die Kirchentüren im nahegelegenen Hafen.

BILDER: Murillo, Raleigh; Meister Bertram, Apokalypsenaltar, Victoria & Albert.

Agnes

Agnes, ein Mädchen aus vornehmer Familie, starb wahrscheinlich um 300 in Rom als Opfer der Diokletianischen Christenverfolgung. Über ihrem Grab wurde später die Kirche Sant'Agnese fuori le mura erbaut. ATTRIBUTE: *Weißes Lamm als Symbol der Reinheit; in ihrer rechten Hand meist ein Palmzweig, die Siegespalme des Martyriums; in älteren Darstellungen anstelle des Palmzweiges eine Märtyrerkrone; Schwert und Scheiterhaufen als Marterwerkzeuge.*

Nach der Legende warb der Sohn eines Richters um Agnes, die ihn aber mit der Begründung abwies, sie habe einen edleren und würdigeren Bräutigam: Christus. Da stellte der Vater des jungen Mannes sie vor die Wahl, entweder nach den kaiserlichen Vorschriften der jungfräulichen Göttin Vesta zu opfern oder aber ihre Jungfräulichkeit in einem Bordell zu verlieren. Da Agnes nicht

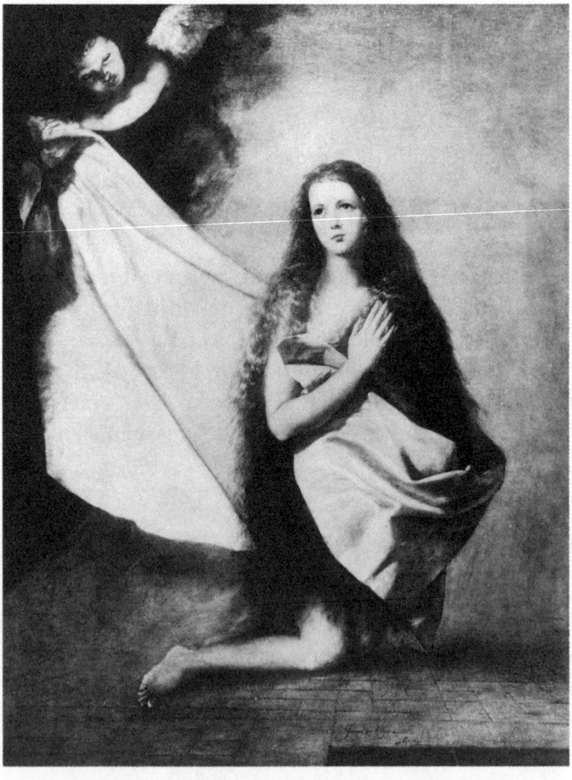

Die hl. Agnes von einem Engel bekleidet
Gemälde von Jusepe de Ribera, Dresden

opfern wollte, wurde sie nackt in ein Freudenhaus gebracht. Doch Gott ließ ihr das Haar wie ein Kleid wachsen und ihr durch einen Engel ein lichtes Gewand bringen.
Als der Sohn des Richters zu Agnes kam und sie berührte, fiel er tot um. Durch ihr Gebet erweckte ihn Agnes wieder zum Leben, und er wurde Christ. Da übergab sein Vater Agnes einem anderen Richter, der sie in ein Feuer werfen ließ. Aber das Feuer teilte sich, und Agnes blieb unverletzt. Schließlich wurde ihr mit einem Schwert die Kehle durchstoßen. Sie starb im Alter von 13 Jahren.
Acht Tage lang trauerten Freunde an ihrem Grab. Dann erschien ihnen Agnes mit anderen Jungfrauen in goldenen Gewändern, ein schneeweißes Lamm an ihrer Seite.

QUELLEN: Aurelius Prudentius Clemens, Peristephanon (Über die Kränze); Ambrosius, Buch der Jungfrauen; Legenda aurea, 132–137. – BILDER: *Mystische Hochzeit:* Gaddi, Perugia; Meister des Bartholomäusaltars, AP München. *Haarwunder und lichtes Gewand:* Tintoretto, Madonna dell'Orto Venedig; Ribera, Dresden. *Martyrium:* Tintoretto, Madonna dell' Orto Venedig; Masip, Prado; Domenichino, Bologna. *Erscheinung am Grab:* Ferrata, Sant' Agnese in Agone Rom.

Alexius

Nach einer Legende verließ der römische Adelige Alexius noch in der Hochzeitsnacht seine Gattin, die, wie er selbst, aus Liebe zu Christus in Keuschheit leben wollte. Er kam nach Edessa, wo er siebzehn Jahre als Bettler vor einer Kirche lebte. Als man dort anfing, ihn wie einen Heiligen zu verehren, begab er sich auf ein Schiff, um zu fliehen. Widrige Winde brachten ihn nach Rom zurück. Unerkannt fristete er in seinem Elternhaus unter der Treppe, oft von der Magd mit Spülwasser begossen, ein Bettlerdasein. Erst nach seinem Tod offenbarte ein von ihm hinterlassener Brief, den der durch ein Wunder herbeigeholte Papst entzifferte, seine Identität.
ATTRIBUTE: *Bettler mit Pilgerstab und Treppe.*

QUELLEN: Konrad von Würzburg, Das Leben des hl. Alexius; Legenda aurea, 466–470; Gesta Romanorum, 296–300. – BILDER: *Der Bettler unter der Treppe:* Fresko um 1340, Frauenkirche Esslingen; Lanfranco, Dom Piacenza; La Tour, Nancy.

Ambrosius

Ambrosius, um 333/34 oder 339/40 in Trier an der Mosel geboren, entstammte einer vornehmen römischen Familie und studierte römisches Recht und Rhetorik in Rom. Um 370 wurde er Richter (Consul) der norditalienischen Provinzen mit Amtssitz in Mailand, 374 Bischof von Mailand. Er begann ein asketisches Leben, vertiefte sich in theologische

Studien und galt bald als hervorragender und einflußreicher Prediger und als großer Theologe und Schriftsteller. Er starb am 4. April 397 und wurde in seiner Kirche (San Ambrogio/Mailand) neben den Märtyrern Gervasius und Protasius, deren Gebeine er aufgefunden hatte, begraben. Ambrosius gehört zu den vier großen lateinischen Kirchenvätern (siehe S. 366, 421, 425). Seine sprachgewaltigen Predigten trugen entscheidend dazu bei, daß sich Augustinus zum christlichen Glauben bekehrte (siehe S. 367). ATTRIBUTE: *Bischofstracht; Bienenkorb: Bienen galten als Sinnbild der Beredsamkeit und Gelehrsamkeit; Wiege mit Kind; Buch, Federkiel und Taube der Inspiration als Kirchenvater; Geißel, mit der er als himmlische Erscheinung 1338 die Feinde Mailands unter Kaiser Ludwig dem Baiern in die Flucht geschlagen haben soll; Gebeine der Märtyrer Gervasius und Protasius.*

QUELLEN: Paulinus von Mailand, Vita s. Ambrosii; Legenda aurea, 289–300. – ZYKLEN: Masolino, San Clemente Rom; Goldaltar, San Ambrogio Mailand. – BILDER: *Taufe des Augustinus:* G. B. Crespi, S. Marco Mailand; Louis Boullogne, Dijon.

Der Bienenstock

Als der kleine Ambrosius in seiner Wiege im Palasthof in Trier schlief, setzte sich nach einer Legende ein Schwarm Bienen auf sein Gesicht. Sie krabbelten in seinen Mund hinein und wieder heraus, als wäre er ihr Bienenstock. Der Vater, der den Vorgang voll Angst beobachtete, sagte: «Bleibt dieses Kind am Leben, so wird Großes aus ihm.»

BILD: M. Pacher, Kirchenväteraltar AP München.

Die Bischofswahl

Nachdem der Bischof Auxentius von Mailand gestorben war, stritten sich die Anhänger des Konzils von Nizäa (325) und die Anhänger des Theologen Arius (gestorben 336), die sich wegen ihrer unterschiedlichen Auffassung von der Göttlichkeit Christi bekämpften, um den Bischofsstuhl. Keine der Parteien wollte einen Bischof aus den Reihen der anderen akzeptieren. Da soll ein Kind während der tumultartigen Versammlung gerufen haben: «Ambrosius soll Bischof sein», und alle wählten den Staatsbeamten, der noch nicht einmal getauft war, zum neuen Bischof von Mailand.

BILD: siehe Zyklen.

Ambrosius und Kaiser Theodosius I.

Von Kaiser Theodosius forderte Ambrosius, öffentlich Kirchenbuße zu tun, weil er bei einem Aufstand in Thessaloniki Tausende, zum Teil Unschuldige hatte ermorden lassen. Als Theodosius in Mailand zur Kirche gehen wollte, trat ihm Ambrosius in vollem Ornat entgegen und verweigerte ihm den Eintritt. Da unterwarf sich der Kaiser dem Gebot des Bischofs und unterzog sich vor allem Volk der auferlegten Buße.

BILDER: Bergognone, Bergamo; Rubens, KHM Wien; Dyck, Nat. Gall. London; Subleyras, AP München.

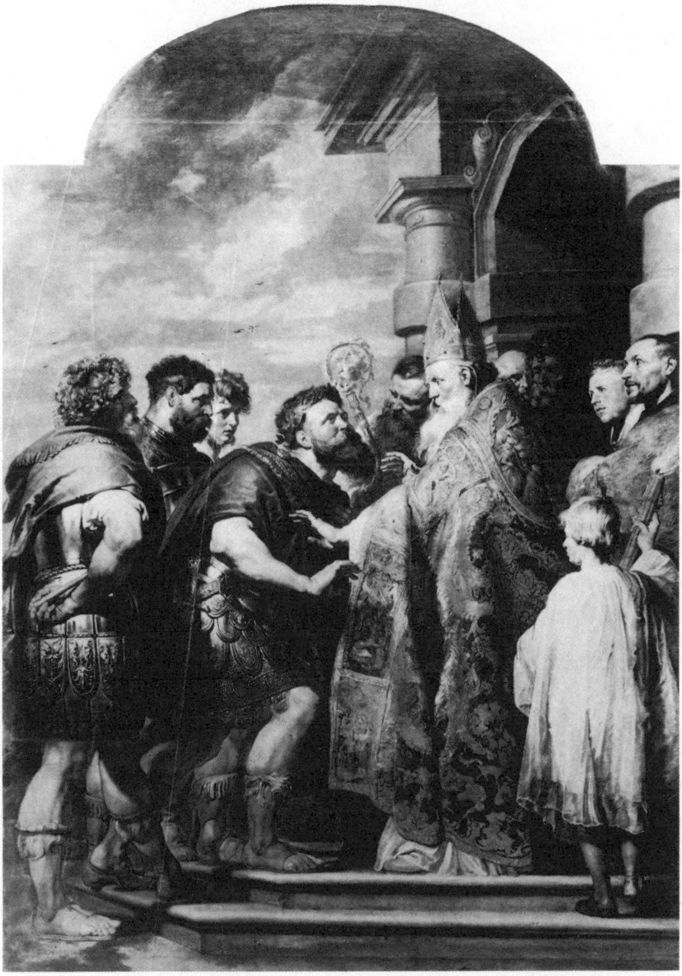

Bischof Ambrosius von Mailand verweigert dem Kaiser Theodosius den Eintritt in die Kirche. Gemälde von Peter Paul Rubens, Kunsthistorisches Museum Wien

Ambrosius beim Begräbnis des Martin von Tours

Ambrosius soll einmal während einer Messe in einer Mailänder Kirche in tiefen Schlaf gefallen sein. Erst nach Stunden des Wartens wagte der Diakon, seinen Bischof zu wecken. Dieser erzählte, Martin, der Bischof von Tours, sei gestorben, und er wäre in der Zwischenzeit bei seinem Begräbnis in Tours gewesen.

Bild: Mosaik des 12. Jhds., San Ambrogio Mailand.

Angelus der Karmelit

Angelus zählt zu den ersten Eremiten des Karmelitenordens, der zur Zeit der Kreuzfahrer am Berg Karmel (Palästina) gegründet wurde. Wegen der Sarazenengefahr verließen viele Karmeliten das Heilige Land; Angelus ging nach Sizilien und starb dort um 1220 in Licata. Attribute: *Engel; Rosen und Lilien; Schwert als Sinnbild des Martyriums.*

Während seines Eremitendaseins in der Wüste des Berges Karmel soll Angelus viele Visionen gehabt haben. Später zog er missionierend durch Süditalien und Sizilien, starb aber bald, an einem Baum gekreuzigt, den Martertod. Dabei brachten ihm Engel drei Kronen, eine für seine Keuschheit, eine für seine Beredsamkeit und eine für das Martyrium, das er nun erlitt. Als er starb, fielen Rosen und Lilien aus seinem Mund.

Quelle: LThK, I, 541. – Bilder: *Vision in der Wüste:* Testa, S. Martino ai Monti Rom. *Martyrium:* Cranach d. Ä., Bologna.

Ansgar/Oskar

Der fromme und mildtätige Benediktinermönch Ansgar wurde 832 Bischof von Hamburg und 845 Bischof von Bremen, wo er am 3. Februar 865 starb. Wegen seiner ausgedehnten Missionsreisen durch Norddeutschland, Dänemark und Schweden erhielt er den Beinamen «Apostel des Nordens». Ihm wird neben der Steinkirche in Bremen und einigen Klöstern auch die Gründung der Petrikirche in Hamburg zugeschrieben.

Quelle: Rimbert, Vita sancti Ansgarii. – Bild: *Gründung der Petrikirche in Hamburg:* Hans Bornemann, Petrikirche Hamburg.

Antonius Eremita und Paulus Eremita

Gegen Ende des 3. Jahrhunderts zogen viele Christen Ägyptens in die Wüste bei Theben («Thebais») und lebten dort als Einsiedler. Als erste von ihnen gelten Paulus von Theben in Ägypten und Antonius aus Komé (heutiges Keman/Ägypten). Paulus soll von 228–341 gelebt haben. Antonius, der später auch die Beinamen «der Große» und «Abbas» oder «Wüstenvater» erhielt, war um 251/52 geboren worden und mit 20 Jahren, nachdem er sein Vermögen verschenkt hatte, in die Wüste Theben gegangen. Auf der Flucht vor seiner wachsenden Jüngerschar gelangte er zuletzt zum Berg Kolzim am Roten Meer, wo er 356 mit 105 Jahren starb. ATTRIBUTE: *Antonius in Eremitentracht; Antoniuskreuz, ein Kreuzstab in T-Form, als Symbol seiner Wanderschaft mit dem Krückstock; Schwein und Glocke: Kennzeichen des im Mittelalter gegründeten Antoniterordens; Teufel zu seinen Füßen: Sinnbild der Überwindung der teuflischen Versuchungen; seltener mit Löwen (Begräbnis des Paulus). – Paulus meist in Palmblätter gekleidet mit Krückstab und Löwen.*

QUELLE: Athanasius von Alexandrien, Vita s. Antonii; Legenda aurea, 111–112; 121–126. – ZYKLEN: Kölnisch um 1500, AP München; Antoniustafel um 1503, Dom Lübeck; Bosch, Brüssel; Grünewald, Isenheimer Altar Colmar. *Die Thebais:* Starnina, Uffizien; Uccello, Gall. Akad. Florenz.

Die Versuchungen des hl. Antonius

Während seines Wüstenlebens soll Antonius vielen Anfechtungen der bösen Geister ausgesetzt gewesen sein. Der Teufel erschien ihm als Riese, als schwarzes Kind oder in Begleitung verführerischer Frauen. Andere Geister kamen in häßlichen Tiergestalten und drohten, ihn zu zerreißen. Auch Goldklumpen und silberne Schüsseln erschienen vor seinen Augen, um ihn durch die Begierde nach Reichtum zu verführen. Einmal soll Antonius von Engeln in den Himmel getragen worden sein, was die Teufel nicht verhindern konnten, weil der Einsiedler nie eine Sünde begangen hatte.

BILDER: Bles, KHM Wien; Patinir, Prado; Jan Brueghel, KHM Wien/AP München; Téniers, Louvre; Beckmann, Bremen.

Antonius und Paulus

Als Antonius – so erzählt die Legende – träumte, außer ihm gebe es noch einen Einsiedler in der Wüste, machte er sich auf die Suche nach ihm. Ein Hippocentaurus (halb Pferd, halb Mensch), ein Satyr (halb Geiß, halb Mensch) und ein Wolf wiesen ihm den Weg. Als er zur Einsiedelei des alten Paulus gelangt war, öffnete ihm dieser erst nach langem Bitten. Zur Essenszeit brachte ein Rabe Gottes Brot, aber keiner der beiden wollte das Brot brechen, weil jeder den anderen für würdiger hielt. Schließlich teilten sie es gemeinsam. Auf dem Heimweg sah Antonius die Seele des Paulus von zwei Engeln getragen in den Himmel schweben. Sogleich kehrte er zurück, um den Leichnam zu begraben. Da er keine Schaufel fand, halfen ihm zwei Löwen, die mit ihren Pranken eine Grube ausscharrten.

BILDER: Sassetta, Washington; Meister der hl. Sippe, AP München; Velasquez, Prado.

DER BOGENSCHÜTZE

Es wird erzählt, ein Schütze habe an einem fröhlichen Beisammensein von Antonius und seinen Eremitenbrüdern Anstoß genommen. Da bat ihn Antonius, seinen Bogen weiter und weiter zu spannen. Schließlich weigerte sich der Schütze mit der Begründung, sein Bogen drohe zu zerbrechen. Genauso sei es mit dem Leben für Gott, meinte Antonius: «Würden wir uns über unser Maß anspannen, wären wir bald zerbrochen.»

BILD: siehe Zyklen.

DAS PFERD DES HERZOGS VON ÄGYPTEN

Ballachius, der Herzog von Ägypten, war nach der Legende ein Christenverfolger, der die Mönche nackt ausziehen und auspeitschen ließ. Antonius drohte ihm deshalb in einem Brief, Gott werde ihn mit dem Tod bestrafen. Ballachius aber spottete nur und stieß Drohungen gegen Antonius aus. Als er aber einige Tage später auf sein sonst so zahmes Pferd stieg, wurde er von dem Tier gebissen, abgeworfen und zertreten.

BILD: siehe Zyklen.

TOD

Als der hochbetagte Antonius merkte, daß er sterben würde, ließ er seine Brüder kommen, küßte sie zum letzten Mal und starb. Makarius und Amatus, zwei seiner Schüler, begruben ihn auf seinen Wunsch hin an einer geheimen Stelle. Deshalb fand man seine Gebeine erst 561 und brachte sie dann nach Alexandrien.

BILD: siehe Zyklen.

Antonius von Padua

Der 1195 in Lissabon/Portugal geborene Antonius (eigentlich Fernandez Bullone) studierte Theologie bei den Augustinerchorherrn von S. Cruz/Coimbra und trat 1220, durch den Martertod von fünf franziskanischen Marokko-Missionaren erschüttert, in den jungen Franziskanerorden ein.

Nach einem vergeblichen Versuch, als Missionar nach Marokko zu gelangen, kam er nach Italien, wo er als Theologielehrer für seine Ordensbrüder und hervorragender Prediger zuletzt in Padua wirkte. Dort starb Antonius am 13. Juni 1231. Über seinem Grab steht heute die Kirche «Il Santo». ATTRIBUTE: *In braunem Franziskanerhabit mit dem Jesuskind und manchmal Maria neben sich (Vision); Lilie (Symbol der jungfräulichen Reinheit); flammendes Herz (Zeichen einer verzehrenden Liebe zu Gott); Buch (Kirchenlehrer); seltener mit Fischen, Esel oder Pferd, Monstranz oder Hostie.*

QUELLEN: Vita sancti Antonii Patavini. – ZYKLEN: Donatello (Basrelief), San Antonio Padua; Fresken des 16. Jh.s (vier von Tizian), Scuola del Santo Padua.

«Unwetterpredigt» und Predigt an die Fische

Einmal soll während einer Predigt unter freiem Himmel ein Unwetter heraufgezogen sein, was die Zuhörer veranlaßte zu fliehen. Antonius rief ihnen zu, sie mögen bleiben, niemand würde naß. Tatsächlich regnete es in der Umgebung in Strömen, die Predigtzuhörer aber blieben trocken.
Man erzählt auch, daß sich die Bewohner der Stadt Rimini, unter denen viele Ketzer waren, weigerten, eine Predigt des Antonius anzuhören. Dafür streckten die Fische ihre Köpfe aus dem Wasser und lauschten den Worten des Predigers. Die Einwohner kamen daraufhin aus ihren Häusern und bekehrten sich.

BILDER: *Predigt an die Fische:* Veronese, Gall. Borghese Rom; Gérard David, Slg. Wantage-Loyd Birmingham.

Das Herz des Geizhalses

Die Verwandten eines Verstorbenen, der von seinem großen Vermögen nie etwas abgegeben hatte, holten den Heiligen zur Beerdigung. Bei der Leichenrede für den reichen Geizhals, griff Antonius die Worte aus dem Lukasevangelium (Lk 12,34) auf: «Wo dein Schatz ist, ist auch dein Herz.» Als die Verwandten später die Schatztruhen des Verstorbenen öffneten, fanden sie dort in einem großen Goldhaufen auch sein noch warmes Herz.

BILD: Pesellino, Uffizien.

Das Esels- und das Glaswunder

Unter den vielen Geschichten von Antonius gibt es auch einige, die erzählen, wie er durch Wunder Ketzer bekehrte: In Toulouse wollte sich ein Mann nur durch ein Wunder von der Allgegenwart Gottes überzeugen lassen. Er ließ seinen Esel drei Tage hungern, dann hielt er dem Tier Futter hin, Antonius aber zeigte ihm eine geweihte Hostie. Der Esel wandte sich, ohne zu zögern, der Hostie zu und fiel auf die Knie. – Um einen gewissen Aleardin zu bekehren, wurde ein Stein durch ein Wunder des Antonius von einem Trinkglas zertrümmert.

BILD: *Esel kniet vor Hostie:* Dyck, Lille.

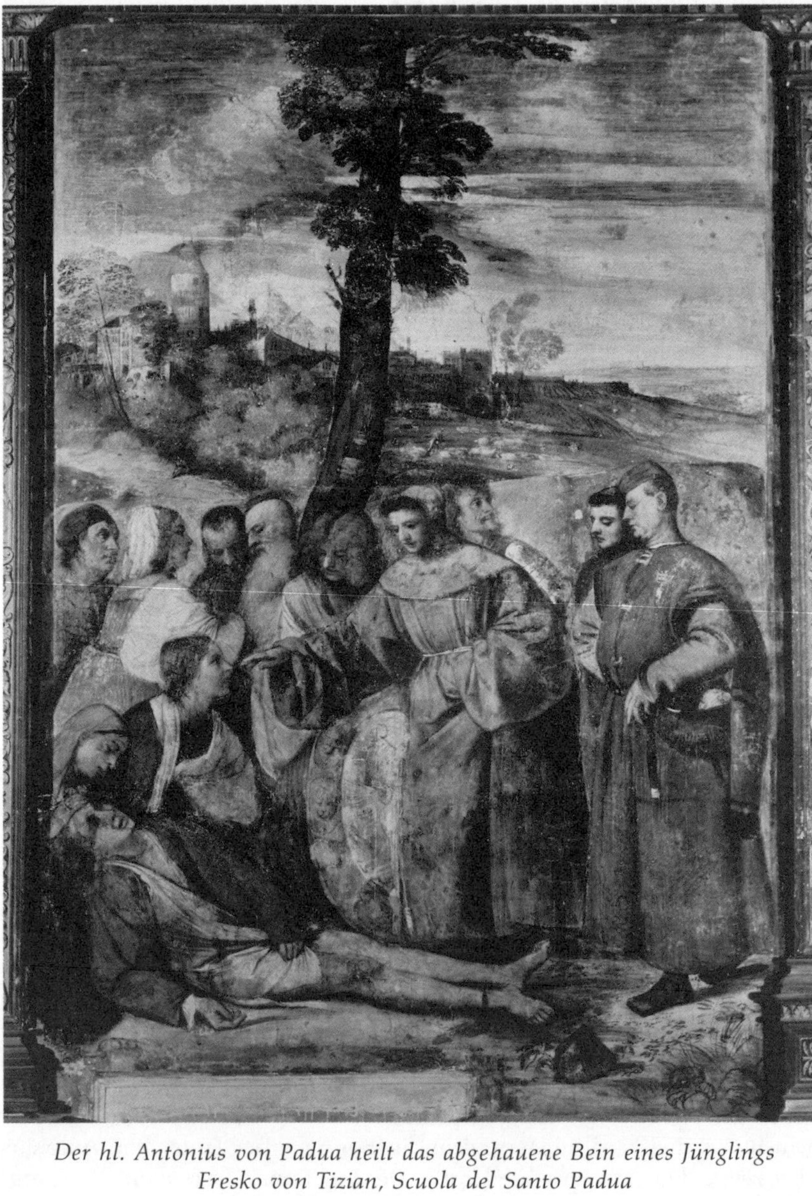

Der hl. Antonius von Padua heilt das abgehauene Bein eines Jünglings
Fresko von Tizian, Scuola del Santo Padua

Heilungen und Totenerweckungen

Ein junger Mann namens Leonardo hatte im Zorn nach seiner Mutter getreten und war darüber so entsetzt, daß er sich zur Sühne dafür den Fuß abhackte. Antonius, der die aufrichtige Reue Leonardos sah, bat Gott um Hilfe, und der Fuß wuchs wieder an. – Man erzählt auch, Antonius habe eine Frau geheilt, die von ihrem grundlos eifersüchtigen Ehemann verletzt worden war. Seinen Tage zuvor ertrunkenen Neffen und ein in siedendes Wasser gefallenes Kind soll er vom Tode erweckt haben, ebenso einen Jüngling, dessen Vater fälschlich der Ermordung seines Sohnes beschuldigt worden war.

Bilder: siehe Zyklen.

Neugeborenes bezeugt die Ehre der Mutter

Als man einer jungen Mutter vorwarf, ihr Kind stamme von einem fremden Mann, soll Antonius dem Neugeborenen die Sprache verliehen haben, damit es die Unschuld der Mutter bezeuge.

Bilder: Dyck, Brera; Ribera, Prado.

Der Tyrann Ezzelino

Antonius wagte es, dem furchtbaren Tyrannen von Verona, Ezzelino da Romano, gegenüberzutreten und ihn wegen seiner Greueltaten zur Buße aufzurufen. Wider Erwarten folgte Ezzelino seiner Aufforderung.

Bild: siehe Zyklen.

Antonius mit dem Jesuskind

Kurz vor seinem Tode weilte der kranke Antonius auf Schloß Camposampiero bei Padua. Der Schloßherr Graf Tiso, ein Freund der Franziskaner, stürzte eines Abends in das Zimmer seines Gastes, weil er aufgrund eines ungewöhnlich hellen Lichts einen Brand befürchtet hatte. Antonius aber hatte während eines Gebets von Maria das von Strahlen umgebene Jesuskind auf seinen Arm bekommen.

Bilder: Dyck, Brera; Ribera, Accad. Madrid; Murillo, Eremitage; Cano, AP München.

Apollonia

Apollonia wurde mit anderen Christen unter dem sonst christenfreundlichen Kaiser Philippus Arabs (244–249) in Alexandrien von einer aufgewiegelten Volksmenge gemartert. Attribute: *Als Marterwerkzeuge Scheiterhaufen, Meißel und Zange; Zähne.*

Ein Zauberer schürte im Volk den Haß gegen die Christen, weil diese seine Kunst mieden und seine Götter verachteten. Er prophezeite der Stadt Alexandrien ein großes Unglück und brachte so die Volksmenge dazu, christliche Häuser zu stürmen und deren Insassen zur Folter auf die Straße zu schleifen. Auch die angesehene, schon betagte Jungfrau Apollonia wurde vom Pöbel gemartert. Mit Zangen (oder Meißeln) riß man ihr alle Zähne aus und zerrte sie zum Richtplatz, wo sie sich freiwillig ins Feuer eines großen Scheiterhaufens stürzte und starb.

QUELLE: Ambrosius, De virginibus 3,32. – BILDER: *Herausreißen der Zähne:* Vivarini, Bergamo; Piero della Francesca, Washington; Reni, Prado; Jordaens, Augustinerkirche Antwerpen; Dolci, Pal. Corsini Rom; Crayer, Brüssel.

Arnold

Arnold, von byzantinischer Herkunft, war Zither- oder Harfenspieler am Hofe Karls des Großen. Er erhielt vom Kaiser zwanzig Dörfer bei Jülich, wovon eines nach ihm «Arnoldsweiler» genannt wurde.

QUELLE: Acta SS Iul. IV. (1868– 449–452. – BILD: *Arnold spielt Viola:* Bruyn, St. Kunibert Köln.

Augustinus und Monika

Aurelius Augustinus, geboren am 13. November 354 in der nordafrikanischen Stadt Tagaste (heutiges Souk-Ahras/Algerien), war der Sohn des heidnischen Grundbesitzers und Stadtbeamten Patricius und der Christin Monika. Er studierte Rhetorik und Philosophie in Madaura und Karthago und wurde selbst Lehrer in Tagaste, Karthago, Rom (383/84) und schließlich in Mailand (384–386). Schon mit 17 Jahren ging er ein Konkubinat mit einer Frau ein, die ihm 372 den Sohn Adeodatus gebar. Auf Drängen seiner Mutter hin löste Augustinus in seiner Mailänder Zeit das Verhältnis zu dieser Lebensgefährtin; der Sohn blieb bis zu seinem frühen Tod 389 bei ihm. Augustinus war von seiner Mutter im christlichen Glauben erzogen worden, hatte sich aber während seiner Studienzeit der Sekte der Manichäer angeschlossen. 387 ließ er sich von Bischof Ambrosius in Mailand taufen und kehrte nach Tagaste zurück, um dort zusammen mit Freunden in klösterlicher Gemeinschaft zu leben. Er erhielt die Priesterweihe und wurde 395 Bischof von Hippo Regius (heutiges Annaba/Algerien). Am 28. August 430 starb er, während die Vandalen seine Bischofsstadt belagerten. Da die theologischen Werke des Augustinus die Entwicklung der kirchlichen Lehre entscheidend mitbestimmt haben, gilt er als einer der vier großen lateinischen Kirchenväter (siehe S. 357, 421, 425).

ATTRIBUTE: *In bischöflichem Ornat oder seltener in der Tracht der Augustinereremiten; mit einem Knaben; flammendes bzw. pfeildurchbohrtes Herz (wegen einer Stelle aus den «Confessiones»: «Du hast unser Herz mit Liebe getroffen und wie Pfeile, die im Herzen haften, tragen wir deine Worte in uns.»); Kirchen- oder Stadtmodell (Hinweis auf seine Schrift «De civitate Dei», d. h. «Vom Gottesstaat»); mit seiner Mutter Monika; übliche Attribute der Kirchenlehrer: Buch, Federkiel und Taube der göttlichen Inspiration.*

QUELLEN: Legenda aurea, 634–655; Augustinus, Confessiones. – ZYKLEN: Huguet, Barcelona; Gozzoli und Giusto d'Andrea, San Agostino San Gimignano; Vanloo, St. Augustin Paris.

Mutter Monika

Schon als kleinen Knaben brachte man Augustinus zur Schule, in der es auch christliche Lehrer gab. Oft soll ihn seine Mutter (manchmal beide Elternteile) dorthin begleitet haben. Als Augustinus sich dann jedoch der Sekte der Manichäer anschloß, war die Mutter so erschüttert, daß sie ihrem Sohn die Türe wies. Da hatte sie folgenden Traum: Sie stand weinend auf einem hölzernen Richtscheit. Ein Jüngling neben ihr fragte sie nach dem Grund ihrer Betrübnis, und sie erzählte, sie habe ihren Sohn verloren. Der Jüngling aber antwortete: «Wo du bist, da wird auch er sein.» Da stand Augustinus neben ihr.

BILD: *Mutter Monika bringt Augustinus zur Schule:* Nelli, San Agostino Gubbio.

Bekehrung und Taufe

In Mailand hörte Augustinus, der sich immer noch nicht ganz für ein christliches Leben entscheiden konnte, von einem Freund namens Ponticianus Einzelheiten über das Leben des Einsiedlers Antonius. Betroffen von der Gläubigkeit und der strengen Lebensführung dieses Mannes lief er in den Garten, warf sich unter einen Feigenbaum und weinte über seine eigene Unschlüssigkeit und sein Unvermögen. Da hörte er vom Nachbargarten eine Kinderstimme in singendem Tonfall wiederholen: «Nimm und lies, nimm und lies (Tolle, lege).» Er schlug das neben ihm liegende Buch mit den Paulusbriefen auf, und las die für ihn entscheidenden Worte: «Lasset uns ehrbar wandeln, nicht in Fressen und Saufen, nicht in Wollust und Unzucht, nicht in Hader und Neid; sondern ziehet an den Herrn Jesus Christus und hütet euch vor fleischlichen Gelüsten.» (Röm 13,13 f.) Zusammen mit seinem Freund Alypius und seinem Sohn Adeodatus ließ sich Augustinus 387 von Bischof Ambrosius taufen.

BILDER: *Das «Tolle, lege»-Erlebnis:* Fra Angelico, Mus. Cherbourg; Orley, AP München; Bergmüller, Deutsche Barockgal. Augsburg. *Taufe durch Bischof Ambrosius:* B. Crespi, S. Marco Mailand; Louis Boullogne, Dijon.

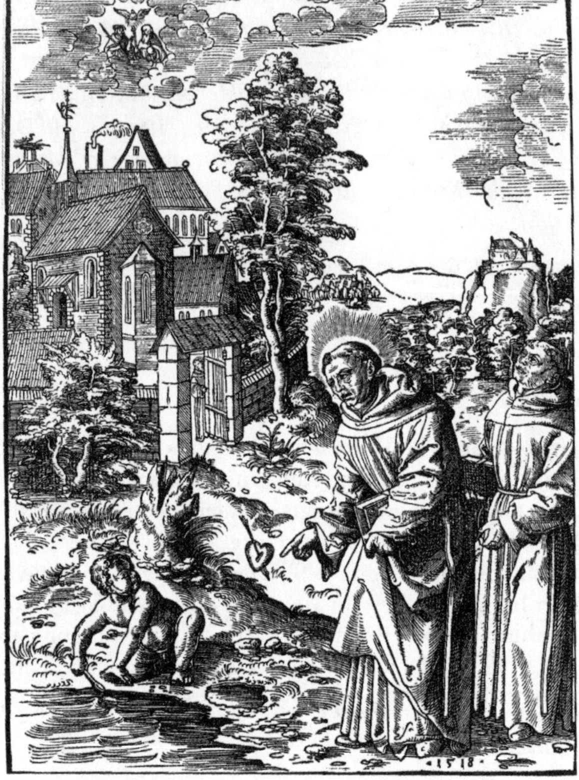

Der hl. Augustinus und der Knabe am Meer
Holzschnitt von Wolf Traut (Schüler Dürers)

Der Knabe am Meer

Augustinus soll einmal am Strand entlang gegangen sein und darüber nachgedacht haben, wie er das Geheimnis der göttlichen Dreifaltigkeit erfassen könne. Da sah er, wie ein Knabe mit einer Muschel Wasser in eine kleine Sandgrube schöpfte. Auf die Frage, was er da tue, antwortete das Kind: «Ich schöpfe das Meer aus.» «Und du meinst, es wird dir gelingen?», entgegnete Augustinus. «Eher schon, als es dir gelingt, das Wesen Gottes zu erfassen», erwiderte der Knabe und war verschwunden.

Bilder: Dyck, Antwerpen; Murillo, Sevilla; Guercino, Prado.

Augustinus und der Teufel

Nach einer Legende erschien Augustinus der Teufel mit dem Buch, in dem die Laster aller Menschen aufgezeichnet waren. Auf seinem Blatt fand Augustinus nur eine einzige Sünde: Er hatte einmal sein Abendgebet, die Complet, vergessen. Sofort ging er in die Kirche und sprach das vergessene Gebet. Als er zurückkam, war sein Sündenblatt zum Ärger des Teufels völlig weiß.

BILD: M. Pacher, Kirchenväteraltar, AP München.

Barbara

Barbara soll unter Maximinus Daja um 304 als Christin enthauptet worden sein. Sie gehört zu den vierzehn Nothelfern (siehe S. 465) und mit Margarete, Katharina und Dorothea zu den ‹Quattuor Virgines Capitales›. ATTRIBUTE: *Turm mit drei Fenstern; als Märtyrerattribute: Palmzweig oder Kreuz; Schwert, Hammer und in Pfauenfedern verwandelte Ruten; Kelch, Symbol der Stärkung durch den Glauben; Bergmannsgeräte (als Patronin der Bergleute).*

Da Barbara, die schöne, kluge Tochter eines reichen Heiden namens Dioscorus von Nikomedien (Kleinasien), sich gegen die Heiratspläne ihres Vaters wehrte, ließ er sie, bevor er einmal verreiste, allein in einen Turm mit zwei Fenstern sperren, um bei ihr durch die Einsamkeit die Lust an der Ehe zu wecken. Bei seiner Rückkehr hatte der Turm drei Fenster. Barbara erklärte es damit, daß sie sich zum dreifaltigen Gott bekehrt hatte. Dem Vater schien kein Mittel zu hart, seine Tochter von ihrem neuen Glauben und dem Gelöbnis der Jungfräulichkeit abzubringen. Doch selbst als er sie martern ließ, blieb sie standhaft. Nachts wurde sie von Engeln gepflegt, um anderntags erneut die Qualen der Folter zu ertragen. Als man sie nackt durch die Straßen peitschte, wurden die Ruten zu Pfauenfedern, und Barbara konnte vor ihren Peinigern zu einem Felsen fliehen, der sich öffnete und sie verbarg.
Von einem Schäfer verraten, dessen Schafe daraufhin zu Heuschrecken wurden, gelangte sie wieder in die Hände ihres Vaters, der ihr die Brüste abschneiden ließ und sie mit eigener Hand enthauptete. Darauf tötete ihn ein Blitzstrahl.

QUELLEN: Symeon Metaphrastes, Passio der hl. Barbara. – ZYKLEN: Meister der Barbaralegende, Brüssel; Francke, Helsinki; Barbaraschrein, Helsinki; Pinturicchio, Sala dei Santi Vatikan; Lotto, Kapelle Suari Trescorre bei Bergamo. – BILDER: *Flucht in den Felsen:* Fries, Fribourg. *Enthauptung:* Fries, Fribourg; Ratgeb, Altar von Schwaigern; Rosa, S. Maria delle Gracie Brescia; Preti, Santa Barbara Taverna (Calabrien).

Basilius der Große

Basilius, um 330 in Caesarea (Kappadokien) geboren, studierte in Caesarea, Konstantinopel und Athen Rhetorik und Philosophie und gründete einige Jahre nach seiner Taufe (356) mit seinem Freund Gregor von Na-

zianz, dem großen Theologen und Kirchenvater, ein Kloster, in dem er die für das spätere östliche Mönchtum bedeutenden Ordensregeln schrieb. 370 wurde er Erzbischof von Caesarea, wo er am 1. Januar 379 starb. Wegen seiner dogmatischen Schriften und als Verteidiger der Lehre des Konzils von Nizäa gegen die Arianer gehört er zu den vier morgenländischen Kirchenvätern. ATTRIBUTE: *Meist als griechischer Bischof mit Buch und Taube der Inspiration; oft zusammen mit den drei anderen griechischen Kirchenvätern: Athanasius, Gregor von Nazianz und Johannes Chrysostomos.*

QUELLE: Legenda aurea, 141–147.

Ordensregeln

Als Basilius in der Nähe des Landguts seiner Eltern ein Kloster gründete, soll ihm der heilige Geist in Gestalt einer weißen Taube erschienen sein und ihm die Ordensregeln diktiert haben.

BILD: Herrera d. Ä., Louvre.

Basilius und Kaiser Valens

Kaiser Valens war ein Anhänger des Theologen Arius, dessen Lehre Bischof Basilius als treuer Verfechter des Konzils von Nizäa scharf bekämpfte. Der Kaiser ließ einen hohen Beamten, den Oberküchenmeister Demosthenes, zu Basilius schicken, damit er den Bischof zur arianischen Glaubensauffassung zwinge; doch selbst durch die Androhung von Folter und Verbannung gelang es Demosthenes nicht, Basilius umzustimmen. Als der Bischof auch vor dem Kaiser selbst das Konzil von Nizäa verteidigte, sollte er verbannt werden; doch jedesmal, wenn Valens versuchte, den Befehl zu unterschreiben, zerbrach ihm die Feder. Er begann zu zittern und zerriß das Blatt.

Man erzählt auch, nach dem Mißerfolg des Demosthenes und der Weigerung des Basilius, vor dem Kaiser zu erscheinen, sei dieser zu dem Bischof in die Kirche gegangen, um ihn zur Rede zu stellen. Basilius trat aber Valens so selbstbewußt gegenüber, daß den Herrscher der Mut verließ. Es heißt sogar, der Kaiser sei so verwirrt gewesen, daß er schwankte, sich mehrmals drehte und schließlich ohnmächtig in die Arme des Bischofs fiel.

BILD: Subleyras, Santa Maria degli Angeli Rom.

Bavo/Adlovinus/Alloy/Allovin von Gent

Bavo war ein Benediktinermönch im Kloster St. Peter in Gent, das später nach ihm benannt wurde. Er starb um 655. ATTRIBUTE: *Als Eremit mit hohlem Baum und auf dem Arm einem Stein, der ihm als Kissen gedient haben soll; mit Wagen, da er einen von einem Fuhrwerk Überfahrenen geheilt haben soll; als Ritter mit einem Falken, ein Hinweis auf seine vornehme Herkunft.*

Bavo soll zunächst ein reicher Adeliger aus Brabant gewesen sein, der sich mit der schönen merowingischen Grafentochter Agletrude vermählte und ein ausschweifendes Leben führte. Als seine Frau plötzlich starb, war er so erschüttert, daß er seinen gesamten Besitz an Arme verschenkte und sich zusammen mit dem hl. Amandus auf Missionsreisen durch Flandern begab. Später lebte er als büßender Eremit in einem hohlen Baum im Wald bei Gent.

QUELLE: Vita des hl. Bavo. – BILD: *Bekehrung:* Rubens, Nat. Gall. London.

Benedikt und Scholastika

Benedikt gilt als Begründer des abendländischen Mönchtums. Er wurde mit seiner Zwillingsschwester Scholastika um 480 in Nursia (heutiges Norcia bei Perugia) als Sohn begüterter Eltern geboren und als Heranwachsender zum Studium nach Rom geschickt, schloß sich aber bald einer Asketengemeinschaft an und lebte drei Jahre allein in einer unzugänglichen Höhle bei Subiaco. Nachdem er Abt in Vicovaro und Subiaco gewesen war, gründete er mit einigen seiner Brüder im Jahre 529 das Kloster Monte Cassino, wo er die benediktinischen Ordensregeln verfaßte und bis zu seinem Lebensende 547 blieb. – Seine Schwester Scholastika, nach späteren Überlieferungen schon als Kind zur Nonne bestimmt, lebte zunächst in dem nach ihr benannten Kloster Santa Scolastica bei Subiaco, dann bis zur ihrem Tode 542 am Fuße des Monte Cassino, immer in der Nähe ihres Bruders. Die Geschwister wurden im Kloster Monte Cassino begraben. ATTRIBUTE: *Benedikt meist in schwarzer Abttracht, manchmal in weißem Habit; Buch mit Ordensregeln; Rabe mit Brot im Schnabel; Kelch, manchmal mit einer Schlange (Vergiftungsversuch der Mönche von Vicovaro); Rutenbündel, als Symbol der Mönchszucht. – Scholastika meist in schwarzer Äbtissinnentracht; Buch mit den benediktinischen Ordensregeln; Taube, als Symbol der Seele Scholastikas.*

QUELLE: Legenda aurea, 236–244. – ZYKLEN: Fresken des 13. Jhds., Sacro Speco Subiaco; Borgognone, Nantes; Signorelli, Abtei Monte Oliveto bei Siena; Sodoma, Abtei Monte Oliveto bei Siena; Hans Schäuffelein (?), Louvre/Darmstadt; Silvestre und Galloche, Louvre/Brüssel; Gebrüder Asam, Weltenburg.

DAS SIEB DER AMME

Benedikts Amme entlieh sich einmal ein Sieb, um Weizen damit zu reinigen, stellte es aber so ungeschickt auf den Tisch, daß es herunterfiel und in zwei

Hälften zerbrach. Da die Amme weinte, verband Benedikt die Stücke durch ein Gebet wieder zu einem ganzen Sieb.

BILD: Meister Wenzeslas, Uffizien.

Das Beil- oder Sichelwunder

Einem Mann, der um das Kloster Benedikts die Dornen abhackte, fiel das Eisen seines Beils (oder seiner Sichel) in einen tiefen See. Benedikt nahm den Griff, hielt ihn in den See, und das Werkzeug war wieder ganz.

BILD: siehe Zyklen.

Benedikt als Einsiedler

Da Benedikt als Eremit leben wollte, zeigte ihm ein Mönch namens Romanus eine unzugängliche Höhle bei Subiaco und ließ ihm an einem Seil mit einer Glocke die notwendige Nahrung herab. Um zu verhindern, daß Benedikt die Glocke hören und seine Speisen holen konnte, zerbrach der Teufel sie. Tagelang mußte Benedikt hungern, bis Christus am Ostertag einen Priester darauf aufmerksam machte.

Danach entflammte der Teufel in Benedikt eine unstillbare Begierde nach einer Frau, die er einmal gesehen hatte. In seiner Verzweiflung wälzte sich Benedikt nackt in Disteln und Dornen, bis sein ganzer Körper blutig war, und überwand so die Versuchung.

BILDER: *Benedikt in der Höhle:* Lorenzo Monaco, Slg. Lord Rothermere; Francesco di Giorgio, Uffizien; Meister von Meßkirch, Stuttgart. *Benedikt in Disteln und Dornen:* Bronzino, S. Salvi Florenz.

Der Giftbecher der Mönche von Vicovaro

Nach dreijährigem Einsiedlerleben wurde Benedikt zum Abt eines Klosters in Vicovaro (östl. von Rom) gewählt. Er wehrte sich lange mit der Begründung, seine Lebensweise passe nicht zu derjenigen der dortigen Mönche, die, wie allgemein bekannt war, ein recht lockeres Leben führten und die Ordensregeln mißachteten. Schließlich gab Benedikt dem Drängen nach und begab sich trotz seiner Bedenken in das Kloster, wo ihn die Mönche bald wegen der strengen Züchtigungen, die er ihnen auferlegte, mit vergiftetem Wein töten wollten. Das Weinglas aber zersprang, als der Abt das Kreuzzeichen darüber machte. Benedikt ging wieder nach Subiaco zurück.

BILD: Meister Wenzeslas, Uffizien.

Die Rettung des Placidus vor dem Ertrinken

Maurus und Placidus, zwei Kinder aus reichen römischen Senatorenfamilien, wurden zu Benedikt ins Kloster nach Subiaco gebracht. Einmal sah Benedikt in

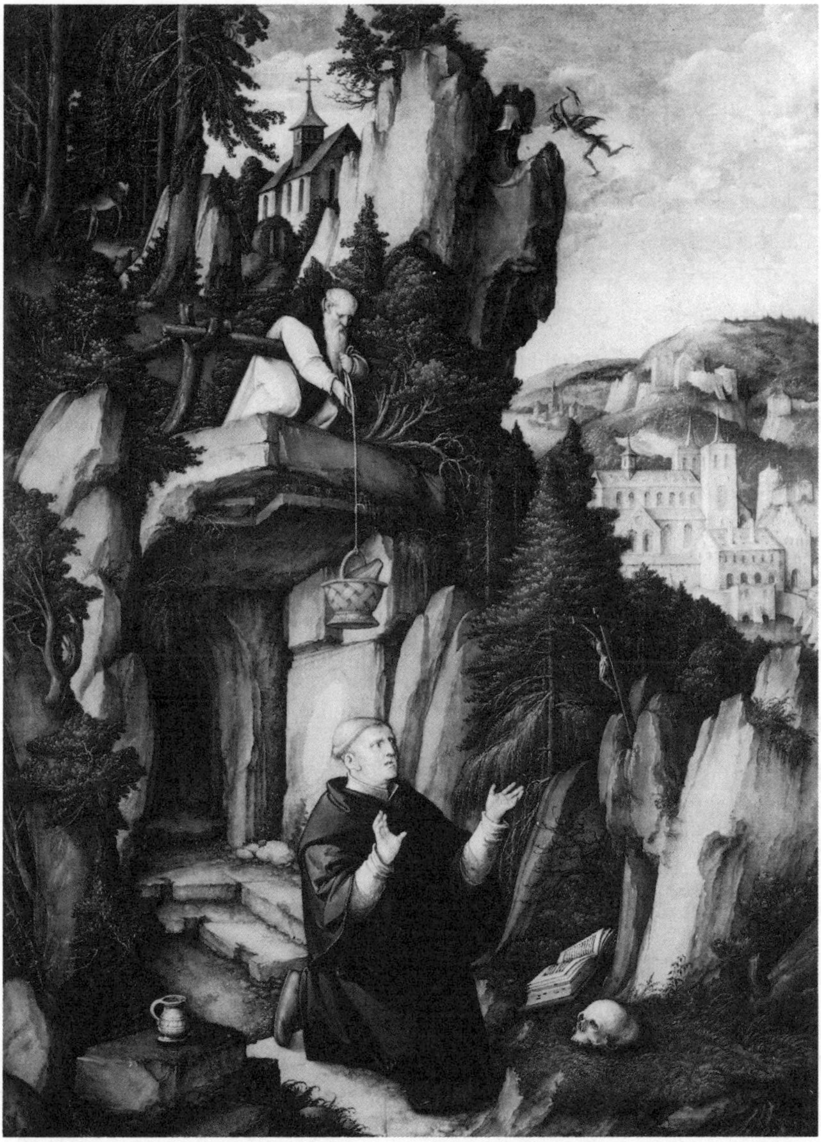

Der hl. Benedikt als Einsiedler
Gemälde des Meisters v. Meßkirch, Stuttgart

einer Vision in seiner Zelle, wie Placidus beim Wasserschöpfen in einen Fluß fiel. Sofort sandte er seinen Schüler Maurus dorthin, der mit dem Segen Benedikts über das Wasser ging und den Ertrinkenden rettete.

BILD: Filippo Lippi, Washington.

Die Wiedererweckung eines Bauernsohnes

Als Benedikt mit seinen Brüdern die Felder bestellte, kam ein Bauer mit seinem kleinen toten Sohn weinend zur Klosterpforte und fragte nach dem Heiligen. Man holte Benedikt, und der Mann bat ihn inständig, den Sohn wiederzuerwecken. Da Benedikt seinen Glauben sah, beugte er sich betend über den Knaben, und sogleich schlug das Kind die Augen auf.

Bild: Subleyras, Louvre/AP München.

Vision der feurigen Kugel

Abt Servandus, der Benedikt sehr liebte, besuchte ihn oft in seinem Kloster Monte Cassino und wurde nachts, wie es Sitte war, im unteren Teil eines Klosterturmes untergebracht, während sein Gastgeber oben schlief. Als Benedikt schon vor allen wieder aufstand, um zu beten, sah er plötzlich, wie sich ein Lichtstrom vom Himmel ergoß und die Seele des Bischofs Germanus von Capua als feurige Kugel von Engeln emporgetragen wurde. Benedikt rief nach Servandus, und dieser sah noch die letzten Strahlen der Lichterscheinung. Später bestätigten Boten aus Capua, daß zur selben Zeit ihr Bischof gestorben war.

Bilder: Restout, Tours; Rizi, Acad. S. Fernando Madrid.

Der Gotenkönig Totila

Einst wollte der Gotenkönig Totila Benedikts göttlichen Geist auf die Probe stellen. Er ließ seinen Schwertträger königlich kleiden und sandte ihn mit großem Gefolge zu dem Heiligen. Doch Benedikt durchschaute den Betrug. Später empfing er den echten Gotenkönig in Monte Cassino.

Bilder: Rubens, Brüssel; Crayer, Philadelphia; Solimena, Abtei Heiligkreuz (Österreich).

Die Anschläge des Priesters Florentius

Der Priester Florentius wollte seinen Feind Benedikt mit vergiftetem Brot umbringen. Benedikt erkannte den Anschlag und gab das Brot seinem zahmen Raben, damit er es in eine menschenleere Gegend bringe. Darauf versuchte Florentius die Mönche mit sieben (nackten) Mädchen zu verführen. Auf einem Söller stehend, beobachtete der boshafte Priester, wie Benedikt und seine Mönche vor den Dirnen die Flucht ergriffen. Da fiel der Söller herab und erschlug Florentius.

Bild: siehe Zyklen.

Benedikt besucht Scholastika

Als Benedikt wieder einmal seine Schwester Scholastika besuchte, wollte sie ihn dazu überreden, wenigstens eine Nacht in ihrem Kloster zu bleiben. Da sich Benedikt weigerte, bat sie Gott um Hilfe. Sogleich zog ein großes Unwetter herauf, das den Bruder am Weggehen hinderte. Drei Tage nach seiner Heimkehr in sein Kloster sah Benedikt, wie die Seele seiner Schwester in Gestalt einer weißen Taube zum Himmel flog.

Bilder: Giordano, Santa Giustina Padua; Restout, Tours.

Der Tod Benedikts

Benedikt sagte den Mönchen seinen Todestag voraus. Sechs Tage vor dem Ereignis ließ er ein Grab ausheben und zog sich dann mit Fieber in seine Zelle zurück. Am angegebenen Tag trug man ihn auf sein Geheiß in die Kirche, damit er noch einmal die Sakramente empfangen konnte. Darauf starb er stehend mit ausgebreiteten Armen, von zwei Brüdern gestützt.

Bild: Januarius Zick, Kirche Wiblingen bei Ulm.

Benno von Meißen

Benno, um 1010 in Hildesheim als Sohn eines sächsischen Adeligen geboren, war ab 1066 Bischof von Meißen. Während des Investiturstreits wurde er 1085 durch Kaiser Heinrich IV. aus seinem Bistum verjagt und ging nach Italien. Wieder als Bischof von Meißen eingesetzt, starb Benno, von Klerus und Volk wegen seines asketischen Lebens, seiner Barmherzigkeit und Gerechtigkeit verehrt, am 16. Juni 1106. Nach den Wirren der Reformationszeit wurden seine Reliquien 1576 nach München gebracht. Attribute: *Bischofstracht und Krummstab; Fisch mit Schlüssel im Maul; Buch als Zeichen seiner bischöflichen Predigttätigkeit.*

Als Benno nach der Vertreibung durch Kaiser Heinrich IV. wieder als rechtmäßiger Bischof nach Meißen zurückkam, kehrte er dort unerkannt in einem Gasthaus ein und bestellte sich Fisch. Als der Fisch zerteilt wurde, fand man in seinem Rachen den Schlüssel des Meißner Domes. Benno hatte ihn vor seiner Vertreibung in die Elbe werfen lassen, damit der vom Papst exkommunizierte Kaiser nicht in das Gotteshaus gelangen konnte. Nun erkannte man in dem Fremden den Bischof. Viele Leute strömten herbei, um Benno zum Dom zu geleiten und seine Predigt zu hören.

Quellen: Lampert von Hersfeld, Annales u. a.; Melchers, 367–369. – Bild: *Der Fisch mit dem Schlüssel:* Benno-Altar, Liebfrauenkirche Bautzen.

Bernhard von Clairvaux

Bernhard, um 1090 in Fontaines bei Dijon als Sproß eines alten burgundischen Adelsgeschlechts geboren, trat 1112 mit 30 von ihm gewonnenen Männern in das benediktinische Reformkloster Cîteaux ein, das später dem Orden der Zisterzienser seinen Namen gab. Schon drei Jahre später (1115) wurde Bernhard Abt des neugegründeten Klosters von Clairvaux, das bis zu seinem Tode am 20. August 1153 69 Tochterklöster hinzubekam. Bernhard prägte sein Jahrhundert als Mystiker, aber auch als Kirchenpolitiker, Kreuzzugsprediger und Kämpfer gegen die sog. Irrlehren. Seit 1970 liegen seine Gebeine in der Kirche von Ville-sous-la-Ferté bei Clairvaux. 1830 wurde er zum Kirchenlehrer ernannt. ATTRIBUTE: *Abt in weißer Zisterziensertracht, seltener mit Meßgewand oder Mitra (er lehnte mehrere Bischofsstühle ab); Buch als Kirchenlehrer; Bienenkorb als Zeichen seiner Beredsamkeit, er wurde später «doctor mellifluus» = «honigfließender Gelehrter» genannt; weißer Hund (Traum der Mutter); Kreuz und andere Leidenswerkzeuge als Hinweis auf seine harte Abtötung und Buße; gefesselter Teufel als Sinnbild der bezwungenen Versuchung; Hostie, die Bernhard bei der Bekehrung des Herzogs von Aquitanien in der Hand hielt.*

QUELLE: Legenda aurea, 609–622. – ZYKLEN: Altartafel des 14. Jhds., Archeolog. Mus. Palma de Mallorca; Jörg Breu, Zisterzienserkloster Zwettl; Altartafel 1516, Kathedrale Brandenburg; Zyklus des Zisterzienserklosters Heiligblut bei Wien; Maratta und Benatti, S. Croce in Gerusalemme Rom.

DER TRAUM DER MUTTER VOM WEISSEN HUND

Aleth, die Gattin des Herrn von Fontaines, war zum dritten Mal mit einem Sohn schwanger. Die Legende berichtet, daß sie träumte, sie trüge in ihrem Leib einen weißen Hund, der heftig bellte. Sie erzählte es einem weisen Mann, der den Traum so deutete: «Du wirst die Mutter eines guten Hundes, der das Haus Gottes bewachen und gegen seine Feinde bellen wird. Er wird ein großer Prediger, der viele Menschen zum Heil bringt.»

BILD: siehe Zyklen.

DIE ÜBERWINDUNG TEUFLISCHER VERSUCHUNGEN

Mehrmals soll der junge Bernhard vom Teufel durch Frauen versucht worden sein. Einmal stürzte er sich in eiskaltes Wasser, um sein Verlangen nach einer schönen Frau abzukühlen. Ein andermal schlich sich eine nackte Dirne in Bernhards Bett und begann ihn zu streicheln. Als er sich jedoch nicht bewegte, schämte sie sich und ging. Eine lüsterne Herbergswirtin schlug er durch Hilfegeschrei in die Flucht.

BILD: siehe Zyklen.

Die Versuchung durch die Schwester

Bernhards verheiratete Schwester Humbeline lebte in großem Reichtum. Mit prächtigem Gespann fuhr sie einmal zum Kloster, in das Bernhard mit allen seinen leiblichen Brüdern eingetreten war. Bernhard schauderte vor ihr zurück wie vor einem teuflischen Netz, das zum Seelenfang ausgespannt worden war, und ließ sie vor dem Kloster stehen. Als einer ihrer Brüder sie gar als «gezierten Mist» beschimpfte, begann sie zu weinen und gelobte, alles zu tun, was Bernhard von ihr verlange. Von da an lebte sie zurückgezogen wie ein Einsiedler und ging schließlich ins Kloster.

BILD: Meister von St. Severin, Glasfenster Schnütgenmus. Köln.

Die Bekehrung des Herzogs von Aquitanien

Der mit dem Kirchenbann belegte Herzog von Aquitanien weigerte sich, das von Bernhard überbrachte Versöhnungsangebot der Kirche anzunehmen. Als der unversöhnliche Herzog während der Messe vor der Kirche warten mußte, ging Bernhard feurigen Blickes mit einer geweihten Hostie zu ihm hinaus und fragte ihn, ob er auch Christus widerstehen wolle. Da fiel der Herzog auf die Knie und tat, was Bernhard ihm gebot.

BILDER: Anonym 17. Jhd., Valenciennes; Restout, Alençon.

Bernhard und Maria

Bernhard wird als Autor des Liedes «Salve Regina» angesehen. Oft soll ihm auch die Jungfrau Maria erschienen sein. Einmal, als nachts alle schliefen, wachte Bernhard im Gebet und hörte aus der Kirche einen herrlichen Gesang. Deshalb ging er leise in die Kirche und sah dort Maria, umgeben von Engeln, die das «Salve Regina» sangen.

Seine große Beredsamkeit führte man darauf zurück, daß er Milch von der Brust Mariens getrunken hatte («Lactatio»). – Von einer schlimmen Krankheit soll Bernhard von Maria und den Heiligen Benedikt und Laurentius geheilt worden sein.

BILDER: *Marienerscheinung:* Filippo Lippi, Kirche der Badia Florenz; Perugino, AP München; Fra Bartolommeo, Acad. Florenz; Murillo, Prado. *Lactatio:* Meister des Marienlebens, WRM Köln; Murillo, Prado; Fries, AP München. *Wunderbare Heilung:* Juan Correa de Vivar, Louvre.

Umarmung durch den Gekreuzigten

Bernhard soll einmal im Kloster Moris vor einem Kruzifix mit solcher Andacht gebetet haben, daß ihn der Gekreuzigte in seine Arme nahm und küßte.

Bilder: Meister des Augustinusaltars, Nürnberg; Ribalta, Prado; Ribera, Prado.

Bernhard besucht den hochwürdigen Vater Guigo/Guigues I.

Bernhard besuchte einmal Bischof Hugo von Grenoble in der Grande Chartreuse, der ersten Niederlassung der Kartäusermönche bei Grenoble (siehe S. 386), der Guigo als Oberprior vorstand. Bei der Begrüßung fiel der greise Bischof vor Bernhard auf die Knie, da sank auch Bernhard nieder. Guigo stand daneben und bewunderte die Schlichtheit Bernhards und seines Gefolges, gab aber seiner Verwunderung über die prunkvoll gesattelten Pferde der Zisterzienser Ausdruck. Da erst sah Bernhard, der für seine Versunkenheit bekannt war, auf die Reittiere und bemerkte, daß man ihm die Pferde seines Onkels, eines Benediktiners des fürstlich lebenden Klosters Cluny, untergeschoben hatte.

Bild: Vincente Carducho, Louvre.

Bernhardin von Siena

Bernardino degli Albizzeschi, der größte Prediger Italiens im 15. Jahrhundert, wurde am 8. September 1380 in einem Palazzo von Massa-Maritima bei Siena geboren. Obwohl er ab seinem 7. Lebensjahr Waise war, erhielt er eine klassisch-humanistische Ausbildung. Während seiner Studienzeit pflegte er Kranke, im Jahre 1400 sogar Pestkranke. 1402 trat Bernhardin in den Franziskanerorden ein und förderte die reformatorischen Franziskaner der Observanz, d. h. den um strengste Beobachtung der Regeln des hl. Franziskus bedachten Teil des Ordens. Er war mit italienischen Humanisten befreundet und unterstützte ihre Arbeit. 1433 geleitete er König Sigismund zur Kaiserkrönung nach Rom. 1439 war er auf dem Unionskonzil von Florenz, wo er sich für die Union mit den Orthodoxen einsetzte. Bernhardin starb am 20. Mai 1444 in Aquila und wurde dort begraben. Attribute: *Franziskanerhabit, meist mit bartlosem, hagerem Gesicht; Kreuz auf dreizackigem Berg als Hinweis auf Christus; Tafel oder strahlenumgebene Scheibe mit der Inschrift IHS (= erste drei griech. Großbuchstaben des Namen Jesus); drei Mitren, da er dreimal Bischof von verschiedenen Bistümern werden sollte, aber immer ablehnte.*

Quellen: Melchers, 304–307; LThK, II, 252 f.

Bernhardin und Maria

Des öfteren, wenn der junge Bernhardin seine Cousine in Siena besuchte, verabschiedete er sich mit den Worten: «Behüte Dich Gott, liebe Base, ich muß jetzt zu meiner Liebsten.» Da Bernhard, so erzählt die Legende weiter, zwar deren Schönheit und Wesen lobte, nicht aber den Namen seiner Liebsten preisgab, ging ihm seine Cousine heimlich nach und fand ihn vor einem Marienbild in einer Kapelle betend. Später soll ihm Maria selbst erschienen sein.

Bild: Gozzoli, KHM Wien.

Predigt im Namen Jesu (IHS)

Damals herrschte in Italien ein ständiger Bürgerstreit zwischen den Anhängern des Papstes (Guelfen) und denen des Kaisers (Ghibellinen). Als Wanderprediger zog Bernhardin durch das Land, um zu Buße und Friedfertigkeit zwischen den Ständen und Parteien, zur Verehrung Mariens und des Namen Jesu (IHS) aufzurufen. Er hatte immer eine Tafel mit der Inschrift IHS bei sich und bat seine Zuhörer, die Wappen der Ghibellinen und Guelfen an Kirchen und Palästen durch den Jesusnamen zu ersetzen.

Bilder: Sano di Pietro, Pal. Publico Siena; Dario di Giovanni, Los Angeles; Moretto, Nat. Gall. London; El Greco, Mus. del Greco Toledo.

Wunder

Bernhardin werden viele Wunder, besonders Totenerweckungen und Krankenheilungen zugeschrieben. So soll er einmal ein junges Mädchen, das sich in einem Brunnen ertränkt hatte, wieder zum Leben gebracht haben. Auch einen Lahmen und einen Blinden heilte er von ihren Gebrechen.

Bild: *Erweckung eines Mädchens:* Fiorenzo di Lorenzo, Perugia.

Bernward

Um 960 geboren wurde der sächsische Adelige Bernward an der Domschule zu Hildesheim von dem berühmten Magister Thangmar ausgebildet, von Willisgis von Mainz zum Priester geweiht und 987 als Erzieher Kaiser Ottos III. an den Hof gerufen. Als Bischof von Hildesheim (993–1022) machte er sich durch kirchliche Reformen, Klostergründungen, karitative Werke, aber auch als Förderer der Schönen Künste (Gründer der Hildesheimer Kunstschule) und Erbauer von Festungsanlagen einen Namen. Attribute: *Bischof mit Goldschmiedegeräten, Hammer und dem sog. Bernwardskreuz, das er selbst anfertigte.*

Von seinem Lehrer und Biographen Thangmar weiß man, daß sich Bernward auch selbst künstlerisch betätigte. Einmal wollte er in die vier Bergkristalle eines goldenen Kreuzes die von Kaiser Otto gestifteten drei Stücke des Kreuzes Christi legen. Während er noch überlegte, wie er die Reliquienteilchen am besten anbringen sollte, brachte ihm ein Engel einen vierten Kreuzpartikel.

QUELLE: Thangmar, Vita Bernwardi. – BILD: *Bernward als Goldschmied:* Altar des 16. Jhds., Hannover.

Bertinus

Bertinus (um 615 bis 698) war Mönch im Benediktinerkloster von Luxeuil und gründete mit Mummolenus die später nach ihm benannte Abtei Sithiu (Flandern), der er nach 670 als Abt vorstand. ATTRIBUTE: *Engel; Schiff ohne Mast und Segel.*

QUELLE: Vita sancti Bertini. – ZYKLEN: Marmion, Dahlem/Nat. Gall. London; Blondeel, Dijon.

ENGEL

Bei seiner Geburt und in seiner Todesstunde war Bertinus von Engeln umgeben. Von Luxeuil aus, wo er schon in jungen Jahren das Ordenskleid genommen hatte, machte er sich mit Gefährten auf, um mit einem Schiff ohne Mast und Segel nach einem Ort für eine neue Klostergründung zu suchen. Nach einer stürmischen Fahrt führte sie ein Engel in die Nähe der flandrischen Stadt St. Omer, wo sie auf einer Insel mitten im Sumpfgebiet des Aadeltas die Abtei Sithiu erbauten. Es geschah an der Stelle, wo die Barke, während sie das Brevier rezitierten, bei den Worten «Haec requies mea in saeculum saeculi» – «Das ist meine Ruhe in Ewigkeit» auf Grund gelaufen war.

BILDER: siehe Zyklen.

DIE HEILUNG WALDEBERTS

Ein Lehensmann der Merowingerkönige, Waldebert, war vom Pferd gefallen und hatte sich ein Bein gebrochen. Bertinus holte durch ein Wunder aus einem leeren Faß noch etwas Meßwein heraus und heilte damit den Verletzten. Daraufhin verzichtete Waldebert auf all seinen weltlichen Besitz und trat zusammen mit vier jungen bretonischen Adeligen in das Kloster Sithiu ein. Dessen Kreuzgang war mit einem Totentanz bemalt, der mit seinen sich im Reigen drehenden Skeletten auf die Unausweichlichkeit des Todes für die Menschen aller Alters- und Gesellschaftsschichten hinwies.

BILD: siehe Zyklen.

VERSUCHUNG DURCH DEN TEUFEL

Um Bertinus von seinem untadeligen Leben abzubringen, verkleidete sich der Teufel in eine verführerisch schöne Frau, aber der Heilige erkannte die Täuschung und blieb standhaft.

BILD: siehe Zyklen.

Bibiana/Vivian

Die Märtyrerin Bibiana soll unter Kaiser Julian Apostata (361–363) in Rom den Tod gefunden haben. Seit dem 5. Jahrhundert existiert dort auf dem Esquilin eine ihr geweihte Kirche. ATTRIBUTE: *An eine Säule gefesselt, mit einem Dolch in der Brust, als Zeichen des Meuchelmords.*

Zur Zeit des vom Christentum abgefallenen Kaisers Julian bot der kaiserliche Offizier Flavian mit seiner Frau Dafrosa und seinen Töchtern Bibiana und Demetria den verfolgten Christen in seiner Villa in Rom Unterschlupf. Er wurde deshalb verurteilt und hingerichtet. Seine Frau und seine beiden Töchter sperrte man ohne Nahrung in ihrem Haus ein. Durch ein Wunder wurden sie jedoch immer satt. Da ließ der Statthalter Apronian zuerst die Mutter enthaupten, dann den Schwestern die Marterwerkzeuge zeigen. Bei ihrem Anblick fiel Demetria tot um. Bibiana aber brachte man in ein Dirnenhaus. Als sie dort nicht verführt werden konnte, sperrte man sie zu Epileptikern und Wahnsinnigen, die ihr aber freundlich entgegenkamen und von ihr geheilt wurden.

Der Statthalter ließ Bibiana daraufhin an einer Säule geißeln und durch einen Henker mit einem Dolchstich in die Brust töten. Ihr Leichnam wurde wilden Hunden vorgeworfen, doch ein Priester fand ihn unberührt und begrub ihn neben Dafrosa und Demetria.

QUELLE: Passio sancti Pigmenii. – ZYKLUS: Cortona und Ciampelli, Santa Bibiana Rom. – BILD: *Martyrium Bibianas:* Procaccini, Brera.

Birgitta von Schweden

Die schwedische Mystikerin und Ordensgründerin Birgitta, geboren um 1302/03 in Finstad bei Uppsala, wurde fromm erzogen und hatte früh Visionen. Schon während ihrer Ehe mit dem Adeligen Ulf Gudmarsson, aus der acht Kinder hervorgingen, genoß sie wegen ihrer Frömmigkeit und Nächstenliebe großes Ansehen. Als ihr Ehemann nach einer gemeinsamen Pilgerfahrt ins spanische Santiago di Compostela in das schwedische Zisterzienserkloster Alvastra ging und kurz darauf starb, erhielt sie in einer Vision von Christus den Auftrag, seine Braut und Mittlerin zu werden, und gründete auf dem Königsgut Vadstena eine neue Ordensgemeinschaft. Sie unternahm viele Wallfahrten, 1372 sogar ins Heilige Land, lebte aber ab 1349 vorwiegend mit ihrer Tochter, der Heiligen Katharina von Schweden, in Rom, wo sie am 23. Juli 1373 starb. – ATTRIBUTE: *Als Witwe, Pilgerin, Adelige oder Äbtissin trägt sie das Ordenskreuz der Brigittinnen; ein Herz, aus dem ein Kreuz wächst, weil nach ihrem Tod in ihrem Herz ein Kreuz gefunden worden sein soll; das Christusmonogramm IHS; eine brennende Kerze, mit der sie sich jeden Freitag heißes Wachs auf die Hände träufeln ließ; Buch, Schreibfeder und Tintenfaß.*

QUELLEN: Relevationes s. Birgittae; Birgerus Gregorii, Legenda s. Birgittae. – ZYKLUS: Hans Hesse, Altar der Klosterkirche Vadstena.

Birgitta gründet den Orden

Als Birgitta 1346 in einer Vision von Gott den Auftrag erhielt, eine Ordensgemeinschaft zu gründen, wurden ihr die Regeln von einem Engel diktiert. Jedes Kloster sollte aus einem Frauen- und einem Männerkonvent bestehen (Doppelklöster). Nachdem sie in Vadstena ihr erstes Kloster gebaut hatte, übergab sie den Nonnen und Mönchen die Ordensregeln und ging auf Pilgerfahrt nach Rom.

BILDER: *Engel diktiert Ordensregeln:* Meister von Brüssel, Histor. Mus. Frankfurt. *Verteilung der Ordensregeln:* Fra Bartolomeo, Santa Maria Novella Florenz; Sogliani, Uffizien.

Visionen

In dem Buch ‹Offenbarungen›, das ihr Jesus (mit Maria) übergeben haben soll, beschrieb Birgitta ihre Visionen. Sie sah ganze Abschnitte aus dem Leben Jesu: wie Maria auf den Knien ihr Kind gebar, den Verrat des Judas, die Geißelung Christi an einer Säule, die Dornenkrönung und die Auferstehung. Besonders ihre Vision von der Geburt Christi hat die Malerei des 14./15. Jahrhunderts beeinflußt.

BILDER: *Vision von der auf den Knien gebärenden Maria:* Fresken, Santa Maria Novella Florenz; Sano di Pietro, Vatikan. *Vision von Christus an der Säule:* Velasquez, Nat. Gall. London.

Blasius

Als treuer Christ wurde Blasius, der Bischof von Sebaste in Kleinasien, wahrscheinlich unter Kaiser Licinius um 316 enthauptet. Er gehört zu den vierzehn Nothelfern (siehe S. 465). ATTRIBUTE: *Als Marterinstrumente eiserne Hecheln und Kämme; zwei sich überkreuzende Kerzen; Schwein.*

Wegen seines heiligmäßigen Lebens wählte die Bevölkerung Kappadokiens Blasius zum Bischof der Stadt Sebaste; er mußte aber wegen der Christenverfolgung durch Kaiser Diokletian in eine Höhle fliehen. Dort lebte er als Einsiedler, ernährt von Vögeln und umgeben von zahmen Waldtieren, die er segnete und bei Krankheiten heilte. Als ihn Edelleute bei einer Jagd in seiner Höhle entdeckten, ging er mit ihnen, um das Evangelium Christi zu predigen und den Menschen durch viele Wundertaten zu helfen.

Eine Frau brachte ihren Sohn, der an einer Fischgräte zu ersticken drohte, und bat weinend den Bischof, ihr Kind zu retten. Blasius legte ihm betend die Hände auf und befreite es von der Gräte.

Ein Wolf hatte einer armen Frau ihr einziges Schwein geraubt. Da gebot Blasius dem Untier, die Beute wohlbehalten zurückzugeben, was es auch tat. Als der Bischof bald danach wegen seines Glaubens in den Kerker geworfen und mit Knüppeln geschlagen wurde, ließ jene Frau das Schwein schlachten und brachte Kopf und Füße, dazu Brot und eine Kerze ins Gefängnis, um Blasius damit zu stärken.

Der Statthalter ließ Bischof Blasius mit eisernen Kämmen das Fleisch von den Knochen ziehen. Dann sollte er in einem Teich ertränkt werden, aber das Wasser wurde unter seinen Füßen zu Erde. 65 Heiden, die wie der Heilige versuchten, auf dem Wasser zu stehen, ertranken. Da wurde Blasius enthauptet.

QUELLE: Legenda aurea, 194–197. – ZYKLEN: Fresken des 9. Jhds., San Clemente Rom; Morone, Vicenza; Memling, Dom Lübeck; Tizian, Dominikanerkirche Dubrovnik. – BILDER: *Blasius zieht eine Fischgräte aus dem Hals eines Knaben:* Salzillo, Kirche von Lorca (Spanien). *Blasius und der Wolf mit dem Schwein:* Sano di Pietro, Pinac. Siena. *Martyrium mit eisernen Kämmen:* Crayer, Brüssel.

Bonaventura

Bonaventura, eigentlich Johannes Fidanza, geboren 1217/18 in Bagnoreggio bei Viterbo, wird wegen seiner vielen theologischen und philosophischen Schriften als Kirchenlehrer verehrt. Er studierte von 1236–42 in Paris, trat dort 1243 in den Franziskanerorden ein und wurde 1257 Generaloberer dieses Ordens. Durch Papst Gregor X. zum Kardinalbischof ernannt, war er an der Vorbereitung des 2. Konzils von Lyon beteiligt. Er starb am 15. Juli 1274 in Lyon. ATTRIBUTE: *Kardinalstracht oder Mönchskutte; Buch als Kirchenlehrer; Kruzifix als Hinweis auf seine Schrift «Lignum vitae» = «Holz des Lebens» = «Kreuz Christi»; Kardinalshut, meist an einem Baum; Engel und Monstranz.*

QUELLEN: Melchers, 437 f.; LThK, II, 582–584. – ZYKLUS: Zurbarán, Prado/Louvre/Dresden/Palazzo Bianco Genua.

Franziskus und «Buona ventura»

Da der Knabe Johannes sehr krank war, brachte ihn seine besorgte Mutter zum hl. Franziskus, damit er Gott bitte, das Kind zu heilen. Franziskus betete, und das Kind wurde gesund. Später, als Franziskus im Sterben lag, brachte die Mutter ihren Sohn wieder zu ihm. Als der Heilige den ihm liebgewordenen Knaben sah, rief er: «O buona ventura – Oh, gute Zukunft.» Seitdem, so wird erzählt, wurde das Kind Buonaventura gerufen.

Bild: siehe Zyklen.

Thomas von Aquin

Thomas von Aquin, mit dem Bonaventura befreundet war, soll ihn einmal gefragt haben, aus welchen Büchern er sein großes Wissen von Gott habe. «Aus dem Leiden und Sterben Jesu Christi am Kreuz», erhielt er zur Antwort (siehe auch Thomas von Aquin, S. 482).

Bilder: Gaddi, S. Maria Novella Florenz; Berruguete, Prado.

Kommunion von der Hand eines Engels

Bonaventura wurde oft von dem Gedanken gequält, er sei wegen seiner Sündigkeit nicht würdig, die Kommunion zu empfangen. Er wohnte zwar dem Gottesdienst bei, wagte es aber nicht, zum Tisch des Herrn zu gehen. Darum sandte ihm Gott während einer Messe einen Engel, der ihm einen Teil der Hostie des Priesters brachte.

Bild: Dyck, Caen.

Bonaventura und Papst Gregor

Nachdem sich Bonaventura für die Wahl Gregors zum Papst eingesetzt und dafür gebetet hatte, brachte ihm ein Engel die Nachricht, sein Gebet sei erhört worden. Später ernannte Gregor X. Bonaventura zum Kardinalbischof von Albano. Eine päpstliche Abordnung, die den Auftrag hatte, ihm den Kardinalshut zu überbringen, soll Bonaventura in der Klosterküche beim Geschirrspülen überrascht haben. Da er seine Arbeit nicht unterbrechen wollte, bat er die Gesandten, den Hut doch einstweilen an den Baum vor der Küche zu hängen. Nachdem er die Küche in Ordnung gebracht hatte, holte er den Hut und verließ das Kloster.
Als Kurienkardinal wurde auch Bonaventura mit der Vorbereitung und Leitung des Konzils von Lyon betraut. Er empfing die Abgesandten des byzantinischen Kaisers Michael Palaiologos, mit denen über eine Union zwischen der katholischen und der orthodoxen Kirche verhandelt werden sollte. Zwei Wochen nach Abschluß der Gespräche starb Bonaventura, nachdem er von Papst

Gregor die letzte Ölung empfangen hatte. Dem aufgebahrten Leichnam erwiesen unter vielen auch Gregor X. und der König von Aragon die Ehre.

BILDER: siehe Zyklen.

Bonifatius

Der um 672/75 in Wessex (England) geborene Winfrid wurde nach mehreren Missionsreisen vom Papst als Wanderbischof für Deutschland eingesetzt und erhielt den Namen Bonifaz. Er gründete mehrere neue Bistümer und reorganisierte die schon bestehenden Kirchensprengel, bevor er am 5. Juni 754 starb. Zu seinen Helfern gehören vor allem seine Landsleute Willibrord, Bischof von Utrecht, Burkhard, Bischof von Würzburg, Willi-

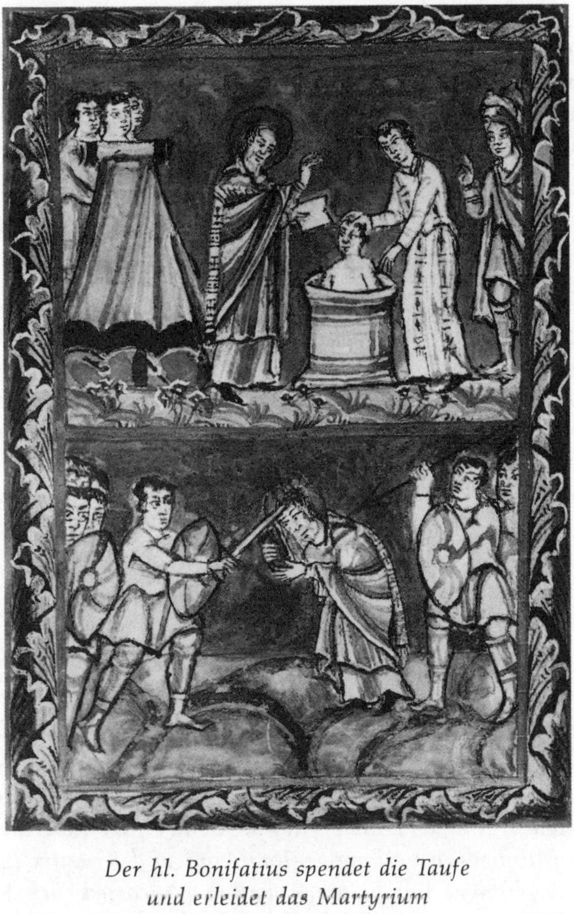

Der hl. Bonifatius spendet die Taufe
und erleidet das Martyrium
Fuldaer Buchmalerei aus einem Sakramentar um 1020

bald, Bischof von Eichstätt, und dessen beide Geschwister Wunibald und Walburga, Wigbert, Abt von Fritzlar, Lullus, Gründer von Kloster Hersfeld und Bischof von Mainz, Lioba, Äbtissin von Tauberbischofsheim, sowie sein bairischer Schüler Sturmi, der erste Abt von Fulda. ATTRIBUTE: *In Bischofsornat oder Mönchshabit hält Bonifaz eine Axt, mit der er die Donareiche fällte, oder ein Evangelienbuch, das von einem Schwert durchbohrt wird.*

QUELLE: Othloh, Vita sancti Bonifatii. – ZYKLEN: Glasfenster um 1410, Dom Erfurt; Fresken des 18. Jhds., Dom Fulda; Dom, Mainz.

Das Fällen der Donareiche

Als Bonifatius zum Zeichen der Machtlosigkeit der germanischen Götter bei Geismar (Hessen) daranging, die dem Gott Donar heilige Eiche zu fällen, wollten die heidnischen Landesbewohner ihr Heiligtum mit Waffengewalt schützen. Da ging Bonifatius furchtlos auf den riesigen Baum zu und brachte ihn mit einem einzigen Axthieb zum Stürzen. Die Heiden wurden durch dieses Wunder bekehrt und bauten zusammen mit dem Bischof aus dem Holz der Eiche eine Kapelle.

BILD: Rethel, Düsseldorf.

Martyrium

Bonifatius brach als alter Mann noch einmal von Mainz aus ins immer noch heidnische Friesland auf. Am Pfingstfest kam er dort an den Fluß Burda bei Dokkum, wo er Neubekehrte firmen wollte. Da wurde er von wilden Friesen überfallen und samt seinen Gefährten getötet. Das Evangelienbuch, das Bonifaz schützend über sein Haupt gehalten hatte, fand man von einem Schwerthieb durchbohrt neben ihm liegen. (Abb. S. 385)

BILD: siehe Zyklen.

Bruno der Kartäuser

Der etwa 1030 in Köln geborene Bruno gründete um 1084 den Einsiedlerorden der Kartäuser, der seinen Namen von der ersten Niederlassung im Felsengebiet ‹Cartusia› bei Grenoble, der späteren ‹Grande Chartreuse›, erhielt. Bruno starb am 6. Oktober 1101. ATTRIBUTE: *In weißer Ordenskleidung der Kartäuser mit über der Brust gekreuzten Armen oder einem Finger auf dem Mund als Hinweis auf die Schweigsamkeit, die der Orden von seinen Mitgliedern verlangte; Totenkopf und Kruzifix (Zeichen der Eremiten); Weltkugel unter seinen Füßen (Ausdruck der Weltverachtung); Mitra zu seinen Füßen, weil er mehrere Bischofsstühle abwies;*

sieben Sterne; Kreuzstab, aus dem manchmal grüne Blätter gesprossen sein sollen.

QUELLEN: Annales ordinis cartusiensis; Melchers, 649–651; LThK, II, 730 f. – ZYKLEN: D. Crespi, Kartause von Garegnano Mailand; Carducho, Prado/Cordoba/La Coruña; Zurbarán, S. Maria de las Cuevas Sevilla; Lesueur, Louvre; Schaper, Bayr. Nat. Mus. München.

Der Tod seines Lehrers

Als der Lektor bei der Trauerfeier für Raymond Diocrès, Brunos damals berühmten Lehrer der Theologie, die Worte «Antworte mir» sang, soll sich der Tote aufgerichtet und gerufen haben: «Ich bin gerufen zum gerechten Gericht Gottes» und leblos wieder zurückgesunken sein. Die erschrockene Menge verließ daraufhin fluchtartig die Kirche. Dies wiederholte sich in ähnlicher Weise, wobei der Tote am dritten Tag rief: «Bei der Gerechtigkeit Gottes, ich bin verdammt.» Nach dieser Begebenheit zog sich Bruno in die Einöde zurück, um in Stillschweigen Gott zu loben und für die Sünder zu beten.

BILD: siehe Zyklen.

Einsiedlerleben und Tod

Bischof Hugo von Grenoble, dem Bruno und seine sechs Gefährten in einer Vision als sieben Sterne angekündigt worden waren, schenkte den Einsiedlern die Felsenwüste ‹Cartusia›. Bevor sie ihre kargen Zellen errichteten, beteten sie zu Gott. In einer Vision soll Bruno dann von der Jungfrau Maria die strengen Ordensregeln empfangen haben.
Bruno lehnte mehrere Bischofsstühle ab, darunter den von Reggio di Calabria. Er starb, angetan mit der weißen Kartäuserkutte und umringt von seinen Mönchen, in seiner zuletzt gegründeten Kartause S. Stefano di Bosco in Süditalien.

BILDER: *Gebet des hl. Bruno:* Jouvenet, Lyon; Champaigne, Kloster Grenoble; Restout, Louvre. *Erscheinung Mariens:* Calvaert, Bologna; Ribera, Pal. Reale Neapel; Zurbarán, Sevilla; Stanzione, Certosa di San Martino Neapel.

Cäcilia

Die Legende der heiligen Cäcilia taucht Ende des 4./Anfang des 5. Jahrhunderts auf. Vorher wird Cäcilia weder in den einschlägigen Quellen erwähnt noch nachweislich verehrt. Sie soll nach der Legenda aurea um 220 oder 225 in Rom das Martyrium erlitten haben. Seit der Mitte des 5. Jahrhunderts wird Cäcilia in Santa Cecilia (Rom/Trastevere) verehrt. ATTRIBUTE: *Märtyrerkranz, Symbol des Sieges über das Martyrium; Schwert und Wunde am Hals; meist mit Handorgel oder einem anderen*

Musikinstrument, da Cäcilia im Mittelalter wegen eines Übersetzungsfehlers – man übersetzte das lateinische «organa» mit «Orgeln», statt mit «Musikinstrumente» – zur Patronin der Kirchenmusik gemacht wurde.

QUELLEN: Passio S. Caeciliae; Legenda aurea, 895–903. – ZYKLEN: Meister des Cäcilienaltars, Uffizien; Fresken, Sakristei Karmeliterkloster Florenz; Spada, San Michele in Bosco Bologna.

Die Hochzeit der Cäcilia

Cäcilia, ein im christlichen Glauben erzogenes Mädchen aus edlem römischen Geschlecht, war mit Valerianus, einem Heiden, verlobt. Am Tag der Hochzeit, während «die Orgeln klungen», soll sie Gott gebeten haben, er möge ihre Jungfräulichkeit bewahren. Als die Nacht kam und die Brautleute allein in ihrem Schlafzimmer waren, gestand Cäcilia, daß sie Christin sei und ihre Jungfräulichkeit von einem Engel bewacht werde. Valerian wollte den Engel sehen und wurde deshalb von Cäcilia zu Papst Urban in die Katakomben gesandt, um dort die Taufe zu empfangen. Danach sah auch er den Engel, der ihn und Cäcilia mit zwei paradiesischen Kränzen aus Rosen und Lilien schmückte. Auch Tiburtius, der Bruder Valerians, wurde Christ.

BILD: *Bekränzung durch einen Engel:* Woensam, WRM Köln.

Das Martyrium der Heiligen Cäcilia, Valerianus, Tiburtius und Maximus

Bald kamen Valerianus und Tiburtius vor den Präfekten Almachius, weil sie getötete Christen unerlaubt begraben hatten. Almachius übergab sie dem Maximus und seinen Henkern, aber Maximus und sein ganzes Haus wurden durch die Brüder bekehrt. Am nächsten Tag wurde er zusammen mit Valerianus und Tiburtius gemartert und getötet. Cäcilia sollte auf Befehl des Präfekten zu Hause in ihrem Bad ermordet werden; aber weder heiße Dämpfe noch siedendes Öl konnten ihr etwas anhaben. Da sandte Almachius einen Henker, der dreimal mit aller Kraft an ihren Hals schlug. Doch es gelang ihm nicht, den Kopf endgültig vom Körper zu trennen. So blieb Cäcilia noch drei Tage halbtot liegen und verteilte ihr Vermögen an Bedürftige, bevor sie starb.

BILD: *Marter der Cäcilia in siedendem Öl:* Poussin, Montpellier.

Christina

Über Leben und Tod der Märtyrerin Christina von Bolsena weiß man nichts. Aber im 4./5. Jahrhundert wurde ihr Grab zu einer unterirdischen Verehrungsstätte (Nekropole), seit dem 11. Jahrhundert steht darüber die Kirche S. Cristina in Bolsena. Im 9. Jahrhundert wurde mit ihrem Namen die Legende einer Märtyrerin aus Tyros (Phönizien) verknüpft, die im

Jahre 287 unter Diokletian gestorben sein soll. ATTRIBUTE: *Marterwerkzeuge wie Messer, Armbrust, Zange; Schiff und Mühlstein; giftige Schlangen oder Pfeile.*

Christina aus Tyros soll von ihrem wohlhabenden heidnischen Vater mit zwölf Dienerinnen in einen mit goldenen und silbernen Götterstatuen geschmückten Turm gesperrt worden sein, um dort in Jungfräulichkeit den Göttern zu dienen. Vom heiligen Geist belehrt, wurde Christina aber Christin und verweigerte die Götzenverehrung. Als der Vater sie mit guten Worten bat, doch weiter ihren Dienst zu tun, zerbrach sie die Statuen und gab das Gold und das Silber den Armen. Zornig ließ der Vater seine Tochter nackt ausziehen, von zwölf Männern schlagen und ins Gefängnis werfen. Auf das Flehen der Mutter antwortete Christina: «Ich bin ein Kind Gottes, nicht mehr das Kind meiner Eltern.» Da ließ der Vater sie auf verschiedene Weise martern: erst mit Nägeln, dann auf einem brennenden Rad; aber das Feuer wandte sich gegen die Folterknechte. So wurde Christina auf ein Schiff gebracht und mit einem Stein am Hals ins Meer geworfen. Doch Christus und ein Engel retteten sie. Wieder wurde sie in den Kerker geworfen und auf Befehl eines Richters in eine glühende Wiege gelegt. Schließlich schor man sie und jagte sie nackt durch die Stadt zum Standbild des Apoll, das aber in Staub zerfiel. Auch in einem feurigen Ofen wandelte Christina unversehrt mit Engeln umher, giftige Schlangen konnten ihr nichts anhaben. Nachdem man ihr die Brüste und die Zunge abgeschnitten hatte, wurde sie durch Pfeile getötet.

QUELLEN: Legenda aurea, 484–487; LThK, II, 1128. – ZYKLUS: Veronese, Acad. Florenz. BILDER: *Mühlstein:* Signorelli, Brera; Cleve, AP München.

Christophorus

Christophorus soll um 250 unter Kaiser Decius in Kleinasien als Märtyrer gestorben sein. Er gehört zu den vierzehn Nothelfern (siehe S. 465). ATTRIBUTE: *Jesuskind auf dem Arm, in der anderen Hand einen Baumstamm; Wasser.*

QUELLE: Legenda aurea, 498–503. – ZYKLEN: Ansuino da Forli, Eremitenkapelle Padua; Patinir, Escorial.

CHRISTOPHORUS, DER ‹CHRISTUSTRÄGER›

Reprobus war ein Kanaaniter von riesigem Wuchs und furchtbaren Gesichtszügen. Er suchte nach dem mächtigsten König der Welt, um ihm allein zu dienen. Erst kam er zu einem König, von dem man sagte, er sei der Größte dieser Welt, und diente ihm. Als einmal ein Spielmann ein Lied sang, in dem der Teufel vorkam, bekreuzigte sich der König, und Reprobus merkte, daß der König vor einem Mächtigeren Angst hatte. Sogleich machte sich Reprobus auf die Suche nach dem Teufel und fand ihn in Gestalt eines wilden, furchterregenden Ritters. Er diente ihm, bis sie auf ihrem Weg an einem Kreuz vorbeikamen und der Teufel fluchtartig die Straße verließ.

Von einem alten, frommen Einsiedler hörte Reprobus endlich von der Macht Christi. Da er weder zu fasten, noch zu beten verstand, schickte ihn der Einsiedler an einen reißenden Fluß, damit er die Leute ans andere Ufer bringe. So sollte der starke Riese, indem er jedem diente, Christus dienen. Er baute sich am Ufer eine Hütte, nahm sich einen starken Stab und trug die Reisenden durch den Fluß.

Einmal wurde Reprobus von einem Kind gerufen. Er nahm es auf seine Schultern und ging durchs Wasser. Doch das Kind wurde ihm so schwer, als trüge er die ganze Welt; das Wasser stieg immer höher, so daß er schon fürchtete zu ertrinken. In Wirklichkeit hatte er Christus selbst getragen. Zum Zeichen dafür blühte und grünte am nächsten Morgen sein Stab wie eine Dattelpalme. Er aber hieß von da an ‹Christophorus›, d. h. ‹Christusträger›. (Abb. S. 351)

BILDER: Meister des Christophorus mit dem Teufel, AP München; Giov. Bellini, S. Zanipolo Venedig; Bouts, AP München; Mandyn, AP München; Rubens, Kathedrale Antwerpen.

Martyrium

Als Christophorus in der Stadt Samos gepeinigte Christen stärkte und viele Heiden durch den Anblick seines grünenden Stabes bekehrte, schickte der König Kriegsknechte, um ihn einzukerkern. Sie fanden Christophorus beim Gebet und wurden durch ihn zu Christen. Auf seine Bitte hin brachten ihn die bekehrten Soldaten gefesselt vor den König, der sie enthaupten und Christophorus ins Gefängnis bringen ließ. Dorthin schickte der König zwei schöne Dirnen, die Christophorus zur Sünde verführen sollten. Doch während die Mädchen ihn streichelten, betete er zu Gott. Als er dann die durch das Gebet verklärten Gesichtszüge den beiden zuwandte, baten ihn die Dirnen um Vergebung und wurden Christen. Daraufhin ließ der König die eine hängen, die andere ins Feuer werfen. Als ihr das Feuer nichts anhaben konnte, wurde sie enthauptet.

Christophorus wurde mit eisernen Ruten und einem glühenden Helm gemartert, aber er blieb unverletzt. An einen Pfahl gebunden wurde er mit Pfeilen beschossen, doch sie blieben in der Luft stehen; ein Pfeil wandte sich sogar um und traf den König ins Auge. Schließlich wurde Christophorus enthauptet. Sein Blut heilte das blinde Auge des Königs, wie Christophorus es ihm vorausgesagt hatte, und er wurde ein Christ.

BILDER: siehe Zyklen.

Clemens Romanus

Clemens I. war von 92–101 Bischof von Rom und somit einer der ersten Päpste. Von ihm ist ein Brief an die Gemeinde von Korinth überliefert; er soll auch noch Umgang mit einigen Aposteln gehabt haben. ATTRIBUTE: *Tiara und Papstkreuz; Lamm und Quelle; Anker, das Symbol christlicher Standhaftigkeit und Hoffnung, um das sich später eine Legende rankte.*

QUELLEN: Legenda aurea, 903–916; LThK, II, 1222. – ZYKLUS: Bril, Sala Clementina Vatikan.

Verbannung und Tod

Da Clemens in Rom viele Menschen zum Christentum bekehrte, zettelten die heidnischen Priester gegen ihn einen Aufruhr an und brachten ihn vor den Stadtpräfekten. Dieser verbannte den Bischof in das Arbeitslager der Wüste bei Chersona (heutiges Sewastopol/Krim) am Schwarzen Meer, wo schon viele Christen im Steinbruch arbeiteten. Der Wassermangel und die harte Arbeit hatten den Lagerinsassen stark zugesetzt; deshalb bat Clemens Gott um Wasser. Ein Lamm erschien, das mit seinem rechten Bein auf eine bestimmte Stelle zeigte. Als man dort grub, fand man eine Quelle, die bald zu einem Fluß wurde. Durch das Wunder bekehrt, ließen sich auch die Bewohner der Insel taufen; heidnische Tempel wurden abgerissen und christliche Kirchen erbaut. Da schickte Kaiser Trajan seinen Landpfleger Ausidianus, der Clemens mit einem Anker um den Hals im Schwarzen Meer ertränken ließ. Während die Christen für den Toten beteten, wich das Meer zurück. Eine Marmorkapelle wurde sichtbar, in der sie den Leichnam des Heiligen fanden.

BILDER: siehe Zyklus.

Wunder an der Grabkapelle

In jedem Jahr soll das Meer sieben Tage lang für die Pilger den Weg zur Grabkapelle des heiligen Clemens freigegeben haben. Einmal vergaß eine Frau auf der Flucht vor der plötzlich einsetzenden Flut ihren schlafenden Sohn in der kleinen Kirche und wähnte ihn tot. Als sie aber im folgenden Jahr wieder zur Grabstätte pilgerte, fand sie ihr Kind lebend.
Jahrhunderte später soll der Slavenapostel Kyrill das inzwischen vergessene Grab entdeckt haben. Er brachte die Gebeine nach Rom, wo sie in San Clemente bestattet wurden.

BILD: Conca, S. Clemente Rom.

Cosmas und Damian

Cosmas und Damian gelten als Zwillingsbrüder und Ärzte. Sie starben wahrscheinlich um 300 zur Zeit der diokletianischen Christenverfolgung als Märtyrer in Kilikien (Kleinasien). ATTRIBUTE: *Arzneigefäße, Instrumente, Mörser, Uringlas, Apothekerkästchen, Äskulapstab.*

QUELLE: Legenda aurea, 737–740. – ZYKLEN: Fra Angelico, verstreut, AP München/Louvre/Nat. Gall. Dublin/S. Marco Florenz; Huguet, San Miguel Tarrasa (Katalonien); Blondeel, S. Jacob Brügge; Francken, Antwerpen.

MARTYRIUM

Die Brüder Cosmas und Damian kamen, so wird erzählt, aus Arabien. Sie bekehrten viele Heiden zum Christentum, da sie ihre ärztliche Kunst mit großem Können und unentgeltlich ausübten. Der Landpfleger Lysias ließ sie mit ihren drei Brüdern vor sich kommen und befahl ihnen, den Göttern zu opfern. Da die Fünf sich weigerten, versuchte man sie auf verschiedenste Weise zu martern und zu töten. Doch als man sie gefesselt ins Meer warf, rettete sie ein Engel; als man sie ins Feuer warf, wandten sich die Flammen gegen die herumstehenden Heiden; als Cosmas und Damian gekreuzigt und mit Steinen beworfen wurden, trafen die Steine die Werfenden; Pfeile, mit denen man auf die beiden schoß, fielen in die gaffende Menschenmenge. Obwohl der Statthalter durch das Gebet von Cosmas und Damian von Teufeln, die ihn plagten, befreit wurde, ließ er zuletzt alle fünf Brüder enthaupten.

BILDER: *Scheiterhaufen:* Rosa, Kapelle S. Giovanni dei Fiorentini Rom. *Martyrium der fünf Brüder:* Pesellino, Acad. Florenz.

DAS BEIN DES MOHREN

Einmal sollen die heiligen Ärzte Cosmas und Damian im Schlaf dem kranken Diakon Justinian erschienen sein, der in der Kirche SS. Cosma e Damiano in Rom Dienst tat. Sie schnitten sein Bein, das von Krebs ganz zerfressen war, ab und ersetzten es durch das Bein eines Mohren, der gerade gestorben war. Als der Mann erwachte, hatte er ein schwarzes, aber gesundes Bein.

BILDER: Meister von Burgos, S. Cosme y Damian Burgos; Fra Angelico, San Marco Florenz.

Crispinus und Crispianus

Crispinus und Crispianus sollen zur Zeit der Diokletianischen Christenverfolgung aus Rom geflohen sein und sich als Schuhmacher in Soissons (Nordfrankreich) niedergelassen haben, wo sie den Armen unentgeltlich

Schuhe anfertigten. Dort nahm man sie gefangen, stieß ihnen Pfriemen unter die Fingernägel, zog ihnen die Haut in Streifen ab und warf sie, behängt mit schweren Mühlsteinen, in einen Fluß. Als sie durch ein Wunder aus den Fluten wieder auftauchten, wurden sie enthauptet.

QUELLE: Legenda aurea, 165. – BILDER: *Der Versuch die Brüder zu ertränken:* Altar des 16. Jh.s, Kirche von Herenthals (Belgien); Cleef, Gent; A. Francken, Antwerpen; Reni, Dresden.

Cyriacus

Cyriacus fand mit fünf Gefährten um 300 in Rom den Martertod und wurde an der Via Ostia begraben. Er gehört zu den vierzehn Nothelfern (siehe S. 465). ATTRIBUTE: *Diakon mit Almosen für die Armen oder Dämonen; als Märtyrer mit Schwert, Palme und Buch.*

Weil Cyriacus, der von Papst Marcellus zum Diakon geweiht worden sein soll, durch sein Amt vielen Sklaven Nahrung und Hilfe brachte, wurde er selbst zur Zwangsarbeit verurteilt. Doch als Arthemia, eine Tochter Kaiser Diokletians, von bösen Geistern geplagt wurde, schickte man nach dem heilkundigen Cyriacus. Er befreite sie von ihrer Besessenheit, und sie ließ sich von Cyriacus taufen. Zum Dank für die Heilung seiner Tochter entließ ihn der Kaiser aus der Zwangsarbeit und schenkte ihm ein Haus.
Auch der Perserkönig ließ Cyriacus wegen seiner Tochter zu sich bitten, und der Diakon fuhr zusammen mit seinen Freunden Largus und Smaragdus nach Babylon, um dem Mädchen Jobia zu helfen. Nachdem die bösen Geister aus seiner Tochter gefahren waren, ließ sich der Perserkönig mit seiner Familie von Cyriacus taufen.
Als sie nach Rom zurückkamen, hatte Maximian Kaiser Diokletian abgelöst und befohlen, Cyriacus und seine Freunde gefangenzunehmen. Man spannte den Diakon auf die Folter und goß siedendes Pech über sein ergrautes Haar. Dann wurde er zusammen mit Largus und Smaragdus enthauptet und an der Via Ostia begraben.

QUELLEN: Vita S. Cyriaci; Legenda aurea, 562–564. – ZYKLUS: Bruyn, AP München. – BILDER: *Heilung der Arthemia:* Grünewald, Städel. *Taufe der Arthemia:* Altar von Talheim 1515, Stuttgart; Bruyn, AP München.

Didacus/Diego von Alcalá

Didacus, am 12. November 1463 in Alcalá bei Madrid geboren, war einige Jahre Einsiedler und trat dann als Laienbruder in den Franziskanerorden ein. Der fromme Asket wurde wegen seiner Krankenheilungen und seiner Mildtätigkeit verehrt.
ATTRIBUTE: *Kranke; Krug.*

QUELLEN: Martyrologium Romanum; LThK, III, 370. – ZYKLUS: Murillo, Toulouse/Louvre/Accad. Fernando Madrid.

LEVITATIO UND ENGELSKÜCHE

Didacus war so fromm, daß er nur noch von Gott und zu Gott sprechen konnte. Als Laienbruder hatte er die Aufgabe, für die Mönche zu kochen. Einmal trugen Engel den Betenden während einer Ekstase in die Höhe, noch über die Sonne hinaus, während in der Zwischenzeit andere Engel für seine Mitbrüder das Mahl in der Klosterküche zubereiteten.

BILD: siehe Zyklus.

ROSENWUNDER

Didacus, der für seine Mildtätigkeit bekannt war, trug oft heimlich Brot für die Armen aus dem Kloster. Einmal verdächtigte ihn der Klosterpförtner, in einer Falte seiner Kutte Nahrungsmittel aus der Klosterküche versteckt zu haben. Als er aber in die Falte hineinschaute, waren durch ein Wunder aus den Speisen Rosen geworden.

BILD: Zurbarán, Stiftung José Lazaro Madrid.

Dionysius/Denis von Paris

Dionysius war im 3. Jahrhundert vom römischen Bischof zur Missionierung nach Gallien gesandt worden und gilt als erster Bischof von Paris. Er wurde als Märtyrer enthauptet und 6 km vor der Stadt begraben (heutiges Saint-Denis). Er gehört zu den vierzehn Nothelfern (siehe S. 465). Im Mittelalter wurde Dionysius von Paris mit dem Paulusschüler (Apg 17,34) und legendären ersten Bischof von Athen Dionysius Areopagita verwechselt bzw. gleichgesetzt; zudem benutzte ein Verfasser mystischer Schriften (‹De Hierarchia Celesti›) im 5./6. Jahrhundert diesen Namen (Pseudo-Dionys), so daß auch dieses Werk mit dem Bischof von Paris in Beziehung gebracht wurde. ATTRIBUTE: *Bischofsornat; ‹Kephalophor›, d. h. er trägt seinen abgeschlagenen Kopf in der Hand.*

Dionysius war vom Papst in Rom zur Missionierung der Gallier ausgesandt worden und hatte viele Einwohner von Paris bekehrt. Deshalb wurde er mit zwei Gefährten, Rusticus und Eleutherius, gemäß dem Befehl des Kaisers Domitian gefangengenommen und unter Gespött und Schlägen gefesselt vor den Statthalter Fescenninus gebracht. Dionysius wurde gegeißelt, mit schweren Ketten ins Gefängnis geworfen, am nächsten Tag nackt auf einen glühendheißen Rost gelegt und wilden Tieren vorgeworfen. Als ein Kreuzzeichen die Raubkatzen bändigte, versuchte man vergeblich, ihn in einem Feuerofen zu töten. Auch am Kreuz wurde er lange Zeit gemartert, dann aber zu vielen anderen Christen in den Kerker zurückgebracht. Dort feierte er eine Messe und spendete den Gefangenen das Abendmahl. Plötzlich wurde es Licht, Christus erschien und gab ihm die Kommunion. Am darauffolgenden Tag führte man ihn mit Eleutherius und Rusticus erneut vor den Statthalter, der sie vor der Götterstatue des Merkur mit einem Beil enthaupten ließ. Aber Dionysius stand auf, nahm seinen Kopf in die Hände und trug ihn, von einem Engel begleitet, vom Ort des Martyriums (Montmartre) zu einem zwei Meilen entfernten Platz, wo Leib und Kopf begraben wurden.

QUELLE: Legenda aurea, 787–795. – ZYKLEN: Fresken des 13. Jh.s, St. Gereon Köln; Osoña Diözesanmus. Valencia; Altar von 1524, Burgkapelle Burghausen. – BILDER: *Verurteilung von Dionysius:* Vanloo, Dijon. *Letzte Kommunion im Kerker:* Bellechose, Louvre. *Enthauptung:* Malouel und Bellechose, Louvre; Crayer, Saint-Denis Paris; D. Ghirlandaio, Akad. Florenz.

Dominikus

Dominikus Guzmán, um 1170 in Caleruega (Kastilien) geboren, wurde nach dem Studium der Philosophie und Theologie Domherr in Osman. Die bislang erfolglose Mission der ketzerischen Albigenser in Südfrankreich veranlaßte Dominikus, im Jahre 1215 in Toulouse einen «Orden der Predigerbrüder» zu gründen, die sich durch gründliche systematisch-theologische Studien auf ihre Aufgabe vorbereiten und in vorbildlicher Armut leben sollten. Dominikus starb am 6. August 1221 in Bologna, wo er in der Klosterkirche begraben wurde. ATTRIBUTE: *Dominikanertracht; schwarzgefleckter Hund, manchmal mit brennender Fackel im Maul (bellender Hund als Symbol des Predigers, aus den Dominikanern wurden im Wortspiel ‹Domini canes› = ‹Hunde bzw. Wächter des Herrn›); Lilie; Erscheinung Mariens, die ihm einen Rosenkranz übergibt; roter Stern auf Brust oder Haupt; Buch; Kreuz.*

QUELLE: Legenda aurea, 538–558. – ZYKLEN: Fra Guglielmo da Pisa, Grabmal, S. Domenico Bologna; Traini, Pisa; Fra Angelico, Louvre.

Der Hund mit der brennenden Fackel und der rote Stern

Zwei Geschichten, die um die Geburt von Dominikus spielen, sollten die spätere Bedeutung des Kindes aufzeigen: Während ihrer Schwangerschaft träumte seine Mutter Aza Guzmán, sie trüge einen kleinen Hund mit einer brennenden Fackel in ihrem Leib; dies wird dahin gedeutet, daß ihr Sohn einst die ganze Welt durch das Feuer seiner Rede entzünden sollte. Als dann das Kind zur Taufe getragen wurde, sah die Taufpatin oder Amme einen leuchtend roten Stern auf seiner Stirn.

BILDER: siehe Zyklen.

Dominikus verkauft seine Bücher

In seiner Studienzeit an der Domschule zu Palencia wurde das Land von einer großen Hungersnot heimgesucht. Deshalb verkaufte Dominikus alle seine Bücher und Hausgeräte, um mit dem Erlös den Hungernden zu helfen.

Bild: Alfonso Lambardi, Grabmal, S. Domenico Bologna.

Die Feuerprobe mit den Ketzern

Zu einem Wortgefecht mit Dominikus brachten die Albigenser eine Schrift über ihre Lehre mit. Als Dominikus sogleich eine katholische Verteidigungsschrift verfaßte, schlugen seine Gegner vor, beide Schriften in ein Feuer zu werfen, um zu sehen, ob eine davon als die rechtgläubige verschont bliebe. Die Schrift der Albigenser verbrannte, die von Dominikus geschriebene sprang dreimal, ohne Schaden genommen zu haben, aus dem Fenster.

Bilder: Berruguete, Prado; Lotto, KHM Wien; Spada, S. Domenico Bologna.

Marienerscheinung mit Rosenkranz

Maria erschien dem Dominikus in einer Vision, in der sie ihm den bis dahin noch unbekannten Rosenkranz übergab und ihn unterwies, wie man damit beten könne.

Bilder: Tintoretto, Ferrara; Cello, Acad. Madrid.

Dominikus stützt die Kirche

Als Dominikus 1216 den Papst um die Bestätigung seines Ordens bat, hatte Innozenz, der zögerte, einen Traum: Die Laterankirche drohte einzustürzen, da lief Dominikus hin, um sie mit seinen Schultern zu stützen. Der Papst erwachte, erkannte die Bedeutung des Traumes und bestätigte den Orden (vgl. auch Franziskus, S. 408).

Bild: siehe Zyklen.

Erscheinung von Petrus und Paulus

Einmal betete Dominikus in St. Peter zu Rom um die Ausbreitung seines Ordens und sah in einer Vision Petrus und Paulus auf sich zukommen. Petrus gab ihm einen Stab, Paulus ein Buch, dazu sprachen sie: «Geh hin und predige auf der ganzen Erde, denn du bist von Gott zu diesem Amt erwählt.»

Bilder: Andrea Orcagna, Capella Strozzi S. Maria Novella Florenz; Jacomart, Mus. des Arts Décoratifs Paris.

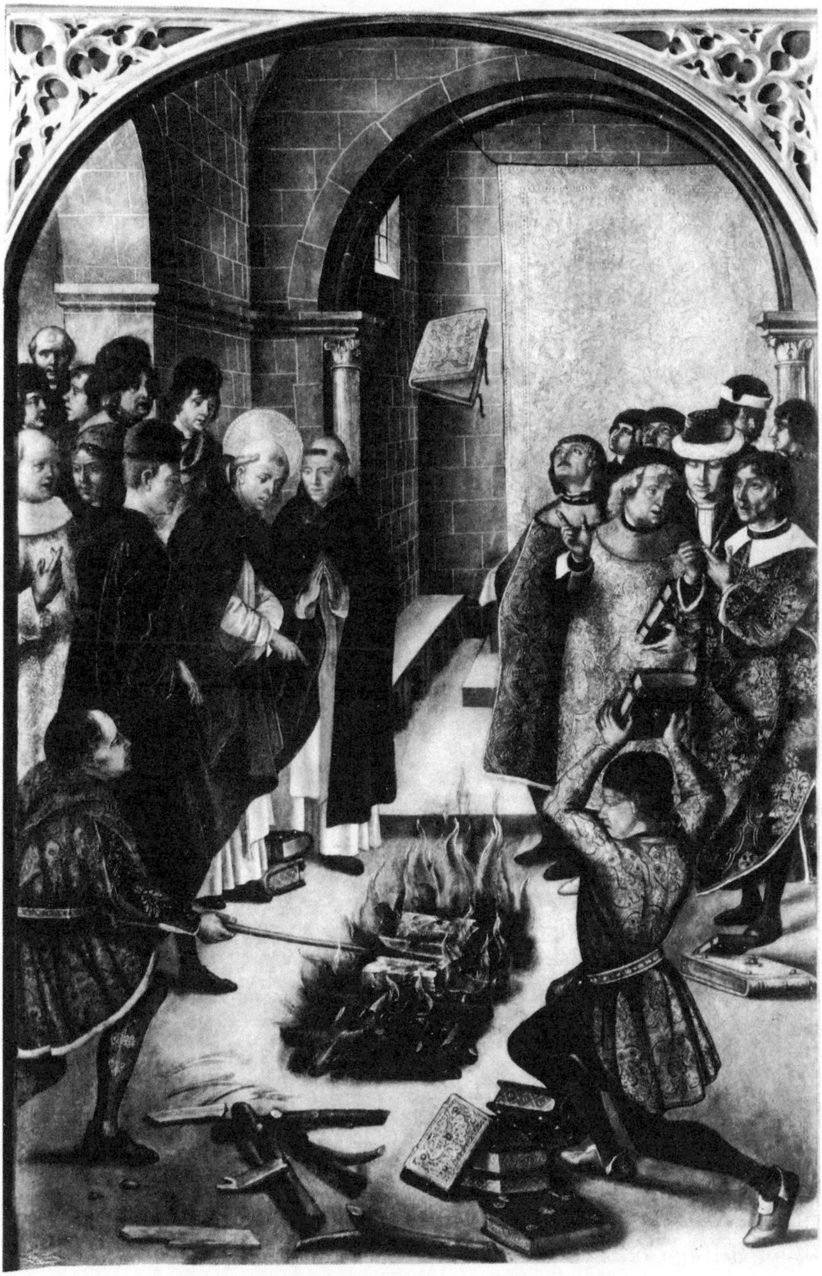

Verbrennung albigensischer Bücher durch den hl. Dominikus
Gemälde von Pedro Berruguete, Prado

Christus mit den drei Lanzen, Franziskus und Dominikus

Eines Nachts sah Dominikus im Gebet Christus mit drei Lanzen gegen die Eitelkeit, Unkeuschheit und Habgier der Welt kämpfen. Maria wollte ihn davon abhalten, doch erst als sie Dominikus und Franziskus als treue Kämpfer für den christlichen Glauben vor ihn brachte, ließ sich ihr Sohn besänftigen. Am nächsten Tag traf Dominikus auf Franziskus (siehe S. 409) und erkannte ihn sogleich, obwohl sie sich vorher nie begegnet waren.

Bilder: *Christus mit den drei Lanzen:* Bordone, Brera; Strozzi, Acad. Genua; Rubens, Lyon. *Franziskus und Dominikus:* Balducci, Louvre.

Erweckung des Napoleone Orsini

Napoleone, der übermütige Enkel des Kardinals Stephan von Fossanova, stürzte bei einem gewagten Sprung über einen Graben und starb. Dominikus wurde von einem Mitbruder auf das Leid der Hinterbliebenen aufmerksam gemacht und erweckte den jungen Mann durch ein Gebet wieder zum Leben.

Bilder: Gozzoli, Brera; Lotto, Bergamo; Morone, Metrop. Mus.; Berruguete, Prado; Tiarini, S. Domenico Bologna.

Dominikus rettet Pilger

Einst fuhren Pilger auf dem Weg nach Santiago de Compostella die Garonne hinunter, gerieten aber bei einer Brücke in einen Strudel und drohten umzukommen. Da rettete sie Dominikus aus den Fluten.

Bild: Borrassa, Vich.

Engel bedienen Dominikus mit Speisen

Dominikus soll einmal mit vierzig Brüdern in einem Refektorium in Rom zusammen gewesen sein, um zu essen. Als man nur ein kleines Stück Brot fand, wollte Dominikus das Wenige verteilen. Da erschienen zwei sich vollkommen gleichende Jünglinge, legten Brote vor den Ordensmann und verschwanden.

Bild: L. Bassano, Mus. Correr Venedig.

Tod und Vision von den zwei Himmelsleitern

Dem Tode nahe hatte Dominikus in Bologna eine Vision. Er sah einen jungen Mann, der ihm zurief: «Komm, mein Geliebter, komm zu meinen Freuden.» Darauf ließ Dominikus zwölf seiner Brüder zu sich kommen, um ihnen sein Erbe zu hinterlassen: Liebe, Demut, Armut. Zur selben Zeit als Dominikus starb, sah Gwalis, der Prior der Dominikaner zu Brescia, der am Glockenturm seines Klosters eingeschlafen war, den Himmel offen: Zwei leuchtende Leitern, begleitet von Engeln und mit einem Stuhl in ihrer Mitte, auf dem mit verhülltem Gesicht ein Mönch im Kleid der Dominikaner saß, wurden von Jesus und Maria gehalten und langsam nach oben gezogen. Dann schloß sich die Himmelstür.

BILD: Pomis, Graz.

Dorothea

Dorothea soll während der Christenverfolgung unter Diokletian (ab 303) gemartert und getötet worden sein, historische Zeugnisse fehlen jedoch. Sie gehört zu den vierzehn Nothelfern (siehe S. 465) und mit Barbara, Margarete und Katharina zu den Quattuor Virgines Capitales. ATTRIBUTE: *Korb mit Rosen, anderen Blumen oder Früchten, einen Blütenzweig, v.a. Rosenzweig in der Hand, im Haar einen Kranz aus Rosen; seltener einen Palmzweig, als Siegespalme des Martyriums; Schwert; Pfauenfedern und Pfeil (da bei den Quattuor Virgines Capitales statt Dorothea auch Ursula vorkommt, bekam Dorothea dieses Attribut von Ursula).*

Dorothea, die Tochter eines Senators, wurde wegen ihres christlichen Glaubens mit verschiedenen Marterwerkzeugen gequält, was sie jedoch nur als Streicheln mit Pfauenfedern empfunden haben soll. Schließlich sollte sie enthauptet werden. Kurz davor wandte sie sich an die Menge: «In dieser Welt ist es kalt. Ich gehe in ein Land ohne Winter und ohne Schnee.» Da spottete ein junger Rechtsgelehrter namens Theophilus: «Schicke mir doch aus deinem Paradies Rosen und Äpfel.» Dorothea versprach es ihm, und Theophilus erschrak sehr, als ihm ein engelgleicher Knabe mitten im Winter einen Korb mit herrlichen Früchten und Rosen überbrachte. Er wurde daraufhin Christ und starb den Martertod.

QUELLEN: Passio der hl. Dorothea. – ZYKLUS: Altar der hl. Dorothea, Mus. Danzig. – BILDER: *Enthauptung und Sendung der Paradiesfrüchte:* Grien, Rudolfinum Prag. *Enthauptung:* Dolci, Darmstadt; Lesueur, École des Beaux-Arts Paris.

Dympna/Dymphna und Gerbert

Dympna und Gerbert lebten wahrscheinlich im 7. Jahrhundert, denn in Gheel bei Antwerpen befinden sich zwei Sarkophage aus dieser Zeit, in denen ihre Gebeine ruhten. ATTRIBUTE: *Als Königstochter mit Krone und Schwert, zu ihren Füßen ein gefesselter Teufel (Patronin der Geisteskranken und Besessenen, da sich im Mittelalter an ihrem Grab eine Heilanstalt für Gemütskranke befand).*

Nach der Überlieferung war Dympna die Tochter eines heidnischen Königs in England oder Irland. Als Christin verweigerte sie sich ihrem Vater, der sie wegen ihrer Schönheit zur Frau begehrte, und floh zusammen mit einigen Mägden und dem Priester Gerbert über das Meer nach Brabant, wo sie mit ihren Begleiterinnen an einer versteckten Stelle bei Antwerpen ein Kloster gründete. Doch nach einigen Jahren konnte der Vater ihre Zufluchtsstätte ausfindig machen. Er kam und tötete den Priester und sie mit eigener Hand.

QUELLE: Vita (13. Jhd.). – BILD: Seghers, Schleißheim.

Eligius/Eloi

Eligius, um 588 in Chaptelat bei Limoges geboren, war Goldschmied und als Münzmeister und Ratgeber am Hof der Frankenkönige Chlothar II. und Dagobert I. hoch angesehen. Er verließ nach Dagoberts Tod 639 den Königshof, wurde Priester und 641 Bischof von Noyon. Er bekehrte die heidnischen Germanen, gründete viele Kirchen und Klöster und starb am 1. Dezember 660. ATTRIBUTE: *In Bischofsornat oder als Schmied; Amboß; Hammer; Hufeisen und Pferdefuß; Goldschmiedegeräte; Pokal oder Kelch (Goldschmiedearbeit).*

Bevor Eligius Goldschmied wurde, soll er Hufschmied gewesen sein. Neben ihm arbeitete ein seltsamer Geselle, der den vom Teufel besessenen Pferden beim Beschlagen das Bein einfach ausriß und es mit dem neuen Hufeisen wieder ansetzte. Man erzählt, Christus selbst sei dieser Geselle gewesen, der damit Eligius zeigen wollte, wie man den Pferdefuß des Teufels ausreißen könne, und Eligius habe es ihm gleichgetan. Auch soll er den Teufel (oder einer Teufelin) mit seiner Zange an der Nase festgehalten und dadurch besiegt haben.

QUELLE: Audoin, Vita des hl. Eligius. – ZYKLUS: H. Francken, Antwerpen. – BILDER: *Eligius beschlägt ein Pferd:* Botticelli, Uffizien. *Eligius vor König Chlothar:* Gaddi, Prado.

Elisabeth von Thüringen

Elisabeth, Tochter des ungarischen Königs Andreas II. und der Gertrud von Andechs, einer Schwester der hl. Hedwig, wurde 1207 geboren, als Vierjährige mit dem zukünftigen Landgrafen von Thüringen, Ludwig IV., verlobt und zur gemeinsamen Erziehung auf die Wartburg gebracht. 1221 wurde sie durch ihre Heirat Landgräfin und bekam vier Kinder. Durch bescheidene Lebensführung und Sorge für Arme und Kranke, durch Nachtwachen und Fasten- und Bußübungen versuchte sie der Idealgestalt ihrer Zeit, dem hl. Franziskus, nachzueifern. Nach dem Tode ihres Man-

nes ging sie nach Marburg, wo sie auf ihren Witwengütern ein Hospital erbauen ließ, um dort als Franziskanerin Arme und Kranke zu pflegen. Von ihrem fanatischen Beichtvater Konrad von Marburg angeleitet, unterwarf sie sich strengsten Kasteiungen, bis sie völlig ausgemergelt am 17. November 1231 starb. 1236 begann man mit dem Bau der Elisabethkirche über ihrem Grab in Marburg. ATTRIBUTE: *Krone und fürstliche Kleidung oder Franziskanerinnentracht; in ihren Händen Almosen bzw. Almosenbehälter, wie Weinkrug, Brotkorb, Geld, Früchte, Fische; Korb oder Schürze mit Rosen; Kirche (Elisabethkirche in Marburg).*

QUELLE: Legenda aurea, 874–895. – ZYKLEN: Pietro Cavallini, Kirche Donna Regina Neapel; Tafeln des Heiliggeistspitals Lübeck; Tafeln des Hospitals von Blaubeuren; Gemälde der Kirche des Deutschherrnordens Frankfurt; Altar aus der Werkstatt Wolgemut, Kathedrale Kassa (ČSSR); Pepijn, Antwerpen; Schwind, Wartburg.

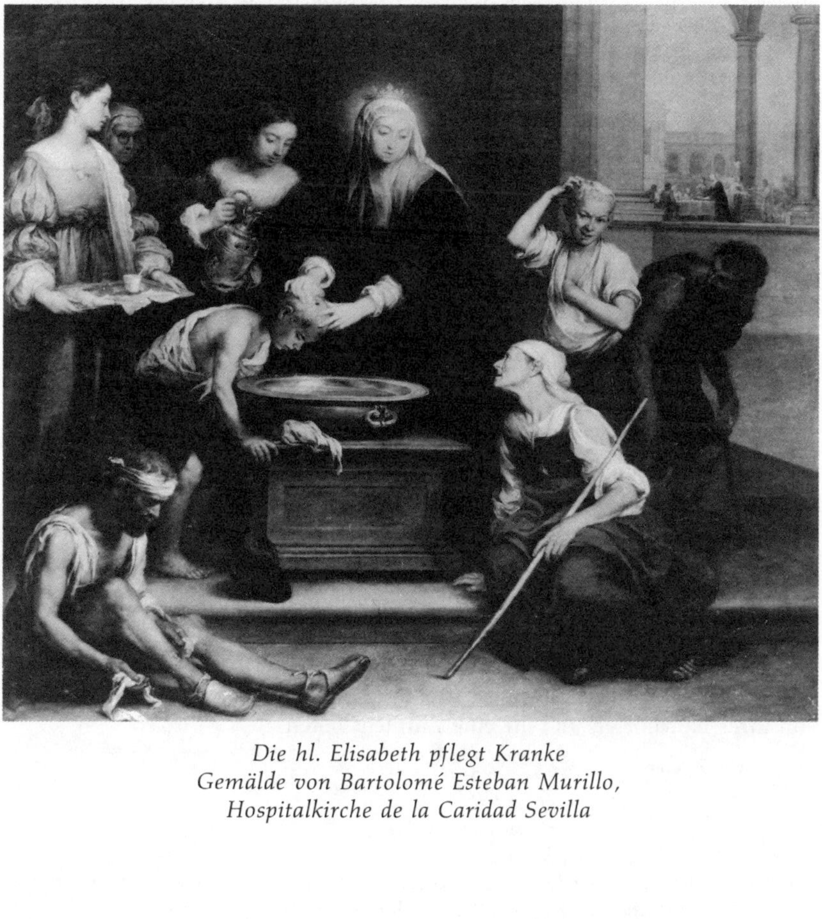

Die hl. Elisabeth pflegt Kranke
Gemälde von Bartolomé Esteban Murillo,
Hospitalkirche de la Caridad Sevilla

Elisabeth und die Armen und Kranken

Elisabeths Liebe galt den Armen und Kranken, die sie mit Nahrung versorgte und gesundpflegte. Als während einer Hungersnot die Versorgung der Burg selbst gefährdet war, gebot ihr Ehemann Einhalt. Trotzdem ging Elisabeth mit einem bedeckten Korb voller Lebensmittel ins Dorf hinunter, wurde aber vom Landgrafen überrascht und nach dem Inhalt des Korbes gefragt. Da er ihrer Antwort, es seien Rosen darin, nicht glaubte, zog er das Tuch beiseite und fand wirklich Rosen im Korb*.
Ein andermal wusch und salbte Elisabeth einen aussätzigen Knaben und legte ihn zur Pflege ins eheliche Bett. Wider Erwarten kam ihr Mann Ludwig verfrüht von einer Reise zurück und wurde von seiner empörten Mutter in das Schlafzimmer geführt. Als er die Decke seines Bettes wegzog, sah er statt des Knaben den gekreuzigten Christus. (Abb. S. 401)

Bilder: *Elisabeth mit Armen und Kranken:* Holbein d. Ä., AP München; Bartolommeo Schedoni, Pal. Reale Neapel; Gran, Karlskirche Wien. *Rosenwunder:* Schule von Meo da Siena, Perugia; Cavazzola, Verona. *Aussätziger wird zum Gekreuzigten:* Dürerschule, St. Georg Dinkelsbühl.

Geisselung durch den Beichtvater

Um 1226 kam der Priester Konrad von Marburg auf die Wartburg und gewann solchen Einfluß auf die fromme Elisabeth, daß sie ihn zu ihrem Beichtvater machte und ihm Gehorsam gelobte. Bei Ungehorsam wurde sie von dem harten Priester gegeißelt.

Bild: siehe Zyklen.

Tod ihres Mannes und Vertreibung aus der Burg

Als Ludwig mit Kaiser Friedrich II. zum Kreuzzug nach Palästina aufbrach, begleitete Elisabeth ihn bis Schmalkalden. Dann zog sie sich aufgrund einer Vorahnung Witwenkleider an und war untröstlich, als ihr ein Bote den Ring des verstorbenen Landgrafen überbrachte. Der jüngere Bruder Heinrich, genannt Raspe, übernahm die Herrschaft und jagte Elisabeth und ihre Kinder mitten im Winter von der Burg. Aus Furcht vor dem neuen Landgrafen wollte niemand sie in sein Haus aufnehmen, so daß sie mit ihren Kindern in einem Schweinestall übernachten und bettelnd herumziehen mußte, bis Verwandte von ihrer Not hörten und ihr eine Zuflucht boten.

Bild: siehe Zyklen.

---

* Ein ganz ähnliches Wunder wird berichtet von Casilda, der Tochter eines maurischen Königs, die christlichen Gefangenen Brot brachte: Zurbarán, Prado.

Emmeram

Emmeram war um 700 erst Bischof im Westfrankenreich und dann in Regensburg. Arbeo, Bischof von Freising, berichtet, daß er der Tochter des Herzogs Theodo anbot, ihn als Vater ihres unehelichen Kindes zu nennen, um so den Ritter Sigisbert, den wirklichen Vater, vor dem Zorn des Herzogs zu schützen. Dann begab er sich auf eine Pilgerreise nach Rom. Aber Lantpert, der Bruder der Schwangeren, holte Emmeram in Kleinhelfendorf bei Bad Aibling ein und band den Unschuldigen an eine Leiter, um ihn zu entmannen und an Händen und Füßen zu verstümmeln. Den Leichnam brachte man zur Herzogsburg nach Aschheim (in der Nähe des heutigen München) und 40 Tage später nach Regensburg, wo er noch heute begraben liegt. ATTRIBUTE: *Bischof mit Lanze und Leiter.*

QUELLE: Arbeo, Vitae sanctorum Haimrhammi et Corbiniani. – BILDER: Sandrart, St. Emmeram Regensburg; Gebrüder Asam, St. Emmeram Regensburg.

Erasmus

Erasmus soll 303 unter Diokletian und Maximian in Formia (nördlich von Neapel am Golf von Gaeta) zu Tode gemartert worden sein. Er wurde im 10. Jahrhundert nach Gaeta überführt und gehört zu den vierzehn Nothelfern (siehe S. 465). ATTRIBUTE: *Bischofsgewand und Krummstab; Nägel; ein Kessel; Raben. Man findet auch eine Winde, mit der ihm angeblich die Gedärme aus dem Leib gewunden wurden. Das Gerät war wohl ursprünglich eine Ankerwinde, da Erasmus als Patron der Seeleute galt.*

Nach der Legende war Erasmus Bischof von Antiochien (heutiges Antakija/Türkei), mußte aber vor den Christenverfolgern in die Berge des Libanon fliehen. In der Einsamkeit wurde er sieben Jahre lang von Raben ernährt, aber dann entdeckt und von einem Richter Diokletians grausam gemartert. Ein Engel befreite Erasmus aus dem Kerker und führte ihn in die Gegend von Sirmium und Lugridum (heutiges Jugoslawien), wo er viele Heiden missionierte, aber bald erneut vor einen Richter geführt wurde und nach vielen Martern starb. Bei seiner Folterung sollen ihm Nägel unter die Finger gestoßen worden sein; auch heißt es, man habe ihn in einen Kessel mit kochendem Pech geworfen und ihm die Gedärme herausgewunden.

QUELLE: Gelasius II., Vita des hl. Erasmus. – BILDER: *Herauswinden der Gedärme:* Bouts, St. Peter Löwen; Poussin, Pinak. Vatikan; Magnasco, Brera.

Eustachius

Eustachius soll unter Kaiser Hadrian (117–138) gemartert worden sein. Die Legende entbehrt aber jeder nachweisbaren geschichtlichen Grundlage, sie ist wohl im indisch-buddhistischen Bereich entstanden und als Wandererzählung bis ins Abendland gekommen. Spätestens seit dem 8. Jahrhundert wird Eustachius in Rom verehrt. Er gehört zu den vierzehn Nothelfern (siehe S. 465). ATTRIBUTE: *Häufig als Krieger oder als Jäger dargestellt; Hirsch oder Hirschgeweih mit Kreuz; Ofen in Form eines Stieres als Marterwerkzeug.*

QUELLEN: Legenda aurea, 821–828; Gesta Romanorum 110.

Die Bekehrung auf der Hirschjagd*

Wie die Legende erzählt, war Eustachius, der vor seiner Taufe Placidus hieß, Heerführer unter Kaiser Trajan und barmherzig und mildtätig wie ein Christ, obwohl er ein Heide war. Auf der Jagd verfolgte er einmal einen besonders kapitalen Hirsch weit in den Wald hinein, bis das Tier auf einen Felsen sprang und sich umwandte. Als Eustachius zwischen dem Geweih ein leuchtendes Kreuz sah und der Hirsch zu ihm sprach: «Ich bin Christus, den du, ohne es zu wissen, in deinen barmherzigen Taten verehrst», fiel er erschrocken zur Erde und ließ sich später mit seiner Frau und seinen Söhnen taufen.

BILDER: *Bekehrung:* Pisanello, Nat. Gall. London. *Taufe:* Altar von Saint Denis, Mus. Cluny Paris; Dürer, München.

Eustachius wird wie Hiob mit Leiden versucht

Nach der Taufe wurde Eustachius offenbart, daß er viele Leiden und Prüfungen auf sich nehmen müsse. Er verlor all seinen Reichtum, zog bettelarm mit Frau und Söhnen nach Ägypten, mußte seine Frau als Fährlohn einem Kapitän überlassen und wurde durch einen Löwen und einen Wolf an einer Flußfurt seiner beiden Knaben beraubt. In einem Dorf verdingte sich der einstmals reiche Heerführer als Knecht. Nach 15 Jahren ließ Kaiser Trajan, der in große Bedrängnis geraten war, seinen siegreichen Feldherrn suchen. So kam Eustachius erneut zu Ehren.

Wie Gott ihm verheißen hatte, traf er auch seine Familie wohlbehalten wieder, da seine unterdessen herangewachsenen Söhne im Heer dienten und im Quartier in einer alten Frau ihre Mutter erkannt hatten.

BILD: *Eustachius verliert seine beiden Knaben:* Leureux, S. Vulfran Abbeville.

---

* Diese Legende wurde im 11. Jh. auf Hubertus übertragen (siehe S. 429).

Martyrium

Als nach Kaiser Trajans Tod Hadrian an die Macht kam, sollte Eustachius zusammen mit dem Kaiser den Göttern ein Opfer darbringen. Da er nicht opfern wollte, hetzte man im Zirkus einen wilden Löwen auf ihn und seine Familie. Der Löwe aber verneigte sich vor dem Heerführer und lief weg. Darauf ließ der Kaiser unter einem eisernen Stier ein Feuer anzünden und Eustachius mit seiner Familie hineinstoßen. Sie beteten und starben, ihre Leiber aber blieben unversehrt.

Bilder: *Verweigerung des Götteropfers:* Pittoni, AP München. *Martyrium mit der Familie:* Vouet, S. Eustache Paris.

Eventius und Theodolos

Eventius und Theodolos sollen als Priester zusammen mit Papst Alexander unter Kaiser Hadrian (117–138) im Kerker heidnische Gefangene bekehrt und getauft haben. Bevor sie enthauptet wurden, entstiegen sie unversehrt einem Feuerofen.

Quellen: Acta SS. Martii II (1865) 506–508. – Bild: *Martyrium:* Zeitblom, Staatsgal. Augsburg.

Felicitas und ihre sieben Söhne

Felicitas, die legendäre Mutter der römischen Märtyrer Alexander, Felix, Januarius, Martialis, Philippus, Silanus und Vitalis, soll im 2. Jahrhundert unter Kaiser Marc Aurel oder Antoninus Pius den Martertod gefunden haben. Sie wurde neben Silanus in der Maximius-Katakombe begraben und später in die Kirche Santa Susanna überführt. Attribute: *Siegespalme des Martyriums; Schwert; Häupter der sieben Söhne oder die sieben Söhne selbst zu ihren Füßen.*

Als die christliche Witwe Felicitas und ihre sieben Söhne vor den römischen Statthalter Publius gebracht wurden, riet er ihr, um der Kinder willen von ihrem Glauben zu lassen. Die Mutter aber ermutigte ihre Söhne, sich tapfer und standhaft zu Christus zu bekennen, und mußte mit ansehen, wie einer nach dem anderen getötet wurde: Januarius geißelte man mit Bleikugeln; Felix und Philippus wurden mit Keulen erschlagen; Silvanus stürzte man in einen Abgrund; Martialis, Vitalis und Alexander fanden den Tod durch das Schwert. Nachdem Felicitas auf diese Weise siebenmal gemartert worden war, wurde sie enthauptet.

Quelle: Legenda aurea, 458. – Bilder: *Martyrium der sieben Söhne:* Cranach d. Ä., Hannover. *Marter der Felicitas:* Bourdon, Saint-Jacques Paris.

Florian

Florian soll im Dorf Zeiselmauer bei Wien geboren sein und in Centium (heutiges St. Pölten) als hoher Beamter gelebt haben. Um 304 wurde er wegen seines christlichen Glaubens in Lauriacum (heutiges Lorch bei Enns/Österreich) mit einem Stein um den Hals im Fluß Enns ertränkt. Spätestens seit dem 9. Jahrhundert gilt das Kloster St. Florian in Oberösterreich als Begräbnisstätte des Heiligen. Die Legende fußt mit großer Wahrscheinlichkeit auf historisch glaubwürdigen Quellen. ATTRIBUTE:

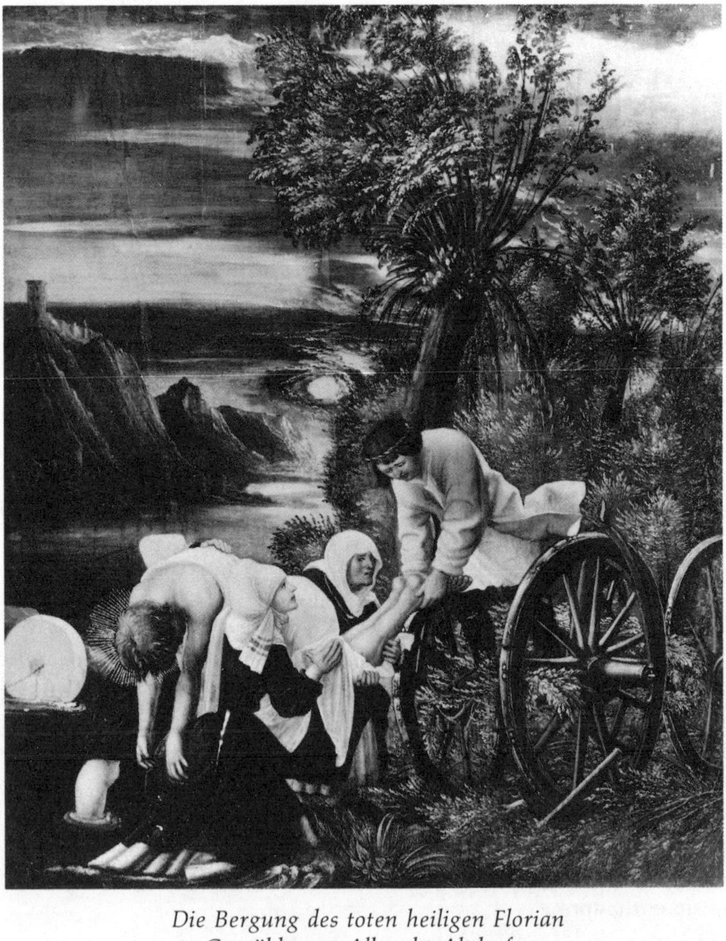

Die Bergung des toten heiligen Florian
Gemälde von Albrecht Altdorfer
Germanisches Nationalmuseum Nürnberg

Soldat mit Fahne und Lanze (aus dem Beamten machte die Legende einen Soldaten); brennendes Haus und Wassereimer (als Schutzpatron gegen Feuer).

Auf Befehl Kaiser Diokletians ließ Aquilinius, der Statthalter der Provinz Noricum-Ripense, die Christen verfolgen. Als der ehemalige hohe Beamte Florian die gefangenen Christen stärkte, wurde er selbst vor den Statthalter gebracht. Da Aquilinius den angesehenen Mann nicht einkerkern wollte, versuchte er ihn vergeblich zum Götteropfer zu bewegen. Als auch die Folter Florian nicht umstimmen konnte, wurde er mit einem Stein um den Hals auf die Brücke über die Enns gebracht. Doch kein Offizier fand sich bereit, den geachteten Bürger in den Fluß zu stürzen, bis ihn plötzlich ein junger Mann aus der Menge hinabstieß.

Trotz des schweren Steines trugen die Wellen den toten Florian auf eine Anhöhe, wo ein Adler den Leichnam bewachte. In der Nacht erschien der Heilige einer Frau namens Valeria im Traum und bat sie, seinen Leichnam zu beerdigen. Sogleich begab sich die Frau mit einem Ochsenkarren zu Florian, um ihn zu ihrem Landgut zu bringen und dort zu bestatten. Die beiden Ochsen lechzten aber schon nach einer kurzen Wegstrecke erschöpft nach Wasser. Da bat Valeria Gott um Hilfe, und im gleichen Augenblick sprudelte Wasser aus der Erde.

QUELLEN: Melchers, 271–273; LThK, IV, 178. – ZYKLEN: Meister des Krainburger Altars, Graz/Master Inst. of United Arts New York; Altdorfer, Nürnberg/Siena/Uffizien. – BILD: *Der Ochsenkarren und das Quellwunder:* Österreichische Schule, Linz.

Franziskus

Geboren 1181 oder 1182 in der umbrischen Stadt Assisi, verbachte der eigentlich auf Johannes getaufte Sohn des reichen Tuchhändlers Pietro Bernadone eine standesgemäße und unbeschwerte Jugend. Wegen seiner Vorliebe für die damals in Frankreich blühende höfisch-ritterliche Poesie nannte man ihn ‹Francesco›. Dann entschloß er sich, das Evangelium Christi in äußerster Armut zu leben und wurde so zum Ordensgründer der Franziskaner. Seine Liebe zu Gott, der Welt und allen Kreaturen findet im «Sonnengesang» dichterisch ihren stärksten Ausdruck. Er starb am 3. Oktober 1226 in seiner Heimatstadt Assisi. ATTRIBUTE: *In Franziskanerhabit mit den Attributen der Büßer und Einsiedler: Erdkugel unter seinen Füßen (Symbol der Weltverachtung), Totenkopf (Sinnbild der Vergänglichkeit) und Geißel; außerdem Christus am Kreuz, als seraphisches, geflügeltes Kruzifix und Wundmale; seltener Rosenkranz.*

QUELLE: Thomas von Celano, Vita des hl. Franziskus; Bonaventura, Legenda maior (1260); Legenda aurea, 766–780. – ZYKLEN: Giotto, Oberkirche S. Francesco Assisi; Gaddi, Acad. Florenz; D. Ghirlandaio, S. Trinità Florenz; Sassetta, San Francesco Borgo San Sepulcro.

Franziskus will Ritter werden

Franziskus beschäftigte sich in seiner Jugend viel mit Minnesang und ritterlichem Leben, zeigte aber auch Herz für die Armen. So gab er einmal einem armen Mann seinen Mantel. In der darauffolgenden Nacht träumte er von einem schwebenden, mit Fahnen geschmückten Palast. Er glaubte darin ein Zeichen zu sehen, daß Gott ihn zum Rittertum bestimmen wollte; aber eine Stimme widersprach ihm, er sei zu geistlichem Tun geboren.

Bild: *Franziskus gibt seinen Mantel einem armen Mann:* Sassetta, Nat. Gall. London.

Lossagung vom Vater

In einem Krieg mit der Stadt Perugia geriet Franziskus in Gefangenschaft. Nach seiner Heimkehr war er völlig verändert und wollte nur noch in Armut leben. Während eines Gebets in der verfallenen Kirche S. Damiano bei seiner Heimatstadt Assisi hörte er eine Stimme vom Kreuz her, die ihm den Auftrag gab, die Kirche zu erneuern. Franziskus verkaufte Stoffe seines Vaters, der ein Tuchhändler war, und gab den Erlös dem Priester jener Kirche. Dieser nahm das Geld aus Angst vor dem alten Bernadone nicht an. Da der zornige Vater der Freigiebigkeit seines Sohnes nicht länger zusehen wollte, brachte er die Angelegenheit vor das Gericht des Bischofs der Stadt. Dort sagte sich Franziskus von seinem Vater los und verzichtete auf sein Erbe. Er zog die vornehme Kleidung, die er noch trug, in aller Öffentlichkeit aus und gab sie dem Vater zurück. Der Bischof umkleidete darauf den Nackten mit seinem Mantel.

Bild: Mabuse, Brügge; Vouet, S. Lorenzo in Lucina Rom.

Papst Innozenz' Traum

Als Franziskus barfuß, in ärmlichem Gewand, das von einem Strick zusammengehalten wurde, im Land herumzog, um Christus zu predigen, folgten ihm bald Männer aus allen Schichten. Er verfaßte eine Ordensregel und ging nach Rom, um sie von Papst Innozenz III. bestätigen zu lassen. Dieser war dazu aber erst bereit, nachdem er in einem Traum gesehen hatte, wie Franziskus die Lateransbasilika vor dem Einsturz bewahrte.

Bild: Majano, Berlin.

Vermählung mit ‹Frau Armut›

In einer Vision sah Franziskus auf der Straße nach Siena drei sich gleichende Frauen auf sich zukommen: die Ordenstugenden Armut, Keuschheit und Gehorsam. Sie grüßten ihn mit den Worten: «Willkommen sei die Herrin Armut», und verschwanden. Franziskus liebte die Armut und nannte sie wirklich seine Herrin, weshalb man von ihm sagte, er sei mit ‹Frau Armut› verheiratet.

Bilder: Sassetta, Chantilly; Il Vecchietta, AP München; Nelli, Pinak. Vatikan.

Franziskus und Dominikus

Die Ordensgründer Franziskus und Dominikus begegneten sich im Jahre 1215 in Rom (siehe S. 398). Der spätere Papst Honorius soll beide gefragt haben, ob ihre Ordensbrüder nicht vorbildliche Prälaten und Bischöfe werden könnten. Jeder wollte in Demut den anderen zuerst antworten lassen. Beide lehnten für ihre Ordensbrüder amtskirchliche Würden ab, erst Dominikus, der in einer schnellen Antwort seinen Gehorsam zeigen wollte, dann Franziskus.

Bilder: Gozzoli, S. Francesco Montefalco: Robbia, Loggia S. Paolo Florenz.

Die Feuerprobe vor dem Sultan

Im Jahre 1219 ging Franziskus auf Missionsreise in den Vorderen Orient. Dort soll er den Sultan von Ägypten zum Christentum bekehrt haben, indem er im Vertrauen auf die Stärke des christlichen Gottes unversehrt durch ein Feuer ging, während sich die mohammedanischen Imams weigerten, dasselbe zu tun.

Bild: Gaddi, AP München.

Franziskus und die Tiere

Franziskus nannte die Tiere seine Brüder und sprach mit ihnen. Er predigte den Vögeln, die ihm schweigend zuhörten und sich von ihm streicheln ließen. Einem Wolf, der die Einwohner von Gubbio immer wieder in Angst und Schrecken versetzt hatte, gebot er, der Stadt fern zu bleiben. Das allein durch die Anwesenheit von Franziskus gezähmte Tier gehorchte.

Bilder: siehe Zyklen.

Versuchungen: Schneebälle und Rosen

Der Teufel, so erzählt eine späte Legende, soll Franziskus mehrmals durch sexuelle Begierden versucht haben. In seiner Not warf er sich einmal nackt in den Schnee, dann formte er sieben Schneebälle und sagte zu seinem Körper: «Das ist deine Familie, deine Frau, deine Kinder, Magd und Knecht. Sorge für ihre Kleidung, sonst erfrieren sie im Schnee. Ist es dir aber zu viel Mühe, dann geh und diene deinem Herrn mit aller Kraft.» Da ließ der Teufel von ihm ab. Ein anderes Mal warf sich Franziskus wegen seiner unstillbaren Begierde in die Dornen. Dort, wo seine Blutstropfen hinfielen, sollen Rosen entsprossen sein.

Bilder: *Rosenwunder:* Zurbarán, Cadiz. *In den Dornen:* Ribera, Dresden.

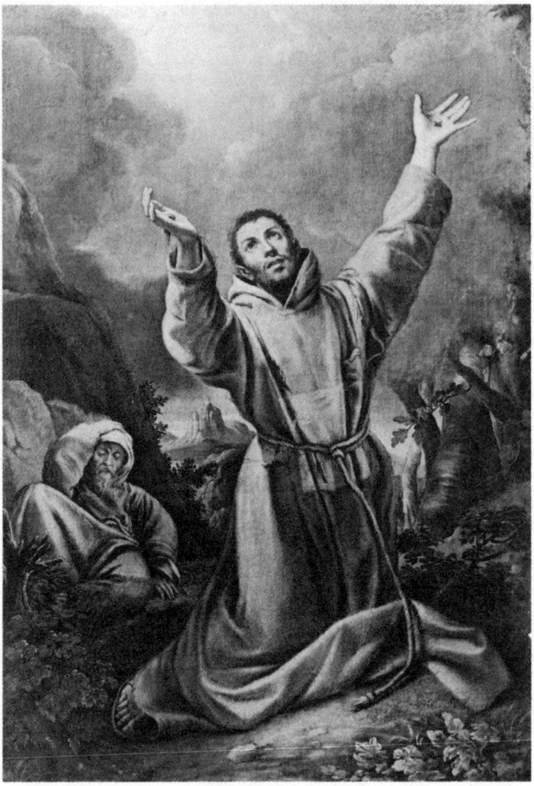

Der hl. Franz von Assisi mit den Wundmalen
Gemälde von Annibale Carracci

Stigmatisation

Franziskus hatte 1220 die Ordensleitung abgegeben und sich in das einsame Gebiet am Berg Alverna zurückgezogen. Während eines Gebets empfing er von Christus in Gestalt eines geflügelten Seraphim die Wundmale, so sichtbar und schmerzhaft, daß es Franziskus schien, er sei selbst gekreuzigt.
Obwohl Franziskus versuchte, die Stigmata an Händen und Füßen und an der Brust zu verbergen, sahen sie einige seiner Brüder noch zu seinen Lebzeiten. Nach seinem Tod konnten alle sie sehen.

Bilder: Giotto, Louvre; Giov. Bellini, Frick Collection New York; Fries, AP München; Altdorfer, Dahlem; Rubens, Gent; Tiepolo, Prado.

Jesuskind- und Engelvisionen

Wie Antonius von Padua (siehe S. 365), so soll auch Franziskus in einer Vision das Jesuskind aus den Armen Marias empfangen haben.

Da Franziskus immer wieder dazu gedrängt wurde, Priester zu werden, sich aber standhaft weigerte, erschien ihm ein Engel mit einem Fläschchen klaren Wassers – Zeichen der priesterlichen Keuschheit –, um ihm damit den himmlischen Willen zu bekunden. Schließlich ließ er sich wenigstens zum Diakon weihen.

Als der schon stigmatisierte Franziskus einmal auf seinem Bett lag, hörte er in Verzückung die Musik eines Geige spielenden Engels. Die Melodie war so schön, daß er das Gefühl hatte, der Geigenbogen ziehe ihm seine Seele aus dem Körper. Dann erschien ihm Christus in Gestalt eines Lammes.

Bilder: *Jesuskindvision:* Cortona, Eremitage/Pinak. Vatikan; Rubens, Lille. *Vision vom Engel mit Fläschchen:* Guercino, Louvre; Ribera, Prado. *Vision vom Geige spielenden Engel:* Caravaggio, Wadsworth Atheneum; Guercino, Louvre; Saraceni, AP München; Ribalta, Prado; Murillo, Acad. Madrid; Tiepolo, Prado; Solimena, Dresden.

Tod

Vor seinem Tod brachte man Franziskus nach Santa Maria dei Angeli oder nach Portiuncula unterhalb von Assisi. Auf dem Weg dorthin sprach der Kranke noch einmal den Segen über seine Vaterstadt. In seiner Zelle ließ er sich nackt auf die Erde legen und schickte nach seinen Brüdern, um ihnen die Hände aufzulegen und sie mit den Nichtanwesenden zusammen zu segnen. Dann teilte er, wie beim Abendmahl, an jeden einen Bissen Brot aus, lobte Gott auch im ‹Bruder Tod› und starb.

Einer der Mitbrüder sah seine Seele, groß wie ein Mond und leuchtend wie die Sonne, zum Himmel schweben.

Bilder: *Der sterbende Franziskus segnet seine Vaterstadt Assisi:* Benouille, Louvre; *Tod:* Giotto, Bardikap. S. Croce Florenz.

Erscheinung des Franziskus auf dem Capitel zu Arles

Zu seinen Lebzeiten und nach seinem Tod wurden Versammlungen abgehalten, um die Richtung des Ordens zu bestimmen. Da die verschiedenen Ansichten auf dem Capitel zu Arles nur schwer auf einen Nenner zu bringen waren, rief Antonius von Padua im Gebet Franziskus um Hilfe an. Der Heilige erschien und versöhnte seine Mönche mit den Worten ‹Pax vobis – Friede mit euch›.

Bild: Giotto, Bardikap. S. Croce Florenz.

Franz von Paula

Franz von Paula wurde 1416 in Paola/Kalabrien als Sohn armer Eltern geboren. Nach Jahren strengster Askese als Eremit gründete er mit Gleichgesinnten den Orden der Minimen (der ‹Allergeringsten›) oder Paulaner und versuchte nach seinem Wahlspruch «Alles in Liebe» mit den Kräutern seines Gartens Kranken zu helfen und ratsuchende Menschen aller Schichten zu unterstützen. Er starb am 2. April 1507 im Kloster Pléssis-les-Tours in Frankreich, wo er seine letzten beiden Lebensjahrzehnte verbracht hatte und wurde in der dortigen Klosterkirche begraben. ATTRIBUTE: *Schwarze Ordenstracht; Geißel als Bußgeißel zur Selbstzüchtigung; Spruchband mit der Inschrift «Caritas» in einer Glorie oder auf seinem Stab; Totenkopf als Attribut der Büßer und Einsiedler.*

QUELLEN: Melchers, 201–203; LThK, IV, 242. – ZYKLEN: Vouet, Église des Minimes Paris; Le Pileur, Notre-Dame-la-Riche Tours.

Krankenheilungen und Totenerweckungen

Da Franz schon viele Kranke, sogar Pestkranke, geheilt und Tote wieder zum Leben erweckt hatte, bat ihn seine Schwester Brigitte, wie die Legende berichtet, unter Tränen, für ihren kleinen toten Sohn zu beten. Franz ließ die Leiche des Kindes in seine Zelle bringen. Als die Mutter wieder hinzukam, lebte ihr Sohn.

BILD: *Heilung von Pestkranken:* Rubens, AP München.

Die Mantelfahrt auf dem Meer

Einer weiteren Legende zufolge wollte Franz mit einem Ordensbruder nach Sizilien fahren. Sie wurden aber von einem Kapitän abgewiesen, weil sie kein Geld für die Überfahrt hatten. Da betete Franz, warf seinen Mantel auf die Wellen, machte aus dem Mantel des Bruders und seinem Stab ein Segel und fuhr damit los. Als sie unterwegs auf das Schiff stießen, das sie nach Sizilien hatte bringen sollen, bat sie der erschrockene Kapitän inständig, mit ihm zu segeln. So erreichten sie doch noch auf dem Schiffsweg ihr Ziel.

BILD: Noël Coypel, Église des Minimes Paris.

Franz beim König von Frankreich

Auf Befehl des Papstes reiste Franz zum totkranken König von Frankreich, Ludwig XI., der sich von ihm, dem Wundertäter und Heiligen, Hilfe erhoffte. Ludwig soll ihm eine Schale voll Golddukaten für den Bau eines Klosters überreicht haben, was Franz mit der Begründung abwies: «Sire, geben Sie das

Geld dem Volk zurück, von dem Sie es durch ungerechte Abgaben erpreßt haben. Geschenke, an denen das Blut der Armen klebt, sind dem Herrn ein Greuel.» Im selben Augenblick zersprang ein Goldstück, und Blutströpfchen flossen heraus. So brachte Franz den König dazu, seinen bevorstehenden Tod anzunehmen und seine Verfehlungen zu bereuen.
Dem nachfolgenden König Karl VIII. gelang es, Franz in Frankreich zu behalten. In Amboise und Pléssis-les-Tours wurden Klöster für die Minimen errichtet.

BILDER: *Franz vor König Ludwig XI.:* siehe Zyklen. – *Franz bei Karl in Amboise:* Vignon, Saint-Denis-Hors-Amboise.

Weissagungen

Die Weissagungen des Franz von Paula trafen alle ein. So sagte er Louise von Savoyen, nach ihrer Heirat Herzogin von Angoulème, voraus, daß sie ein Kind, den späteren König Franz I. von Frankreich, bekommen werde. Anna von Bourbon, die Gemahlin eines bourbonischen Prinzen und Regenten von Frankreich, bekam auf sein Gebet hin Zwillinge. Deshalb wird Franz von Paula als Patron gegen Unfruchtbarkeit verehrt.

BILD: *Franz von Paula weissagt der Louise von Savoyen ein Kind:* Thulden, Louvre.

Tod

Als der 91jährige Franz merkte, daß sein Ende näherkam, schloß er sich drei Monate in seine Zelle ein, um sich auf den Tod vorzubereiten. Am Gründonnerstag versammelte er zum letzten Mal seine Brüder um sich. Dann beichtete er und empfing barfuß mit einem Strick um den Hals, wie es damals im Orden der Minimen an diesem Tag üblich war, die Kommunion. Er starb am Karfreitag 1507. Engel holten seine Seele in den Himmel.

BILD: Vanloo, Toulon.

Franz Xaver

Francisco de Jassu y Javier, zusammen mit Ignatius von Loyola eines der Gründungsmitglieder der Gesellschaft Jesu, gilt als der größte und erfolgreichste christliche Missionar des bis dahin unbekannten Fernen Ostens. Er wird der Apostel Indiens und Japans genannt. Geboren am 7. April 1506 auf Schloß Javier bei Sangüesa (Navarra/Spanien) studierte er ab 1525 in Paris, schloß sich 1533 Ignatius von Loyola an und erhielt 1537 in Venedig die Priesterweihe. Von 1542 an wirkte er als Missionar im Fernen Osten, wo er am 3. Dezember 1552 auf der Insel Sancian bei Kanton starb. Seine Gebeine liegen in Goa (Indien). ATTRIBUTE: *Kruzifix, als*

Prediger des Gekreuzigten; Taufschale und Inder zu seinen Füßen; flammendes Herz als Sinnbild seiner brennenden Liebe zu Gott; Pilgerhut wegen seiner unentwegten Wanderschaft; Lilie.

QUELLE: Turselinus, De vita F. Xaverii, Rom 1596.

Die Taufe der Inder

In Indien missionierte Franz Xaver zuerst unter der nur noch dem Namen nach christlichen portugiesischen Bevölkerung Goas, dann predigte er auch den einheimischen Indern. Der Zulauf soll so groß gewesen sein, daß er manchmal von Bäumen herunter reden mußte. Tausende empfingen die Taufe.

BILDER: Giordano, Jesuitenkirche Neapel; Gaulli, S. Andrea al Quirinale Rom.

Totenerweckung und Vision von den Wunden Christi

Franz Xaver soll viele Wunder gewirkt haben. Nachdem er einmal einen toten Mann zum Leben erweckt hatte und von den Eingeborenen ehrfürchtig angestarrt wurde, hatte er eine Vision, in der ihm Christus seine Wunden zeigte.

BILDER: Rubens, KHM Wien; Poussin, Louvre.

Der Krebs und das Kruzifix

Bei seiner Abfahrt von der Molukkeninsel Amboina (heute Indonesien), wo er den größten Teil der Bevölkerung bekehrt hatte, fiel Franz Xaver sein kleines Kruzifix ins Meer. Als er am nächsten Tag die Insel Boranura erreichte, kam ein Krebs mit dem Kreuz zwischen den Zangen direkt auf Franz Xaver zu.

BILD: Giordano, Jesuitenkirche Neapel.

Tod

Nach seinem Missionsaufenthalt in Japan wollte Franz Xaver auch in China predigen. Unter großen Schwierigkeiten gelangte er schließlich bis zur Insel Sancian vor der chinesischen Stadt Kanton, wurde dort aber so krank, daß er in einer Laubhütte, nur von einem Matrosen gepflegt, starb.

BILDER: Vien, Altar im Kabinett der Königin Maria Leczynska Versailles; Gaulli, S. Andrea al Quirinale Rom; Maratta, Kirche Il Gesù Rom.

Gallus und Magnus

Zusammen mit seinem Lehrer Kolumban kam Gallus um 590 aus Irland nach Alamannien, um die Heiden zu bekehren. Während Kolumban später weiter nach Italien ging, blieb Gallus im Gebiet der Alamannen. Er starb neunzigjährig um 645. Man begrub ihn an der Stelle, wo im Jahre 719 das Kloster St. Gallen gegründet wurde.
Sein angeblicher Schüler Magnus (St. Mang) setzte das Missionswerk im heutigen Allgäu fort und wurde nach seinem Tod um 772 in dem nach ihm benannten Kloster St. Mang in Füssen begraben. Nach der Legende überwältigte Magnus einen Drachen und zwang einen Bären, von seinen Äpfeln abzulassen. ATTRIBUTE: *Gallus als Benediktinerabt oder Einsiedler mit Bär und Pilgerstab; Magnus ebenfalls mit Bär, auch mit Drachen (Schlangen) oder anderen wilden Tieren als Symbol des Heidentums.*

Nachdem Gallus zusammen mit Kolumban am Zürichersee die heidnischen Kultstätten zerstört und unter Lebensgefahr Einwohner zum Christentum bekehrt hatte, wanderte er mit dem Priester Magnaldus ins Gebirge, um an der Steinach eine Einsiedelei zu errichten. Luzifer aber versuchte den beiden mit Feuer und Tücke den Weg beschwerlich zu machen. Als Magnaldus am Ende seiner Kräfte den Begleiter um eine Rast bat, verwehrte Gallus sie ihm zunächst. Dann stürzte er hin und sah darin ein Zeichen zum Bleiben. Sie aßen gebratene Fische, die sie in der Steinach gefunden hatten, und schliefen ein. Die beiden erwachten, als ein Bär sich den Rest ihres Mahles holen wollte. Gallus befahl dem Raubtier furchtlos, Holz für den Bau eines Bethauses heranzuschaffen. Das Tier gehorchte, da ihm der Mönch einen schmerzhaften Dorn aus seiner Pranke gezogen hatte. Während der Bauarbeiten erhielt ein zu kurz geratener Balken durch ein Wunder die richtige Länge. Auch Heilungen soll Gallus dort bewirkt haben. – Am Sterbetag seines früheren Begleiters Kolumban hatte der Einsiedler eine Vision, in der er den Tod seines Freundes in dem von Kolumban gegründeten Kloster Bobbio (Norditalien) miterlebte.

QUELLE: Othloh, Vita sancti Magni. – ZYKLEN: *Gallus:* Wenzinger, Klosterkirche St. Gallen. *Magnus:* Johannes Zick, Klosterkirche Schussenried.

Gangolf

Gangvulfus war Herr von Lingonac und von 716 bis 731 auch über das Eigenkloster von Varennes-sur-Amance bei Langres.

Nach der Legende hatte ihn seine Frau mit einem Priester betrogen. Da sie aber ihre Unschuld beteuerte, sollte sie zum Beweis dafür ihre Hand in eine Quelle tauchen, die Gangolf von einem armen Mann erworben und mit einem

Stock wieder zum Sprudeln gebracht hatte. Als die Frau ihre Hand wieder herauszog, war sie bis auf die Knochen verbrannt. Daraufhin verbannte Gangolf den Priester.
Seine Frau jedoch brachte ihn heimlich wieder ins Haus, und er ermordete ihren Gatten. Doch als die Ehebrecher den Toten an seinem Grab verspotteten, wurden sie mit einer schweren Krankheit geschlagen.

QUELLE: Hrotswinth (Roswitha) von Gandersheim, Passio sancti Gongolfi. – BILD: Hochaltar, St. Gangolf Neudenau (Baden).

Die vier Gekrönten (Quattuor Coronati)

Die historischen Tatsachen zur Geschichte der vier Gekrönten sind unklar. Im Mittelalter fanden sie als Patrone der Bauhütten weite Verehrung. Man gab ihnen auch Namen wie Severus, Severianus, Carpophorius und Victorius oder auch Claudius, Sempromianus, Nicostatus und Castorius. ATTRIBUTE: *Kronen; Märtyrerpalmen; Bildhauerwerkzeuge.*

Unter Kaiser Diokletian sollen sich vier römische (oder pannonische) Bildhauer geweigert haben, Skulpturen des heidnischen Gottes Äskulap und des Sonnengottes Sol herzustellen. Sie erlitten den Martertod durch spitze Steine, die man ihnen als Kronen in den Kopf schlug.

QUELLE: Legenda aurea, 858 f. – BILDER: *Martyrium:* Ligozzi, Acad. Venedig; Crayer, Lille; Frans II. Francken, Antwerpen.

Genesius von Rom

Ob es sich bei Genesius von Rom um eine historische Gestalt handelt, ist unsicher. Die Kirche an der Via Tiburtina in Rom könnte auch dem Märtyrer Genesius von Arles geweiht sein, der zur Zeit der diokletianischen Verfolgung den Tod fand. Genesius soll ein berühmter Schauspieler in Rom gewesen sein, der von christlichen Eltern abstammte, aber aus Haß gegen diese Religion die Bräuche der Christen auf der Bühne karikierte. Als er sich einmal vor den lachenden Zuschauern sogar taufen ließ, wurde er durch die göttliche Gnade bekehrt. Er bereute öffentlich und bekannte sich vor dem Kaiser zum Christentum, woraufhin er gefoltert und enthauptet wurde.

QUELLEN: Vita S. Genesii Romani; LThK, IV, 671. – BILD: *Martyrium:* Veronese, Prado.

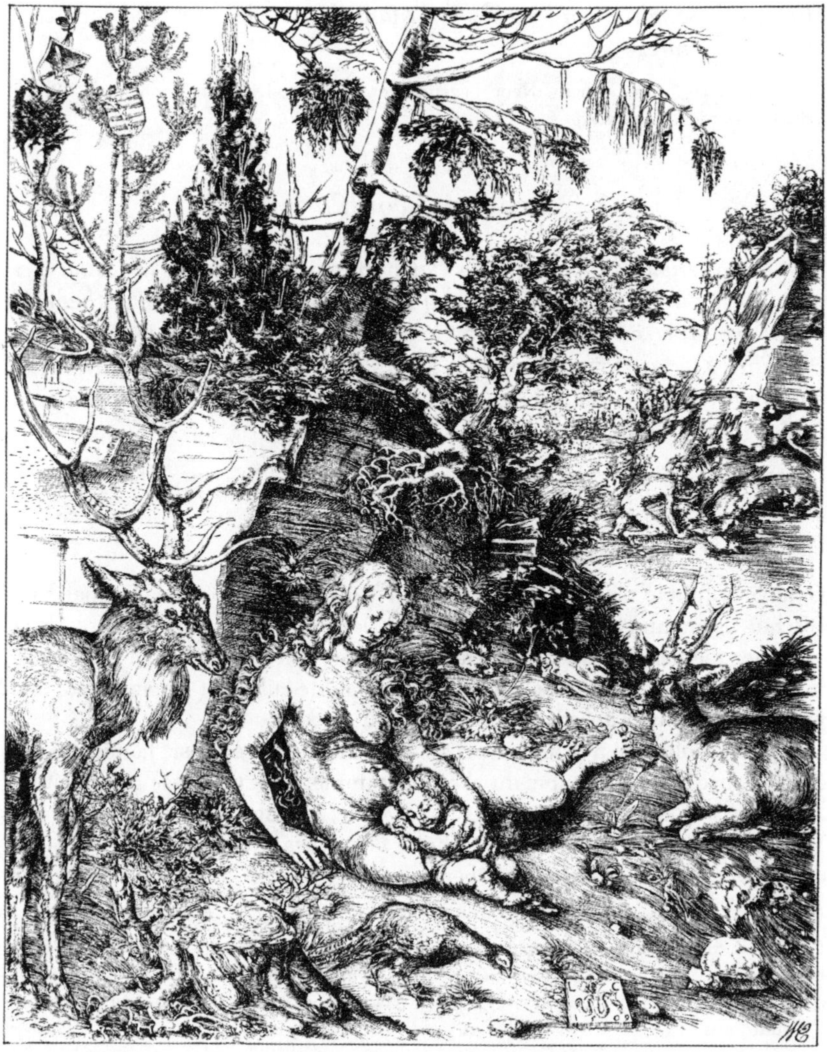

Die hl. Genoveva v. Brabant mit ihrem Sohn Schmerzensreich und den Tieren in der Wildnis Kupferstich von Lucas Cranach d. Ä.

Genoveva von Brabant

Die legendäre Heilige soll die Frau des Pfalzgrafen Siegfried von Brabant († 1113) gewesen sein. Es heißt, sie habe wegen vermeintlicher Untreue sechs Jahre mit ihrem Sohn in der Wildnis gelebt und sei dort von einer

Hirschkuh ernährt worden, bis ihr Mann sie wiederfand und ihre Unschuld erkannte.

QUELLE: Martin von Cochem, Neue Legende der Heiligen, Dillingen 1708 u. a. – BILD: Schwind, Residenz Weimar.

Genoveva von Paris

Genoveva (etwa 422–502) gilt als Patronin von Paris, da sie die Stadt 451 durch ihre Fürbitte vor den Hunnen errettet haben soll. Das Pantheon in Paris war ursprünglich als ihre Grabstätte eine der heiligen Genoveva geweihte Kirche. ATTRIBUTE: *Als Schäferin mit Schafen und Hirtenstab oder mit Krone der Heiligkeit; Arme und Kranke; Teufel mit Blasebalg, in ihrer Hand Kerzen.*

QUELLE: Vita S. Genovevae Parisiensis. – ZYKLUS: Puvis de Chavannes, Pantheon Paris.

DAS SCHÄFERMÄDCHEN

Genoveva hütete als Kind armer Bauern von Nanterre Schafe. Einmal kam Bischof Germanus von Auxerre durch das Dorf und segnete die Kinder. Als er auch der kleinen Genoveva die Hand auflegte, schenkte er ihr in Vorausahnung ihrer künftigen Heiligkeit eine kupferne Medaille mit einem Kreuz und mahnte sie, immer an das Kreuz Christi zu denken.
Von da an wollte sie nur noch Gott gefallen und ging, so oft sie konnte, in die Kirche. Ihre Mutter erlaubte ihr aber nicht immer, sie zur Messe zu begleiten. Als das Kind eines Morgens zu sehr drängte, schlug die Mutter es auf die Wange, worauf sie erblindete. Da holte Genoveva dreimal Quellwasser aus dem Dorfbrunnen, machte darüber das Kreuzzeichen und heilte damit die Blinde.

BILDER: *Genoveva hütet die Schafe:* Schule von Fontainebleau, Saint-Merri Paris; Champaigne, Saint-Séverin Paris; Eisen, Saint-Médard Paris. *Bischof Germanus überreicht ihr eine Medaille:* Louis de Boulogne, Église de l'Assomption Paris; Lagrenée, Saint-Thomas-d'Aquin Paris.

DER TEUFEL LÖSCHT GENOVEVAS KERZE

Auf dem Weg zu einer nächtlichen Andacht löschte der Teufel einmal das Licht in Genovevas Hand aus. Doch sogleich erschien ein Engel, um die Kerze wieder anzuzünden, und die Heilige kam noch zur rechten Zeit zur Kirche (vgl. auch Gudula, S. 423).

BILD: siehe Zyklus.

Die wundertätige Helferin

Genoveva lebte ganz für die Armen und Kranken von Paris, wo sie seit dem Tod ihrer Eltern wohnte. Sie rettete die Stadt durch ihre Fürbitte vor der Hunnengefahr. Als die Franken Paris belagerten und eine Hungersnot ausbrach, gelang es ihr, mit Schiffen aus der Stadt zu entkommen und Lebensmittel herbeizuholen. Sie wirkte viele Wunder. Sie rettete einen vierjährigen Knaben aus einem tiefen Brunnen; durch ein Gebet erreichte sie, daß über dem ausgedörrten Land Regen niederfiel; noch an ihrem Grab wurden viele geheilt. Als 1129 in Frankreich das ‹Heilige Feuer›, die Blattern, ausbrachen, konnte Bischof Stefan der tödlichen Seuche durch eine Prozession mit ihren Reliquien Einhalt gebieten.

Bilder: *Genoveva bittet um Regen:* Champaigne, Louvre; Largillierre, Saint-Etienne-du-Mont Paris. *Genoveva beendet das ‹Heilige Feuer›:* Corneille, Nîmes; Doyen, Saint-Roch Paris.

Georg

Georg, ein legendärer römischer Offizier aus einem vornehmen Geschlecht Kappadokiens in Kleinasien, soll Ende des 3. Jahrhunderts zur Zeit der diokletianischen Christenverfolgung gelebt haben. Er gehört zu den vierzehn Nothelfern (siehe S. 465). Attribute: *Als Ritter auf weißem Pferd mit Drache und Königstochter; in früheren Darstellungen in Ritterrüstung stehend mit Kreuz auf einem Schild, Lanze, Schwert und Märtyrerpalme.*

Quelle: Legenda Aurea, 300–306. – Zyklen: Pisanello, Santa Anastasia Verona; Carpaccio, S. Giorgio degli Schiavoni Venedig; Marzal de Sas, Victoria & Albert; Huguet, Chicago/Louvre; Jacopo d'Avanzi, Georgskap. Santo Padua.

Der Kampf mit dem Drachen

Einmal soll eine Stadt von einem giftigen Drachen bedroht worden sein, den niemand besiegen konnte, weshalb ihm die Bewohner zur Besänftigung Schafe und Menschen opfern mußten. Als das Los auf die Tochter des Königs fiel, weigerte sich ihr Vater zunächst, sie herauszugeben. Das Volk geriet aber derart in Aufruhr, daß der Herrscher schließlich doch sein Kind zum See vor die Stadt bringen ließ, wo der Drache hauste. Dort kam der Ritter Georg vorbei, sah die weinende Jungfrau und ritt im Zeichen des Kreuzes mit seiner Lanze gegen den Drachen, den er schwer verletzte. Auf sein Geheiß band die Königstochter (die nach einigen Quellen mit der heiligen Margareta, der Drachenbändigerin, identisch ist: siehe S. 453) ihren Gürtel um den Hals des Untiers und führte es zur Stadt. Georg versprach dem Volk, den Drachen zu töten, wenn sie sich alle taufen ließen. So wurden der König und seine Untertanen Christen. Bevor er weiterzog, erhielt Georg zur Belohnung reiche Geschenke, die er aber unter die Armen verteilte.

BILDER: Huguet, Chicago; Francia, Pal. Corsini Rom; Raffael, Louvre/Eremitage; Altdorfer, AP München; Carpaccio, San Giorgio degli Schiavoni Venedig; Egid Quirin Asam, Weltenburg; Marées, Nat. Gal. Berlin (West).

Martyrium

Georg kam in eine Stadt, in der ein Richter namens Dacianus (oder ein Perserkönig gleichen Namens) Christen martern und töten ließ. Empört hielt Georg vor einer Volksmenge eine Rede gegen die Götter, wurde gefangengenommen und auf verschiedene Weise gefoltert. Als Dacianus ihm ein letztes Mal die Möglichkeit zum heidnischen Kult gab, erklärte sich Georg dazu bereit, und man führte ihn in den heidnischen Tempel. Georg aber bat Gott, dieses Gebäude zu zerstören. Feuer fiel vom Himmel und verbrannte den Tempel. Da wurde Georg auf Befehl des Richters durch die Stadt geschleift und enthauptet. Als Dacianus in seinen Palast zurückkehrte, verbrannte er mitsamt seinem Haus durch himmlisches Feuer.

BILDER: Veronese, Louvre; Dyk, Bayonne.

Gervasius und Protasius

Der heilige Bischof Ambrosius von Mailand (siehe S. 357) fand im Jahre 386 Gebeine, die für die der Märtyrer Gervasius und Protasius gehalten wurden. Historische Überlieferungen fehlen. ATTRIBUTE: *Als Marterwerkzeuge trägt Gervasius eine bleierne Geißel oder eine Keule, Protasius ein Schwert.*

Die christlichen Zwillingsbrüder Gervasius und Protasius wurden nach Mailand vor den Heerführer Astasius gebracht, der vergeblich auf ein Zeichen der Götter für seinen bevorstehenden Feldzug gegen die Markomannen wartete und die Schuld dafür bei den Christen suchte. Als es Astasius nicht gelang, Gervasius zum Götteropfer zu zwingen, ließ er ihn mit einer bleiernen Geißel zu Tode schlagen. Auch Protasius ließ sich nicht zum Götzendienst zwingen und wurde enthauptet. Ein Christ namens Philippus legte die beiden Märtyrer heimlich in seinem Haus in einen Sarkophag, wo der heilige Bischof Ambrosius von Mailand die Leichen noch unversehrt fand, nachdem er in einer Vision zwei strahlend weiß gekleidete Jünglinge gesehen hatte, die ihm eine bestimmte Stelle wiesen.

QUELLE: Legenda aurea, 407–410. – BILDER: *Gervasius und Protasius weigern sich, Jupiter zu opfern:* Lesueur, Louvre. *Martyrium:* Lesueur, Lyon.

Géry/Gaugerich

Nachdem Géry viele Jahre Bischof von Cambrai (Nordfrankreich) gewesen war, starb er um 625 und wurde in St. Médard bei Cambrai begraben. Er bekämpfte die heidnischen Kulte, die immer noch in einigen ländlichen Gebieten seines Bistums verbreitet waren und bekehrte viele zum Christentum. Auch der Frankenkönig Chlothar II. (613–629) hörte seine Predigten. Selbst Wunderheilungen werden dem Bischof nachgesagt. So soll ein Aussätziger, den er in seiner Heimatstadt Yoon taufte, im gleichen Augenblick gesund geworden sein.

Quelle: Vita des hl. Géry. Zyklus: Meister von Sainte Gudule, Mus. Cluny Paris/Louvre/Dublin.

Gregor

Gregor wurde um 540 als Sproß einer adeligen römischen Senatorenfamilie geboren und war in den Jahren 572/73 Präfekt (Gouverneur) der Stadt Rom. Als sein Vater starb, ließ er auf seinen Ländereien in Sizilien sechs Klöster bauen und lebte in seinem Palast in Rom mit zwölf anderen Mönchen nach den Regeln des hl. Benedikt. Von 579–86 war Gregor päpstlicher Gesandter am Hof des Kaisers Mauritius in Konstantinopel und wurde nach der Rückkehr in seine Heimatstadt zum Papst gewählt. Er versuchte die Besitztümer der römischen Kirche zu reorganisieren, die sozialen und wirtschaftlichen Verhältnisse zu verbessern und sandte Mönche zur Missionierung nach England. Gute diplomatische Beziehungen zu den Langobarden, Franken und Westgoten zeugen von seinem politischen Einfluß. Gregor starb am 12. März 604. Er hinterließ Schriften, die vor allem das Mittelalter stark beeinflußten, und zählt zu den vier großen lateinischen Kirchenvätern (siehe S. 357, 366, 425). Attribute: *Papstornat mit Buch, Federkiel und Taube der Inspiration als Attribute des Kirchenvaters; mit Kaiser Trajan; Altar und Christus als Schmerzensmann.*

Quellen: Paulus Diaconus, Vita Gregorii; Johannes Diaconus, Vita Gregorii; Legenda aurea, 219–235; Dante, Divina Comedia, Purgatorio 10,73–93 (Trajan). – Zyklus: Vanloo, Invalidendom, Paris.

Flucht Gregors nach der Papstwahl

Als Gregor zum Papst gewählt worden war, floh er, weil er lieber Mönch bleiben wollte, in einem Faß verborgen aus Rom. Eine Lichtsäule, auf der Engel auf- und niedergingen, verriet aber den Flüchtigen; so wurde er nach Rom zurückgebracht und zum Papst geweiht.
Bild: siehe Zyklus.

Die Pestprozession

Beim Amtsantritt Gregors herrschte in Rom die Beulenpest. Gregor und das Kirchenvolk unternahmen mit einem Marienbild einen Bittgang durch die Stadt. Da sah er über dem Grabmal Kaiser Hadrians einen Engel, der sein blutiges Schwert in die Scheide steckte. Die Pest war vorüber. Seither wird das Kaisergrabmal am Tiber Engelsburg genannt.

Bild: A. Gaddi (Schule), Pinak. Vatikan; Matteo di Giovanni, Pinac. Siena.

Kaiser Trajan und der Mönch Justus im Fegefeuer

Gregor soll einmal in der Peterskirche geweint haben, weil Kaiser Trajan (†117) trotz seiner Milde und Gerechtigkeit wegen seines heidnischen Glaubens Höllenqualen zu erleiden hatte. Eine Stimme vom Himmel sprach zu ihm: «Dein Gebet ist erhört, ich habe Trajan die ewige Pein erlassen.» Auch dem verstorbenen Mönch Justus, der wegen seines Vergehens gegen das Gebot der Armut 30 Tage Höllenqualen zu ertragen hatte, und allen übrigen Seelen im Fegefeuer versuchte Gregor durch sein Gebet zu helfen.

Bilder: *Kaiser Trajan im Fegefeuer:* Pacher, AP München; Guercino, S. Paolo Bologna.

Das Mahl am Tisch Gregors

Einmal ließ Gregor durch seinen Kanzler 12 arme Pilger an seinen Tisch bitten. Als jedoch die Speisen verteilt wurden, zählte Gregor 13 Gäste, der herbeigerufene Kanzler aber immer nur zwölf. Da fiel der Blick des Papstes auf einen Mann, dessen Gesicht einmal jung und schön, dann wieder alt und ehrfurchtgebietend aussah. Er nahm ihn nach dem Mahl mit sich in seine Kammer und erfuhr, daß er einen Engel Gottes bewirtet hatte.

Bild: Veronese, Kloster Madonna del Monte Vicenza.

Das Hostientuchwunder (Dalmaticawunder)

Die Kaisertochter Konstantia bat Gregor um ein Reliquienstück und erhielt einen Teil der Dalmatica des Evangelisten Johannes (nach anderen Quellen ein Brandeum, d. h. ein mit Reliquien in Berührung gebrachtes Tuch). Als sie die Reliquie ablehnte, weil sie in ihren Augen zu gering war, betete der Papst, stieß mit einem Messer in die Dalmatica und es floß Blut heraus.

Bild: Mosaik nach Sacchi, Cap. Clementina St. Peter Rom.

Die Gregormesse

Eine Bäckerin, die während einer Messe Zweifel an der Verwandlung des Brotes in den Leib Christi äußerte, wurde von Gregor durch ein Verwandlungswunder – Brot wurde zu Fleisch – überzeugt. Ein anderes Mal, als Gregor bemerkte, daß einer seiner Mönche am Glauben zweifelte, bat er Gott um ein Zeichen. Mitten in der Messe erschien darauf Christus, stieg vom Kreuz und goß sein Blut in den Meßkelch.

BILDER: Andrea Pisano, Dom Pisa; Schule von Amiens, Louvre; Meister von Utrecht, Antwerpen; Charonton, Hôpital Villeneuve-les-Avignon; Notke, Marienkirche Lübeck; Grien, Cleveland.

Taube auf Gregors Schulter

Es wird erzählt, ein Schreiber habe, versteckt hinter einem Vorhang, durch ein kleines Loch den heiligen Geist in Gestalt einer weißen Taube auf der Schulter des schreibenden Gregors sitzen sehen.

BILD: Baugin, Orléans.

Gregor verkündet der hl. Fina den Tod

Fina (= Josephine oder Seraphine) war ein sehr schönes Mädchen aus einer verarmten Familie in San Gimignano in der Toskana. Eine lange Krankheit ertrug sie mit viel Geduld, bis sie 1253 im Alter von 15 Jahren starb. Vor ihrem Tod erschien ihr der hl. Gregor, den sie besonders verehrte, und sagte ihr voraus, sie werde an seinem Fest, am 12. März, sterben, was auch geschah.

BILD: D. Ghirlandaio, Collegiata San Gimignano.

Gudula/Gudrun

Gudula entstammte einer vornehmen Familie aus Brabant. Es heißt, daß sie im Kloster Nivelles (südlich von Brüssel) von der Heiligen Gertrud erzogen wurde und später auf die elterliche Burg in Ham bei Alost (westlich von Brüssel) zurückkehrte, um in Abgeschiedenheit und Frömmigkeit zu leben. Sie starb nach der Überlieferung im Jahre 712. Ihre Gebeine kamen später in die nach ihr benannte Hauptkirche der Stadt Brüssel.
ATTRIBUTE: *Laterne und Dämon, manchmal eine Pappel.*

Vor Sonnenaufgang ging Gudula gewöhnlich mit einer Laterne und von einer Magd begleitet zur Messe. Ein Dämon, dem dies mißfiel, lauerte hinter einer Pappel und blies, so wird erzählt, an einem stürmischen Tag die Laterne aus. Beide Frauen standen im Dunkeln. Da bat Gudula Gott um Hilfe, und sogleich kam ein Engel, um die Laterne wieder anzuzünden.

QUELLEN: Melchers, 31; LThK, IV, 1263. – BILDER: *Die Laterne und der Dämon:* Cleve, AP München; Bruyn, St. Severin Köln.

Heinrich und Kunigunde

Heinrich II., der Heilige, wurde 995 mit 22 Jahren Herzog von Baiern, im Jahre 1002 deutscher König. 1014 krönte ihn Papst Benedikt VIII. in Rom zum Kaiser. Mit seiner Frau Kunigunde, einer Tochter des Herzogs Siegfried von Luxemburg, unterstützte er die vom lothringischen Gorze und von St. Maximin in Trier sich ausbreitende Klosterreform, verhalf armen Klöstern und Stiftungen durch Umverteilung zur Blüte und gründete vor allem das Bistum Bamberg, wo das kinderlos gebliebene Kaiserpaar im Dom begraben liegt. ATTRIBUTE: *Heinrich mit Kaiserkrone, Zepter, Reichsapfel und Kirchenmodell (Dom zu Bamberg); Kunigunde neben Kaiserkrone und Kirchenmodell, Lilie wegen ihres keuschen Lebenswandels, Pflugschar.*

QUELLE: Legenda aurea, 572 f.; 978. – ZYKLUS: Augsburger Schule des 16. Jhds., Bayr. Nat. Mus. München.

DIE GLÜHENDEN PFLUGSCHAREN

Heinrich und Kunigunde lebten nach der Legende wie Bruder und Schwester in einer «Josefsehe» zusammen. Als der Satan sah, daß er Kunigunde von ihrem keuschen Lebenswandel nicht abzubringen vermochte, stiftete er Verleumder an, sie beim Kaiser des Ehebruchs zu bezichtigen. Heinrich fing an, die Jungfräulichkeit seiner Frau zu bezweifeln, doch Kunigunde ertrug die Anschuldigungen, bis auch im Volk Gerüchte laut wurden. Um ihnen ein Ende zu machen, erklärte sie sich zur Feuerprobe als Gottesurteil bereit. Vor viel Volk ging sie barfuß über glühende Pflugscharen, ohne sich dabei zu verletzen. Dann kniete sie zum Dankgebet nieder, während die Menschenmenge ihr zujubelte. Heinrich bat seine Frau um Verzeihung, und sie umarmte ihn.

BILD: siehe Zyklus.

DER TOD DES KAISERS

Bei einem Einsiedler beklagten sich Dämonen, sie seien beim Tod Kaiser Heinrichs an sein Sterbebett gekommen, um seine Seele mitzunehmen, aber leider leer ausgegangen. Denn nachdem Engel die guten Taten des Verstorbenen in die rechte Schale der Seelenwaage, Teufel aber die bösen Taten in die linke Seite gelegt hatten, warf Laurentius, dem Heinrich aus besonderer Verehrung einen goldenen Kelch gestiftet hatte, diesen in die rechte Waagschale, wodurch sich die linke Seite hob.
Als die Teufel sahen, daß sie vergebens gekommen waren, riß einer von ihnen in seinem Zorn einen Henkel des Kelches ab.

BILD: siehe Zyklus.

Hieronymus

Aus seinen überlieferten Schriften tritt uns Hieronymus als ein gelehrter Wissenschaftler, ein nach Heiligkeit strebender Mönch, aber mehr noch als ein überempfindlicher, nachtragender, reizbarer, polemischer, leidenschaftlich kämpferischer Mensch entgegen.
Hieronymus, der zu den vier großen lateinischen Kirchenvätern zählt (siehe S. 357, 366, 421), wurde zwischen 340 und 350 in Stridon (römische Provinz Dalmatia/heutiges Jugoslawien) als Sohn einer wohlhabenden christlichen Familie geboren. Der junge Hieronymus studierte Grammatik, Rhetorik und Philosophie in Rom, später in Aquileia und Trier, wo er beschloß, Asket zu werden. Die Jahre 373–378 verbrachte er in Antiocheia (Syrien) und als Einsiedler in der Wüste Chalkis östlich dieser Stadt. Er lernte Griechisch und Hebräisch, hörte in Konstantinopel Vorträge des Theologen Gregor von Nazianz und befaßte sich mit den Schriften des Origenes. Von 382–385 war er in Rom Sekretär von Papst Damasus, 386 zog er nach Bethlehem, um ein Kloster zu gründen. Dort übersetzte er das Alte Testament ins Lateinische (Vulgataübersetzung) und widmete sich dem Kampf gegen Häretiker. Er starb fast erblindet am 30. September 419/20. In Santa Maria Maggiore liegen seine Gebeine. ATTRIBUTE: *Eremitenkleidung oder Kardinalstracht nach der mittelalterlichen Auffassung, Hieronymus sei als Sekretär des Papstes Kardinal gewesen; Löwe; Kreuz und Totenkopf als Zeichen der Eremiten; Buch, Federkiel und Taube der Inspiration als Kirchenvater; Jungfrau Maria als Streiter für ihre Jungfräulichkeit.*

QUELLE: Legenda aurea, 756–762. – ZYKLEN: Sano di Pietro, Louvre; Giov. Bellini und Lazzaro Bastiani, Acad. Venedig; Fiorenzo di Lorenzo, Louvre; Signorelli, Slg. Mond London; Carpaccio, S. Giorgio dei Schiavoni Venedig; Raffael, Nat. Gall. London; Domenichino, S. Onofrio Rom; Zurbarán, Kloster des hl. Hieronymus Guadalupe; Valdes Leal, Sevilla.

GEISSELUNG DURCH EINEN ENGEL

Während seiner Studienzeit in Rom, als Hieronymus den Philosophen Plato las und die Sprachkunst Ciceros der einfachen Sprache der Bibel vorzog, überfiel ihn ein heftiges Fieber. Im Traum stand er vor dem Throne Gottes und wurde gefragt, welchem Glauben er anhinge. Auf seine Antwort, er sei Christ, hielt ihm Gott entgegen, er sei ein Anhänger Ciceros, und ließ ihn durch einen Engel mit Ruten schlagen. Da schwor Hieronymus, nie wieder heidnische Bücher zu lesen, und erwachte.

BILDER: Andrea di Giusto, Carcassone; Dyck, Boymans/Stockholm.

Hieronymus als Eremit

Sein drei Jahre währendes Eremitendasein konnte Hieronymus nur schwer ertragen. Der verdreckte, nur mit grobem Sackleinen bekleidete, von der Sonne verbrannte und vom Hunger ausgedörrte Körper war ihm zuwider, dazu quälten ihn sexuelle Begierden, die ihm vorgaukelten, er sei von einem Reigen schöner Mädchen umgeben. Nur selten erschienen ihm Engel. Wie Hieronymus in einem Brief an Eustochium schreibt, jammerte und weinte er viele Tage und schlug sich bis zur Erschöpfung mit einem Stein auf seine

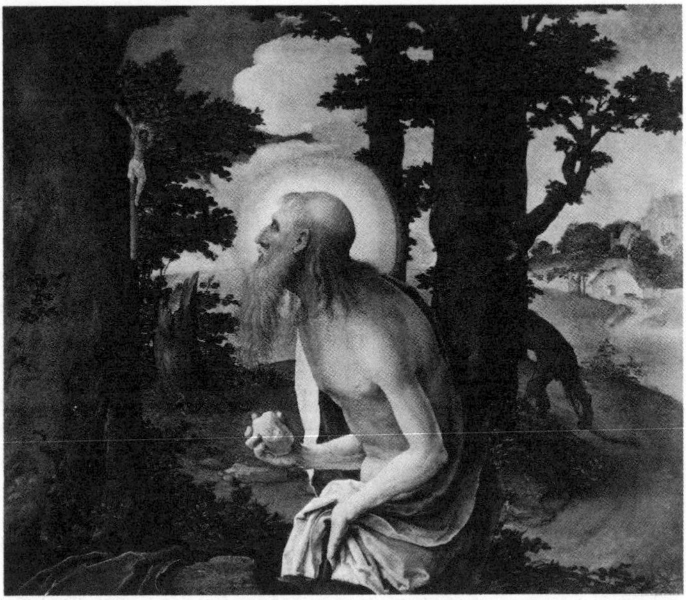

Der büßende hl. Hieronymus
Gemälde von Lucas van Leyden, Berlin-Dahlem

sündige Brust. Tag und Nacht meinte er die Posaunen des Jüngsten Gerichts zu hören. Er war sich selbst so «gram und feind», daß er schließlich seiner Sehnsucht nachgab und über Antiocheia und Konstantinopel nach Rom zurückkehrte.

Bilder: *Hieronymus als Eremit:* Jan Brueghel, AP München; Dyck, Dresden; Leonardo da Vinci, Vatikan. Bibl.; Lotto, Louvre; Parmigianino, Nat. Gall. London; Rubens, Dresden. *Posaunen des Jüngsten Gerichts:* Langetti, Cleveland; Ribera, Pinac. Neapel; Zurbarán, Gal. San Diego (Kalifornien); Pereda, Prado; Cerezo, Leipzig; Subleyras, Brera. *Die Buße:* Dürer, Fitzwilliam.

Der asketische Frauenkreis um Hieronymus

Als Hieronymus in Rom Sekretär und Freund des Papstes Damasus war, wurde er geistiger Mittelpunkt eines asketischen Kreises, zu dem vorwiegend adelige römische Frauen gehörten, darunter die Witwen Marcella und Paula, sowie deren Tochter Eustochium. Seine Hoffnung, Nachfolger von Damasus zu werden, erfüllte sich nicht; denn er hatte sich mit seiner scharfen Kritik am römischen Klerus viel Feinde geschaffen, die ihn wiederum wegen seines Frauenkreises ins Gerede brachten. Enttäuscht verließ er mit Paula und Eustochium Rom, um in einem Kloster bei Bethlehem zu leben.

Bild: *Hieronymus mit Paula und Eustochium:* Kölnisch um 1440/50, AP München.

Hieronymus und der Löwe

Zum Kloster des Hieronymus in Bethlehem kam, wie eine Legende erzählt, ein hinkender Löwe, den Hieronymus von einem Dorn befreite. Das Tier wurde zahm und sollte einen weidenden Esel beschützen. Eines Tages kam der Löwe ohne den Esel zurück, und die Mönche vermuteten, der Löwe habe ihn gefressen; deshalb benutzten sie von da an die Raubkatze als Lasttier. Einmal aber stürzte der sonst zahme Löwe mit wildem Gebrüll auf eine Karawane, vertrieb die Kaufleute und brachte Kamele und Esel zum Kloster. Später gestanden die Kaufleute Hieronymus, daß sie den Klosteresel dem schlafenden Löwen gestohlen hatten.

Bilder: Giov. Bellini, Barber Inst. Birmingham; Bastiani, Brera; Patinir, Louvre/Metrop. Mus.

Letzte Kommunion und Tod

Hieronymus war schon über 90 Jahre alt, als er seine Schüler zu sich rief, um ein letztes Mal mit ihnen das Abendmahl zu feiern. Nachdem er die Kommunion empfangen hatte, leckte der Löwe dem Sterbenden die Füße und die Witwe Paula, die in seiner Nähe ein Kloster gegründet hatte, kniete sich vor ihm nieder und küßte zum Abschied seine Hand.

Zur gleichen Zeit hatten Sulpicius Severus, ein Schüler des hl. Martin, und einige Mönche in Tours eine Vision. Sie hörten eine herrliche Musik und sahen, wie Christus die Seele des Hieronymus im Geleit der Engel von Bethlehem in den Himmel führte. – Zur selben Stunde soll Hieronymus auch dem hl. Augustinus erschienen sein; als dieser gerade dabei war, einen Brief an ihn zu schreiben oder, nach anderen Quellen, eine Lobrede auf ihn zu verfassen.

Bilder: *Letzte Kommunion und Tod:* Botticelli, Metrop. Mus.; Bartolommeo di Giovanni, Philadelphia; Ag. Carracci, Bologna; Cosmas Damian Asam, Sankt Anna München. *Visionen beim Tod des Hieronymus:* Sano di Pietro, Louvre; Gozzoli, Louvre.

Das Wunder des hl. Cyrillus oder Eusebius

Bald nach dem Tod des Hieronymus verbreitete eine Sekte Ansichten über das Leben nach dem Tod, die von der Lehre der Kirche abwichen. Da erschien der Heilige seinem Schüler Eusebius im Traum und ließ durch ihn dem Bischof Cyrill von Jerusalem ausrichten, er solle am nächsten Morgen drei in dieser Nacht verstorbene Männer mit dem Gewand bedecken, das er, Hieronymus, zuletzt getragen hatte. Tatsächlich wurden die Toten dadurch wieder lebendig und bezeugten durch ihre Aussagen über Hölle, Fegefeuer und Paradies die Wahrheit der kirchlichen Lehrmeinung.

Bild: Raffael, Lissabon.

Hieronymus ruft einen Kardinal ins Leben zurück

Ein Kardinal namens Andrea war gestorben und sollte im Beisein des Papstes schon begraben werden. Da hörte man den Toten seufzen und stöhnen. Der Papst schickte das Volk aus der Kirche und befragte den ins Leben zurückgekehrten Toten. Dieser erzählte, er wäre vor Gottes Richterstuhl wegen seines verweichlichten Lebens und seiner Vorliebe für gutes Essen und Trinken verurteilt worden, wenn nicht Hieronymus für ihn eingetreten wäre. Jetzt habe er ihn vom Tode erweckt, damit er die Kirchenfürsten warnen könne. Nachdem er seine Botschaft verkündet hatte, sank er wieder tot in sich zusammen.

Bild: Perugino, Louvre.

Hieronymus bestraft den Häretiker Sabianus

Sabianus hatte, um in einem theologischen Disput seine Auffassung zu stützen, eine eigene Schrift als Werk des verstorbenen Hieronymus ausgegeben. Bischof Sylvanus wies auf diese Unwahrheit hin und erklärte sich bereit zu sterben, wenn sich der tote Heilige nicht innerhalb eines Tages selbst dazu äußere. Da nichts dergleichen geschah, wurde Sylvanus nach Ablauf der Frist zum Richtplatz geführt, um enthauptet zu werden. Doch als der Henker ausholte, schwebte Hieronymus herbei und hielt die Hand mit dem Schwert fest. Im gleichen Augenblick fiel ohne menschliches Zutun das Haupt des Häretikers Sabianus zur Erde.

Bilder: Gozzoli, Louvre; Raffael, Raleigh (N. C.).

Hieronymus rettet zwei Gehängte

Zwei römische Pilger, die sich auf einer Wallfahrt zum Grab des Hieronymus befanden, wurden in Konstantinopel wegen Mordes angeklagt und zum Tode durch Enthaupten verurteilt. Nachdem ihnen aber wunderbarerweise das Beil nichts anhaben konnte, entschied der Richter, sie acht Tage lang aufzuhängen:

falls sie dabei am Leben blieben, sollten sie ungestraft davonkommen. Da erschien der Heilige und stützte die beiden, bis man sie frei ließ.

BILD: Perugino, Louvre.

Hubertus

Hubertus, wahrscheinlich um 655 geboren, missionierte in Südbrabant und den Ardennen («Apostel der Ardennen»), war dann Bischof von Tongern-Maastricht und verlegte um etwa 720 die bischöfliche Residenz nach Lüttich. Am 30. Mai 727 starb Hubertus in Tervueren bei Brüssel. Im 9. Jahrhundert wurden seine Gebeine in das später nach ihm benannte Kloster St. Hubert überführt. Die Legende von der Bekehrung des Eustachius bei einer Hirschjagd (siehe S. 404) ist im 11. Jahrhundert auf Hubertus übertragen worden. ATTRIBUTE: *Als Jäger mit Hirsch (Kreuz im Geweih), Jagdhund, Jagdhorn, Hirschfänger; oder als Bischof mit Krummstab, Buch und Hirsch oder auch Stola; manchmal mit Schlüssel, wohl wegen des Volksglaubens, der dem sogenannten Hubertusschlüssel Heilkraft zuschrieb.*

QUELLEN: Melchers, 716; LThK, V, 503.

DIE HIRSCHJAGD

Hubertus soll der älteste Sohn des Herzogs Bertrand von Toulouse gewesen sein und nach einer glänzenden Laufbahn schon früh die höchsten Stellen im Reich bekleidet haben. Die schöne Floribana von Löwen wurde seine Frau. Sie starb er nach der Geburt ihres ersten Kindes, eines Sohnes namens Floribertus.

Um den Schmerz über den Tod seiner Frau zu vergessen, stürzte sich Hubertus in weltliche Vergnügungen. Auf einer Jagd erspähte er einen großen Hirsch, der aber zur Verwunderung des Jägers ruhig vor ihm stehen blieb. Als Hubertus zwischen dem Geweih des Hirsches ein leuchtendes Kreuz sah, fiel er auf die Knie. Gemahnt von einer Stimme, über dem Irdischen nicht das Ewige zu vergessen, ließ Hubertus Ämter und Reichtum hinter sich, um als Einsiedler in den Ardennen zu leben.

BILDER: Meister des Marienlebens, Nat. Gall. London; Flämisch um 1530, AP München; Vanloo, Kirche Rambouillet.

DIE HIMMLISCHE BISCHOFSSTOLA ODER HUBERTUSMESSE

Nachdem Hubertus lange in den Ardennen als Einsiedler gelebt hatte, wurde er von Bischof Lampert von Maastricht in Theologie unterwiesen und zum Priester geweiht. Als Lampert starb, soll sich Hubertus zunächst geweigert haben, die Nachfolge anzutreten. Erst als ihm bei der Bischofsweihe durch

Papst Sergius die Stola von einem Engel überreicht wurde, habe er darin das himmlische Einverständnis erkannt.

BILD: Meister des Marienlebens, Nat. Gall. London.

Heilung eines Tollwütigen

Immer wieder wurden Menschen von tollwütigen Hunden und Wölfen aus den Wäldern der Ardennen angegriffen und gebissen. Als Hubertus einmal in der Kirche von Villers d'Evêque predigte, bedrohte ein tollwütig gewordener Mann Kirchenvolk und Bischof. Durch ein Gebet heilte Hubertus den Wütenden. In ähnlicher Weise half er auch anderen.

BILD: Schweizer Schule des 15. Jhds., Donaueschingen.

*Hugo von Avalon oder Lincoln**

Der im Jahre 1135 im burgundischen Avalon geborene Hugo trat 1160 in den Kartäuserorden ein und wurde von Grenoble aus als Vorsteher der ersten englischen Kartause nach Witham (Somerset) gesandt. Nachdem er danach 14 Jahre Bischof von Lincoln war, starb er 1220 in London. Sein Grab befindet sich in der Kathedrale von Lincoln, mit deren Bau er begonnen hatte. ATTRIBUTE: *Im Bischofsornat oder öfter als Kartäusermönch; mit Kelch, dem ein Jesuskind entsteigt (Erscheinung bei einer Meßfeier), und Schwan, der ihn als Bischof von Lincoln vor ungebetenen Besuchern beschützt haben soll.*

Als Bischof Hugo einmal unerwartet in ein Kartäuserkloster kam und ins Refektorium trat, wurde dort gerade entgegen der Regel Fleisch aufgetragen. Hugo berührte die Speise, und sie zerfiel auf der Stelle zu Asche.

QUELLE: Adam von Eynsham, Magna Vita. – BILD: *Die unerlaubte Fleischspeise:* Zurbarán, Grenoble.

Ignatius von Antiochien

Ignatius, der Bischof der syrischen Stadt Antiochien, wurde unter Kaiser Trajan (98–117) mit einigen Gefährten nach Rom gebracht und fand dort, wahrscheinlich im Flavianischen Amphitheater, den Tod. Von ihm sind sieben Briefe an christliche Gemeinden überliefert. ATTRIBUTE: *Löwen und Christusmonogramm (IHS).*

---

* Nicht zu verwechseln mit dem in antisemitischen Pamphleten öfters erwähnten «kleinen» Hugo von Lincoln, einem vorgeblichen Opfer eines Ritualmordes durch die Juden.

Wegen seines christlichen Bekenntnisses wurde Ignatius in Rom vor Kaiser Trajan zuerst mit Bleiklötzen, Nägeln und brennenden Kohlen gepeinigt. Da man ihn dadurch aber nicht von seinem Glauben abbringen konnte, hetzte man im Zirkus zwei wilde Löwen auf ihn. Statt sich zu wehren, reizte Ignatius sogar noch die ausgehungerten Tiere, die ihn zwar erwürgten, aber seinen Leichnam zum Erstaunen der Volksmenge und des Kaisers unberührt liegen ließen. Weil Ignatius während aller Qualen behauptet hatte, er trüge den Namen Christi in seinem Herzen, rissen es ihm seine Peiniger aus dem Leib. Tatsächlich war auf dem Herzen der Name Jesu in goldenen Buchstaben geschrieben.

QUELLE: Legenda aurea, 183 f. – BILDER: *Ignatius vor den Löwen:* Roelas, Sevilla. *Herausreißen des Herzens:* Botticelli, Uffizien.

Ignatius von Loyola

Als jüngster Sohn eines Adeligen 1491 auf Schloß Loyola im Baskenland geboren, wurde Iñigo, der sich später Ignatius nannte, am Hofe König Ferdinands von Spanien für die Offizierslaufbahn ausgebildet. Eine schwere Beinverletzung machte den Hinkenden für den Kriegsdienst untauglich. Während seiner Genesung entschloß er sich, seine Kraft der Nachfolge Jesu zu widmen. Nach einem harten Einsiedlerleben in einer Höhle im Gebiet von Manresa, pilgerte er 1523 ins Heilige Land und studierte dann Theologie, zuletzt von 1528 bis 1535 in Paris. Dort gründete er zusammen mit anderen Studenten den Jesuitenorden, die ‹Compañia di Jesù›, als geistliche Ritterschaft zur größeren Ehre Gottes. 1540 wurde der Orden durch Papst Paul III. bestätigt. Ignatius starb am 31. Juli 1556 in Rom und wurde in der Kirche ‹Il Gesù› begraben. ATTRIBUTE: *In schwarzem Jesuitentalar mit Birett oder im Meßgewand; dornendurchbohrtes Herz (Zeichen der Gesellschaft Jesu); Siegel des Ordens mit den Buchstaben IHS (große griechische Anfangsbuchstaben des Namen Jesu); Wahlspruch «omnia ad maiorem Dei gloriam = Alles zur größeren Ehre Gottes»; seltener mit Drachen zu seinen Füßen (Symbol der Überwindung der Ketzerei).*

QUELLEN: Ignatius von Loyola, Der Bericht des Pilgers; Monumenta Historica Societatis Iesu. – ZYKLEN: Ribera, Jesuitenkirche Neapel; Mesa, Jesuitenhaus von Alcalá de Henares.

PETRUS RETTET DEN STERBENDEN IGNATIUS

Als Offizier wurde Ignatius bei der Verteidigung Pamplonas gegen die Franzosen am Bein schwer verwundet. Da das Bein schief zusammenwuchs, ließ er es nochmals brechen und neu einrichten. Nach dieser Operation verfiel er in ein so heftiges Fieber, daß ihm am Vortag zum Fest ‹Peter und Paul› die letzte

Ölung gegeben wurde. Doch Ignatius genas und erklärte, er sei durch ein Wunder des hl. Petrus, der an sein Bett kam, geheilt worden.

BILD: Pozzo, San Ignazio Rom.

Maria diktiert die Exerzitien

Nach seiner Bekehrung weilte Ignatius eine Zeitlang in einer Höhle bei Manresa. Dort soll er sein berühmtes Buch der geistlichen Übungen (Exerzitien) verfaßt haben. Eine späte Legende erzählt, Maria sei ihm erschienen und habe den Text diktiert.

BILDER: Espinosa, Valencia; Valdès Leal, Sevilla.

Vision vom kreuztragenden Christus

Während seiner Studienjahre in Paris hatte Ignatius eine Gruppe von Studenten um sich gesammelt, mit denen er ins Heilige Land ziehen wollte, um dort den Ungläubigen zu predigen oder für den Glauben zu sterben. Nachdem er und seine Gefährten 1537 in Venedig zu Priestern geweiht worden waren, aber durch widrige Umstände daran gehindert wurden, die Fahrt nach Palästina anzutreten, beschlossen die jungen Priester, sich der Weisung des Papstes zu unterstellen. Ignatius machte sich mit zwei anderen auf den Weg nach Rom, voller Ungewißheit über den Ausgang des Unternehmens, da er schon mehrfach von der Inquisition verdächtigt worden war. Kurz vor der Stadt erschien ihm in der Kapelle von La Storta der kreuztragende Christus und sagte: «Ich werde euch in Rom günstig sein.» Ignatius wußte zunächst nicht, ob das die kirchliche Anerkennung oder die Verbrennung als Ketzer (für ihn der ersehnte Martertod für Christus) bedeutete. In Rom aber fand Ignatius beim Papst freundliches Gehör, als er sich und seine Gefährten als Seelsorger im Dienste der Kirche anbot.

BILDER: Ribalta, Nat. Gall. London; Espinosa, Valencia; Cortona, Spirito Santo Pistoia.

Ignatius heilt Besessene

Wie vielen anderen Heiligen werden auch Ignatius Heilungen zugeschrieben. So soll er auch Besessene vom Teufel befreit haben.

BILD: Rubens, KHM Wien.

Ildefons

Ildefons, um 606 in Toledo geboren, wurde Abt des nahegelegenen Benediktinerklosters S. Cosma y Damian in Agalia und 657 vom Westgotenkönig Reccesvinth zum Erzbischof von Toledo bestimmt. Er starb am 21. Januar 667 und hinterließ viele theologische Schriften, unter anderem eine Verteidigungsschrift für die Jungfräulichkeit Mariens. ATTRIBUTE: *Maria, die ihm ein weißes Meßgewand überwirft oder eine Tafel mit dem Bild des Immaculata in der Hand.*

QUELLEN: Julian von Toledo, Beati Ildefonsi Elogium u. a.

MARIENVISION

Ildefons war ein eifriger Verfechter der ewigen Jungfräulichkeit Mariens. Einmal sah er in einer Vision Maria auf seinem Bischofsstuhl in der Kathedrale sitzen. Als er näherkam, warf sie ihm aus Dankbarkeit mit Hilfe von Engeln ein weißes himmlisches Meßgewand über.

BILDER: Diaz d'Oviedo, Louvre; Meister von Segovia, Prado; Sodoma, Spanische Kapelle S. Spirito Siena; Murillo, Prado/Sevilla; Rubens, KHM Wien; El Greco, Hospitalkirche Illescas.

DIE VISION VON DER HL. LEOKADIA

Eine Legende erzählt, daß sich auf ein Gebet des Bischofs Ildefons der Sarg der Stadtpatronin Leokadia, einer um 303/04 in Toledo gestorbenen Märtyrerin, aus der Tiefe erhob, der schwere Sargdeckel aufsprang und Leokadia erschien. Auf Verlangen des Volkes schnitt Ildefons mit dem Schwert des Westgotenkönigs Reccesvinth (649–672) ein Stück ihres grünen Mantels ab.

BILDER: Gallegos, Kathedrale Zamora; Orrente, Kathedrale Toledo.

Isidor der Bauer

Isidor lebte in Gebet, Arbeit und Mildtätigkeit bis zu seinem Tod am 15. Mai 1130 mit seiner Frau Maria Toribia bei Madrid. Einmal soll sein Grundherr, dem böse Zungen erzählt hatten, Isidor würde über dem Gebet seine Arbeit vergessen, beobachtet haben, wie zwei Engel mit einem Gespann weißer Ochsen oder Pferde das Feld Isidors pflügten, während der Fromme in der Kirche betete.

QUELLE: Martyrologium Romanum, 86; Acta SS Maii III (1680) 512–557. – BILD: *Der pflügende Isidor:* Führich, Mannheim.

Ivo/Yves

Yves Hélory, am 17. Oktober 1253 in der Bretagne geboren, studierte Theologie und kanonisches Recht, war zunächst am bischöflichen Gericht in Rennes und Tréguier tätig und wurde dann Priester. Nach einem asketischen Leben starb er am 19. Mai 1303. Er gilt als «Anwalt der Armen», da er mutig und selbstlos die Hilflosen und Unterdrückten vor weltlichen und geistlichen Gerichten verteidigte. ATTRIBUTE: *In Gelehrtentalar und Barett oder als Kleriker mit Schriftrolle oder Buch in Händen; manchmal ein Strick als Bußwerkzeug.*

QUELLE: LThK, V, 826 f. – BILD: *Ivo spricht zwischen Armen und Reichen Recht:* Cortona, Sant' Ivo alla Sapienza Rom.

Johanna von Orléans (Jeanne d'Arc)

Das um 1412 geborene lothringische Bauernmädchen Jeanne bekam von himmlischen Stimmen den Auftrag, ihr durch einen jahrzehntelangen Krieg verwüstetes Vaterland Frankreich zu retten. In Ritterrüstung trat sie vor den Kronprinzen Karl, der ihr nach langem Zögern und vielen kirchlichen Prüfungen erlaubte, an der Schlacht gegen die Engländer bei Orléans teilzunehmen. Jeanne besiegte die Feinde und führte Karl VII. zur Krönung nach Reims. Durch Verrat gelangte sie in die Hände der Engländer und wurde am 30. Mai 1431 in Rouen als Hexe auf dem Scheiterhaufen verbrannt. Nach dem endgültigen Sieg Frankreichs über England strengte Karl VII. eine päpstliche Untersuchung an, die Jeanne rehabilitierte. ATTRIBUT : *Jungfrau in Ritterrüstung zu Pferd.*

QUELLE: J. Quicherat, Procès de condamnation et de réhabilitation de Jeanne d'Arc. – BILD: *Jeanne d'Arc bei der Krönung Karls VII. in Reims:* Ingres, Louvre.

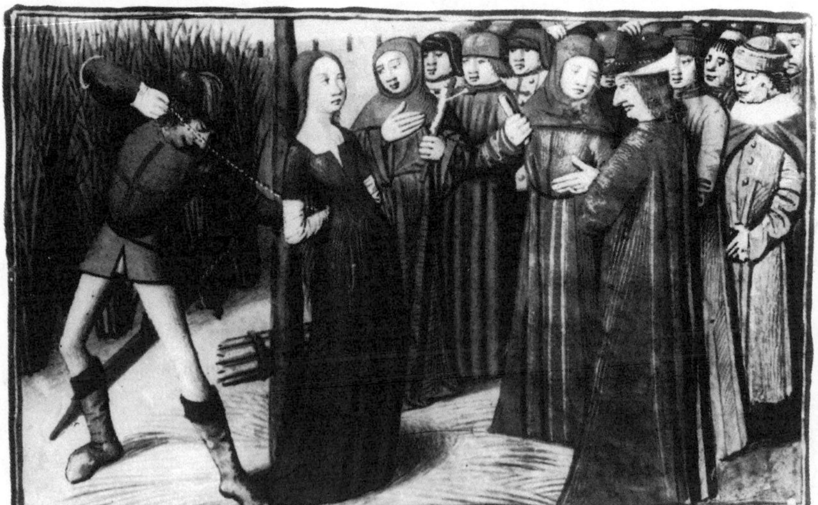

Jeanne d'Arc auf dem Scheiterhaufen
Buchmalerei aus den «Vigiles de Charles VII»
16. Jahrhundert

Johannes von Nepomuk

Um 1350 im böhmischen Pumuk (Nepomuk) geboren, wurde Johannes 1389 Generalvikar des Erzbistums Prag. Am 20. März 1393 ließ König Wenzel IV. (1373–1419) aus bis heute ungeklärten Gründen Johannes mit zwei anderen Priestern gefangennehmen. Während die beiden anderen mit dem Eid ewigen Stillschweigens wieder entlassen wurden, setzte man Johannes schweren Folterungen aus und ertränkte ihn nachts in der Moldau. Der Leichnam, der hell leuchtend den Fluß hinunter schwamm, wurde später in feierlicher Prozession zum St. Veitsdom gebracht und dort bestattet. Nach Jahren erzählte man, Johannes habe sich als Beichtvater der Königin geweigert, gegenüber dem König das Beichtgeheimnis zu brechen und habe deshalb den Martertod gefunden. ATTRIBUTE: *Mit Birett in der Hand oder auf dem Haupt und mit Chorrock bekleidet, trägt der Brückenheilige oft ein Kruzifix. Über ihm schweben fünf Sterne stellvertretend für das lateinische Wort «tacui» – «ich habe geschwiegen».*

QUELLE: Johannes Theodor Berghauer, Vita, martyrium et mors Johannis Nepomuk. – BILDER: *Das Beichtgeheimnis:* G. M. Crespi, Pinac. Turin. *Auffindung seines Leichnams:* Altarbild des 18. Jh.s, Hechingen.

Julianus Hospitator

Julianus Hospitator wird auch der heilige Mörder genannt. Zeit und Ort seines Lebens sind unbekannt. ATTRIBUTE: *Falke und Hirsch; gezogenes Schwert als Hinweis auf den Elternmord; seltener ein Ruder, Sinnbild für seine Buße am Fluß.*

Julian, ein vornehmer junger Mann, ging in den Wald, um zu jagen. Er spürte einen Hirsch auf und verfolgte ihn. Plötzlich drehte sich das Tier zu ihm um und sprach: «Warum verfolgst du mich, der du Vater und Mutter töten wirst.» Julian zog daraufhin in ein anderes Land, damit sich der Spruch des Tieres nicht erfüllen konnte und heiratete ein Burgfräulein. Die Eltern aber suchten nach ihrem Sohn und kamen in seiner Abwesenheit zur Burg ihrer Schwiegertochter. Die Frau gab ihnen das Bett ihres Mannes als Nachtlager. Als Julian am anderen Morgen nach Hause kam, glaubte er, seine Frau läge mit einem Liebhaber in seinem Bett. Wahnsinnig vor Wut und rasender Eifersucht tötete er die beiden Schläfer.

Als er zu seinem Entsetzen erfuhr, daß er seine Eltern ermordet hatte, zog er mit seiner Frau zur Buße in eine Hütte an einen Fluß, wo sie Armen eine Herberge gaben, sie bedienten und Reisende über den Fluß brachten.

Einmal hörte Julian um Mitternacht jemanden jenseits des Flusses jämmerlich schreien. Er fand einen halbtoten Aussätzigen, brachte ihn durch den Fluß zurück in sein Haus und legte ihn in sein Bett. Plötzlich verwandelte sich der Aussätzige, schwebte von einem überirdischen Schein umgeben gen Himmel und sprach: «Gott hat deine Buße angenommen.»

QUELLE: Legenda aurea, 166–168. – ZYKLEN: Masolino da Panicale, Santa Maria Maggiore Rom/Uffizien/Montauban; Masaccio, Dahlem. – BILDER: *Elternmord:* Anonym, Pal. Communale Assisi; Allori, Pal. Pitti. *Julian bedient Pilger:* Allori, Pal. Pitti. *Julian bringt Christus über den Fluß:* Castagno, S. Annunziata Florenz; Crayer, Brüssel.

Justina von Padua

Justina soll unter Kaiser Maximian (285–305) den Martertod gefunden haben. Im 6. Jahrhundert wurde ihr in Padua eine Kirche geweiht. Sie ist nicht identisch mit Justina von Antiochien bzw. Nikomedien, die mit Kyprianos und Theoktistos unter Kaiser Diokletian getötet worden sein soll. Historische Nachrichten fehlen bei beiden. ATTRIBUTE: *Krone, da legendäre Fürstentochter; Einhorn, als Zeichen jungfräulicher Reinheit von Justina von Antiochien übernommen; Schwert und Palme des Martyriums.*

Justina, die Tochter des Fürsten Vitaliarus von Padua und seiner Frau Präpedigna, wurde im christlichen Glauben erzogen, nachdem sie vom ersten Bischof von Padua, dem heiligen Prosdocimus, getauft worden war.
Als Kaiser Maximian nach Padua kam, ließ er auf dem Marsfeld seinen Richterstuhl aufbauen, um die Christen zum Tode zu verurteilen. Justina hörte davon und fuhr mit ihrem Wagen hin, um die Christen zu ermutigen. Dabei wurde sie selbst ergriffen und vor Maximian geschleppt, der sie aufforderte, dem Kriegsgott Mars zu opfern. Als sie dem Befehl des Kaisers nicht nachkam, wurde sie mit dem Schwert enthauptet.

QUELLE: Vita S. Justinae Patavini; LThK, V, 1227. – BILDER: *Taufe durch Prosdocimus:* Campagnola, Padua. *Martyrium:* Veronese, Santa Giustina Padua/Uffizien.

Justus Puer

Justus soll im Jahre 287 als Christ enthauptet worden sein. Nach einer Überlieferung liegen seine Gebeine seit dem 9. Jahrhundert in der Kirche St. Pierre in Beauvais. ATTRIBUTE: *Knabe mit abgeschlagenem Kopf in Händen.*

Justus, der neunjährige Sohn der Christen Justinus und Felicia, sah in einer Vision den als Kind geraubten und seither verschollenen Bruder seines Vaters mit Namen Justinianus als Sklaven des Kaufmanns Lupus in Amiens. Auf sein Drängen hin machte sich sein Vater mit ihm auf den Weg dorthin, und Lupus, der inzwischen auch Christ geworden war, gab seinen Diener Justinianus gerne frei. Da erfuhr Rictiovarus, der Präfekt Kaiser Diokletians, daß im Hause des Lupus Christen seien, und sandte seine Häscher aus, sie einzufangen. Justus, Justinus und Justinianus hatten sich aber nachts heimlich auf die Rückreise in ihre Vaterstadt Auxerre gemacht. An einer Quelle bei Beauvais sah der Knabe in einer zweiten Vision die Verfolger auf ihren Rastplatz zukommen und bat Vater und Onkel, sich in einer nahen Höhle zu verstecken. Er selbst ging den vier Reitern des Rictiovarus entgegen und bekannte sich zu Christus. Da er sich weigerte, den Aufenthalt seiner Verwandten zu verraten, schlug man ihm den Kopf ab. Justus nahm ihn in seine beiden Hände und trug ihn zu seinem Vater. Als die Häscher dies sahen, flohen sie entsetzt.

QUELLEN: Passio Sancti Justi Pueri; Beauvaiser Brevier (1618). – BILD: *Martyrium:* Rubens, Bordeaux.

Kajetan

Kajetan von Tiene (1480–1547) war der Mitbegründer der Theatiner, einer nach dem Bischof von Theate (Chieti) benannten Kongregation von Geistlichen, die es sich zur Aufgabe machten, Priester besser zu schulen und im Geiste des Urchristentums in Armut und Nächstenliebe zu leben. Bevor er 1516 zum Priester geweiht wurde, war er als Jurist an der Kurie tätig. ATTRIBUTE: *Als Kleriker in schwarzem Talar und weißen Strümpfen; geflügeltes Herz, da Kajetan «Seelenjäger» für den Himmel genannt wurde; Jesuskind auf dem Arm; Rosenkranz (Marienfrömmigkeit); Totenkopf (Symbol der Weltverachtung); Lilie.*

QUELLEN: Melchers, 491–493; LThK, II, 874 f. – ZYKLEN: Vaccaro, Prado.

MARIA ÜBERREICHT KAJETAN DAS JESUSKIND

In der Heiligen Nacht ging Kajetan in die Kirche Santa Maria Maggiore und betete die ganze Nacht hindurch vor der Krippe des Christkindes. Plötzlich erschien ihm Maria mit dem Jesusknaben, und legte ihm das Kind in die Arme.

BILD: Tiepolo, Acad. Venedig.

TOD

In Neapel hatte Kajetan die Leitung seines Ordenshauses übernommen, war aber durch seine strengen Buß- und Fastenübungen bald so geschwächt, daß ihm die Ärzte dringend rieten, sich in ein Bett zu legen, anstatt nach seiner Gewohnheit auf bloßen Brettern zu schlafen. Doch Kajetan antwortete ihnen, sein Erlöser sei am Kreuz gestorben, man solle ihn doch wenigstens auf der

Asche sterben lassen. Dann ließ er sich auf sein mit Asche bestreutes Bußkleid legen, empfing die Sakramente und starb.

BILD: Ricci, Brera.

Kantius, Kantianus und Kantianilla

Die drei Geschwister sollen wegen ihres christlichen Glaubens vor Kaiser Diokletian (285–305) von Rom nach Aquileia geflohen, dort aber gefangengenommen und enthauptet worden sein. Ihre Gebeine liegen im Epiphanius-Schrein des Domes zu Hildesheim.

QUELLE: Venantius Fortunatus, De vita s. Martini, IV, 658 f. – BILD: *Flucht und Enthauptung:* Krainburger-Altar um 1520, Orangerie Belvedere Wien.

Karl Borromäus

Früh für den geistlichen Stand bestimmt, wurde der am 2. Oktober 1528 in Castel Arona am Lago Maggiore geborene Adelige Carlo Borromeo Kardinal und Geheimsekretär seines Onkels, des Papstes Pius IV.; seit 1563 war er Erzbischof von Mailand, wo er am 3. November 1584 starb. Wegen seiner streng asketischen Lebensweise, seiner Frömmigkeit, seines unermüdlichen Einsatzes für die ihm Anvertrauten, auch in Hunger- und Pestzeiten, und vor allem wegen seines aufopfernden Kampfes für die Durchsetzung der Beschlüsse des Konzils von Trient wurde Karl Borromäus heilig gesprochen. ATTRIBUTE: *Als hagerer Kardinal mit Kreuz in der Hand, Strick um den Hals (Zeichen seiner Buße und Sühne) und Hostie.*

Im Jahre 1570 brach in Mailand eine große Hungersnot aus. Dem Bischof der Stadt, Karl Borromäus, gelang es, durch einen Aufruf an die Reichen und eine monatelange Speisung von täglich dreitausend Armen aus seinen eigenen Mitteln, die Not zu lindern. Als 1576 auch noch die Pest ausbrach, machte sich Karl, der gerade auswärts weilte, sofort auf den Weg in seine Bischofsstadt, um den Kranken beizustehen. Er brachte den von der Pest Befallenen die Kommunion, ließ Hospitäler errichten und zur Bekämpfung der Seuche Verhaltensregeln propagieren. Da die Pest weiter wütete, betete er zu Maria und zog auf einem Bittgang barfuß und im Bußgewand mit einem Kreuz auf den Schultern durch die Stadt. Die Seuche flaute ab.

QUELLEN: Viten von A. Valerio (1586), C. Bascape (1591) und J. P. Giussano (1610). – BILDER: *Das Mahl bei Karl Borromäus:* G. B. Crespi, Santa Maria della Passione Mailand. *Karl mit Pestkranken:* Luti, Schleißheim; Jacob van Oost, Louvre; Jordaens, Saint-Jacques Antwerpen; Rottmayr, Salzburg; Vouet, Brüssel. *Prozession gegen die Pest:* Cortona, S. Carlo ai Catinari Rom.

Kastulus

Kastulus soll als Kämmerer Kaiser Diokletians verfolgten Christen Unterschlupf gewährt haben und deshalb am 26. März 286 nach vielen Folterungen bei lebendigem Leib begraben worden sein. Die Reliquien kamen im 8. Jahrhundert in die Stiftskirche nach Moosburg und befinden sich heute in St. Martin, Landshut.

QUELLE: Simeon Metaphrastes, Vita S. Sebastiani et sociorum. – BILD: *Martyrium:* Altartafel des 17. Jh.s, Kastl (Oberpfalz).

Katharina von Alexandrien

Von Katharina, die angeblich in Alexandrien als Christin enthauptet wurde, sind uns keine historischen Daten bekannt, auch die legendäre Überlieferung beginnt erst im Frühmittelalter. Die Heilige gehört zu den vierzehn Nothelfern (siehe S. 465) und mit Barbara, Margarete und Dorothea zu den ‹Quattuor Virgines Capitales›. ATTRIBUTE: *Rad, Schwert, Palme oder Krone des Martyriums; Buch als Zeichen ihrer Weisheit; Ring als Symbol der mystischen Vermählung mit Christus.*

Katharina, die Tochter eines Königs namens Costus, war in allen Künsten und Wissenschaften gebildet und sehr schön. Ein Einsiedler bekehrte sie zu Christus, dem wahren Bräutigam, nachdem sie jeden Freier abgewiesen hatte. In einer Vision gab ihr Christus zum Zeichen ihrer Vermählung mit ihm einen Ring.

Mit 18 Jahren trat sie dem Kaiser Maxentius (oder Maximianus) an der Tür des heidnischen Tempels entgegen, um ihn mit philosophischen Argumenten zum Christentum zu bekehren. Da der Kaiser nichts zu erwidern vermochte, befahl er fünfzig bedeutende Philosophen zu sich nach Alexandrien, aber Katharina überzeugte alle von der Wahrheit des Christentums. Deshalb ließ Maxentius die Bekehrten verbrennen, Katharina selbst aber in einen Kerker werfen und zum Martertod verurteilen. Man fertigte vier Räder mit eisernen Sägen und Nägeln an, die jedoch auf Katharinas Gebet hin von einem Engel mit Schwert durch Donner, Blitz und Feuer zerstört wurden. Nun wurde sie enthauptet.

Ihren Leichnam brachten Engel zum Berg Sinai, um ihn dort zu bestatten. Das orthodoxe Kloster im Sinai (Ägypten) trägt noch heute ihren Namen.

QUELLE: Legenda aurea, 917–927. – ZYKLEN: Kulmbach, Marienkirche Krakau; Masolino da Panicale oder/und Masaccio, San Clemente Rom; F. Pacher, Neustift bei Brixen. – BILDER: *Bekehrung:* Ungarische Schule des 15. Jh.s, Mus. Estergom. *Mystische Hochzeit:* Lorenzo Veneziano, Acad. Venedig; Filippo Lippi, Dominikanerkloster Bologna; Michelino da Besozzo, Pinac. Siena; Gérard David, Nat. Gall. London; Correggio, Louvre; Fra Bartolomeo, Louvre; Tizian, Pal. Pitti; Tintoretto, Dogenpalast Venedig; Rubens, Dahlem. *Disput mit den Philo-*

sophen: Provost, Boymans. *Zerstörung des Marterrades:* Patinir, KHM Wien; Ferrari, Brera; Crayer, Grenoble. *Enthauptung:* Provost, Antwerpen; Cranach d. Ä., Dresden; Altdorfer, KHM Wien; Guercino, Eremitage. *Überführung des Leichnams:* Flämische Schule des 15. Jh.s, Capilla Real Grenada; Meister des Marienlebens, Städel; Ferrari, Brera; Crayer, Brüssel; Zurbarán, Mus. Lázaro Madrid.

Katharina von Siena

Katharina Benincasa, um 1347 als Tochter eines kinderreichen Wollfärbers in Siena (Toskana) geboren, war sieben Jahre alt, als sie Christus nach einer Vision gelobte, jungfräulich zu bleiben. Als Achtzehnjährige trat sie in den Dritten Orden des hl. Dominikus ein, dessen Mitglieder nicht notwendig in einem Klosterverband leben. Zunächst verbrachte sie drei Jahre fastend in einer streng abgeschiedenen Zelle des elterlichen Hauses. Sie hatte immer wieder Visionen und wurde bald geistlicher Mittelpunkt eines Kreises von Laien, Ordensleuten und Priestern. Auch unterstützte sie Arme und Kranke.

Ab 1370 trat Katharina an die Öffentlichkeit. Sie stiftete zwischen verfeindeten Parteien Frieden und wurde Ratgeberin für weltliche und geistliche Fürsten. 1376 bestärkte sie den in Avignon residierenden Papst Gregor XI., nach Rom zurückzukehren.

Am 20. April 1380 starb sie dreiunddreißigjährig, erschöpft vom strengen Fasten, von ihren häufigen Visionen und vom Leiden an der durch das sog. «Abendländische Schisma» (1378–1417) gespaltenen Kirche, in Rom und wurde in Santa Maria sopra Minerva begraben. ATTRIBUTE: *In Dominikanerinnentracht mit Gegenständen aus ihren Visionen: Ring, Dornenkrone, Herz mit Kreuz in der Hand, Stigmata, Kreuz; außerdem Buch, Lilie und Rosenkranz.*

QUELLE: Raimund von Capua, Legenda beatae Catharinae Senensis. – ZYKLEN: Beccafumi, Pinac. Siena; Sodoma, San Domenico Siena.

KATHARINA UND CHRISTUS

Während einer Vision gab Christus Katharina einen Ring, so daß sie sich von da an mit ihm verlobt fühlte. – Ein andermal stellte Christus Katharina vor die Wahl, eine goldene Krone oder aber eine Dornenkrone aus seiner Hand entgegenzunehmen. Sie nahm die Dornenkrone. – Indem Christus sein Herz mit dem Herzen Katharinas vertauschte und sie seine Wundmale empfing (Pisa 1375), gab er ihr Weisheit und Sprachgewalt, um seine Botschaft der Welt und den Führern der Kirche zu verkünden.

BILDER: *Mystische Hochzeit:* Gaddi, Philadelphia; Giovanni di Paolo, Stoclet Brüssel; Borgognone, Brera. *Dornenkrone:* Bissolo, Acad. Venedig; Ferri, Eremitage; G. B. Crespi, Brera. *Herzvision:* Cozzarelli, Pinac. Siena. *Stigmatisation:* Fungai, Oratorium von Santa Caterina Siena; Batoni, Lucca.

Mildtätigkeit

Einmal nahm sie ihr silbernes Kreuz vom Rosenkranz und schenkte es einem Hungernden, ein andermal gab sie ihren Mantel einem Bettler. Oft pflegte sie Kranke, sogar Pestkranke. Einen wegen Hochverrats zum Tode verurteilten jungen Adeligen, Niccolò di Toldo, der von der Kirche abgefallen war, begleitete Katharina auf dem Weg zum Richtplatz und vermittelte ihm durch ihre Persönlichkeit die Gelassenheit tiefer Gläubigkeit angesichts des Todes.

Bilder: siehe Zyklen.

Klara von Assisi

Von Franziskus ermutigt, wurde die aus einer adeligen Familie stammende Klara (1194–1253) zur Mitbegründerin des Klarissenordens, in dem seither Frauen das franziskanische Armutsideal leben. Attribute: *Schwarze oder braune Ordenstracht und Äbtissinnenstab; brennende Lampe (Klara bedeutet ‹die Lichte›); Monstranz; Kreuz; Buch.*

Quelle: Thomas von Celano, Legende der hl. Klara. – Zyklen: Cimabue, Santa Chiara Assisi; Meister der hl. Klara, Santa Chiara Assisi; Katzheimer, Bamberg.

Klara entscheidet sich für die Armut

Nachdem die junge Adelige Klara Franziskus von der Armut hatte predigen hören, wollte sie wie die Bettelmönche leben. Da ihr Vater dagegen Einspruch erhob, verließ sie am Palmsonntag des Jahres 1212 nachts heimlich ihr Elternhaus. Im Gottesdienst am selben Tag hatte ihr Bischof Guido von Assisi als Zeichen seines Einverständnisses persönlich einen Palmzweig überreicht. Noch in derselben Nacht legte Klara in der kleinen Kirche von Portiuncula ihre vornehmen Gewänder ab, kleidete sich in grobes Sackleinen, ließ sich von Franziskus das Haar schneiden und legte die Gelübde der Armut, Keuschheit und des Gehorsams ab. Bald kamen andere Mädchen und Frauen, darunter zwei ihrer Schwestern und ihre Mutter, die im Kloster San Damiano nach den Regeln des hl. Franziskus leben wollten, die Papst Innozenz III. für das Frauenkloster bestätigte.

Bilder: Siehe Zyklen.

Segnung der Brote

Klara und ihre Schwestern lebten in strenger Armut. Einmal hatten sie für fünfzig Frauen nur einen Laib Brot zu Mittag; da segnete Klara das Brot, und alle wurden durch ein Wunder satt.

Auch als der Papst die Heilige zu einem Gespräch aufsuchte, bat er sie, das

Brot, das sie gemeinsam essen wollten, zu segnen. Klara machte das Kreuzzeichen darüber, und alle Brote hatten durch ein Wunder in ihrer Mitte ein Kreuz eingeprägt.

BILDER: siehe Zyklen.

Vision vom Jesuskind

Als sich Klara einmal beim Beten in der Kirche befand, erschien ihr das Jesuskind über dem Ciborium, dem Altarbaldachin.

BILD: Guercino, Eremitage.

Die Vertreibung der Sarazenen

Da im Jahre 1240 räuberische Sarazenen schon kurz vor der Stadt Assisi waren und das Kloster der Klarissinnen bedrohten, flüchteten sich die Schwestern zur schwerkranken Klara. Mit Mühe erhob sich die Kranke von ihrem Lager, nahm die Monstranz, stellte sie an die Klosterpforte vor die Räuber und begann zu beten. Sie hörte eine Stimme, die ihnen Schutz versprach, und als einige der Sarazenen schon die Klostermauer ersteigen wollten, stürzten sie wie blind ab, und die übrigen flohen.

BILD: siehe Zyklen.

Tod

Nach achtundzwanzigjähriger Krankheit, die sie meist ans Bett gefesselt hatte, fragte Klara ihre Schwester Agnes, ob sie den König der Herrlichkeit sehe. Agnes blickte zur Tür und sah weißgekleidete Jungfrauen mit goldenen Kronen. Die schönste und edelste von allen kam heran und küßte Klara, die am Tag darauf starb.

BILDER: Nürnbergisch um 1360–70, Nürnberg; Murillo, Dresden.

Konstantin und Helena

Flavia Julia Helena, um 255 geboren, war Herbergswirtin, bevor sie die Konkubine des römischen Heerführers Konstantius Chlorus wurde, dem sie um 285 einen Sohn Konstantin, den späteren römischen Kaiser, gebar. Als Konstantius Chlorus im westlichen römischen Reich zum Mitregenten (Caesar) ernannt wurde, mußte er Helena entlassen, um Theodora, die Stieftochter Kaiser (Augustus) Maximians zu heiraten. Konstantin wurde zur Erziehung an den Hof des oströmischen Kaisers in Nikomedien (Kleinasien) geschickt. Im Jahre 306 kehrte er in den Westen zurück und begann, die Alleinherrschaft im Reich anzustreben. Seine Mutter Helena holte Konstantin an seinen Hof in Trier. Nach dem Sieg Konstantins an der Milvischen Brücke 312 wurde das noch unter Kaiser Diokletian (284–305) verfolgte und von seinen Nachfolgern teils schon tolerierte Christentum zu einer staatlich anerkannten, später ausdrücklich geförderten Religion (sog. Konstantinische Wende). Als Konstantin 324 auch den Osten des römischen Reiches erobert hatte, pilgerte seine Mutter ins Heilige Land und ließ zusammen mit ihrem Sohn die Geburtskirche in Bethlehem und die Grabeskirche in Jerusalem errichten. Helena starb um 330, Konstantin im Jahre 337 in Nikomedien, wo er erst auf seinem Totenbett die Taufe empfing.

ATTRIBUTE: *Helena mit Kaiserkrone und kaiserlichem Gewand; Kirchenmodell; Kreuz, überwiegend in T-Form, und Kreuznägel; oft zusammen mit Konstantin in kaiserlichem Ornat und mit den dazugehörigen Insignien.*

QUELLEN: Eusebius von Caesarea, Vita Constantini 1,27 ff.; Legenda aurea, 351–358 (Kreuzauffindung); LThK, V, 208 f. – ZYKLEN: Piero della Francesca, San Francesco Arezzo; Elsheimer, Städel.

Konstantins Traum und Sieg an der Milvischen Brücke

Nach einem Bericht von Lactantius, dem Erzieher des Konstantinsohnes Crispus, wurde Konstantin in der Nacht vor der entscheidenden Schlacht gegen seinen Rivalen um den weströmischen Kaiserthron Maxentius im Traum ermahnt, unter dem himmlischen Zeichen den Kampf zu wagen; darauf ließ Konstantin auf den Schilden seiner Soldaten das Zeichen für Christus ⳨ («ein quergestelltes x mit umgebogener Spitze oben») anbringen.

Eusebius hingegen erzählt in seiner Vita des Kaisers, Konstantin habe am Tag vor der Schlacht am Himmel über der Sonne ein Kreuz aus Licht gesehen mit den Worten: «In hoc signo vincis – In diesem Zeichen wirst du siegen». Nachts erschien ihm Christus und trug ihm auf, das Kreuz als Feldzeichen für seine Soldaten nachzubilden. Daraufhin ließ Konstantin eine Standarte mit dem Christusmonogramm ☧ anfertigen und besiegte seinen Gegner an der Milvischen Brücke bei Rom.

BILDER: *Konstantins Traum:* Giulio Romano, Konstantinssaal Vatikan; Gimignani, S. Giovanni in Laterano Rom; Rubens, Philadelphia. *Sieg an der Milvischen Brücke:* Giulio Romano, Konstantinssaal Vatikan; Rosa, Casa Galanti Neapel; Giordano, Neapel; Tournier, Toulouse; Lastmann, Bremen.

Kreuzauffindung und Erprobung der Echtheit

Auf ihrer Pilgerreise gelangte Helena zusammen mit Konstantin nach Jerusalem und ließ weise Juden zu sich kommen, damit sie ihr sagten, wo die Kreuzigungsstätte Christi liege. Unter den Juden war einer mit Namen Judas,

der von seinem Vater den Ort kannte, aber nach dem Willen der übrigen Juden nichts verraten sollte. Erst nachdem man ihn sechs Tage lang in einem Brunnen hatte hungern lassen, zeigte er Helena die Stätte. Dort betete er, bis sich die Erde bewegte und Rauch aufstieg; dann begann er zu graben und fand drei Kreuze, die Helena in die Stadt bringen ließ.
Da man nun nicht wußte, welches der drei das Kreuz Christi sei, hielt man sie über einen toten Jüngling (nach anderen Quellen über eine tote edle Frau). Als das dritte Kreuz den Jüngling wieder zum Leben erweckte, wurde Judas Christ und erhielt den Namen Quiriacus. Er fand, nachdem er Bischof von Jerusalem geworden war, auch die Kreuznägel.

BILDER: *Kreuzfindung:* Gaddi, S. Croce Florenz; Pinturicchio, S. Croce Rom; Marmion, Louvre; Meister der Darmstädter Passion, Dahlem. *Erprobung der Echtheit des Kreuzes:* Romanino, Algier; Beham, AP München; Rubens, Spitalkapelle Grasse; Tiepolo, Acad. Venedig.

Taufe Konstantins und Konstantinische Schenkung

Eine Legende erzählt, daß der an Aussatz erkrankte Kaiser nach dem Willen der heidnischen Priester zur Heilung im warmen Blut getöteter Kinder gebadet werden sollte. Konstantin hatte jedoch Mitleid und verzichtete auf das Bad. In einem Traum erschienen ihm die Apostel Petrus und Paulus, und er ließ den Papst Silvester kommen, der dem Kaiser auftrug, die beiden Heiligen zu verehren. Dann empfing Konstantin die Taufe, die ihn von seinem Aussatz reinigte. Dankbar half der Kaiser dem Papst auf sein Pferd und führte es zum Lateran, wo er ihm kniend die Tiara und (nach einer frühmittelalterlichen Fälschung) eine Urkunde überreichte, die den Papst zum Herrscher des Abendlandes machte (Konstantinische Schenkung).

BILDER: *Taufe:* Penni, Konstantinssaal Vatikan; Palma Giovane, S. Silvestro al Quirinale Rom; Vanni, S. Agostino Diena; M. de Vos, Antwerpen; Rubens, Slg. Vicomte de Noailles Paris; Vignali, Pal. Pitti; Gimignani, S. Silvestro Rom; Trevisani, St. Peter Rom. *Konstantinische Schenkung:* Giulio Romano und Penni, Konstantinssaal Vatikan.

Korbinian

Der aus dem Frankenreich (Gegend von Paris?) stammende Korbinian lebte als Wanderbischof zuletzt längere Zeit im Herzogtum Baiern und gilt als erster Bischof von Freising bei München, wo er um 725 starb. ATTRIBUTE: *Bär, Kirchenmodell.*

QUELLE: Arbeo, Vitae sanctorum Haimrhammi et Corbiniani. – ZYKLUS: Jan Polack, AP München/Diözesanmus. Freising.

Korbinian und der Bär

Der Wanderbischof Korbinian brach mit einem bepackten Maultier zu einer Pilgerfahrt nach Rom auf, machte aber durch seine wortgewaltigen Predigten solchen Eindruck auf den Herzog von Baiern, daß dieser ihn nur ungern weiterziehen ließ. Als Korbinian bei hereinbrechender Nacht am Brennerpaß Halt machte, riß ein Bär sein Lasttier. Unerschrocken befahl der Bischof daraufhin dem Raubtier im Namen Gottes, von nun an sein Gepäck zu tragen. Willig ließ sich der Bär bepacken und trottete neben Korbinian her.

Bild: siehe Zyklus.

Tod

Da Korbinian seinen Tod nahen fühlte, holte er seine Mönche zu sich, um alles Notwendige zu regeln. Er feierte mit ihnen ein letztes Mal die Eucharistie und starb danach umringt von seinen Mitbrüdern.

Bild: Jan Polack, AP München.

Kümmernis

Die heilige Kümmernis (auch Kummernus, Wilgefortis, Liberata, Julia, St. Hülferin, Ontkommer, Starosta u. a.) ist Sinnbild weiblicher Tröstung und Kummerheilung. Die Legende entstand im Mittelalter zuerst in den Niederlanden wohl aufgrund unverständlich gewordener Darstellungen eines bärtigen, mit Prunkgewändern bekleideten triumphierenden Christus am Kreuz (Volto Santo, Lucca). Attribute: *Bart, Krone, Kreuz.*

Quellen: Acta SS Iul. V (1727) 50–70.

Martyrium

Eine portugiesische Königstochter hatte Christus zu ihrem Bräutigem erwählt. Als ihr Vater sie mit einem heidnischen Prinzen verheiraten wollte, wandte sie sich mit der Bitte an Gott, sie zur Abschreckung eines jeden Freiers häßlich zu machen. Da wuchs ihr ein Bart, worüber der König so in Wut geriet, daß er seine Tochter – gleich ihrem Bräutigam Christus – ans Kreuz schlagen ließ.

Bilder: Bosch (unter dem Namen «Martyrium der hl. Liberata oder Julia»), Dogenpalast Venedig; Wandgemälde des 15. Jhds., Nikolaikirche Rostock.

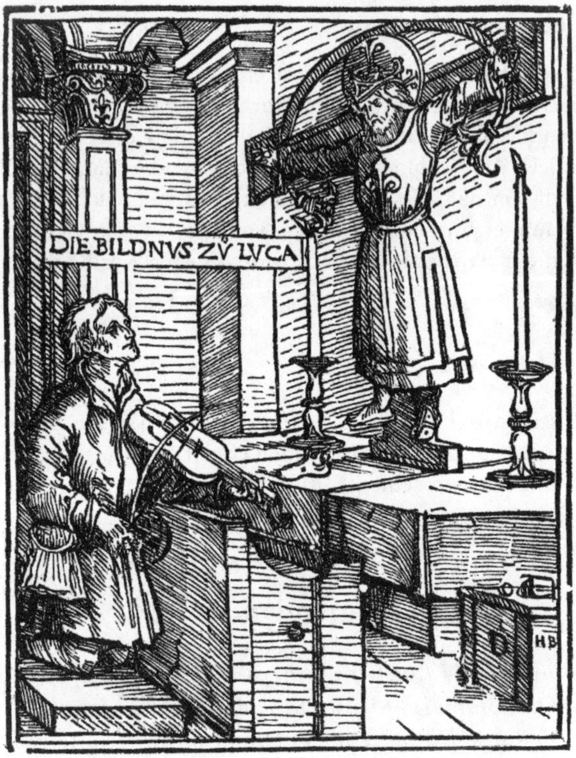

Sankt Kümmernus
Holzschnitt von Hans Baldung Grien

Der silberne Schuh des Geigers

Vor dem Bild der Heiligen spielte einmal ein armer Geiger, dem Kümmernis zur Linderung seiner Not einen silbernen Schuh zuwarf. Doch der Musikant wurde wegen vermeintlichen Diebstahls zum Tode verurteilt. Als man ihn auf seine inständige Bitte hin ein letztes Mal vor dem Heiligenbild spielen ließ, erhielt er von Kümmernis zum Beweis seiner Unschuld vor aller Augen den zweiten Schuh.

Bild: Wandgemälde des 15. Jh.s, Nikolaikirche Rostock.

Laurentius

Laurentius war unter Papst Sixtus († 257/58) Diakon und starb um 258 als Märtyrer. Sein Grab wurde schon nach 300 an der Via Tiburtina verehrt. Unter Kaiser Konstantin dem Großen entstand dort eine Basilika, San

Lorenzo fuori le mura. ATTRIBUTE: *Diakon mit den Amtszeichen Evangelienbuch und Almosenbeutel; Rost und Märtyrerpalme.*

Papst Sixtus ließ Laurentius aus seinem Geburtsland Spanien nach Rom kommen und weihte ihn zu einem seiner sieben Diakone, die zur Betreuung der Armen und Kranken bestellt waren. Als der Papst wegen seines Glaubens gefangengenommen worden war und hingerichtet werden sollte, übergab er Laurentius die Aufsicht über die kirchlichen Gelder und Wertsachen. Der Kaiser, der von einem riesigen Vermögen der Kirche gehört hatte, ließ Laurentius festnehmen und befahl ihm, die Schätze der Kirche herauszugeben. Der Diakon erbat sich eine Frist von drei Tagen. In dieser Zeit verschenkte er alles an die Bedürftigen Roms; dann kam er mit einer großen Schar Armer, Lahmer, Blinder und Kranker vor den Kaiser und sagte ihm, dies sei der unvergängliche Schatz der Kirche.
Der Kaiser fühlte sich betrogen und ließ Laurentius mit Geißeln, Bleiklötzen und Knüppeln schlagen. Schließlich wurde er auf einen glühenden Rost gelegt und mit eisernen Gabeln darauf festgehalten. Aber Laurentius rief dem Kaiser frohen Mutes zu: «Die eine Seite hast du gebraten, brat auch noch die andere und iß.» Der Kaiser wandte sich erschrocken ab, und Laurentius starb.

QUELLEN: Aurelius Prudentius Clemens, Peristephanon, II; Legenda aurea, 564–578. – ZYKLEN: Fra Angelico, Oratorium des Papstes Nikolaus V. Vatikan; M. Pacher, AP München/ Orangerie Belvedere Wien. – BILDER: *Almosenverteilung:* Holländische Schule des 16. Jh.s, Nat. Gall. London; Strozzi, S. Niccolo de Tolentino Venedig; Guercino, San Lorenzo fuori le mura Rom. *Laurentius auf dem Rost:* Tizian, Jesuitenkirche Venedig; Valentin de Boulogne, Prado; Rubens, AP München; Giordano, Rennes; Murillo, Eremitage; Lesueur, Saint-Germain-l'Auxerrois Paris.

Leo der Große

Papst Leo der Große (440–461) rettete Rom vor den Hunnen Attilas und den Vandalen König Geiserichs, indem er vor die Stadt zog und den Barbaren mutig entgegentrat. Attila soll über dem Papst die Apostel Petrus und Paulus mit gezückten Schwertern gesehen haben.

QUELLE: Legenda aurea, 425. – BILDER: Raffael, Stanzen Vatikan; Giordano, Neapel; Solimena, Brera.

Leodegar

Leodegar, Bischof von Autun (Burgund), war ein Ratgeber des Frankenkönigs Childerich II., der ermordet wurde. Vom Hausmeier Ebroin der Mittäterschaft verdächtigt, wurde er geblendet, der Zunge beraubt und um 680 enthauptet. ATTRIBUTE: *Bischof mit Augen, Bohrer, Stachel, Kruzifix und Märtyrerkrone.*

QUELLEN: Ursinus, Vita sancti Leodegarii; Legenda aurea, 764–766. – BILD: *Enthauptung:* Altartafel um 1500, Herzogen- oder Eligiuskapelle Stephansdom Wien.

Leonhard

Von Leonhard weiß man nur, daß er wahrscheinlich um 600 gelebt hat. Nach einer legendären Vita entstammte er einem fränkischen Adelsgeschlecht und wurde von Bischof Remigius von Reims getauft und erzogen. Nachdem er bei König Chlotar (bzw. Chlodwig) die Freilassung von Gefangenen, die er täglich besuchte, erreicht hatte, zog er sich als Einsiedler in den Wald zurück. Dort wurde die schwangere Königin auf einer Jagd von Wehen überrascht und gebar dank Leonhards Gebet einen gesunden Knaben. Der König schenkte ihm daraufhin für eine Klostergründung so viel Wald, wie Leonhard während einer Nacht auf einem Esel umreiten konnte. So entstand das Kloster Noblac bei Limoges. ATTRIBUTE: *Mit Kette, Fußblock und Gefangenen; außerdem mit Pferd und Ochse als Patron der Landwirte.*

QUELLE: Legenda aurea, 853–858. – BILD: Fresken von 1420, St. Dionys Esslingen.

Leopold von Österreich

Leopold (Luitpold) stammte aus dem Geschlecht der Babenberger. Um 1075 geboren, wurde er vom seligen Bischof Altmann von Passau erzogen. Seit 1095 war er Markgraf von Österreich und heiratete zehn Jahre später Agnes, die Tochter Kaiser Heinrichs IV. Er galt als frommer, gerechter Herrscher und war Gründer der Abteien Heiligenkreuz, Klein-Mariazell und Klosterneuburg, wo er nach seinem Tode 1136 begraben wurde. ATTRIBUTE: *Als Markgraf in Harnisch mit Fahne und Kirchenmodell.*

Während seiner Regierungszeit verlegte Markgraf Leopold seine Residenz von Melk nach dem neuerbauten Schloß auf dem Kahlen Berg bei Wien. Als seine Frau einmal vom Söller aus ins Tal blickte, riß ihr der eben aufkommende Abendwind den Schleier vom Haupt. Am anderen Morgen durchstreiften Bedienstete die ganze Umgebung, ohne etwas zu finden. Nach Wochen ritt Leopold zur Jagd in den Wald und wurde durch das Gebell seiner Hunde auf eine Stelle im Dickicht aufmerksam, wo er voll erstaunen den Schleier seiner Frau wohlerhalten auf einem Holunderzweig entdeckte. Da sich der Markgraf schon lange mit dem Gedanken trug, ein Münster zu bauen, hielt er diese Begebenheit für einen Fingerzeig Gottes und ließ dort Klosterneuburg errichten.

QUELLEN: Urkundenbuch zur Geschichte der Babenberger in Österreich. – ZYKLEN: Frueauf d. J., Klosterneuburg; Cranach d. Ä., KHM Wien.

Livinus/Lieven von Gent

Livinus war nach der Legende ein adeliger Schotte, der auf einer Missionsreise von Augustinus, dem Apostel Englands, getauft wurde und später sein Schüler war. Nachdem er als Priester und Bischof in seiner Heimat gewirkt hatte, soll er mit einigen jungen Gefährten zur Missionierung nach Brabant aufgebrochen und dort von Einheimischen zusammen mit der Herbergswirtin Craphaildis und ihrem kleinen Sohn Brictius enthauptet worden sein. Zuvor hatte man ihm die Zunge herausgerissen, den Bart geschoren und die Zähne gezogen.

QUELLE: Hucbaldus, Vita S. Lebwini. – BILD: *Martyrium:* Rubens, Brüssel/Boymans.

Lucia

Lucia starb in Syrakus auf Sizilien wahrscheinlich unter Kaiser Diokletian (285–305) den Martertod. Ihre Existenz gilt als historisch gesichert, ansonsten läßt sich aber Geschichtliches von Legendärem nicht mehr trennen. ATTRIBUTE: *Lampe und Augen, wegen ihres Namens «die Lichte, Leuchtende» (um diese Augen rankt sich später eine Legende, wonach sich Lucia die Augen ausriß, da ihr Bräutigam nicht aufhören wollte, ihre Schönheit zu preisen); Dolch, Schwert und Wunde am Hals; Ochse, Märtyrerpalme.*

Der jungen Lucia, die mit ihrer an Blutfluß leidenden Mutter zum Grab der hl. Agatha nach Catania gekommen war, tat die Heilige kund, daß ihr Glaube die Mutter geheilt habe. Nach der Rückkehr in ihre Heimatstadt Syrakus legte Lucia aus Dankbarkeit das Gelübde der Keuschheit ab und verschenkte ihre große Mitgift an die Armen. Daraufhin wurde sie von ihrem Bräutigam beim Richter Paschasius als Christin angezeigt.

Da Lucia den heidnischen Göttern nicht opfern wollte, befahl der Richter, sie in ein Freudenhaus zu bringen. Aber weder Hurenknechte noch tausend Mann und mehrere Ochsengespanne, noch ein Zauberer, vermochten Lucia von der Stelle zu bewegen. Da goß man Urin über sie, um den vermeintlichen Zauber zu brechen, und überschüttete sie mit brennendem Pech, Harz und Öl. Als ihr das Feuer nichts anhaben konnte, durchstieß man mit dem Schwert ihre Kehle. Sie starb aber erst, nachdem sie von einem Priester die Kommunion empfangen hatte.

Der Richter Paschasius aber wurde am Richtplatz von Soldaten des Kaisers wegen Veruntreuung gefangengenommen und hingerichtet, wie Lucia es vorausgesagt hatte. – Den Leichnam der Märtyrerin begrub man direkt unter dem Richtplatz und baute ihr zu Ehren eine Kirche darüber.

QUELLE: Legenda aurea, 35–38. – ZYKLEN: Lorenzo di Niccolò Gerini, Metrop. Mus.; Jacobello del Fiore, Pinac. Fermo; Lotto, Pinac. Jesi; Zurbarán, Washington. – BILDER: *Ochsen versuchen vergeblich, Lucia zu ziehen:* Unbekannter Meister von Estimarin, Prado; Dolci, Uffizien; Tiepolo, Apostelkirche Venedig. *Martyrium:* Lotto, Pinac. Com. Jesi. *Bestattung:* Caravaggio, Santa Lucia Syrakus.

Ludwig der Heilige

Der am 25. April 1219 in Poissy geborene Ludwig IX. wurde mit elf Jahren zum König von Frankreich gekrönt. Seine fromme Mutter Bianca führte für ihn die Regentschaft. 1234 wurde er mit Margareta von der Provence vermählt. Der fromme und wohltätige Herrscher verstand es, durch eine weise Gesetzgebung Frankreich zu wirtschaftlicher Blüte zu verhelfen und hohes moralisches Ansehen zu erlangen. Zweimal führte er einen Kreuzzug ins Heilige Land. Das erste Mal (1258–60) geriet er mit seinem Heer in Gefangenschaft und mußte sich durch ein hohes Lösegeld freikaufen; beim zweiten Mal (1267–70) kam er am 25. August 1270 nach der Einnahme von Karthago durch eine Seuche um. Seine Gebeine wurden nach Paris gebracht und sein Haupt in der ‹Sainte-Chapelle› beigesetzt, die er für die Dornenkrone Christi hatte bauen lassen. ATTRIBUTE: *Dornenkrone, Kreuz und Kreuznägel, die er als Reliquien von seinen Kreuzzügen mitbrachte; Zepter und Lilien (‹Fleurs-de-lys›) als König von Frankreich; Kirchenmodell als Erbauer der ‹Sainte-Chapelle›.*

QUELLE: Le Nain de Tillemont, Vie de Saint Louis Paris 1847–51. – ZYKLUS: Fresken des 14. Jh.s, Unterkirche der Sainte-Chapelle Paris.

LUDWIG MIT DEM JESUSKUND

Ludwig soll, wie vor ihm schon Franziskus und Antonius von Padua, in einer Vision das Jesuskind aus den Armen Mariens empfangen haben.

BILD: Claudio Coëllo, Prado.

LUDWIG VERTEILT ALMOSEN

König Ludwig ging oft selbst zu den Armen, um Almosen zu verteilen; außerdem machte er viele Stiftungen und spendete reichlich an Klöster und Hospitäler. In seinem Palast speiste er täglich 120 Arme, die er häufig selbst bediente; an seinem Tisch saßen immer drei Greise, denen er von seinem Essen gab. Am Samstag wusch und küßte er drei Blinden die Füße und reichte ihnen Wasser zur Reinigung der Hände. Als im Jahre 1262 in der Normandie eine Hungersnot ausbrach und viele Menschen daran starben, sandte er zur Linderung Geld und Lebensmittel.

BILD: Tristán, Louvre.

Letzte Kommunion und Tod

Nachdem Ludwig schon drei Wochen von Fieber befallen in seinem Zelt vor Karthago gelegen hatte, empfing er auf seinem Strohlager kniend zum letzten Mal die Kommunion. Mit den Worten: «Ich werde eingehen, o Herr, in dein Haus und dich anbeten, o mein Gott, in deinem Tempel», starb er mit einem Lächeln auf den Lippen.

Bild: Doyen, Saint-Louis-en-l'Ile Paris.

Ludwig von Toulouse

Ludwig, geboren 1274, war Thronfolger des Königs von Neapel Karl II. von Anjou, sein Großonkel war der französische König Ludwig IX., der Heilige. Der junge Prinz verzichtete zugunsten seines Bruders auf den Thron, um Franziskaner zu werden. 1296 zum Erzbischof von Toulouse geweiht, starb er schon ein Jahr später mit 23 Jahren am 19. August 1297 an Fieber. Im Jahre 1317 setzte man seine Reliquien in einem silbernen Sarg in Marseille bei. Als 1423 die Stadt durch König Alphons von Aragon geplündert wurde, brachte man die Überreste des Heiligen nach Valenzia. Attribute: *Als junger Bischof, meist im Franziskanerhabit mit Krone und Zepter und einem Mantel mit Lilien (‹Fleurs-de-lys› als Zeichen seiner Verwandtschaft mit dem französischen Königshaus).*

Quelle: Johannes von Orta, Vita des Ludwig von Toulouse. – Zyklen: Martini, S. Lorenzo Maggiore Neapel; Lorenzetti, Franziskanerkloster Siena; Bonfigli, Perugia.

Krönung Roberts

Nachdem Ludwig auf den Thron verzichtet hatte und Franziskaner geworden war, krönte er selbst seinen Bruder Robert zum König von Neapel.

Bild: Martini, Neapel.

Ludwig als Bischof

Der junge Franziskaner, der vom Papst zum Bischof geweiht worden war, zog als armer Ordensbruder in sein Bistum ein. Er besuchte Krankenhäuser, in denen er selbst Tote wieder zum Leben erweckte, gab drei Viertel seiner Einkünfte den Bedürftigen und aß täglich mit 25 Armen an seinem Tisch. In seiner Demut reichte er seinen Gästen auf Knien das Brot und wusch jeden Sonntag dreien der Ärmsten die Füße.

Bild: siehe Zyklen.

Silber im Bauch des Fisches

Ein Kaufmann aus Marseille, dessen ganzes Geld auf einer Seereise ins Meer fiel, fand das Silber dank der Fürsprache des heiligen Ludwig im Bauch eines Fisches wieder, den er sich zum Mahl bereiten ließ.

Bild: siehe Zyklen.

Mam(m)as

Mammas starb als Märtyrer in Caesarea (Kappadokien). Historische Angaben zu seinem Leben fehlen. Attribute: *Hirsch, Löwe und Hirtenstab.*

Mammas verkündete als Einsiedler in der Wüste den wilden Tieren das Evangelium. Als ihn kaiserliche Bogenschützen entdeckten und wegen seines christlichen Glaubens vor den Richter bringen wollten, beschützten ihn seine Raubkatzen. Später wurde er doch noch gefangengenommen und wegen Zauberei angeklagt. Man warf ihn hungrigen Raubtieren vor, die sich aber wie Schoßhunde zu seinen Füßen niederließen. Nachdem er fünf Tage von Engeln bewacht in einem Feuerofen überlebte, schlitzte man ihm mit einem Dreizack den Bauch auf und zog die Gedärme heraus.

Quelle: Passio sancti Mamae. – Zyklus: Cousin, Wandteppiche, Kathedrale Langres/Louvre. – Bild: *Martyrium:* Langlois, Louvre.

Margarete

Margarete war eine jungfräuliche Märtyrerin in Antiochien/Pisidien, die unter Diokletian (285–305) getötet worden sein soll. Genauere historische Nachrichten fehlen. Sie gehört zu den vierzehn Nothelfern (siehe S. 465) und mit Katharina, Dorothea und Barbara zu den ‹Quattuor Virgines Capitales›. Attribute: *Kreuz oder Kreuzstab, mit dem sie nach der Legende den Teufel in Gestalt eines Drachens überwand; Perlenkranz oder Perlenkrone, als Zeichen des Martyriums; Perlen, da das griechische «Margareta» «Perle» bedeutet; Buch des Glaubens, für den sie ihr Leben gab.*

Quelle: Legenda aurea, 463–466. – Zyklen: Giotto-Schule, Kirche Montici; Französische Schule des 16. Jh.s, Buckingham Pal.

Margarete hütet die Schafe

Margarete, Tochter eines heidnischen Priesters, wurde von einer Amme erzogen und gegen den Willen ihres Vaters christlich getauft. Da ihr Vater sie deswegen haßte, lebte sie lange Jahre bei der Amme. Als Margarete mit anderen jungen Mädchen einmal die Schafe hütete, kam der hohe Beamte und Richter Olibrius vorbei. Er sah ihre Anmut und Schönheit und begehrte sie zur Frau.

BILD: Fouquet, Louvre.

Sieg über den Drachen und Martyrium

Als Olibrius erfuhr, daß Margarete Christin war, setzte er alles daran, sie von ihrem Glauben abzubringen. Da sie sich weigerte, ließ er sie mit Ruten schlagen und ihr mit eisernen Kämmen das Fleisch von den Knochen abziehen. Olibrius selbst schlug dabei entsetzt seinen Mantel vor die Augen. Danach wurde Margarete in einen Kerker geworfen. Dort erschien ihr der Teufel in Gestalt eines schauerlichen Drachens, den sie aber mit einem Kreuzzeichen oder einem hölzernen Kreuzstab daran hindern konnte, sie zu verschlingen. In anderen Quellen heißt es, der Drache habe Margarete verschlungen und sei durch ihr Kreuzzeichen zerrissen worden, so daß die Jungfrau seinem Leib unverletzt wieder entsteigen konnte. Margarete warf den Drachen, der sie weiter bedrängte, schließlich zu Boden und setzte zum Zeichen des Sieges ihren Fuß auf ihn. Am nächsten Tage holte man Margarete aus ihrem Gefängnis, zog sie nackt aus, brannte sie mit Fackeln und warf sie in ein großes Faß mit Wasser, um ihre Schmerzen zu vergrößern. Da bebte plötzlich die Erde, und Margarete kam unversehrt aus dem Faß heraus. Schließlich wurde sie enthauptet.

BILDER: *Sieg über den Drachen:* Feti, KHM Wien; Zurbarán, Nat. Gall. London.

Maria Aegyptiaca

Vor allem im 6. Jahrhundert pilgerte man in Palästina zum Grab der Büßerin Maria, die dort als Einsiedlerin gelebt hatte. ATTRIBUTE: *Meist halbnackt in ihr langes weißes Haupthaar gehüllt; seltener als Mohrin; drei Brote tragend.*

Maria lebte 17 Jahre lang als Dirne in Alexandrien. Als sich Pilger nach Jerusalem einschifften, wollte sie aus Neugierde mitfahren, hatte aber kein Geld und bot statt dessen den Seeleuten ihren Körper an. Vor der Jerusalemer Grabeskirche wurde sie von einer unsichtbaren Macht am Betreten gehindert, und sie erkannte, daß daran ihr bisheriges Leben schuld war. In ihrem Schmerz wandte sie sich weinend an ein Bild der Muttergottes und gelobte, von nun an rein und bußfertig zu leben. Daraufhin konnte sie ungehindert zum heiligen Kreuz in die Grabeskirche gelangen. Dort gab ihr ein Mann drei Geldstücke, von denen sie drei Brote kaufte.
Einer himmlischen Stimme folgend überquerte sie den Jordan an der Stelle, wo Johannes einst Jesus getauft hatte, und wusch sich die Haare, die sie für

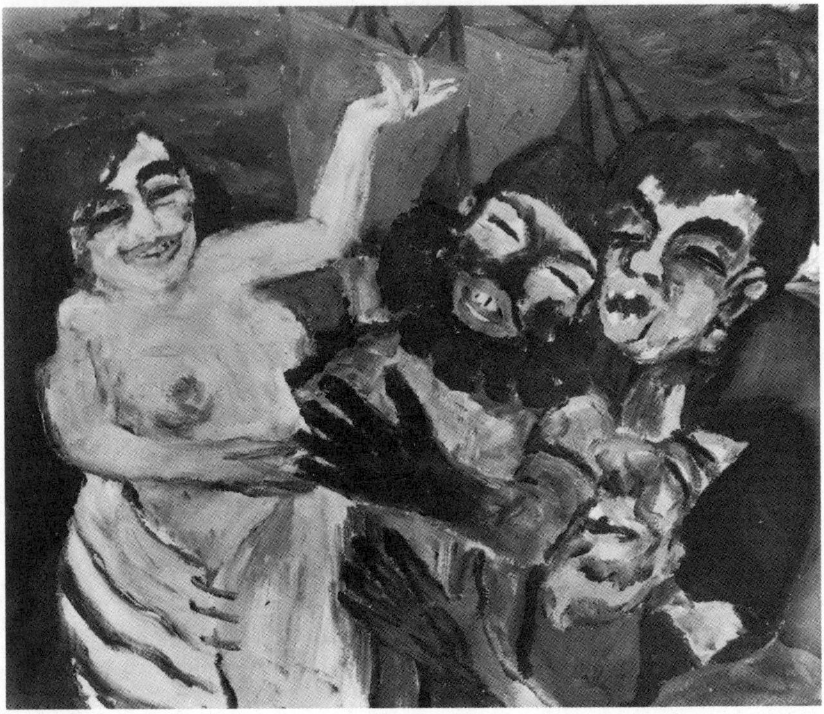

Die Jugend der Maria. Gemälde von Emil Nolde, Hamburg

ihre Freier parfümiert hatte. 47 Jahre lang lebte sie von den drei Broten in der Wüste.

Dann fand der Abt Zosimus die nur noch von ihren Haaren Bekleidete. Sie bat ihn, ihr am Gründonnerstag das Abendmahl an den Jordan zu bringen und ging am bezeichneten Tag trockenen Fußes über den Fluß dem erstaunten Abt entgegen.

Im darauffolgenden Jahr, als Zosimus wieder mit einer Hostie an den Jordan ging, lag Maria tot am Ufer. Er wagte nicht, die Heilige zu berühren und zu begraben, bis er sah, daß neben ihrem Haupt in den Sand geschrieben war: «Zosimus, begrabe meinen Leib . . .» Da er kein Werkzeug zum Graben hatte, bat er einen Löwen um Hilfe, der eine tiefe Mulde aushub, in die der Abt den Leichnam legte.

QUELLE: Legenda aurea, 287–289. – ZYKLUS: Nolde, Hamburg. – BILDER: *Ein Engel hindert Maria am Eintritt in die Grabeskirche:* Chassériau, Saint-Merri Paris. *Leben in der Wüste:* Tintoretto, S. Rocco Venedig. *Kommunion durch den hl. Zosimus:* Champaigne, Tours; Baugin, Notre Dame Paris. *Tod:* Nolde, Hamburg/Essen. *Zosimus und der Löwe begraben Marias Leichnam:* Cortona, Pal. Pitti.

Martin von Tours

Martin wurde als Sohn eines römischen Offiziers im Jahre 316/17 in Sabaria (Pannonien/heutiges Ungarn) geboren, in Pavia (Italien) erzogen und war ab seinem 16. Lebensjahr Soldat. Mit 18 Jahren ließ er sich in Amiens taufen und wurde Schüler des Bischofs Hilarius von Poitier. Um seine Eltern zu bekehren, ging er nach Ungarn und dann als Einsiedler auf die Insel Gallinaria bei Genua. Um 360 gründete er das erste Kloster Frankreichs in Ligugé. 371 wurde er zum Bischof von Tours gewählt. Er missionierte und wirkte weit über die Grenzen seines Bistums hinaus; selbst römische Kaiser wie Maximus suchte er auf, um Verurteilte zu retten. Er starb am 8. November 397 in Candes auf einer Reise und wurde in Tours begraben. ATTRIBUTE: *Als Soldat mit Mantel und Schwert auf einem Pferd, mit Bettler; Bischof mit Krummstab und Buch; Gans, wegen der Legende und/oder wegen des Brauches, am Martinstag als letzten Festbraten vor der vierzigtägigen Adventsfastenzeit die sog. Martinsgans zu essen; manchmal ein Pokal (als Sinnbild des letzten Festtrunkes vor der Fastenzeit?)*

QUELLEN: Sulpicius Severus, Vita sancti Martini; Venantius Fortunatus, Vita sancti Martini u. a.; Legenda aurea, 860–872. –ZYKLEN: Altar der Kirche von Montgrony, Vich; Altar des 14. Jh.s, St. Martin Chioggia; Martinsaltar, Barcelona; Jacomart, Valencia.

Martin und der Bettler

An einem bitterkalten Wintertag ritt der 18jährige Offizier Martin durch das Tor von Amiens und sah einen halbnackten, ausgehungerten Bettler. Er zog sein Schwert, teilte seinen Soldatenmantel in zwei Hälften und gab die eine dem Bettler, die andere warf er sich selbst um. In der folgenden Nacht erschien ihm im Traum Christus, mit dem weggegebenen Teil des Mantels bekleidet. Er sagte Martin, er selber sei der Bettler gewesen. Daraufhin ließ sich Martin in Amiens taufen.

BILDER: Burgkmair, AP München; El Greco, Washington; Dyck, Kirche Saventhem (Belgien).

Martin vor Kaiser Julian Apostata

Nachdem Martin Christ geworden war, blieb er noch zwei Jahre lang Soldat. Als Kaiser Julian Apostata in Worms ein Heer gegen die Germanen aufstellte, sollte jeder Soldat zur Steigerung der Kampfmoral vom Kaiser selbst ein Geschenk in Empfang nehmen. Martin lehnte jedoch ab mit der Begründung, er könne als Soldat Christi nicht länger mit Waffen kämpfen. Wütend bezichtigte ihn Julian daraufhin der Feigheit. Da bot Martin an, ohne Waffen im

Namen Christi vor dem Heer gegen die Germanen zu ziehen. Es kam aber nicht zu dieser Probe, denn die Feinde schlossen unerwarteterweise mit dem Kaiser doch noch Frieden. Martin aber schied daraufhin aus dem Heer aus und wurde ein Einsiedler, bis ihn Bischof Hilarius nach Poitiers berief, wo er ein Kloster gründete.

BILD: Martini, S. Francesco Assisi.

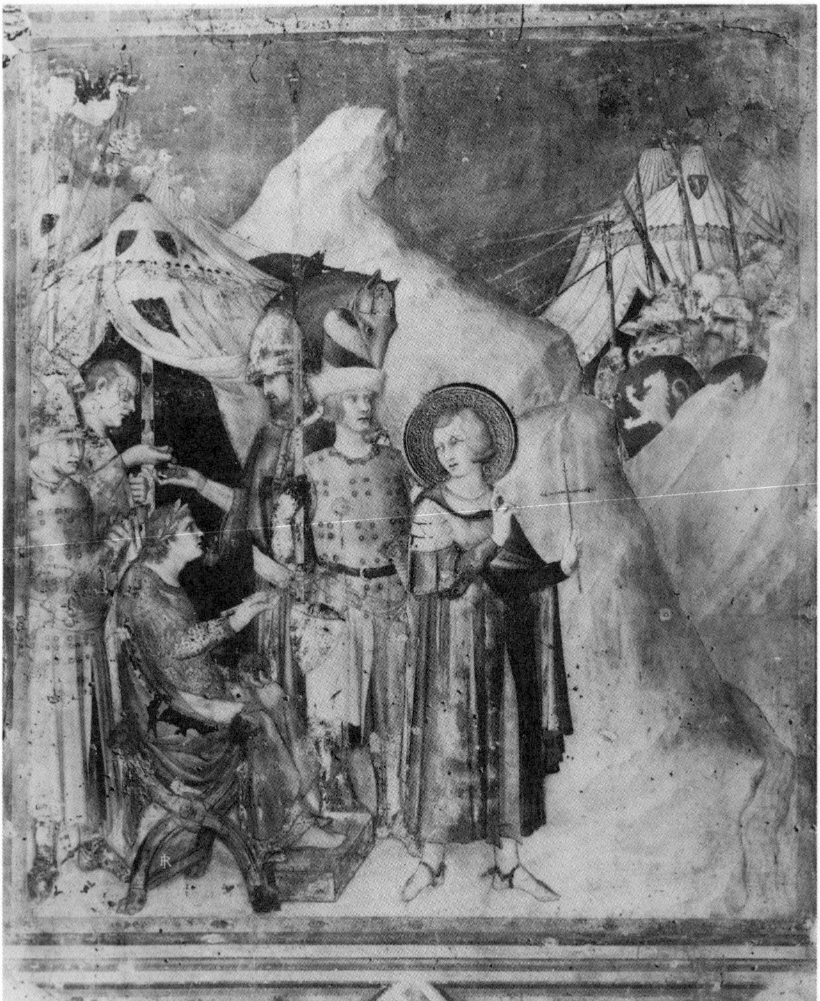

Kaiser Julian mit dem hl. Martin
Gemälde von Puccio Capanna (oder von Francesco di Giorgio Martini?), San Francesco Assisi

Martin und die Gänse

Nachdem Martin zum Bischof von Tours gewählt worden war, soll er sich in einem Gänsestall versteckt haben, weil er in seiner Demut die Bischofswürde nicht annehmen wollte. Durch ihr Geschnatter verrieten ihn aber die Gänse, und er wurde zur Bischofsweihe in die Stadt gebracht.

Bild: siehe Zyklen.

Martin fällt einen Götzenbaum

Martin zerstörte viele heidnische Heiligtümer und bekehrte die Menschen zum Christentum. Als er einmal eine Tanne fällen wollte, die dem Teufel geweiht war, wurde er von den heidnischen Bauern daran gehindert. Er kam mit ihnen schließlich überein, sich an einer Stelle in Fallrichtung des Baumes festbinden zu lassen, während die Heiden den Baum fällten. So würde man sehen, was der Gott Martins vermochte. Als der Baum sich gegen Martin zu neigen begann, machte dieser ein Kreuzzeichen. Die Tanne wandte sich gegen die Heiden und hätte sie fast erschlagen. Durch dieses Wunder wurden viele bekehrt.

Bilder: Schule des Huguet, Mus. Barcelona; Bernard von Orley, Slg. Mortimer Schiff New York.

Martin und der Aussätzige

In Paris traf Martin einmal einen furchtbar entstellten Aussätzigen, den er in großer Liebe und Demut küßte und segnete. Davon wurde dieser vollkommen geheilt.

Bild: Fenster von Chartres.

Die Martinsmesse mit der feurigen Kugel

Als Bischof Martin an einem Festtag zur Kirche ging, begegnete ihm ein nackter Armer. Martin gab ihm seine Kleidung und ließ sich dafür von seinem Diakon ein ganz billiges Armengewand bringen, mit dem er die Messe feierte. Während des Gottesdienstes erschien eine feurige Kugel über seinem Haupt, und viele sagten, er sei den Aposteln gleich gewesen.

Bild: Lesueur, Louvre.

Streit um den Leichnam des Heiligen und Begräbnis

Nach dem Tod Martins in Candes kamen Abgesandte sowohl aus Poitier als auch aus Tours und stritten sich um seinen Leichnam. Als um Mitternacht die Leute aus Poitier schliefen, ließen die Leute aus Tours den Leichnam zum

Fenster hinunter und ruderten ihn mit einem Kahn auf der Loire nach Tours. Dort wurde Martin unter großer Anteilnahme begraben. Selbst Bischof Ambrosius soll während einer Messe in einer Mailänder Kirche eingeschlafen und solange beim Begräbnis Martins in Tours gewesen sein, bis ihn nach Stunden sein Diakon aufweckte (siehe S. 360).

BILDER: *Begräbnis mit Ambrosius von Mailand:* Mosaik des 12. Jh.s, S. Ambrogio Mailand; Finoglia, Certosa di S. Martino Neapel.

Mauritius und die Thebaische Legion

Mauritius und seine christlichen Soldaten, die aus dem ägyptischen Theben stammten, sollen zwischen 280 und 300 unter den Kaisern Maximian und Diokletian in Agaunum (dem heutigen St. Moritz im Wallis) den Martertod gefunden haben. Zur thebaischen Legion werden auch die Heiligen Gereon, Victor, Cassius und Ursus gezählt. ATTRIBUTE: *Mohr (Mauritius bedeutet Mohr) in Ritterrüstung mit Fahne, darauf sieben Sterne, oder mit einer Kreuzesfahne; Schild, Schwert und Lanze.*

Kaiser Diokletian und sein Mitkaiser Maximian hoben Truppen gegen die Christen aus, die den Götterkult verweigerten. Auch die ägyptische Stadt Theben mußte dem Kaiser unter der Führung von Mauritius eine Legion Soldaten stellen, die aber den Auftrag bekam, nicht gegen Christen zu kämpfen. Dem Heer Kaiser Maximians zugeordnet, zogen die Thebaer über die Alpen nach Gallien. Vor ihrem Einsatz erhielten sie den Befehl, den Göttern zu opfern. Da führte Mauritius seine Legion in das acht Meilen vom Heerlager entfernte Agaunum an der Rhone. Der Kaiser sandte ihnen Boten nach, doch Mauritius und seine Soldaten weigerten sich, dem Opferbefehl nachzukommen, und bekannten sich zum christlichen Glauben. Daraufhin ließ Maximian zur Abschreckung jeden zehnten enthaupten. Die übrigen ließen dem Kaiser sagen, daß sie ihm jederzeit die Treue halten würden, aber vom christlichen Glauben nicht mehr lassen könnten. Trotzdem ließ Maximian sie umstellen und niedermetzeln. Danach hielten die Soldaten inmitten des Blutbades ein Mahl und verteilten die Beute. Ein Greis sah die grauenvolle Szene, pries die Seligkeit des Martyriums und bekannte sich ebenfalls zu Christus. Da wurde auch er getötet.

Nur wenige Thebaer entkamen zunächst dem Gemetzel. Gereon, der zu einer anderen Abteilung der Legion gehörte, wurde mit mehr als 300 Soldaten in Köln getötet, Victor starb in Xanten den Martertod, Cassius in Bonn und Ursus in Solothurn.

QUELLE: Legenda aurea, 727–732. – BILDER: *Martyrium:* Altartafel um 1410/20, Nicolaikirche Jüterbog; Woensam, AP München; El Greco, Escorial.

Michael vom Gargano

Der hl. Erzengel Michael, Führer der himmlischen Heerscharen, soll um 490 mehrmals im Garganogebirge erschienen sein und wird dort seither auf dem Monte Sant' Angelo bei Siponto verehrt. ATTRIBUTE: *Engel in Ritterrüstung mit Flammenschwert oder Lanze, einen Fuß auf dem besiegten Drachen (Symbol Lucifers, den er in die Hölle stürzte), mit Posaune und Seelenwaage beim jüngsten Gericht.*

Ein Herdenbesitzer namens Gargano machte sich mit seinen Hirten von Siponto aus auf, um seinen schönsten Stier, der abhanden gekommen war, im Gebirge zu suchen. Nach Stunden entdeckten sie ihn endlich am Eingang einer mit dichtem Gestrüpp umwucherten Höhle, über der ein strahlendheller Lichtschein aufblinkte und wieder verschwand. Aus Wut über das undurchdringliche Gesträuch, das den Zugang zu dem Tier verhinderte, schoß der Besitzer einen Pfeil auf den weißen Stier ab. Doch von einer unsichtbaren Hand gelenkt, kehrte das Geschoß um und traf ein Auge des Schützen. Verstört liefen die Hirten in ihre Heimatstadt und erzählten alles dem Bischof. Diesem erschien nach langem Gebet der hl. Michael, der verkündete, Stier und Höhle seien unter seinen Schutz gestellt. Wenn man ihn an dieser Stelle verehre, werde dies Heil bringen.

QUELLE: Legenda aurea, 743 f. – BILD: *Der verwundete Gargano:* Meister von Arguis, Prado.

Nikolaus von Myra oder Bari

Nikolaus war wahrscheinlich in der 1. Hälfte des 4. Jahrhunderts Bischof von Myra (Südküste Lykiens/Kleinasien). Im Jahre 1087 wurden seine Gebeine von Myra nach Bari (Italien) transferiert. Er gehört in manchen Gegenden anstelle von Erasmus zu den vierzehn Nothelfern (siehe S. 465). ATTRIBUTE: *Bischof mit Krummstab und Buch; drei goldene Kugeln oder Äpfel; drei Knaben in einem Bottich, ursprünglich wahrscheinlich drei Feldherrn im Turm; Brote (Patron der Bäcker); Anker und Schiff (Patron der Schiffer).*

QUELLEN: Johannes Diaconus, Vita sancti Nicolai; Legenda aurea, 26–34. – ZYKLEN: Lorenzetti, Uffizien; Fra Angelico (verstreut), Pinak. Vatikan, Perugia/San Marco Florenz; Cabrera, Kathedrale Manresa; Nikolaus-Altar der Marienkirche, Mus. Danzig; Gérard David, Slg. C. L. Lloyd Birmingham; Coter, Kirche Orsoy.

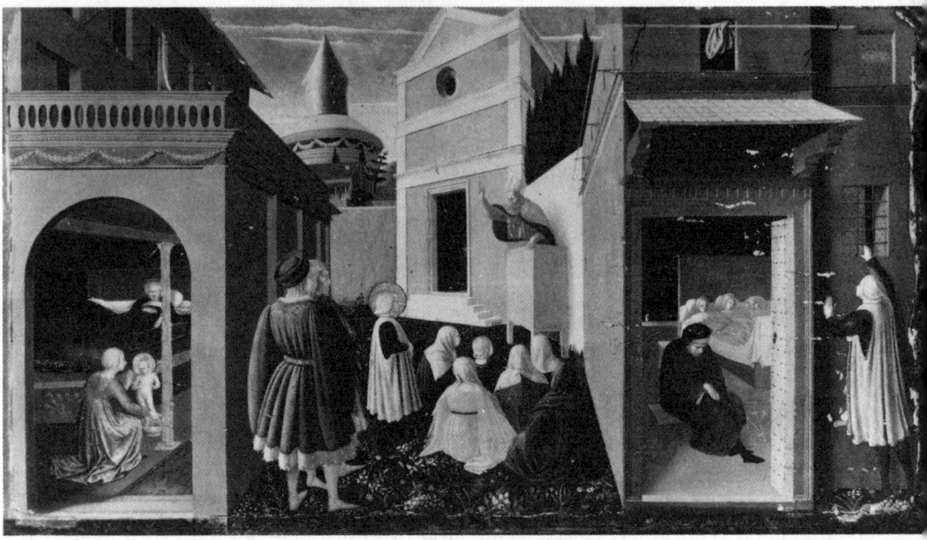

Geburt des hl. Nikolaus von Bari – Seine Berufung – Almosen an drei arme Mädchen
Gemälde von Fra Angelico, Pinak. Vatikan

Kindheit

Nikolaus war das Kind reicher und frommer Eltern. Schon am ersten Tag seines Lebens, als man ihn baden wollte, stand er aufrecht in der Wanne. Von Kindheit an war er so fromm, daß er sich, wie die Legende berichtet, als Säugling weigerte, an Fasttagen Muttermilch zu trinken. Durch die Predigt seines Onkels, der Bischof war, kam er jung zum Priestertum.

Bild: siehe Zyklen.

Die drei goldenen Äpfel oder Kugeln

Ein verarmter adeliger Nachbar hatte drei Töchter, die er in seiner Not zur Prostitution zwingen wollte. Als Bischof Nikolaus davon hörte, ging er dreimal nachts zu ihrem Haus und warf für jedes der Mädchen eine Goldkugel hinein. Mit dem Gold als Mitgift konnte der Vater nun seine Töchter gut verheiraten.

Bild: Pesellino, Casa Buonarotti Florenz; Gentile da Fabriano, Pinak. Vatikan; Palma Giovane, Slg. Querini Stampalia Venedig; Veen, Antwerpen; Bicci di Lorenzo, Metrop. Mus.

Hungersnot

Während einer großen Hungersnot in seiner Bischofsstadt Myra ging Nikolaus zum Hafen, um von jedem Schiff, das Getreide für die kaiserlichen Kornkammern geladen hatte, 100 Maß Weizen zu erbitten. Das Korn war aber genau abgewogen, deshalb trauten sich die Schiffsleute nicht, etwas davon abzugeben. Als Nikolaus ihnen zusicherte, durch ihre Gabe würde die Menge nicht vermindert werden, gaben sie ihm, was er verlangte. Danach wogen die kaiserlichen Diener das Korn, und es war um nichts weniger geworden. Erstaunt priesen die Schiffsleute Nikolaus und erzählten von dem Wunder.

BILD: Siehe Zyklen.

Errettung dreier Krieger und der drei Feldherrn im Turm

Der bestochene Landpfleger von Myra hatte befohlen, drei unschuldige Krieger hinzurichten. Doch Nikolaus riß dem Henker gerade noch rechtzeitig das Schwert aus der Hand, befreite die Verurteilten von ihren Fesseln und ging mit ihnen zum Landpfleger, um ihn zur Rechenschaft zu ziehen. Als dieser Reue zeigte, vergab ihm Nikolaus.

Drei unbescholtene Feldherrn fielen durch eine Intrige in Ungnade und sollten auf Befehl des Kaisers wegen treuelosen Verhaltens hingerichtet werden. Als die drei, die die Errettung der Krieger durch Nikolaus miterlebt hatten, in ihrem Kerkerturm den Heiligen um Schutz anriefen, erschien Nikolaus dem Kaiser und seinem obersten Ratgeber im Traum und forderte sie auf, die Unschuldigen am Leben zu lassen. Am Morgen ließ der Kaiser seine drei Feldherrn holen und erzählte ihnen seinen Traum. Da erkannten alle, daß Gott durch den heiligen Nikolaus rettend eingegriffen hatte.

BILD: *Errettung dreier Krieger:* Repin, Eremitage.

Die Wiedererweckung der drei eingepökelten Knaben

Ein Metzger soll einmal drei fahrende Schüler getötet und in einem Faß eingepökelt haben. Nikolaus, so wird erzählt, habe sie wieder zum Leben erweckt.

BILDER: Lorenzo di Niccolo Gerini, Pinak. Vatikan; Meister Stefano, S. Francesco Assisi; Gentile da Fabriano, Pinak. Vatikan; Courbet, Kirche Saules (bei Ornans).

Nikolaus und das Öl der Göttin Diana

Da manche Bauern immer noch der heidnischen Göttin Diana unter einem Baum ihre Opfer darbrachten, ließ Nikolaus diesen Baum fällen. Deshalb wollte sich Diana an ihm mit Hilfe eines Öls rächen, das selbst im Wasser brannte. Sie verkleidete sich als fromme Frau und übergab Pilgern, die per Schiff zu Nikolaus fuhren, ein Ölfläschchen, das sie in seiner Kirche als Weihegabe ausgießen sollten. Nachdem die Frau verschwunden war, erschien Nikolaus, der Diana erkannt hatte, auf einem anderen Schiff, nahm das Fläschchen und goß den Inhalt ins Meer, das daraufhin lichterloh brannte.

BILD: Siehe Zyklen.

Die Judenbekehrungen

Auch nach seinem Tod soll Nikolaus noch viele Wunder gewirkt haben. So erweckte er einen betrügerischen Christen auf Bitten des betrogenen Juden wieder zum Leben. Da wurde der Jude Christ.
Ein anderer Jude, der von den Wundern des Heiligen gehört hatte, stellte ein Bild von Nikolaus auf, um seine Habe damit zu schützen. Als er nach einer Reise sein Haus ausgeraubt fand, geißelte er vor Wut das Bildnis. Da erschien Nikolaus den Räubern so, als wäre er wirklich ausgepeitscht worden, und bat sie, das gestohlene Gut, um dessentwillen er blutig geschlagen wurde, zurückzugeben. Betroffen gaben die Diebe ihre Beute an den Juden zurück, der daraufhin Christ wurde.

Bilder: *Erweckung des betrügerischen Christen:* Fenster Chartres. *Geißelung des Nikolausbildes:* Meister Stefano, S. Francesco Assisi.

Nikolaus trägt einen Edelknaben durch die Lüfte

Die Edelleute Cethron und Euphrosina hatten lange keine Kinder. Deshalb zog der Mann nach Myra, um den Segen des Bischofs zu erbitten. Doch der Heilige wurde bei seiner Ankunft gerade zu Grabe getragen. Nur ein Linnenstück von Nikolaus konnte Cethron als Reliquie mit nach Hause nehmen, wo er zu Ehren des Heiligen eine Kirche erbauen ließ. Am 6. Dezember, dem Nikolausfest, wurde dem Ehepaar nun wirklich ein Sohn namens Adeodatus geboren.
Während des 8. Geburtstages des Knaben fielen aber die Agarener (Araber) ins Land und verschleppten Adeodatus an den Hof ihres Königs Marmorinus, wo er als Mundschenk dienen mußte. Keine Macht der Welt könne ihn je wieder aus seinem Palast wegbringen, meinte der König, der den schönen Knaben bei sich behalten wollte. Doch am Nikolausfest des darauffolgenden Jahres, als Adeodatus seinem Herrn gerade einen Becher mit Wein reichen wollte, wurde er von Nikolaus durch die Lüfte in sein Vaterhaus zurückgetragen.

Bild: Giotto, S. Francesco Assisi.

Der Knabe mit dem goldenen Becher oder der goldenen Schale

Als Nikolaus schon gestorben war, betete ein vornehmer Mann zu ihm, er möge für ihn bei Gott um einen Sohn bitten, und versprach, ihm dafür einen goldenen Becher zu opfern. Nachdem er wirklich einen Sohn bekommen hatte, ließ er den Becher anfertigen, fand ihn aber so schön, daß er ihn selbst behielt und als Opfergabe für Nikolaus einen anderen machen ließ. Als er mit dem Kind und den zwei Gefäßen übers Meer zur Kirche des Heiligen fuhr, fiel der Knabe mit dem ersten Becher beim Wasserschöpfen in die Fluten und ertrank. In großer Verzweiflung kam der Mann zur Nikolauskirche und wollte den zweiten Becher auf den Altar stellen, doch er fiel immer wieder herunter. Plötzlich erschien sein Sohn mit dem ersten Goldbecher, stellte ihn auf den Altar und erzählte seinem glücklichen Vater, daß ihn Nikolaus gerettet habe. Aus Dankbarkeit stiftete der Vater nun beide Gefäße.

BILDER: Fenster Chartres; Fresko des 13. Jh.s, St. Maria Lyskirchen bei Köln.

Errettung aus Seenot

Seeleute, die wegen eines heftigen Sturmes in Seenot geraten waren, riefen den Bischof von Myra um Hilfe an. Nikolaus erschien ihnen und besänftigte den Sturm.

BILDER: Bicci di Lorenzo, Ashmolean; Altdorfer, Ashmolean.

Nikolaus von Tolentino

Der um 1245 in San Angelo bei Pontano geborene Augustinereremit Nikolaus wirkte die letzten dreißig Jahre seines Lebens in Tolentino als Prediger, Krankenseelsorger und Wundertäter. Er starb am 10. September 1305. Seine Gebete und die später nach ihm benannten geweihten Brötchen verursachten viele Heilungen. Bei seiner Geburt, während einer Meßfeier und an seinem Lebensende sollen ihn Engel umgeben haben. ATTRIBUTE: *Ein von Lilien umranktes Kruzifix, vor dem Nikolaus betet; ein Stern auf der Brust oder über ihm; Schüssel mit gebratenen Hühnchen, die wegfliegen, da er sie in seiner Askese nicht essen will.*

QUELLE: Petrus von Monterubbiano, Vita sancti Nicolai Tolentinensis. – BILDER: *Nikolaus verteilt das geweihte Brot an Kranke:* Crayer, Gent. *Von Engeln umgeben:* Fredeau, Toulouse. *Erweckung der Hühner:* Raffael, Detroit

Norbert von Magdeburg oder Xanten

Norbert, um 1082 in Xanten geboren und für den Klerikerstand bestimmt, stieg durch seine adelige Herkunft schnell in der kirchlichen Hierarchie empor und war Hofkaplan bei Kaiser Heinrich V. Nach einem Bekehrungserlebnis zog Norbert als armer Wanderprediger durch das Land und rief überall zur Buße auf. Bald stand der wortgewaltige Prediger im Ruf, ein Prophet und Wundertäter zu sein, was ihm aber auch Gegner einbrachte. Deshalb trug er sich auf Anraten des Papstes Calixtus II. und Bernhards von Clairvaux mit dem Gedanken, ein Kloster zu gründen. In einer Vision erschien Norbert die Jungfrau Maria und zeigte ihm ein Feld (‹pré montré›) in der Nähe der Stadt Laon, auf dem er sein Kloster erbauen sollte. Im Frühjahr 1120 zog er mit seinen Schülern in das Tal von

Prémontré und gründete nach den Regeln des hl. Augustinus einen strengen Reformorden, den Orden der Prämonstratenser. Im selben Jahr wurde er zum Erzbischof von Magdeburg berufen, später dann von Kaiser Lothar III. zum Kanzler für Italien bestimmt. Er starb am 6. Juni 1134 in seiner Bischofsstadt. ATTRIBUTE: *In Bischofsornat mit Monstranz oder Hostie und dem Teufel zu seinen Füßen, als Bezwinger des Häretikers Tanchelm; Kelch und Spinne, da Norbert nach einer Legende eine giftige Spinne, die während der Wandlung in seinen Kelch fiel, mit hinunterschluckte, ohne Schaden daran zu nehmen.*

QUELLEN: Hugo von Fosses (fälschlich zugeschrieben), Vita des hl. Norbert u. a. – ZYKLEN: Johannes Zick, Abtei Schussenried; Cosmas Damian Asam, Kloster Osterhofen.

Die Bekehrung

Trotz seiner hohen kirchlichen Ämter führte Norbert als Hofkaplan Heinrichs V. ein weltliches Leben. Dies änderte sich radikal, als er auf einem Spazierritt von einem heftigen Unwetter überrascht und durch einen nahen Blitzschlag von seinem wildgewordenen Pferd geworfen wurde. Nachdem er aus seiner Ohnmacht erwachte, wurde ihm bewußt, daß er, wenn er zu Tode gekommen wäre, mit leeren Händen hätte vor Gott treten müssen.

BILDER: Jacques Bergé, Sankt Peter Löwen; Maulbertsch, Karlsruhe.

Kampf gegen den Häretiker Tanchelm

Von Bischof Burchard von Cambrai 1124 nach Antwerpen gerufen, trat er dort dem als Ketzer verschrieenen Tanchelm entgegen, der unter den Gläubigen die Auffassung verbreitete, die Kirche und deren Amtsträger seien ebenso verwerflich wie die Sakramente, die sie spendeten. Da es Norbert gelang, die Einwohner Antwerpens zur Kirche und zum Empfang der Kommunion zurückzuführen, nannte man ihn den «Apostel des hl. Altarsakraments».

BILD: C. Vos, Antwerpen.

Bischofsweihe und Tod

Norbert hatte schon mehrmals die Bischofswürde abgelehnt, als ihn der Reichstag zu Speyer zum Bischof von Magdeburg bestimmte. Widerwillig erklärte er sich einverstanden und wurde am 25. Juli 1126 zum Bischof geweiht. Danach begannen für ihn harte Kämpfe; denn der Klerus wehrte sich erbittert gegen die strengen Reformbestrebungen seines Oberhirten. Es kam sogar zu einem Volksaufstand und zu Mordanschlägen. Nachdem es ihm gelungen war, die gröbsten Mißstände zu beseitigen, starb der kämpferische Bischof kaum fünfzigjährig.

BILD: Siehe Zyklen.

Die vierzehn Nothelfer

Bestimmte Heilige wurden von den Christen in ihren Sorgen und Nöten besonders um Fürbitte angerufen. Im Mittelalter entstand vor allem in den Bistümern Bamberg und Regensburg eine Gruppe von vierzehn Heiligen, die im 15. Jahrhundert in ganz Deutschland, auch in Italien, Schweden und Ungarn, verehrt wurden.

Zu den vierzehn Nothelfern gehören: *Achatius* mit Dornenzweig und Kreuz; *Aegidius* als Abt mit Hirschkuh; *Barbara* mit Turm und Hostienkelch; *Blasius* als Bischof mit zwei überkreuzten Kerzen; *Christophorus* mit dem Jesuskind auf der Schulter und einem Baum als Stab; *Cyriacus* mit Teufel oder Almosen; *Dionysius* als Bischof mit seinem abgeschlagenen Haupt in der Hand; *Erasmus* als Bischof mit Ankerwinde; *Eustachius* mit Hirsch und einem Kruzifix in seinem Geweih; *Georg* als Ritter mit Drachen; *Katharina von Alexandrien* mit Rad und Schwert; *Margarete* mit Drachen und Kreuzstab; *Pantaleon*, die Hände auf das Haupt genagelt; *Vitus (Veit)* als Kind mit Kessel. Manchmal wird je nach den örtlichen Kirchenpatrozinien einer der vierzehn durch einen anderen Heiligen ersetzt, so durch *Nikolaus von Myra, Oswald, Leopold, Dorothea, Quirin, Rochus* und andere.

Onuphrius

Onuphrius (gest. um 400) lebte als Einsiedler in der thebaischen Wüste Ägyptens. Attribute: *Oft stark behaart oder in einem Blättergewand, manchmal mit Fellen bekleidet; mit Doppelkreuz und Krückstock in den Händen; neben ihm ein Engel, der ihm eine Hostie reicht; oder auf allen Vieren kriechend, verfolgt von Jägern und Hunden, die ihn für ein Tier halten; Krone und Zepter (wegen seiner fürstlichen Abkunft).*

Onuphrius, angeblich ein Sohn des Königs von Persien oder Abessinien, lebte zunächst als Mönch im Kloster Hermopolis bei Theben, dann aber 60 Jahre als Einsiedler in der Wüste, ohne je einen Menschen zu sehen. Der Abt Paphnutius wanderte einmal durch diese öde Gegend, sich ganz der göttlichen Vorsehung überlassend. Dort traf er auf eine mit Blättern und struppigem Haar bekleidete Gestalt, die so furchterregend aussah, daß sich Paphnutius hinter einem Busch versteckte, bis sich das Ungeheuer als der Einsiedler Onuphrius zu erkennen gab.
Von derselben Begegnung wird auch berichtet, Onuphrius habe den fremden Wanderer für eine teuflische Versuchung gehalten und Gott kniend um Hilfe gebeten. Nachdem er seinen Irrtum erkannt hatte, führte er den Gast zu seiner Palmblätterhütte, wo er ihm von den vielen satanischen Anfechtungen

im Wüstenleben und von seiner sonntäglichen Kommunion aus der Hand eines Engels erzählte. Dann starb Onuphrius im Beisein des Paphnutius, der ihn begrub. Zwei Löwen sollen geholfen haben, das Grab auszuheben.

QUELLE: Paphnutius, Vita sancti Onuphrii. – ZYKLUS: Monaco, Acad. Florenz. – BILDER: *Besuch des Paphnutius:* Daddi, Bibl. Riccardiana Florenz. *Schaufeln des Grabes durch zwei Löwen:* Daddi, Bibl. Riccardiana Florenz.

Ottilia/Odilia

Ottilia, die um 660 geborene Tochter des elsässischen Herzogs Athich, wurde Äbtissin in dem von ihrem Vater gestifteten Kloster auf Schloß Hohenburg im Elsaß, das später ihren Namen erhielt – Odilienberg. Sie starb um 720, nachdem sie am Fuße des Schloßberges als zweite Niederlassung Kloster Niedermünster gegründet hatte. ATTRIBUTE: *Meist als Äbtissin mit Stab und Buch, auf dem zwei Augen liegen (Patronin für Augenleiden); Hahn, als Künder des Tageslichts; ihr Vater Athich im Fegefeuer; Kelch.*

QUELLE: Vita sanctae Odiliae. – ZYKLEN: Schweizer Schule von Valais, Dijon; Meister von Frankfurt, Slg. Goudstikker Amsterdam.

Die Errettung des Vaters aus dem Fegefeuer

Als dem Herzog Athich/Etychas eine blinde Tochter geboren wurde, wollte er sie töten lassen. Doch die Mutter Bethsvinda übergab das Kind heimlich der Amme, die es später in ein Kloster brachte. Dorthin kam, von einem Engel gewiesen, der Wanderbischof Erhard von Regensburg, der das Mädchen taufte und ihm dadurch das Augenlicht gab. Als Ottilia im Kloster herangewachsen war, ließ ihr Bruder Hugo sie nach Hause holen. Der Vater geriet darüber so in Zorn, daß er seinen Sohn erschlug. Voll Reue söhnte er sich dann aber mit seiner Tochter aus und gründete mit ihr auf der Hohenburg ein Kloster. Beim Tod des Vaters flehte Ottilia, auf einem Stein im Klostergarten kniend, zu Gott, dem reuigen Sünder doch die Qualen des Fegefeuers zu erleichtern, und ihr Gebet wurde erhört.

BILDER: Oberrheinische Schule des 15. Jh.s, Karlsruhe; Mäleßkircher, Bayr. Nat. Mus. München; Meister der Ottilienlegende, Kirche zu Möschenfeld (Lkr. München).

Wellbaumwunder

Einem Zimmermann war der Wellbaum für eine Mühle zu kurz geraten. In seiner Verzweiflung wandte er sich an Ottilia, die den Balken durch ein Wunder auf die richtige Länge streckte.

BILD: Holbein, Prag.

LETZTE KOMMUNION UND TOD

Während ihre Mitschwestern für die sterbende Äbtissin beteten, hatte Ottilia eine Vision von der heiligen Lucia, die – wie später Ottilia selbst – als Patronin des Lichts gegen Augenleiden angerufen wurde. Bevor sie starb, spendete sie sich selbst die heilige Kommunion(nach einigen Quellen gab ihr ein Engel Kelch und Hostie).

BILD: Siehe Zyklen.

Pantaleon

Der Märtyrer Pantaleon starb um 305 wahrscheinlich in Nikomedien (Kleinasien/heutige Türkei). Er gehört zu den vierzehn Nothelfern (siehe S. 465). ATTRIBUTE: *Arzneifläschchen; an einen Baum gebunden und mit einem Nagel die Hände auf den Kopf genagelt.*

Aus Neid verklagten die Heilkundigen Nikomediens den wundertätigen Arzt Pantaleon beim Kaiser als Christ. Er wurde gefangengenommen und auf verschiedene Weise gemartert. Als er immer wieder durch himmlische Mächte gesund wurde, ließ ihn der Kaiser ins Wasser werfen, um ihn zu ertränken. Aber die Wellen trugen ihn wieder ans Ufer. Da banden ihn die Henkersknechte des Kaisers an einen dürren Olivenbaum und schlugen ihn mit Dornen blutig. Überall, wo das Blut hintropfte, trug der Ölbaum Früchte und Blüten; auch wuchsen Lilien, Rosen und Veilchen auf der darunterliegenden Erde. Viele ließen sich nach diesem Wunder taufen. Darüber war einer der Knechte so verärgert, daß er dem Arzt die Hände auf sein Haupt band und sie mit einem großen Nagel auf dem Schädel festnagelte. Bevor Pantaleon starb, flehte er Gott um Barmherzigkeit für seinen Henker an. Darum nannten ihn die Christen «Panteleämon, Allerbarmer».

QUELLE: Simeon Metaphrastes, Vita S. Panteleemonis. – ZYKLUS: Fresken des 10. Jh.s, San Gisogono Rom. – BILDER: *Krankenheilung:* P. Veronese, S. Pantaleone Venedig. *Martyrium:* Fumiani, S. Pantaleone Venedig.

Petrus von Alcántara

Petrus von Alcántara lebte von 1499–1562 in Spanien. Von dem durch ihn gegründeten Kloster Pedroso gingen die entscheidenden Impulse zu einer strengen Reform des franziskanischen Barfüßerordens aus. Sein Traktat über Gebet und Meditation fand große Verbreitung. – Neben vielen anderen Wundergeschichten wird erzählt, Petrus sei mit einem Laienbruder über den Fluß Quadiana gewandelt. ATTRIBUTE: *Minoritbarfüßertracht; Attribute der Büßer, wie Geißel und andere Bußgeräte, Totenkopf und Kreuz; Stern über ihm, weil er häufig in Ekstase zu schweben und zu glänzen begann; Taube als Sinnbild des hl. Geistes, durch den er die Gabe der Sprachen und Weissagungen hatte; manchmal zusammen mit der Mystikerin Theresia von Ávila, deren Ratgeber und Beichtvater er war.*

QUELLE: Acta SS Oct. VIII (1866) 623–809. – BILD: *Gang übers Wasser:* Claudio Coëllo, AP München.

Petrus Martyr (Petrus von Verona)

Die Eltern des um 1205 in Verona geborenen Petrus gehörten der Sekte der Katharer an. Trotzdem trat er 1221 in den Dominikanerorden ein, dessen vornehmlichste Aufgabe es war, Häretiker zu bekämpfen. Als Inquisitor von Oberitalien wurde er am 6. April 1252 von seinen Gegnern, den Katharern, bei Mailand ermordet. ATTRIBUTE: *In Dominikanertracht mit Beil oder ähnlichen Mordinstrumenten, einer Wunde am Kopf, mit Schwert oder Dolch in der Brust; Märtyrerpalme; mit Finger auf dem Mund (an sich Zeichen für Schweigegebot, da aber für Dominikaner ein solches nicht besteht, vielleicht Hinweis auf mehrere Heilungen von Stummen); Marienerscheinung (Verehrung Mariens).*

QUELLE: Legenda aurea, 322–337. – ZYKLEN: Vivarini, Dahlem/Metrop. Mus.; Berruguete, Prado.

WUNDER

Einmal soll Petrus einen häretischen Bischof in sommerlicher Hitze vor viel Volk verhört haben. Der Bischof spottete, Petrus, der im Volk als Heiliger galt, sei nicht fähig, seinen Zuhörern Schatten zu schaffen. Da fragte ihn der Inquisitor, ob er denn dann zum wahren Glauben zurückkehren würde. Als der Häretiker dies bejahte, bat Petrus Gott um eine Wolke, und sogleich bewölkte sich der vorher klare Himmel.
Vor und nach seinem Tod soll Petrus viele Wunderheilungen vollbracht haben. Das gebrochene Bein eines jungen Mannes wurde durch sein Gebet wieder ganz. Mehreren Stummen gab Petrus die Sprache wieder, vom Teufel Besessene befreite er. Als ein durchgegangenes Pferd in seiner Aufregung mitten in eine Volksmenge galoppierte und schon einige Leute verletzt hatte, brachte Petrus, der gerade predigte, das Tier zum Stehen.

BILDER: *Predigt gegen häretischen Bischof:* Foppa, S. Eustorgio Mailand. *Heilung des gebrochenen Beins eines jungen Mannes:* Foppa, S. Eustorgio Mailand. *Petrus stoppt ein galoppierendes Pferd:* Daddi, Mus. des Arts Décoratifs Paris.

TOD

Wegen seiner Tätigkeit als Inquisitor für Oberitalien war Petrus bei den durch ihn verfolgten Katharern sehr verhaßt. Auf einer Reise von seinem Kloster

Como nach Mailand wurde er mit seinem Begleiter von zwei Ketzern überfallen und getötet. Petrus starb durch einen Beilhieb in den Schädel und einen Messerstich in die Brust. Der Sterbende schrieb noch mit seinem Blut die Anfangsworte des katholischen Glaubensbekenntnisses ‹Credo bzw. Credo in Deum› in den Sand. – Zur selben Zeit soll eine Nonne im Gebet gesehen haben, wie zwei Dominikaner zum Thron der Jungfrau Maria emporschwebten und neben ihr Platz nahmen.

BILDER: Jacobello del Fiore, Dumbarton Oaks Foundation Washington; Giov. Bellini, Nat. Gall. London; Domenichino, Bologna; Vasari, KHM Wien.

Petrus Nolascus

Der um 1182 geborene Petrus entstammte einem südfranzösischen oder spanischen Rittergeschlecht und nahm als Fünfzehnjähriger am Kreuzzug gegen die Albigenser teil. Danach lebte er als Erzieher des vaterlosen Jakob von Aragon am Königshof in Barcelona, wo er am 25. Dezember 1249 oder 1256 starb. Er gilt zusammen mit Raimund von Peñafort als Gründer des Ordens der Mercedarier, die es sich zur Aufgabe gemacht hatten, Christen aus der Gefangenschaft der Mauren loszukaufen. ATTRIBUTE: *Als Ritter Christi mit rotem Kreuz und weißer Fahne oder als Mönch in weißer Ordenstracht mit rotem Kreuz, meist mit Gefangenen in Ketten.*

QUELLE: Acta SS Ian. III (1863) 595–605.

PIRATENÜBERFALL

Seit dem 8. Jahrhundert hatten die islamischen Mauren große Teile Spaniens besetzt. Zur Zeit des Petrus Nolascus war noch der Süden des Landes mit der Hauptstadt Granada in ihrer Gewalt. Dorthin zog der Mercedariermönch immer wieder, um die als Sklaven gehandelten christlichen Gefangenen loszukaufen. Zweimal machte sich Petrus unter Lebensgefahr auch auf die Reise nach Afrika. Dabei wurde er von Piraten gefangen und im offenen Meer in einem ruderlosen Boot ausgesetzt. Doch er benutzte seinen Ordensmantel als Segeltuch und gelangte so glücklich in den heimatlichen Hafen.

BILD: Zurbarán, Prado.

VISIONEN

In einer Vision sah Petrus Nolascus seinen Namenspatron, den Apostel Petrus, wie er in Rom mit dem Kopf nach unten gekreuzigt wurde. Ein andermal zeigte ihm ein Engel im Traum das himmlische Jerusalem. – Als Petrus schon alt und schwach war, kamen zwei Engel in der Heiligen Nacht in seine Klosterzelle und trugen ihn in die Kirche vor den Altar, wo er die letzte Ölung empfing. Nach seinem Tod öffnete ihm der hl. Petrus selbst die Pforten zum Paradies.

BILDER: Zurbarán, Dom Sevilla/Prado.

Quiricus und Julitta

Julitta und ihr dreijähriger Sohn Quiricus sollen während einer Christenverfolgung unter Kaiser Severus Alexander (222–235) in Tarsus (Kilikien) umgekommen sein.

Weil sich Julitta weigerte, den Göttern zu opfern, wurde sie mit frischen Riemen geschlagen, und der kleine Quiricus mußte auf dem Arm des Richters zusehen. Da fing der Junge zu schreien an, zerkratzte dem Peiniger seiner Mutter das Gesicht und bekannte sich zu Christus. In seiner Wut warf der Richter das Kind so heftig die Stufen vor seinem Richterstuhl hinab, daß sein Schädel zertrümmert wurde. Danach zog man Julitta die Haut ab, übergoß sie mit Pech und enthauptete sie.

QUELLE: Legenda aurea, 405 f. – BILDER: *Martyrium:* Affonso, Mus. Lissabon; Durameau, Chapelle des Dames St. Cyr bei Versailles; Magatti, Pavia.

Quirinus von Neuß

Quirinus soll unter Kaiser Hadrian (117–138) zusammen mit Alexander, Eventius, Theodulus und Hermas in Rom den Tod für Christus gestorben und in der Praetextatus-Katakombe begraben worden sein. Seine Gebeine wurden vermutlich um 1000 nach Neuß am Rhein transferiert. Quirinus gehört manchmal zu den vierzehn Nothelfern (siehe S. 465). ATTRIBUTE: *Ritter mit Schild, darauf neun Kugeln (Neuß, lateinisch Novaesium, wurde auf «novem» = «neun» bezogen); Lanze und Schwert; Pferd; Habicht; Tochter Balbina.*

Der Tribun Quirinus war der Kerkermeister des Papstes Alexander und des früheren Stadtpräfekten von Rom, Hermas, die an zwei verschiedenen Orten gefangen saßen. Da sich der Tribun darüber wunderte, daß ein Mann wie Hermas auf sein hohes Amt verzichtet hatte und dem christlichen Glauben anhing, drang er in ihn, ihm doch die Wahrheit des Christentums zu beweisen. Doch Hermas verwies ihn an Papst Alexander. Wütend ließ Quirinus die Wachen der beiden Gefängnisse verdoppeln und sagte: «Finde ich jemals Alexander bei dir oder dich bei Alexander, will ich glauben.» Als er dann Alexander, der von einem Engel dorthin gebracht worden war, wirklich bei Hermas im Kerker entdeckte, gelobte er, den Glauben an Christus anzunehmen, wenn

der Papst seine Tochter Balbina von einem Kropf heile. Balbina küßte die Fesseln des Apostel Petrus, die man auf Geheiß Alexanders nicht weit von dessen Gefängniszelle fand, und wurde geheilt. Darauf ließen sich Vater und Tochter taufen; an der Stelle, wo die Ketten des Petrus gelegen hatten, wurde später die Kirche «zu den Ketten» («ad vinculi») erbaut.
Quirinus wurde mit Alexander und Hermas gemartert und getötet. Als man seine abgeschnittene Zunge einem Habicht vorwarf, ließ dieser sie liegen. Auch Balbina soll das Martyrium erlitten haben.

QUELLE: Legenda aurea, 527 f. – BILDER: *Bekehrung, Taufe und Martyrium:* Altar von St. Kunibert Köln; Altar von Wimpfen.

Quirinus von Tegernsee

Quirinus soll unter Kaiser Claudius Gothicus (268–270) in Rom als Christ enthauptet worden sein. Sicher ist nur, daß in der Zeit Papst Pauls I. (767–767) die Gebeine eines heiligen Quirinus aus den Katakomben in die Silvesterkirche und im 8. Jahrhundert nach Tegernsee überführt wurden.
ATTRIBUTE: *Als angeblicher Kaisersohn in kaiserlichem Gewand mit Krone, Zepter und Reichsapfel.*

Marius und Martha, zwei persische Christen und spätere Märtyrer, pilgerten zu den Apostelgräbern nach Rom und trafen in einem Kerker auf den Sohn des Kaisers Philippus Arabs namens Quirinus, der wegen seines christlichen Glaubens schon viele Qualen hatte erleiden müssen. Sie besuchten den Gefolterten, bis er eines Tages verschwunden war. Da man ihnen erzählte, er sei enthauptet und in den Tiber geworfen worden, machten sie sich auf die Suche nach seinem Leichnam, den sie auf einer Tiberinsel fanden und in den Katakomben des Papstes Pontianus bestatteten.

QUELLE: Metellus, Quirinalia in laudibus beati Quirini. – BILDER: *Martyrium und Begräbnis:* Borgognone, Bergamo; Mälesskircher, Bayr. Nat. Mus. München; Altdorfer, Nürnberg.

Raimund von Peñafort

Raimund, geboren im Jahre 1175/80 auf dem spanischen Schloß Peñafort, war Dominikaner und ein einflußreicher kirchlicher Rechtsgelehrter. Er gilt auch als einer der Begründer des Ordens der Mercedarier, die sich um die Befreiung der in Maurische Gefangenschaft geratenen Christen bemühten (siehe auch S. 469). Daneben versuchte Raimund noch in hohem Alter, durch den Aufbau hebräischer und arabischer Schulen spanische Juden und Mauren zu bekehren. Er starb am 6. Januar 1275 in Barcelona.
ATTRIBUTE: *Dominikanerhabit, oft auch in der weißen Tracht der Merce-*

darier mit einem Kreuz auf der Brust; auf seinem Mantel übers Meer segelnd.

Raimund nahm als Beichtvater des Königs von Aragon und Kastilien dem gläubigen, aber immer wieder in Liebschaften verstrickten Monarchen das Versprechen ab, sein Verhältnis mit einer Hofdame zu lösen. Doch der König behielt seine Geliebte weiter bei sich auf seinem Schloß auf der Insel Mallorca. Deshalb beschloß Raimund, den König zu verlassen. Er ging mit einem Gefährten nachts heimlich ans Meer, um mit einem Schiff nach Barcelona zu gelangen. Da sich die Schiffer auf Befehl des Königs jedoch weigerten, die beiden aufzunehmen, warf Raimund seinen Mantel auf die Wellen, bekreuzigte sich und stieg darauf. So kam er sicher über das Meer. Sein Gefährte aber, der nicht gewagt hatte, den Mantel zu besteigen, blieb am Ufer zurück.

QUELLE: Raymundiana. – BILDER: *Raimunds Meerfahrt auf dem Mantel:* Ligozzi, S. Maria Novella Florenz; L. Carracci, S. Domenico Bologna.

Rainerio Rasina von San Sepolcro

Rainerio lebte als bußfertiger Franziskanerlaienbruder bis zu seinem Tode am 1. November 1304 (?) in seiner Heimatstadt Borgo San Sepolcro. Er soll einmal den Angriff eines wütenden Stiers überstanden haben, den er in den Stall hatte treiben wollen. An seinem Grab in der Kirche San Niccolò (früher San Francesco) sind viele Wunder bezeugt; so sollen durch ihn zu Unrecht eingekerkerte Arme aus ihrem Verlies befreit worden sein. ATTRIBUTE: *Franziskaner mit Rosenkranz.*

QUELLE: Acta SS Nov. I (1887) 390–402. – BILD: *Die wunderbare Befreiung der eingekerkerten Armen:* Sassetta, Louvre.

Rochus

Rochus, über dessen Leben es keine historischen Quellen gibt, soll um 1295 in Montpellier geboren und dort im Jahre 1327 gestorben sein. Als Pestpatron wird er oft zu den vierzehn Nothelfern gezählt (siehe S. 465). ATTRIBUTE: *Pilger mit Stab und Kürbisflasche; Pestbeulen vor allem am Bein; Hund mit Brot im Maul.*

Das reiche Ehepaar Johannes und Liberia aus Montpellier in Südfrankreich hatte Gott lange Zeit vergeblich um ein Kind gebeten. Als der Sohn, dem sie den Namen Rochus gaben, endlich geboren war, fanden sie auf seiner Brust ein rotes Kreuz, das sie als besonderes Gnadenzeichen Gottes ansahen. Doch als Rochus 20 Jahre alt war, starben seine Eltern. Er verteilte sein großes Vermögen unter die Bedürftigen und zog als bettelnder Pilger nach Rom.

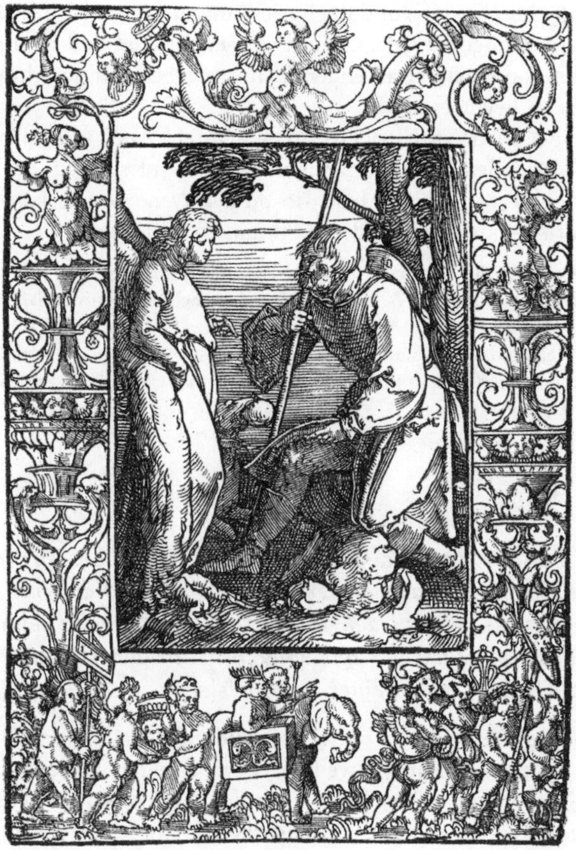

Der pestkranke Rochus von einem Engel gepflegt
Holzschnitt von Lucas van Leyden

Während er unterwegs war, brach die Pest über Italien herein, und er begann ohne zu zögern, die Kranken zu pflegen, obwohl andere Pilger eilends vor der Seuche flohen. Auf seinem Weg, unermüdlich Pestkranken helfend, gelangte er ans Ziel seiner Reise.

Auf dem Rückweg nach Frankreich wurde er in Piacenza selbst von der Seuche befallen. Niemand wollte ihn aufnehmen; so schleppte er sich in eine einsame Waldhütte und betete zu Gott. Da erschien ein Engel, um ihn zu pflegen; für seinen Durst entsprang eine Quelle, und ein Jagdhund brachte ihm Brot. Der adelige Besitzer des Hundes wurde durch das Tier auf den Pestkranken aufmerksam und betreute ihn, bis er gesund war. Dann ging Rochus mit seinem Helfer in die Stadt, um die Kranken zu heilen.

Als Rochus nach Montpellier zurückkam, erkannte ihn niemand, da er von der Pest entstellt war. Man glaubte, er sei ein Spion und warf ihn ins Gefängnis.

Ein Engel besuchte ihn dort, und Rochus ertrug fünf Jahre lang die Kerkerhaft, ohne sich zu erkennen zu geben. Kurz vor seinem Tod ließ er einen Priester rufen, der ihn von einem strahlenden Licht umgeben sah und ihm die Sakramente spendete, bevor er starb.
Der Geistliche holte den Stadtrichter zu dem Toten. Auch viel Volk lief herbei, und man erkannte den Sohn der Stadt an dem roten Kreuz auf der entblößten Brust. Durch eine wunderbare Inschrift an der Wand des Kerkers wurde Rochus von Christus zum Patron der Pestkranken bestimmt.

QUELLE: Francesco Diedo, Vita des hl. Rochus; u. a. – ZYKLUS: Tintoretto, San Rocco Venedig. – BILDER: *Almosenspende:* A. Carracci, Dresden; Schnorr von Carolsfeld, Mus. Leipzig. *Rochus heilt Pestkranke:* J. Bassano, Brera. *Rochus wird im Wald von einem Hund versorgt:* Parmigianino, S. Petronio Bologna. *Engel besucht Rochus im Kerker:* Tintoretto, S. Rocco Venedig. *Christus bestimmt Rochus zum Patron der Pestkranken:* Rubens, Martinuskirche Aalst (Belgien).

Romuald

Romuald († 1127) war der Gründer des strengen Eremitenordens der Camaldulenser, die – nach seiner Klause in Camaldoli im gebirgigen Apennin benannt – gemäß den Regeln des hl. Benedikt lebten. ATTRIBUTE: *Ein bärtiger Einsiedler mit einer Bibel in den Händen und einem Totenkopf zu Füßen, neben einer Himmelsleiter.*

Umringt von seinen Schülern hatte Romuald eine Vision: Er sah eine Himmelsleiter, auf der Mönche im weißen Gewand seines Ordens je nach dem Grad ihrer Vervollkommnung der Pforte des Himmels zustrebten. Auf die Leiter deutend mahnte er seine Ordensbrüder, ohne Unterlaß auf dem Weg des Guten voranzuschreiten.

QUELLEN: Petrus Damiani, Vita sancti Romualdi; Bruno von Querfurt, Vita quinque fratrum. – BILDER: *St. Benedikt übergibt die Regeln an St. Romuald:* Schule von Pisa, Uffizien. *Vision von der Himmelsleiter:* Sacchi, Pinak. Vatikan/Mus. Correr Venedig.

Sebaldus

Sebaldus lebte im 8. oder 11. Jahrhundert als Einsiedler und Missionar in Nürnberg. Dort wurde im 13. Jahrhundert über seinem Grab die nach ihm benannte Kirche erbaut. ATTRIBUTE: *Als Einsiedler oder im Pilgerkleid mit Hut und Pilgerstab; Kirchenmodell von St. Sebaldus; seltener Ochsen.*

QUELLEN: Acta SS Aug. III (1737) 762–765. – ZYKLUS: Dürer-Werkstatt, Heilig-Kreuz-Münster Schwäbisch Gmünd/Nürnberg.

Königliche Abkunft und Jugend

Sebaldus, ein dänischer Prinz, wurde zur Erziehung nach Paris gesandt, um später eine Tochter des französischen Königs zu heiraten. In der Hochzeitsnacht verließ er aber seine Braut, um als Eremit in Gebet und Bibelstudium zu leben.
Bild: Siehe Zyklus.

Wunderbare Brotspeisung und Errettung eines Ketzers in Vicenza

Nach fünfzehnjährigem Einsiedlerdasein machte sich Sebaldus zu einer Pilgerreise nach Rom auf, wo er sich den irischen Brüdern Willibald und Wunibald anschloß. Auf dem Rückweg verkündeten die drei überall das Evangelium. Als sie einmal auf einem ihrer weiten Fußmärsche schon dem Hungertod nahe waren, verwandelte Sebaldus Steine zu Brot und rettete so seine beiden Gefährten. Es heißt aber auch, ein Engel habe ihm das Brot gebracht.
Während einer Predigt des Sebaldus in Vicenza stieß ein Mann Lästerungen aus. Da tat sich die Erde auf und verschlang ihn. Durch das Gebet des Predigers wurde der Ketzer aus der Erdspalte befreit und er bekehrte sich.
Bilder: Siehe Zyklus.

Eiszapfen- und Strahlenwunder

Ein Wagnermeister hatte den kranken Pilger Sebaldus an einem eiskalten Wintertag in sein Haus aufgenommen, geizte aber mit seinem Holz und wollte kein Feuer anzünden. Da verwandelte Sebaldus Eiszapfen in Brennholz und gab es dem beschämten Mann für seinen Ofen.
Auf der Suche nach seinen Ochsen kam ein Bauer kurz vor Einbruch der Dämmerung zur Einsiedelei im Wald bei Nürnberg. Obgleich ihm die Weitersuche in der Dunkelheit sinnlos erschien, folgte er dem Rat des Sebaldus und ging mit erhobenen Händen, die plötzlich hell zu strahlen begannen, tiefer ins Gehölz hinein, wo er bald die entlaufenen Tiere entdeckte.

Bilder: Siehe Zyklus.

Begräbnis

Sebaldus bat eine Frau, ihn nach seinem Tode auf einen Ochsenkarren zu legen und ihn an der Stelle zu begraben, wo die Tiere anhalten wollten. So wurde der Ort, an dem die Ochsen hartnäckig stehenblieben, zu seiner Begräbnisstätte, über der sich heute die Sebalduskirche befindet. – Durch Sebaldus' Hilfe wurden später oft Menschen aus Seenot und aus der Hand von Wegelagerern errettet.
Bilder: Siehe Zyklus.

Sebastian

Sebastian soll in Narbonne (Südfrankreich) geboren und in Mailand aufgewachsen sein. Er starb wahrscheinlich in der zweiten Hälfte des 3. Jahrhunderts in Rom den Martertod und wurde in einer Katakombe an der Via Appia begraben. Die Apostelkirche, die über der frühchristlichen Kultstätte am Sebastiansgrab erbaut wurde, erhielt später den Namen «San Sebastiano». ATTRIBUTE: *Meist als fast nackter Jüngling an einen Baumstumpf gefesselt und mit Pfeilen durchbohrt oder als Krieger.*

QUELLE: Legenda aurea 127–132. – ZYKLEN: Gaddi, S. Agostino Arezzo; Meister des hl. Sebastian, Philadelphia; Schule des Lucas van Leyden, Hampton Court; Altdorfer, St. Florian (Oberösterreich); Piot, Mus. d'Art Moderne Paris.

SEBASTIAN WIRD OFFIZIER UND HILFT MARCELIANUS UND MARCUS

Als Kaiser Diokletian bei seinem Mitkaiser Maximian in Mailand weilte, wurden sie auf den schönen, jungen und dabei vorbildlichen Sebastian aufmerksam und machten ihn zum Offizier der Leibgarde. Sebastian war Christ und nahm dieses einflußreiche Amt an, um verfolgten Christen beizustehen. So ging er auch zu den Zwillingsbrüdern Marcelianus und Marcus, die im Hause des Nicostratus gefangen waren und enthauptet werden sollten. Durch Sebastians trostreiche Worte wurden die Frau des Hausherrn, Zoë, und mehrere andere Zeugen dieser Begebenheit zum Christentum bekehrt. Sie hatten nämlich gesehen, daß ein Engel dem jungen Offizier ein Buch vorgehalten hatte, aus dem dieser alle seine Worte lesen konnte. Wegen ihres Glaubens heilte Sebastian Zoë von einer schlimmen Krankheit.

BILD: Veronese, San Sebastiano Venedig.

ZERSTÖRUNG DER GÖTTERBILDER UND HEILUNG DES CROMATIUS

Cromatius, der höchste Richter und Beamte der Stadt Rom, ließ nach Sebastian schicken, um von seiner schweren Krankheit geheilt zu werden. Als er einwilligte, alle seine prächtigen Götterbilder durch die Hand Sebastians zerstören zu lassen und an Christus zu glauben, verkündete ihm ein Engel, daß er geheilt sei.

BILD: Siehe Zyklen.

MARTYRIUM

Kaiser Diokletian rief den christlichen Offizier zu sich und beschuldigte ihn der Untreue gegen die Staatsgötter und damit auch der Untreue gegen den Staat selbst. Sebastian bekannte sich offen zu Christus, bekundete aber ebenso

seine Treue zum Kaiser. Trotzdem ließ ihn Diokletian von seinen Soldaten an einen Pfahl binden und mit Pfeilen beschießen, bis er tot zu sein schien. Engel (nach einer anderen Legende waren es Freunde) bargen den Schwerverletzten und brachten ihn zur Pflege in das Haus der Witwe Irene. Nach wenigen Tagen stand Sebastian gesund auf der Treppe zum kaiserlichen Palast und zog Diokletian und Maximian wegen ihres Verhaltens gegen die Christen zur Rechenschaft. Da ließen ihn die Kaiser mit Knüppeln erschlagen und in eine Kloake werfen.
In der folgenden Nacht erschien der Märtyrer der heiligen Lucina, um ihr kundzutun, wo sein Leichnam läge und sie zu bitten, ihn zu Füßen der Apostel begraben zu lassen. So wurde Sebastian an der Via Appia dort bestattet, wo ursprünglich auch die Apostel Petrus und Paulus ihr Grab hatten.

BILDER: *Sebastian wird von Pfeilen durchbohrt:* Giovanni del Biondo, Opera del Duomo Florenz; Signorelli, Pinac. Città di Castello; Pollaiuolo, Nat. Gall. London/S. Sebastiano Servi bei Florenz; Crivelli, Mus. Poldi-Pezzoli Mailand; Foppa, Castello Sforzesco Mailand; Fries, AP München; Memling, Mus. Brüssel; El Greco, Kathedrale Palencia; Altdorfer, Braunschweig; Holbein d. Ä., AP München; Grien, Nürnberg; Honthorst, Nat. Gall. London; Dyck, AP München/Louvre; Ribera, Prado; Tiepolo, St. Augustin Diessen. *Engel helfen Sebastian:* Rubens, Gal. Corsini Rom; Dyck, Louvre; Guercino, Berlin. *Pflege durch Irene:* Giordano, Dresden; Schule der Carracci, Städel; Schedoni, Neapel; Ribera, Eremitage/Mus. Bilbao; Lesueur, Tours; Rombouts, Karlsruhe. *Bergung des Leichnams:* Altdorfer, Passionsaltar St. Florian bei Wien.

Servatius

Servatius war im 4. Jahrhundert der erste Bischof von Tongern (beim heutigen Lüttich) und als Teilnehmer der Synoden von Sardica 342/43 und Rimini 359/60 ein heftiger Gegner des Theologen Arius und seiner Anhänger.

Nach der Legende war er ein Nachkomme der Schwester der hl. Anna, der Mutter Mariens, und gehörte so zur hl. Sippe. In Rom soll ihm der Apostel Petrus einen silbernen Schlüssel übergeben haben, mit dem er allen, die darum baten, das ewige Leben aufzuschließen vermochte.

QUELLE: Legenda aurea, 677. – BILD: *Petrus überreicht den Schlüssel:* Wandgemälde des 16. Jh.s, St. Salvator Duisburg.

Severus von Ravenna

Severus nahm als 12. Bischof von Ravenna an der Synode von Sardika (342/43) teil und wurde in Classe, dem Hafen von Ravenna, begraben. Im Jahre 836 kamen seine Gebeine zusammen mit denen seiner angeblichen Frau Vincentia und seiner Tochter Innocentia nach Mainz, später nach Erfurt (Severikirche). Manchmal wird Severus mit einem gleichnamigen

Bischof aus Trier verwechselt. Einer Legende zufolge war Severus ein Wollweber, der zum Bischof geweiht wurde, nachdem sich eine Taube am Bischofswahltag dreimal auf sein Haupt gesetzt hatte. ATTRIBUTE: *Bischof mit Taube; Webschiffchen oder Wollbogen.*

QUELLEN: Agnellus, Liber pontificum ecclesiae Ravennatis; Liutolf von Mainz, Vita sancti Severi. – ZYKLEN: Fresken des 13. Jh.s, St. Severus Boppard; Grabmal um 1365, St. Severus Erfurt.

Sigismund

Der Burgunderkönig Sigismund war Arianer, wurde aber durch den Bischof Avitus von Vienne zum katholischen Bekenntnis bekehrt. Aufgrund einer Intrige seiner zweiten Frau ließ er 522 seinen Sohn aus erster Ehe, Sigrich, als Hochverräter erdrosseln, bereute aber dann seine Tat, als er den wahren Hergang erfuhr, und machte dem Kloster St. Maurice (Wallis) eine große Stiftung. Später wurde Sigismund von den Franken besiegt und gefangen. Sie ertränkten ihn mit seiner Gattin und seinen Söhnen Gundobald und Giscald 524 in einem tiefen Brunnen. ATTRIBUTE: *Als König mit Zepter und Reichsapfel; oft mit Brunnen.*

QUELLE: Passio sancti Sigismundi. – ZYKLUS: Wertinger, Diözesanmuseum Freising.

Teresa von Ávila

Teresa von Jesus, die große Mystikerin und Ordensreformatorin, wurde am 28. März 1515 in Ávila (Kastilien) als Tochter des Alonso de Cepeda und der Adeligen Beatriz de Ahumada geboren. Sie trat 1535 in das Karmelitinnenkloster von Ávila ein und begann um 1560, in ihrem Orden die ursprünglichen strengen Regeln wieder einzuführen. Bevor sie am 4. Oktober 1582 in Alba de Tormes starb, gründete sie viele Klöster. ATTRIBUTE: *Karmelitinnentracht; Herz mit den griechischen Anfangsbuchstaben des Jesusnamens IHS, weil sie sich Teresa von Jesus nannte; Pfeil, mit dem ein Engel ihr Herz durchbohrt; Buch und Taube der Inspiration wegen ihrer mystischen Schriften; oft zusammen mit ihrem Beichtvater Johannes vom Kreuz, selten mit ihrem Ratgeber Petrus von Alcántara* *(siehe S. 467)* *dargestellt.*

Eine Vision vom dornengekrönten Christus, der ihr seine Wunden zeigte, und eine andere von den leidenden Seelen im Fegefeuer, erschütterten Teresa so tief, daß sie Christus unter Tränen bat, er möge sich der gequälten Seelen erbarmen und ihr die Kraft geben, ihm mit ganzem Herzen zu dienen. Von da an versuchte sie genau nach den ursprünglichen Ordensregeln zu leben.
Als sie sich mit dem Gedanken trug, ein Kloster nach altem Vorbild zu grün-

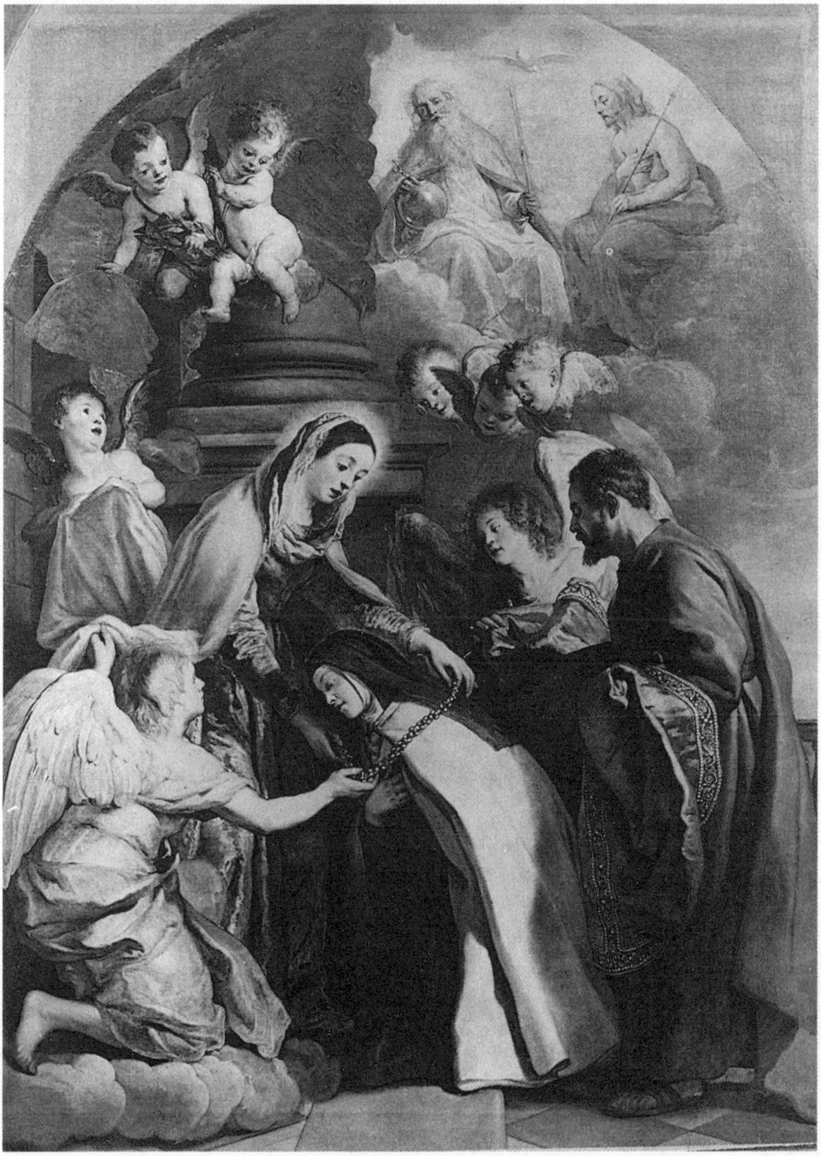

*Die hl. Theresa empfängt von der Madonna eine Halskette
Gemälde von Caspar de Crayer,
Kunsthistorisches Museum Wien*

den, wurde sie vielfach angefeindet, erhielt aber am Tag der Himmelfahrt Mariens 1561 zum Zeichen des himmlischen Wohlwollens in einer Vision von Maria eine goldene Ordenskette und von Josef, den Teresa ihren Vater und Wohltäter nannte, einen leuchtend weißen Mantel.
Ihre Verbundenheit mit Christus fand zur Osterzeit 1556 in der mystischen Verlobung und im November 1572 in der mystischen Vermählung, während sie die Kommunion empfing, ihren stärksten Ausdruck.
Einmal stieß ihr in einer Vision ein Engel einen goldenglühenden Wurfspieß mehrmals tief ins Herz. Der Schmerz war so groß und zugleich aber so süß, daß sie wünschte, er würde ewig dauern. Oft schwebte sie in Verzückung von Engeln emporgehoben über der Erde.
Über ihre mystischen Erfahrungen verfaßte Teresa Schriften. Dabei sah eine ihrer Mitschwestern, wie der hl. Geist in Gestalt einer weißen Taube auf ihrer Schulter saß und ihr ins Ohr flüsterte. Auch am Vortag des Pfingstfestes blieb eine Taube, deren Flügel wie Perlmuttschuppen schillerten, über Teresas Haupt stehen.

QUELLEN: Biographien von Francisco Ribera (1509); D. de Yepes (1606) u. a. – BILDER: *Dornengekrönter Christus:* Champaigne, Aix-en-Provence. *Seelen im Fegefeuer:* Rubens, Antwerpen; Tiepolo, Kirche dei Scalzi Venedig. *Maria und Josef:* Lanfranco, S. Giuseppe Rom; Guercino, Brera; Crayer, Mus. Vienne. *Mystische Verlobung:* Corneille, Saint-Pierre-le-Puellier Orléans. *Mystische Vermählung/Kommunion:* Claudio Coëllo, Mus. Lázaro Galdiano Madrid. *Engel mit glühendem Pfeil:* Calandrucci, S. Maria Traspontina Rom; Mignard, Saint-Sébastian Narbonne; Ricci, KHM Wien; Bernini, Marmorskulptur, Santa Maria della Vittoria Rom. *Taubenvision:* Rubens, Antwerpen.

Thiemo

Thiemo entstammte wahrscheinlich dem bairischen Geschlecht derer von Megling. Er wurde um 1040 geboren, 1077 zum Benediktinerabt von St. Peter in Salzburg und 1090 zum Erzbischof von Salzburg gewählt. Nach 1095 mußte er wegen eines neueingesetzten Gegenbischofs sein Bistum verlassen und nahm am 1. Kreuzzug teil, bei dem er angeblich am 28. September 1101/02 starb. ATTRIBUTE: *Winde.*

Als Bischof Thiemo Herzog Welf I. von Baiern auf seinem Kreuzzug ins Heilige Land begleitete, soll er dort in muselmanische Gefangenschaft geraten sein. Er wurde grausam gefoltert, wobei man ihm die Gedärme aus dem Leib zog.

QUELLE: LThK, X,113 f. – BILD: Paudiss, KHM Wien.

Thomas von Aquin

Thomas von Aquin, der große Theologe und Philosoph der Scholastik, um 1225 als vierter Sohn des Landulph von Aquino auf Schloß Roccasecca bei Neapel geboren, wurde schon als Kind zu den Benediktinermönchen von Monte Cassino gebracht und zum Studium der ‹Freien Künste› nach Neapel geschickt. Dort trat er um 1243/44 gegen den Willen seiner Eltern in den Dominikanerorden ein und ging nach einem erzwungenen Aufenthalt im Elternhaus zum Studium nach Paris und Köln, wo Albertus Magnus sein Lehrer wurde. Im Jahre 1256 wurde der begabte Schüler selbst Magister an der Universität von Paris und war später – mit Ausnahme der Pariser Jahre 1268–74 – Lehrer an verschiedenen Hochschulen Italiens. Wegen seiner Bedeutung als Theologe für die Lehre der katholischen Kirche und wegen seiner einflußreichen Schriften (darunter «Summa theologiae» und «Summa contra gentiles») erhielt der am 7. März 1274 verstorbene Thomas die Titel «doctor communis» (‹Allgemeiner Lehrer›) und «doctor angelicus» (‹Engelgleicher Lehrer›) und wurde zum Kirchenlehrer ernannt. ATTRIBUTE: *Ein beleibter Dominikaner mit Hostienkelch oder Monstranz (als Verfasser des Fronleichnamsoffiziums); strahlende Sonne oder leuchtender Stern auf der Brust, da Thomas wegen seiner Gelehrsamkeit als Erleuchter der Kirche galt; Schreibfeder und eine Taube auf der Schulter oder aus dem Mund fliegend (als Kirchenlehrer); Ochse, wegen seines Spitznamens aus der Studentenzeit «stummer Ochse».*

QUELLEN: Bartholomäus von Lucca, Historia Ecclesiastica nuova XXII und XXIII; Melchers, 72–75; LThK, X, 119–134. – ZYKLUS: Berruguete, Kloster St. Thomas von Aquin Ávila.

VERSUCHUNG DES HEILIGEN UND BESUCH VON ZWEI ENGELN

Thomas sollte nach dem Willen der Eltern Prior des hochangesehenen Benediktinerklosters Monte Cassino werden, entschloß sich aber, dem noch jungen und in den Augen der adeligen Familie nicht standesgemäßen Predigerorden der Dominikaner beizutreten. Als ihn niemand dazu überreden konnte, seine Entscheidung rückgängig zu machen, wurde er auf der Reise nach Paris von seinen Brüdern kurzerhand entführt und über ein Jahr lang in einem Zimmer des Familiensitzes Roccasecca gefangengehalten. Man sperrte zu ihm eine junge Frau, die ihn verführen sollte, aber er vertrieb sie mit einem brennenden Holzscheit.
Darauf wurde er von zwei Engeln besucht, die ihm den Gürtel der Keuschheit anlegten, so daß er nie wieder ein körperliches Verlangen nach einer Frau hatte.

BILDER: *Versuchung des Heiligen:* Velazquez, Erzbischöfl. Pal. Orihuela, Crayer, Saint-Sauveur Brügge. *Thomas von zwei Engeln gegürtet:* Sassetta, Budapest.

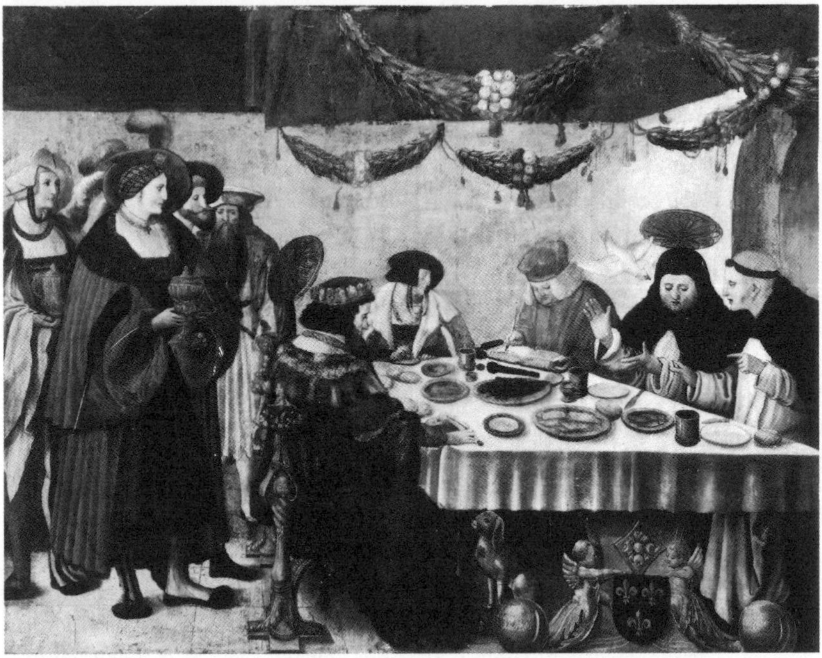

Der hl. Thomas v. Aquin zu Tisch bei König Ludwig dem Heiligen
Gemälde von Manuel Deutsch, Basel

Thomas an der Tafel Ludwigs des Heiligen

Als Thomas ein berühmter Magister an der Universität von Paris war, wurde er von dem frommen König Ludwig wie schon öfter zu einem Mahl eingeladen. Da man wußte, wie gern der korpulente Dominikaner gut aß, wurden besonders erlesene Speisen aufgetragen, die Thomas aber wider Erwarten völlig stumm und abwesend zu sich nahm. Der König gab den Tischgenossen ein Zeichen, den Gelehrten keinesfalls zu stören. Plötzlich aber, nachdem schon die Nüsse aufgetragen waren, sprang er auf, ließ seine geballte Faust auf den Tisch sausen, so daß die Nüsse im ganzen Saal herumsprangen, und brüllte der verschreckten Tafelrunde zornig zu: «Das wird die Häretiker erledigen!» Thomas hatte während des ganzen Essens über die Widerlegung der Irrlehre der Manichäer nachgesonnen und war zu einem Ergebnis gekommen.

Bild: Manuel Deutsch, Basel.

Besuch bei Bonaventura

Thomas war mit dem Franziskanertheologen Bonaventura befreundet und fragte ihn bei einem Besuch, aus welchen Büchern er sein großes Wissen habe.

Bonaventura deutete auf das Kreuz Christi und sagte: «Aus dem Leiden und Sterben Jesu Christ am Kreuz» (vgl. auch S. 384).

BILD: Zurbarán, Berlin (verbrannt).

Vision vor dem Kreuz

Thomas betete oft vor einem Kruzifix und versuchte, im göttlichen Geist seine Philosophie niederzuschreiben. Als er wieder einmal betete, hörte er eine Stimme vom Kreuz, die sagte, er habe gut geschrieben und möge sich eine Belohnung wünschen. Thomas aber wollte nur eines: den Herrn Jesus Christus.

BILD: Sassetta, Mus. Vatikan.

Thomas Becket von Canterbury

Thomas Becket, im Jahre 1118 in London geboren, wurde ab 1155 nach dem Studium der Theologie und des Kirchenrechts und seiner Weihe zum Diakon Lordkanzler und damit enger Freund und Berater König Heinrichs II. von England. Um seine Macht über die Kirche erweitern zu können, ließ der König seinen Kanzler zum Erzbischof von Canterbury ernennen; doch Thomas gab darauf entgegen den Vorstellungen seines Landesherren 1162 sein Staatsamt auf und kämpfte um Recht und Freiheit der Kirche gegen den Staat. Im Jahre 1164 mußte der Erzbischof vor dem erzürnten König nach Frankreich fliehen, kam aber trotz des weiterhin gespannten Verhältnisses im November 1170 nach Canterbury zurück, wo er am 29. Dezember 1170 von vier Rittern, die glaubten, im Sinne des Königs zu handeln, erschlagen wurde, als er während der Vesper vor dem Altar in der Kathedrale kniete. Heinrich tat daraufhin öffentlich Buße und ließ sich von Mönchen am Grab des Märtyrers geißeln. Bald geschahen dort so viele Heilungswunder, daß man den Toten den «Arzt von Canterbury» nannte. ATTRIBUTE: *Bischofstracht und Stab; Schwert im Haupt; seltener Schädeldecke, die ihm die Mörder abschlugen; Kirchenmodell.*

QUELLE: Legenda aurea, 78–82. – ZYKLEN: Fresken um 1227, Dom Braunschweig; Fresken um 1316, St. Thomas Becket Verona; Thomasaltar um 1500, Georgenkirche Wismar; Francke, Hamburg.

Thomas von Villanueva

Thomas wurde um 1487 bei Villanueva geboren und starb am 8. September 1555 in Valenzia. Er war Augustiner-Eremit, Prior in Salamanca und Provinzial seines Ordens für Andalusien und Kastilien; 1544 wurde er

Bischof von Valenzia. Dem Asketen und großen Wohltäter gab man den Beinamen «Almosengeber». ATTRIBUTE: *Geldbeutel in der Hand umringt von Bettlern; Bett, das er verschenkt.*

QUELLE: LThK, X, 150. – BILDER: Murillo, Sevilla/AP München/Cincinnati; Carreño de Miranda, Louvre.

Ulrich

Um 890 aus alamannischem Adel in Augsburg geboren, wurde Ulrich in St. Gallen zum Kleriker ausgebildet und 923 zum Bischof von Augsburg geweiht. Er ließ die Klöster und Kirchen des durch die ständigen Ungarneinfälle verwüsteten Bistums wieder aufbauen, reorganisierte die kirchlichen Institutionen und befestigte die Stadt durch einen Ringwall. Als 955 erneut die Ungarn ins Frankenreich eindrangen, verteidigte der Bischof seine Stadt gegen die Belagerer, bis Kaiser Otto I. (936–973) die Ungarn auf dem Lechfeld vernichtend schlug. Ulrich starb im Jahre 973 und wurde von seinem Mitbruder Wolfgang von Regensburg in St. Afra zu Augsburg begraben. ATTRIBUTE: *In Bischofsornat auf einem Pferd zur Verteidigung Augsburgs; mit einem Engel, der ihm Kelch, Bischofsstab oder das sog. Ulrichskreuz zur Abwehr von Ratten- und Mäuseplagen überreicht; außerdem mit einem Fisch.*

QUELLE: Gerhard, Vita Sancti Udalrici.

ERSCHEINUNG DER HL. AFRA

Noch in der Zeit vor dem endgültigen Sieg über die Ungarn erschien Afra, die Stadtheilige von Augsburg, dem hl. Ulrich nachts im Traum und führte ihn auf das Lechfeld, wo der Apostel Petrus eine himmlische Synode wegen des bairischen Herzogs Arnulf abhielt, der kirchliche Besitztümer in die Hände von Laien übertrug. Petrus gab dem Bischof den Auftrag, beim Kaiser für die Rückgabe der Güter in die Hände des Klerus zu sorgen. Danach wies Afra über das Lechfeld hin und gab den Rat, Kaiser Otto solle sein Land mit Festungen schützen; denn die Ungarngefahr sei noch nicht gebannt. Mit der Zusage, der Kaiser werde aber schließlich den Sieg erringen, verschwand die Heilige.

BILD: Unbekannter Meister um 1455, St. Ulrich und Afra Augsburg.

DAS FISCHWUNDER

An einem Donnerstagabend saßen Ulrich und der mit ihm befreundete Bischof Konrad von Konstanz bei einem Mahl zusammen. Sie führten aber ein so anregendes geistliches Gespräch, daß sie darüber völlig das Essen vergaßen. Als der Morgen schon graute, kam ein Bote des Herzogs mit einem Brief, dem

Ulrich zum Lohn ein Gänsebein vom unverzehrten Nachtmahl gab. Sogleich eilte der herzogliche Diener damit zu seinem Herrn, um den Bischof des Verstoßes gegen das Freitagsgebot zu bezichtigen. Doch als er das Fleischstück vorzeigen wollte, hielt er einen Fisch in der Hand.

BILDER: Unbekannter Meister um 1455, St. Ulrich und Afra Augsburg; Holbein d. Ä., Staatsgal. Augsburg.

Erscheinung der Engel und der Hand Gottes

Da Ulrich schon sehr alt war und sich kaum mehr aus seinem Stuhl erheben konnte, brachten ihm zwei Engel am Vorabend des Gründonnerstages Kelch und Hostienteller an den Altar, wo er seine Messe zelebrierte.
Am Gründonnerstag selbst soll er wegen seiner großen Liebe und Mildtätigkeit gegen die Armen während der Meßfeier ein himmlisches Zeichen erhalten haben: Als er das Kreuzzeichen über dem Chrisam machen wollte, erschien die segnende Rechte des Herrn, umgeben von überirdisch glänzenden Strahlen.

BILDER: Unbekannter Meister um 1455, St. Ulrich und Afra Augsburg.

Ursula und die elftausend Jungfrauen

Ursula soll die Tochter eines Königs von «Britannia» (Bretagne) gewesen sein und mit vielen Jungfrauen in Köln den Martertod erlitten haben. Als Zeitpunkt ihres Todes geben manche Quellen das Jahr 238 und/oder 452 an. Die vielen Skelette gewaltsam getöteter Frauen, die man im Bereich der Ursulakirche in Köln fand, und eine alte Inschrift (wahrscheinlich 4./5. Jahrhundert) in dieser Kirche, die von vielen hier getöteten Jungfrauen spricht, sind der einzige Hinweis auf einen möglichen historischen Kern dieser Legende. ATTRIBUTE: *Fürstliche Kleidung und Krone; Pfeil; Schiffe; Fahne mit Kreuz, wie beim auferstandenen Christus, als Siegesfahne über Marter und Tod; Mantel als Schutzmantel über ihre Schutzbefohlenen, wie bei Maria.*

Der Legende nach war Ursula, die Tochter eines frommen, christlichen Königs von Britannia, so tugendhaft, klug und schön, daß Aethereus, der heidnische Thronfolger von Engelland, mit großem Nachdruck um ihre Hand anhielt. Da ihr Vater sie mit keinem Ungläubigen verheiraten wollte, sich aber vor den politischen Folgen einer Abweisung fürchtete, riet Ursula ihm schließlich, den Heiratsantrag anzunehmen. Zur Bedingung machte sie allerdings, daß sie vor der Vermählung eine dreijährige Pilgerfahrt nach Rom unternehmen dürfe und daß sich der Bräutigam zum Christentum bekehren müsse. Aethereus fügte sich ihren Forderungen, er versprach, sich taufen und drei Jahre lang im christlichen Glauben unterweisen zu lassen.

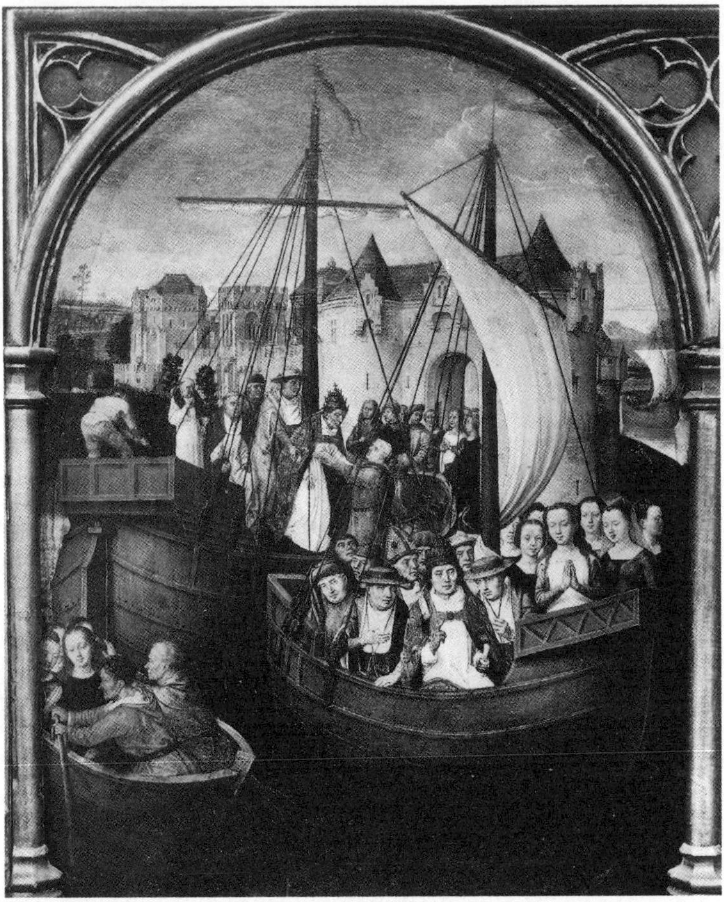

Die Einschiffung der hl. Ursula
Reliquienschrein (Teilsrück) von Hans Memling, Johannesspital Brügge

Zu Schiff fuhr Ursula in Begleitung von elftausend Jungfrauen und vielen Bischöfen den Rhein hinauf über Köln nach Basel. Zu Fuß zogen sie weiter nach Rom, wo sie vom Papst, der selbst aus Britannia stammte, mit großen Ehren empfangen wurden.

Auf der Hinreise hatte Gott Ursula durch einen Engel kundgetan, daß sie mit ihren Jungfrauen in Köln das Martyrium erleiden würde. Das gleiche erfuhr auch Papst Cyriacus in einer Vision. Gegen den Widerstand seiner Kardinäle verzichtete Cyriacus auf seine Papstwürde, um den Jungfrauen in den Martertod zu folgen. Auch König Aethereus erhielt von Gott den Auftrag, seiner Braut bis Köln entgegenzufahren, damit er mit ihr sterbe. Als alle nach Köln gelangten, wurden sie von den dort vor der Stadt lagernden Hunnen niedergemetzelt.

Nur Ursula, deren Schönheit den Hunnenfürsten fesselte, blieb zunächst am Leben. Da sie sich aber weigerte, seine Frau zu werden, legte der verschmähte Fürst selbst seinen Pfeil auf die Jungfrau an und tötete sie.

QUELLE: Legenda aurea, 807–812. – ZYKLEN: Zyklus von 1456, Ursulakirche Köln; Funhof, Johanniskirche Lüneburg; Memling, Ursulaschrein, Johannis-Hospital Brügge; Meister der Ursulalegende, WRM Köln/Bonn/Nürnberg/Louvre/Viktoria & Albert; Meister der hl. Ursula, Iglesia de la Madre Deus Lissabon; Carpaccio, Acad. Venedig; Burgkmair, Mus. Augsburg; Breu d. Ä., Ursula-Altar, Dresden. – BILDER: *Empfang in Britannien:* Sassetta, Städel. *Einschiffung der Jungfrauen:* Lorrain, Nat. Gall. London. *Ankunft in Köln:* Carpaccio, Akad. Venedig. *Martyrium der elftausend Jungfrauen:* Sassetta, Städel; Moretto, San Clemente Brescia; Rubens, Brüssel.

Valentin

Valentin war nach einigen Quellen ein römischer Priester und Märtyrer zur Zeit des Kaisers Claudius Gothicus (268–270). Über seinem Grab an der Via Flaminia wurde unter Papst Julius I. (337–352) eine Valentinskirche erbaut. Nach anderen Berichten war er Bischof von Terni in Mittelitalien, der nach seinem Martyrium an der dortigen Via Flaminia begraben wurde. Möglicherweise handelt es sich bei beiden um ein und dieselbe Person.

Ein zweiter bzw. dritter Valentin war ein um 470 in Mais bei Meran verstorbener Wanderbischof von Rhaetien, dessen Gebeine später auf Betreiben des bairischen Herzogs Tassilo III. nach Passau kamen, wo er zeitweise als Bischof tätig gewesen war. Ihm unterlegte man Teile der Legende des Bischofs von Terni. ATTRIBUTE: *Im Bischofsornat, oft mit einem verkrüppelten bzw. epileptischen Kind als Patron der Fallsüchtigen (wahrscheinlich wegen seines Namens Valen-tin, der an ‹Fallen› erinnert); seltener mit Schwert oder Hahn.*

Der Brauch, am 14. Februar, dem «Valentinstag», Blumen zu schenken, soll auf einen Mönch dieses Namens zurückgehen, der aus seinem Klostergarten Blumen an die Vorübergehenden verteilte.

QUELLE: Legenda aurea, 205 f. – ZYKLUS: Zeitblom, Staatsgal. Augsburg.

VALENTIN HEILT EINEN BEHINDERTEN KNABEN

Valentin war schon einige Jahre Bischof von Terni, als ihn ein Rhetor namens Craton zu sich nach Rom bat, um seinen behinderten Sohn Chäremon zu heilen. Nachdem der junge Mann durch ein Wunder tatsächlich gesund geworden war, bekehrten sich alle im Hause des Craton und viele seiner Freunde zum Christentum. (Abb. S. 488)

BILD: Cranach d. Ä., Akad. Wien.

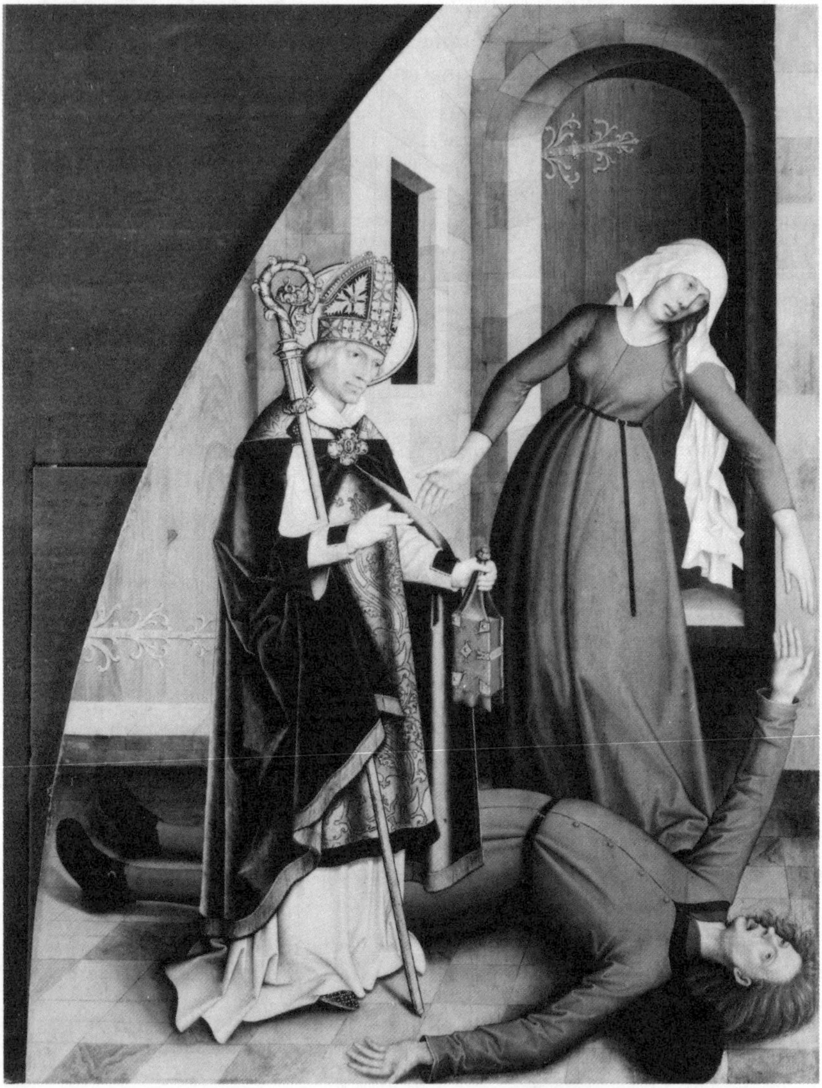

Der hl. Valentin heilt einen Epileptiker
Tafelbild (Ausschnitt) von Bartholomaeus Zeitblom, Staatsgalerie Augsburg

Bekenntnis vor dem Kaiser

Valentin, als weiser und geachteter Priester in Rom bekannt, wurde vor den Kaiser Claudius Gothicus befohlen, der ihn zu den römischen Göttern bekehren wollte. Der christliche Priester sprach aber so überzeugend von seinem Gott, daß der Kaiser geneigt war, ihm zu glauben. Da appellierte einer der

Umstehenden an den Herrscher, doch in Treue zu den altbewährten Göttern zu stehen, und erreichte, daß man Valentin im Hause eines hohen Beamten gefangensetzte. Dort sprach er von Christus als dem wahren Licht, und die blinde Tochter seines Hausherrn wurde geheilt, wodurch das ganze Haus den Glauben annahm. Später ließ der Kaiser Valentin enthaupten.

BILDER: siehe Zyklus.

Vinzenz Ferrer

Der Dominikaner Vinzenz Ferrer, geboren um 1350 in Valencia, trat als großer Bußprediger und Missionar auf. Er war lange Zeit Beichtvater und Ratgeber der Könige von Aragon, auch des Papstes Benedikt XIII. in Avignon. Der asketische Mönch starb am 5. April 1419 in Vannes (Bretagne), wo er im Dom begraben liegt. ATTRIBUTE: *Meist im Dominikanerhabit; auch als Engel der Apokalypse mit Flügeln (die Schrecken des jüngsten Gerichts waren ein beliebtes Predigtthema für ihn); Buch; Kreuz; Herz mit lodernden Flammen (brennende Liebe zu Gott) oder Sonne mit Christusmonogramm auf seiner Brust; Lilie; Taufbecken; Bekehrte zu seinen Füßen.*

Vinzenz zog auf seinem Esel durch viele europäische Länder und missionierte mit seiner Predigt Tausende von Ungläubigen. Selbst heidnische Gegenden, in die sich kein anderer wagte, so das Gebiet von Lausanne, wo Sonnenanbeter lebten, oder das «Tal des Verderbens», das nach den gesetzlosen Menschen dort so benannt war, wurden von Vinzenz Ferrer wie durch ein Wunder bekehrt. Er heilte auch Kranke, darunter einen kleinen Jungen und einen Gichtkranken, erweckte eine spanische Jüdin und ein Kind vom Tode, gab Blinden das Augenlicht, Stummen die Sprache und Wahnsinnigen die Gesundheit zurück.

QUELLE: Vies des Saintes, V, 115 f. – BILD: *Wundertaten:* Cossa, Pinak. Vatikan.

Vitus/Veit

Vitus soll zu Beginn der Diokletianischen Christenverfolgung (303/4) in Sizilien umgekommen sein. Er gehört zu den vierzehn Nothelfern (siehe S. 465). ATTRIBUTE: *Jüngling mit Adler, manchmal auch mit Broten; Hahn; als Landespatron von Böhmen Hermelin und Reichsapfel; Kessel; Löwe.*

Der Knabe Vitus wurde von seiner Amme Crescentia und seinem Lehrer Modestus im christlichen Glauben erzogen. Als sein heidnischer Vater dies bemerkte, versuchte er vergeblich, seinen Sohn mit Schlägen gefügig zu machen und übergab ihn dem Richter Valerianus, der ihn durch Knechte mit

Stöcken schlagen ließ. Aber die Hände der Knechte verdorrten, und auch der Richter konnte seine Hand nicht mehr bewegen; doch Vitus heilte sie im Namen Christi.

Da gab Valerianus den Knaben an den Vater zurück, damit dieser ihn durch schöne Mädchen, Tanz und Spiel zum Heidentum verführe; auch zur Ehe wollte man ihn zwingen. Vitus aber ließ nur sieben Engel in sein Zimmer, die von einem so strahlenden Glanz waren, daß sein Vater, der sie einmal erblickte, sogleich erblindete. Als ihn der Knabe heilte, wurde er nur noch zorniger.

Da fuhren Modestus und Crescentia mit Vitus in einem Schiff in ein anderes Land, wo ein Adler die Flüchtlinge mit Brot ernährte.

Kaiser Diokletian ließ Vitus später zu sich kommen, damit er seinen besessenen Sohn heile. Weil dies im Namen Christi geschah, befahl der Kaiser, den jungen Mann mit seinen Begleitern ins Gefängnis zu werfen. Dort überlebte Vitus Feuerofen und Löwenzwinger. Als man ihn, Crescentia und Modestus dann auf die Folter spannte, erbebte die Erde, und ein Engel brachte die drei an einen Fluß, wo sie beteten und von einem Adler bewacht starben. Eine Frau namens Florentina fand die Toten und ließ sie bestatten.

QUELLE: Legenda aurea, 403–405. – ZYKLEN: Frueauf d. Ä. (?), Nürnberg; Altar um 1490, Eichstätt.

Wenzel/Wenceslaus

Der älteste Sohn des böhmischen Herzogs Wratislaw I. und seiner Gattin Drahomira trat 922 mit etwa 18 Jahren nach kurzer Regentschaft seiner Mutter die Nachfolge seines Vaters an. Er hatte dank seiner Großmutter Ludmilla, die bei Unruhen unter Drahomira (in der legendären Überlieferung fälschlich als Heidin bezeichnet) ermordet wurde, eine christliche Erziehung an der Lateinschule in Budec erhalten und galt als gerechter und frommer Herrscher.

Im Jahre 929/935 wurde er von seinem Bruder Boleslaw in Altbunzlau bei Prag getötet, wobei die Feindschaft heidnischer Kräfte, Wenzels deutschenfreundliche Politik und Boleslaws Machtstreben eine Rolle gespielt haben mögen. Die Gebeine des schon bald als Heiligen verehrten Königs wurden im Jahre 938 in den von ihm gegründeten Prager Veitsdom übertragen.

Sein heiligmäßiges Leben wird in vielen Legenden zum Ausdruck gebracht: So habe er den heidnischen Fürsten Radislaus, der die Macht an sich reißen wollte, im Zweikampf durch das Kreuzzeichen besiegt. Auf dem Reichstag zu Worms soll er nach einer Messe von zwei Engeln begleitet erschienen sein und von Kaiser Otto I. Reliquien der beiden Heiligen Vitus und Sigismund für den späteren Veitsdom in Prag erhalten haben.

ATTRIBUTE: *Als Herzog mit einem Adler auf seinem Schild oder auf einer grünen Fahne (altböhmisches Wappen); mit Lanze oder Schwert.*

QUELLEN: Vita des hl. Wenzel. – ZYKLEN: Theoderich von Prag, Prag; Fresken des 16. Jhs., Prager Veitsdom.

Wolfgang

Wolfgang wurde um 924 in Schwaben geboren und im Kloster Reichenau am Bodensee erzogen. Nachdem er Lehrer und Domdekan in Trier gewesen war, lebte er als Mönch im Benediktinerkloster Einsiedeln (Schweiz) und ab 968 als Wanderpriester. Auf einer Missionsreise kam er nach Regensburg, wo er 972 zum Bischof gewählt wurde und wesentlich an der Reform und dem Aufschwung des geistlichen Lebens der dortigen Klöster beteiligt war. Er starb am 31. Oktober 994 in Pupping (Oberösterreich).
ATTRIBUTE: *Bischofstracht; Beil und Kirchenmodell; Teufel.*

QUELLE: Othloh, Vita des hl. Wolfgang. – ZYKLUS: F. Pacher, Hochaltar der Pfarrkirche in St. Wolfgang (Österreich).

MILDTÄTIGKEIT UND HEILUNGEN VON KRANKEN UND BESESSENEN

Als Bischof, der wegen seiner Mildtätigkeit und seiner Krankenheilungen im Volk hohes Ansehen genoß, stand Wolfgang einmal mit Arbeitern am Bauplatz für das Kloster St. Paul. Da brachte man zu ihm eine Frau, die vom Teufel besessen war. Von Mitleid ergriffen rief er: «Wäre ich würdig vor Gott, diesem Geschöpf zu helfen, ich würde es tun, so bleibt uns nur, einige Psalmen zu beten.» Während man die Gebete sprach, lag die bewußtlose Frau zuckend auf der Erde; nachdem man sie nach Hause getragen hatte, war sie geheilt.

BILD: siehe Zyklus.

GOTT GIBT AUF DEM ALTAR EIN ZEICHEN ZUR KLOSTERREFORM

Wolfgang wollte das geistliche Leben in den Klöstern von Regensburg reformieren, wartete aber auf ein Zeichen göttlicher Zustimmung. Bei einer Messe stellte er die Reliquien der Kirche auf die linke Seite des Altars und bat Gott, sie auf die andere Altarseite zu versetzen, wenn er seine Reformvorstellungen billige. Und so geschah es: Am Ende der Messe standen die Reliquien auf der rechten Seite.

BILD: siehe Zyklus.

WOLFGANG BEZWINGT DEN TEUFEL IN DER KIRCHE

Wann immer Bischof Wolfgang predigte, gelang es ihm, in einfachen Worten die Herzen seiner Zuhörer zu treffen; deshalb drängte sich besonders an hohen Festtagen viel Volk in die Kirche. Einmal störte der Teufel in seiner Eifersucht die Rede des Bischofs durch so großen Lärm, daß das Kirchenvolk vor Schrecken weglaufen wollte; aber Wolfgang bezwang den Widersacher durch ein Gebet und hatte sogleich wieder aufmerksame Zuhörer.

BILD: siehe Zyklus.

Wolfgang baut eine Kirche am Abersee

Während des Kampfes zwischen Kaiser Otto II. und Heinrich dem Zänker mußte Wolfgang aus seiner Bischofsstadt fliehen. Er zog sich an den Abersee (heutiger Wolfgangsee) zurück, wo die Kirche von Regensburg Besitzungen hatte. Nach der Legende warf er vom Berg Falkenstein aus ein Beil hinunter, um eine geeignete Stelle für seine Einsiedelei zu finden und errichtete gegen den Widerstand des Teufels mit eigenen Händen eine Kapelle.

BILD: siehe Zyklus.

Zeno

Zeno, in der zweiten Hälfte des 4. Jahrhunderts Bischof von Verona, kämpfte gegen das Heidentum und den Arianismus, der die Wesensgleichheit von Gottvater und Sohn leugnete, und war ein großer Verehrer der Jungfräulichkeit. Nach seinem Tod um 371 wurde über seinem Grab in Verona die Kirche San Zeno erbaut. ATTRIBUTE: *Zwei Fische, Fischfanggeräte.*

Der Legende zufolge lebte Zeno vom Fischfang aus der Etsch. Dort trafen ihn die Boten des Kaisers, der ihn holen ließ, um seine Tochter von ihrer Besessenheit zu heilen. Am Fluß rettete er durch sein Kreuzzeichen auch einen schwer beladenen Ochsenkarren, der hineinzustürzen drohte.

QUELLEN: Gregor d. Gr., Dialogi, III, 19. – ZYKLUS: Bronzetüren von San Zeno Verona.

Zenobius von Florenz

Zenobius war in der ersten Hälfte des 5. Jahrhunderts Bischof von Florenz und wurde dort in San Lorenzo begraben. Im 9. Jahrhundert fand eine Übertragung seiner Gebeine in die Kirche Santa Maria del Fiore statt. ATTRIBUTE: *Bischof mit blühendem Baum und Stadtmodell von Florenz; Stadtwappen von Florenz mit Lilien.*

QUELLEN: Acta SS Maii VI (1866) 49–69; LThK, X, 1346. – ZYKLUS: Botticelli, Nat. Gall. London/Dresden/Metrop. Mus.

Zenobius erweckt einen Knaben

Bischof Zenobius ging einmal durch Florenz und kam gerade dazu, wie ein Knabe auf der Straße von einem Ochsenkarren überfahren wurde. Mit der Kraft seines Gebetes gelang es ihm, das Kind wieder zum Leben zu erwecken.

BILDER: Domenico Veneziano, Fitzwilliam; Gozzoli, Dahlem; R. Ghirlandaio, Uffizien.

Zenobius bringt einen toten Baum zum Erblühen

Selbst der tote Bischof wirkte noch Wunder. Als man den Verstorbenen in einer großen Prozession zur Kathedrale brachte, stießen die Totenträger mit dem Sarg versehentlich an einen verdorrten Baum, der sogleich zu sprießen und zu blühen begann.

BILDER: *Wunder vom toten Baum:* Giovanni del Biondo, Kathedrale Florenz. *Begräbnis:* Botticini, Metrop. Mus.

ANHANG

Literaturverzeichnis
Seite 496

Abkürzungen der Standorte
Seite 515

Künstlerverzeichnis
Seite 518

Stichwortregister zu den
Geschichten und Bildern
Seite 529

LITERATURVERZEICHNIS

1. Quellen

Vorbemerkung

Die Angaben zu den Autoren und sonstigen literarischen Quellen aus Antike und Mittelalter beschränken sich auf die am leichtesten zugänglichen Übersetzungen, wenn vorhanden in Taschenbuchreihen. Wo keine neuere deutsche Ausgabe vorliegt, wird auf eine Veröffentlichung in einer anderen modernen Sprache verwiesen. Nur wenn dies – wie bei einer Reihe von Heiligenviten – nicht möglich ist, sind auch schwieriger zugängliche Quellenwerke angeführt.

Bei den Literaturangaben zu den einzelnen Geschichten darf nicht ohne weiteres unterstellt werden, daß diese Texte von den Künstlern auch tatsächlich benutzt worden sind. Es gab noch andere Vorlagen, die nicht selten zu einer Veränderung und Vermischung der ursprünglichen Erzählelemente führten, was bei einer genaueren Analyse der einzelnen Kunstwerke zu berücksichtigen ist.

So spielten beispielsweise im Mittelalter und auch noch in der Renaissance die sog. Malerbücher sowie eine Reihe von bebilderten Darstellungen biblischer Geschichten für die Gestaltung alt- und neutestamentlicher Szenen eine wichtige Rolle. Zu nennen wären hier vor allem die Armenbibel (Biblia Pauperum), entstanden Ende des 13. Jahrhunderts, die den des Lesens Unkundigen die Heilige Schrift nahe bringen wollte, oder der Heilsspiegel (Speculum Humanae Salvationis), ein 1324 entstandenes Werk, das in Vers und Bild die ganze Heilsgeschichte behandelt, wobei den neutestamentlichen Szenen die «typologisch» entsprechenden alttestamentlichen Vorbilder gegenübergestellt werden.

Für die Stoffe aus der Antike waren die zeitgenössischen Kompendien, Weltchroniken oder auch Nachdichtungen damals meist von größerem Einfluß als die antiken Quellen selbst. Für die Barockzeit muß zudem noch beachtet werden, daß die damals außerordentlich beliebten Themen aus der griechisch-römischen Mythologie und Geschichte in der Dichtung und in der Musik immer wieder Neubearbeitungen und Umgestaltungen erfahren haben, die dann auch in der Malerei der Epoche ihren Ausdruck fanden.

a) Autoren und Texte zur Antike

Aelian → Claudius Aelianus

Aeschylus/Aischylos, 525–456 v. Chr., aus Athen, ist der Begründer der Tragödie als literarischer Kunstform. Sieben seiner Dramen sind erhalten.
Ausg.: *Tragödien und Fragmente*. Griech./deutsch. Ed. O. Werner. Artemis-Verlag, 3. Aufl. Zürich/München 1980. – Einzelne Dramen auch in Reclams Universalbibliothek.

Aesop/Aisopos, aus Sardes (Kleinasien), soll im 6. Jahrhundert v. Chr. gelebt und eine Fabelsammlung verfaßt haben, die, immer wieder erweitert, in der hellenistischen Zeit ihre endgültige Form fand.
Ausg.: *Fabeln der Antike*. Griech./lat./deutsch herausgegeben von H. C. Schnur. Artemis-Verlag, Zürich/Stuttgart 1985.

Alexanderroman. Das ursprünglich von einem unbekannten Autor im 3. Jahrhundert n. Chr. aus schriftlichen Quellen zusammengestellte Werk *Leben und Taten Alexanders*

von Makedonien war eines der beliebtesten Bücher des Mittelalters, auch wenn es nicht in seiner ursprünglichen Form, sondern in einer Vielzahl von Bearbeitungen bekannt wurde. Die wichtigste dieser Bearbeitungen ist das Versepos von Walter von Châtillon: *Das Lied von Alexander dem Großen* (Alexandreis).
Ausg.: *Alexanderroman*: Herausgegeben und übersetzt von Helmut van Thiel, 2. Aufl. Darmstadt 1983. *Alexandreis*: übersetzt und eingeleitet von Gerhard Streckenbach, Lambert Schneider, Heidelberg 1986.

ANAKREONTISCHE VERSE. Eine aus der Antike stammende Sammlung lebensfroher Wein- und Liebeslieder nach dem griechischen Dichter Anakreon (um 572–488 v. Chr.).
Ausg.: *Griechische Lyriker*. Griechisch/deutsch herausgegeben und übersetzt von Horst Rüdiger. Artemis-Verlag, 2. Aufl. Zürich/Stuttgart 1968.

APOLLODOROS, um 180–110 v. Chr., war ein griechischer Gelehrter, von dem Fragmente und Exzerpte (Epitome) seiner mythologischen Werke erhalten sind.
Ausg.: *Griechische Sagen. Apollodoros, Parthenios, Antonius Liberalis, Hyginus*. Übertragen von L. Mader. Artemis-Verlag, Zürich/Stuttgart 1963.

APOLLONIOS RHODIOS, um 295–215 v. Chr., ein griechischer Schriftsteller aus Alexandrien, der später auf der Insel Rhodos lebte, was seinen Beinamen erklärt. Von seinen Werken sind nur die *Argonautika* erhalten.
Ausg.: *Argonautica*. Verdeutscht von Th. von Scheffer. Dietrich'sche Verlagsbuchhandlung, Wiesbaden 1947.

APPIAN, um 100 n. Chr. geboren, war ein griechischer Geschichtsschreiber aus Alexandrien, dessen Hauptwerk *Römische Geschichte* teilweise erhalten ist.
Ausg.: *Römische Geschichte*. Übersetzt von Otto Veh, herausgegeben von Kai Brodersen, Hiersemann Verlag, Stuttgart 1987.

APULEIUS, um 125–180 n. Chr., schrieb lateinisch. Sein bekanntestes Werk sind die *Metamorphosen – Der Goldene Esel*, in dem das Märchen von «Amor und Psyche» enthalten ist (Buch IV 28–VI 24), sowie seine *Apologia*.
Ausg.: *Der Goldene Esel*. Lat./deutsch. Ed. E. Brandt, bearbeitet von W. Ehlers. 2. Aufl. München 1963. – Reclam 486(2). – *Apologie – Florides*. Lat./französ. von P. Vallette. Belles Lettres, Paris 1985.

ARISTOTELES, 384–322/21 v. Chr., war neben Platon der größte Philosoph des Altertums. Die *Politik* ist eines seiner Hauptwerke.
Ausg.: *Politik*. Übersetzt von Olof Gigon. Artemis-Verlag, 2. Aufl. Zürich/München 1971.

ARRIAN (FLAVIUS ARRIANUS) VON NIKOMEDIA, um 95–175 n. Chr., setzt sich in seinem Werk *Anabasis Alexandrou – Alexanderzug* als nüchterner Geschichtsschreiber von den märchenhaften Überlieferungen ab, die schon in der Antike über Alexander im Umlauf waren.
Ausg.: *Der Alexanderzug/Indische Geschichte*. Griech./deutsch herausgegeben von Gerhard Wirth und Oskar von Hinüber. Artemis-Verlag, Zürich/München 1985.

AURELIUS VICTOR, SEXTUS, ein römischer Beamter im 4. Jahrhundert n. Chr., bietet in seinem Hauptwerk *Caesares* eine Reichsgeschichte von Augustus bis zum Jahre 361.
Ausg.: Hrsg. F. Pichlmayr/R. Gründel. Teubner, Leipzig 1970.

BANDELLO, MATTEO, 1485–1562, ein Dominikaner aus Piemont und zuletzt Bischof von Agen in Frankreich, schrieb eine Sammlung *Novelle* in der Nachfolge Boccaccios.
Ausg.: *Novellen*. Herausgegeben von O. Miller, München 1919; *Novellen*. Herausgegeben von H. Floerke, 3 Bde., München 1920.

BELISARLIED. Eine byzantinische Dichtung des 14. Jahrhunderts, die das Schicksal aufrührerischer kaiserlicher Generäle aus dem 9. und dem 13. Jahrhundert auf Belisar, den berühmten Feldherrn Kaiser Justinians im 6. Jahrhundert, überträgt.
Ausg.: In *Carmina graeca medii aevi*. Herausgegeben von W. Wagner, Leipzig 1874.

Caesar, Gaius Julius, 100–44 v. Chr., war nicht nur Feldherr und Staatsmann, sondern auch ein glänzender Schriftsteller, der seine eigenen Taten in den Geschichtswerken *De Bello Gallico* und *De Bello Civili* beschrieb.
Ausg.: *Gallischer Krieg*: Reclam 9960(8); *Bürgerkrieg*: Reclam 1090(3).

Cassius → Dio Cassius

Catull, um 84–54 v. Chr., war ein römischer Lyriker, von dem 116 Gedichte *Carmina* überliefert sind.
Ausg.: *Sämtliche Gedichte*. Lat./deutsch herausgegeben, eingeleitet und übersetzt von Otto Weinreich, Artemis-Verlag, Zürich/Stuttgart 1969.

Chiabrera, Gabriello, 1552–1638, war ein italienischer Dichter, der als neuer Pindar gefeiert wurde. Er schrieb ein Melodrama «Il Rapimento di Cefalo», das die barocke Prunkoper anregte.
Ausg.: *Opere*. Herausgegeben von Marcello Turchi. UTET, Turin 1973.

Cicero, Marcus Tullius, 106–43 v. Chr., war römischer Politiker und Schriftsteller. Eine seiner philosophischen Schriften ist die Darlegung seiner Staatstheorie in dem teilweise erhaltenen Werk *De Re Publica* mit dem mythischen Schluß im 6. Buch «Der Traum des Scipio».
Ausg.: *De Re Publica*: Reclam 9905(5). – *Gespräche in Tusculum*. Lat./deutsch herausgegeben von Olof Gigon. Artemis-Verlag, 5. Aufl. Zürich/München 1984. – *Vom rechten Handeln (de officiis)*. Übersetzt von Karl Büchner, Artemis-Verlag, Zürich 1953. – *De inventione. De optimo genere oratorum. Topica*. Mit englischer Übersetzung von H. M. Hubbell. Loeb Classical Library, London/Cambridge (Ma.) 1949.

Claudius Aelianus, um 170–235 n. Chr., bezeichnete sich als Römer, schrieb aber griechisch, unter anderem eine *Poikile Historia*, in der er hauptsächlich anekdotisches Material bringt («poikile» = bunt, vermischt).
Ausg.: *Varia Historia*. Herausgegeben von M. R. Dilts. Teubner, Leipzig 1974.

Curtius Rufus, Quintus, vermutlich 1. Jahrhundert n. Chr., verfaßte eine *Geschichte Alexanders des Großen von Makedonien*, ein zum größten Teil erhaltenes und im Mittelalter beliebtes Werk.
Ausg.: Herausgegeben von K. Müller, übersetzt von H. Schönfeld. Heimeran Verlag, München 1954.

Dio Cassius (Cocceianus), um 200 n. Chr., ist der griechische Autor einer teilweise erhaltenen *Römischen Geschichte* von Aeneas bis zum Jahre 229 n. Chr..
Ausg.: *Römische Geschichte in 5 Bänden*. Übersetzt von Otto Veh. Artemis-Verlag, Zürich/München 1985–87.

Diodorus Siculus, 1. Jahrhundert v. Chr., bringt in seiner *Bibliotheke* eine Universalgeschichte, die teilweise erhalten ist.
Ausg.: *Diodori bibliotheca historica*. Griech./engl. von C. H. Oldfather u. a. 12 Bde. Loeb Classical Library, London/Cambridge (Ma.) 1933–67.

Diogenes Laertius, 3. Jahrhundert n. Chr., ist Autor von *Leben und Meinungen großer Philosophen*, einer Fundgrube von Zitaten und Hinweisen, die sonst verloren gegangen wären.
Ausg.: *Leben und Meinungen berühmter Philosophen*. Herausgegeben von Otto Apelt, neu herausgegeben von Klaus Reich. Verlag Felix Meiner, 2. Aufl. Hamburg 1967.

Dionysios von Halikarnass, 1. Jahrhundert v. Chr., verfaßte ein Geschichtswerk *Römische Altertümer*.
Ausg.: Griech./engl. von E. Carey. 7 Bde. Loeb Classical Library. London/Cambridge (Ma.) 1937–50.

Euripides, um 485–406 v. Chr., war ein athenischer Tragödiendichter, von dem 17 Dramen vollständig erhalten sind.
Ausg.: *Die Tragödien und Fragmente*. Übertragen von H. von Arnim und F. Stoessl,

eingeleitet von F. Stoessl. 2 Bde. Artemis-Verlag, Zürich/Stuttgart 1958/68. – Einzelne Dramen in Reclams Universalbibliothek.

FÉNÉLON; FRANÇOIS DE, 1651–1715, war Erzbischof von Cambrai und als Erzieher des Thronfolgers eng mit dem Hof Ludwigs XIV. verbunden. Neben vielen religiösen Schriften verfaßte er einen Roman «Les Aventures de Télémaque», der die Erziehung zum idealen Monarchen behandelt.
Ausg.: Reclam 1327(6).

FLAVIUS JOSEPHUS, 37/38 – Anfang 2. Jahrhundert n. Chr., ein Jude, der in seinem umfangreichen und voll erhaltenen Werk *Jüdische Altertümer* die Geschichte seines Volkes vom Weltanfang bis in die Zeit Kaiser Neros beschrieb. Von ihm stammt auch eine *Geschichte des jüdischen Krieges*, der unter dem Kaiser Titus im Jahre 70 n. Chr. zur Zerstörung Jerusalems führte.
Ausg.: *Jüdische Altertümer.* Übersetzt und mit Einleitung und Anmerkungen versehen von Heinrich Clementz. Fourier Verlag, Wiesbaden o. J. – *Geschichte des jüdischen Krieges.* Ebendort.

GESTA ROMANORUM. Die anonyme Sammlung von Sagen, Anekdoten und Märchen aus römischer Geschichte und mittelalterlicher Legende war ein volkstümliches Lesebuch, das im Mittelalter und in der Renaissance außerordentlich beliebt war.
Ausg.: *Die Taten der Römer.* Hsg. H. E. Rübesamen, München 1962. – *Gesta Romanorum. Geschichten von den Römern.* In vollständiger Übersetzung von Winfried Trillitzsch. Insel-Verlag, Frankfurt am Main 1973. (Die Ausgabe von Hermann Hesse in der Inselbücherei enthält nur eine Auswahl, bei der viele der in diesem Band zitierten Texte fehlen).

HELIODOR, 3. Jahrhundert n. Chr., war ein griechischer Schriftsteller aus Phönizien, dessen umfangreicher Roman über die Abenteuer des Liebespaares Theagenes und Charikleia zu den meistgelesenen Werken des Altertums gehörte und später auch eine entscheidende Wirkung auf den Barockroman ausübte.
Ausg.: *Aithiopika.* Reclam 9384(5).

HERODIAN, 2./3. Jahrhundert n. Chr., ein griechischer Geschichtsschreiber unbekannter Herkunft, verfaßte eine *Kaisergeschichte* der Zeit von 180–238.
Ausg.: Griech./engl. von C. B. Whittaker. 2 Bde. Loeb Classical Library. London/Cambridge (Ma.) 1969/70.

HERODOT, um 484–430 v. Chr., brachte in seiner *Darlegung der Geschichte* eine Fülle von historischem und anekdotischem Material aus der Geschichte der vorderasiatischen Völker und Reiche, bevor er die große Konfrontation von Persern und Griechen der Jahre 490–480 v. Chr. beschrieb.
Ausg.: *Historien.* Griech./deutsch. Herausgegeben von J. Feix. 2 Bde. 3. Aufl. München 1980. – *Die Bücher der Geschichte.* Übersetzt von W. Sontheimer, 3 Bde. Reclam (Auswahl) 2200(2), 2204, 2206(2).

HESIOD, um 700 v. Chr., ein griechischer Dichter, beschrieb in seinem Hauptwerk *Theogonie* die Weltentstehung und den Ursprung der Götter; seine Dichtung *Werke und Tage*, die vom Landbau handelt, bringt ebenfalls mythologische Themen.
Ausg.: *Sämtliche Gedichte. Theogonie. Erga. Frauenkataloge.* Übersetzt von W. Marg, Artemis-Verlag, 2. Aufl. Zürich/München 1984.

HISTORIA AUGUSTA. Das Werk umfaßt 30 Biographien römischer Herrscher und Usurpatoren zwischen 117–285 n. Chr. Es stammt vermutlich von einem unbekannten Autor, auch wenn als Verfasser mehrere Namen genannt sind.
Ausg.: Übersetzt und herausgegeben von Johannes Straub, Ernst Hohl u. a. 2 Bde. Artemis-Verlag, Zürich/München 1976/85.

HOMER, 8. Jahrhundert v. Chr., gilt als Autor der *Ilias* und der *Odyssee* sowie einer Sammlung von *Hymnen*.

Ausg.: (Neben einer Reihe moderner Übersetzungen) *Ilias*. Übersetzt von J. H. Voss. Reclam 249(5). – *Odyssee*. Übersetzt von J. H. Voss. Reclam 280(4). – *Homerische Hymnen*. Griech./deutsch herausgegeben von A. Weiher. Artemis-Verlag, 4. Aufl. Zürich/München 1979.

HORAZ (HORATIUS FLACCUS), 65–8 v. Chr., war neben Vergil der bedeutendste römische Dichter im Zeitalter des Augustus. Seine Hauptwerke sind die *Carmina*, auch «Oden» genannt, eine Sammlung von Liebes- und Trinkliedern, sowie seine *Ars poetica* in Form von Briefen in Hexametern, darunter der Brief über die Dichtkunst.

Ausg.: *Oden und Epoden*. Lat./deutsch. Übersetzt von Christian F. K. Herzlieb und Johann Peter Utz. Artemis-Verlag, Zürich/München 1981; Reclam 9905(4). – *Satiren und Briefe*. Lat./deutsch herausgegeben von Rudolf Helm. Artemis-Verlag, Zürich/Stuttgart 1962; Reclam 431(3) und 432(2).

HYGINUS, GAIUS JULIUS, 1. Jahrhundert v. Chr., war ein Freigelassener und Bibliothekar des Augustus. Er gilt als Autor zweier Sammlungen mythologischer Themen: *Fabulae* und *Poetica Astronomica*.

Ausg.: *Griechische Sagen. Apollodoros, Parthenios, Antonius Liberalis, Hyginus*. Übertragen von L. Mader, Artemis-Verlag, Zürich/Stuttgart 1963.

JUSTIN (M. JUSTIANUS JUSTINUS), wahrscheinlich Anfang des 3. Jahrhunderts n. Chr., exzerpierte in seiner *Epitoma Historiarum Philoppicarum* die heute verlorene Universalgeschichte des Pompeius Trogus (1. Jh. v. Chr.) und hat mit seinem Werk stark auf das Mittelalter eingewirkt.

Ausg.: *Pompeius Trogus: Weltgeschichte von den Anfängen bis Augustus im Auszug des Justin*. Übersetzt von Otto Seel. Artemis-Verlag, Zürich/München 1972.

LAFONTAINE, JEAN DE, 1621–1695, ist bekannt durch seine Fabeln, bei denen er viele antike Stoffe verwendete, und auch durch seine Nachdichtungen von Themen Ovids wie «Adonis» oder «Die Liebe von Psyche und Cupido».

Ausg.: *Sämtliche Fabeln*. dtv 2094.

LEGENDA AUREA siehe S. 507.

LIVIUS, TITUS, um 59. v. Chr.–17 n. Chr., schuf eine römische Geschichte unter dem Titel *Ab Urbe Condita – Von der Gründung der Stadt an*, die in großen Partien erhalten ist und für das Bild Roms in der Renaissance bestimmend wurde.

Ausg.: 1. Buch. Reclam 2031(3); Lat./deutsche Gesamtausgabe (teils erschienen, teils in Vorb.) 11 Bde. Artemis-Verlag, Zürich/München 1977 ff.

LONGOS/LONGUS, vermutlich 3. Jahrhundert n. Chr., war ein griechischer Dichter aus Lesbos, von dem nur sein Roman *Daphnis und Chloë* über die aufblühende Liebe zweier unschuldiger Hirtenkinder bekannt ist.

Ausg.: Reclam 6911(2).

LUKAN/LUKANUS, MARCUS ANNAEUS, 39–65 n. Chr., ein lateinischer Autor aus vornehmer römischer Familie, beschrieb in seinem Werk *Pharsalia – De Bello Civili* den Bürgerkrieg zwischen Caesar und Pompeius, voller Widerwillen gegen das neue, von Caesar und Augustus etablierte monarchische Regierungssystem.

Ausg.: *Der Bürgerkrieg*. Lat./deutsch von Georg Luck. Akademie-Verlag, Berlin 1985.

LUKIAN/LUKIANOS, um 115–180 n. Chr., ein Syrer und fruchtbarer (griechischer) Schriftsteller, beschreibt in witzig-satirischen Dialogen die Hohlheit der Philosophen und die Verkehrtheit der Religion, die für ihn Aberglaube ist.

Ausg.: *Hauptwerke*. Griech./deutsch herausgegeben von Karl Mras. Artemis-Verlag, Zürich/München 1981. – *Göttergespräche*. Reclam 1133(3).

MARTIAL (MARCUS VALERIUS MARTIALIS), um 40–104 n. Chr., war der Meister des lateinischen Epigramms, von Sinnsprüchen voller Spott auf die Laster seiner Zeit.

Ausg.: *Epigramme*. Übertragen von Rudolf Helm. Artemis-Verlag, Zürich/Stuttgart 1957.

MUSAIOS, um 500 n. Chr., ein griechischer Dichter, ist Autor eines Kleinepos *Hero und Leander*, das in Versen das unglückliche Schicksal dieser durch das Meer getrennten Liebenden beschreibt.
Ausg.: Griech./deutsch von H. Färber. Heimeran Verlag, München 1961.

NEPOS, CORNELIUS, um 100–24 v. Chr., ein römischer Historiker, stellte in seinem teilweise erhaltenen Hauptwerk *De Viris Illustribus* berühmte Griechen und Römer einander gegenüber.
Ausg.: *Berühmte Männer*. Goldmann 1715.

OVID (PUBLIUS OVIDIUS NASO), 43 v. Chr.–17 n. Chr., ist bekannt als Verfasser der *Metamorphosen* (Verwandlungen) und der *Ars Amandi* (Liebeskunst). Er schrieb auch die *Heroiden*, erdichtete Briefe von Frauen der Sage an ihre Gatten oder Liebhaber, und ist wichtig für die Mythologie und Geschichte Roms durch sein Werk *Fasti* (Feste), in dem er nach dem römischen Kalender Ereignisse, Legenden und Riten beschreibt. Erhalten sind davon die Monate Januar bis Juni. Von Kaiser Augustus wegen seines moralisch bedenklichen Einflusses nach Tomis (heute Constanza) am Schwarzen Meer verbannt, schrieb er von dort seine Klagelieder *Tristia* und *Epistolae ex Ponto*.
Ausg.: *Liebeskunst*. Goldmann 7576, it 164. – *Metamorphosen*. Reclam 356(8) und 7711, Goldmann 7513, dtv 9180. – *Heroiden*. Lat./deutsch herausgegeben von W. Gerlach, 2. Aufl. 1952. – *Fasti*. Lat./deutsch herausgegeben von W. Gerlach 1960. – *Briefe aus der Verbannung*. Lat./deutsch von Wilhelm Willige. Artemis-Verlag, 2. Auflage Zürich/Stuttgart 1963.

PAUSANIAS, ein um 115 n. Chr. geborener Grieche aus Kleinasien, verfaßte eine ausführliche *Beschreibung Griechenlands*, die als ein «antiker Baedecker» bezeichnet wurde. Bei der Darstellung der Städte und Sehenswürdigkeiten bringt er viele mythologische Hinweise, die in der deutschen Ausgabe von 1967 teilweise fehlen.
Ausg.: *Beschreibung Griechenlands*. Übersetzt von Ernst Meyer. Artemis-Verlag, 2. Aufl. Zürich/Stuttgart 1967. Ebendort Gesamtausgabe: *Reisen in Griechenland*. Herausgegeben von Felix Eckstein, 3 Bde., 1986 ff.

PETRARCA, FRANCESCO, 1304–1374, ist einer der ersten großen italienischen Lyriker und durch seine lateinischen Schriften der Begründer des Humanismus. Zur Wiedererweckung der einstigen römischen Größe dichtete er das (lateinische) Epos *Africa*, das den Sieg Roms über Carthago verherrlicht. Berühmter ist er bis heute durch die «Sonette an Laura», seine ideale Geliebte, die er in einer Kirche Avignons zum ersten Mal erblickt.
Ausg.: *Africa*. Italienische Ausgaben in: *Versi Italiani* von A. Bardo, Turin 1938, und in: *Rime, trionfi e poesie latine* von E. Bianchi etc., Neapel 1952.

PHAEDRUS, um 15 v. Chr.–um 50 n. Chr., ein makedonischer Freigelassener des Kaisers Augustus, ist der Begründer der lateinischen Fabeldichtung. Eine Prosafassung seines in Versen verfaßten Werkes war im Mittelalter unter dem Titel «Romulus» bekannt.
Ausg.: *Antike Fabeln*. Eingeleitet und übertragen von Ludwig Mader. Artemis-Verlag, Zürich/Stuttgart 1951. – Reclam 1144(3).

PHILOSTRATOS, um 175–245, Mitglied einer aus Lemnos stammenden, in Athen lebenden griechischen Sophistenfamilie, verfaßte unter anderem die Beschreibung einer (fiktiven?) Galerie unter dem Titel *Eikones* (Bilder). Möglicherweise handelt es sich auch um zwei Autoren, Vater und Sohn.
Ausg.: *Die Bilder*. Griech./deutsch von Otto Schönberger. Heimeran-Verlag, München 1968.

PINDAR/PINDAROS, Thebaner um 518–445 v. Chr., gilt durch seine Preislieder auf die Sieger bei den Wettkämpfen in Olympia, Delphi und auf dem Isthmos von Korinth als größter griechischer Sänger.
Ausg.: Reclam 8314(4).

PLATON, 427–347 v. Chr., der große griechische Philosoph, beschrieb das für ihn entscheidende Erlebnis seiner Begegnung mit Sokrates in den Dialogen *Gastmahl, Apologie* und *Kriton*.

Ausg.: *Sämtliche Werke in 8 Bänden*. Artemis-Verlag, Zürich/Stuttgart 1960 ff.

Plinius der Ältere (Gaius Plinius Secundus), 23–79 n. Chr., verfaßte eine *Naturgeschichte*, deren 35. und 36. Buch speziell von Kunst und Künstlern handeln.

Ausg.: *Naturalis Historia*. Lat./deutsche Gesamtausgabe herausgegeben von Roderich König und Gerhard Winkler. Artemis-Verlag, Zürich/München 1973 ff.

Plutarch, um 45–125 n. Chr., griechischer Historiker und Philosoph, war einer der im Mittelalter und in der Renaissance meist gelesenen antiken Autoren. Er schrieb eine Sammlung von Parallelbiographien, in denen er jeweils berühmte Griechen und Römer einander gegenüberstellt. Zu seinen philosophischen Werken, zusammengefaßt unter dem Titel «Moralia», gehört *Das Gelage der Sieben Weisen* (Symposion/Quaestiones conviviales).

Ausg.: *Große Griechen und Römer*. 6 Bde., Artemis-Verlag, Zürich/Stuttgart 1954–1965. *Symposion* in: *Von der Ruhe des Gemütes*. Übersetzt von B. Snell. Artemis-Verlag, Zürich 1948, S. 248–270.

Polybios, um 200–120 v. Chr., lebte als griechische Geisel in Rom und ist Autor einer Universalgeschichte, von der etwa ein Drittel erhalten ist.

Ausg.: *Geschichte*. Herausgegeben von H. Drexler. 2 Bde. Artemis-Verlag, 2. Aufl. Zürich/München 1978/79.

Pompeius Trogus siehe Justin

Quintilian (Marcus Fabius Quintilianus), um 35–96 n. Chr., war der erste große römische Lehrer der Rhetorik, dessen Werk *Institutionis oratoriae libri III* bis ins 19. Jahrhundert als das grundlegende Lehrbuch galt.

Ausg.: Übersetzt von H. Rahn. 2 Bde. Darmstadt 1972–75.

Sallust (Sallustius Crispus, Gaius), 86–35 v. Chr., römischer Geschichtsschreiber, verfaßte u. a. ein Werk über den *Jugurthinischen Krieg*.

Ausg.: dtv 6128; Reclam 948(3).

Seneca, Lucius Annaeus, 4 v. Chr.–65 n. Chr., römischer Philosoph und Dichter, war Erzieher des römischen Kaisers Nero, auf dessen Befehl hin er später Selbstmord begehen mußte. Neben seinen philosophischen Schriften, die früher hoch geschätzt waren, hat er durch seine Dramen großen Einfluß auf das Theater der französischen Klassik und des Barock ausgeübt.

Ausg.: *Sämtliche Tragödien*. Lat./deutsch herausgegeben von Theodor Thomann. 2 Bde., Artemis-Verlag, Zürich/München I. Bd. 2. Aufl. 1979; II. Bd. 1969. – *De Beneficiis*: in *Philosophische Schriften*. 4 Bde. Herausgegeben von O. Apelt 1923 ff.

Silius Italicus (Tiberius Catius Asconius), um 25–101, ein römischer Geschichtsschreiber, der – schon nach dem Urteil der Antike – «mit mehr Sorgfalt als Talent» in seinem Epos *Punica* über den zweiten und dritten Punischen Krieg die römische Größe preisen wollte.

Ausg.: Lat./engl. von J. D. Duff. 2 Bde. Loeb Classical Library. London/Cambridge (Ma.), 1949/50.

Sophokles, um 497–406 v. Chr., athenischer Dichter, ist vor allem als Verfasser von Tragödien bekannt, von denen sieben erhalten sind.

Ausg.: *Dramen*. Griech./deutsch herausgegeben und übersetzt von Wilhelm Willige, bearbeitet von Karl Bayer. Artemis-Verlag, Zürich/München 1985. – *Antigone*. Reclam 7682(2); *König Ödipus*. Reclam 630.

Statius, Publius Papinius, um 40–96 n. Chr., ein römischer Ependichter, hinterließ ein unvollendetes Epos *Achilleis* über die Jugend Achills, das im Mittelalter viel gelesen wurde.

Ausg.: Lat./französ. von J. Méheust. Belles Lettres, Paris 1971.

STRABON, 64/63 v. Chr.–23/26 n. Chr., war ein griechischer Schriftsteller aus Kleinasien, der durch seine sorgfältig gearbeitete Beschreibung der damals bekannten Erde berühmt ist.
Ausg.: Übersetzung von A. Forbiger, 2 Bde. 3. Aufl. 1911–14.

SUETON (GAIUS SUETONIUS TRANQUILLUS), um 70–140 n. Chr., verfaßte ein Geschichtswerk über die zwölf römischen Kaiser von Augustus bis Domitian.
Ausg.: *Leben der Caesaren.* Übersetzt von André Lambert. Artemis-Verlag, Zürich/Stuttgart 1955.

TACITUS, PUBLIUS CORNELIUS, um 60–120 n. Chr., beschreibt in den *Annalen* die römischen Kaiser von Tiberius bis Nero und in den *Historien* seine eigene Zeit, wovon die Jahre 69/70 erhalten sind.
Ausg.: *Annalen.* Lat./deutsch herausgegeben von Erich Heller. Artemis-Verlag, Zürich/München 1982; Reclam 2457(4)/2642(4). – *Historien.* Lat./deutsch herausgegeben von Joseph Borst. Artemis-Verlag, Zürich/München, 5. Aufl. 1984; Reclam 2721(8).

THEOKRIT, um 310–250 v. Chr., war ein griechischer Dichter aus Syrakus, der die bukolische (Hirten-)Dichtung begründete.
Ausg.: *Griechische Lyriker.* Griechisch/deutsch herausgegeben und übersetzt von Horst Rüdiger. Artemis-Verlag, 2. Aufl. Zürich/Stuttgart 1968.

VALERIUS MAXIMUS, 1. Hälfte des 1. Jahrhunderts n. Chr., bringt als Hilfsmittel für Redner und Schriftsteller in seinem Werk *Denkwürdige Taten und Aussprüche* eine Sammlung knapper Anekdoten, die im Mittelalter und in der Renaissance sehr beliebt war.
Ausg.: *Actions et Paroles Mémorables.* Lat./französ. von P. Constant, Paris 1935. – *Detti e fatti memorabili di Valerio Massimo.* A cura di Rino Faranda. UTET, Turin 1971.

VERGIL (PUBLIUS VERGILIUS MARO), 70–19 v. Chr., der berühmteste römische Dichter, verfaßte die *Bucolica*, eine Sammlung von 10 Hirtengedichten, überliefert als «Eclogae», ferner ein Lehrgedicht über Ackerbau, Vieh- und Bienenzucht unter dem Titel *Georgica*, sowie vor allem das große vaterländische Epos *Aeneis*, das die mythischen Ursprünge des römischen Volkes schildert.
Ausg.: *Aeneis.* Reclam 221(4); *Landleben (Bucolica, Georgica, Catalepton)*, lat./deutsch herausgegeben von Johannes und Maria Götte. Artemis-Verlag, 5. Aufl. Zürich/München 1987.

XENOPHON aus Athen, um 430 – um 350 v. Chr., war ein Schüler des Sokrates, über den er Erinnerungen und eine Verteidigungsschrift verfaßte. 401 führte er ein griechisches Heer, das Cyrus (der Jüngere), ein persischer Thronprätendent, angeworben hatte, nach dessen vorzeitigem Tod von Babylon quer durch Anatolien zur Schwarzmeerküste zurück. Daraus entstand nicht nur sein viel gelesenes Werk *Anabasis*, er schrieb auch unter dem Titel *Kyrupaedia* eine Biographie des Ahnherrn des persischen Herrschergeschlechtes, Cyrus des Älteren.
Ausg.: *Erinnerungen an Sokrates.* Herausgegeben und übersetzt von Peter Jaerisch. Griech./deutsch. Sammlung Tusculum. Artemis-Verlag, 4. Aufl. Zürich/München 1987. – *Kyrupädie.* Übertragen von Curt Woyte. Reclam, Leipzig 1911.

b) Bibel und Apokryphen

ALTES UND NEUES TESTAMENT

Die «Bibel» ist eine als Richtmaß (Kanon) des Glaubens anerkannte Auswahl aus der reichen jüdischen und christlichen Literatur, die in den Jahrhunderten vor und nach der Zeitenwende entstand oder damals ihre endgültige Form erhielt.

Das *Alte Testament* umfaßt 39 hebräisch geschriebene Bücher. Dazu kommen noch einige auf Griechisch verfaßte Schriften, die nur von den Katholiken, nicht aber von den Juden und

Protestanten als «kanonisch» d. h. zur Bibel gehörig, anerkannt und deshalb als «deuterokanonisch» bezeichnet werden; manchmal spricht man von ihnen auch als «Apokryphen». – Kernstück des AT sind die fünf Bücher Mosis, die jüdische «Torah»: Genesis, Exodus, Leviticus, Numeri und Deuteronomium. Sie berichten von der Weltschöpfung und den Patriarchen sowie vom Auszug der Israeliten aus Ägypten und ihrer Wanderung durch die Wüste. Sie werden auch als «Pentateuch» (d. h. fünf Rollen) bezeichnet. Zählt man das Buch Josua dazu, das von der Eroberung des Gelobten Landes handelt, so erhält man den «Hexateuch» (d. h. sechs Rollen); werden noch die Bücher Richter und Ruth angeführt, so spricht man vom Oktateuch (d. h. acht Rollen), der im Frühmittelalter häufig zu einem liturgischen Buch zusammengefaßt wurde. Dies hatte hauptsächlich praktische Gründe, da die äußerste Grenze der Handlichkeit bei rund 500 Pergamentblättern lag. Der Oktateuch war in den Handschriften am eingehendsten illustriert worden, so daß es verständlich ist, warum seine Themen später auch in der Malerei häufig dargestellt wurden.

Das *Neue Testament* enthält 27 griechisch geschriebene Bücher, nämlich die vier Evangelien nach Matthäus, Markus, Lukas und Johannes, die Apostelgeschichte, die Briefe verschiedener Apostel sowie die Geheime Offenbarung (Apokalypse).

Neuere Bibelausgaben: *Luther-Bibel* (Neueste revidierte Übersetzung von 1984). – *Einheitsübersetzung der Heiligen Schrift.* Katholische Bibelanstalt und Deutsche Bibelgesellschaft. – *Die Gute Nachricht. Die Bibel im heutigen Deutsch* (Sonderausgabe mit Apokryphen). Deutsche Bibelgesellschaft.

Die Apokryphen des Alten Testaments

Es sind «verborgene» Schriften, die eine prophetische Verfasserschaft vorgeben, aber in der Liturgie und theologischen Diskussion nicht öffentlich anerkannt wurden. Sie werden auch «Pseudepigraphen» genannt, um sie von den deutero-kanonischen Schriften des Alten Testaments besser zu unterscheiden.

Neuere Ausgaben: Dimier, Catherine, *Was nicht im Alten Testament steht. Apokryphen und Manuskripte vom Toten Meer.* (Reihe Christ in der Welt VI/7) Pattloch Verlag, Aschaffenburg 1965. – Kautzsch, Emil, *Die Apokryphen und Pseudepigraphen zum Alten Testament.* 2 Bde., Tübingen 1900. Neudruck Georg Olms Verlag, Hildesheim/New York 1975. – Riessler, Paul, *Altjüdisches Schrifttum außerhalb der Bibel.* Kerle Verlag/Herder. 4. Aufl. Freiburg 1979. – *Die Sagen der Juden.* Gesammelt von Micha Josef Bin Gorion. Neu herausgegeben von Emmanuel Bin Gorion. Insel-Verlag, Frankfurt 1962. – Weidinger, Erich, *Die Apokryphen. Verborgene Bücher der Bibel.* Pattloch Verlag, Aschaffenburg 1985.

Die Apokryphen des Neuen Testaments

Sie erheben meist den Anspruch, von einem der Apostel verfaßt zu sein, werden aber nicht als Teil der Bibel angesehen. Vornehmlich befassen sie sich mit Jesu Kindheit, seiner Auferstehung und den Taten der Apostel nach Jesu Himmelfahrt.

Zu nennen wären hier neben vielen anderen Schriften das *Proto- oder Pseudo-Evangelium des Jakobus* (Mitte 2. Jhd.), *Pseudo-Evangelium des Matthäus* (8./9. Jhd.), die *Geschichte von Josef, dem Zimmermann* (um 400), das *Evangelium des Nikodemus* (Bearbeitung um 425), die *Paulus-Thekla-Akten* (um 200) sowie das *Buch vom Heimgang der allerseligsten Jungfrau Maria – Transitus Sanctae Mariae* (Endfassung 5. Jhd.).

Neuere Ausgaben: Hennecke, E./Schneemelcher, W., *Neutestamentliche Apokryphen in deutscher Übersetzung.* 2 Bde. Mohr, 4. Aufl., Tübingen 1971. – Hervieux, Jacques, *Was nicht im Evangelium steht.* (Reihe Christi in der Welt VI/14) Pattloch Verlag, 2. Aufl. Aschaffenburg 1963. – Läpple, Alfred, *Außerbiblische Jesusgeschichten. Ein Pladoyer für die Apokryphen.* Don Bosco Verlag, München 1983. – Plümacher, Eckhardt, *Apokryphe Apostelakten.* Artemis-Verlag, Zürich/München 1978. – Weidinger, Erich, *Die Apokryphen. Verborgene Bücher der Bibel,* Pattloch Verlag, Aschaffenburg 1985.

Die Texte der Apokryphen selbst wurden im Abendland – im Gegensatz zur Ostkirche – während des ganzen Mittelalters kaum gelesen, ihre Inhalte fanden aber durch eine Reihe von Kompilationen weite Verbreitung, so beispielsweise durch die LEGENDA AUREA (siehe S. 507), die bei den Festen Jesu, Mariens oder der Apostel neben den biblischen häufig auch apokryphe Themen aufgreift, oder durch das *Leben Christi* des LUDOLPH VON SACHSEN (gest. 1370), eines Karthäusermönchs (4 Bde., Paris 1877). Einen gewissen Einfluß auf die Kunst gewannen auch mystische Offenbarungen wie die der HL. BIRGITTA (siehe S. 506).

c) Autoren und Texte zu den Heiligenleben

Sammelwerke

ACTA SS *Acta Sanctorum.* Eine für die Geschichtswissenschaft und Hagiographie bedeutsam gewordene Sammlung von Heiligenleben, begonnen im 17. Jahrhundert von J. Bollandus SJ und fortgeführt von einem Kreis gelehrter Jesuiten, den «Bollandisten». Paris 1643 ff., Venedig 1734 ff., Paris 1863 ff.

AN BOLL *Analecta Bollandiana.* Die Zeitschrift der «Bollandisten». Brüssel 1882 ff.

BHL *Bibliotheca Hagiographica Latina Antiquae et Mediae Aetatis.* Ed. Socii Bollandiani. 2 Bde. Brüssel 1898–1901.

BKV *Bibliothek der Kirchenväter.* Herausgegeben von F. X. Reithmayr u. a. 79 Bde. Kempten 1869–1888 und herausgegeben von O. Bardenhewer u. a. Kempten 1911 ff.

GCS *Die griechischen christlichen Schriftsteller der ersten drei Jahrhunderte.* Leipzig 1897 ff.

GdV *Geschichtsschreiber der deutschen Vorzeit.* Herausgegeben von G. H. Pertz u. a. 98 Bde. Leipzig/Berlin 1847–1892.

MG *Monumenta Germaniae Historica inde ab A. C. 500 usque ad A. 1500*:
MG Auct.ant. – Auctores Antiquissimi
MG SS – Scriptores
MG SS rer.Germ. – Scriptores Rerum Germanicarum
MG SS rer. Lang. – Scriptores Rerum Langobardicarum
MG SS rer.Mer. – Scriptores Rerum Merovingicarum

PG J. P. Migne (Hrsg.) *Patrologia Graeca.* 161 Bde. Paris 1857–1866.

PL J. P. Migne (Hrsg.) *Patrologia Latina.* 217 Bde. Paris 1878–1890.

Einzelwerke

ADAM VON EYNSHAM, ein Benediktiner, beschrieb um 1212–1220 in seiner *Magna Vita* das Leben des hl. Hugo von Avalon.
Ausg.: F. J. Dimrock, London 1864.

AGNELLUS, um 805 – nach 854, Priester in Ravenna, schrieb den *Liber Pontificalis Ecclesiae Ravennatis.*
Ausg.: PL Bd. CVI, Sp. 431–436.

AMBROSIUS (siehe S. 357). Er schrieb für seine Schwester Marcellina das Werk *Über die Jungfrauen (De Virginibus ad Marcellinam Sororem Suam).*
Ausg.: PL XVI, Sp. 187–232. – Deutsch von F. X. Schulte: *Ausgew. Schriften des hl. Ambrosius.* BKV Bd. I, S. 17–94.

ANNALES ORDINIS CARTUSIENSIS.
Ausg.: I. Le Masson (Correriae 1607) und C. Le Couteulx. 8 Bde., Montreuil-sur-Mer 1887–1901.

ARBEO, Bischof von Freising in den Jahren 764/5–782/83, schrieb die erste baierische Hagiographie: *Vitae Sanctorum Haimrhammi et Corbiniani.*
Ausg.: MG SS rer. Germ. Bd. XIII. – Deutsche Übersetzung in: B. Bischof (Hrsg.), *Leben und Leiden des hl. Emmeram.* München 1953.

ATHANASIUS VON ALEXANDRIEN, um 295–373, Kirchenlehrer, beeinflußte mit seiner *Vita S. Antonii*, der ein Zeitgenosse war, das mönchische Leben der Folgezeit (Augustinus).
Ausg.: PG Bd. XXVI, Sp. 837–976. – Deutsche Übersetzung von J. Fisch, *Ausgewählte Schriften des hl. Athanasius.* Bd. 2, BKV Kempten 1875.

AUDOIN (610–686), Bischof von Rouen, schrieb eine Vita seines Freundes Eligius.
Ausg.: MG SS rer. Mer. Bd. IV, S. 665–742. – Deutsche Übersetzung von O. Abel, GdV Bd. 11, S. 161 ff.

AUGUSTINUS, AURELIUS (siehe S. 366) hinterließ in seiner Schrift *Confessiones (Bekenntnisse)* eine autobiographische Reflexion.
Ausg.: PL Bd. XXXII, S. 659–868. – Eingeleitet und übertragen von Wilhelm Thimme. Artemis-Verlag, Zürich 1950. – dtv. 2159.

BARTHOLOMAEUS VON LUCCA, 1236–1326/27, war Dominikaner und ein Schüler und Begleiter des hl. Thomas von Aquin, über dessen Leben er in seiner *Historia ecclesiastica Nova* berichtet (Bd. XXII, 20–25 und 39, sowie Bd. XXIII, 8–15).
Ausg.: L. A. Muratori, *Rerum Italicarum Scriptores*, Bd. XI, Mailand 1727, S. 1153–73.

BERGHAUER, JOHANNES THEODOR, verfaßte *Vita, Martyrium et Mors Johannis Nepomuk.*
Ausg.: 2 Bde., Augsburg 1736–41.

BIRGERIUS GREGORII (Birger Gregersson), Erzbischof von Uppsala von 1367–83, schrieb eine *Legenda Sancte Birgitte.*
Ausg.: I. Collyn (Hrsg.) *Svenska fornskriftsällskapet.* II,4. Uppsala 1955.

BIRGITTA (siehe S. 381). Ihre Offenbarungen erschienen unter dem Titel *S. Birgittae Revelationes (Offenbarungen der hl. Birgitte).*
Ausg.: Deutsche Übersetzung von L. Clarus, 4 Bde., 1882. – J. Meyer-Lüne (Auswahl) 1933.

BRUNO VON QUERFURT, um 974–1009, war ein Schüler des hl. Romuald, dessen Leben er in seiner *Vita quinque fratrum* beschrieb.
Ausg.: MG SS Bd. XV, S. 716–738.

DIEDO, FRANCESCO, ein venezianischer Staatsmann und Philosoph, verfaßte im Jahr 1478 eine Vita des hl. Rochus.
Ausg.: Acta SS Aug. III (1752), S. 399–410.

EUSEBIUS VON CAESAREA, um 265–339, Bischof von Caesarea und Autor einer Kirchengeschichte, stand seit 324 mit Kaiser Konstantin in engem Kontakt. Seine *Vita Constantini* ist eine Lobschrift auf den Kaiser.
Ausg.: PG Bd. XX, Sp. 910–1232. Deutsch von I. A. Heikel, GCS Bd. 7, S. 3–148.

GELASIUS II., Papst von 1118–1119, schrieb noch als Mönch in Monte Cassino mehrere Heiligenleben, darunter eine *Vita S. Erasmi.*
Ausg.: BHL S. 2578–2585.

GERHARD, ein Augsburger Kleriker aus dem Kreis um Bischof Ulrich, schrieb 982/92 seine *Vita S. Udalrici.*
Ausg.: MG SS Bd. IV, S. 377–425. – Deutsche Übersetzung von G. Grandaur. GdV Bd. 91.

GESTA ROMANORUM (siehe S. 499). Die Legende vom hl. Alexius findet sich auch in der Ausgabe von Hermann Oesterley, Verlag Georg Olms, Hildesheim 1963 (Nachdruck der Ausgabe Berlin 1872), S. 296–300.

GREGOR DER GROSSE (siehe S. 412) erzählt in seinen *Dialogi* wundersame Heiligenlegenden.
Ausg.: PL Bd. LXXVII, Sp. 149–430 (über den hl. Zeno S. 268 f.). – Deutsche Übersetzung von Th. Kranzfelder, *Ausgewählte Schriften des hl. Gregorius d. Gr.* Bd. 1. BKV S. 19–320 (über Zeno S. 169–171).

Hrotswinth (Hrotsvith/Roswitha) von Gandersheim, um 935–nach 1000, eine adelige Nonne und die erste deutsche Dichterin, schrieb unter anderem acht lateinische Legenden, darunter die *Vita S. Gongolfi.*

Ausg.: *Opera.* Herausgegeben von P. Winterfeld, Berlin 1902, S. 35 ff.

Hucbaldus, um 840–930, war Mönch in St. Amand (Flandern) und schrieb eine *Vita S. Lebwini.*

Ausg.: PL Bd. CXXXII, Sp. 875–894.

Hugo von Fosses wird als Autor der (ihm fälschlich zugeschriebenen) *Vita S. Norberti auctore Canonico Praemonstratensi coaevo* genannt.

Ausg.: PL Bd. CLXX, Sp. 1253–1344.

Ignatius von Loyola (siehe S. 431) gibt im *Bericht des Pilgers* eine autobiographische Darstellung seiner geistlichen Entwicklung.

Ausg.: Deutsche Übersetzung von Burkhard Schneider, Freiburg i. Br. 1956.

Johannes Diaconus von Neapel, um 900, war Verfasser verschiedener Heiligenleben, so der *Vita Nicolai Episcopi Myrensis.*

Ausg.: BHL S. 6104–6221.

Johannes Diaconus von Rom, 825– um 880, schrieb, von Papst Johannes VIII. beauftragt, die *Vita Gregorii Magni.*

Ausg.: PL Bd. LXXV, Sp. 59–242.

Johannes von Orta schrieb die Vita des hl. Ludwig von Toulouse.

Ausg.: AN BOLL 9 (1890), S. 281–353.

Julian von Toledo, um 652–690 Erzbischof von Toledo, schrieb das *Beati Ildefonsi Elogium.*

Ausg.: BHL S. 3917–3926.

Konrad von Würzburg, 1220/30–1287, ein mittelhochdeutscher Dichter, der von den Meistersingern zu den zwölf Meistern gerechnet wurde, schrieb auch Legenden über Heilige, darunter das im Mittelalter überaus beliebte *Leben des hl. Alexius.*

Ausg.: R. Hencynski, Berlin 1898. – *Die Legenden.* Herausgegeben von P. Gereke, Halle 1926.

Lampert von Hersfeld, um 1025–1081/85, ein Benediktinermönch, ist Verfasser der *Annales,* einer Geschichte der Welt von ihrem Ursprung bis zum Jahre 1039.

Ausg.: MG SS rer. Germ. Bd. 38. – Deutsch von W. Wattenbach. GdV Bd. 43.

Legenda Aurea. Eine im Mittelalter weit verbreitete und bis heute immer wieder neu aufgelegte Kompilation von Berichten und Legenden über die Heiligen, geordnet nach dem kirchlichen Kalender. Autor ist der Dominikaner und Erzbischof von Genua *Jacobus de Voragine,* um 1230– um 1298.

Ausg.: *Die Legenda Aurea des Jacobus de Voragine.* Aus dem Lateinischen übersetzt von Richard Benz. Verlag Lambert Schneider, 10. Aufl., Heidelberg 1984. – Ausgabe von Erich Weidinger, Pattloch Verlag, Aschaffenburg 1986. (Die Seitenangaben beziehen sich auf die Ausgabe von Richard Benz.)

Luitolf von Mainz, ein Presbyter dieser Stadt, schrieb nach 856 die *Vita S. Severi.*

Ausg.: MG SS Bd. 15, S. 289–93.

Martin von Cochem, 1634–1712, war Kapuzinermissionar und Autor vieler religiöser Schriften für das einfache Volk.

Ausg.: *Neue Legende der Heiligen.* Dillingen 1708.

Martyrologium Hieronymianum. Ein Verzeichnis von Märtyrern aus dem 5. Jahrhundert.

Ausg.: H. Quentin u. H. Delehaye, ACTA SS Nov. II,2, Brüssel 1931.

Martyrologium Romanum. Ein im Laufe der Jahrhunderte immer weiter vervollständigtes Verzeichnis von Märtyrern und anderen Heiligen, das seit 1584 in der katholischen Kirche zum alleinigen Gebrauch vorgeschrieben ist.

Ausg.: H. Delehaye, Brüssel 1940. – Deutsche Übersetzung Regensburg 1916, Nachdruck 1935.

METELLUS, Pseudonym eines Mönchs des Klosters Tegernsee, verfaßte um 1150 über Leben und Martyrium des Quirin von Tegernsee die *Quirinalia in Laudibus Beati Quirini.*
Ausg.: P. Peters, *Die Quirinalien des Metellus von Tegernsee.* Diss. Greifswald 1913.

MONUMENTA HISTORICA SOCIETATIS IESU: Fontes Narrativi de S. Ignatio I–III.
Ausg.: Rom 1943–1960.

OTHLOH, um 1010–1070, ein Benediktinermönch und theologischer Schriftsteller im bairischen Raum, beschrieb das Leben der heiligen Bonifatius, Magnus und Wolfgang.
Ausg.: *Vita S. Bonifatii Archiepiscopi Moguntini.* MG SS rer. Germ. Bd. 57, S. 111–217. Deutsche Übersetzung von M. Tangl, 4. Aufl., Leipzig 1945. – *Vita S. Magni.* Acta SS Sept. II (1748), S. 735–758. – *Vita S. Wolfkangi Episcopi.* MG SS Bd. IV, S. 521–542.

PAPHNUTIUS. Ein ägyptischer Mönch des 4./5. Jahrhunderts, verfaßte die *Vita S. Onuphrii Eremitae.*
Ausg.: PL Bd. LXXIII, Sp. 211–222.

PASSIO S. CAECILIAE. Ausg.: BHL S. 1495–1500.

PASSIO S. DOROTEAE. Ausg.: BHL S. 2321–2325.

PASSIO S. JUSTI PUERI (JUSTINI). Ausg.: ACTA SS Aug. I. (1733), S. 30–38.

PASSIO S. MAMAE. Ausg.: BHL S. 5192–5199.

PASSIO S. PIGMENII. Ausg.: BHL S. 1322 f.

PASSIO S. SIGISMUNDI REGIS. Ausg.: MG SS rer. Mer. Bd. II, S. 333–340.

PAULINUS VON MAILAND, gest. nach 422, war Sekretär des hl. Ambrosius und schrieb nach dessen Tod die *Vita S. Ambrosii*, die neben wichtigen historischen Fakten viele Wundergeschichten enthält.
Ausg.: Ed. M. Pellegrino, Rom 1961.

PAULUS DIACONUS, um 720/724–799, ein Benediktinermönch in Monte Cassino, ist vor allem durch seine «Geschichte der Langobarden» bekannt. Weniger bedeutend ist seine *Vita Gregorii.*
Ausg.: H. Grisar, in: Zeitschrift für katholische Theologie (1887) S. 158–173.

PETRUS DAMIANI, 1007–1072, Benediktinermönch, Kardinal und Kirchenlehrer, verfaßte neben theologischen Schriften auch sieben Heiligenleben, darunter die *Vita S. Romualdi.*
Ausg.: Ed. G. Tabacco, *Fonti per la Storia d'Italia.* Bd. 94, Rom 1957.

PRUDENTIUS CLEMENS, AURELIUS, 348–402/3, war im Mittelalter der am meisten gelesene christliche Dichter, dessen Werk die Malerei bis in die Barockzeit hinein beeinflußte. Sein 7. Buch *Peristephanon* (Über die Kränze) erzählt vom Leben verschiedener christlicher Märtyrer.
Ausg.: PL Bd. LX, Sp. 275–596.

QUICHERAT, J., PROCÈS DE CONDAMNATION ET DE RÉHABILITATION DE JEANNE D'ARC.
Ausg.: 5 Bde. Paris 1841–1849. – Deutsche Übersetzung von R. Schirmer-Imhoff, Köln 1956.

RAIMUND VON CAPUA, um 1330–1399, Dominikaner und Seelenführer der hl. Katharina von Siena, gilt als Verfasser der *Legenda Beatae Catharinae Senensis.*
Ausg.: ACTA SS April III (1886), S. 862–967.

RAIMUNDIANA. Eine Sammlung der zeitgenössischen Zeugnisse über Leben und Wirken des hl. Raimund von Peñafort.
Ausg.: *Monumenta Ordinis Fratrum Praedicatorum Historica.* Bd. VI/1 und 2. Rom 1898–1901.

RIMBERT, um 830–888, war Schüler und Begleiter des hl. Ansgar und dessen Nachfolger auf dem Bischofsstuhl von Bremen-Hamburg. Von ihm stammt die *Vita S. Ansgarii.*
Ausg.: MG SS rer. Germ. Bd. LV, S. 13–79. – Deutsche Übersetzung von W. Wattenbach, GdV Bd. 22.

Ribera, Francisco, 1537–1591, Jesuit, war einer der Seelenführer der hl. Theresia von Avila und veröffentlichte 1590 in Salamanca eine *Vita Matris Teresiae.*
Ausg.: ACTA SS Oct. VII (1869), S. 538–725.

Simeon Metaphrastes. Ein byzantinischer Hagiograph des 10. Jahrhunderts, gab eine Sammlung von Heiligenleben heraus, teils von ihm selbst verfaßt, teils aus alten Quellen umgeschrieben.
Ausg.: *Vita S. Barbarae.* PG Bd. CXVI, Sp. 301–315. – *Vita S. Panteleemonis.* PG Bd. CXV, Sp. 447–478. – *Vita S. Sebastiani et sociorum.* PG Bd. CXVI, Sp. 793–816 (Über den hl. Kastulus S. 814).

Sulpicius Severus, um 363–420, ein jüngerer Zeitgenosse und Verehrer des hl. Martin, verfaßte die *Vita S. Martini*, auch um die Ideale des Mönchtums zu verbreiten.
Ausg.: Herausgegeben von C. Hahn, *Corpus Scriptorum Ecclesiasticorum Latinorum*, Bd. 1. Wien 1866, S. 109–216. – *Das Leben des hl. Martinus von Tours.* In: *Frühes Mönchtum im Abendland.* Eingeleitet, übersetzt und erklärt von Karl Suso Frank, 2. Band. Artemis-Verlag, Zürich/München 1975.

Thangmar, 945/50 – um 1013, war der Lehrer des hl. Bernward und zugleich Verfasser der *Vita Bernwardi*, die allerdings nur teilweise von ihm stammen dürfte.
Ausg.: MG SS Bd. IV, S. 754–786. – Deutsche Übersetzung von B. Gerlach, Hildesheim 1941.

Thomas von Celano, gest. um 1260, ein Franziskaner, war Biograph des hl. Franz von Assisi und Verfasser der ältesten *Legenda S. Chiarae.*
Ausg.: F. Pennacchi, Assisi 1910.

Tursellinus (Torsellini), Horazio, 1544–1599, ein Jesuit, verfaßte die erste ausführliche Lebensbeschreibung des hl. Franz Xaver.
Ausg.: *De Vita Francisci Xaverii.* Rom 1596.

Urkundenbuch zur Geschichte der Babenberger.
Ausg.: Herausgegeben von H. Fichtenau und E. Zöller. Bd. I, Wien 1950 (Über den sel. Leopold S. 2–14).

Ursinus, ein Mönch um 750, verfaßte eine *Vita S. Leodegarii.*
Ausg.: MG SS rer. Mer. Bd. V, S. 249–362.

Venantius Fortunatus, gest. nach 600 in Poitiers, gilt als der bedeutendste Dichter der Merowingerzeit. Er schrieb unter anderem eine *Vita S. Martini*, in der er auch über verschiedene andere Heilige berichtet.
Ausg.: MG Auct. ant. Bd. IV/1 und 2.

Vita s. Antonii Patavini. Ausg.: *S. Antonii de Padua vitae duae.* Herausgegeben von L. de Kerval, Paris 1904.

Vita Bavonis Confessoris Gandavensis. Ausg.: MG SS rer. Mer. Bd. IV, S. 534–545.

Vita s. Bertini. Ausg.: MG SS rer. Mer. Bd. V, S. 765–769.

Vita s. Cyriaci. Ausg.: BHL S. 2056–2066.

Vita s. Dympnae. Ausg.: BHL S. 2352–2355.

Vita s. Genovevae Parisiensis. Ausg.: ACTA SS Ian. I (1863), S. 137–153.

Vita s. Genesii Romani. Ausg.: ACTA SS Aug. V (1868), S. 119–136.

Vita des hl. Gery/Gaugerich. Ausg.: MG SS rer. Mer. Bd. III, S. 649–658. – BHL S. 3268 ff.

Vita s. Justinae Patavinae. Ausg.: BHL S. 2352–2355.

Vita s. Nicolai Toletenensis. Ausg.: ACTA SS Sept. III (1750), S. 636–673.

Vita s. Odiliae Abbatissae Hohenburgensis. Ausg.: MG SS rer. Mer. Bd. VI, S. 29–50.

Vita s. Wenceslai. Ausg.: AN BOLL 81 (1963), S. 368 ff.; 82 (1964), S. 87–131.

Yepes, Didaco gab 1606 unter dem Titel *Testimonia a Viris Doctrina et Sanctitate Illustribus de S. Teresia* eine Sammlung von Zeugnissen über die hl. Theresia heraus.
Ausg.: (in Auszügen) ACTA SS Oct. VII (1869) S. 725–755.

d) Hinweis auf zusätzliche Autoren

Gelegentlich tauchen in der Kunst der Renaissance und des Barock Gestalten auf, die aus der zeitgenössischen Dichtung stammen und den meisten Betrachtern noch weniger bekannt sind als die antiken und christlichen Motive. Da sie oft antikisierende Namen tragen, werden sie im folgenden kurz aufgeführt, um dem Benutzer dieses Bandes die Enttäuschung einer vergeblichen Suche zu ersparen.

DANTE ALIGHIERI, 1265–1321, hat durch seine *Divina Commedia – Göttliche Komödie* einen ungeheueren Einfluß auf die künstlerische Darstellung der «jenseitigen Welt» ausgeübt, da er die damaligen Vorstellungen über Himmel, Hölle und Fegfeuer anschaulich zusammenfaßte. Ein anderes bedeutsames Werk ist die Geschichte seiner Liebe zu Beatrice, die er in *Vita Nuova – Neues Leben* verherrlichte.
Die Dichtung beginnt in einem dunklen Wald, wo Dante «gerade in der Mitte unserer Lebensreise» den Weg verloren hat. Bedroht von wilden Tieren trifft er den römischen Dichter Vergil, der sich als Begleiter anbietet. An seiner Seite steigt er die 24 Kreise der Hölle hinab und auf der anderen Seite der Erde die Terrasse des Läuterungsberges empor. Der edle Heide Vergil verkörpert für Dante Philosophie und Dichtkunst, die so lange als Führer geeignet sind, bis der Mensch an den Bereich gelangt, der nur der Gnade zugänglich ist. Dort, an der Grenze zum Paradies, übernimmt Beatrice die Führung. Sie verkörpert für Dante Theologie und Gnade, durch die allein der Mensch zu seinem letzten Ziel, der beseligenden Schau Gottes, gelangen kann. Dante hatte mit neun Jahren die gleichaltrige Beatrice zum ersten Mal gesehen, weitere neun Jahre später hatte sie auf der Straße seinen Gruß erwidert; und mit 24 Jahren war sie als die Frau eines anderen gestorben.
Im zweiten Kreis der Hölle, wo die Wollüstigen büßen, treffen Dante und Vergil auf das Paar Paolo und Francesca da Rimini. Die Frau war die Gattin des verkrüppelten Giancotto Malatesta und verliebte sich in Paolo, den jüngeren Bruder ihres Mannes. Die beiden erkannten und gestanden sich ihre Liebe bei der gemeinsamen Lektüre der Geschichte von Lancelot, dem Ritter aus der Tafelrunde des Königs Artus, der Ginevra, die Gemahlin seines Herrn, liebte. Der Ehemann überraschte das Paar und durchbohrte beide mit seinem Degen.
Auf ihrem Weg durch die Unterwelt kommen Dante und Vergil auch zum Fluß Styx, hinter dem die feurige Höllenstadt mit ihre feurigen Türmen liegt. Der Fährmann Phlegyas ist bereit, die Wanderer überzusetzen. Diese begegnen auf ihrer Fahrt vielen Schatten, die voller Schmutz und Schlamm sind, jenen Toten, die in ihrem Leben durch Wut und Zorn gesündigt haben.

BOCCACCIO, GIOVANNI (1313–1375) ist berühmt durch seine Novellensammlung, das *Dekameron*. Einige Stoffe daraus haben in der Kunst als Vorlage gedient.
Ghismonda/Sigismunda, Tochter des Fürsten Tankred von Salerno, verliebte sich in Guiscardo, einen einfachen Pagen. Der Vater ließ den Jungen töten und seiner Tochter das Herz des Toten in einem goldenen Becher überbringen. Das Mädchen schüttete Gift dazu und trank den Becher aus (Dekameron 4,1).
Der junge Cimon war aus vornehmer Familie, aber ein grober und ungebildeter Tölpel. Da sah er an einem Brunnen die schlafende Iphigenie. Die Bemühung um das schöne Mädchen verwandelte ihn mehr und mehr in einen Edelmann mit feinen Sitten und guten Manieren (Dekameron 5,1).
Nastagio, ein reicher junger Mann in Ravenna, liebte ein sehr schönes Mädchen, das vornehmer war als er, ohne Gegenliebe zu finden. Voll Verzweiflung zog er sich auf sein Landgut zurück und hatte dort in einem Pinienwald ein schreckliches Erlebnis: Er sah, wie ein Ritter mit seinen Hunden eine nackte Frau verfolgte und mit seinem Schwert durchbohrte. Er erfuhr dann von dem Ritter, daß dieser sich einst wegen eines stolzen und hartherzigen

Mädchens aus Liebeskummer umgebracht hatte; bald danach sei auch das Mädchen gestorben und beide müßten nun zur Strafe immer neu dieses grausame Spiel vollbringen. Nastagio lud daraufhin seine Freunde zu einem Mahl in den Wald ein, auch die Dame, die er liebte. Dabei wiederholte sich das gräßliche Schauspiel und der Ritter gab wieder seine Erklärung. Da willigte das entsetzte Mädchen ein, Nastagios Frau zu werden (Dekameron 5,8).

Ariost (1474–1532) handelt in seinem Gedicht *Orlando Furioso – Der rasende Roland* vom Kampf christlicher Ritter unter Kaiser Karl dem Großen mit den Heiden. Innerhalb dieses Rahmens werden viele phantastische Taten und Abenteuer geschildert, die mit dem großen Glaubenskampf nicht viel zu tun haben. Eine der Hauptgestalten ist Angelica, die wunderschöne Prinzessin aus dem fernöstlichen Land Cathai, in die sich Roland und andere Ritter verliebt haben. Auch ein alter, lüsterner Eremit begehrt sie und versetzt sie durch einen Zauber in tiefen Schlaf, kann ihr aber nicht nahekommen. Als sie auf einer Insel, von einem Ungeheuer bewacht, gefangen sitzt, befreit sie der christliche Ritter Ruggiero/Roger, der auf einem Geisterpferd, dem Hippogriff, einer Mischung aus Greif und Pferd heranreitet. Angelica verliebt sich dann jedoch in Medoro, einen maurischen Krieger, den sie verwundet auffindet und zu Hirten bringt, wo sie ihn mit Zaubertränken heilt. Beim Abschied von den gastfreundlichen Hirten schreibt sie ihrer beider Namen in die Rinde eines Baumes. Als der christliche Ritter Orlando/Roland diesen Beweis der Liebe seiner Angebeteten zu einem Anderen entdeckt, bricht in ihm jene Wut aus, von der das Gedicht Ariosts seinen Namen hat. Nach vielen Irrwegen wird Orlando dann geheilt, wobei die gute Fee Melissa alle Zaubereien gutmacht, welche die böse Fee Alcina über den Helden bringt.

Torquato Tasso (1544–1595) beschreibt in seinem epischen Gedicht *Gerusalemme Liberata – Das befreite Jerusalem* die Eroberung Jerusalems durch Gottfried von Bouillon im Ersten Kreuzzug. Aus den vielerlei in diesen Bericht eingeflochtenen Liebesabenteuern sind in der Kunst vorrangig dargestellt worden: Die Liebe der sarazenischen Frauen Erminia und Clorinda zu dem Kreuzritter Tancredo, die Liebesgeschichte zwischen dem christlichen Fürsten Rinaldo und der Zauberin Armida sowie die rührende Erzählung von der Rettung der christlichen Sklavin Sophonia und ihres Geliebten Olindo durch die tapfere Kriegerin Clorinda.

Giovanni Battista Guarini (1538–1612) schrieb den in der Barockzeit weit verbreiteten Schäferroman *Il Pastor Fido – Der getreue Schäfer*, ein Werk, das immer wieder auch in der Kunst dargestellt wurde und auf ein Motiv des griechischen Schriftstellers Pausanias (siehe S. 501) zurückgeht. Danach mußte die Landschaft Arkadien jährlich der Göttin Diana eine Jungfrau opfern, bis sich ein Orakel erfüllte, das besagte: Erst wenn die Liebe zweier Himmelssprößlinge vereint und der Fehler einer treulosen Frau durch einen treuen Schäfer gesühnt ist, wird das Leid des Volkes enden. Der Priester des Landes, ein Nachkomme des Herkules, will deshalb seinen Sohn Silvio mit der vom Gott Pan abstammenden Nymphe Amarilli verheiraten. Doch Silvio verliebt sich in Dorinda, während Amarilli die Liebe des Schäfers Mirtillo erwidert, der deshalb die Angebote der verführerischen Nymphe Corisca/Corissa abweist. Der Konflikt löst sich durch die Entdeckung, daß auch Mirtillo ein Sohn des Priesters ist.

Pieter Corneliszoon Hooft (1585–1647) verlegte sein in der Barockzeit beliebtes Schäferdrame *Granida* zwar in den persischen Orient, interpretiert aber die Gestalten aus der Mentalität seiner heimatlichen Umwelt, wo man sich für die Romantik des Schäferlebens begeisterte. Thema ist die Liebe des einfachen Schäfers Daifilo zu der Prinzessin Granida, die ihm begegnet, als er sich gerade mit seiner Freundin Dorilea streitet. Da Granida alle ebenbürtigen Bewerber ausschlägt und das einfache Hirtendasein dem prunkvollen Hofleben vorzieht, können die beiden Liebenden nach mancherlei Komplikationen schließlich ihre rechtmäßige Hochzeit feiern.

2. Lexika und Sammelwerke

a) Bildmotive

Aurenhammer, Hans, *Lexikon der christlichen Ikonographie.* Bd. 1 ff., Verlag Brüder Hollinek, Wien 1960 ff.

Braun, Joseph, *Tracht und Attribute der Heiligen in der deutschen Kunst.* Stuttgart 1964.

Christliche Ikonographie in Stichworten. Leipzig 1973, München 1975.

Ehrenstein, Theodor, *Das Alte Testament im Bild.* Wien 1923.

Hall, James, *Dictionary of Subjects and Symbols in Art.* Harper & Row, 2. Aufl. New York/San Francisco/London 1979.

Heinzel, Erwin, *Lexikon historischer Ereignisse und Personen in Kunst, Literatur und Musik.* Verlag Brüder Hollinek, Wien 1956.

Hunger, Herbert, *Lexikon der griechischen und römischen Mythologie mit Hinweisen auf das Fortwirken antiker Stoffe und Motive in der bildenden Kunst, Literatur und Musik des Abendlandes bis zur Gegenwart.* Verlag Brüder Hollinek, 7. Aufl. Wien 1975.

Künstle, Karl, *Ikonographie der Heiligen.* Freiburg/Br. 1928.

Lexikon der christlichen Ikonographie. Herausgegeben von Engelbert Kirschbaum, 8 Bde. Herder Verlag, Rom/Freiburg/Basel/Wien 1968 ff.

Lexikon Iconographicum Mythologiae Classicae. Artemis-Verlag, Zürich/München 1981 ff.

Mâle, Emile, *L'Art Religieux de la Fin du XVIe, du XVIIe et du XVIIIe Siecle. Etude sur l'iconographie après le Concile de Trente.* Armand Colin, Paris 1950.

Mâle, Emile, *Les Saints Compagnons du Christ.* Paul Hartmann Editeur, Paris 1958.

Pigler, A., *Barockthemen. Eine Auswahl von Verzeichnissen zur Ikonographie des 17. und 18. Jahrhunderts.* 3 Bde. (in deutscher Srpache!), Akadémiai Kiadó, Budapest 2. Aufl. 1974.

Réau, Louis, *Iconographie de l'Art Chretien.* 3 Bde. in 6, Presses Universitaires de France, Paris 1955–59.

Richter, Bernd/Ulrich, Gerhard, *Lexikon der Kunstmotive. Antike und Christliche Welt.* Lexikothek Verlag, Gütersloh 1978/1982.

Schiller, Gertrud, *Ikonographie der christlichen Kunst.* 4 Bde. Gütersloher Verlagshaus Gerd Mohn, Gütersloh 1966 ff.

Wimmer, Otto, *Kennzeichen und Attribute der Heiligen.* Von Josef Stadelhuber neu bearbeitet. 6. Aufl. Tyrolia Verlag, Innsbruck 1983.

b) Künstler und Museen

Kindlers Malerei Lexikon. 6 Bde. 1964–71.

Museen der Welt. Ein Handbuch über 17500 Museen in 150 Ländern. Verlag Dokumentation, 2. Aufl. Pullach bei München 1975.

Reclams Künstlerlexikon. Von Robert Darmstaedter. Stuttgart 1979.

Thieme, U./Becker, F., *Allgemeines Lexikon der bildenden Künstler von der Antike bis zur Gegenwart.* 37 Bde. E. A. Seemann Verlag, Leipzig 1907–50. – (Nachdruck Zwickau 1960–64)

Die Alte Pinakothek München. Von Erich Steingräber. Verlag C. H. Beck, München 1985.

Die Kunstschätze im Rijksmuseum Amsterdam. Von Emile Meijer. Verlag C. H. Beck, München 1985.

Der Louvre. Band 1: Dei französische Malerei. Von Jean-Pierre Cuzin. Verlag C. H. Beck, München 1982.
Band 2: Europäische Malerei außerhalb Frankreichs. Von Michael Laclotte. Verlag C. H. Beck, München 1982.

Kunsthistorisches Museum Wien. Band 1: Schatzkammer und Sammlung für Plastik und Kunstgewerbe. Von Rudolf Distelberger und Manfred Leithe-Jasper. Verlag C. H. Beck, München 1982.
Band 2: Die Gemäldegalerie. Von Wolfgang Prohaska. Verlag C. H. Beck, München 1984.

Die National Gallery London. Von Michael Wilson. Verlag C. H. Beck, München 1983.

Victoria and Albert Museum London. Band 1: Kontinentaleuropäische Kunst. Von Anthony Burton und Susan Haskins. Verlag C. H. Beck, München 1983.
Band 2: Britische Kunst. Von Michael Darby. Verlag C. H. Beck, München 1983.
Band 3: Die Kunst Asiens. Von John Ayers. Verlag C. H. Beck, München 1983.

c) Antike Stoffe

Grant, Michael/Hazel J., *Lexikon der antiken Mythen und Gestalten.* dtv. 3181 (Lizenzausgabe des Paul List Verlags München), 2. Aufl. München 1983.

Hägg, Tomas, *Eros und Tyche. Der Roman in der antiken Welt.* Ph. v. Zabern, Mainz 1987.

Herder Lexikon. Griechische und römische Mythologie. Freiburg 1981.

Kerenyi, Karl, *Die Mythologie der Griechen.* 2 Bde. dtv 1345/46, 5. Aufl. München 1981.

(Pauly) *Der Kleine Pauly. Lexikon der Antike. Auf der Grundlage von Paulys Realencyclopädie der classischen Altertumswissenschaft.* Bearbeitet und herausgegeben von Konrat Ziegler und Hans Gärtner. dtv, Stuttgart/München 1964–75.

(Pauly – Wissowa) *Paulys Realencyclopädie der classischen Altertumswissenschaft.* Neue Bearbeitung begonnen von G. Wissowa. Stuttgart/München 1893–1980.

Peterich, Eckart/Grimal, Pierre, *Götter und Helden. Die klassischen Mythen und Sagen der Griechen, Römer und Germanen,* dtv 1359, 2. Aufl. München 1980.

Ranke-Graves, Robert von, *Griechische Mythologie. Quellen und Deutung.* Rowohlts Enzyklopädie, Reinbek bei Hamburg 1985.

Reclams Lexikon der antiken Mythologie von Edward Tripp, Stuttgart 1974.

Rose, Herbert J., *Griechische Mythologie. Ein Handbuch.* C. H. Beck Verlag, München 1982.

Tusculum-Lexikon griechischer und lateinischer Autoren des Altertums und des Mittelalters. Von Wolfgang Buchwald, Armin Hohlweg, Otto Prinz. Artemis-Verlag, 3. Aufl. Zürich/München 1982.

d) Christliche Stoffe

Baudot/Chaussin, *Vie des Saints et des Bienheureux* selon l'Ordre du Calendrier. 12 Bde. Paris 1934–1956.

Bibliotheka Sanctorum. Herausgegeben vom Istituto Giovanni XXIII della Pontificia Universita Lateranense. Rom 1968.

Calendarium Romanum. Ex Decreto Sacrosancti Oecumenici Concilii Vaticani II instauratum auctoritate Pauli PP. VI. promulgatum. Vatikanische Druckerei. Rom 1969.

Farmer, David Hugh, *The Oxford Dictionary of Saints.* Clarendon Press, Oxford 1978.

Handbuch der Marienkunde. Herausgegeben von Wolfgang Beinert und Heinrich Petri. Verlag Friedrich Pustet, Regensburg 1985.

Lexikon für Theologie und Kirche. Hrsg. von Josef Höfer und Karl Rahner, 11 Bde. Herder Verlag, 2. Aufl. Freiburg 1957 ff. (Sonderausgabe 14 Bde. in Kassette 1986).

Melchers, Erna und Hans, *Das große Buch der Heiligen. Geschichte und Legende im Jahreslauf.* Bearbeitet von Carlo Melchers, Südwest Verlag, 3. Aufl. München 1979.

Odilain, O./Seguineau, H., *Lexikon der biblischen Eigennamen.* Übersetzt und für die Einheitsübersetzung der Heiligen Schrift bearbeitet von Franz Joseph Schierse, Patmos Verlag/Neukirchener Verlag, Düsseldorf/Neukirchen-Vluyn 1981.

Praktisches Bibellexikon. Unter Mitarbeit katholischer und evangelischer Theologen herausgegeben von Anton Grabner-Haider, Herder Verlag, 4. Aufl. Freiburg/Basel/Wien 1979.

Reclams Lexikon der Heiligen und der biblischen Gestalten. Legende und Darstellung in der bildenden Kunst. Von Hiltgart L. Keller. Reclam (Universalbibliothek Nr. 10154) 4. Aufl. Stuttgart 1979.

Sachs/Badstübner/Neumann, *Erklärendes Wörterbuch zur christlichen Kunst.* Verlag Werner Dausien, Hanau o. J.

Wimmer Otto/Melzer, Hartmann, *Lexikon der Namen und Heiligen,* Tyrolia-Verlag, Innsbruck/Wien/München 1982.

3. Sonstige Hilfsmittel

a) Symbolik

Herder Lexikon. Symbole. Freiburg 1978.

Lurker, Manfred, *Symbol, Mythos und Legende in der Kunst. Die symbolische Aussage in Malerei, Plastik und Architektur.* Baden-Baden/Straßburg 1958.

ders., *Bibliographie der Symbolkunde.* 3 Bde. Baden-Baden 1964 ff.

Molsdorf, Wilhelm, *Christliche Symbolik der mittelalterlichen Kunst.* Akademische Druck- und Verlagsanstalt Graz, (Nachdruck) Graz 1984.

Schmidt, Heinrich und Margarete. *Die vergessene Bildersprache christlicher Kunst. Ein Führer zum Verständnis der Tier-Engel- und Mariensymbolik.* C. H. Beck Verlag, München 1981.

b) Wirkungsgeschichte

Frenzel, Elisabeth, *Stoffe der Weltliteratur. Ein Lexikon dichtungsgeschichtlicher Längsschnitte.* Alfred Kröner Verlag, 3. Aufl. Stuttgart 1970.

Kindlers Literatur Lexikon. 25 Bde. dtv 3141–65, 1974.

Kristeller, Paul Oskar, *The Classics and Renaissance Thought.* Harvard University Press, Cambridge (Mass.) 1955.

Lexikon der Weltliteratur. Herausgegeben von Gero von Wilpert. 2 Bde. Kröner Verlag, 2. Aufl. Stuttgart 1975.

Pongs, Hermann, *Lexikon der Weltliteratur.* F. Englisch Verlag, Wiesbaden 1984.

Wind, Edgar, *Heidnische Mysterien in der Renaissance.* Suhrkamp Verlag, Frankfurt am Main 1981.

ABKÜRZUNGEN DER STANDORTE

Aachen – Suermondt-Museum; *Aix-en-Provence* – Musée Granet; *Akad. Venedig* – Galleria dell' Accademia; *Akad. Wien* – Gemäldegalerie der Akademie der Bildenden Künste; *Alençon* – Musée de Peinture; *Algier* – Musée National des Beaux-Arts d'Algier; *Amiens* – Musée de Picardie; *Angers* – Musée des Beaux-Arts; *Antibes* – Musée Picasso; *Antwerpen* – Kgl. Museum der Schönen Künste; *AP* Alte Pinakothek; *Arezzo* – Galleria e Museo Medioevale e Moderno; *Arras* – Musée d'Arras; *Aschaffenburg* – Staatsgalerie; *Ashmolean* – Ashmolean Museum Oxford; *Augsburg* – Staatsgalerie; *Avignon* – Musée Calvet;

Baltimore – Walters Art Gallery; *Bamberg* – Staatsgalerie; *Barcelona* – Museo de Arte de Cataluña; *Barockmus. Wien* – Österr. Barockmuseum im Unteren Belvedere; *Basel* – Öffentliche Kunstsammlung/Kunstmuseum; *Bayonne* – Musée Bonnat; *Beauvais* – Musée Départemental de l'Oise; *Bergamo* – Galleria dell' Accademia Carrara; *Bern* – Kunsthistorisches Museum; *Besançon* – Musée des Beaux-Arts; *Birmingham* – City (Museum and) Art Gallery; *Bodemus.* – Staatl. Museen zu Berlin DDR Gemäldegalerie; *Bologna* – Pinacoteca Nazionale; *Bonn* – Rheinisches Landesmuseum; *Bordeaux* – Musée des Beaux-Arts; *Boston* – Museum of Fine Arts; *Bourges* – Musée du Berry; *Boymans* – Museum Boymans-van Beuningen Rotterdam; *Braunschweig* – Herzog Anton Ulrich Museum; *Bremen* – Kunsthalle; *Brera* – Palazzo e Pinacoteca Brera Mailand; *Bristol* – City Art Gallery; *Brügge* – Groeningemuseum; *Brüssel* – Musée d'Art Ancien; *Buckingham Pal.* – Queen's Gallery Buckingham Palace London; *Budapest* – Szépmüvészeti Múzeum (Museum der Schönen Künste); *Buffalo* – Albright Gallery Buffalo (N.Y.);

Cadiz – Museo de Bellas Artes; *Caen* – Musée des Beaux-Arts; *Carcassonne* – Musée des Beaux-Arts; *Chambery* – Musée des Beaux-Arts; *Chantilly* – Musée Condé; *Cherbourg* – Musée Thomas Henry; *Chicago* – Art Institute of Chicago; *Cincinnati* – Art Museum; *Cleveland* – Museum of Art; *Colmar* – Musée d'Unterlinden;

Dahlem – Staatl. Museen Preuß. Kulturbesitz Gemäldegalerie Berlin (West); *Darmstadt* – Hessisches Landesmuseum; *Detroit* – Institute of Art; *Dijon* – Musée des Beaux-Arts; *Dôle* – Musée Municipal; *Donaueschingen* – Fürstlich Fürstenbergische Sammlungen; *Dresden* – Gemäldegalerie Alte Meister; *Dublin* – National Gallery of Ireland; *Düsseldorf* – Kunstsammlung Nordrhein-Westfalen; *Dulwich College* – Dulwich College London;

Edinburgh – National Gallery of Scotland; *Eremitage* – State Hermitage Museum, Leningrad; *Escorial* – Salas Capitulares del. Monasterio El Escorial; *Essen* – Folkwang-Museum;

Ferrara – Pinacoteca Nazionale; *Fitzwilliam* – Fitzwilliam Museum Cambridge (England); *Fontainebleau* – Musée National du Château; *Fribourg* – Musée d'Art et d'Histoire Freiburg i. Ue. (Schweiz);

Gall. Borghese – Museo e Galleria Borghese Rom; *Gall. Doria* – Galleria Doria-Pamphilj Rom; *Gall. Estense* – Modena; *Gall. Naz. Rom* – Galleria Nazionale d'Arte Antica; *Genf* – Musée d'Art et d'Histoire; *Gent* – Museum der Schönen Künste; *Glasgow* – Art Gallery and Museum; *Göteborg* – Kunstmuseum; *Gotha* – Schloßmuseum; *Graz* – Alte Galerie am Landesmuseum Joanneum; *Grenoble* – Musée de Peinture et de Sculpture;

Hannover – Niedersächsisches Landesmuseum; *Haarlem* – Frans-Hals-Museum; *Hamburg* – Kunsthalle; *Hampton Court* – Hampton Court Palace, Hampton Court Middx.; *Helsinki* – Atheneum; *Hull* – Museum;

Kansas – William Rockhill Nelson Gallery and Atkin Museum of Fine Arts Kansas (Mo.); *Karlsruhe*, Staatl. Kunsthalle; *Kassel* – Gemäldegalerie Alte Meister; *KHM* – Kunsthistorisches Museum; *Koblenz* – Niederrhein Museum; *Kopenhagen* – Staatl. Kunstmuseum;

La Coruña – Museo Provincial de Bellas Artes; *Leighton House London* – Leighton House Art Gallery and Museum; *Leipzig* – Museum der Bildenden Künste; *Lille* – Musée des Beaux-Arts; *Linz* – Oberösterreichisches Landesmuseum; *Liverpool* – Walker Art Gallery; *Loggien* – Vatikan; *Los Angeles* – County Museum of Art; *Löwen* – Stedelijk Museum; *Louvre* – Musée du Louvre Paris; *Lucca* – Pinacoteca Nazionale di Palazzo Ducale; *Lübeck* – Behnhaus-Museum; *Lyon* – Musée des Beaux-Arts;

Mainz – Mittelrheinisches Landesmuseum; *Manchester* – City Art Gallery; *Mannheim* – Städtische Kunsthalle; *Mantua* – Galleria e Museo di Palazzo Ducale; *Marseille* – Musée des Beaux-Arts; *Mauritshuis* – Kgl. Bilderkabinett Den Haag; *Melbourne* – National Gallery of Victoria; *Metrop. Mus.* – Metropolitan Museum of Art New York; *Minneapolis* – Walker Art Center; *Montpellier* – Musée Fabre; *Montreal* – Museum of Fine Arts; *Moskau* – Puschkin Museum; *Münster* – Landesmuseum für Kunst- und Kulturgeschichte;

Nancy – Musée des Beaux-Arts; *Nantes* – Musée des Beaux-Arts; *Nat. Gal. Berlin DDR* – Staatl. Museum zu Berlin DDR Nationalgalerie; *Nat. Gal. Berlin (West)* – Staatl. Museen Preuß. Kulturbesitz Nationalgalerie Berlin (West); *Neapel* – Museo e Galleria di Campodimonte; *Nîmes* – Musée des Beaux-Arts; *NP* – Neue Pinakothek; *Nürnberg* – Germanisches Nationalmuseum;

Oldenburg – Landesmuseum für Kunst- und Kulturgeschichte; *Orangerie Belvedere Wien* – Museum mittelalterlicher Kunst im Unteren Belvedere; *Orléans* – Musée des Beaux-Arts; *Oslo* – Nationalgalerie; *Ottawa* – National Gallery of Canada;

Padua – Museo Civico; *Pal. Barberini* – Galleria Nazionale d'Arte Antica im Palazzo Barberini Rom; *Pal. Corsini* – Galleria Nazionale d'Arte Antica im Palazzo Corsini Rom; *Pal. Farnese* – Rom; *Pal. Pitti* – Galleria Palatina di Palazzo Pitti Florenz; *Pal. del Tè* – Mantua; *Pal. Vecchio* – Florenz; *Parma* – Galleria Nazionale; *Pau* – Musée des Beaux-Arts; *Pavia* – Pinacoteca Malaspina; *Perugia* – Galleria Nazionale dell'Umbria; *Pesaro* – Musei Civici; *Philadelphia* – Museum of Art (mit Johnson Collection); *Pisa* – Museo Nazionale de San Matteo; *Pommersfelden* – Schloß und Galerie; *Prado* – Museo del Prado Madrid; *Prag* – Nationalgalerie;

Raleigh (N.C.) – North Carolina Museum of Art; *Rennes* – Musée des Beaux-Arts et d'Archéologie; *Richmond (Va.)* – Virginia Museum of Art; *Rijksmus.* – Rijksmuseum Amsterdam; *Rimini* – Pinacoteca Communale; *Rouen* – Musée des Beaux-Arts et de la Céramique;

Salzburg – Residenzgalerie; *San Francisco* – M.H. de Young Memorial Museum; *San Rocco* – Scuola Grande di San Rocco Venedig; *Sanssouci* – Schloß und Bildergalerie Potsdam; *Sarasota (Flo.)* – John and Mable Ringling Museum of Art; *Schleißheim* – Schloß und Galerie; *Schwerin* – Staatliches Museum; *Sens* – Musée Municipal; *Sevilla* – Museo Provincial de Bellas Artes; *Siena* – Pinacoteca Nazionale; *Sixtina* – Sixtinische Kapelle Vatikan; *Slg. Harrach* – Schloß Rohrau N. Ö.; *Southampton* – Art Gallery; *Städel* – Städelsches Kunstinstitut Frankfurt am Main; *Straßburg* – Musée des Beaux-Arts; *Stuttgart* – Staatsgalerie;

Tate Gall. – Tate Gallery London; *Toronto* – Art Gallery of Ontario; *Toulon* – Musée d'Art et d'Archéologie; *Toulouse* – Musée des Augustins; *Tours* – Musée des Beaux-Arts; *Troyes* – Musée des Beaux-Arts et d'Archéologie; *Turin* – Galleria Sabauda;

Udine – Museo Civico e Galleria d'Arte Antica e Moderna; *Uffizien* – Galleria degli Uffizi Florenz; *Utrecht* – Centraal Museum;

Vaduz – Fürstlich Liechtensteinsche Gemäldegalerie; *Valenciennes* – Musée des Beaux-Arts; *Verona* – Museo del Castelvecchio; *Vicenza* – Museo Civico; *Vich* – Museo Arqueologico Artistico Episcopal in Vich/Katalonien; *Victoria & Albert* – Victoria and Albert Museum London; *Villa Farnesina* – in Rom;

Wadsworth Atheneum – Hartford (Conn.); *Wallace Coll.* – Wallace Collection London; *Washington* – National Gallery of Art Washington (D. C.); *WRM Köln* – Wallraf-Richartz-Museum Köln;

Zürich – Kunsthaus.

KÜNSTLERVERZEICHNIS

Aachen (Achen), Hans von: 1552–1615
Abbate, Niccolò dell' (gen. Messer Niccolò): um 1509–1571
Abildgard, Nicolai: 1743–1809
Aelst → Coecke van
Aertsen, Pieter: um 1509–1575
Affonso, Jorge: gest. um 1550
Albani, Francesco: 1578–1660
Allgäuer Meister → Meister von Ottobeuren
Allori, Alexander: 1555–1607
Alsloot, Denis van: 1570–1628
Altdorfer, Albrecht: um 1480–1538
Altomonte (Hohenberg), Martin: 1657–1745
Alvarez y Cubero, José: 1768–1827
Amigoni, Jacopo: 1675–1752
Amstel, Jan van: um 1500 – um 1540
Amsterdam, Cornelisz van → Cornelisz, Jakob
Andrea di Giusto (Andrea da Firenze): 15. Jh.
Andrea del Sarto → Sarto
Angelico, Fra Giovanni di Fiesole (Guido di Pietro): um 1400–1455
Angler, Gabriel: 1. Hälfte 15. Jh.
Ansuino da Forli: 15. Jh.
Apt, Ulrich: 1455/60–1532
Asam, Cosmas Damian: 1686–1739
Asam, Egid Quirin: 1692–1750
Aspertini, Amico: um 1475–1552
Assereto, Giovachino: 1600–1649
Avanzi → Jacopo d'Avanzi
Avondt, P. van: 17. Jh.

Baburen, Dirck van: 1590/5–1624
Bacchiacca (Francesco Ubertini): 1494–1557
Baciccio (Baciccia) → Gaulli
Baço, Jaime → Jacomart
Baegert, Jan (Meister von Cappenberg): um 1490 – um 1535
Baldung Grien, Hans → Grien
Balen, Hendrik van: 1575–1632
Balestra, Antonio: 1666–1740
Bambini, Niccolò: 1651–1736
Bardellino (Bardellini), Pietro: 18. Jh.
Bardin, Jean: 1732–1809
Barrocci(o), Federigo: 1526/35–1612
Bartolo di Fredi: um 1330–1410
Bartolommeo, Fra (auch Baccio della Porta gen.): 1472–1517
Bartolommeo → Martino di
Bartolommeo di Giovanni: um 1500
Bartolommeo di Tommaso da Foligno: nachweisbar 1425–1453
Bartsius, Willem: um 1612 – nach 1639
Basaiti, Marco: um 1494 – um 1530
Bassano, Francesco (Francesco da Ponte): 1549–1592
Bassano (Giacomo da Ponte): um 1507–1592
Bassano, Leandro (Leandro da Ponte): 1557–1622
Bastiani, Lazzaro: um 1430–1512
Batoni (Battoni), Pompeo Girolamo: 1708–1787
Baugin, Lubin: um 1610–1663
Beccafumi, Domenico: 1486–1551
Beckmann, Max: 1884–1950
Beer, Jan de: 1490–1542
Beham, Barthel: 1502–1540
Belle, Clément: 1722–1806
Bellechose, Henri: 1. Hälfte 15. Jhd.
Bellegambe, Jean: um 1480 – um 1534
Bellini, Giovanni: um 1430–1506
Bellucci, Antonio: 1654–1726
Benatti (Benato, Bennati), Giovanni: 1. Hälfte 17. Jh.
Benvenuto, Giovanni di: 1436 – um 1518
Berchem (Berghem), Nicolaes: 1620–1683
Bergmüller (Bergmiller), Johann Georg: 1688–1762
Bergognone → Borgognone
Bernini, Lorenzo: 1598–1680
Berruguete, Pedro: um 1450 – um 1504
Bertin, Nicolas: 1667–1736
Bertram → Meister Bertram
Besozzo → Michelino da B.
Bicci di Lorenzo: um 1350–1427

Biliverti, Giovanni: 1576–1644
Biondo → Giovanni del B.
Bissolo, Francesco: um 1470–1554
Bizzelli, Giovanni: 1556–1612
Blake, William: 1775–1827
Blanchard, Jacques: 1600–1638
Bleker (Blecker), Gerit Claesz: um 1600–1656
Bles, Herri met de (gen. Civetta): um 1510 – nach 1555
Bloemart, Abraham: 1564–1651
Blondel, Lancelot: 1496–1561
Blondel, Merry-Joseph: 1781–1853
Bocksberger, Melchior: 1520/30–1587/89
Boeckhorst, Jan van: 1605–1668
Böcklin, Arnold: 1827–1901
Bol, Ferdinand: 1616–1680
Bol, Hans: 1534–1593
Bonifazio Veronese (Bonifazio de' Pitati): 1487–1553
Bonzi, Pietro-Paolo: um 1580–1633/44
Bordone, Paris: um 1500–1571
Borel, Antoine: 1743 – nach 1840
Borgognone (Ambrogio da Fossano): um 1500
Borneman, Hans: 15. Jh.
Borassa, Luis: Anfang 15. Jh.
Borrekens, J.-B.: 1611–1675
Bosch, Hieronymus (van Aken): um 1450–1516
Bosio, François-Joseph: 1769–1845
Both, Jan: um 1618–1652
Botticelli, Sandro (Alexandro Filipepi): 1444/5–1510
Botticini, Francesco: um 1446–1497
Boucher, François: 1703–1770
Boulogne (Boullogne/Boullongne), Bon: 1649–1717
Boullogne (Boulogne/Boulongne), Louis de: 1654–1733
Bourdon, Sébastien: 1616–1671
Bouts, Dirk (Dieric): 1410/20–1475
Bramantino (Bartolommeo Suardi): um 1465–1530
Bramer, Leonhard: 1596–1674
Brandi, Giacinto: 1623–1691
Breenbergh, Bartholomeus: 1599–1657/9
Brenet, Nicolas Guy: 1728–1792
Breu, Jörg d. Ä. um 1475–1537
Breughel → Brueghel
Bril (Brill), Paul: 1554–1626
Bronzino, Agnolo: 1503–1572
Brožik, Wenzel von: 1851–1901
Brueghel, Jan d. Ä.: 1568–1625
Brueghel, Pieter d. Ä.: 1525/30–1569
Bruyn, Barthel: 1493–1555
Bugiardini, Giuliano: 1475–1554
Burgkmair, Hans: 1473–1531
Burne-Jones, Edward: 1833–1898

Cagnacci (Guido Canlassi): 1601/06–1681
Calandrucci, Giacinto: 1646–1707
Caliari → Veronese
Calvaert, Denys (gen. Dionisio Fiammingo): um 1540–1619
Cambiaso, Luca: 1527–1585
Campagnola, Domenico: um 1500 – nach 1562
Campi, Giulio: um 1502–1572
Candid(o), Peter (de Wit/Witte): um 1548–1628
Canlassi, Guido → Cagnacci
Cano, Alonso: 1601–1667
Capanna, Puccio: 14. Jhd.
Caravaggio, Michelangelo de (Merisi): 1573–1610
Carducho (Carducci), Vincente: 1578–1638
Cariani (Giovanni di'Busi): um 1485–1547
Carlotto → Johann Carl Loth
Caron, Antoine: 1521–1599
Carpaccio, Vittore: 1455/65–1526
Carpi, Girolamo de: 1501–1556
Carpioni, Giulio: 1613–1679
Carracci, Agostino: 1557–1602
Carracci, Annibale: 1560–1609
Carracci, Lodovico: 1555–1619
Carreño de Miranda, Juan: 1614–1685
Castagno, Andrea del: 1423–1457
Castello, Valerio: 1624–1659
Castiglione, Giovanni Benedetto (auch gen. Il Grecchetto): 1610–1665
Castillo y Saavedra, Antonio del. 1603–1667
Catena, Vincenzo di Biagio: um 1470–1531
Cavaliere d'Arpino (Giuseppe Cesari): um 1568–1640
Cavallini, Pietro: 13. Jh.
Cavallino, Bernardo: 1616–1654 oder 56
Cavazzola, Paolo Morando: 1486–1522
Cecco Bravo (Francesco Montelatici): gest. 1661
Cellini, Benvenuto: 1500–1571

Cerezo, Mateo d. J.: 1635–1685
Cesari → Cavaliere d'Arpino
Chalons → Simon de Chalons
Champagne (Champaigne), Philippe de: 1602–1674
Charonton (Quarton), Enguerrand: 15. Jh.
Chassériau, Théodore: 1819–1856
Chavannes → Puvis de Ch.
Chirico, Giorgio de: 1888–1978
Chrétien, Félix: 1510–1579
Ciampelli, Agostino: um 1575–1642
Cignani, Carlo: 1628–1719
Cignaroli, Giambettino: 1706–1770
Cima da Conegliano, Giovanni Battista: um 1459–1517/18
Civetta → Bles
Cleef, Jan van: 1560/70–1630
Clerck, Henri de: 1570–1629
Cleve, Joos van (van der Beke): um 1485 – um 1540
Coecke (Cock/Kock) van Aelst, Pieter: 1502–1550
Coëllo, Claudio: 1642–1693
Colantes, Francesco: 1599–1656
Colombel, Nicolas: 1644–1672
Conca, Sebastiano: 1680–1764
Coningh → Koningk
Coninxloo, Gillis van: 1544–1607
Corinth, Lovis: 1858–1925
Corneille, Jean-Baptiste: 1649–1695
Cornelisz, Cornelis (Cornelis van Haarlem): 1562–1638
Cornelisz van Oostsanen, Jakob (gen. Cornelisz van Amsterdam): vor 1470–1533
Cornelius, Peter von: 1783–1867
Correa (de Vivar), Juan (Diego): 16. Jh.
Correggio (Antonio Allegri): 1489–1534
Cortona, Pietro da (Berrettini): 1596–1669
Cosimo → Piero di Cosimo
Cossa, Francesco del: um 1430–1477
Cossiers, Jan: 1600–1671
Coter, Colijn de: um 1455 – nach 1538
Courbet, Gustave: 1819–1877
Cousin, Jean d. Ä.: um 1490–1560/61
Couvenbergh, Christian van: 1604–1667
Coypel, Antoine: 1661–1722
Coypel, Charles-Antoine: 1694–1752
Coypel, Noël: 1628–1707
Coypel, Noël-Nicolas: 1690–1734
Cozzarelli, Guidoccio: 2. Hälfte 15. Jh.
Cranach, Lucas d. Ä.: 1472–1553
Cranach, Lucas d. J.: 1515–1586
Crayer, Gaspar (Jasper/Caspar) de: 1584–1669
Credi, Lorenzo di: 1459–1537
Crespi, Daniele: um 1590–1630
Crespi, Giovanni Battista (gen. Il Cerano): 1557–1633
Crespi, Giuseppe Maria (gen. Lo Spagniolo): 1665–1747
Crivelli, Carlo: 1430/35–1500

Daddi, Bernardo: um 1295 – um 1348
David, Gérard: um 1460–1523
David, Jacques-Louis: 1748–1825
Decamps, Alexandre-Gabriel: 1803–1860
Degas, Edgar: 1834–1917
Degler, Hans: 1564–1632/33
Delacroix, Eugène: 1798–1863
Detroy → Troy
Deutsch → Manuel
Diaz d'Oviedo, Pedro: um 1500
Dietrich, Christian Wilhelm Ernst: 1712–1774
Dipré, Nicolas: gest. 1532
Dolci (Dolce), Carlo: 1616–1686
Domenichino = Domenico Zampieri: 1581–1641
Dominiquin → Domenichino
Donatello = Donato di Niccolò di Betto Bardi: um 1386–1466
Doré, Gustave: 1832–1883
Dosso Dossi (Giovanni de' Luteri): um 1490–1542
Dou (Douw), Gerard: 1613–1675
Doudijns, W.: 1630–1679
Douverman, Heinrich: um 1480 – um 1544
Doyen, Gabriel François: 1726–1806
Draper, Herbert James: 1864–1920
Drost, Willem: 17. Jh.
Drouais, Jean-Germain: 1763–1788
Duccio di Buoninsegna: um 1255–1319
Dürer, Albrecht: 1471–1528
Dufresnoy, Charles Alphonse: 1611–1688
Dughet, Gaspard (auch Gaspar Poussin oder Le Guaspe genannt): 1615–1675
Dujardin, Karel: 1622–1678
Dulin, Pierre: 1669–1748
Dyck, Anthonis van: 1599–1641

Eeckhout, Gerbrand van den: 1621–1674
Eisen, Charles: 1720–1778

Elsheimer, Adam: 1578–1610
Engebrechtsz, Cornelius: 1448–1533
Escalante → Feti
Espinosa, Jeronimo Jacinto de: 1600–1680
Etty, Williams: 1787–1849
Everdingen, Caesar van: 1606–1678
Eyck, Jan van: um 1390–1441

Fabriano → Gentile da Fabriano
Fabritius, Barent: 1624–1673
Falconet, Etienne-Maurice: 1716–1791
Favanne, Henri de: 1668–1752
Fedi, Pio: 1816–1892
Ferrari, Gaudenzio: um 1475–1546
Ferrata, Ercole: 1610–1686
Ferri, Ciro: 1634–1689
Feselen, Melchior: gest. 1538
Feti (Fetti), Domenico gen. Escalante: um 1589–1624
Feuerbach, Anselm: 1829–1880
Fiammingo → Calvaert
Fiasella → Il Sarzana
Fictoor → Victors
Filarete = Antonio di Piero Averlino (Averulino): um 1400–1469
Finoglia, Paolo Domenico: 1. Hälfte 17. Jh.
Fiorentino → Rosso Fiorentino
Fiorenzo di Lorenzo: um 1440–1522/25
Fischer, Johann Michael: 1692–1766
Fischer, Martin: 1741–1782
Flandes → Juan de Flandes
Flandrin, Hippolyte: 1809–1864
Flémal (auch Flémalle), Bertholet: 1614–1675
Flémalle → Meister von Flémalle
Flinck, Govaert: 1615–1660
Floris, Frans (de Vriendt): 1519/20–1570
Foppa, Vincenzo: um 1427 – um 1515
Fosse → La Fosse
Fouquet (Foucquet), Jean: um 1420–1477/81
Fra Angelico → Angelico
Fragonard, Jean-Honoré: 1732–1806
Fra Guglielmo → Guglielmo da Pisa
Francesca → Piero della Francesca
Franceschini, Marcantonio: 1648–1729
Francesco di Giorgio Martini: 1439–1502
Francia, Francesco (Francesco Raibolini): um 1450–1517
Franciabigio (Francesco di Cristofano Bigi): 1482–1525
Franck, Pauwels (gen. Paolo Fiammingo): 1540–1596
Francke, Meister: um 1380 – nach 1430
Francken, Ambrosius: 1544–1618
Francken I (d. Ä.), Frans: 1542–1616
Francken II (d. J.), Frans: 1581–1642
Francken, Hieronymus (Jeronimus): 1578–1623
Fredeau, Frère Ambroise: 1589–1673
Fredi → Bartolo di Fredi
Fréminet, Martin: 1567–1619
Fries, Hans: um 1465 – um 1523
Froment, Nicolas: um 1435 – um 1484
Frueauf, Rueland d. Ä.: 1440/45–1507
Frueauf, Rueland d. J.: um 1470 – um 1545
Führich, Josef von: 1800–1876
Fuger, Friedrich Heinrich: 1751–1818
Fungai, Bernardino: um 1460 – um 1516
Funhof, Hinrik: 1430/40–1484/85
Furini, Francesco: 1604–1646

Gaddi, Agnolo (Angelo): um 1350–1396
Gaddo, Taddeo: um 1300–1366
Gainsborough, Thomas: 1727–1788
Gallegos (Gallego), Fernando: um 1440–1507
Galloche, Louis: 1670–1761
Gamelin, Jacques: 1738–1803
Gargiullo, Domenico: 1612–1675
Garofalo (Tisi), Benvenuto: um 1481–1559
Gaugin, Paul: 1848–1903
Gaulli, Giovanni Battista (gen. Baciccio/Baciccia): 1639–1709
Geertgen tot Sint Jans: um 1460 – um 1490
Gelder, Arent (Aert) de: 1645–1727
Geldorp, Gortzius: 1553 – um 1616
Genelli, Bonaventura: 1798–1868
Genga, Girolamo: 1476–1551
Gennari, Cesare: 1637–1688
Gentile da Fabriano (Gentile di Niccolò di Giovanni Massi): vor 1370–1427
Gentilleschi, Artemisia: 1597 – um 1651
Gentilleschi (Lomi), Orazio: 1563 – nach 1640
Gérard, François: 1770–1837
Géricault, Théodore: 1791–1829
Gerini, Lorenzo di Niccolò: Anfang 15. Jhd.
Gherardi, Cristoforo: 1508–1556
Ghiberti, Lorenzo: 1378–1455
Ghirlandaio (Domenico di Tommaso Bigordi): 1449–1494

Ghirlandaio, Ridolfo: 1483–1561/62
Giambellino → Giovanni Bellini
Giampetrino: tätig um 1520–1540
Giaquinto, Corrado: 1693–1765
Gimignani, Giacinto: 1611–1681
Giordano, Luca: 1634–1705
Giorgione (Giorgio da Castelfranco/Giorgio Barbarelli): 1478–1510
Giotto di Bondone: um 1266–1337
Giovanni del Biondo: tätig um 1356–1392
Giovanni di Paolo: um 1403–1482
Giovanni da San Giovanni (Giovanni Mannozzi): 1592–1636
Giovanni di Stefano da Siena: um 1446–1506
Giulio Romano (Pippi/Giannuzzi): 1492–1546
Giusto d'Andrea: 1440–1496
Gleyre, Charles: 1806–1874
Goes, Hugo van der: um 1440–1482
Goltzius, Hendrik: 1558–1617
Gossaert, Jan → Mabuse
Gozzoli, Benozzo (Benozzo di Lese di Sandro): 1420–1497
Gran, Daniel: 1694–1757
Granacci, Francesco: 1469–1543
Grebber, Pieter Fransz de: 1600–1652/53
Il Grecchetto → Castiglione
El Greco (Domenico Theotocopuli): 1541–1614
Greither (Greuter), Elias: 1560/70–1646
Greuze, Jean-Baptiste: 1725–1785
Grien, Hans Baldung: um 1484/85–1545
Grünewald, Matthias (Mathis Nithart/Neithardt): um 1480 – um 1528
Guardi, Francesco: 1712–1793
Le Guaspe → Dughet
Guerchin → Guercino
(Fra) Guglielmo da Pisa: um 1235 – um 1310
Guérin, Pierre: 1774–1833
Guercino (Giovanni Francesco Barbieri): 1591–1666
Gundelach, Matthäus: um 1566–1653

Haarlem → Cornelisz, Cornelis
Hallé, Noël: 1711–1781
Hayez, Francesco: 1791–1881
Heck (Hecken), Abraham van den: Mitte 17. Jh.
Heemskerk, Marten (Maarten) van: 1498–1574
Heintz (Heinz), Joseph d. Ä.: 1564–1609
Heiss, Johann: 1640–1704
Hemesen (Hemmessen), Jan van (Jan Sanders): um 1500–1563
Herrera, Francisco d. Ä.: 1576–1656
Hersent, Louis: 1777–1860
Hesse (Hasse), Hans: um 1500
Hire → La Hire
Hirtz, Hans → Meister der Karlsruher Passion
Hoecke, Jan van den: 1611–1651
Hoet, Gerard: 1648–1733
Hoeve, Abraham van der: 1. Hälfte 17. Jh.
Holbein, Hans d. Ä.: um 1465–1524
Holbein, Hans d. J.: 1497–1543
Honthorst, Gerard van: 1590–1656
Huber, Wolf: um 1485–1553
Huguet, Jaime: um 1414–1492

Ingres, Jean-Auguste-Dominique: 1780–1867
Isenbrant, Adriaen: gest. 1551

Jacobello del Fiore: um 1370–1439
Jacomart (Jaime Baço): um 1410–1461
Jacopo d'Avanzi: um 1370
Jacopo di Cione (Orcagna): tätig um 1365–1398
Jacopo del Sellaio: 1442–1493
Jong, Frans de: gest. 1705
Jordaens, Jacob d. J.: 1593–1676
Jouvenet, Jean: 1644–1717
Juan de Flandes: gest. um 1519
Juanes, Juan (Juan Vicente Masip): um 1523–1579
Julien, Jean-Antoine (gen. Julien de Parma): 1736–1799

Kappers, Johann Anton: 1707–1762
Katzheimer, Wolfgang: um 1500
Kauffmann, Angelika: 1741–1807
Keuninck → Koninck
Key, Willem: um 1520–1568
Kirchner, Ernst Ludwig: 1880–1938
Klinger, Max: 1857–1920
Knupfer (Knüpfer), Nicolaus: um 1603–1660
Koch, Joseph Anton: 1768–1839
Kock → Coecke
König, Heinrich: 1777–1867
König, Johann: um 1586–1632/35

Kokoschka, Oskar: 1886–1980
Koninck, Kerstiaen de: um 1560–1635
Koninck (Koning/Coningh), Philips: 1619–1688
Koninck (Koning/Coningh), Salomon: 1609–1656
Kulmbach, Hans (Süß) von: um 1480–1522

La Fosse, Charles de: 1636–1716
Lagrenée, Louis-Jean-François: 1725–1805
La Hire, Laurent de: 1606–1656
Lairesse, Gérard de: 1641–1711
Landon, Charles-Paul: 1760–1826
Lanfranco, Giovanni: 1582–1647
Langetti, Giovanni Battista: 1625–1676
Langlois, Charles: 1789–1870
Largillière, Nicolas de: 1656–1746
Lastmann, Pieter: 1583–1633
La Tour, Georges de: 1593–1652
Lauri, Filippo: 1623–1694
Leal → Valdés Leal
Lebrun (Le Brun), Charles: 1619–1690
Leighton, Frederick, Lord Stretton: 1830–1896
Lemaire, Pierre (gen. le Petit Lemaire oder Lemaire-Poussin): um 1612–1688
Lemoine (Lemoyne), François: 1688–1737
Le Nain, Antoine: um 1588–1648
Le Nain, Louis: um 1593–1648
Le Nain, Mathieu: 1607–1677
Leonardo da Vinci: 1452–1519
Leonbruno, Lorenzo: 1489–1537
Lépicié, Nicolas-Bernard: 1735–1784
Le Pilleur (Le Pileur/Pileur): 17. Jh.
Lesueur (Le Sueur), Eustache: 1616–1655
Leureux, Pierre: 16. Jhd.
Leyden → Lucas van Leyden
Liberale da Verona: um 1445 – um 1529
Liberi, Pietro: 1614–1687
Liebermann, Max: 1847–1935
Lievens (Livens), Jan: 1607–1674
Ligozzi, Jacopo: um 1547–1626
Lippi, Filippino: um 1457–1504
Lippi, Fra Filippo: um 1406–1469
Lippi, Lorenzo: 1606–1665
Liss (Lys), Johann (Jan): um 1597–1629/30
Lochner, Stephan: um 1410–1451
Loir (Loyr), Nicolas Pierre: 1624–1679
Lombardelli (della Marca), Giovanni Battista: 1532–1587
Loo → Vanloo
Lorenzetti, Ambrogio: gest. um 1348
Lorenzo (Lorenzino) da Bologna (Lorenzo Sabatini): um 1530–1576
Lorenzo di Niccolò → Gerini
Lorrain (Gellée), Claude: 1600–1682
Loth, Johann Carl (gen. Carlotto): 1632–1698
Lotto, Lorenzo: um 1480–1556
Lucas van Leyden (Lucas Hugensz/Luca d'Olanda): 1494–1533
Luini, Bernardino: 1480/90–1532
Luti, Benedetto: 1666–1724
Lys → Liss

Mabuse (Jan Gossaert): um 1478/88–1532
Macchietti, Girolamo: 1535–1592
Mälesskircher, Gabriel: um 1430–1495
Maffei, Francesco: um 1620–1660
Magatti, Pietro Antonio: 1687–1768
Magnasco, Alessandro (gen. Lissandrino): 1667–1749
Maiano, Benedetto da: 1442–1497
Mair, Nicolaus Alexander (Mair von Landshut): um 1455–1520
Makart, Hans: 1840–1884
Malouel, Jean: 1360/70–1415
Mander, Carel van: 1548–1606
Mandyn (Mandijn), Jan: 1500 – um 1560
Manet, Edouard: 1832–1883
Mansueti, Giovanni di Niccolò: tätig um 1485–1527
Mantegna, Andrea: 1431–1506
Manuel, Niklaus (gen. Deutsch): um 1484–1530
Maratta (Maratti), Carlo: 1625–1713
Marées, Hans von: 1837–1887
Marinari, Onorio: 1627–1715
Marmion, Simon: 1425/40–1489
Martellini, Gaspare: 1785–1857
Martini, Simone: 1280/85–1344
Martini → Francesco di Giorgio
Martino di Bartolommeo: tätig 1389–1434
Martorell, Bernardo: gest. 1452
Marzal de Sas (Saxe), Andreas: um 1400
Masaccio (Tommaso di Giovanni di Simone Guidi): 1401–1428
Masip, Vicente Juan (Juanes): um 1475–1545/50
Masolino da Panicale (Tommaso di Cristoforo Fini): 1383 – um 1440

Masreliez, Louis Adrien: 1748–1810
Massys (Matsys/Metsys), Quentin (Quinten): 1466–1530
Matteo da Lecce: um 1547 – um 1600
Matteo de Giovanni di Bartolo (gen. Matteo da Siena): um 1433–1495
Maulbertsch, Franz Anton: 1724–1796
Mazzola, Francesco → Parmigianino
Mazzolino (Mazzuoli), Lodovico: um 1480–1528/30
Mazzoni, Sebastiano: gest. 1683/85
Meister des hl. Ägidius: um 1500
Meister von Arguis: 1. Hälfte 15. Jh.
Meister der Barbaralegende: um 1470–1500
Meister des Bartholomäusaltars: 1440/50 – um 1510
Meister Bertram: um 1340–1414/15
Meister des Cäcilienaltars: Anfang 14. Jh.
Meister von Cappenberg → Jan Baegert
Meister des Christophorus mit dem Teufel: tätig um 1520/30
Meister des Darmstädter Altars: Mitte 15. Jh.
Meister von Flémalle: vor 1380–1444
Meister, Florentiner: um 1480
Meister Francke → Francke
Meister von Frankfurt: geb. 1460
Meister von St. Gilles → Meister des hl. Ägidius
Meister von Sainte Gudule: um 1480
Meister der Heiligenmartyrien: Ende 15. Jh.
Meister des Jakobusaltars (Meister von Raigern): 1. Drittel 15. Jh.
Meister des Johannesaltars: tätig um 1480–1490
Meister der Josefslegende: um 1500
Meister der Karlsruher Passion (Hans Hirtz?): 3. Viertel 15. Jh.
Meister der hl. Klara: 14. Jh.
Meister von Liesborn: tätig um 1460–1489
Meister des Lorenzer Wolfgangaltars: gest. 1465 (?)
Meister des Marienlebens: um 1463–1480
Meister des Martyriums der Heiligen: Ende 15. Jh.
Meister von Meßkirch: tätig 1530–1543
Meister der Ottilienlegende: um 1500
Meister von Ottobeuren: tätig um 1520/30
Meister von Raigern → Meister des Jakobusaltars
Meister des hl. Sebastian: um 1500
Meister von Segovia: 2. Hälfte 15. Jh.
Meister von St. Severin: um 1500
Meister der hl. Sippe: 1. Viertel 15. Jh.
Meister Stefano (Stefano Fiorentino): 1301 – um 1350
Meister der Tiburtinischen Sibylle: Ende 15. Jh.
Meister des Todes Mariae → Cleve
Meister des Universitätsaltars: tätig 1510–1525
Meister der Ursulalegende: um 1500
Meister von Utrecht: um 1450
Meister des Verlorenen Sohnes: tätig 1530–1560
Meister der hl. Veronika: tätig 1420/30
Meister Wenzeslas (Wenzel): Mitte 15. Jh.
Meister von Werden: 2. Hälfte 15. Jh.
Meldolla, Andrea → Schiavone
Melzi, Francesco: 1493 – um 1570
Memberger (Menberger), Kaspar: gest. vor 1626
Memling, Hans: 1430/40–1494
Memmi, Lippo: um 1317–1347
Ménageot, François-Guillaume: 1744–1816
Mengs, Anton Raphael: 1728–1779
Meo da Siena: 14. Jh.
Merian, Mattäus d. Ä.: 1593–1650
Mesa, Juan de: um 1600
Meyer, Johann Heinrich (Goethe-Meyer): 1760–1832
Mezzastris, Pierantonio: geb. um 1430
Michelangelo Buonarroti: 1475–1564
Michele da Verona: 1470–1536/44
Michelino da Besozzo (Molinari): 15. Jh.
Mieris, Frans van: 1635–1681
Mieris, Willem van: 1662–1747
Migliori, Francesco: 1684–1734
Mignard, Pierre (gen. Mignard le Romain): 1612–1695
Millet, Jean-François: 1642–1679
Miranda → Carreño de Miranda
Mirys, Silvestre David: 1742–1810
Moeyart, Claes Corneliz: um 1592–1655
Mola, Pierfrancesco: 1612–1666
Momper, Joos de: 1564–1635
Monaco, Lorenzo (Piero di Giovanni): um 1370–1425
Montagna, Bartolomeo: um 1450–1523
Monti, Francesco: 1685–1768
Morales, Luis de: um 1510–1586
Moreau, Gustave: 1826–1893

Moretto (Bonvicino), Alessandro (gen. Il Moretto): 1498–1554
Morone, Domenico: 1442–1518
Moser, Lucas: 1. Hälfte 15. Jhd.
Mostaert, Jan: um 1475–1556
Multscher, Hans: um 1400–1467
Mura, Francesco: 1696–1782
Murillo, Bartolomé Esteban: 1618–1682.

Natoire, Charles-Joseph: 1700–1777
Nattier, Jean-Marc d. J.: 1685–1766
Neer, Eglon Hendrik van der: 1634–1703
Negri, Pietro: gest. nach 1679
Nelli (di Nello), Ottaviano di Martino: 1370/75–1432
Nesselthaler, Andreas: 1748–1821
Netscher, Caspar: 1635/36–1684
Nicodemo, Augusto: um 1800
Nikolaus von Verden (Verdun): 2. Hälfte 12. Jh.
Nocchi, Bernardino: 1741–1812
Nolde (Hansen), Emil: 1867–1956
Notke, Bernt: um 1440–1509
Nuzi, Alegretto: geb. 1374

Olivier, Ferdinand: 1785–1841
Oost, Jacob van d. Ä.: 1601–1671
Oostsanen → Jakob Cornelisz
L'Orbetto → Alessandro Turchi
Orcagna, Andrea (di Cione): 1308–1368
Orcagna, Jacopo → Jacopo di Cione
Orley, Bernaert (Barent) van: um 1488–1542
Osoña, Rodrigo d. J. de: tätig um 1505/13
Oudry, Jean-Baptiste: 1686–1755
Ouwater, Aelbert van: um 1400 – nach 1467
Overbeck, Johann Friedrich: 1789–1869

Pacetti, Vincenzo: 1746–1820
Pacher, Michael: um 1435–1498
Padovanino (Alessandro Varotari): 1588–1648
Pajou, Augustin: 1766–1828
Palko, Franz Karl: 1724–1767
Palma Giovane (Jacopo Negretti): 1544–1628
Palma Vecchio (Jacopo de'Negretti): um 1480–1528
Pannini, Giovanni Paolo: um 1691–1765
Paolo → Giovanni di Paolo
Paolo Veneziano: gest. um 1360
Parentino (Parenzano), Bernardo: um 1437–1531
Paris, Matthieu: gest. 1259
Parmigianino (Francesco Mazzola): 1503–1540
Patinir (Patinier/Patenier), Joachim: 1475/80–1524
Paudiß (Pauditz/Bauditz), Christoffer: um 1625–1666
Pellegrini, Giovanni Antonio: 1675–1741
Pellegrino di Mariano (Rossini): gest. 1492
Pellegrino de'Pellegrini → Tibaldi
Pencz, Georg (Jörg): um 1500–1550
Penni, Gianfrancesco (gen. Il Fattore): um 1488 – um 1530
Pepijn (Pepin/Pepyn), Martin: 1575–1642
Peranda, Santo: 1566–1638
Pereda, Antonio: 1608–1678
Perrier, François (gen. le Bourgignon): 1590–1650
Perugino (Pietro di Cristoforo Vannucci): um 1448–1523
Peruzzi, Baldassare: 1481–1536
Pesellino (Francesco di Stefano): um 1422–1457
Peyron, Jean-François-Pierre: 1744–1814
Piazzetta, Giovanni Battista: 1682–1754
Picart (Picard), Bernard: 1673–1730
Piero della Francesca (Piero dei Franceschi): um 1416–1492
Piero di Cosimo (Piero di Lorenzo): 1462–1521
Piero di Giovanni → Monaco
Pierre, Jean-Baptiste: 1713–1789
Pietersz, Pieter: 1540–1603
Pietro di Cortona → Cortona
Pietro (Piero) di Puccio: 14. Jh.
Pijnas → Pynas
Pileur (Pilleur) → Le Pilleur
Piloty, Karl von: 1826–1886
Pinturicchio (Bernardino di Betto di Biagio): um 1454–1513
Piombo (Luciani), Sebastiano del: um 1485–1547
Piot, René: 1869–1934
Pisano, Andrea: 1290/95–1348/49
Pisano, Niccolò: um 1225 – um 1278
Pittoni, Giovanni Battista: 1687–1767
Platzer, Johann Georg: 1704–1761
Pleydenwurff, Hans: um 1420–1472
Po, Giacomo del: 1652–1726

Poelenburgh, Cornelisz van: 1586–1667
Polack (Pollak), Jan: tätig um 1481–1519
Pollaiuolo, Antonio del: 1432–1498
Pomis, Giovanni Pietro de: 1565–1633
Ponte, Giacomo da → Bassano
Ponte, Leandro → Leandro Bassano
Poorter, Willem de: 1608 – nach 1648
Pontormo (Carrucci), Jacopo de: 1494–1557
Pordenone (de Sacchi/Licinio), Giovanni Antonio da: um 1483–1539
Poussin, Gaspar → Dughet
Poussin, Nicolas: 1594–1665
Pozzo, Andrea: 1642–1709
Pradier, James: 1790–1852
Preller, Friedrich d. Ä.: 1804–1878
Preti, Mattia: 1613–1699
Primaticcio, Francesco: 1504–1570
Procaccini, Camillo: 1551/55–1629
Provost, Jan: um 1465–1529
Prud'hon, Pierre-Paul: 1758–1823
Puccio → Pietro di Puccio
Puvis de Chavannes, Pierre: 1824–1898
Pynas (Pijnas), Jan: um 1583–1631

Quaglio, Giulio: 1668–1751
Quarton → Charonton

Raffael (Raffaelo Santi): 1483–1520
Raffaelino da Reggio: 1550–1578
Rahl, Karl: 1812–1865
Raoux, Jean: 1677–1734
Ratgeb, Jörg (Jerg): um 1480–1526
Ratti, Carlo Giuseppe: 1737–1795
Redon, Odilon: 1840–1960
Refinger, Ludwig: 1510/15–1548/49
Regnault, Jean-Baptiste: 1754–1829
Reichlich, Max: um 1460 – nach 1520
Rembrandt (Rembrandt Harmensz van Rijn): 1606–1669
Reni, Guido: 1575–1642
Renoir, Auguste: 1841–1919
Repin (Rjepin), Ilja Jefimowitsch: 1844–1930
Restout, Jean (II): 1692–1768
Reymerswaele (Roymerswaele), Marinus van: um 1490–1567
Reynolds, Sir Joshua: 1723–1792
Ribalta, Francisco: 1551/55–1628
Ribera, Jusepe (José) de (gen. Lo Espagnoletto): um 1680–1742
Ricchi, Pietro (gen. Lucchese): 1605–1693
Ricci, Sebastiano: 1659–1734
Riemenschneider, Tilman: 1455/60–1531
Rillaer (Rillaert), Jan van: um 1500–1568
Riminaldi, Orazio: 1586–1630
Rinehart, William Henry: 1825–1874
Rizi (Ricci), Juan: 1600–1681
Robbia, Andrea della: 1435–1525
Roberti, Ercole de': um 1450–1496
Rode, Hermen: um 1430–1504
Rodin, Auguste: 1840–1917
Roelas (Ruelas), Juan de las: um 1558–1625
Romanelli, Giovanni Francesco: um 1610–1662
Romanino (Romani), Girolamo: um 1485 – nach 1559
Romano → Giulio Romano
Rombouts, Theodor: 1597–1637
Rondinelli (Rondinello), Niccolò: um 1500
Roose, Nicolaas: 1600/01–1646
Rosa, Salvatore (gen. Salvatoriello): 1615–1673
Rosendael, Nicolaes: 1636–1686
Rosselli, Cosimo: 1439–1507
Rossetti, Dante Gabriel: 1828–1882
Rossini → Pellegrino di Mariano
Rosso Fiorentino (Rossi/Giovanni Battista di Jacopo di Guasparre): 1494–1540
Rottenhammer, Hans: 1564–1625
Rottmayr, Johann Michael: 1656–1730
Rubens, Peter Paul: 1577–1640
Runge, Philipp Otto: 1777–1810
Ryn, Jan van: 1610–1678

Sabatelli, Luigi: 1772–1850
Sacchi, Andrea: 1599–1661
Saftleven, Cornelisz: 1607–1681
Sallaert, Anton: um 1590–1657/58
Salviati, Francesco: 1510–1563
Salzillo (Zarcillo) y Alcazar, Francisco: 1707–1783
Sandrart, Joachim von: 1606–1688
Sano di Pietro: 1406–1481
Sansovino (Tatti), Jacopo: 1486–1570
Santerre, Jean-Baptiste: 1651–1717
Saraceni, Carlo (gen. Carlo Veneziano): 1580/85–1620
Sarto, Andrea del (Andrea d'Agnolo): 1486–1530
Il Sarzana (Domenico Fiasella): 1589–1669
Savery, Roelandt: 1476–1639

Savoldo, Giovanni Girolamo: um 1480 – nach 1548
Scarsellino (Ippolito Scarsella): 1551–1620
Schadow, Wilhelm von: 1788–1862
Schäffer, Hans Jacob: gest. 1662
Schäuffelein (Schäufelein), Hans Leonhard: 1480/85–1538/40
Schaffner, Martin: um 1478/79–1546/49
Schalcken, Godfried: 1643–1706
Schaper, Hans: gest. 1670
Schedoni, Bartolommeo: um 1570–1615
Schiavone (Andrea Meldolla): 1522–1563
Schmidt («Kremser Schmidt»), Martin Johann: 1718–1801
Schnorr von Carolsfeld, Julius: 1794–1872
Schönfeld, Johann Heinrich: 1609 – um 1682
Schöpfer, Hans d. Ä.: um 1505–1566
Schommer, François: 1850–1935
Schoubroeck, Pieter: um 1570–1607
Schwarz (Schwartz), Christoph: 1545–1592
Schwind, Moritz von: 1804–1871
Sciorina, Lorenzo dello: gest. 1598
Scorza, Sinibaldo: 1589–1631
Scorel (Schorel/Schoorle), Jan van: 1495–1562
Scott, David: 1806–1849
Seekatz, Johann Conrad: 1719–1768
Seghers, Gerard: 1591–1651
Segna di Bonaventura: gest. 1331
Sellaer, Vincent: 2. Hälfte 16. Jhd.
Sellaio → Jacopo del Sellaio
Semolei, Franco Battista: 1498–1561
Signorelli, Luca: 1440/50–1523
Silvestre, Louis d. J.: 1675–1760
Simon de Chalons (de Mailly): gest. 1562
Sodoma (Giovanni Antonio Bazzi): 1477–1549
Sogliani, Giovanni Antonio: 1492–1544
Solimena, Francesco (gen. l'Abbate Ciccio): 1657–1747
Spada, Leonello: 1576–1622
Lo Spagniolo → Giuseppe Maria Crespi
Spilberg, Johan d. J.: 1614–1690
Spranger, Bartholomäus: 1546–1611
Stanzione, Massimo (gen. Cavaliere Massimo): 1585–1656
Starnina, Gherardo (di Jacopo): gest. 1413
Steen, Jan: 1626–1679
Steenwijck, Hendrick van, d. J.: um 1580–1649
Stefano Fiorentino → Meister Stefano
Stella, Jacques: 1596–1657
Stomer, Matthias: um 1600 – um 1672
Stothard, Thomas: 1755–1834
Strigel, Bernhard: 1460/61–1528
Strijcker (Stricker/Brassemary), Willem: 17. Jh.
Strozzi, Bernardo (gen. Il Capuccino): 1581–1644
Subleyras, Pierre: 1699–1749
Süß, Hans → Kulmbach
Sustris, Friedrich: um 1540–1599
Sweelinck, Gerrit Pietersz: 1566–1628

Taddeo di Bartolo: um 1362–1422
Taillasson, Jean-Joseph: 1745–1809
Teniers, David d. Ä.: 1582–1649
Teniers, David d. J.: 1610–1690
Terbrugghen (ter Brugghen), Hendrik: 1588–1629
Testa, Pietro: 1611–1650
Theoderich von Prag: 14. Jh.
Thoma, Hans: 1839–1924
Thornycroft, Hanno: 1850–1925
Thorwaldsen, Bertel: 1768/70–1844
Thulden, Theodor van: 1606–1669
Tiarini, Alessandro: 1577–1668
Tibaldi, Pellegrino (Pellegrino de'Pellegrini): 1527–1596
Tiegen, Jan van: Mitte 16. Jh.
Tiepolo, Giovanni Battista: 1696–1770
Tintoretto (Jacopo Robusti): 1518–1596
Tischbein, Johann Heinrich d. Ä.: 1722–1789
Tito, Santi de: 1536–1603
Tizian (Tiziano Vecelli): 1476/77 oder 1489/90–1576
Torriti, Jacopo: Ende 13. Jh.
Tour → La Tour
Tournier, Nicolas: um 1600
Traini, Francesco: 14. Jh.
Traut, Wolf: 1480/85–1520
Trautmann, Johann Georg: 1713–1769
Trevisani, Francesco: 1656–1746
Tristan, Luis: um 1584–1624
Triva, Antonio: 1629–1699
Troger, Paul: 1698–1762
Troost, Cornelis, 1697–1750
Troy (Detroy), Jean-François: 1679–1752
Trumbull, John: 1756–1843

Turchi, Alessandro (gen. L'Orbetto): um 1590–1649
Turner, William: 1775–1851

Uccelo (Doni), Paolo: um 1397–1475
Uden, Lucas van: 1595–1672
Ugelino da Siena (di Nerio?): Anfang 14. Jh.
Uytewael → Wtewael
Uyttenbroeck (Wttenbroeck), Moses van: vor 1595–1648

Vaccaro, Andrea: um 1598–1670
Vaga, Pierino (Perino del Vaga/Pietro Buonaccorsi): 1501–1547
Valckenborch, Gillis van: um 1570–1622
Valckenborch, Lucas van: um 1530–1597
Valckenborch, Martin van: 1535–1612
Valdés Leal (Juan de Nisa): 1622–1690
Valentin de Boulogne: 1594–1632
Vanloo, Carle (Charles-André): 1705–1765
Vanni, Francesco: 1563–1610
Vannini, Ottavio: vor 1585–1630
Vannucci → Perugino
Vasari, Giorgio: 1511–1574
Vecchia, Pietro della (Muttoni): 1605–1678
Vecchietta, Lorenzo di Pietro: 1412–1480
Veen, Otto van: 1536–1629
Velasquez, Diego de Silva y: 1599–1660
Velde, Adriaen van de: 1636–1672
Velde, Esaias van de: um 1591–1630
Venceslao di Boemia → Meister Wenzeslas
Veneziano, Domenico: um 1410–1461
Veneziano, Paolo → Paolo Veneziano
Verden (Verdun) → Nikolaus von Verden
Verdier, François: 1650/51–1730
Verhaecht, Tobias: 1561–1631
Verkolje, Jan I.: 1650–1693
Verkolje, Nikolaes: 1673–1746
Vermont (Collin de Vermont), Hyacinth: 1693–1761
Vernet, Horace: 1789–1863
Verona → Michele da Verona
Veronese, Bonifazio → Bonifazio Veronese
Veronese (Caliari), Paolo: 1528–1588
Verrocchio, Andrea del (del Cione): 1436–1488
Victors (Fictoor), Jan: um 1620 – um 1676
Vien, Joseph: 1716–1809
Vignali, Jacopo: 1592–1664
Vignon, Claude: 1593–1670
Vincent, François André: 1746–1816
Vinci → Leonardo da Vinci
Vittoria, Alessandro: 1525–1608
Vivarini, Antonio: um 1415–1474/86
Voorhout, Jan: 1647–1723
Vos, Cornelis de: 1584–1651
Vos, Maerten de: 1531–1603
Vos, Paul de: 1590–1678
Vos, Simon de: 1603–1676
Vouet, Simon: 1590–1649

Wächter, Eberhard Georg Friedrich von: 1762–1852
Walraven, Isaak: 1686–1765
Waterhouse, John William: 1849–1917
Watteau, Jean-Antoine: 1684–1721
Wenzinger, Christian: 1710–1797
Werff, Adrien van der: 1659–1722
Wertinger, Hans: 1465/70–1533
West, Benjamin: 1738–1820
Wet, Jacob Willemsz de: um 1610–1671
Weyden, Rogier van der: um 1400–1464
Wiertz, Antoine: 1806–1865
Willmann, Michael: 1630–1706
Winghe, Jodocus a: 1544–1603
Witte, Emanuel de: 1617–1692
Witz, Konrad: um 1400 – um 1445
Woensam, Anton: um 1500–1541
Wolgemut, Michael: 1434–1519
Wouters, Frans: 1612–1659
Wtewael (Uytewael), Joachim: um 1566–1638
Wttenbroeck → Uyttenbroeck
Wynrich, Hermann (Meister Wynrich von Wesel): um 1400

Ykens (Eykens), Pieter Abrahamsz: 2. Hälfte 17. Jh.

Zancchi, Antonio: 1631–1722
Zarcillo → Salzillo
Zeitblom, Bartholomäus: um 1455–1518
Zick, Januarius: 1730–1797
Zick, Johannes: 1702–1762
Zucchi, Jacopo: um 1541 – um 1590
Zugno, Francesco: 1709–1787
Zurbarán, Francisco de: 1598–1664

STICHWORTREGISTER ZU DEN GESCHICHTEN UND BILDERN

Schreibweise und Verwendung der Namen

Die Stichwörter sind alphabetisch geordnet, wobei die Umlaute Ä, Ö und Ü wie Ae, Oe und Ue behandelt wurden. Soweit einzelne Gestalten aus der antiken Mythologie und Geschichte mehrere Namen tragen oder diese Namen in verschiedener Schreibweise vorkommen, wurden alle Varianten in das Register aufgenommen.

Im übrigen gilt als praktische Regel: Ai wurde oft zu Ae, C zu K oder Z, Oi zu Oe und umgekehrt; die griechische Endung -os entspricht meist der lateinischen auf -us; im Italienischen fällt oft das H am Anfang weg. Die Autoren des vorliegenden Bandes haben im Text der Geschichten und bei der Bezeichnung der Bildmotive angesichts des unsicheren Sprachgebrauches eher Inkonsequenzen in Kauf genommen als versucht, sich mit einem starren System gegen den herkömmlichen Sprachgebrauch durchzusetzen.

Bei den biblischen Gestalten hat das Register auch die in den älteren Bibelausgaben üblichen Namen aufgenommen, während in den Geschichten selbst meist die neuere ökumenische Namensgebung nach den «Loccumer Richtlinien»* Verwendung fand.

Die Namensvarianten in den verschiedenen europäischen Sprachen, wie Pierre, Pietro, Pedro oder Peter für Petrus, bleiben unberücksichtigt, soweit sie als allgemein bekannt vorausgesetzt werden dürfen. Wo sich allerdings eine Abweichung findet, die Schwierigkeiten machen könnte, wie Etienne für Stephanus oder Guy statt Vitus, findet sich im Register ein entsprechender Hinweis.

Auffinden der Stichwörter

Das Register führt alle Eigennamen von Personen, Orten, Flüssen usw. auf, die in der Praxis als Bildbezeichnungen vorkommen. Damit wird es in der Mehrzahl der Fälle leicht möglich sein, die zu dem betreffenden Bild gehörige Geschichte zu finden. Darüber hinaus wurden auch diejenigen Bildbezeichnungen ins Register aufgenommen, bei denen üblicherweise ein Name fehlt. Man findet also «Zinsgroschen» unter diesem Stichwort, «Raub der Sabinerinnen» hingegen unter «Sabinerinnen».

Bei den einzelnen Stichwörtern wird zunächst auf jene Seite(n) verwiesen, in denen die betreffende Gestalt im Zusammenhang behandelt ist. Dort wird man auf Grund der Überschriften schnell auf das gesuchte Bildmotiv stoßen. Soweit eine bestimmte Gestalt auch noch in anderen Zusammenhängen vorkommt, ist unter ihrem Stichwort ein entsprechender Hinweis angebracht.

Wo bei einem Stichwort eine Untergliederung erfolgt, findet sie sich nicht bei den griechischen, sondern bei den lateinischen oder latinisierten Namen, die vom Mittelalter bis zum Barock fast ausschließlich üblich waren (Ausnahme Odysseus). Denn die römischen Bezeichnungen wurden in der Kunst bis heute meist beibehalten, auch wenn sonst in neuerer Zeit die griechischen Namen wieder mehr Verwendung gefunden haben.

---

* *Ökumenisches Verzeichnis der biblischen Eigennamen nach den Loccumer Richtlinien.* Herausgeber: Deutsche Bibelgesellschaft und Katholische Bibelanstalt. 2. Aufl., Stuttgart 1981

Aaron 206, 212
Abbas/Stellio 17
Abel 182 f.
Abendmahl 299
Abersee 432
Abdalonymus 167 f.
Abdias/Obadja 253
Abgar-Bild 343
Abigail 228
Abihu/Abjud 211
Abimelech 186, 192
Abisag/Abischag 234
Abjud/Abihu 211
Abner 230
Abradates 175
Abraham 185–190
Absalom/Abschalom 232 f., Abb. 233
Acca Larentia 120
Achab/Ahab 237 f., 241
Achatius/Achaz, Hl. 352
Acheloos/Achelous 78
Acheron 47
Achilleus/Achill 88–95, 98 f., Abb. 92
– Alexander (oder Augustus) am Grabe 165
Achior 261
Acis/Akis 43
Actaeon/Aktaion 22
Adam 180–183, Abb. 181
Adlovinus/Allovin/Alloy/Bavo, Hl. 370
Admetos 20, 74 Abb.
Adonis 25 f.
Adrian/Hadrian, Hl. 352
Aegeus/Aigeus 56
Aegidius/Gilles, Hl. 354
Aegina 9
Aegis 28
Ägypten
– Abraham und Sara 186
– Auszug der Israeliten 207
– Plagen 206 f.
– Flucht nach 276
– Rückkehr aus 277
Ägypter, Unterweisung in der Astronomie 186
Älteste, Vierundzwanzig 325
Aeneas, Stammvater der Römer 90 f., 110–117
Aeneas, Jünger Jesu 316
Aeolus/Aiolos 46, 113
Aesculap/Asklepios 20
Aeson/Aison 82
Aethiopien, Kämmerer/Eunuch aus 315
Aethra 55
Afra, Hl. 353
Agag 224
Agamemnon
– vor Troja 86 ff.
– Iphigenie 101
– Ermordung 101
Agar → Hagar
Agatha, Hl. 354
Aggaeus/Haggai 253
Aglauros 27
Agnes, Hl. 356 Abb.
Agrippina d. Ä., Gattin des Germanicus 143
Agrippina d. J., Mutter Neros 143
Ahab/Achab 237 f., 241
Ahasver 255 Abb.
Aias/Aiax (Kleiner) aus Lokris 99
Aias/Aiax (Großer) aus Salamis 95
Aiolos/Aeolus 46, 113
Aison/Aeson 82
Akis/Acis 43
Aktaion/Actaeon 22
Albigensische Bücher, Verbrennung 396, Abb. 397
Alcestis/Alkestis 74 Abb.
Alcibiades/Alkibiades 154
Alcina, Gestalt aus Ariost 511
Alcmene/Alkmene 67 f.
Alcyone/Halkyone 14
Aleardin 364
Alesia, Belagerung von 137
Alexander der Große 164–170, Abb. 170
– Diogenes 156 Abb.
Alexander, Hl., Papst 405, 470
Alexander, Hl., Sohn der hl. Felicitas 405
Alexanderschlacht 166 f.
Alexandrien, Hafen von 453 f.
Alexius, Hl. 357
Alkestis/Alcestis 74
Alkibiades/Alcibiades 154
Alkinoos 108
Alkmene/Alcmene 67 f.
Alkyone/Halkyone 14
Alloy/Adlovinus/Allovin/Bavo, Hl. 370
Allucius 132
Alpha und Omega 325
Alpheios/Alpheus 43
Althaea 61
Amalek/Amalekiter 210, 222, 229
Amaltheia 4
Aman/Haman 255 f., Abb. 255
Amarilli, Gestalt aus Guarini 511
Amazonen 58
Ambrosius, Hl. 357–360, Abb. 359
Amnon 232
Amor/Eros/Cupido 30–32
Amos 253
Amphinomos 159
Amphion 9
Amphitrite 15
Amphitryon 67 f.
Amymone 16
Ananias/Hananias, Gatte der Saphira 313
Ananias/Hananias von Damaskus 315 f.
Anapios 159
Anbetung der Hirten 273
Anbetung der Könige 275
Anbetung des Lammes 325
Anchises 111 Abb.
Andreas, Hl.
– Berufung 279
– Legenden 334 f., Abb. 335
Andrier 40
Andromache 93 f., 97 f.
Andromeda 65
Angelica, Gestalt aus Ariost 511

Angelus, Hl. 360
Anianus, Hl. 344
Anna/Hanna, Samuels Mutter 223
Anna, Hl. 265 f.
Anna Selbdritt 277
Annuntiatio/Verkündigung an Maria/Englischer Gruß 271
Ansgar/Oskar, Hl. 360
Antaeus/Antaios 75
Antichrist 323
Antilochos 94
Antiochos I., Sohn des Seleukos 171
Antiochos IV., Epiphanes 171 f., 261, 262
Antiope, thebanische Königstochter 9
Antiope, Amazone 58
Antonius Eremita, Hl. 361 f.
Antonius von Padua, Hl. 362–365, Abb. 364
Apelles, 157–159, Abb. 158
Aphrodite → Venus
Apokalypse/Geheime Offenbarung 322–327
Apokalyptische Reiter 326
Apokalyptisches Weib 326
Apoll/Apollon 18–21 (siehe auch Sol/Helios 32–34)
– Hermes/Merkur 26 f.
– Cumäische Sibylle 51
– Pestpfeile 74
Apollonia, Hl. 365
Apostel, Martyrien der 326
Apostelabschied/Divisio Apostolorum 326
Apostelkonzil 318
Apsyrtos 82
Aquitanien, Herzog von 377
Arachne 29
Arbeiter im Weinberg 295
Arbela/Gaugamela, Schlacht bei 168
Arche Noah 183
Archimedes 157
Areopag
– Paulus 320
– Phryne 156
Ares/Mars 22 f.
– Cadmus 59
– Kampf mit Athene/Minerva 91
Arethusa 43
Argo 80
Argonauten 80–84
Argus 11
Ariadne/Ariane 39, 56 f., Abb. 1
Arion 159
Aristaeus/Aristaios 53
Aristoteles 164 f., Abb. 147
Arles, Kapitel 411
Armenbibel/Biblia Pauperum 496
Armer Lazarus 293
Armida, Gestalt aus Tasso 511
Arnold, Hl. 366
Arria 145
Arruns, Gegner des Brutus 124
Arruns, Verbündeter des Aeneas 116
Arsinoë 139
Artemis → Diana
Artemis-/Dianatempel in Ephesus 320, 339, 461
Artemisia 176
Ascalaphus/Askalaphos 16 f.
Ascanius/Askanios/Julus
– Flucht aus Troja 112
– bei Didos Gastmahl 114
Aschdod, Pest von 223
Asenat/Aseneth 203
Askalaphos/Ascalaphus 16 f.
Askanios → Ascanius
Asklepios/Aesculap 20
Assumptio/Mariae Himmelfahrt 268
Astraea/Astraia 6
Astyages 175
Astyanax 93, 98
Atalante
– Hippomenes 26
– Meleager 60
Atalja/Athalia 242
Athamas 13 f.
Athen, Schule von 151
Athene → Minerva
Atilius Regulus 130
Atlas 5
– Perseus 65
– Herakles/Herkules 72
Atreus/Atriden 100
Auferstehung Christi 307
Augias 71
Augustinus, Hl. 366–369, Abb. 368
Augustus/Octavian
– Janustempel 50
– Tiburtinische Sibylle 52 Abb.
– Cleopatra 141
– am Grabe Achills 165
Aurelian 146
Aurelius Severus Alexander 146
Aurora/Eos 34 f.
Ausgießung des Hl. Geistes/Pfingsten 311–313, Abb. 312
Auswahl der 300 Krieger 217
Auszug der Israeliten aus Ägypten 207

Babel/Babylon
– Alexander 168
– Turmbau 185
– Die hängenden Gärten 173
– Die große Hure 323
Babylonisches Exil 248
Bacchanal 36, 40
Bacchantinnen/Maenaden 36
– Pentheus 38
– Orpheus 55
Bacchus/Bakchos/Dionysos 35–41, Abb. 1
Balaam/Bileam 213
Balbina, Hl. 470
Balken im Auge 293
Balthasar, Hl. 275
Banajas/Benaja 230
Barak 215
Barbara, Hl. 369
Barjesus/Elymas 317
Barmherziger Samariter 291
Barmherzigkeit, Werke der 327

Barnabas, Hl. 318
Bartholomaeus, Hl. 342
Basilius, Hl. 369
Bassus/Battos 27
Batseba/Bethseba 232, 234
Baucis/Baukis 13
Bavo/Adlovinus/Allovin/Alloy 370
Beatrice, Gestalt aus Dante 510
Becket → Thomas Becket
Begegnung an der Goldenen Pforte 265
Begegnung von Maria und Elisabeth 272
Bel 252
Belisar 144
Bellerophon/Bellerophontes 66 f.
Bellona 49
Belsazer/Belschazzar 249
Benaja/Banajas 230
Benedikt/Benoît, Hl. 371–375, Abb. 373
Benjamin 201
Benno, Hl. 375
Beobachter des Sabbat, Martyrium der 262
Berenice/Berenike 171
Bergpredigt 282
Bernhard von Clairvaux, Hl. 376–378
Bernardin/Bernhardin von Siena, Hl. 378
Bernward, Hl. 379
Bertinus, Hl. 380
Besessener von Gerasa 287
Bethesda-Teich 289
Bethanien, Salbung von 298
Bethlehem, Kindermord zu 276
Bethseba/Batseba 232, 234
Betrügerischer Wirt 337
Bibiana/Vivian, Hl. 381
Biblia Pauperum/Armenbibel 496
Bileam/Balaam 213
Birgitta/Brigitta von Schweden, Hl. 381
Bito 159
Bitterwasser 208
Blasius/Blaise, Hl, 382
Blinde Blindenführer 293
Blindgeborener 290
Blutflüssige Frau 288
Boas/Boaz 222
Bolsena, Messe von 350
Bonaventura/Buonaventura, Hl. 383–385, 482 f.
Bonifatius/Bonifaz, Hl. 385 f., Abb. 385
Boreas 46
Borgo, Brand im 350
Böse Weingärtner/Winzer 296
Brandeum 422
Brennender Dornbusch 205
Brennus 128
Brigitta/Birgitta von Schweden, Hl. 381
Briseis 92
Brotvermehrung
– Elischa 241
– Jesus 282
Bruno, Hl. 386
Brutus d. Ä. (Major) 123 f.
Brutus d. J. (Minor) 138
Bucephalus/Bukephalos 164
Burkhard, Hl. 385
Byblos 167

Caecilia, Hl. 387
Cacus 76
Cadmus/Kadmos 59
Caecilius → Metellus
Caesar 136–139, Abb. 136
Cajetan/Kajetan, Hl. 437
Calais/Kalais 46
Calasiris/Kalasiris 163
Caleb/Chaleb/Kaleb, einer der Kundschafter 211
Callirhoë/Kallirrhoë 39
Callisto/Kallisto 22
Calypso/Kalypso
– Odysseus/Ulysses 105–107
– Telemach 106
Cambyses/Kambyses 176
Camilla 116
Campaspe/Pankaste 158, 164
Candaules/Kandaules 174
Cantius/Cantianus/Cantianilla, Hl. 438
Cannae, Schlacht von 131
Canterbury → Thomas Beckett
Caracalla 145
Caritas Romana 49
Carthago/Karthago
– Gründung 113
– Fabius Maximus 130 f.
Carmel/Karmel, Gottesurteil am Berge 238
Casilda, Hl. 402
Caspar/Kaspar Hl. 275
Cassandra/Kassandra 97, 99
Cassius/Kassius, Hl. 458
Castor/Kastor 12, 60
Catamitus/Ganymed 11
Cathedra Petri 330 f.
Cato d. J. (Minor) 138
Cecrops/Kekrops, Töchter des 29
Cedalion/Kedalion 34
Centauren/Kentauren
– Bändigung durch Athene/Minerva 28
– Lapithen (Kentauromachie) 60
Centurio → Hauptmann
Cephalus/Kephalos 34
Cerberus/Kerberos 47, 54, 72
Ceres/Demeter 16 f.
Ceyx/Keyx 14
Chaeremon 487
Chaleb → Caleb
Charidemus 166
Charikleia 163
Chariten/Grazien 23
Charon 47
Cheiron → Chiron
Chimäre 67
Chiron/Cheiron
– Prometheus 6
– Apoll, Coronis und Asklepios/Aesculap 20
– Herakles/Herkules 73
– Achill 88
Chloë 161
Chosroë → Cosdras
Christina, Hl. 388

Christophorus, Hl. 389, Abb. 351
Christus → Jesus Christus
Chriseis 89
Cicero 139
Cimbern/Kimbern 135
Cimon, Vater der Pero 49
Cimon, Gestalt aus Boccaccio 510
Cincinnatus 127
Circe/Kirke
– Odysseus/Ulysses 105
– Picus 45
Claudia 51
Claudius Civilis 145
Clavigo/Clavijo, Schlacht von 337
Clemens Romanus/Clemens von Rom, Hl. 391
Cleobis/Kleobis 159
Cleombrotus/Kleombrotos 150 f.
Cleopatra/Kleopatra, Königin von Ägypten 140 f.
– Caesar 137 f.
Cleopatra/Kleopatra, Königin von Syrien 172
Cleophis 169
Clytemnaestra/Klytemnestra 101 f.
Clizia/Clythië/Klythia 33
Cloelia 125
Clorinda, Gestalt aus Tasso 511
Clythië/Clizia/Klythia 33
Codras/Codrus/Kodros 148
Colchis/Kolchis 81
Columban/Kolumban, Hl. 415
Coma Berenices 171
Como/Comus/Komos 35
Constantin, Hl. 442–444
Coresus/Koresos 39
Coriolan 127
Corissa/Corisca, Gestalt aus Guarini 511
Cornelia 134
Cornelius 317
Coronati, Quattuor/Vier Gekrönte 416
Coroneus/Koroneus 15 f.
Coronis 20
Corybanten 4
Cosdras/Cosroë II. 344
Cosmas, Hl. 392
Craton/Kraton, Gegner des hl. Johannes 339
Craton/Kraton, Vater des Chaeremon 487
Crescentia/Kreszenzia, Hl. 489
Creusa/Kreusa 112
Crispinus (Crépin) und Crispinianus, Hl. 392
Croesus/Kroesus 174
Cumaeische/Kumäische Sibylle
– Apoll 51
– Aeneas 115
Cupido/Amor/Eros 30–32
Curius Dentatus 192
Cyclopen/Kyklopen 2, 30, 104
Cycnus/Kyknos 33
Cydnus/Kydnos 166
Cyparissus/Kyparissos 21
Cyriacus, Hl. 393
Cyriacus, Papst in der Ursulalegende 486
Cyrill/Kyrill, Hl., Slawenapostel 391
Cyrill/Kyrill, Hl., Bischof von Jerusalem 428
Cyrus/Kyros 175 f., 252

Daedalus 56
Dagon 223
Daifilo, Gestalt aus Hooft 511 f.
Dalila/Delila 221
Dalmatika-Wunder 423
Damaskus 315 f.
Damian, Hl. 392
Damocles/Damokles 160
Danaë 10 Abb.
Danaiden 48
Danaos 48
Daniel 248–252
Dante 510
Daphne 19
Daphnis, Bruder Pans 42
Daphnis, Geliebter Chloës 161–163, Abb. 162
Darbringung Jesu im Tempel 274
Darbringung Mariens im Tempel 265
Darius
– Charidemos 166
– Frauen 167
– Leiche 169
Darstellung Jesu im Tempel 274
David 224–234, Abb. 225, 227
Debora 215 f.
Decius Mus 129
Dedicatio/Traditio Legis/Gesetzes-Schlüsselübergabe 283
Deianira 77 f.
Dekalog/Zehn Gebote 210
Deliberata/Liberata → Hl. Kümmernis
Delila/Dalila 221
Delos 112
Demeter/Ceres 16 f.
Democrit/Demokrit 152 f.
Demodokos 108
Denis/Dionysius von Paris, Hl. 394
Depositio 306
Deucalion/Deukalion 8
Diana/Artemis 21 f. (siehe auch Luna/Selene 35)
– Geburt 18
– Helios, Orion 34
– Eos, Cephalus 34 f.
– Endymion 35, Abb. 36
– Pan 43
– Iphigenie 101
Diana-/Artemistempel in Ephesus
– Hl. Paulus 320
– Hl. Johannes Ev. 339
– Hl. Nikolaus von Myra 461
Didacus/Diego, Hl. 393
Dido 113–115
Dina 197
Diogenes 155, Abb. 156

Diomedes, Held vor Troja 90 f.
Diomedes, König 71
Dionys Areopagita (Dionysius von Paris/Denis) 320, 394
Dionysos/Bacchus 35–41
Dirke 9
Dismas 276, 305
Divisio Apostolorum/ Apostelabschied 328
Domine, quo vadis? 332
Dominicus/Dominikus, Hl. 395–399, Abb. 397
Donareiche 386
Dorcas/Dorkas/Tabitha 316
Dorilea, Gestalt aus Hooft 511
Dorinda, Gestalt aus Guarini 511
Dormitio Mariae 267
Dornbusch, Brennender 205
Dornenkrönung 301
Dorothea, Hl. 399
Drachme, Verlorene 292
Dreihundert Krieger, Auswahl 217
Drei Jünglinge im Feuerofen 249
Drei Könige/Weise aus dem Morgenland 275
Drei Weise 186
Drusiana 338
Durchzug durch den Jordan 214
Durchzug durch das Rote Meer 207 f., Abb. 208
Dymphna/Dympna, Hl. 399

Eber, Erymanthischer 71
Ecce Homo 303
Echo 45
Efraim/Ephraim 202 f.
Egeria 122
Ehebrecherin, Jesus und die 286
Eherne Schlange 212 f.
Einzug in Jerusalem 297
Eleasar → Elieser
Electra/Elektra 102
Eleusis, Tag von 171 f.
Elftausend Jungfrauen 485–487
Eli 223
Elias/Elija 237–240
Elieser/Eleasar, Knecht Abrahams 191 f., Abb. 191
Elieser/Eleasar, Märtyrer der Makkabäerzeit 262
Eligius/Eloi, Hl. 400
Elija/Elias 237–240, Abb. 239
Elisabeth, Hl., Mutter Johannes des Täufers 269 f., 272, 277
Elisabeth von Thüringen, Hl. 400–402, Abb. 401
Elisaeus/Elischa 240–243
Eloi/Eligius, Hl. 400
Elymas/Barjesus 317 f.
Elysion/Elysium 47
Emmaus, Jünger von 309
Emmeram, Hl. 403
Empedocles/Empedokles 152
Empfängnis, Unbefleckte/ Immaculata Conceptio 265
En-Dor, Hexe von 228
Endymion 35
Engelsküche 394
Engelsturz 326
Englischer Gruß 271
Enoch/Enok 182 f.
Enoch/Henoch 239
Entstehung der Milchstraße 13
Eos/Aurora 34 f.
Epaminondas 150
Ephraim/Efraim 202 f.
Epimetheus 7
Epiphanie/Anbetung der hl. Drei Könige 275
Erasmus, Hl. 403
Erfindung der Zeichenkunst 157
Erhard von Regensburg, Hl. 466
Erichthonios 29
Eris 85
Erminia/Herminia, Gestalt aus Tasso 511
Eros/Amor/Cupido 30–32
Erschaffung der Welt 180, Abb. 179
Erstgeburt, Verkauf der 193
Erymanthischer Eber 71
Erynien/Eumeniden/Furien 4, 102
Esau
– Verkauf der Erstgeburt 193
– Versöhnung mit Jakob 196
Ester/Esther 255 f., Abb. 255
Eteocles/Eteokles 63
Etienne → hl. Stephanus
Eudamidas 160
Eumeniden/Erynien/Furien 102
Eunuch/Kämmerer aus Äthiopien 315
Euridice/Eurydike 53–55, Abb. 54
Europa 11
Euryclea/Eurykleia 110
Eurytos/Eurytion 77
Eustachius, Hl. 404 f.
Eusebius, Hl. 428
Eustochium, Hl. 426
Eva 180–183
Eventius, Hl. 405, 470 f.
Exerzitien 432
Exil, Babylonisches 248
Exodus 207
Ezechiel/Hesekiel/Jezechiel 246–248
Ezekias/Hiskija 245
Ezzelino 365

Fabius Maximus d. Ä. Cunctator 130 f.
Fabius Maximus d. J. 130 f.
Fabricius Luscinus 129 f.
Falerii, Schulmeister von 128
Familie, Heilige 277
Farnesischer Stier 9
Faunus/Pan 41–43, 76
Faustulus 120
Feldarbeiter in Gibea 218
Felicitas, Hl. 405
Felix, Hl. 405

Festus 321
Feuerofen, Drei Jünglinge im 249
Feuerprobe
– Moses 204
– Hl. Franziskus 409
– Hl. Kunigunde 424
Feuerwagen, Elias im 239 f.
Fina, Hl. 423
Fischzug, Reicher 279
Fischzug, Wunderbarer 310
Flora 49
Florentius 374
Florian, Hl. 406 f., Abb. 406
Flucht nach Ägypten 276
Flußübergang auf Flucht nach Ägypten 276
Fortuna/Tyche 4
Francesca und Paolo, Gestalten aus Dante 510
Franziskus/Franz von Assisi, Hl. 407–411, Abb. 410
– Hl. Bonaventura 384
– Hl. Klara 441
Franz von Paula, Hl. 412 f.
Franz Xaver, Hl. 413 f.
Frau Armut 408
Frauen am Grab 308
Fulvia 138
Furien/Erynien/Eumeniden 102
Fußwaschung 299

Gades, Säulen von 75
Gaia/Gaea 4
Gaius Gracchus 134
Gaius Julius Caesar → Caesar
Galatea 43
Galla Placidia 340
Gallus, Hl. 415
Gangolf, Hl. 415
Ganymed 11
Gargano 459
Gastmahl
– Abschaloms 232 f.
– Belsazzars 249 f.
– Cleopatras 140
– Gregors 422
– im Hause Levis 280
– des Pharisäers 283
– Platons 154
– des Zachäus 286
Gaugamela/Arbela, Schlacht bei 168
Gaugerich/Géry, Hl. 421
Gedeon/Gideon 216 f., Abb. 217
Geheime Offenbarung/Apokalypse 322–327
Geiger, Silberner Schuh 446 Abb.
Gekrönte, Vier, Hl. 416
Genesius von Rom, Hl. 416
Geneviève → Genovefa
Genovefa/Genoveva von Brabant, Hl. 417 f., Abb. 417
Genovefa/Genoveva von Paris, Hl. 418 f.
Georg, Hl. 419 f.
Gerasa, Besessener von 287
Gerbert, Hl. 399
Gereon, Hl. 458 f.
Gericht, Jüngstes 323, 327
Germanicus 141–143
Germanus von Auxerre, Hl. 418
Gervasius, Hl. 420, 357
Géry/Gaugerich, Hl. 421
Geryones 72
Gesetzestafeln 210 f.
Geta 145
Gethsemane/Ölberg 299
Ghismonda/Sigismunda, Gestalt aus Boccaccio 510
Gibea, Levit und sein Weib in 218
Gichtbrüchtiger 287
Gideon/Gedeon 216 f., Abb. 217
Giganten 5
Gigantomachie 5
Gilles/Aegidius, Hl. 354 f.
Girolamo → Hieronymus
Glaucus/Glaukos 44
Göttermahl 3
Gog und Magog 323
Goldene Pforte, Begegnung an der 265
Goldenes Kalb 210
Goldenes Vlies 80–82
Goldenes Zeitalter 5 f.
Golgotha 304 f.
Goliath 226 f.
Gomorha, Untergang von Sodom und 188 f.
Gordischer Knoten 166
Gorgo Medusa 64 f.
Gottesmutter → Maria
Gottesurteil am Berge Karmel/Carmel 238
Grablegung Christi 307
Grabtragung Mariens 268
Gracchen 134
Graien 64 f.
Gral 306
Granicus 165
Granida, Gestalt aus Hooft 511 f.
Grazien/Chariten 23
Gregor, Hl. 421–423, 455, 354
Groschen, Verlorener 292 f.
Gudrun/Gudula, Hl. 423
Gürtel der Venus/Aphrodite 91
Gürtel der Amazone 71
Gürtelspende 268
Guigo/Guiges 378
Guter Hirt 292
Guy → Vitus
Gyges 174

Habakuk 253
– Daniel in der Löwengrube 250
Hades/Pluto
– Unterwelt 46–48
– Raub der Persephone/Proserpina 16
– Orpheus 53
– Herakles/Hercules und Cerberus 72
– Aeneas 115 f.
Hadrian/Adrian, Hl. 352
Hafen von Alexandrien 453 f.
Hagar/Agar
– Heimkehr 187
– Verstoßung 189
– Errettung 189

Haggai 253
Halikarnass 176
Halkyone/Alkyone/Alcyone 14 f.
Haman/Aman 255 f., Abb. 255
Hamilkar Barkas 131
Hananias → Ananias
Hand, Verdorrte 287
Handwaschung 303
Hanna, Prophetin im Tempel 274
Hanna/Anna, Mutter Samuels 223
Hannibal 131 f.
Harmonia, Gattin des Cadmus 59
Harmonia, Königstochter von Syracus 160
Harpyen 113
Hartherziger/Unbarmherziger Knecht 295
Hasdrubal 132
Hauptmann von Kapharnaum 288
Haus von Loreto 350
Hebe 79
Hecuba/Hekabe 99
Heilige Drei Könige 275
Heilige Familie 277
Heilige Lanze 306, 458
Heilige Sippe 277
Heiliger Geist 311
Heilsspiegel 496
Heimsuchung/Visitatio Mariae 272
Heinrich, Hl. 424
Hector/Hektor 93 f.
Hekabe/Hecuba 99
Hekate 46
Helena, Gattin des Menelaos
– Trojanischer Krieg 86–88, 90 f., 98
– Zeuxis 157
Helena, Hl., Kaiserin 442–444, 347 f., Abb. 348
Heliaden 32 f.
Heliodor 261 f.
Helios/Sol 32–34
Helle 80
Henoch 239
Hephaistos/Hephaestus → Vulcan/Vulkan
Hera → Juno
Heraclit/Heraklit 152 f.
Hercules/Herkules/Herakles 67–79, Abb. 70, 74, 77
– Gigantomachie 5
– Prometheus 6
– Entstehung der Milchstraße 13
– Kentauromachie 60
– im Schiff der Argonauten 80
Hermaphrodit 44
Hermas, Hl. 470 f.
Hermes → Merkur
Herminia/Erminia, Gestalt aus Tasso 511
Hermione 87 f.
Hermogenes 336
Hero 161
Herodes (der Große) 275–277
Herodes (Antipas) 270 f., 301
Herodes Agrippa I. 317
Herse 27
Hesekiel/Ezechiel/Jezechiel 246–248
Hesione 74 f.
Hesperiden 72, 85
Hestia/Vesta 50 f.
Hexe von En-Dor 228
Hieronymus, Hl. 425–429, Abb. 426
Himmelfahrt (Jesu)/Ascensio 311
Himmelfahrt (Mariae)/Assumptio 268
Himmelsleiter 194, 398 f.
Himmlisches Jerusalem 324
Hiob/Ijob/Job 257 f., Abb. 257
Hippodamia, Braut des Peirithios 60
Hippodamia, Tochter des Oinomaos 100 f.
Hippolyt 58
Hippolyte 58, 71 f.
Hippomenes 26
Hirschkuh, Kerynitische 71
Hirt, Guter 292
Hirten, Anbetung der 273
Hirten, Verkündigung an die 273
Hiskija/Ezekias 245
Hochzeit zu Kana 280
Hochzeitsgast, unwürdiger 296
Hochzeitsmahl, Gleichnis vom 296
Höllenfahrt Christi 307 f.
Höllensturz der Verdammten 327
Hölzernes Pferd 96 f.
Holofernes 260 f.
Holzfäller 27 f.
Homerisches Gelächter 23
Horatier 122
Horatius Cocles 125
Horen 4
Hosea/Oseas 253
Hostienwunder 423
Hubertus, Hl. 429 f.
Hugo von Avalon/Lincoln, Hl. 430
Hugo von Grenoble, Hl. 387
Hülferin/Kümmernis, Hl. 445 f.
Hyacinth/Hyakynthos 21
Hydra 70 f.
Hylas 73
Hypnos 14 f., 46

Icarus/Ikaros 57 Abb.
Ida-Gebirge 85, 91
Ignatius von Antiochien 430 f.
Ignatius von Loyola 431 f.
IHS
– Name Jesu 274
– Bernhardin von Siena 378 f.
– Ignatius von Loyola 431
Ijob/Hiob/Job 257 f., Abb. 257
Ikarus/Icarus 57 Abb.
Ildefons, Hl. 432 f.
Immaculata Conceptio/

Unbefleckte Empfängnis 265
Inachus 11
Innozenz 408
Ino 13 f.
INRI 304
Io 11
Iphigenia, Gestalt aus Boccaccio 510
Iphigenia, Tochter Agamemnons
– Opferung in Aulis 101
– Orestes und Pylades in Tauris 102
Irene, Hl. 477
Iris 14 f.
Iros 109
Isaak 190–194
– Geburt 188
Isai/Jesse 224, 230, 244
Isaias/Jesaja 243–245, Abb. 244
Isebel/Jesebel/Jezabel 242
Isidor der Bauer, Hl. 433
Ismael 189
Israel → Jakob
Israeliten, Auszug der 207 f.
Issos/Issus, Schlacht bei 166 f.
Ivo/Yves, Hl. 433 f.
Ixion 48

Jaël/Jahel 215 f.
Jabbok/Jabok/Jabach 196
Jagd, Kalydonische 60 f.
Jahel/Jaël 215 f.
Jairus 288
Jakob 193–198, 202 f.
Jakobsbrunnen 281 Abb.
Jakobus d. Ä. (Maior), Hl. 279 f., 336–338
Jakobus d. J. (Minor), Hl. 340 f.
Januarius, Hl. 405
Janus 50
Jason 80–82
Jeanne d'Arc/Johanna/Jungfrau von Orléans, Hl. 434 Abb.
Jehu 242
Jephte/Jiftach 218
Jeremia 246
Jericho, Fall von 214 f.
Jericho, Zwei Blinde von 289
Jerobeam/Jeroboam 236 f.
Jerusalem
– Alexander d. Gr. 168
– Untergang und Jeremias Trauer 246
– Einzug Jesu 297
– Himmlisches 324
– Zerstörung des Tempels unter Titus 329
Jesaja/Isaias 243–245, Abb. 244
Jesebel/Jezabel/Isebel 242
Jesse/Isai 224, 230, 243
Jesus Christus
– Geburt 272
– Beschneidung 274
– Darstellung im Tempel 274
– Zwölfjähriger im Tempel 277
– Taufe 278
– Versuchung/Dienende Engel 279
– mit der Samariterin am Jakobsbrunnen 281 Abb.
– Seesturm 282
– Wandel auf dem Meer 282
– Bergpredigt/Seligpreisungen 282
– Sünderin 283
– Verklärung 284
– Segnung der Kinder 285
– Frau des Zebedäus 285
– Ehebrecherin 286
– Versuchte Steinigung 286
– Heilungen und Totenerweckungen 287–291
– Gleichnisse 291–296
– Abschied von Maria 297
– Einzug in Jerusalem 297
– Salbung in Bethanien 298
– Gefangennahme 300
– Vor dem Hohen Rat 300
– Vor Pilatus 301
– Vor Herodes 301
– Geißelung und Dornenkrönung 301
– Kreuztragung 303
– Kreuzigung 304
– Beweinung 306
– Grablegung 307
– Auferstehung 307
– Vorhölle/Höllenfahrt 307
– Erscheinung vor Maria 308
– Frauen am Grab 308
– als Gärtner 308
– Erscheinung vor Maria Magdalena 308
– Erscheinung am See/Wunderbarer Fischfang 310
– Himmelfahrt 311
Jethro/Jitro 205
Jezabel/Jesebel/Isebel 242
Jezechiel/Ezechiel/Hesekiel 246–248
Jiftach/Jephte 218
Jitro/Jethro 205
Joab 230
Joachim, Hl. 265 f., Abb. 264
Job/Ijob/Hiob 257 f., Abb. 275
Joël 253
Johanna/Jungfrau von Orléans/Jeanne d'Arc, Hl. 434 Abb.
Johannes, Apostel und Evangelist, Hl. 338–340
– Berufung 279
– Patmos 325 Abb.
Johannes Baptista/der Täufer, Hl.
– Geburt und Namensgebung 269 f., Abb. 269
– Flucht Elisabeths mit dem kleinen Johannes 277
– Begegnung mit Jesus (bei der Rückkehr aus Ägypten) 277
– Abschied von den Eltern 270
– Predigt und Taufen 270
– Enthauptung und Schicksal der irdischen Überreste 270 f.
Johannes Damascenus, Hl. 349 f.

Johannes von Nepomuk, Hl. 435
Jona/Jonas 253 f.
Jonatan 228 f.
Jordan
– Durchzug der Israeliten 214
– Bad Naamans 241 f.
Joseph, Ägyptischer, Sohn Jakobs 198–203, Abb. 200
Joseph von Arimathia 307
Joseph, Hl., Nährvater Jesu
– Grünender Stab 267
– Verlobung/Vermählung mit Maria 267, Abb. 266
– Traum 272
– Gottesurteil und Rechtfertigung 272
– Zimmermann 277
– Tod 278
Josua 214 f.
Juda/Judas, Sohn Jakobs 198 f.
Judas Iskariot 300 f.
Judas Makkabaeus 263
Judas Thaddaeus, Hl. 343
Judith 260 f.
Jünger von Emmaus 309
Jüngling von Naim/Nain 288
Jünglinge im Feuerofen 259
Jüngstes Gericht 323, 327
Jugurtha 135
Julia/Kümmernis, Hl. 445 f.
Julian (Apostata) 455 f., Abb. 456
Julianus Hospitator, Hl. 435 f.
Julius Caesar 136–139, Abb. 136
Julitta, Hl. 470
Julus/Ascanius 112, 114
Jungfrau von Orléans/Jeanne d'Arc 436 Abb.
Jungfrau, Schleier der 304
Jungfrauen, Kluge und törichte 296
Jungfrauen, Elftausend 485–487
Juno/Hera 13–15
– Io, Argus, Pfau 11 f.
– Ixion 48
– Gürtel der Aphrodite/Venus 91
Jupiter/Zeus 9–13
– Geburt und Kindheit 4
– Callisto 22
– Geburt Athenes/Minervas 28
– Semele 37
– Thetis 89
– von Juno/Hera verführt 91
Justina von Padua, Hl. 436
Justina von Antiochien, Hl. 436
Justinian, Diakon 392
Justus Puer, Hl. 436
Justus, Mönch 422

Kadmos/Cadmus 59
Kämmerer/Eunuche aus Äthiopien 315
Kain 182
Kaiphas 60
Kajetan/Cajetan, Hl. 437 f.
Kalais/Calais 46
Kalasiris/Calasiris 163
Kalb, Goldenes 210
Kallirrhoë/Callirhoë 39 f.
Kallisto/Callisto 22
Kaleb → Caleb
Kalydonische Jagd 60 f.
Kalypso/Calypso
– Odysseus/Ulysses 105–107
– Telemach 107 f.
Kambyses/Cambyses 176
Kana, Hochzeit zu 280
Kanaan, Rückkehr der Kundschafter aus 211
Kanaanäische Frau 289
Kandaules/Candaules 174
Kantius, Kantianus und Kantianilla, Hl. 438
Kapernaum/Kapharnaum, Hauptmann von 288
Karl Borromaeus, Hl. 438
Karmel/Carmel, Gottesurteil am Berge 238
Karthago → Carthago
Kaspar/Caspar 275
Kassandra/Cassandra 97, 99
Kassius/Cassius, Hl. 458
Kastalia 18
Kastor/Castor 12, 60
Kastulus, Hl. 439
Katharina/Catharina von Alexandrien, Hl. 439
Katharina/Catharina von Siena, Hl. 440 f.
Kebsweib, der Levit und sein 218
Kedalion/Cedalion 34
Kekrops/Cecrops, Töchter 29
Kentauren/Centauren
– Bändigung durch Athene/Minerva 28
– Lapithen (Kentauromachie) 60
Kephalos/Cephalus 34 f.
Kephas → Petrus
Kerberos/Cerberus 47, 54, 72
Kerynitische Hirschkuh 71
Keyx/Ceyx 14 f.
Kimbern/Cimbern 135
Kindermord zu Bethlehem 276
Kirchenväter 357, 366, 370, 421, 425
Kirke/Circe 45, 105
Klara/Clara von Assisi, Hl. 441 f.
Klemens von Rom/Clemens Romanus, Hl. 391
Kleobis/Cleobis 159
Kleombrotos/Cleombrotus 150
Kleopatra/Cleopatra, Königin von Ägypten 140 f.
– Caesar 137 f.
Kleopatra/Cleopatra, Königin von Syrien 172
Kluge Jungfrauen 296
Klytemnaistra/Klytemaestra/Clytemnaestra 101 f.
Klythia/Klytia/Clizia 33
Knecht, Unbarmherziger 295
Knoten, Gordischer 166
Kodros/Codras/Codrus 148

Kolchis/Colchis 81
Kolumban/Columban, Hl. 415
Komos → Como
Königin von Saba
– Salomo 236
– Kreuzesholz 347
Konstantin, Hl. 442–444
Korah, Untergang der Rotte 211
Korbinian, Hl. 444 f.
Kornelius/Cornelius 317
Koroneus/Coroneus 15 f.
Korybanten 4
Kosmas/Cosmas, Hl. 392
Köstliche/Kostbare Perle 294
Kraton/Craton, Gegner des hl. Johannes 339
Kraton/Craton, Vater des Chaeremon 487
Kreszenzia/Crescentia, Hl. 489 f.
Kretischer Stier 71
Krëusa/Crëusa 112
Kreuzabnahme 305
Kreuzauffindung 348, 443
Kreuzaufrichtung 304
Kreuzerhöhung 349
Kreuzeslegenden 347–349
Kreuzesprobe 348 Abb.
Kreuzigung 304 Abb.
Kreuztragung/Kreuzweg 303, Abb. 302
Krispinus und Krispinianus, Hl. 392 f.
Krönung Mariens 268
Krösus/Croesus 174
Kronos/Saturn 4
Kumaeische Sibylle
– Apoll 51
– Aeneas 115
Kümmernis/Kummernus, Hl. 445 f., Abb. 446
Kundschafter
– in Jericho 214
– Rückkehr aus Kanaan 211
Kunigunde, Hl. 424
Kureten 4
Kydnos/Cydnus 166
Kyklopen/Cyclopen 30
Kyknos/Cycnus 33
Kyparissos/Cyparissus 21
Kyrill/Cyrillus, Hl., Slawenapostel 391
Kyrill/Cyrillus von Jerusalem, Hl. 428
Kythera/Cythera 23 f.

Laban 195 f.
Labyrinth 56 f.
Lactatio 377
Lamech 183
Lamm, Anbetung 325 f.
Lanze, Heilige 306, 458
Laocoon/Laokoon 97
Laomedon 74 f.
Lapithen 60
Lars Porsenna 125, Abb. 126
La Storta 432
Lateinische Pforte 338
Latona/Leto 18 f.
Laura, Gestalt aus Petrarca 501
Laurentius, Hl. 446 f., 313 f.
Lazarus, Armer 293
Lazarus, Auferweckung des 291, Abb. 290, 346
Leander 161
Lebuin/Livinus von Gent, Hl. 449
Leda 12
Léger/Leodegar/Lutgar, Hl. 447 f.
Legion, Thebaische 458 f.
Lemnos 30
Leo der Große, Hl. 447
Leodegar/Lutgar/Léger, Hl. 447
Leocadia/Leokadia, Hl. 433
Leonhard, Hl. 448
Leonidas, Verteidiger der Thermopylen 149 f.
Leonidas II., Schwiegervater des Cleombrotus 150 f.
Leopold (Luitpold) von Österreich, Hl. 448
Leto/Latona 18 f.
Letztes Abendmahl 299
Leucothea/Leukothea 13 f., 108
Leucothoë/Leukothoë 33
Leucippus/Leukippos 12
Levi/Matthaeus 280, 342 f.
Levit und sein Weib 218
Liberata → hl. Kümmernis
Lichas 78 f.
Lioba, Hl. 385
Livinus von Gent/Lieven/Lebuin, Hl. 449
Löwe, Nemëischer 69 f.
Löwengrube 250
Longinus 305
Loreto, Haus von 350
Lot
– Trennung von Abraham 186
– Flucht aus Sodom 188 f.
– Frau 189
– Töchter 189
Louise von Savoyen 413
Lucas/Lukas, Hl. 345
Lucia, Hl. 449
Lucina, Hl. 477
Lucius Albinius 50
Lucretia/Lukretia 124, Abb. 119
Ludwig der Heilige 450 f.
– hl. Thomas an der Tafel 482 Abb.
Ludwig von Toulouse, Hl. 451 f.
Lukas/Lucas, Hl. 345
Lullus, Hl. 385
Luna/Selene 35
– Pan 43
Lupercalien-Fest 49
Lutgar/Leodegar/Léger, Hl. 447 f.
Luzifer 326 Fußnote
Lycaon/Lykaon 8
Lycomedes/Lykomedes 88 f.
Lycurg/Lykurgos 37 f.
Lykainion 162
Lyncus/Lynkos 17
Lystra 318

Madian/Midian, Brunnen von 205

Madianiter/Midianiter 216 f.
Magdalena → Maria Magdalena
Magnifikat 272
Magnus/Mang, Hl. 415
Mailand, Pest in 438
Makkabäer 261–263
Malachias/Maleachi 254
Malchus 300
Malta, Vipernbiß auf 321 f.
Mamas/Mammas/Mamet 452
Mänaden/Bacchantinnen 36, 38, 55
Manasse, Enkel Jakobs 202 f.
Manasse, König von Juda 245
Mang/Magnus, Hl. 415
Manlius Torquatus 128
Mannalese/Mannaregen 209
Manoach/Manoch 219
Marathon, Stier von 56
Marathon, Schlacht bei 149
Marcelianus, Hl. 476
Marcus/Markus, Hl. 344 f.
Marcus Antonius/Mark Anton 138 f., 140 f.
Marcus Curtius 128
Marcus Sextus 135
Mardochai/Mordechai 255 f.
Margarete, Hl. 452 f., 419
Maria Aegyptiaca/Ägyptische Maria, Hl. 453 f., Abb. 454
Maria, Jungfrau, Mutter Jesu
– Unbefleckte Empfängnis 265
– Geburt 265
– Unterrichtung 265
– Darbringung im Tempel/Tempelgang 265
– Tempeljungfrau 265
– Verlobung/Vermählung mit Josef 267
– Verkündigung 271
– Heimsuchung/Magnifikat 272
– Gottesurteil und Rechtfertigung 272
– Reinigung/Lichtmeß 274
– Abschied von Jesus 297
– Erscheinung des Auferstandenen 308
– Tod und Begräbnis 267
– Himmelfahrt 268
– Gürtelspende 268
– Krönung 268
– Maria Schnee 349
Maria Magdalena/Maria, Schwester der Martha 283, 308 f., 345 f.
Marienleben 264–268
Marienlegenden 349 f.
Marius, Hl. 471
Marius, römischer Feldherr 134 f.
Mark Anton/Marcus Antonius 138 f., 140 f.
Markus/Marcus, Hl. 344 f.
Markus/Marcus, Bruder des Marcelianus 476
Mars/Ares 22 f.
– Kampf mit Athene/Minerva 91
– Drache 59
Marsyas 19
Marter der Zehntausend Christen 352
Martha, Hl., Schwester der Maria 283, 346
Martha, Hl., Persische Christin 471
Martialis, Hl. 405
Martin von Tours, Hl. 455–458, Abb. 456
– hl. Ambrosius beim Begräbnis 360
Martyrien der Apostel 326
Martyrium der Beobachter des Sabbat 262
Martyrium der beiden Mütter 262
Martyrium der sieben (christlichen) Brüder 405
Martyrium der sieben (makkabäischen) Brüder 262
Massageten 176
Matatias/Mathathias/Mattathias 263
Matthaeus, Hl. 280, 342 f.
Matthias, Hl.
– Wahl 312
– Martyrium 343
Mauerschau 90
Mauritius/Moritz, Hl. 458
Maurus, Hl. 372
Mausolos 176
Maximilla 334 f.
Maximin, Hl. 346
Medea/Medeia 81–84, Abb. 83
Medoro, Gestalt aus Ariost 511
Medusa/Gorgo Medusa/Medusenhaupt 64 f.
Melchior 275
Melchisedek 187
Meleager 60 f.
Melikertes 13 f.
Melissa, Gestalt aus Ariost 511
Memnon 94 f.
Menelaos 86 f., 90, 97 f.
Menetekel 249
Mentor 107 f.
Merkur/Hermes 26–28
– Argus 11 f.
– Apfel der Eris 86 Abb.
– Calypso 105 f.
– Aeneas 114 f.
Messe von Bolsena 350
Metellus 141
Micha/Micaiah 253
Michael
– Kampf um Leiche des Moses 214
– Kampf mit dem Drachen 326
– vom Berge Gargano 459
Michal
– Rettung Davids 227 f.
– Davids Tanz vor der Lade 231 f.
Midas 39, 42
Midian, Brunnen von 205
Midianiter/Madianiter 216 f.

Milchstraße, Entstehung der 13 Abb.
Milo 160
Miltiades 149
Milvische Brücke 443
Mineiden/Minyas-Töchter 38
Minerva/(Pallas) Athene 28 f.
– Perseus 64 f.
– Kampf mit Ares/Mars 90 ff.
Minotaurus 56
Minturnae, Gefängnis von 135
Minyas-Töchter/Mineiden 38
Mirjam 203 f., 207 f.
Mirtillo, Gestalt aus Guarini 511
Mirtilus/Myrtilos, Wagenlenker 101
Modestus, Hl. 489 f.
Mohrenkämmer → Kämmerer aus Aethiopien
Monika, Hl. 366 f.
Mordechai/Mardochai 255 f.
Moritz/Mauritius, Hl. 458
Moses 203–214, Abb. 204
Mucius Scaevola 125, Abb. 126
Musen 18, 29
Muskelmann 342
Muttergottes → Maria
Myrrha 25
Myrtilos/Mirtilus 101

Naaman/Naëman 241 f.
Nabuchodonosor/Nebukadnezar 249
Nadab 211
Naëman/Naaman 241 f.
Nahum 253
Naim/Nain, Jüngling von 288
Naomi/Noomi/Noëmi 222
Napoleone Orsini 398
Narcissus/Narkissos/Narziß, Sagengestalt 45
Narcissus/Narzissus, Hl. 353
Nastaggio, Gestalt aus Boccaccio 510 f.
Natan/Nathan 231 f.
Nauplios 16, 100
Nausicaa/Nausikaa 108
Nayaden 43
Nebo 214
Nebukadnezar/Nabuchodonosor 249
Nemëischer Löwe 69 f.
Nemesis 3
Neoptolemos/Pyrrhos, Sohn Achills 98
Nepomuk 435
Neptun/Poseidon 15 f.
– Wettstreit mit Athene/Minerva 28
– Laomedon 75
– Schiffbruch des Odysseus 108
– Schiff der Phäaken 109
– Schiffbruch des Aeneas 113
Nereiden 15
Nero 143 f.
Nessos 78
Nicodemus/Nikodemos 280, 306
Nicolaus/Nikolaus von Bari/Myra 459–463, Abb. 460
Nicolaus/Nikolaus von Tolentino 463
Nike 28
Ninive 254
Ninus 173
Niobe/Niobiden 20 f.
Nizäa 334
Noah 183–185
Noëmi/Naomi/Noomi 222
Noli me tangere! 308 f.
Noomi/Naomi/Noëmi 222
Norbert, Hl. 463 f.
Nothelfer, Vierzehn 465
Numa Pompilius 122
Nymphen 43–45, 73, 106 f.
Nysa 37

Obadja/Abdias 243
Octavia 144
Octavian → Augustus
Odilia/Ottilie, Hl. 466 f.
Odysseus/Ulysses/Ulixes
– Odyssee 102–110, Abb. 103, 106
– Pflügend 88
– bei Lykomedes auf Skyros 88 f.
– Chriseis 89
– Streit um die Waffen Achills 95
– Astyanax 97 f.
Ödipus 62–64, Abb. 62
Ölberg/Gethsemane 299
Oenone/Oinone 86
Offenbarung, Geheime 322–327
Olindo, Gestalt aus Tasso 511
Olymp 2, 5, 11, 41, 79
Omega, Alpha und 325
Omphale 76, Abb. 77
Onuphrius/Onofrio, Hl. 465
Opferung Isaaks 190
Oreithyia 46
Orestes 102
Orion 34
Orlando/Roland, Gestalt aus Ariost 511
Orpheus 53–55, Abb. 54
Oseas/Hosea 253
Oskar/Ansgar, Hl. 360
Ottilia/Odilia, Hl. 466 f.
Ovid 145
Ozias/Usia 244

Pactolus/Paktolos 39
Paetus 145
Palinurus 115
Pallas Athene → Minerva/Athene
Pan 41–43, 76
Pandaros 91
Pandora 6 f.
Pankaste/Campaspe 158, 164 f.
Pantaleon, Hl. 467
Panthea 175
Paolo und Francesca, Gestalten aus Dante 510
Paphnutius, Hl. 465
Paradies 180–182
Paris 85–88, 90
Parnaß 18

Pascasius 449
Pasce Oves Meos! 310 f.
Pasiphaë 56
Passahnacht 207
Passion Christi 297–307
Patmos 325, Abb. 324
Patriarchen 185 ff.
Patroclus/Patroklos 91 f.
Paula, Hl. 427
Paulus, Hl.
– Diakon Stephanus 314 f.
– Sturz vor Damaskus/Bekehrung 315 f.
– Ananias/Hananias 315 f.
– im Korb von der Mauer gelassen 316
– Zauberer Elymas 317 f.
– in Lystra 318
– Auseinandersetzung mit Petrus 318 f.
– im Kerker zu Philippi 319
– vor dem Areopag 320, Abb. 319
– in Ephesus 320
– vor Porcius Festus 321
– im Gefängnis 321
– Verzückung 321
– Vipernbiß auf Malta 321 f.
– Legenden 329–333
Paulus Eremita, Hl. 361 f.
Pegasus 66 f.
Peleus 85
Pelias und seine Töchter 82 f.
Pelops 100 f.
Penelope
– am Webstuhl 106
– Die Freier 106
– Heimkehr des Odysseus/Ulysses 109 f.
– Euryclea 110
Penthesilea 94
Pentheus 38
Perle, Köstliche/Kostbare 294
Pero 49
Persephone/Proserpina 16 f., 54
Persepolis, Brand von 350
Perseus 10, 64–66
Pest von Aschdod 223
Pestengel 231
Pest in Mailand 438
Petronilla, Hl. 331
Petrus, Hl.
– Berufung 279 f.
– Schlüsselübergabe 283
– Schwiegermutter 287
– Verleugnung Jesu/Reue 300
– Heilung des Gelähmten 313
– Heilung Besessener 313
– Heilung durch Schatten 314
– Heilung des Aeneas 316
– Auferweckung der Dorkas/Tarbitha 316
– Befreiung aus dem Gefängnis 317
– Vision von den reinen und unreinen Tieren 317
– Bekehrung/Taufe des Cornelius 317
– Auseinandersetzung mit Paulus 318
– Legenden 329–333, Abb. 331
– Erscheinungen: 354 (Agatha), 396 (Dominikus), 431 (Ignatius v. Loyola), 444 (Konstantin), 469 (Petrus Nolascus)
Petrus von Alcántara, Hl. 467 f.
Petrus Martyr/Petrus von Verona, Hl. 468 f.
Petrus Nolascus, Hl. 469 f.
Pferd, Hölzernes 96 f.
Pfingsten/Ausgießung des Hl. Geistes 311–313, Abb. 312
Pfunde, Gleichnis Jesu 295
Phaeaken, Schiff der 109
Phaedra 58
Phaëton 32 f.
Pharao
– Abraham und Sara 186
– Josef 200 f., Abb. 200
– Jakob 202
– Krone 204
– Moses und Aaron 206
Pharisäer, Zöllner 294
Philemon 13
Philetas, Hirt 162
Philetas, Zauberschüler 336
Philippus, Vater Alexanders d. Gr. 164
Philippus, Arzt Alexanders d. Gr. 166
Philippus, Hl., Apostel 341
Philippus, Hl., Diakon 314, 341
Philippus, Hl., Sohn der hl. Felicitas 405
Philoctet/Philoktet 79, 96
Philomele 40
Philopoemen 151
Phineus 66
Phoebus Apoll → Apoll
Phorbas 62
Phrixos 80
Phryne 156
Phyllis 164 f., Abb. 147
Picus 45
Pieriden 29
Pietà 306
Pilar (Pilier), Nuestra Señora del 336 Fußnote
Pilatus 301
Placidus, Hl. 372 f.
Plagen, Ägyptische 206 f.
Plato 155
Pluto → Hades
Pollux/Polydeukes 12, 60
Polydor 99
Polykrates 149
Polymestor 99
Polyneikes 63
Polyphem
– Acis 43
– Odysseus/Ulysses 104, Abb. 103
Polyxena 98
Pomona 49
Pompeius 136
Popillius Laenas 171
Porcia 139
Porcius Festus 321
Porsenna/Lars Porsenna 125, Abb. 126

Porta Latina 338
Porus 170
Posaunen (des Gerichts) 322
Poseidon → Neptun
Potiphars Weib 199
Prasser, Reicher 293
Priamus 94, 96 f.
Procris/Prokris 34
Prokne/Procne 40
Prometheus 6, Abb. 7
Prophet, Ungehorsamer 236
Propheten, Zwölf (kleine) 253 f.
Proserpina/Persephone 16, 54
Protasius, Hl. 420, 357
Psyche 31
Putten/Putti 30
Pygmalion 24
Pygmäen 75
Pylades 102
Pyramus 161
Pyrrha 8
Pyrrhos/Neoptolemos, Sohn Achills 98
Pyrrhus, König von Epirus 129, 150
Pythagoras 151
Pythia 19
Python-Schlange/Drache 19

Quattuor Coronati/Vier Gekrönte, Hl. 416
Quattuor Virgines Capitales 369, 399, 439, 452
Quellwunder 209
Quintus Fabius Maximus 130 f.
Quiricus, Hl. 470
Quirinus von Neuss, Hl. 470
Quirinus von Tegernsee, Hl. 471
Quos Ego! 113
Quo Vadis? 332 f.

Rachel/Rahel 195–197
Raimund Diocrès 387
Raimund von Peñafort, Hl. 471 f.
Rainerio Rasina 472
Raphael 259 f.
Raub der Sabinerinnen 121
Rea/Rhea Silvia 120
Rebekka 191 f., Abb. 191
Regulus 130
Reicher Fischzug 279
Reicher Prasser 293
Reigen der Seligen 327
Reine und unreine Tiere 317
Reiter, Apokalyptische 326
Remus 120 f.
Rhea/Rea Silvia 120
Rinaldo, Gestalt aus Tasso 511
Robert 451
Rochus, Hl. 472–474, Abb. 473
Rodogune 172
Roger/Ruggiero, Gestalt aus Ariost 511
Roland/Orlando, Gestalt aus Ariost 511
Romuald, Hl. 474
Romulus 120 f.
Rose der Venus/Aphrodite 25 f.
Rosenkranz 396
Rosenwunder 409
Rotes Meer 207 f., Abb. 208
Rotte Korah 211 f.
Roxana 169
Rückkehr der Kundschafter 211
Rückkehr aus Ägypten 277
Ruggiero/Roger, Gestalt aus Ariost 511
Ruhe auf der Flucht 276
Rut/Ruth 222

Saba, Königin von
– Salomo 236
– Kreuzesholz 347
Sabbat, Martyrium der Beobachter des 262
Sabbatgleichnis 293
Sabianus 428
Sabinerinnen, Raub der 121
Sacharja/Zacharias 253
Salbung in Bethanien 298
Salmacis/Salmakis 44
Salome 270 f.
Salomo/Solomon 234–237, Abb. 235
Sämann, Gleichnis vom 293
Samariter, Barmherziger 291
Samariterin am Brunnen 281 Abb.
Samson/Simson 218–221, Abb. 220
Samuel
– Weihe des Knaben im Heiligtum 223
– Eli 223
– Sauls Verwerfung 224
– Agag 224
– Erscheinung vor Saul in En-Dor 228
Sanherib/Sennacherib 245
Saphira 313
Sara/Sarah, Frau Abrahams
– in Ägypten 186
– Hagar 187
– Begräbnis 190
Sara/Sarah, Braut des Tobias 259
Sardanapal 173
Sarepta, Witwe von 238
Saturn/Kronos 2, 4 f.
Satyr bei den Bauern 41
Satyrn 37
Saul 224–229
Saulus → Hl. Paulus
Savoyen, Louise von 413
Schächer 304 f.
Schaf, Verlorenes 292
Schatten der Sonnenuhr 245
Schatz im Acker 294
Scherflein der Witwe 286
Schlange im Paradies 182
Schlange, Eherne 212
Schlangen und Herakles/Hercules 68
Schleier der Jungfrau 304
Schneewunder 349
Schöpfung/Sechstagewerk 180, Abb. 179
Scholastika, Hl. 371, 375
Schriftgelehrte 277 f.
Schule von Athen 151
Schulmeister von Falerii 128

Schunamiterin/Sunamitin 241
Scipio Africanus d. Ä. (Maior) 132
Scipio Africanus d. J. (Minor) 133
Scylla/Skylla 44
Scythen 145
Scyrus/Skyros 88 f.
Sebaldus, Hl. 474 f.
Sebastian, Hl. 476 f.
Sechstagewerk/Weltschöpfung 180
Seesturm, Stillung des 282
Selene/Luna 35
Seligen, Reigen der 327
Seligpreisungen 282
Semele 37
Semiramis 173
Seneca 144
Sennacherib/Sanherib 245
Seraphina → Fina
Sergius Paulus 317 f.
Servatius, Hl. 477
Severus, Hl. 477 (siehe auch 146)
Severus Alexander, Kaiser 146
Sextus Tarquinius 124
Sibyllen 51 f.
Sibylle, Kumäische 51
Sibylle, Tiburtinische 52 Abb.
Sieben Brüder, Christliche 405
Sieben Brüder, Makkabäische 262
Sieben Siegel 323
Sigismund, Hl. 478
Sigismunda/Ghismonda, Gestalt aus Boccaccio 510
Silanus, Hl. 405
Silberner Schuh des Geigers 446 Abb.
Silen 37
Silvester, Hl. 444
Silvio, Gestalt aus Guarini 511
Simeon 274
Simon von Cyrene/Kyrene 303
Simon, Magier 332
Simon Petrus → Petrus
Simon, Pharisäer 283
Simon Zelotes, Apostel 343
Simson/Samson 218–221, Abb. 220
Sinai 210
Sinon 96
Sintflut 183 f., Abb. 184
Sirenen 105, Abb. 106
Sisera 215
Sisyphus 47
Skylla/Scylla 44
Skyros/Scyrus 88 f.
Skythen 145
Socrates/Sokrates 153 f., Abb. 153
Sodom, Untergang von 188
Sohn, Verlorener 291, Abb. 292
Sokrates/Socrates 153 f.
Sol/Helios 32–34
Solomon/Salomo 234–237, Abb. 235
Solon 174
Sonnenuhr, Schatten der 245
Sophonia, Gestalt aus Tasso 511
Sophonias/Zephanja 253
Sophonisbe 133
Speisung der Fünftausend 282 f.
Sphinx 62
Spoliatio 304 f.
Sposalizio, Lo 267, Abb. 266
Starosta → Hl. Kümmernis
Stellio/Abbas 17
Stephanus, Hl. 314 f.
Stier, Kretischer 71
Stier von Marathon 56
Stier der Pasiphaë 56
Stillstand der Sonne 215
Stillung des Seesturms 282
Stratonike 171
Sturmius, Hl. 385
Stymphalische Vögel 71
Styx 47
– Thetis und Achill 88
– Dante und Vergil 510
Sündenfall 182
Sünderin → Maria Magdalena
Sultan, Feuerprobe vor dem 409
Sunamitin/Schunamiterin 241
Susanna 250–252, Abb. 251
Symposion/Gastmahl, Platons 154
Syrinx 41

Tabitha/Dorkas 316
Tabor 284
Talente/Pfunde, Gleichnis Jesu 295
Tamar, Schwiegertochter Judas 198
Tamar, Tochter Davids 232
Tanchelm 464
Tancredo/Tankred, Gestalt aus Tasso 511
Tantaliden 100–102
Tantalus 47
Tarpeia 121
Tarquinius, Sextus 124
Tarquinius Superbus 123
Tassus 140, 275
Tartaros 2, 47
Teiresias/Tiresias 45, 105
Telemach 107 f., 88
Tempel, Darbringung/Darstellung Jesu 274
Tempel, Darbringung Mariens 265
Tempel, Zerstörung 329
Tempelgang Mariens 265
Tempelreinigung/Vertreibung der Händler aus dem Tempel 297, Abb. 298
Teresa/Therese von Avila, Hl. 478–480, Abb. 479
Tereus 40
Tethys 2
Teucer/Teukros 96
Thais 168
Thalestris 169
Thanatos 46
– Hercules 74

Theagenes 163
Thebais 361
Thebaische Legion 458
Thekla 330
Theodolus, Hl. 405
Theodosius 358 f., Abb. 359
Theogonie 2 f.
Theophilus 330
Therese/Teresa von Avila, Hl. 478–480, Abb. 479
Thermopylen 149 f.
Theseus 55–58, 60
Thetis
– Hochzeit 85
– Styx 88
– Jupiter/Zeus 89
– Waffen Achills 93
Thyamis 163
Thiemo, Hl. 480
Thisbe 161
Thomas, Hl., Apostel 309, Abb. 310, 340
Thomas von Aquin, Hl. 481–483, Abb. 482
Thomas Becket, Hl. 483
Thomas von Villanueva 483
Thusnelda 141 f., Abb. 142
Tiberius Gracchus 134
Tiburtinische Sibylle 52 Abb.
Timoclea 165
Tiresias/Teiresias 45, 105
Titanen 5
Tithonus 34
Titus, römischer Kaiser 329
Titus Tatius, König der Sabiner 122
Tityos 48
Tobias/Tobit Vater 258–260
Tobias Sohn 258–260
Tochter der kanaanäischen Frau 289
Tomyris 176
Totila 374
Traditio/Dedicatio Legis 283
Trajan 422
Transfiguratio/Verklärung 284
Traum des Ritters 133
Triptolemos 17
Tritonen 15
Triumvirn, Blutbad der 138
Troja
– Pestpfeile 74 f.
– Trojanischer Krieg 84–100
– Untergang 97
– Flucht aus dem brennenden T. 112
Tuccia 50
Tür, Verschlossene 247
Tullia 123
Turmbau zu Babel 185
Tyche/Fortuna 4
Tyrus 167

Ulysses/Ulixes → Odysseus
Ulrich, Hl. 484 f.
Unbarmherziger Knecht 295
Unbefleckte Empfängnis/Immaculata Conceptio 265
Ungehorsamer Prophet 236
Ungerechter Verwalter 294
Ungläubiger Thomas 309, Abb. 310
Unreine Tiere, Reine und 317
Untergang von Sodom 188
Unterwelt (siehe auch Hades 46–48)
– Orpheus und Eurydike 53 f., Abb. 54
– Aeneas 115
– Christus 307
Uranos 4
Urias/Urija 232
Ursula, Hl. 485–487, Abb. 486
Ursus, Hl. 458
Usia/Ozias 244

Valens 370
Valentin, Hl. 487–489, Abb. 488
Valeria, Hl. 407
Valerianus, Hl. 388
Veit/Vitus, Hl. 489 f.
Venus/Aphrodite 23–26, Abb. 24
– Amor/Eros/Cupido 30–32
– Rettung des Aeneas 90 f.
– Gürtel und Hera/Juno 91
– Anchises 111
– Erscheinung vor Aeneas als Jägerin 113
– in der Schmiede Vulcans 116
– Waffen für Aeneas 116
– Heilung der Wunden des Aeneas 117
– Apotheose des Aeneas 117
Verborgener Schatz 294
Vercingetorix 137
Verdammte, Höllensturz 327
Verdorrte Hand 287
Vergil/Virgil, als Begleiter Dantes 510
Verginia/Virginia 126
Verkauf der Erstgeburt 193
Verklärung/Transfiguratio 284
Verkündigung an die Hirten 273
Verkündigung an den hl. Joachim 265
Verkündigung an Maria/Annuntiatio/Englischer Gruß 271
Verlorene Drachme/Verlorener Groschen 292
Verlorener Sohn 291 f., Abb. 292
Verlorenes Schaf 292
Veronika, Hl. 303
Verschlossene Tür 247
Vertreibung der Händler aus dem Tempel/Tempelreinigung 297, Abb. 298
Vertreibung aus dem Paradies 180
Vertumnus 49
Verwalter, Ungerechter 294
Vesta/Hestia 50 f.
Vestalinnen 50 f.
Vicovaro 372
Victor von Xanten, Hl. 458
Vier Gekrönte/Quattuor Coronati, Hl. 416
Vierundzwanzig Älteste 324

Vier Weltalter 5
Vier Weltreiche 248
Vierzehn Nothelfer, Hl. 465
Vinzenz Ferrer, Hl. 489
Vipernbiß auf Malta 321
Virgil/Vergil, als Begleiter Dantes 510
Virginia/Verginia 126
Visitatio/Heimsuchung Mariens 272
Vitalis, Hl. 405
Vitus/Veit, Hl. 489 f.
Vivian/Bibiana, Hl. 381
Vlies, Goldenes 80–82
Vögel, Stymphalische 71
Volto Santo → Hl. Kümmernis
Vorhölle, Christus in der 307
Vulcanus/Vulkan/Hephaistos 30
– Ares/Mars und Aphrodite/Venus 23
– Prometheus 6
– Apoll und Admetos 20
– Geburt der Athene/Minerva 28
– Waffen für Achill 93
– Waffen für Aeneas 116

Wachtelwunder 209
Walburga, Hl. 385 f.
Waldebert, Hl. 380
Wasser aus dem Felsen 209
Wechselbalg 315
Weib, Apokalyptisches 326
Weinberg, Arbeiter im 295
Weingärtner, Böse 296
Weltalter, Vier 5
Weltreiche, Vier 248
Weltschöpfung 180
Wenceslaus/Wenzel, Hl. 490 f.
Werke der Barmherzigkeit 327
Widder und Ziegenbock, Vision vom 250
Wigbert, Hl. 385
Wilgefortis → Hl. Kümmernis
Willibald, Hl. 385, 475
Willibrord, Hl. 385
Winde 46
Winzer, Böse 296
Wirt, Betrügerischer 337
Witwe von Sarepta 238
Witwe, Scherflein der 286
Wolfgang, Hl. 491 f.
Wunderbare Brotvermehrung 282
Wunderbarer Fischzug 310
Wunibald, Hl. 385, 475
Wurzel Jesse 243

Xanthippe 154, Abb. 153
Xenokrates 156

Yves/Ivo, Hl. 433

Zacharias/Sacharja, Prophet 253
Zacharias, Vater Johannes des Täufers 269
Zachaeus 286
Zaleucus/Zaleukos 148
Zama, Schlacht bei 133
Zebedaeus-Söhne und ihre Mutter 285
Zehn Gebote/Dekalog 210
Zehntausend Christen 352
Zeichenkunst, Erfindung der 157
Zeitalter, Goldenes 5
Zeno, Hl. 492
Zenobia/Zoenobia von Armenien 177
Zenobia/Zoenobia von Palmyra 146
Zenobius, Hl. 492 f.
Zenturio → Hauptmann
Zephanja/Sophonias 153
Zerstörung des Tempels 329
Zetes 46
Zethos 9
Zeus → Jupiter
Zeuxis 157
Zinsgroschen
– mit Kaiserbild 285 Abb.
– im Maul des Fisches 285
Zippora 205 f.
Zöllner und Pharisäer 294
Zosimus, Hl. 454
Zwei Blinde von Jericho 289
Zwölfjähriger Jesus im Tempel 277
Zwölf (kleine) Propheten 253

Aus dem Verlagsprogramm

C.H.BECK WISSEN

Kai Brodersen
Die Sieben Weltwunder
Legendäre Kunst- und Bauwerke der Antike
5., durchgesehene Auflage. 2001. 128 Seiten mit 10 Abbildungen. Paperback
(Beck'sche Reihe Band 2029)

Ulrich Sinn
Olympia
Kult, Sport und Fest in der Antike
2., überarbeitete Auflage. 2002. 126 Seiten mit 10 Abbildungen. Paperback
(Beck'sche Reihe Band 2039)

Hans Kloft
Mysterienkulte der Antike
Götter – Menschen – Rituale
2., durchgesehene und ergänzte Auflage.
2003. 128 Seiten mit 12 Abbildungen. Paperback
(Beck'sche Reihe Band 2106)

Christoph Dohmen
Die Bibel und ihre Auslegung
2., durchgesehene Auflage. 2003. 114 Seiten. Paperback
(Beck'sche Reihe Band 2099)

Heinrich Krauss
Die Engel
Überlieferung, Gestalt, Deutung
2. Auflage. 2002. 128 Seiten mit 8 Abbildungen. Paperback
(Beck'sche Reihe Band 2135)

Volker Reinhardt
Die Renaissance in Italien
Geschichte und Kultur
2002. 128 Seiten mit 6 Abbildungen und 1 Karte. Paperback
(Beck'sche Reihe Band 2191)

Uwe M. Schneede
Vincent van Gogh
Leben und Werk
2003. 128 Seiten mit 19 Abbildungen, davon 11 in Farbe. Paperback
(Beck'sche Reihe Band 2310)